威海年鉴

WEIHAI YEARBOOK

(2023)

中共威海市委党史研究院
威海市地方史志研究院　编

方志出版社
Publishing House of Local Records

图书在版编目（CIP）数据

威海年鉴. 2023 / 中共威海市委党史研究院，威海市地方史志研究院编. —北京 ：方志出版社，2023.8

ISBN 978-7-5144-5806-0

Ⅰ. ①威… Ⅱ. ①中… ②威… Ⅲ. ①威海-2023-年鉴 Ⅳ. ①Z525.23

中国国家版本馆CIP数据核字(2023)第178084号

责任编辑：李静
责任校对：刘玉霞
责任印制：赵楚
出 版 者：方志出版社
地　　址：北京市朝阳区潘家园东里9号（国家方志馆4层）
邮　　编：100021
网　　址：http://www.zgfzcb.cn
发　　行：方志出版社图书营销中心（010-67110500）
印　　刷：威海红太阳彩印有限公司
开　　本：889毫米×1194毫米　1/16
印　　张：24.875
字　　数：1003千字
版　　次：2023年8月第1版
印　　次：2023年8月第1次印刷
定　　价：300.00元

威海市地方史志编纂委员会
（兼威海年鉴编纂委员会）

主　　任：闫剑波

副 主 任：孔凡萍　刘树军　李　建　刘裕斌

成　　员：张　璟　杨华卫　李世良　毕晟磊　朱建超
张宗浩　宋忠勇　马绪福　刘　青　耿祥星
李庆民　楚茂滨

编审人员

主　　审：李　建

副 主 审：张　璟　杨华卫

主　　编：耿祥星　李庆民

副 主 编：张淑云　张修成　顾金华　李洪格（执行）

编　　辑：（按姓氏笔画排列）
于鹏飞　王　瑛　任天庆　刘　可　闫拥军
孙洪闪　李传强　沙　鋆　邵　洁　郑　凯
赵平洋　赵里蒙　侯志杰　秦　艳　曹　悦

数据审核：秦玉宝

精致城市建设

威海市环翠区城区一角 （宫举卫 摄）

威海市文登区城区一角　　（于晓卫　摄）

荣成市凤凰湖城市书房　　（林国瀚　摄）

乳山市滨海新区（银滩旅游度假区）一角　　（辛 戈 摄）

威海火炬高技术产业开发区一角　　（刘志鹏 摄）

位于威海经济技术开发区的威海国际经贸交流中心

（纪哲　摄）

威海临港经济技术开发区林泉河湿地公园

（威海市住房和城乡建设局　提供）

威海南海新区一角

（威海南海新区管理委员会办公室　提供）

政务活动

2月17日，中国共产党威海市第十六次代表大会召开　　（刘志鹏　摄）

2月23日，威海市第十八届人民代表大会第一次会议召开　　（朱春晓　摄）

3 月 2 日，威海市第十八届人民政府第一次全体（扩大）会议暨廉政工作会议召开　（孙大伟　摄）

2 月 22 日，中国人民政治协商会议第十四届威海市委员会第一次会议召开　（杨　正　摄）

文明城市建设

1 月 1 日，志愿者在社区食堂为老年人包水饺　　（威海日报社　提供）

5 月 15 日，威海市环翠区新时代文明实践志愿服务总队开展创客公益课堂活动
（威海市精神文明建设委员会办公室　提供）

7月8日，创建全国文明典范城市工作动员会议召开

（王彦博 摄）

9月12日，荣成市特殊教育学校“劳动小明星”颁奖仪式举行

（威海市精神文明建设委员会办公室 提供）

11月11日，市民在城市书房阅读

（刘志鹏 摄）

9月19日，威海好人9月发布仪式暨环翠区2022“厚德环翠 · 最美典型”颁奖仪式举行

精神文明建设公益宣传

中国好人榜

王银洁（女），国网山东省电力公司威海供电公司物资部职工，入选 2022 年第二季度“中国好人榜”（助人为乐类）

曲波（女），威海市环翠区环翠楼街道杏花村社区党总支书记、居委会主任，入选 2022 年第四季度“中国好人榜”（敬业奉献类）

（威海市精神文明建设委员会办公室　提供）

新旧动能转换

1月，捷普电子（威海）有限公司高速激光打印机生产车间

（王彦博　摄）

2月，重汽（威海）商用车有限公司智能化生产车间

（王彦博　摄）

3 月，威海威高国际医疗投资控股有限公司预灌封注射器生产车间　　（威海日报社　提供）

6 月，马夸特开关（威海）有限公司　　（威海日报社　提供）

6月，天润工业技术股份有限公司生产运营调度中心　（杨　正　摄）

6月，威海光威复合材料有限公司碳纤维生产车间　（孙大伟　摄）

7 月，迪尚集团有限公司样衣展厅　　（孙大伟　摄）

7 月，威海电子信息与智能制造产业园　　（朱春晓　摄）

乡村振兴

环翠区羊亭河湿地公园 （朱春晓 摄）

文登区高村镇慈口观村特色温泉民宿小院
（威海日报社 提供）

荣成市埠柳镇东初家村甘薯加工基地　（李信君　摄）

乳山市海阳所镇牡蛎文化园　（威海日报社　提供）

威海火炬高技术产业开发区双岛湾科技城一角　　（威海日报社　提供）

威海经济技术开发区泊于镇“锦绣花海”景观带　　（威海日报社　提供）

威海临港经济技术开发区青岛农业大学威海现代农业产业学院　　（威海日报社　提供）

威海南海新区东浪暖海洋生态保护修复（蓝碳）实验基地　　（刘志鹏　摄）

海洋强市建设

2月，水产品加工企业工作人员在加工鱿鱼产品
（孙大伟　摄）

3月，山东港口威海港一角　（朱春晓　摄）

5月，远遥浅海科技湾区一角　（杨正　摄）

6月，寻山集团有限公司三角褐指藻工厂化养殖　（孙大伟　摄）

7月，招商局金陵船舶（威海）有限公司在建船舶　　（杨　正　摄）

7月，山东未来机器人有限公司自主研制的1500米深海铺缆机器人海试成功　　（纪　哲　摄）

9月，渔船出海作业　　（李信君　摄）

11月，荣成市桑沟湾海洋牧场生态养殖区　　（李信君　摄）

城市国际化

4月2日，全市首条欧洲远洋航线“威海—土耳其”航线开通

（朱春晓　摄）

6月2日，山东与世界500强连线现代海洋产业合作专场威海分会场活动举办

（王彦博　摄）

6月11日，第五届威海市市长国际经济咨询委员会年会召开

（孙大伟　摄）

6月20日，第三届跨国公司领导人青岛峰会威海海洋产业合作沙龙举办

（王彦博　摄）

8月6日，2022中韩（威海）服务贸易创新发展大会召开

（威海市商务局　提供）

11月22日，“2022对话山东—德国·山东产业合作交流会”威海会场活动举办

（杨　正　摄）

千里山海自驾旅游

那香海景区
（威海日报社　提供）

东浦湾房车营地
（孙大伟　摄）

环海路
（孙大伟　摄）

威海火炬八街
（王彦博　摄）

小五队·抱海驿站
（威海日报社　提供）

威海国际海水浴场
（宫举卫　摄）

第二届韩国（山东）进口商品博览会

8 月 5 日—7 日，由威海市人民政府、山东省商务厅、韩国驻青岛总领事馆主办的第二届韩国（山东）进口商品博览会在威海市举办。图为博览会韩国馆

8 月 5 日，2022 联商网大会暨韩国商品与品牌对接会召开

8月5日，第二届韩国（山东）进口商品博览会重点项目签约仪式举行

8月5日，第二届韩国（山东）进口商品博览会现场

8月5日，第二届韩国（山东）进口商品博览会直播带货活动

（威海市商务局　提供）

2022中国威海·国际英才创新创业大会

8月25日，2022中国威海·国际英才创新创业大会现场　　（孙大伟　摄）

8月25日，2022中国威海·国际英才创新创业大会项目签约仪式举行　　（孙大伟　摄）

8 月 25 日，威海市海洋产业重点技术“揭榜挂帅”仪式举行

（孙大伟　摄）

8 月 25 日，威海市“引才大使”聘任仪式举行

（孙大伟　摄）

8 月 25 日，嘉宾参观海洋科技人才创新成果展

（孙大伟　摄）

体育赛事

6月18日，“临港杯”中国威海国际棒球邀请赛开幕式举行　　（威海日报社　提供）

7月1日，山东省第二十五届运动会棒球、垒球决赛在威海市举办。图为棒球比赛现场　　（杨　正　摄）

8 月 14 日，2022 威海“临港杯”首届少儿冰球精英赛比赛现场

（王彦博　摄）

8 月 17 日，“小铁人夏令营”训练活动举办

（朱春晓　摄）

12 月 10 日，威海南海·中国乒乓球俱乐部超级联赛比赛现场

（威海南海新区管理委员会办公室　提供）

数读威海

土地总面积：58.22 万公顷
常住人口：291.78 万人
海岸线长：968 千米
地区生产总值：3408.18 亿元
农林牧渔业增加值：370.20 亿元
规模以上工业企业营业收入：2806.47 亿元
各类研发平台总数：1237 家
对外及对中国港澳台地区贸易总额：2095.65 亿元
旅游接待总人数：3541.99 万人次
旅游总收入：388.89 亿元
社会消费品零售总额：1287.76 亿元
一般公共预算收入：225.21 亿元
住户存款余额：3813.62 亿元
城镇居民人均可支配收入：56024 元
农村居民人均可支配收入：27027 元
年底公路通车里程：7235.29 千米
城市公共供水总量：1.29 亿立方米
全社会用电量：154.61 亿千瓦时
户籍人口城镇化率：61.60%
建成区绿化覆盖率：46.00%
空气质量优良率：91.2%

（李传强 摄）

编辑说明

一、《威海年鉴（2023）》以马克思列宁主义、毛泽东思想、邓小平理论、“三个代表”重要思想、科学发展观、习近平新时代中国特色社会主义思想为指导，坚持辩证唯物主义和历史唯物主义的立场、观点和方法，遵照党和国家现行的各项路线、方针、政策，遵守《中华人民共和国宪法》和国家各项法律、法规。力求全面、系统、准确地记载威海市自然、政治、经济、文化、社会等方面发展变化的基本情况。

二、《威海年鉴（2023）》是由中国共产党威海市委员会和威海市人民政府组织，中共威海市委党史研究院（威海市地方史志研究院）承编的以威海市行政区域名称冠名的地方综合年鉴，旨在为各级领导科学决策提供市情依据，为各行各业提供信息服务，为国内外各界人士了解威海、研究威海提供窗口和媒介，同时为编修志书储备资料。

三、《威海年鉴（1998）》是首部公开出版的市委、市政府组织编纂的年鉴，《威海年鉴（2023）》是第26卷，记述了2022年度全市各项事业发展的基本情况，重点反映社会主义现代化建设进程中的新成就、新经验、新举措和遇到的新问题。为增强信息的时效性，保证资料的连续性和完整性，部分资料时限适当上溯下延。

四、《威海年鉴（2023）》主要分类目、分目、条目3个层次，部分分目下设子目。条目为主要信息载体和基本撰写形式，条目标题用黑体加**【】**。为体现地方特色，将经济监督与管理、海洋与渔业升格为类目。各类目、分目间交叉重复的资料，或区别视角、各有侧重分别记述，或设置参见、引导查找。条目后括注的人名为各供稿单位供稿人员。

五、《威海年鉴（2023）》设34个类目：特载、专记、大事记、威海概况、中国共产党威海市委员会、威海市人民代表大会、威海市人民政府、中国人民政治协商会议威海市委员会、纪检监察、民主党派与工商联、群众团体、法治、军事、经济监督与管理、农村·农业、海洋与渔业、工业、信息产业、交通·邮政、城乡建设与生态环境保护、商贸、口岸、旅游、财政·税务、金融、科学技术、教育、文化·传媒、卫生健康、体育、社会生活、区（市）概况、开发区建设、附录。

六、《威海年鉴（2023）》采用规范的语体文，以记述为主，说明为辅。记述事物、事件和人物，寓观点于记述之中。各类组织、机构或事物等专有名称首次出现时一般使用全称，并括注简称。计量单位部分沿用旧制单位。图片说明中一般注明时间，凡未注明的，均为2022年拍摄。“市”均指威海市。除辑录的原始文献外，文风力求严谨、朴实、简洁、流畅。

七、《威海年鉴（2023）》检索方法有目录和索引，分设在卷首和卷尾。索引主要采取主题分析法制作，并按主题词首字汉语拼音字母顺序排列。

八、年鉴资料由市直各部门（单位）、中央和省驻威海单位、各区（市）负责提供，且均经撰稿单位负责人审签。反映全市国民经济和社会发展总体情况的数据，以威海市统计局公布的为准；部分数据因四舍五入的原因，存在总项与分项和不等的情况。

供稿单位审稿人名单

（按供稿单位顺序排列）

张　璟	杨华卫	徐　力	于习文	邢海波	毕晟磊
毕建康	周　兵	刘　源	朱建超	林　莅	李　强
许庆耀	许祖强	耿祥星	于所航	王治强	荆　文
刘　伟	徐　林	王吉会	焦　华	许德刚	宋修骞
尹玉翠	刘德钧	周　宁	于国胜	陈卫萍	徐　伟
赵广洪	朱文娟	李忠楠	肖　怡	李　正	郝　芳
宋华东	邢　飞	邵　伟	苗建臣	葛平修	曹志武
刘士侠	王广跃	刘海波	宋　光	倪国良	杨　剑
张　琪	王永池	荣传伟	丛龙海	张术晓	于松涛
鞠　云	刘　青	周　华	钟　臣	徐发荣	刘正杰
周德纯	毕兴全	李永仁	史本天	宋文杰	孙凤华
张西峰	刘　勇	李晓东	于　洋	裴周轶	李瑞玲
陈志勇	王永涛	宫本皋	刘　鹏	张敬全	郭　楠
王乃忠	许英文	张东方	王吉宏	张向上	王曙明
许宏妮	刘　震	宋忠勇	丛　琳	王　斌	关志勇
刘　勇	张宗浩	万鲁峰	鞠　雷	孔令军	丁瑞梁
李海建	姜　宏	赵　林	苏明军	刘韶伟	谭先国
肖洪冰	李令武	王秀泰	韩　冬	姜治国	方　兴
李仁斌	王好光	杜　伟	段俊超	谭远国	于志青
王　伟	尹作升	谭忆秋	李耀华	张　晖	姜华平
孙承武	段宏伟	张宗军	关忠良	杜树宇	姜茂徐
姜　农	鞠宏宇	杨明帆	宿　波	王治国	王　文
姜进军	谷永波	马绪福	孙玉建	苑　顺	宋　斌
李百强	韦庆杰	孙梓阳	王　浩	邹文政	张广忠
王希海	邓志坚	刘强胜			

目　　录

特　载

专记

大事记

威海概况

中国共产党威海市委员会

威海市人民代表大会

威海市人民政府

中国人民政治协商会议威海市委员会

纪检监察

民主党派与工商联

群众团体

法　治

农村·农业

海洋与渔业

工　业

信息产业

交通·邮政

城乡建设与生态环境保护

商　贸

口 岸

旅 游

财政·税务

金　融

科学技术

教 育

文化·传媒

卫生健康

体　育

社会生活

区（市）概况

开发区建设

附　录

索　引

特　　载

牢记“威海要向精致城市方向发展”殷切嘱托
全力打造共同富裕先行区　奋勇争当强省建设排头兵

——在中国共产党威海市第十六次代表大会上的报告（摘要）

（2022 年 2 月 17 日）

中共威海市委书记　张海波

大会的主题是：坚持以习近平新时代中国特色社会主义思想为指导，牢记习近平总书记“威海要向精致城市方向发展”殷切嘱托，动员全市各级党组织和广大党员干部弘扬伟大建党精神，勇担使命，奋勇争先，高水平推进产业现代化、城市国际化、新型城镇化、发展绿色化、治理现代化，全力打造共同富裕先行区，不断开创“精致城市・幸福威海”建设新局面，争当新时代社会主义现代化强省建设排头兵。

“精致城市・幸福威海”建设迈出坚实步伐

十五届市委履职的五年，大事多、难事多、喜事多，是极不平凡、殊为不易的五年，是经受重大考验、取得重大成就的五年。中共中央总书记习近平亲临威海视察，殷切嘱托“威海要向精致城市方向发展”，为我们量身定制了城市发展蓝图，全市上下倍受鼓舞、无比振奋。庆祝改革开放 40 周年、新中国成立 70 周年和中国共产党成立 100 周年，极大增强了全市上下“坚定不移听党话、矢志不渝跟党走”的信心决心。打赢脱贫攻坚战，全面建成小康社会，激励我们意气风发踏上了向第二个百年奋斗目标进军的新征程。抗击新冠肺炎疫情等大战大考，全市上下万众一心、同舟共济，凝聚起了敢于攻坚、克难奋进的强大力量，为我们战胜一切困难挑战、推动各项事业不断取得新胜利增添了志气、骨气、底气。

五年来，在以习近平同志为核心的党中央坚强领导下，市委团结带领全市各级党组织和广大党员干部群众，把“威海要向精致城市方向发展”作为总目标总方向总遵循，全面落实中央决策部署和省委工作要求，统筹发展和安全两件大事，大力推进产业现代化、城市国际化、新型城镇化、发展绿色化、治理现代化，胜利完成市第十五次党代会确定的主要任务，“精致城市・幸福威海”展现出生动的现实画卷。

*我们牢记“国之大者”，坚决做到“两个维护”，推动习近平新时代中国特色社会主义思想在威海落地生根、开花结果。*始终把学懂弄通做实习近平新时代中国特色社会主义思想作为重大政治任务，坚持“第一议题”制度，学思用贯通、知信行统一，不断提高政治判断力、政治领悟力、政治执行力，以实际行动捍卫“两个确立”、做到“两个维护”。始终按照中共中央总书记习近平重要指示要求谋划工作，明确“精致城市・幸福威海”目标定位，提出“五化”重点任务，在创新驱动、经略海洋、对外开放、生态文明等方面都结合实际推出一系列新思路新举措，党的创新理论在威海大地彰显出强大的真理力量、思想力量、实践力量。坚决落实中共中央总书记习近平“走在前列、全面开创”“三个走在前”重要指示要求，牢牢把握争当新时代社会主义现代化强省建设排头兵的目标定位，各项工作都高标准、严要求、争一流、争第一，在全省经济社会发展综合考核中连续多年位居前列，群众满意度调查多年全省第一。建立落实中共中央总书记习近平对山东工作重要指示要求的工作台账，对三大攻坚战、扶贫协作和对口支援、黄河流域生态保护和高质量发展、胶东经济圈一体化发展等工作，不打折扣、不搞变通，坚决落实到位。

*我们完整准确全面贯彻新发展理念、坚定不移推动高质量发展，综合实力和竞争力迈上更高台阶。*坚持产业为王、项目为王、企业为王，持续做优做强七大产业集群、十条产业链，加快推动新旧动能转换。实施企业冲击新目标、创新型中小企业培育两个“双百工程”，开展互联网赋能、智能化改造等行动，省级以上单项冠军、瞪羚、专精特新企业达到 276 家，国家科技型中小企业发展到 1870 家，国家高新技术企业突破 1000 家，高新技术产业产值比重、“四新”经济增加值比重等指标位居全省前列。加快打造“政产学研金服用”创新生态，组建产业技术研究院暨郭永怀高等技术研究院，构建“1+4+N”创新平台体系，省级以

上科技创新平台达到386家，获批建设国家创新型城市。打造“英创会”等常态化、国际性招才引智平台，232人入选国家和省重点人才工程，“千里海岸线、一条创新链、一个创业梦”的创新品牌更加响亮。坚持科学用海、科技兴海、产业强海、生态护海、开放活海，深入实施海洋强市建设行动，“一城三核”、全域布局的国际海洋科技城全面拉开发展框架，海洋经济加快转型，成为全国唯一获得海洋领域五个国家级试点示范的城市。推动全域旅游、港口物流、商贸、金融等现代服务业优化发展，建成运营千里山海自驾旅游公路，打造了一批特色商业街区，威海港与青岛港实现战略整合。

*我们深刻领会“威海要向精致城市方向发展”殷切嘱托，全域推进精致城市建设，城市品质和城市魅力全面彰显。*聚焦高质量发展、高品质生活、高效能治理和特色化发展，颁布全国首部精致城市建设条例，编制精致城市建设规划纲要，发布评价指标体系，立稳精致城市建设“四梁八柱”。以对城市和人民高度负责的历史担当，奏响化解城市“成长的烦恼”四部曲，有效解决不动产权证“办证难”、闲置项目及“半拉子”工程、低效用地和城市管理服务中不精致、不文明、群众不满意问题。深入开展国家“城市双修”“无废城市”“美丽城市”建设试点，加快城市有机更新，实施了一批老旧小区改造、“断头路”打通、停车场和口袋公园建设等工程，高标准开展铁路沿线、海岸线、环山路沿线“三线整治”，建成城市运行指挥中心，城市更宜居、生活更美好。加快完善城市基础设施，文莱高速、西部环山路、环山快速路建成通车，世界首座四代技术华能石岛湾高温气冷堆核电机组并网发电，黄垒河地下水库蓄水试运行，新机场、莱荣高铁、“国和一号”示范工程、文登抽水蓄能电站、乳山口大桥等重点项目快速实施。推进乡村全面振兴，全市95%以上的村集体经济收入超过10万元，农村通户道路硬化、改厕、饮水安全、公交出行和市级清洁村庄等实现全覆盖。扎实推进“四减四增”三年行动，打好蓝天、碧水、净土保卫战，坚决抓好环保督察反馈问题整改，环境空气质量连续六年达到国家二级标准，全域建成国家生态文明建设示范区。

*我们用足用好改革开放关键一招，主动服务和融入新发展格局，发展的动力活力更加充沛。*深入推进重点领域和关键环节改革，率先在市县两级同步启动系统集成改革，获批省级以上改革试点200多项，商事制度改革、“双创”经验等获国务院督查激励，社会信用体系建设、“六水共治”等100多项创新经验在全国全省推广。深入推进“放管服”“一次办好”改革，获评国际化营商环境建设标杆城市。深入实施城市国际化战略，推动与韩国仁川“四港联动”，构建起东接日韩、西联欧亚的东西双向互济国际物流大通道。加快推动中韩自贸区地方经济合作示范区建设，连续三次入选全国服务贸易创新发展试点城市，国家跨境电商综合试验区建设深入推进，综合保税区封关运行、跨越发展，开发区体制机制改革顺利完成。举办市长国际经济咨询委员会年会、威商大会，引进了惠普、马夸特、捷普等大项目，全市实际使用外资和外贸进出口总额年均分别增长12.3%和11.3%。

*我们深入践行社会主义核心价值观，以坚定的文化自信推动文化繁荣发展，城市文化软实力显著增强。*坚持党管宣传、党管意识形态、党管媒体，严格落实意识形态工作责任制，牢牢掌握工作主动权。深入开展新时代文明实践活动，实施文明市民培育工程，再次实现全国文明城市“全域一片红”。以迎接和庆祝建党100周年为契机，进一步加强红色胶东历史资源的整合、保护、利用、传承，完成474处红色印迹抢救保护，创作推出舞剧《乳娘》、现代京剧《郭永怀》、长篇报告文学《烈火芳菲》、主题影片《村头村尾》等一批文艺精品力作。大力弘扬传承中华优秀传统文化，深化新时代美德威海建设，涌现出一大批“中国好人”、全国道德模范等先进典型。成功创建国家公共文化服务体系示范区，市群众艺术馆、市图书馆新馆、市游泳馆、市方志馆建成开放，市档案馆获评全国示范数字档案馆，万人拥有公共文化设施面积、群众文化体育生活满意度居全省首位。

*我们牢固树立以人民为中心的发展思想，持续增进民生福祉，人民群众获得感幸福感安全感不断提升。*坚持“小切口”改善“大民生”，每年实施一批民生实事项目，连续两年获评中国最具幸福感城市。多措并举稳定和扩大就业，城镇登记失业率保持较低水平，全体居民人均可支配收入年均增长7.6%。加快教育事业高质量发展，4个区市全部通过首批国家义务教育优质均衡发展县省级验收，高校数量增至11所，职业教育快速发展，校企合作、产教融合取得丰硕成果。深入推进健康城市建设，获批全国首批公立医院综合改革示范市、健康城市建设示范市，实现基层医疗卫生机构标准化建设全覆盖，人均期望寿命提高到81.97岁。成功举办国际乒联男女世界杯、全国乒乓球锦标赛，带动群众性体育活动蓬勃开展。持续推进社会保险、医疗保险和困难群众救助提标扩面，城乡低保标准年均提高9.9%和15.6%，城乡特困人员基本生活标准年均提高6.9%和16.9%，社会保障体系更加完善。创新构建“六治一网”市域社会治理模式，深入推进信用“五进”工程，优化整合“1+2+N”社会治理服务平台，入选全国首批市域社会治理现代化试点市并在全国会议上交流发言。深化平安威海建设，常态化开展扫黑除恶斗争，狠抓安全生产、渔船管控、森林防火、防汛抗旱、食品安全、信访稳定等工作，社会大局保持安定祥和。

*我们坚持党的领导、人民当家作主、依法治国有机统一，充分凝聚发展合力，生动活泼、安定团结的政治局面更加巩固。*坚持党委总揽全局、协调各方，支持市人大常委会、市政府、市政协、市法院、市检察院依法依章履职尽责。积极构建大统战工作格局，多党合作、民族宗教、民营经济、新阶层、外事侨务、台港澳等各领域统战工作创新推进，工会、共青团、妇联等群团组织活力持续增强。加强党管武装，深化双拥共建，实现全国双拥模范城“八连冠”。深入推进法治威海建设，颁布实施11部地方性法规和15部政府规章，法治政府建设实施纲要落实落地，司法责任制及综合配套改革、综合行政执法体制改革扎实推进，“七五”普法规划全面实施，成为全国法治政府建设优秀城市。

我们坚决扛牢管党治党重大政治责任，推动全面从严治党向纵深发展，风清气正的政治生态持续优化。深入贯彻新时代党的建设总要求，严格执行党内法规和规章制度，层层压实管党治党责任。精心组织开展“两学一做”学习教育、“不忘初心、牢记使命”主题教育、党史学习教育，广大党员干部信仰信念更加坚定。统筹抓好农村、城市、机关、国企、学校、非公企业社会组织各领域党建工作，持续推进基层党组织标准化规范化建设和软弱涣散基层党组织整顿，圆满完成村（社区）“两委”换届工作，创建了“红色物业”等党建品牌。坚持党管干部原则和新时期好干部标准，“选育管用”精准发力，高质量完成区市、镇领导班子换届工作。党政机构改革、事业单位改革顺利完成，机构职能体系更加优化协同高效。提升胶东（威海）党性教育基地，建成全国首个以总体国家安全观为主题的教育培训基地。坚决落实中央八项规定及其实施细则精神，常态化开展干部作风大改进行动，大力减轻基层负担，坚决整治形式主义、官僚主义，激励干部担当作为、干事创业。充分发挥巡察利剑作用，实现十五届市委巡察全覆盖，全面完成中央、省委巡视反馈意见整改工作。狠抓政法队伍教育整顿，解决了一批顽瘴痼疾。深入推进清廉威海建设，坚持标本兼治，不敢腐、不能腐、不想腐的体制机制已经形成，政治生态更加风清气正。

五年风雨兼程，五年春华秋实，我们一起拼搏、一起奋斗、一起收获，深切体会到：做好威海工作，必须始终坚持党对一切工作的领导，把旗帜鲜明讲政治落实到具体行动上，任何时候都坚决听从以习近平同志为核心的党中央号令，所有工作都围绕中央决策部署和省委工作要求来展开，确保各项事业沿着正确方向前进，以“一地一域”精彩为全局全域添彩。必须始终坚持党的创新理论引领，毫不动摇地以习近平新时代中国特色社会主义思想为指导，谋划推动工作自觉同党的理论和路线方针政策对标对表，及时校正偏差，坚定不移走高质量发展之路，不断开辟发展新境界。必须始终坚持改革开放创新不动摇，持续向改革要活力、向开放要动力、向创新要竞争力，在更多领域大胆闯、大胆试，在更大范围整合资源、集聚要素，在更高平台谋创新、谋未来，着力破解发展难题、拓展发展空间、增强发展动力。必须始终坚持以人民为中心的发展思想，把人民群众放在心中最高位置，把人民幸福作为发展的标尺，深入践行党的群众路线，一切为了人民，一切依靠人民，让改革发展成果更多、更公平惠及全体人民，以干部的辛苦指数换取群众的幸福指数、企业的发展指数。必须始终坚持担当作为干事业，把责任牢牢扛在肩上，不为任何困难所阻，不为任何风险所惧，不为任何干扰所惑，破除传统观念、惯性思维、自满意识，弘扬创新精神、实干精神、争先精神，抓一事成一事，推动更多工作争一流、走在前。必须始终坚持从严管党治党，把纪律和规矩挺在前面，持续深化正风肃纪，锻造过硬干部队伍，充分发挥各级党组织战斗堡垒作用和广大党员先锋模范作用，汇聚起建设“精致城市·幸福威海”的磅礴力量。这些体会，既是过去实践的经验总结，也是未来发展的宝贵财富，一定要在继承中创新、在创新中发展，不断发扬光大。

看似寻常最奇崛，成如容易却艰辛。五年奋斗，成绩来之不易，这是以习近平同志为核心的党中央高瞻远瞩、掌舵领航的结果，是省委正确领导、关心支持的结果，是历届市委及各位老领导老同志薪火相传、接续奋斗的结果，是全市党员干部群众团结一致、共同努力的结果，是各民主党派、工商联、无党派人士、人民团体、驻威部队、武警官兵和所有关心威海发展的各界人士大力支持的结果。在此，我代表中共威海市第十五届委员会，向所有为威海发展作出贡献的同志们、朋友们，表示衷心感谢并致以崇高敬意！

中共中央总书记习近平告诫我们，新的征程上，必须增强忧患意识、始终居安思危。我们清醒地认识到工作中还存在一些问题和不足，主要是：学懂弄通做实习近平新时代中国特色社会主义思想还有差距，贯彻落实中共中央总书记习近平重要指示要求还不到位；综合实力不够强，经济体量不够大，大企业大项目偏少；新旧动能转换步伐不够快，产业集群化链条化智能化发展水平不高，科技创新与产业发展的融合度有待提高；精致城市建设还不够均衡，城市品质需要提升，乡村建设存在薄弱环节，基础设施、公共服务、要素保障等领域有不少短板；民生保障和社会事业还不能很好满足群众需求，社会治理、公共安全等方面仍有矛盾隐患，应对新冠肺炎疫情、极端气候、人口老龄化等对我们提出了更高要求；全面从严治党任重道远，党风廉政建设和反腐败斗争形势依然严峻复杂，部分干部的理念、作风和能力还跟不上时代发展的需要，等等。对这些问题，我们必须高度重视，采取有力举措，切实加以解决，在攻坚克难中不断夺取新的更大胜利。

沿着习近平总书记指引的方向坚定前行

一个时代有一个时代的使命，一代人有一代人的担当。回顾过去，威海在改革开放的伟大历程中谱写了一篇篇勇立潮头、开拓进取的壮丽华章，从一座海防小城成长为充满生机与活力的现代化沿海开放城市。展望未来，我们已经踏上新的赶考之路，挑战前所未有，机遇稍纵即逝。既要看到世界百年未有之大变局进入加速演变期，不稳定性不确定性明显增加；也要看到和平与发展仍是时代主题，我国仍处于重要战略机遇期。既要看到各类风险挑战交织叠加，“黑天鹅”“灰犀牛”还会不期而至；也要看到新一轮科技革命和产业变革方兴未艾，新的动能加快成长，向好因素不断积聚。既要看到发展进入新阶段，各类约束性因素在增多，我们的一些传统优势在弱化；也要看到经过多年接续奋斗，威海的产业实力、创新能力、治理水平都迈上了新台阶，发展优势在集成、动力在增强。我们要强化战略思维，善于从战略上看问题、想问题，坚定信心、保持定力，正视困难、科学应对，抢抓机遇、乘势而上，下好先手棋、打好主动仗，更加注重系统谋划，更好统筹发展和安全，更为充分调动各方面积极因素，在危机中育先机，于变局中开新局。

今后五年，全市工作总体要求是：**坚持以习近平新时代中国特色社会主义思想为指导，认真贯彻党的十九大和十九届历次全会精神，深入落实中**

共中央总书记习近平对山东工作的重要指示要求，全面落实中央决策部署和省委工作要求，把“威海要向精致城市方向发展”作为总目标总方向总遵循，更好把握和运用党的百年奋斗历史经验，弘扬伟大建党精神，按照把握新发展阶段、贯彻新发展理念、构建新发展格局、推动高质量发展的要求，坚持稳中求进工作总基调，坚持系统观念，坚持统筹发展和安全，以改革创新为动力支撑，以满足人民日益增长的美好生活需要为根本目的，以全面从严治党为政治保证，统筹推进“五位一体”总体布局，协调推进“四个全面”战略布局，高水平推进产业现代化、城市国际化、新型城镇化、发展绿色化、治理现代化，全力打造共同富裕先行区，不断开创“精致城市·幸福威海”建设新局面，争当新时代社会主义现代化强省建设排头兵，为实现第二个百年奋斗目标而不懈努力。

共同富裕是社会主义的本质要求，是中国式现代化的重要特征。中共中央总书记习近平指出“现在，已经到了扎实推动共同富裕的历史阶段”“必须把促进全体人民共同富裕作为为人民谋幸福的着力点”，这为“精致城市·幸福威海”建设提出了新的要求、注入了新的内涵。威海经济社会发展水平相对较高，全域发展相对均衡，有基础、有条件、有责任在共同富裕上率先突破，全力打造共同富裕先行区，在“精致城市·幸福威海”建设进程中实现群体共富、城乡共富、区域共富、物质精神共富。

——打造更具活力的高质量发展高地。传统优势产业持续升级，新兴产业蓬勃发展，未来产业加快突破，产业链供应链创新链深度融合、协同提升，科技创新体系更加完善、充满活力，创新创业生态开放包容、持续优化，统筹利用两个市场、两种资源的能力显著提高，企业、项目、人才竞相涌入，发展全面转入创新驱动、效益优先轨道，新经济新动能成为威海高质量发展的主导力量。

——打造优质均衡发展的精致城市样板。一体化、组团式、生态化的城市形态更加优化，中心城区辐射带动能力显著提升，各区市、开发区、重点区域和小城镇建设取得新成效，乡村振兴全面推进，全域协调发展的路径更加清晰，重大基础设施、新型基础设施加快建设，生产生活方式完成绿色转型，生态环境指标保持全国前列，建成高质量发展、高品质生活、高效能治理和特色化发展的全域精致城市。

——打造向上向善向美的文明城市典范。社会主义核心价值观深入人心，新时代文明实践纵深推进，文明创建迈上更高层次，市民思想道德素质、科学文化素质和身心健康素质明显提高，文化事业和文化产业更加繁荣，城市内涵气质进一步提升，人文之美、文明之美充分彰显。

——打造共建共治共享的城市治理现代化范例。社会主义民主法治更加健全，“六治一网”市域社会治理模式全面发挥作用，以党建为引领的治理合力充分凝聚，城市更和谐、更安全、更智慧。优质公共服务覆盖全域，城乡区域发展差距、城乡居民收入和生活水平差距持续缩小，低收入群众增收能力和社会福利水平明显提升，人民全生命周期需求得到更高水平的满足，富民、惠民、安民走在全国前列。

具体工作中，要把握好以下原则：

紧紧锚定“精致城市·幸福威海”奋斗目标。“威海要向精致城市方向发展”，是中共中央总书记习近平对我们的殷切嘱托，是总目标总方向总遵循。“幸福威海”，是历届市委始终牢记的初心使命，是全市上下努力奋斗的目标。我们建设“精致城市·幸福威海”，就是要让生活在这座城市的人民，都有实现自我价值的舞台，都能享受到高品质的生活，都能得到尊重和关怀，都有足够的获得感幸福感安全感。这与促进全体人民共同富裕的目标是完全一致的，我们要把共同富裕融入“精致城市·幸福威海”建设的各领域各方面，思想上高度统一，行动上步调一致，不断开创新局面。

牢牢把握争当新时代社会主义现代化强省建设排头兵的定位。勇争一流、敢为人先，是威海人民的鲜明特质，也是新时代拼搏奋斗的生动诠释。中共中央总书记习近平要求山东“走在前列、全面开创”“三个走在前”，省委要求“事争一流、唯旗是夺”，市委坚定争当新时代社会主义现代化强省建设排头兵目标定位，提出“十个争先”，这是我们实现共同富裕的基础和支撑。全市上下要进一步弘扬“是第一就争、见红旗就扛”的优良作风，在高质量发展、共同富裕的道路上比学赶超、奋勇争先，创造更多排头兵的发展成果。

聚焦聚力“五化”重点任务。威海现代化建设的重点任务，是产业现代化、城市国际化、新型城镇化、发展绿色化、治理现代化，这“五化”与创新、协调、绿色、开放、共享五大发展理念相对应，也是推动高质量发展、促进共同富裕的具体路径。产业现代化，提供共同富裕的物质基础；城市国际化，集聚更多要素资源；新型城镇化，推进城乡、区域协调均衡发展；发展绿色化，创造优良生态环境；治理现代化，营造和谐稳定秩序。我们要完整准确全面贯彻新发展理念，坚定不移推进“五化”重点任务，一步一个脚印，一年一个台阶，持续用力、久久为功。

始终坚持优势领域争先与短板弱项突破并举。推动高质量发展、促进共同富裕，既要固根基、扬优势，也要补短板、强弱项。要在充分挖掘转化优势的基础上，坚持问题导向、目标导向、结果导向，每项工作都从问题切入、用目标引领、以结果论英雄，每年梳理一批需要高度关注、着力解决的重点问题，全力以赴抓攻坚、抓见效，以一个个问题的解决推动整体工作提升，在更高质量、更有效率、更加公平、更可持续、更为安全的发展中，实现全体人民的共同富裕。

奋力开创各项事业发展新局面

社会主义是干出来的，新时代是奋斗出来的。未来五年，是威海以高质量发展推动共同富裕的关键时期，我们要牢记嘱托、勇担使命，奋勇争先、走在前列。

一、坚持产业强市不动摇，在集群化链条化智能化发展上持续用力，培育具有威海特色的现代产业体系

产业是高质量发展的根基。要始终把产业强市作为城市发展的主导战略，突出先进制造业地位，加快新旧动能转换，全面构筑以新动能为主导的现代产业体系，进一步提高发展质量效益，夯实共同富裕的物质基础。

增强先进制造业核心竞争力。在特色优势产业上集中攻坚、全面发力，大力培育七大产业集群、十条产业链，加快延链补链强链拓链，推动先进制造业发展提速、占比提高、效益提升。积极发展核电、海上风电、氢能等新能源产业及相关配套产业，前瞻布局生命科学、前沿新材料等未来产业，抢占制造业发展制高点。开展工业技改提级行动，以高端、智能、绿色为导向，加快应用新技术、新工艺、新设备，推动机器换人、设备换芯、生产换线，带动产业转型升级。谋划实施一批产业基础再造工程项目，引导广大企业专注主业、做精专业，攻克关键核心技术，在更多细分领域掌握行业话语权、标准制定权和产品定价权。支持企业瞄准市场需求，着力提品质、创品牌，弘扬工匠精神，打造百年企业。

加快海洋经济转型发展。全域建设国际海洋科技城，北部以国家海洋综合试验场为核心，加快建设远遥科技湾区，培育壮大海洋电子信息与智能装备等产业；东部以海洋高新技术产业园为核心，提升海洋食品、海洋医药与生物制品等产业发展水平，创建国家农高区，打造海洋经济隆起带；南部以蓝色碳谷为核心，加快崛起蓝色经济新板块。推动海洋种业、海水养殖、远洋渔业等传统渔业提质增效，发展壮大船舶和涉渔装备、海洋休闲旅游等优势产业，促进海洋一、二、三产业深度融合。全面融入省港口一体化发展布局，打造以威海湾港区为龙头，南海、龙眼、石岛、乳山口等港区联动发展的现代化港口体系，推动临港产业高质量发展。

优化提升现代服务业。推动生产性服务业向专业化和价值链高端延伸，做大跨境物流、冷链物流、保税物流，提升现代物流业发展水平。培育和打造展会展览品牌，吸引更多国内国际大型会展、论坛、赛事落户。统筹抓好现代金融、科技服务、中介服务、电子商务等产业，推动服务业与先进制造业、现代农业链条式组合，更好服务实体经济发展。推动生活性服务业向高品质和多样化升级，加强公益性、基础性服务业供给，更好满足广大群众美好生活新需求。探索服务业新业态新模式，立足本地特色产业发展平台经济、共享经济、线上经济，培育健康养老、高端医疗、文化旅游、信息消费等消费热点，增强发展活力，拉动内需增长。

大力发展精致高效农业。全面落实粮食安全党政同责，严守耕地红线，严格落实耕地用途管制，实施高标准农田建设工程，确保稳产保供。深化提升乡村振兴样板片区，加快农村一、二、三产业融合发展，因地制宜培育壮大一批富民产业、特色产业，争创国家农业现代化示范区。深化农业农村综合改革，加快培育新型农业经营主体，支持村级党组织领办农民合作社，不断提高农业产业体系、生产体系、经营体系、服务体系现代化水平。探索盘活利用农村闲置宅基地和农房的有效途径，稳妥有序推进农村集体经营性建设用地入市。

全力突破数字经济。加快数字化变革，推动互联网、云计算、大数据、人工智能、区块链技术与实体经济深度融合。大力发展工业互联网，推动大企业做平台、小企业上云端，打造一批行业性工业互联网平台和数字融合应用标杆企业。实施工业企业智能制造赋能行动，新建一批智能工厂和数字化车间。加快旅游、健康、教育、娱乐、金融、商贸等服务业数字化转型，实现线上线下同步发展。推动新型数字产业发展，着力突破计算机外设、智能终端、智能可穿戴设备等产业。加快5G基站等新型基础设施建设，提升国家标识解析二级节点（威海）服务能力。

做优做强市场主体。持续实施企业冲击新目标行动，动态调整入库和后备库企业名单，支持企业向五十亿、百亿、千亿目标冲刺。实施中小企业梯次培育工程，制造业单项冠军、专精特新"小巨人"企业、瞪羚企业稳定增长，力争实现独角兽企业零的突破。加大"个转企、小升规、规改股、股上市"力度，全市规上工业企业力争突破2000家。

企业是社会财富的创造者，是以高质量发展推动共同富裕的中坚力量。我们要把关心企业、支持企业、服务企业作为义不容辞的责任，进一步优化政策体系，健全政企沟通服务机制，有求必应、无事不扰，亲而有度、清而有为，给企业以更稳定的预期、更强的获得感！

二、坚持创新驱动发展，在产学研深度融合上持续用力，建设高水平区域创新中心

创新是引领发展的第一动力，是推动高质量发展、促进共同富裕的战略支撑。要始终把创新摆在发展全局的核心位置，集聚各类优质创新资源，促进创新要素与产业需求精准对接，充分激发全社会创新创业活力。

建设高能级创新平台。深化提升"1+4+N"创新平台体系，突出医疗器械、碳纤维、海洋生物等优势领域，引进建设一批创新平台和创新创业共同体，加快建设威海先进医用材料与高端医疗器械山东省实验室。支持骨干企业牵头构建多方参与、产学研高效协同的创新联合体，鼓励企业设立"飞地"研发机构。深化科技对外开放，办好"中韩创新大赛""中日科技创新合作大会"等活动，争创中国—东北亚创新合作中心，打造面向日韩的科技合作"桥头堡"。

开展高效能创新合作。强化企业创新主体地位，推动创新链与产业链深度融合，聚焦高端医疗器械、先进材料、海洋、电子信息等产业，布局实施一批重大科技创新项目。开展科技成果产业化加速行动，充分发挥山东大学（威海）、哈尔滨工业大学（威海）等驻威高校创新"动力源"作用，推动国内外高校、科研院所与骨干企业深入合作，让更多科技成果在威海转化。深化科技体制改革，全面推开重大技术攻关"揭榜制"、首席专家"组阁制"。持续提升科技服务水平，引进高水平技术转移机构，畅通科技成果转化渠道。促进科技与金融深度融合，为科技成果转化源源不断注入金融"活水"。

集聚高素质创新创业人才。创新之道，唯在得人。要紧紧围绕产业链、供应链、创新链谋划布局人才链，积极探索柔性引才、"人才+资本"引才等新模式，提升"英创会"等招才引智活动影响力，精准引进高层次科技人才、经营人才、技能人才、青年人才，聚天下英才而用之。优化人才创新创业环境，吸引更多院士、专家来威海设立工作站，建设研究生实习实践基地和更多高水平众创空间、创业街区，完善休闲娱乐、医疗保健、社交等服务

保障机制，让各类人才引得进、能创业、留得住。实施国际化人才战略，加快外国专家驿站建设，开发日韩等重点国家人才资源。青年是城市的未来，是城市的活力所在。要建立健全服务青年成长成才的政策体系，建设青年发展友好型城市，增强城市吸引力，让城市更青春、更活力，让青年更有为、更出彩。

抓创新就是抓发展，谋创新就是谋未来。我们要弘扬创新精神、培育创新文化，大力营造尊重人才、鼓励创新、宽容失败的氛围，全面推进科技研发创新、人才引育创新、产业生态创新，让创新智慧充分释放，让创新力量充分涌流，让“千里海岸线、一条创新链、一个创业梦”在中国的创新版图上熠熠生辉！

三、坚持全域一体内涵提升，在建设精致城市上持续用力，构建同城融合、协调均衡的城市发展新格局

共享高品质生活，是城乡居民的共同期盼，是共同富裕的重要内容。要坚持“人民城市人民建、人民城市为人民”，遵循城市发展规律，注重内涵品质提升，全领域、全要素、全环节推进精致城市建设，不断增强全域发展的精致性、协调性、融合性。

推进区域融合发展。优化城市空间格局，构建山海一体、生态韧性的保护空间和中心引领、环海发展的开发空间。提升中心城市首位度，统筹布局城市产业空间、居住空间、基础设施和公共服务，进一步提升环翠区、高区、经区城市能级，推动东部滨海新城、好运角旅游度假区产城融合、联动发展，加快文登区、临港区与中心城区同城化发展，推进南海新区发展成为现代小城市，打造一体化发展的城市中心轴带。推动荣成市在全国百强县中争先进位，支持乳山市加快突破、跨越赶超，全面实现市域一体化、均衡化发展。加快双岛湾科技城、张村—羊亭—汪疃片区等重点区域建设，打造精致城市的重要板块。因地制宜推动小城镇建设，完善基础设施，优化公共服务，发展特色经济，不断提升镇域承载力和吸引力。认真落实《山东半岛城市群发展规划》，全方位融入胶东经济圈一体化发展等重大战略，健全跨区域合作机制，实现资源共享、优势互补、特色发展。

提升城市内涵品质。优化城市设计，精雕细琢每一个街区、每一栋建筑、每一处公园，做到单体出精品、组群有风格、整体创特色，让“红瓦绿树、碧海蓝天”的城市风貌更加鲜明。扎实推进城市有机更新，常态化开展城市体检，实施城市社区精致空间建设行动，完善社区食堂、口袋公园、公厕、停车场等便民设施，全面完成老旧小区改造，持续推动“瓶颈路”打通和市政道路整治提升，有效解决交通拥堵、停车难等“城市病”，让城市更有品质、更有温度。打造更多城市地标，加快推进栖霞街、威海老港等特色街区建设，优化提升城市购物中心、城市综合体等核心商圈，推动城市商业商务、创新创业、居住休闲等功能升级，激发城市活力。加大低效用地、闲置资产整合盘活力度，腾出更多空间发展城市高端经济。加强智慧城市建设，推动城市“一网统管”，探索城市全场景智慧应用，让市民畅享智慧生活。

增强城市承载能力。完善交通基础设施，莱荣高铁建成运营，桃威铁路电气化改造、乳山口大桥建设完工，新机场加快建设。深化“六水共治”，加快现代水网建设，完成河库水系连通工程，积极探索海水淡化、中水利用，保障城市用水安全。大力发展高效清洁能源，推动文登抽水蓄能电站并网发电，加快“国和一号”示范工程、华能核电项目建设，开展供热、制氢等核能综合利用。

全面推进乡村振兴。扎实稳妥推进乡村建设，统筹城镇和村庄布局，科学确定村庄分类，因地制宜、有序发展。精准整治农村人居环境，探索基础设施长效管护机制，不断改善农村基本公共服务条件，加快建设精致乡村。全面推广乡村振兴首席专家制度，健全乡村人才培养机制，推动各类人才返乡创业、下乡服务。健全党组织领导的自治、法治、德治相结合的乡村治理体系，创新农村精神文明建设有效平台载体，推动形成文明乡风、良好家风、淳朴民风。

建设精致城市是中共中央总书记习近平赋予我们的重大责任。我们要以强烈的政治担当答好这张时代答卷，全市上下齐心协力，城市农村一起抓、面子里子一起做、硬件软件一起管，积极探索现代化城市建设发展的威海路径，努力为全国同等规模和类型的城市作示范、当标杆！

四、坚持改革不停顿开放不止步，在提升资源要素集聚配置能力上持续用力，塑造高质量发展新优势

改革开放是强国富民之路。唯有改革开放，才能做大“蛋糕”、分好“蛋糕”，充分调动人民群众为共同富裕努力奋斗的积极性、主动性、创造性。我们要更加注重改革的系统集成和协同高效，全面拓展开放的广度和深度，进一步激发发展活力、增创发展优势。

推进更高水平系统集成改革。全面落实中央、省改革工作安排，坚持改革与发展高度融合，聚焦提升政府效能、激发国资国企活力、破解要素瓶颈制约、优化公共服务等重点问题，谋划实施更多具有全局性、引领性、撬动性的改革任务。坚持市县联动、协同高效，推动各层级各领域资源整合、政策联动、制度衔接，探索系统集成改革的威海路径。完善先富带动后富、推动共同富裕的体制机制。积极争取全国全省改革试点和先行先试政策，优化试点推进机制，放大先发优势。实施改革品牌培育行动，推出更多可复制、可推广的威海经验，扩大威海改革品牌的影响力。

深入实施城市国际化战略。实施新一轮城市国际化三年行动，主动服务和融入新发展格局，推动城市功能、经济、人文与国际全面接轨。充分发挥区位、产业、通道等优势，集中力量深耕日韩，积极对接RCEP（《区域全面经济伙伴关系协定》）国家，创新拓展与其他国家和地区的深度合作。深化威海—仁川“四港联动”合作，加密至韩国、日本的海空航线，加快国际物流多式联运中心及配套产业园建设，常态化开行欧亚国际班列，畅通东接日韩、西联欧亚的黄金物流大通道，打造“双循环”重要节点城市。实施产业链招商促进工程，围绕重点产业集群、优势产业链引进项目、扩大投资。做强开放平台载体，加快综合保税区、中韩自贸区地方经济合作示范区产业园、服务贸易产业园、中日产业园、中德产业园建设，增强功能、集聚要素、培育产业。推动外贸提质增效，引导企

业优化产品结构、区域结构，大力发展服务贸易、离岸贸易、数字贸易、跨境电商等新业态、新模式，促进内贸外贸、线上线下一体化发展。

打造最优营商环境。实施营商环境攻坚突破行动，聚焦数字化引领、场景化应用，推动营商环境迈向更高水平。全面推行“一窗受理·一次办好”改革，最大限度地精简压缩审批时限和环节，让“跑一次”为上限、“不用跑”为常态。全面推行“不见面”办事，打造“24小时不打烊”网上政府，建设“无证明城市”。深化“证照分离”改革，在生产许可、项目投资审批等领域广泛推行告知承诺制。全面推广应用“大数据+市场监管”平台，深化“双随机、一公开”监管，为各类市场主体营造宽松适度、有序规范的发展环境。

改革开放的过程，就是解放思想的过程。过去我们依靠解放思想取得巨大成就，未来也必将在解放思想中再创新的辉煌。我们要坚持解放思想不停歇，坚决破除与新形势新要求不相适应的思想观念、路径依赖，着力解决不想干、不敢干、不会干的问题，以更加深入、更高水平的改革开放，为高质量发展、共同富裕增红利、添动力！

五、坚持生态优先、绿色发展，在践行“两山论”上持续用力，绘就美丽城市新画卷

环境就是民生，青山就是美丽，蓝天也是幸福。我们要深入践行“绿水青山就是金山银山”理念，主动融入黄河流域生态保护和高质量发展战略，推进产业生态化、生态产业化，打造绿色发展示范区。

大力推进碳达峰碳中和。把碳达峰碳中和纳入生态文明建设整体布局，实施碳达峰行动，确保实现降碳减排目标。发挥森林、湿地、海洋等碳汇资源优势，加快推进焦念志院士工作站等平台载体建设，突破碳汇机制、碳汇计量、碳增汇等关键技术，探索碳汇交易模式，推动碳汇经济高质量发展。深入创建绿色工厂、绿色产品、绿色园区、绿色供应链，加强工业、农业和生活废弃物的资源化综合利用，推动建设全社会资源循环利用体系。探索生态产品价值实现机制，让更多生态产品更好、更快、更直接地转化为经济价值。强化全民环保意识，让绿色低碳生活成为社会新风尚。

加大生态系统治理修复力度。深入打好污染防治攻坚战，狠抓环保督察问题整改，集中力量解决突出环境问题。实施新一轮“四减四增”三年行动，统筹污染治理和生态保护，以更高标准打好蓝天、碧水、净土保卫战，完成“两个清零、一个提标”任务，保持生态环境质量领先优势。扎实开展国土绿化行动，抓好林业有害生物防控，加强生物多样性保护，提升生态系统质量和稳定性。严守海域生态红线，实施“蓝色海湾”整治行动，确保近岸海域水质优良率、海洋功能区水质达标率始终保持全国前列。

完善生态文明建设制度体系。深入实施主体功能区战略，加快构建以生态保护红线、环境质量底线、资源利用上线和生态环境准入清单为核心的生态环境分区管控体系，守住自然生态安全边界。建立市场化、多元化生态补偿机制，吸引社会资本投入生态环境保护，推进环境保护第三方治理。健全绿色发展考评体系，把资源消耗、生态效益等纳入经济社会发展评价，实施能耗强度、能源消费和污染物排放总量目标分解考核机制。

同志们，生态是最普惠的民生福祉。我们要始终把生态文明建设摆在突出位置，像保护眼睛一样保护生态环境，像对待生命一样对待生态环境，保护好一片蓝天，守护好一湾碧水，呵护好一方净土，打造生态新优势，释放绿色生产力，让人民群众共享更多“绿色福利”！

六、坚持以社会主义核心价值观为引领，在提升城市文化软实力上持续用力，展现现代城市文明新风范

共同富裕是人民群众物质生活和精神生活都富裕，既要富“口袋”，也要富“脑袋”。要围绕举旗帜、聚民心、育新人、兴文化、展形象的使命任务，实施文化软实力提升行动，不断满足人民群众多样化、多层次、多方面的精神文化需求，争创全国文明典范城市。

共建精神文化家园。健全用党的创新理论武装全党、教育人民工作体系，筑牢全市人民团结奋斗的共同思想基础。巩固壮大主流思想舆论，深入推进媒体融合发展，讲好威海故事，传播威海声音，提高新闻舆论传播力、引导力、影响力、公信力。完善意识形态领域全链条工作体系，加强线上线下舆情风险防范，提升网络综合治理能力，牢牢掌握意识形态工作主动权领导权。大力选树各类先进典型，在全市上下形成崇尚先进、争当先进的良好氛围。

涵养城市文化底蕴。深入挖掘威海深厚的文化资源，统筹文化传承和城市建设，加大历史建筑、传统村落民居和历史文化名镇、名村、名街区等保护力度，传承城市历史文脉。保护发展传统戏剧、传统技艺、民间文学等非物质文化遗产，实施乡村记忆工程，让文化遗产活起来。构建中华优秀传统文化创造性转化、创新性发展协同推进机制，推动中华优秀传统文化进机关、进企业、进家庭、进社区、进农村、进校园，使中华优秀传统文化不断发扬光大。

提升城市文明高度。一体推进精致城市建设与文明城市创建，完善文明城市创建常态长效机制，深入实施“精致城市·文明市民”培育行动，提升全域文明层次水平。拓展新时代文明实践中心建设成果，广泛推行“志愿+信用”模式，深入推进志愿服务项目化、制度化。持续推进“君子之风·美德威海”建设，培育崇德向善新风尚。

繁荣文化事业产业。实施文艺精品创作提升计划，推出更多体现威海文化特色的精品力作。推动国家公共文化服务体系示范区创新发展，提升公共文化服务一体化、数字化水平，为基层群众提供更加优质普惠的公共文化服务。培育“文化+”新业态新模式，大力发展书画艺术、影视制作、创意设计、数字内容等文化产业，持续放大品牌文化活动带动效应。推动文旅产业融合发展，提升千里山海自驾旅游公路辐射力影响力，打造国际滨海休闲度假旅游目的地。

文化是城市的根和魂。我们要对历史负责、对人民负责、对未来负责，以更大力度保护传承城市文脉，以文化之光温暖城市，以城市之魂滋养市民，以人民的自信自强引领威海迈向更加美好的未来！

七、坚持共建共治共享，在治理体系和治理能力现代化上持续用力，打造“中国之治”的“威海样板”

社会治理能力是城市竞争力的重

要标志。要强化系统治理、依法治理、综合治理、源头治理，发展全过程人民民主，打造人人有责、人人尽责、人人享有的社会治理共同体。

*发展社会主义民主。*充分发挥党委总揽全局、协调各方的领导作用，支持和保证人大及其常委会开展立法、监督等工作，保障人大代表依法履职。大力发展社会主义协商民主，加强政协专门协商机构建设，让发扬民主与增进团结相互贯通、建言资政与凝聚共识双向发力。巩固和发展新时代爱国统一战线，加强同民主党派、工商联和无党派人士的团结合作，做好民族宗教、民营经济、新阶层、外事侨务、台港澳等工作，寻求最大公约数，画出最大同心圆。推动工会、共青团、妇联等群团组织增强政治性、先进性、群众性。坚持和完善基层群众自治制度，调动各方力量参与社会治理。加强党管武装工作，深化全民国防教育和后备力量建设，继续争创全国双拥模范城。

*推进法治威海建设。*坚持科学立法、严格执法、公正司法、全民守法共同发力，推动形成全社会办事依法、遇事找法、解决问题用法、化解矛盾靠法的法治环境。落实宪法宣誓制度，弘扬宪法精神，维护宪法权威。健全完善地方立法机制，推进重点领域和新兴领域立法，以良法引领改革、推动发展、保障善治。严格规范公正文明执法，加大重点领域执法监督力度。深化司法体制综合配套改革，巩固拓展政法队伍教育整顿成果，不断提升司法公信力，让人民群众时时处处感受到公平正义。高质量开展“八五”普法工作，推进企业合规建设，让法治成为全社会的价值追求。

*完善社会治理体系。*深层次推进“六治融合”，争创首批全国市域社会治理现代化试点合格市。巩固提升全国信用示范城市建设成果，实施信用“五进”工程，不断拓展应用场景。做优“1+2+N”社会治理服务平台，健全“热线＋网格化”“吹哨报到”等工作机制，推动群众诉求便捷、高效、精准解决。坚持和发展新时代“枫桥经验”，完善矛盾纠纷多元化解体系，努力把矛盾化解在源头、问题解决在基层。

*提高安全发展水平。*全面落实总体国家安全观，坚决捍卫国家政治安全。建好用好总体国家安全观刘公岛教育培训基地，持续打造国家安全宣传教育示范标杆。深入开展平安创建工作，依法严厉打击各类违法犯罪活动，巩固深化扫黑除恶斗争成果，建设更高水平的平安威海。强化经济安全意识，牢牢守住不发生系统性、区域性金融风险底线。压紧压实安全生产责任，深入开展安全生产专项整治行动，坚决遏制重特大安全事故发生。强化公共卫生安全，巩固疫情防控成果。加强应急管理体系建设，全面提升防灾、减灾、抗灾、救灾能力，打造安全城市、韧性城市。

社会治理关系民生福祉、关系社会稳定。我们要充分发挥党的领导和制度优势，调动一切积极因素，凝聚各方智慧力量，抓安全、保稳定、促和谐，让人民群众的安全感更加充实、更有保障、更可持续！

八、坚持以人民为中心的发展思想，在公共服务均等化优质化上持续用力，高水平打造人民满意的幸福城市

民生是最大的政治，是人民群众对共同富裕最实实在在的感受。我们要瞄准群众所忧、所急、所盼，尽力而为、量力而行，在更高水平上实现劳有所得、幼有所育、老有所养、病有所医、学有所教、住有所居、弱有所扶。

*推动城乡居民生活富裕富足。*健全劳动报酬增长机制，完善社会保障、转移支付等再分配制度，提高低收入群体收入，扩大中等收入群体，推动城乡居民收入与经济增长基本同步、居民收入和实际消费水平差距逐步缩小，形成中间大、两头小的橄榄型分配结构。大力实施就业优先战略，创造更加公平的就业环境，完善公共就业创业服务体系，以高质量发展扩大就业容量，以高水平服务提升就业质量。健全完善终身职业技能培训体系，弘扬勤劳致富精神，让在威海的劳动者都能通过诚实劳动、辛勤劳动、创新创业实现增收致富。加强城乡低收入群体精准识别，全面落实低保和特困供养标准动态调整机制，发展公益慈善事业。

*织密扎牢社会保障网。*坚持守住底线、突出重点、完善制度、引导预期，健全覆盖全民、统筹城乡、公平统一、可持续的多层次社会保障体系。实施全民参保计划，推动基本养老、医疗、工伤、失业等保险应保尽保，强化社保基金监管。完善分层分类社会救助体系，实现社会保险、社会救助、社会福利有效衔接，健全留守儿童、留守老人、残疾人等关爱服务体系。坚持“房住不炒”，促进房地产业健康发展，解决好新市民、低收入群体的住房问题。巩固拓展脱贫攻坚成果，完善监测帮扶机制，坚决守住不发生规模性返贫底线。

*加快社会事业优质均衡发展。*推进教育强市建设，深化义务教育“双减”试点，增强公办幼儿园优质资源供给，推动普通高中特色化多样化发展，提高职业教育、高等教育与产业发展融合度，实施15年免费特殊教育，实现城乡所有孩子同标教育、一体成长。实施健康威海行动，推动以治病为中心向以人民健康为中心转变，加快医联体、医共体建设，推动县级医院医疗服务能力提档升级，提升中医药发展水平，持续优化家庭医生、“互联网＋医疗健康”、红十字应急救护培训等服务，全方位全周期保障人民健康。积极应对人口老龄化，构建居家社区机构相协调、医养康养相结合的养老服务体系。研究“三孩”政策配套支持措施，多渠道降低生育、养育、教育成本，建设儿童友好城市。完善一体化公共服务设施，打造15分钟便民生活圈、就医圈、健身圈、阅读圈，实现基本公共服务常住人口全覆盖。

共同富裕是一个总体概念，是一个长远目标。我们要脚踏实地、久久为功，坚持不懈推动高质量发展，为更多人创造更多致富机会；坚持不懈提高发展的平衡性、协调性、包容性，持续缩小区域、城乡、收入差距；坚持不懈优化公共服务供给，尽最大努力解决好人民群众的“急难愁盼”问题；坚持不懈深化精神文明建设，让人民群众更加自信自强；坚持不懈促进社会公平正义，推动人的全面发展，使全体人民朝着共同富裕的目标扎实迈进！

持之以恒推动全面从严治党向纵深发展

事业成败，关键在党。我们要坚守自我革命根本政治方向，增强全面从严治党永远在路上的政治自觉，坚持严

的主基调不动摇，以抓铁有痕、踏石留印的坚韧和执着，继续打好攻坚战、持久战，以高质量党建引领高质量发展。

担当政治建设之责，坚决做到“两个维护”。以政治建设为统领，增强对“两个确立”的政治认同、思想认同、情感认同，不断提高政治判断力、政治领悟力、政治执行力，以实际行动增强“四个意识”、坚定“四个自信”、做到“两个维护”。完善保障“两个维护”的制度机制，推动政治监督具体化常态化，深化政治巡察。严明政治纪律和政治规矩，严格执行请示报告制度，坚决杜绝“七个有之”。坚持制度治党、依规治党，提升党内法规制度执行力。严格执行新形势下党内政治生活若干准则，落实好党的组织生活各项制度。

担当思想引领之责，加强科学理论武装。把思想建设作为党的基础性建设，持续实施习近平新时代中国特色社会主义思想教育培训工程，严格落实党委（党组）“第一议题”、理论学习中心组学习等制度，发挥各级党校（行政学院）主阵地作用，推进镇街党校（党员教育中心）实体化规范化运行，加强对党员干部的教育培训，不断提高运用党的创新理论解决实际问题的能力。巩固拓展党史学习教育成果，用好胶东（威海）党性教育基地等资源，引导广大党员牢记初心使命、开创发展新局。

担当固本强基之责，建强基层战斗堡垒。分层分类推进各领域基层党建，扩大党的组织和工作有效覆盖，全面增强党组织政治功能和组织力凝聚力。深化党组织标准化规范化建设，持续排查整顿软弱涣散基层党组织，推动基层党组织全面进步、全面过硬。充分发挥基层党组织战斗堡垒作用和党员先锋模范作用，让党员在乡村振兴、常态化疫情防控等重大任务中冲在攻坚第一线，让党旗高高飘扬在发展最前沿。开展农村基层干部乡村振兴主题培训，选优配强基层党组织带头人，完善待遇保障。探索党员分类管理，巩固拓展流动党员管理成果，提高党员队伍建设质量。

担当选人用人之责，充分激发干事之能。突出政治素质，树立重实干、重实绩、重担当的鲜明导向，加强领导班子建设，推动干部有序交流，着力打造一支政治过硬、具备领导现代化建设能力的高素质专业化干部队伍。完善年轻干部培养常态化机制，让年轻干部经风雨、见世面、壮筋骨、长才干。选好用好各年龄段干部，统筹抓好女干部、党外干部选配，用心用情做好离退休干部工作。持续推进干部专业化能力提升工程和企业家素质提升工程，让广大党员干部在思想淬炼、政治历练、实践锻炼、专业训练中练就过硬本领。完善严在日常、管在经常的干部监督工作机制。认真落实“三个区分开来”，为担当者担当、为实干者撑腰、为开拓者鼓劲，提振干事创业精气神。

担当正风肃纪之责，营造良好政治生态。坚持挺纪在前，完善权力监督制度和执纪执法体系，探索党内监督和其他各类监督贯通协同的有效路径，使各项监督更加规范、更加有力、更加有效。严格落实中央八项规定及其实施细则精神，常态化开展干部作风大改进行动，锲而不舍纠“四风”树新风。健全完善基层减负常态化机制，巩固拓展精文简会等成果。持续深化反腐败斗争，紧盯“关键少数”和重点领域，坚持无禁区、全覆盖、零容忍，完善一体推进不敢腐、不能腐、不想腐制度机制，坚定不移把反腐败斗争推向纵深。深化以案促改、以案促治，紧盯突出问题完善制度机制，真正把权力关进制度笼子。深化清廉威海建设，丰富拓展“清廉之路”内涵，引导党员干部筑牢思想防线。健全市县巡察上下联动格局，用好“红脸出汗”问题清单制度，巩固发展风清气正的良好政治生态。

在市委十六届三次全会上的讲话（摘要）

（2022 年 11 月 19 日）

中共威海市委书记　闫剑波

这次全会，听取和讨论了市委常委会工作报告，审议通过了《关于深入学习宣传贯彻党的二十大精神的意见》，会后各级各部门要结合实际，全力抓好贯彻落实。下面，根据市委常委会研究的意见，我就深入学习宣传贯彻党的二十大精神、做好全市当前各项工作，再讲几点意见，也是对全市领导干部专题学习班作个总结。

一、深刻认识党的二十大的重大意义，切实把全市思想和行动统一到党中央决策部署和省委要求上来。党的二十大是一次具有重要里程碑意义的大会，事关党和国家事业继往开来，事关中国特色社会主义前途命运，事关中华民族伟大复兴，我们必须深刻理解，完整全面准确把握。

一是大会召开的时间节点和时代背景非常特殊。党的二十大报告开篇指出，“中国共产党第二十次全国代表大会，是在全党全国各族人民迈上全面建设社会主义现代化国家新征程、向第二个百年奋斗目标进军的关键时刻召开的一次十分重要的大会”。我们已经实现了第一个百年奋斗目标，迈入了实现第二个百年奋斗目标的新征程，在这个时刻召开党代会，在党的历史上具有重要的里程碑意义。

二是大会取得的一系列重要成果影响深远。党的二十大通过了十九届中央委员会的报告、十九届中央纪律检查委员会工作报告和党章修正案，提出一系列新理念、新思想、新战略、新举措，深刻阐释了新时代坚持和发展中国特色社会主义的一系列重大理论和实践问题，为新时代新征程党和国家事业发展、实现第二个百年奋斗目标指明了前进方向，确立了行动指南，对党和国家事业发展具有长期指导意义。党的二十大和二十届一中全会，选举产生了以习近平同志为核心的新一届中央领导集体，体现了全党共同意志，反映了亿万人民的共同心愿，必将带领全国各族人民创造新的伟业。

*三是大会描绘的宏伟蓝图事关国家前途命运。*大会明确提出新时代新征程我们党的使命任务，描绘了以中国式现代化推进中华民族伟大复兴的宏伟蓝图，系统阐释了中国式现代化的中国特色、本质要求、战略安排、重大原则等，并从“五位一体”总体布局和“四个全面”战略布局等各个方面作出具体部署。这是我们党团结带领全国人民踏上新征程、夺取新胜利的政治宣言和行动纲领。我们要牢记“国之大者”，把握好中国式现代化这一中心任务，把握好“两步走”战略安排这一宏伟蓝图，把握好前进道路上“五个坚持”这一重大原则，把握好未来五年的重要战略部署，坚定信心、拼搏实干，坚决把党的二十大确定的目标任务落到实处。

全市各级各部门和广大党员干部，要自觉把思想和行动统一到党的二十大精神上来，把力量凝聚到实现党的二十大确定的各项目标任务上来，在全面学习、全面把握、全面落实上狠下功夫，不断开创全市各项工作新局面，推动党的二十大精神在威海落地生根、开花结果。

二、以党的二十大精神为指引，进一步坚定威海的发展方向。市第十六次党代会明确了威海今后五年的奋斗目标，提出“全力打造共同富裕先行区、不断开创‘精致城市·幸福威海’建设新局面、争当新时代社会主义现代化强省建设排头兵”，完全符合党的二十大精神。

一是继续把“威海要向精致城市方向发展”作为总目标总方向总遵循。“威海要向精致城市方向发展”是总书记为威海量身谋划的发展蓝图。最近，联合国人居署在上海发布了2022版《上海手册：21世纪城市可持续发展指南》，推出了全球21个、中国6个城市发展典型案例，威海“用绿色和温情来打造精致城市”就是其中之一，引起了巨大反响，各方面对威海的精致城市建设给予了高度评价。我们要始终将“威海要向精致城市方向发展”作为总目标总方向总遵循，把精致理念融入经济社会发展各方面，不断探索精致城市建设的方法路径，不断丰富精致城市建设的内容，市域一体、城乡统筹，努力打造精致城市“威海样板”。

*二是全力打造共同富裕先行区。*党的二十大报告把共同富裕作为中国式现代化的本质要求之一，贯穿于2035年总体目标以及今后的战略部署之中。“全力打造共同富裕先行区”，是立足威海基础和优势提出来的，符合党的二十大精神。要坚定打造共同富裕先行区的目标方向不动摇，坚持群体共富、城乡共富、区域共富、物质精神共富，率先探索、先行先试，努力形成更多可复制可推广的经验做法，以共同富裕的新成效提升威海高质量发展的成色和含金量。

*三是奋力争当新时代社会主义现代化强省建设排头兵。*这一定位符合党的二十大报告中提出的“鼓励东部地区加快现代化”的要求。目前看，我们还有一些比较突出的差距，达不到排头兵的标准，特别是经济发展问题不少。要按照党的二十大的要求，进一步完善争当强省建设排头兵的战略、思路、布局、政策、措施，树立更高标准，坚持“事争一流、唯旗是夺”，努力以争先率先的发展成果在现代化进程中走在前列。争当新时代社会主义现代化强省建设排头兵，有两个标志性的工作必须抓好。第一个是在省对威海的综合考核中争先进位。第二个是在山东绿色低碳高质量发展先行区的建设中，威海不仅不能作为旁观者、局外人，而且要作为主力军、排头兵。先行区建设要有威海的内容、威海的案例、威海的项目、威海的典型、威海的亮点。我们要全面谋划，全力做好。只有在这两件事情上我们达到了排头兵的位置，再加上现有的工作基础，才能真正称的上是排头兵。

三、强化使命担当，为推动中国式现代化贡献威海力量。要准确把握中国式现代化的部署要求，进一步优化实施路径，细化政策措施，以威海现代化的生动实践，为全省全国发展大局作出更大贡献。

*一是突出高质量发展主题。*对这句话，要从三个方面来理解：首先，要发展，不发展一切问题都解决不了；其次，这种发展不是简单粗放、重复、短期的发展，而是要走高质量发展的路子；第三，对威海来说，这种高质量发展最主要的还是经济高质量发展。我们之所以每个月召开全市统筹发展和安全工作推进会，研究部署阶段性工作，是因为每个阶段有每个阶段的特点，但经济工作是贯穿全年的重点工作，必须始终牢牢抓在手上。从威海现在的情况看，我们的产业结构较好，科技含量较高，能耗较低，质量效益总体比较好，但也存在一些问题：1. 经济总量太小，不仅仅是地区生产总值，也包括一、二、三产企业的数量，工业总产值等。2. 增速不仅不快，而且还在持续放缓。当然这里面有历史包袱比较沉重的原因，但不能把原因都归结于这一点，必须靠努力、靠新的增量、靠新的增长化解历史包袱，把总量拉上来。3. 现代产业集群和产业链还没有真正构建起来。我们现在所谓的产业集群和产业链，只是一部分同种类型或者彼此之间有简单配套关系的企业，还不是一个从研发到生产销售、彼此之间紧密联系的整体，没有掌握最先进的技术，没有市场话语权、定价权和品牌控制权，在全国、全球产业分工中也没有占据一席之地。4. 大企业少。大企业在很大程度上能够影响一个地区的经济规模和增速，我们现在大企业比较少，稍微受到市场波动影响，就会对威海的经济产生较大冲击。5. 企业群体数量不够。我们不仅没有大企业，而且企业群体数量也比较少，无论是农业龙头企业、工业企业，还是第三产业企业，数量都不多。很多时候我们喜欢用外资企业数量多来回避企业群体数量不够的问题，但我们的外资企业体量也不大。6. 经济韧性比较差。我们原来总认为威海经济结构比较好、科技含量高、对外开放优势大，经济韧性应该很好。但实际上威海经济受外界波动影响特别大，稍有风吹草动，我们的经济就跟着“感冒”。7. 现有企业后续扩张能力明显不足。现在只有几个大企业在积极谋划如何发展、如何扩张，绝大多数中小企业甚至一些大企业根本没有考虑后续扩张的问题。要解决这个问题，必须跟企业家一条心，经常交流，取得他们对威海的绝对信任，让他们内心深处激发出在威海做大做强的动力。8. 招商引资形成的增量不够强力。我们启动招商引资和项目建设攻坚年也好，开展招商竞赛也好，一年到头没有招来几个项目，没有弄出几个真正的大项目、好项目。

9．体现不到财政税收上来。10．支撑经济发展的交通物流等成本问题仍然没有得到解决。企业的投资选择往往跟用电、用气、用热、交通物流等成本有很大关系，威海不是经济的洼地，水电气热、交通物流等成本高，对我们引进企业、项目形成了不小的制约。总之，全市上下对经济问题要有清醒的认识，大抓经济是市委多次提出、反复强调的要求，是贯穿全年的重要任务，也是全市各级各部门、各方面的共同责任，一定要坚持不懈地抓实体经济、抓规模扩张、抓速度增长、抓质量效益，全力以赴把经济发展抓上去。

二是塑造新优势。一个地方要发展，必须充分发挥优势、塑造优势，否则就发展不起来。威海有很多独特的优势，既有海洋、对日韩开放、生态、创新、干部执行力强等传统优势，又有社会治理、文明城市、新能源等新生优势。我们要进一步挖掘、细化，弄清楚威海的优势到底是什么，有针对性地集中发力，把现有的基础塑造成优势，把存在的短板打造成优势。比如，国务院印发的《关于支持山东深化新旧动能转换推动绿色低碳高质量发展的意见》，在绿色发展、海洋经济、改革开放等方面提出很多支持政策，与威海优势领域高度契合。这是一个很重要的发展契机，如果抓住了，我们无论是在绿色低碳还是其他方面，都能形成许多新的优势。请市政府梳理一下，我们到底存在哪些优势，现有的基础是什么，还应该做什么，根据优势特色合理安排项目、投资，确保每一分投入都能产生实实在在的效益。

三是补齐发展短板。经济发展的好与坏、快与慢，往往与两个方面有关系，一个是优势有没有充分发挥出来，另一个是短板明显不明显。如果把这两个方面问题解决好了，经济发展的问题也就解决了。对发挥优势，大家很好理解，北京、上海之所以能吸引很多总部型、研发型企业，就是因为他们在集聚人流、资金流、信息流方面具有无可比拟的优势；临沂能吸引很多企业落户，也是因为两项特别明显的优势，一是有充足的劳动力，二是有强大的物流。关于补齐短板，如果一个地区存在明显的短板或者弱项，不仅新的项目很难引进来，现有企业也会逐渐离开。从威海情况看，我们的短板究竟是什么，现在还是遇见一说一、遇见二说二。要在系统梳理上下功夫，把共性短板问题弄清楚，持续用力、久久为功，一年扎扎实实解决几个，几年下来积小胜为大胜。

四是坚持以人民为中心。我们在高质量发展过程中，一定要把民生工作做好，这不仅仅是满足群众的需求，反过来也是在促进和保障经济的发展。民生工作包括发展民生事业、优化公共服务、解决群众困难、掌握群众工作方法、提高社会治理和服务能力，这几个方面只要做好了，就能真正把以人民为中心的发展思想落到实处。

五是守牢“一排底线”。守底线是经济高质量发展的前提，守不住底线就没有时间和精力去抓发展。比如，疫情防控，干杰书记讲“一稳皆稳、一失皆失”，如果疫情防不住，经济就没有办法安全稳定运行。现在安全方面的问题很多、风险很多。比如，安全生产，冬季有冬季的特点。比如，城乡安全，风险很多，沼气池、发酵池、污水池、畜禽场、地窖、溺水、坠落、水库、机井、矿坑、用电、一氧化碳、危房危墙都是平时容易出事的地方，需要好好排查。比如，疫情防控，现在形势非常复杂。省里已经明确提出要求，一是全力以赴、尽锐出战，绝对不能放松；二是坚决落实中央“外防输入、内防反弹”总策略、“动态清零”总方针；三是继续坚持全省行之有效的方法；四是进一步提升疫情防控处置能力，这里面除了核酸采样、流调、隔离救治等能力建设外，还专门提到了管控能力；五是各级干部要守土有责、守土尽责。对这5条，我们要正确理解把握、坚决抓好落实，虽然大家都很疲劳，但我们已经建立了行之有效的处置机制、储备了强大的处置能力、具备了丰富的处置经验，一定要坚定必胜信心，发挥威海干部敢打、能拼、能赢的特点，坚决守好疫情防控底线。除此之外，还有意识形态、网络舆情、渔船管控、海上安全、森林防火、生态环保、土地、债务、食品药品安全等方面，我们都要抓好。大家对风险问题一定要心中有数，把功夫下在平时，在抓好防控的同时，加强应急能力建设，确保遇到突发事件能迅速反应、有效处置，坚决守好守牢安全底线。

四、扛牢政治责任，纵深推进全面从严治党。党的二十大报告指出，“全面建设社会主义现代化国家、全面推进中华民族伟大复兴，关键在党”“全面从严治党永远在路上，党的自我革命永远在路上”。我们要坚决扛牢管党治党政治责任，为各项事业发展提供坚强政治保证。

一是充分发挥党总揽全局、协调各方作用。全市上下要始终在思想上政治上行动上同以习近平同志为核心的党中央保持高度一致，对总书记的要求，对党中央的部署，要坚定不移、不折不扣落实到位。各级党组织要发挥在一个区域、一个领域、一个方面中的领导地位和领导作用，加强各项工作的组织落实、统筹推动。各级党组织负责人要发挥好带头人作用，把好整体的思路方向，把好各阶段的工作重点，把好发展第一要务，把好自身的风险点，把好各方面力量的凝聚，确保党的方针政策和决策部署落实落地。

二是进一步夯实基层基础。今年，市委经过多次研究讨论，制定了《关于进一步加强镇（街道）基层治理能力建设的实施意见》，下一步关键是要抓好落实，持续增强基层党组织的政治功能和组织功能，实现全面进步、全面过硬。市直各部门在基层的工作也要进一步加强，甚至一直落实到村里面，自己业务范围内涉及基层的工作，要主动靠前干，不能安排给基层就算完事，自己当甩手掌柜。

三是建设高素质干部队伍。推动各项工作落实，离不开一支高素质、本领强、执行力高的队伍。一个城市的发展有了这样的一支队伍，什么事情都能干好。我们干部队伍当前基础不错，但面对新形势新任务，有些能力本领还不具备，有些工作不是不想干，也不是有其他的想法，就是有点不大会。各级都要更加重视干部的能力素质提升，建立务实高效的干部教育培训体系，增强干部推动高质量发展、联系服务群众、防范化解风险等本领。要有良好的精神风貌，遇见问题不能怕，要想办法去解决，这代表着一个地方干部的整体战斗力。拿疫情防控举例，我们的干部执行力非常强，几次疫情处置都是马上落实、连夜落实，这考验的是工作态度和责任担当。要有工作力度，特别是在遇见困难，遇见急难险重任务的情况下，要开拓进取，紧抓不放，既不能半途而废，更不能绕着走。要有高效的工作机制，沟通机制、协作机制、激励机制等等，都要进一步完善、用好。

四是坚决守住廉洁自律底线。要坚持严的主基调不动摇，持续深入推进正风肃纪反腐，推动干部作风和政治生态不断向好。要把作风建设始终牢牢抓在手上，锲而不舍落实中央八项规定及其实施细则精神，驰而不息纠治"四风"特别是形式主义、官僚主义，坚决破除特权思想和特权行为。要一体推进不敢腐、不能腐、不想腐，紧盯公共资源交易、项目建设等重点领域，以及群众身边小贪、小腐问题，毫不手软查处一批腐败案件，遏制增量、清除存量，完善制度、补齐漏洞，持续巩固拓展反腐败斗争压倒性胜利。

五、做好结合文章，把学习成果转化为抓好当前工作的强大动力。当前正值岁末，各方面工作任务比较繁重，各级各部门、指挥部和工作专班等，要把学习贯彻党的二十大精神与做好当前工作紧密结合起来，牢牢把握"疫情要防住、经济要稳住、发展要安全"重要要求，努力把学习成果转化为实实在在的工作成效，切实做到两手抓、两促进。

一是坚决打好年底收官战。各级各部门要对照省"三个十大"行动计划，对照年初任务安排，对今年以来的工作进行全面复盘，重点关注市委常委会工作要点、市委经济工作会议、政府工作报告提出的任务，以及列入省大盘子的工作，看看哪些还达不到进度要求，找出问题梗阻，拿出有力措施，争取迎头赶上，确保完成全年目标任务。

二是守住守牢安全底线。临近年底，各方面安全问题易发多发，一定要高度重视，时刻绷紧安全这根弦，把每一项工作都做细做扎实，营造安定祥和的社会环境。各区市、开发区以及有关部门要立足自身职责，落实好"八抓20条"创新举措，组织对各领域存在的风险隐患进行横到边、纵到底的摸排，发现问题立即整改，做到防患于未然。

三是做好民生保障工作。年初我们确定了一批民生实事，这些都是市委、市政府对老百姓的郑重承诺，必须坚决落实到位。受疫情冲击、气温降低等因素影响，部分困难群众、弱势群体生活可能会出现这样那样的问题，要关心他们的生活，及时予以帮扶救助，确保他们安稳过冬。

四是抓紧谋划明年工作。党的二十大对未来五年乃至更长一段时期的发展提出了许多非常具体的要求，要早动手、争主动，按照中央部署和省委要求，抓紧时间研究明年工作。各位市级领导同志要切实担负起责任，组织相关部门对工作进行深入研究，拿出思路打算。

五是抓好考核工作。包括省对我们的考核，也包括我们自己的考核，一定要考准考实考出实效。

（中共威海市委办公室提供）

政府工作报告（摘要）

——在威海市第十八届人民代表大会第三次会议上

（2022年12月28日）

威海市人民政府市长　孔凡萍

一、2022年政府工作回顾

即将过去的一年，在市委的坚强领导下，市政府和全市人民一道，以习近平新时代中国特色社会主义思想为指导，学习贯彻党的二十大精神，牢记中共中央总书记习近平"威海要向精致城市方向发展"的殷切嘱托，坚持稳中求进工作总基调，完整、准确、全面贯彻新发展理念，全面落实省委、省政府决策部署，紧紧围绕疫情要防住、经济要稳住、发展要安全的目标要求，凝心聚力攻坚克难，保持定力加压奋进，高质量发展取得新成效，"精致城市·幸福威海"建设实现新突破。

——有效应对疫情冲击。坚持人民至上、生命至上，坚定不移落实疫情防控总策略、总方针，构建"上下联动、平战一体、快速反应"的疫情防控指挥体系，高效处置多起小规模聚集性疫情。针对口岸城市输入风险高的特点，严密做好关键领域和风险点位防控，全力筑牢外防输入屏障。搭建一体化疫情防控管理系统，筑牢社区抗疫防线，凝聚群防群控、同心抗疫的强大合力。快速适应新阶段疫情形势，迅速扩充医疗救治资源，加大重点药品和物资的市场供给，全力以赴保健康、防重症。高效统筹疫情防控和经济社会发展，全力保障群众正常生活、企业正常生产、项目正常施工、交通运输畅通，最大程度保护了人民生命安全和身体健康，最大限度减少了疫情对经济社会发展的影响。

——有力稳住经济运行。始终坚持经济建设这个中心，牢固树立大抓经济的导向，努力克服需求收缩、供给冲击、预期转弱等多重压力，有效缓解疫情影响，经济运行承压前行，企业运行总体平稳，有效发挥稳增长的"压舱石"作用。全市各类市场主体增长3.9%，其中民营企业户数增长6.1%。企业经营效益逐步改善，规上工业企业营业收入利润率达到7.6%，高于全省3.3个百分点。企业上市工作取得历史性突破，百合股份、克莱特、邦德股份3家企业上市，泓淋电力过会待发，威高血液港股在审。科技创新型企业发展势头强劲，国家科技型中小企业增至2325家，增长24.3%；高新技术企业增至1370家，增长30.6%；高新技术产业产值占比67%，位居全省第一。

——坚决守牢安全底线。坚持统筹发展和安全，从严从细抓好防风险、保安全、护稳定工作，理顺工作机制，推动力量下沉，夯实基层基础，切实守住“一排底线”。落实落细安全生产十五条硬措施、“八抓20条”创新措施，压茬推进安全生产“百日攻坚”行动。食品药品安全评议连续三年位居全省第一，蝉联“国家食品安全示范城市”。筑牢海上、山上安全防线，防范预警、机动巡防、应急救援一体联动的森林防灭火体系更加健全，全链条、全环节、全过程的渔船管控经验被全省推广。获批创建全国社会信用管理标准化创新城市试点，城市信用指数保持全国前列，市域社会治理现代化试点工作经验被全国推广。

——用心用情保障民生。坚持保基本、补短板、兜底线，千方百计保障疫情防控形势下的群众生活。就业形势总体稳定，开发城乡公益性岗位1.7万个，城镇新增就业3.6万人。城乡低保、特困人员等9类救助对象保障标准进一步提高，环翠区、文登区、荣成市入选全省社会救助综合改革试验区。20件重点民生实事、18项补短板事项年度任务全部完成，办理3批次562件“微实事”，惠及群众200多万人次，实实在在增加群众获得感，连续三年被评为“中国最具幸福感城市”。

全市各级大力发扬“事争一流、唯旗是夺”的精神，营造起争当先进、争创试点、争做示范的浓厚氛围，争取了一批含金量高、标杆性强的荣誉。“用绿色和温情来打造精致城市”作为全国6个案例之一，入选联合国人居署世界城市日全球主场活动《上海手册》。国家儿童友好城市、全国青年发展型城市、全国积极应对人口老龄化重点联系城市同步获批，统筹开展“三城联创”，启动全龄友好型城市建设。中韩多式联运试运行谅解备忘录正式签署，“四港联动”取得重大突破。河湖长制工作、质量强国建设工作获国务院督查激励，获批建设国家创新型城市，全省绿色发展综合评价获评一等。在全省“5+2”十强县评定中威海市获评工业强县、现代农业强县、文旅康养强县、对外开放强县、生态文明强县、科技创新强县6项，获得奖励资金居全省前列。文登区、荣成市入选国家知识产权强县建设试点，高区获批国家级知识产权强国建设试点园区，经区获批省专利技术转移转化专项计划试点园区，环翠区、荣成市获评全省质量强县。高区、南海新区获评省级国际合作特色园区，综保区被确定为省级外贸新业态特色园区。临港区麓源果乡、文登区西洋参小镇成为首批乡村振兴齐鲁样板示范区，乳山市被认定为全省农业绿色发展先行县。环翠区、文登区被认定为全省民营经济高质量发展先进县，环翠区蝉联全省县域经济高质量发展先进县。

一年来，抓紧抓实以下重点工作：

（一）抓紧抓实为企服务，经济发展基本盘稳中加固。动态推出3批政策包、109项政策措施，用“真金白银”助力企业纾困解难、改造升级、冲击新目标。坚持应免尽免、应退尽退，落实留抵退税、减税缓税、缓缴社保费等政策，最大限度释放政策红利。完善联系帮扶企业制度，启动“威海企业家日”，采取各种形式听取企业的意见建议，帮助企业解决实际问题。通过首贷培植、“信财银保”“税银互动”等机制为企业增信，全市贷款余额4650亿元，同比增长16.2%，其中企业贷款占新增贷款的82.8%。实施“百亿企业”培育工程，“一企一策”助力骨干企业发展壮大，歌尔科技有望年内迈上营业收入百亿台阶。

（二）抓紧抓实项目建设，有效投资进一步扩大。“招商引资和项目建设攻坚年”成效明显，全市新增外商投资企业222家，新签约项目325个，合同投资额同比增长35%。一批具有风向标意义的大项目签约落地，威高集团与通用技术集团、飞利浦公司开展合作，在高端医疗装备领域开创央企、外企、民企合作先河。按照“1+6”项目清单推进重点项目建设，对810个市级重点项目平台化跟进、全过程服务。谋划储备基础设施“七网”项目298个，文登抽水蓄能电站并网发电，黄垒河地下水库、母猪河地下水库下闸蓄水，长会口水库列入国家水安全保障计划。新建5G基站1517座，建成全国“千兆城市”。抢抓国家政策性资金扩容机遇，积极争取地方政府专项债、政策性开发性金融工具、设备更新改造贷款贴息、制造业中长期贷款、房地产专项借款等政策资金，有力支持重点项目建设。

（三）抓紧抓实科技赋能，企业创新能力持续提升。布局医药医疗器械、碳纤维复合材料等8条创新链，建设10家创新联合体，促进产业链、供应链、创新链有机融合。完善“链长+专班”推进机制，加快培育七大产业集群和十条优势产业链，新增省“雁阵形”集群2个、省特色产业集群1个，迪尚集团、浦林成山、威达机械获评省十强产业集群领军企业。支持各类创新平台、创新型企业提能升级，威海先进医用材料与高端医疗器械山东省实验室获批筹建，腾森橡胶轮胎技术中心被认定为国家级企业技术中心，蓝海工业互联网平台获评国家级“双跨”平台。设立“专精特新”企业加速中心，新培育省级以上单项冠军、专精特新、瞪羚企业205家，威高血液净化实现我市“独角兽”企业零的突破。实施智能制造引航工程，新培育2家国家级、12家省级智能制造示范工厂。19个项目入选国家级人才项目，37人入选省泰山系列人才。南海新区蓝色创业谷入选国家级小微企业创业创新示范基地，文登区、经区及智慧谷被认定为省双创示范基地。高区获批国家新型工业化产业示范基地。

（四）抓紧抓实对外开放，对外贸易保持稳定增长。“四港联动”整车运输进入实质化运作阶段，海陆空联动国际多式联运工程入选国家示范工程创建项目，新开通2条国际海上航线，欧亚班列发运集装箱量增长35.1%。成功举办第五届市长国际经济咨询委员会年会、第二届韩国进口商品博览会，有进出口实绩的企业达到4808家，跨境电商进出口预计增长19.4%。创新服务贸易国际合作机制，经验做法入选国家服务贸易创新发展最佳实践案例。

（五）抓紧抓实促进消费，服务业市场加速复苏。启动仲夏、金秋、暖冬系列消费季活动，投入9000万元促消费政策资金，带动家电消费7.4万台、汽车消费2.4万辆，惠民电子消费券撬动市场消费49亿元。入选城市“一刻钟便民生活圈”全国试点，威海卫城片区入选国家级夜间文旅消费集聚区，威高广场入选省级智慧商圈试点。打造陆地和海上“畅游威海”旅游品牌，千里山海自驾旅游公路、环游威海湾、海上看威海成为网红路线，滨海旅游公路示范工程被评为全国交旅融合创新项目。暑期全市接待游客1778万人次、旅游总收入217亿元，均超过疫情前同期水平，旅游市场强势回暖。5家企业入选省级服务型制造示范企业，9家企业被认定为省级软件工程技术中心。入选首批国家骨干冷链物流基地建设名单，石岛冷链物流产业园获批省级现代服务业集聚示范区。荣成好运角旅游度假区被确定为国家级旅游度假区，文登区获评省级全域旅游示范区。

（六）抓紧抓实精致城市建设，城乡共富共美步伐加快。推进城市体检与城市更新协同联动，被确定为首批省级城市更新试点城市，2个片区入选省级城市更新试点片区。率先划定“三区三线”，出台5类规划管控规则。广泛征集“全域精致·金点子”，深查细改不精致问题。推进公交都市和绿色出行“双城联创”，增设3处公共停车场。加强城市智慧化管理，城市数字化竞争力列全国第24位。大力实施乡村振兴战略，加快87个乡村振兴样板片区建设。扛牢耕地保护和粮食安全政治责任，新建高标准农田22万亩，粮食播种面积、总产量连续两年实现“双增”。新培育省级农业产业化龙头企业9家、农业特色产业“链主”企业28家。新增远洋渔业作业渔场2处，荣成市被评为“中国鱿鱼之乡”，文登区获评国家级水产健康养殖和生态养殖示范区。荣成市入选全省整县域推进乡村生态振兴重点县，文登区被认定为全省畜牧业高质量发展先行县，乳山市获批全省农产品出口产业集聚区。

（七）抓紧抓实绿色发展，生态环境质量不断提升。聚焦绿色低碳高质量发展，扎实推进新一轮“四减四增”三年行动。新增省级绿色工厂8家，乳山经济开发区、南海新区被命名为省级生态工业园区，“无废城市”建设经验被全省推广。高标准打好蓝天、碧水、净土保卫战，环境空气质量保持全省最优。加强海岸带保护修复，近岸海域水质全省最优。健全“两个清零、一个提标”长效推进机制，入选国家典型地区再生水利用配置试点、全国数字孪生流域先行先试项目，争创8条省级美丽幸福示范河湖。扎实推进“绿满威海·四季多彩”绿化行动。在全国率先推出“碳汇贷”“碳汇保”，在国内首次引进联合国绿色气候基金。好运角旅游度假区入选全国“绿水青山就是金山银山”实践创新基地。

（八）抓紧抓实公共服务，各项社会事业全面进步。扎实开展全国义务教育“双减”试点，新建改扩建8处中小学，10所普惠性幼儿园投用。家庭教育工作经验被全国推广，环翠区、文登区、荣成市入选省未成年人保护试点县。启动“爱国卫生创新提升年”行动，获评全国健康城市建设省级样板市，中医药工作经验入选全国医改十大新举措。建立门诊共济保障机制，深化医保支付方式改革，被确定为全省医保支持中医特色医疗机构发展示范点。建成32处“如康家园”残疾人之家，残疾人辅助性就业项目被全国推广。新建改建4处城市书房、12处乡村书房、20处公益文化空间，本土电影《村头村尾》获金鸡奖提名。荣成市被命名为国家体育产业示范基地，临港区被确定为棒垒球国家训练基地，南海新区入选首批国家乒乓球训练科普基地。巩固军政军民团结，退役军人服务保障持续优化，国防动员、人民防空、民兵预备役、海防工作进一步加强，双拥工作经验、人防工程网格化管理经验被全国推广。民族、宗教、外事侨务、台港澳、档案、史志、地震、气象、慈善、仲裁等事业取得新进步。

（九）抓紧抓实依法行政，政府职能加快转变。紧紧围绕迎接党的二十大、学习宣传贯彻党的二十大精神，扎实推进政府系统党建工作。组建十大工作指挥部，调整15个工作专班，优化议事协调机构工作机制，完善市级领导联系分包机制，推动重点工作高效落实。进一步加强镇街基层治理能力建设，为基层减轻负担、增权赋能。积极开展法治政府示范创建，出台全国首部行政允诺管理办法，在全国率先建立合法性审查与公平竞争审查联动机制，在全省率先授权开发区行使应急管理行政管理职权。推进20项系统集成改革任务，形成制度创新成果46项，荣成市被评为系统集成改革省级试点优秀县市。开展营商环境攻坚突破行动，系统推进“无证明城市”建设。主动接受人大及其常委会法律监督和工作监督、政协民主监督、社会舆论监督。持续加强政府系统廉政建设，推动政风持续向好。

过去的一年，极不平凡，我们有效处置新冠疫情的一轮轮冲击，我们经受住了外部环境不确定性带来的挑战，我们有力化解经济下行带来的压力，做到了保健康、保发展、保安全、保民生。成绩的取得，根本在于习近平新时代中国特色社会主义思想的科学指引，是省委、省政府和市委坚强领导的结果，是市人大、市政协大力支持的结果，更是社会各界同心协力、全市上下奋力拼搏的结果。在此，我代表市政府，向全市人民，向人大代表、政协委员，向各民主党派、工商联、无党派人士和各人民团体，向驻威人民解放军指战员、武警官兵，向公安干警、应急救援队伍指战员，向奋战在抗疫一线的工作人员和志愿者，向中央、省驻威单位，向各位老领导、老同志，向所有关心支持威海发展的各界人士和海内外朋友，致以崇高敬意和衷心感谢！

我们也清醒地认识到，政府工作中还存在许多不足，前进道路上还有不少困难。经济恢复的基础尚不牢固，部分行业、企业生产经营困难；大项目、大企业不多，产业集群化、园区化发展水平有待提高；城市建设管理中还有一些不精致的地方，乡村振兴仍存在短板；财政增收节支的压力加大，一些公共服务事项需要进一步优化；安全生产、社会治理等领域还存在一些矛盾隐患，安全风险防范需要持续加强；政府系统的工作作风和行政效能有待进一步提升，等等。对此，我们一定强化问题导向、目标导向、效果导向和有解思维，以负责任的态度、“钉钉子”的精神，有针对性地破解难题、化解矛盾，努力让政府工作更加扎实、更富成效。

二、2023年政府工作的目标要求

明年是全面贯彻落实党的二十大精神的开局之年，是落实“十四五”规划的关键之年，政府工作的总体要求是：以习近平新时代中国特色社会主义思想为指导，全面贯彻落实党的二十大精神，深入落实中共中央总书记习近平对山东工作的重要指示要求，把“威海要向精致城市方向发展”作为总目标总方向总遵循，锚定“走在前、开新局”，扎实推进中国式现代化，坚持稳中求进工作总基调，完整、准确、全面贯彻新发展理念，主动融入新发展格局，着力推动高质量发展，更好统筹疫情防控和经济社会发展，更好统筹发展和安全，全面深化改革开放，大力提振市场信心，有效防范化解重大风险，积极融入全省绿色低碳高质量发展先行区建设，全力打造共同富裕先行区，不断开创“精致城市·幸福威海”建设新局面，争当新时代社会主义现代化强省建设排头兵。

全面落实更好统筹经济质的有效提升和量的合理增长的要求，确定明年经济社会发展的主要预期目标：生产总值增长5%左右，外贸进出口固稳提质，实际使用外资量稳质升，居民人均可支配收入增长5%左右，居民消费价格涨幅控制在3%以内，全面完成年度节能减排降碳任务和环境质量改善目标。

做好明年政府各项工作，必须牢牢把握全面贯彻落实党的二十大精神这条主线，深刻领会中国式现代化的中国特色、本质要求、战略安排、重大原则，确保党中央各项决策部署不折不扣落地见效；必须牢牢把握东部地区加快推进现代化的要求，抢抓全省绿色低碳高质量发展先行区建设的重大机遇，以争先率先的发展成果在现代化进程中走在前列；必须牢牢把握高质量发展这个首要任务，牢固树立大抓经济工作的鲜明导向，引导全市各级将主要精力放到经济建设上来，在补短板、强弱项、固底板、扬优势上下功夫，营造起凝心聚力谋发展、真抓实干求突破的浓厚氛围，以生动实践为推动中国式现代化贡献威海力量。

一是推动精致城市建设再上新台阶。继续坚定不移把精致理念融入经济社会发展的全领域全过程，坚持边实践、边总结、边提升，扎实推进“全域精致·共富共美”，不断增强全域发展的精致性、融合性、协调性，全面提升城市品质、彰显城市魅力，努力在中共中央总书记习近平视察威海5周年之际，交出一份精致城市建设的合格答卷。

二是全力打造共同富裕先行区。紧紧围绕实现群体共富、城乡共富、区域共富、物质精神共富，凝聚各方力量，统筹推进全龄友好型城市和全国文明典范城市创建，在公共服务均等化优质化上持续用力，努力实现幼有善育、学有优教、劳有厚得、病有良医、老有颐养、住有宜居、弱有众扶，让人民群众获得感、幸福感、安全感更加充实、更有保障、更可持续。

三是主动融入绿色低碳高质量发展先行区建设。着眼于推进人与自然和谐共生的现代化，牢固树立和践行绿水青山就是金山银山的理念，持续放大生态优先、绿色发展先行优势，加快推动生产方式、生活方式绿色转型，全面构筑以新动能为主导的现代化产业体系。

四是加快打造对外开放新高地。深入推进高水平对外开放，以中韩“四港联动”整车运输试运行为契机，加快构建东接日韩、西连欧亚的国际物流大通道，增强国内国际两个市场两种资源联动效应，推动贸易投资合作提质增效，全面加速城市国际化进程，巩固东部沿海地区开放先导地位。

五是加快建设国家创新型城市。坚持科技是第一生产力、人才是第一资源、创新是第一动力，以建设国家创新型城市为抓手，抓产业扬优势、抓企业固根基、抓项目增后劲、抓园区强载体，以质的有效提升引领量的合理增长，在新赛道跑出高质量发展的加速度。

三、2023年政府工作重点

坚持工作项目化、项目清单化、清单责任化、责任时效化，统筹兼顾、把握关键，聚焦八个方面攻坚发力。

（一）聚焦振兴实体经济，全力服务企业发展。坚持把发展经济的着力点放在实体经济上，突出先进制造业的战略地位，对接省十强产业，做大做强七大产业集群，做精做细十条优势产业链，不断夯实高质量发展的根基。

支持企业发展壮大。进一步打好政策“组合拳”，优化各类涉企扶持政策，着力帮助企业降低成本、提高效益、增强市场竞争力。实施“百亿企业”培育工程、企业冲击新目标工程、创新型企业培育工程，新增年营业收入过百亿企业2家、上市挂牌企业3家，新增高新技术企业150家以上，新增省级以上专精特新、单项冠军企业150家。支持“链主”企业带动关键配套企业抱团发展，促进各类企业协同发展。

抓牢抓实产业项目。按照“1+6”项目推进体系，推进774个省市县三级重点项目，年度计划投资982亿元。滚动推动“千项技改、千企转型”，实施248个市级工业重点项目，年度计划投资342亿元。聚焦产业链、供应链、创新链关键节点，实施一批示范引领性强的集群重点项目，加快推进20个投资10亿元以上的重大产业项目。采取集中办理、并联审批等措施，高质高效办理项目落地手续，确保项目滚动实施、接续有力。

促进产业融合发展。开展智能制造赋能专项行动，推动先进制造业、现代服务业、数字经济融合发展。引导先进制造业向智能化改造、服务型制造转型，推进10个省级以上“两业”融合试点建设，新认定市级以上智能工厂和数字化车间20家、工业设计中心10家。大力发展数字经济，支持平台企业发展，新培育15个省级以上工业互联网示范项目。持续挖掘工业大数据典型应用场景，争取获评15个省级以上大数据示范标杆。

打造特色产业园区。推进产业差异化发展，引导各区市、开发区重点建设1—2个专业化园区，做大做强医疗器械与生物医药产业园、电子信息与智能制造产业园、碳纤维产业园等专业特色园区。推进中韩自贸区地方经济合作示范区产业园、中日（威海）产业合作园建设，支持服务贸易产业园提升科技研发、服务外包等产业，加快推进跨境电商综合园区建设。推动化工产业园提档升级，提升园区本质安全和创新发展水平。大力发展楼宇经济、总部经济，丰富新型经济业态。完善各类园区基础设施，提升产业承载能力。

强化各类要素保障。坚持“要素跟着项目走”，完善项目策划生成协调机制，加强招商引资项目效益评价，促进企业提高资源要素利用效率。推行“亩产效益”评价，更加精准高效地配置各类资源要素。紧盯国家扩大有效投资各项政策，积极争取政策性资金支持，保障项目建设资金需求。强化存量土地盘活利用，积极推进低效建设用地再开发。

（二）聚焦科教人才支撑，全力塑造发展新动能新优势。深入实施科教兴市战略、人才强市战略、创新驱动发展战略，加快建设国家创新型城市，依靠创新培育壮大发展新动能。

提升科技创新体系效能。突出企业科技创新主体地位，发挥好政府在关键核心技术攻关中的组织作用，推动“科技—产业—金融”良性循环，实施126项市级重点科技创新项目，年度计划投资28亿元。在机械、电子、船舶、新材料等领域，新培育一批首台（套）装备、首批次材料、首版次软件，推动企业创新发展。加快建设威海先进医用材料与高端医疗器械山东省实验室，在医疗器械、碳纤维、核能领域争创国家重大创新平台。发挥产业技术研究院引领作用，持续推动“1+4+N”创新平台体系扩容提质。聚焦8条创新链，实施5个“揭榜挂帅”项目、100个关键核心技术攻关项目，推动创新资源与产业需求精准匹配。实施高价值专利培育工程，争创“威海刺参”“荣成海带”地理标志示范区。深入推进质量强市和品牌战略、标准化战略，引领产业链供应链质量联动提升。

加快教育高质量发展。深化教育评价改革，并轨推进全国义务教育“双减”试点和“基础教育国家级优秀教学成果推广应用示范区”建设，全域争创国家学前教育普及普惠县、国家义务教育优质均衡发展县。建设和投入使用中小学、普惠性幼儿园10所，新增学位3780个。推进省级产教融合试点市建设，健全中高职贯通的职业教育人才培养体系，完善产教融合机制，推广订单培养、冠名培养、联合培养等校企合作培养人才模式。利用好驻威高校科教人才资源，支持企业联合高校、科研院所开展关键核心技术攻关，实施产学研合作项目100项以上。

创新人才服务机制。优化提升威海英才工程，构建领军人才、紧缺人才、青年人才和技能人才的多维政策支持体系。实施产业领军人才倍增计划，围绕重点产业集群，打造产业人才聚集平台，支持企业跨区跨行业整合创新资源，布局“人才飞地”，设立“候鸟人才工作站”，组建创新共同体。实施“海外工程师”引进计划，推进外国专家驿站系统集成建设。升级高校毕业生补贴政策，新增一次性购房补贴和返乡留威补贴，大力吸引青年人才来威就业创业。支持企业与高校共建大学生实习实践基地、专业学位研究生联合培养基地。统筹整合“英创会”等各类招才引智活动，办好首届中国（威海）医疗器械创新发展大会、第二届全国博士后创新创业大赛相关赛事。用好技术技能人才定向培养机制，加大“威海工匠”培养力度。

（三）聚焦高水平对外开放，全力融入国内国际双循环。以更加积极主动的开放战略，促进内贸外贸一体化发展，深度融入新发展格局。

助力企业开拓国际市场。引导企业优化产品结构、区域结构，大力发展服务贸易、数字贸易等新业态新模式。实施“跨境惠民促消费”行动，引导企业扩大跨境电商业务，打造3处保税商品体验中心。支持服务外包产业园建设，新培育1—2家省级特色服务出口基地。举办第六届市长国际经济咨询委员会年会、第三届韩国进口商品博览会、第十五届国际渔具博览会、第五届国际户外休闲运动产业博览会，实施境外百展市场开拓计划、中小企业国际市场开拓计划。积极扩大先进技术、重要设备、能源资源等产品进口，推动外贸稳规模、优结构。

更大力度吸引和利用外资。抓住全球产业结构和布局调整过程中孕育的新机遇，聚焦优势产业、新兴产业、未来产业开展招商，盯紧工业项目、高科技项目、投资体量大的项目、央企和省属企业项目、优势产业链延链补链项目等“五类项目”，充分用好现有企业、资本、专业化机构、政府部门“四类力量”，不断提高招商引资和项目建设实效。坚持线上线下招商融合发力，积极走出去开展境外招商，举办高质量招商推介活动10场以上。用好基金招商、科研院所招商、中介招商、委托招商等新模式、新手段，高效对接储备新项目，促进外资稳存量、扩增量。

加快打造国际物流大通道。深化“四港联动”，完善中韩整车运输物流模式，加密海上货运航线和日韩空中货运航线，争取威海至东京海上快线项目落地。推动多式联运中心建设，畅通国际物流大通道。加快推进国家骨干冷链物流基地建设，完善冷链集配中心等节点网络。谋划发展以保税油供应服务为主要内容的海事服务产业，探索建设海上综合服务区，拓展“黄金水道”服务保障能力。

多措并举活跃消费市场。把恢复和扩大消费摆在优先位置，顺应消费升级趋势，提升传统消费，培育新型消费，扩大服务消费，满足个性化、高品质消费需求。推动县域商业设施更新改造，新建改造4处县级配送中心，新增10处城市“一刻钟便民生活圈”，提升消费便利化水平。深入开展“自在威海·放心消费”活动，加大“威海预付保”推广应用力度，提升“放心消费在威海”品牌形象。激活大宗消费市场，促进新能源汽车、智能家电等消费，更好满足刚性和改善性住房需求。加快打造夜间消费集聚区，举办沙滩音乐季、零点夜市等系列夜经济活动，丰富新型消费业态场景。围绕优势产业、特色产品，打造有影响力的电商供应链基地、电商直播基地，网络零售额增长8%。

促进文旅深度融合发展。推动体育、文化、康养、会展等各类元素与旅游跨界融合，带动“旅游＋”多业态协同发展。提升千里山海自驾旅游公路服务体验，加快帆船游艇产业发展，探索开发多元化海上旅游产品，实现海上休闲与陆上自驾有机结合。完善“爱在威海”四季文旅品牌产品体系，加强旅游全要素资源整合，打造覆盖全域、全时、全龄的旅游目的地生态圈，切实提高游客参与感和满意度。

（四）聚焦放大生态优势，全力推动绿色低碳高质量发展。制定绿色低碳高质量发展三年行动计划，统筹产业结构调整、污染治理、生态保护，推动经济社会发展绿色转型。

大力发展绿色制造。严控“两高”项目，全面推行清单管理、分类处置、动态监控。推进废物综合利用、能量梯级利用，建成绿色工厂10家。在轮胎等行业实施能效“领跑者”行动，争创整体清洁生产审核创新试点。加快构建废旧物资循环利用体系，促进居民耐用消费品绿色更新和品质升级。探索发展蓝碳产业，提升海洋碳汇能力，推进荣成市省级生态产品价值实现机制试点。大力发展绿色金融，加快创建国家绿色金融改革创新试验区。

构建绿色能源体系。加快节能降碳先进技术研发和推广应用，推动能耗“双控”向碳排放总量和强度“双控”转变。持续优化能源结构，加快推进“国和一号”示范工程，推动华能高温气冷堆示范工程正式商运，新能源和可再生能源装机占比达到46%。培育壮大新能源产业集群，加快清华大学（荣成）先进核能技术科研基地、明阳高端海洋装备智能制造产业园、半岛南

150万千瓦海上风电场等一批重大能源产业项目建设，打造海上风电装备产业制造基地。

持续加强污染防治。开展解决生态环境治本问题八大专项行动，抓好历次环保督察问题整改，打好污染防治攻坚战。实施全面节约战略，高质量推进“无废城市”建设。加快建设国家节水型城市，实施水资源消耗总量和强度“双控”行动，推进国家再生水利用配置试点工作，市区再生水利用率提升至50%。改造雨污合流管网132.5千米，在全省率先实现全域城市雨污合流管网清零。

深入实施扩绿工程。深入开展生态文明示范创建。编制全市国土空间生态修复规划，严格落实河湖湾长制、林长制、田长制，统筹山水林田湖草海一体化保护修复。扎实开展国土绿化行动。实施乳山湾等海洋生态保护修复工程。

（五）聚焦城乡陆海统筹，全力推进区域协调发展。坚持城乡、陆海一起抓，积极融入胶东经济圈一体化发展，加快构建同城融合、协调均衡的城市发展新格局。

推动精致城市建设。开展新一轮精致城市建设三年行动，注重精当规划、精美设计、精心建设、精细管理、精准服务、精明增长，全领域、全要素、全环节推进精致城市建设。加快全域控制性详细规划修编，编制精致城市可持续发展指数，提升城市设计标准，彰显“大气山海、精致栖居”城市特色风貌。持续开展城市不精致问题整治行动，建成25.9千米城市绿道，改造61个老旧小区。开展社区精致空间建设行动，打造20个样板小区。实施出行畅通工程，推动路网优化改造，着力缓解交通拥堵问题。提升厨余垃圾收运处理能力，完善分类收集运输机制，实现城区生活垃圾分类全覆盖。丰富智慧应用场景，提质提速推进新型智慧城市建设。办好中国（威海）国际人居节。规范有序推进8个特色小镇建设，打造城乡融合发展支点。

全面推进乡村振兴。统筹乡村“五个振兴”，打造精致化城乡融合发展先行区。实施74个乡村振兴重点项目，年度计划投资50亿元。健全完善耕地保护“田长制”，新改建高标准农田8万亩，完善高标准农田建后管护长效机制，促进粮食播种面积和产量稳定增长。聚焦20个优势特色产业，开展农业产业链条升级行动，打造全国精致农业发展先行区。实施乡村建设行动，完成省定86个村生活污水治理，新创建120个省市级美丽乡村示范村，省级清洁村庄覆盖率超过40%。强化信息化赋能，加快推进数字乡村建设。建强供销社农村综合服务网络，提升为农服务能力。健全农村集体经济发展长效机制，年内全市农村集体经济组织收入10万元以下村全部清零。健全防返贫动态监测帮扶机制，及时将脱贫不稳定户、边缘易致贫户和突发严重困难户纳入帮扶，坚决守住不发生规模性返贫底线。

纵深推进海洋强市战略。坚持向海图强，实施兴港强市战略，加快“港产城”一体化发展，促进海洋三次产业同步提升，推动海洋经济走向深蓝。实施83个市级海洋产业重点项目，年度计划投资61.5亿元。推进海水养殖绿色化、种业高端化、远洋规模化、生产机械化，打造国内首处深远海主题海洋牧场。推进沙窝岛国家远洋渔业基地二期工程，力争省内首艘南极磷虾捕捞加工船建成投用。发展海洋特色预制菜产业，推动海洋食品加工业扩链延链。发展海参、海带等大宗优势品种养殖保险，提高渔业抗风险能力。推进船舶与海工装备产业智能化改造，打造高端客滚船建造基地。发挥省部共建优势，加快推进国家海洋综合试验场建设。

加强基础设施建设。围绕经济发展和民生所需，聚焦“十大扩需求”行动和“七网”基础设施建设，推动补短板重大项目建设。推进威海新机场、莱荣高铁、荣乌高速烟威段改扩建、乳山口大桥等21项交通重点项目，启动实施环山快速路二期工程。实施135项市级城建重点工程，年度计划投资128亿元。加快推进53项新基建项目，新建5G基站1500个。推进华能余热利用工程，改造老旧供热管网142.5千米。实施石家河拦蓄等41项水利重点项目，启动3个污水处理厂提标改造，改造城市供排水管道170千米。新增62个规模化供水村庄，改造48个村庄供水设施，保障农村饮水安全。推进“四好农村路”提质增效行动，新改建农村公路29千米，改善380千米农村公路路况，改造危桥13座，实施175千米村道安保工程。

（六）聚焦全面深化改革，全力增强发展动力活力。坚持以改革的思路和创新的思维破解发展难题，加强改革系统集成，为各类市场主体营造宽松适度、有序规范的发展环境。

加强财政收支管理。坚持政府过紧日子，调整优化财政支出结构，大力压减一般性支出和非急需、非刚性支出，挤出更多资金支持基层“三保”。完善惠企、助企政策体系，抓好减税降费政策落实，财政支持企业发展的力度不减。依法加强税收征管，加大财源经济培育力度。强化财政预算管理，加强基层财政运行监控。深化国资国企改革，盘活低效资产，压缩运营成本，提高国有企业发展质效。

大力发展民营经济。切实落实“两个毫不动摇”，坚持有求必应、无需不扰，常态化开展涉企服务跟踪问效，积极主动为民营企业解难题、办实事，构建亲清政商关系。依法保护民营企业产权和企业家权益，开展形式多样的“威海企业家日”活动，实施“青蓝偕行”工程，在全社会形成尊重企业家、支持企业家、服务企业家的良好氛围。强化政策激励带动全社会投资，鼓励和吸引更多民间资本参与基础设施和补短板项目建设。

强化金融服务创新。发挥“信财银保”融资平台作用，做好小微企业应急转贷服务，增加小微企业首贷、信用贷款、无还本续贷规模。开展多层次、精准化银企对接活动，加大对先进制造业、战略性新兴产业等重点项目金融支持力度，充分发挥科技支行、人才贷、人才保等政策作用，帮助企业解决融资难题。

持续优化营商环境。深化简政放权、放管结合、优化服务改革，开展营商环境创新试点行动，擦亮“威海营商行”品牌。聚焦生产、用工、融资、服务保障等方面攻坚发力，提升市场主体满意度。开展政务服务标准化提升行动，深化“双全双百”工程，持续推进“无证明城市”建设，推进61项政务服务事项“一件事一次办”。开展涉企违规收费专项整治行动，维护公平有序市场环境。办好“12345企业直通车”，健全接诉即办机制，及时办理企业反映的实际需求。

深化法治政府建设。积极争创全国法治政府建设示范市，进一步提升依法行政水平。抓好重大行政决策事项目录制度执行，加大政务公开力度。全面落实行政执法“三项制度”，优化委托执法机制，将部分行政执法权赋予镇街，为基层减负松绑、赋权增能。发挥审计监督作用，健全政府部门单位内审制度，强化事业单位监督管理。优化公共资源交易流程，规范公共资源交易。推行以信用分类为基础的差异化监管机制，最大限度减少行政检查对企业生产经营活动影响。

（七）聚焦实现共同富裕，全力提高民生保障水平。着眼于推进全体人民共同富裕的现代化、物质文明和精神文明相协调的现代化，持续优化基本公共服务供给，打造人民满意的幸福城市。

实施就业优先战略。健全就业促进机制，布局建设“零工市场”，力争新增城镇就业3.3万人。加强高校毕业生、农民工、就业困难群体帮扶，创设城乡公益性岗位1万个，确保零就业家庭动态清零。深化跨区域劳务合作，建立与招商引资、企业扩产联动的企业用工应急保障机制，着力化解结构性就业矛盾。深化欠薪问题治理，加强灵活就业和新就业形态劳动者权益保障。落实创业担保贷款和创业补贴政策，促进大众创业万众创新纵深发展，争创全国公共就业创业服务示范城市。

提高社会保障水平。实施社保精准扩面行动，优化完善门诊共济保障机制、生育待遇保障政策。持续扩大按疾病诊断分组付费改革范围，提升医保基金使用效能。常态化推进药品耗材集中带量采购，持续减轻群众就医购药负担。构建多层次梯度式救助格局。新开工棚户区改造项目2249套，建设筹集保障性租赁住房5769套，为533户居民发放城镇住房保障家庭租赁补贴。

推进健康城市建设。落实落细新阶段疫情防控各项举措，强化疫苗接种、医疗物资生产供应、医疗救治服务，加强重点人群分类分级健康服务，守护好老年人和患基础性疾病等重点人群的生命健康，着力保健康、防重症，确保平稳转段和社会秩序稳定。健全医防协同、医防融合机制，统筹提升重大传染性疾病医疗救治能力。实施临床专科能力“攀登计划”，推动基层医疗卫生机构标准化建设，推动优质医疗资源扩容下沉。加快推动区域中医医疗中心和国家中医特色重点医院建设，积极争取国家中医药传承创新发展试点项目。持续深化医育结合照护服务，加强普惠托育服务体系建设。深入实施健康中国15项行动。广泛开展全民健身活动。扎实推进康复辅助器具产业国家综合创新试点建设。

加快全龄友好型城市建设。出台5项儿童友好型城市建设指引规范，开展适儿化空间提升行动、儿童友好服务品牌建设行动，实施家庭教育“百千万工程”，打造家校社协同育人机制。全面推进青年发展友好型城市建设，在青年就业创业、安居保障方面出台支持措施，打造10处青年发展友好型镇街，建设15处青年驿站。推进长寿之乡品牌建设，建立经济困难失能老年群体生活照料长效机制，健全农村老年餐桌长效运行机制，推进国家居家和社区基本养老服务提升行动项目，新增家庭养老床位4857张。

推动文化繁荣发展。扎实开展社会主义核心价值观宣传教育，深入实施“精致城市·文明市民”培育行动，推行“志愿+信用”模式。实施40个文化服务公益创投项目，举办各类文化活动4800场以上。实施“威海手造”工程和乡村记忆工程，扶持特色产品申报非物质文化遗产，传承城市历史文脉。

深化全民国防教育，推进国防动员体制改革，强化退役军人服务保障，不断巩固军政军民团结，继续争创全国双拥模范城，实现省级双拥模范城区、市“满堂红”。统筹做好民族宗教、新闻出版、广播电视、邮政通信、外事侨务、台港澳、史志、档案、人民防空、打击走私、对口支援和东西部协作等各项工作。

坚持尽力而为、量力而行，在广泛征求群众意见建议的基础上，确定办理20件民生实事、18件补短板事项，并根据群众的需求，动态收集、及时办理一批民生微实事。用好12345政务服务热线预警分析机制，对群众反映集中的诉求，及时分析研判，找准症结，由点及面，统筹解决好群众急难愁盼问题。

（八）聚焦防范化解风险，全力推进安全体系和能力现代化。牢固树立总体国家安全观，稳妥处置化解重大风险隐患，建设更高水平的平安威海。

守牢安全生产底线。夯实安全生产基层基础工作，推动企业履行安全生产各项制度，强化小微市场主体安全风险隐患整治，提高企业本质安全水平。加大灵活用工人员安全培训力度，减少“三违”行为。分析研判不同时期事故规律，有针对性开展集中攻坚，扎实推进各领域安全生产隐患排查整治。

强化海上安全管理。持续抓好捕捞渔船综合管控，加强海上安全生产隐患排查，着力构建海上安全新格局，全力守护海域安澜。发挥气象海况分区精准预报作用，分步实施“网络入海”工程。提升海上应急力量现代化水平，增强突发事件处置保障能力。

防范经济金融风险。扎实做好保交楼、保民生、保稳定各项工作，推动房地产业向新发展模式平稳过渡，确保房地产市场平稳发展。防范化解金融风险，加大非法集资打击力度，持续压降金融机构不良资产，守住不发生系统性风险的底线。

提高防灾减灾能力。树立大减灾理念，加强自然灾害防治，提升防汛抗旱、防震减灾应对能力。狠抓森林火灾源头治理，新建森林防火通道63千米，提升以水灭火能力。建立突发事件“可视化”指挥保障机制，培养应急人才，建强专家队伍，推进基层灾害事故应急救援能力建设。

加强和创新社会治理。加快建立立体化、信息化社会治安防控体系，争创首批全国市域社会治理现代化试点合格城市。拓展“信易+”应用场景，探索建立政务诚信、企业公共信用综合评价制度。强化网络安全保障体系建设，提升网络综合治理水平。实施食品药品安全分层分级包保管理，巩固提升“双安双创”成果。实施社区规模优化工程，完善“一站式”矛盾纠纷多元化解机制，强化调裁对接、联调联处，把矛盾纠纷化解在基层。常态化推动扫黑除恶斗争，严厉打击电信网络诈骗等违法犯罪活动，全力维护社会大局和谐稳定。

（威海市人民政府办公室提供）

编辑 闫拥军

专　　记

新型冠状病毒肺炎疫情防控

2022 年，在市委、市政府坚强领导下，市委统筹疫情防控与经济运行领导小组（指挥部）坚持人民至上、生命至上，坚定不移落实疫情防控总策略、总方针，构建“上下联动、平战一体、快速反应”的疫情防控指挥体系，科学精准落实防控措施，高效处置小规模聚集性疫情、输入性疫情，推动平稳有序转段，全力守护人民生命安全和身体健康，最大限度减少疫情对经济社会发展的影响。相关经验做法得到省委、省政府高度肯定，省委主要领导人要求各市参考借鉴。

一、全力构建科学高效疫情防控处置指挥体系

贯彻落实省指挥部工作部署，坚持以快制快，不断优化完善疫情防控处置指挥体系，有效保障疫情早发现、快处置、零外溢，相关做法被国务院联防联控机制推广，得到省、市领导高度评价，录制示范教学片在全省推广。

强化扁平化运行，实现疫情防控快决策　在威海市疫情处置指挥体系中，市委、市政府主要领导担任总指挥，市委分管领导和市委常委、副市长担任副总指挥，各组均明确分管的市领导，并根据职责由市相关部门负责人担任组长、副组长。同时，按照上下对口原则，各区（市）、开发区也参照市级指挥体系，对各自指挥体系进行调整完善，建立健全响应工作机制，确保 24 小时处于激活状态。为强化市县指挥部、各工作组间、工作组内的沟通衔接，在各组、各小组（专班）内安排专人担任联络员，加强纵向、横向和内部沟通，第一时间接收与传递信息，确保联系方式 24 小时畅通。同时，建立市级领导分包区（市）疫情处置工作机制，明确 8 名市级领导分包各区（市）、开发区，分包领导第一时间进入“战位”，参与指挥调度，确保指令迅速清晰传达至基层。

强化流程化运转，实现突发疫情快处置　为消除指挥体系平、急转换过程中的梗阻，更好地统筹做好常态化疫情防控和突发疫情应急处置，建立健全“平＋急”工作机制，全面细致梳理各环节流程，将“以防为主、平急转换”的指挥框架，调整为“平战结合、快速响应”的疫情处置指挥体系，定期开展应急演练、桌面推演，标准化、规范化推进疫情防控。市指挥部实行常态化集中办公，办公场所相对独立，核心链条全天候在岗待命。平时，常态化集中办公人员，每周召开工作例会，进行形势分析研判、风险隐患排查，统筹推进全市常态化疫情防控工作，高效处置零星散发和境外输入疫情。战时，出现聚集性或跨区域疫情后，指挥部全员第一时间恢复集体办公，第一时间紧密协作处置疫情，避免因临时抽调人员、临时设置办公场地等贻误战机。

强化专业化建设，实现疫情防控快研判　在构建指挥体系过程中，本着“增强运转效能、提高工作效率、提升管理水平”原则，突出专岗、专人、专责，着力推进指挥体系专业化团队建设，实现平时全链条有人专心研究防控措施，战时各环节有人专岗、专责处置疫情。专岗，即对各工作组职责进行再梳理、再明确、再细化，工作组、工作专班均科学设置工作岗位，并逐个明确工作分工。专人，即对照岗位设置，在全市范围内选择能够胜任岗位职责的最佳人选，及时纳入疫情防控队伍，确保人岗相适、人事相宜，从组长到组员，任何岗位不产生交叉，有效避免应急处置过程中空岗、缺位和分身乏术等现象。专责，即指挥部常态化办公人员均从原单位脱产脱岗，每个岗位都逐一明确岗位职责；建立 AB 角制度，相近岗位之间实行顶岗或互为备岗，保证指挥体系有备份。同时，为进一步提升团队精准防控、高效处置能力和水平，抽调各工作组精干力量，成立疫情防控政策研究小组，深入梳理各领域最新疫情防控政策要求，第一时间对疫情防控形势作出研判，及时更新防控措施，提炼整理形成简练、实用的政策要点、明白纸、流程图等形式的政策手册，并实时动态更新，广泛开展培训，让政策直达基层一线，推动各项政策措施快速、高效落实落地。

强化精准化衔接，实现指令讯息快流转　为全面落实以快制快、跑在病毒前面的疫情防控打法策略，充分发挥大数据、信息化支撑作用，依托威海市一体化疫情防控管理系统，贴近一线实际，强化应用创新，通过打通数据流、畅通信息流，深化网上办、掌上办，实现人员、点位、场所、车辆等数据全域汇聚、按需共享，实现指令讯息纵向“市—区市（开发区）—镇（街道）—社区”，横向各工作组内、组间的快速准确传递。根据不同权限，向市指挥部各工作组、各区（市）指挥部以及各镇（街道）、社区开放管理系统、脱敏使用数据，实现核酸检测、疫苗接种、流调溯源、转运隔离、公共场所出入登记、药店购药登记、国际邮件快件监管等业务全链协同、闭环管理，推进疫情防控“一网统管”、业务处置“一网协同”，打造疫情防控的“数字大脑”，在疫情常态化防控和应急处置过程中均发挥出关键作用。

稳妥做好疫情转段期间指挥体系优化调整　疫情防控进入新阶段以后，坚决落实省委、省政府部署要求，加快工作重心转变，在对指挥部原工作组力量进行优化的同时，积极适应新形势新任务，成立工作专班，完善工作机制，确保平稳转段和社会秩序稳定。组建疫情监测预警专班，组织卫生健康、教育、公安、民政、住房城乡建设、水务、市场监管、统计、海关、大数据等部门成立专班，健全多点触发监测预警体系，统筹做好本土变异株和入境人员变异株监测。组建医疗救治专班，分析研判疫情防控政策优化调整后感染者救治和群众就医保障形势，做好医疗服务需求和运行情况监测；落实分级分类救治管理，开展重点人群健康监测防护，做好患者医疗救治，加强医疗物资储备供应、生产调拨，保障医疗机构正常运转。组建农村地区疫情防控工作专班，落实“五级书记一起抓”，统筹推进农村地区疫情防控和农业生产稳产保供工作。组建养老福利机构疫情防控工作专班，落实养老福利机构严于社会面的疫情防控政策，做好机构内老年人宣传引导、健康监测、医疗救治和个人防护，帮助养老福利机构纾难解困。组建春运疫情防控工作专班，加强春运期间新冠疫情防控，科学精准落实疫情防控优化措施，加强交通客运场站等重点场所疫情防控工作的技术指导。

二、科学高效处置本土突发疫情

2022年，奥密克戎变异株传播速度快、感染人数多，威海市“外防输入”压力陡增，先后发生聚集性疫情以及输入性疫情。疫情处置过程中，市指挥部按照“5+1”（点上要控住、面上要深挖、源头要严防、资源要保障、责任要落实，工作要统筹兼顾）工作思路，坚持“分区分级管控、综合分类施策”原则，动态调整防控策略和打法，及时采取针对性措施，在最短时间内实现社会面动态清“零”目标。

市县一体快速响应，及时处置突发疫情　“威海0307”疫情发生后，市指挥部立即启动平急转换应急响应，市委、市政府主要领导亲自调度部署，成立现场处置工作专班，明确区（市）分包领导并坐镇指挥，组织专家第一时间赴疫情区（市）现场指导处置，市县一体，从快从细抓好流调溯源、封控消杀、核酸检测、集中隔离等应急处置工作。其后，全市及时优化调整市县两级指挥体系，两级指挥部始终保持激活状态，疫情发生时，指挥部第一时间应急处置，市委、市政府主要领导坐镇指挥、统筹调度，市级领导人按平时分包制度迅即带领人员赶往发生疫情的区（市），市县一体开展应急处置。两级指挥部每天召开视频会议，研判形势、查找问题、部署工作，各工作组上下联动、协同作战。

迅速开展流调，以快制快摸清传播链　坚持“快”字当头，抢抓时间窗口，快速精准做好流调，第一时间阻断疫情传播链。市县两级流调与追踪转运组强化集中办公和值班值守，“追阳”、流调、协查、转运等各环节24小时始终处于激活状态。组建包括市卫生健康委员会、公安局、工业和信息化局等部门在内的流调溯源专班，下设若干流调小组，强化协同配合，迅速实施有效措施。

应隔尽隔、应治尽治，第一时间阻断传播链　坚持从严、从紧、从快管控，对风险人员应隔尽隔，阳性人员应治尽治，把疫情控制在最小范围。加强集中隔离，对摸排出的密接，以最快速度进行集中隔离，对判断不准的人员，实行先管后筛。科学慎重划设“风险区”，对高风险所在小区，以及感染者、密接较为密集的重点区域，加强宣传引导、解释劝导，倡导“非必要不流动”“非必要不聚集”。及时优化调整风险区域，对划设的风险区，科学研判风险，对符合条件的予以及时解封，进一步提升科学性、精准性，生产、建设、物资运输等不停顿。在做好疫情防控的同时，其他区域经济社会秩序正常，企业正常生产，工地正常建设。其间对涉及的学校师生及时开展线上教学，其他学校均正常运转，高考、中考未受影响。加强医疗救治，对阳性人员落实应治尽治，统筹全市医疗资源开展集中救治、“一人一策”、中西医结合。

统筹调配全市力量，有序组织核酸筛查　强化全市一盘棋，加强核酸检测力量全市统筹调配，全力做好区域核酸筛查。全链条做好采样、送样、检测工作，进一步提高核酸检测质量。强化核酸检测采样点现场管理，加强环境消杀，严防交叉感染。坚持边检测、边复盘、边改进流程，对居家人员全部采用上门采样，全力提升隔离点、重点区域和社会面核酸采样出结果时效，为研判疫情走势提供有效数据支撑。采取“网格化＋大数据＋铁脚板”方式，及时将采样情况与常态化检测数据库进行比对、筛查，推送社区排查落实、追检补检。

全力做好保障和宣传，确保平稳　牢牢把握“三个保障”工作要求，在保障好全市面上生产生活物资的同时，组织机关干部、志愿者等力量下沉一线，会同镇（街道）、社区全面摸排社区鳏寡孤独、孕产妇、基础病患者等特殊人员情况，加强生活物资配送，及时解决看病就医等个性需求，全力做好重点区域的服务保障工作。充分发挥宣传引导工作在疫情防控中的作用，坚持线下线上同步，及时召开新闻发布会，依托微信、微博等新媒体，及时发布权威消息，回应群众诉求、社会关切，确保疫情处置期间总体平稳。

三、抓紧抓实常态化疫情防控

深入落实省委“立足于有、关口前移、多重屏障、两手结合（精准防控和兜底防控相结合）”的纵深防御方法，以及“4+3”（管好境外人员、境外冷链物品、境外非冷链普通物品、省外重点地区入返人员“四个源头”，明确做强各级各类医疗机构和药店、纳入定期检测范围的重点人群、其他社会面愿检尽检和不定期检测人群“三个探头”）工作要求，统筹全市力量，强化联防联控，全力筑牢防控屏障，扎实提升常态化防控能力和水平，最大限度防止疫情输入和扩散。

扎实做好国内重点地区入威海返威海人员随访排查　锚定“不漏一人”目标要求，突出“早、快、严”，全面加强重点地区到威海人员数据监测、跟踪随访和落地核查，切实做到应排尽排、应访尽访、应检尽检。提前甄别早发现。强化市际边界管控，在市际边界卡口、交通场站、港口配备查验力量。充分发挥“六治一网”作用，依托全市网格员，整合发动社区协管员、楼长、单元长、物业服务人员、志愿者等各方力量，常态化开展自主摸排，引导到威海人员提前报备，确保入威海返威海人员全量登记。一体联动快排查。成立专门情报班组，通过情报系统全息感知手段，生成疫情地区人员到威海数据，赶在省数据下发前集中推送批量涉疫信息，提前启动排查随访，较省内推送数据提前1～2天，为及时管控风险人员赢得宝贵时间。建立一体联动筛查机制，对省下发重点人员信息快速剔除错误数据后，由市级层面直接推送至基层派出所，快速开展排查。数据赋能严管理。充分发挥市一体化疫情防控管理系统作用，全量汇聚到威海自主申报、公安机关自上而下推送、镇（街道）社区自下而上摸排的随访纳管人员数据，与核酸检测数据库实时贯通，系统自动抓取、自动比对、自动上传随访人员核酸检测结果和频次，对未按要求进行检测以及次数不足的实行动态统计预警，由社区人员跟踪督促落实。

全链条强化入境人员管理　将严防境外输入作为重中之重，着力构建全链条防控体系。加强共享联动，推动全面管控到位。独立设置入境人员集中隔离点，严防入境人员与境内人员交叉感染。对集中隔离结束人员，建立居家健康监测台账，跟踪做好健康监测和服务保障。加大力量配备，推动转运衔接到位。成立机场转运专班，全面做好入境旅客分流、转运工作。突出区域特点，强化入境船员管理。研究出台和修订完善《威海市船舶坞修疫情防控工作指引》，对各类入境船员严格按照入境人员管理，同时参照口岸工作人员管理模式，有效筑牢该领域疫情屏障。强化协调联动，严防走私偷渡。压实沿海镇（街道）、村（社区）属地责任，广泛发动群众群防群处，对海岸线及周边海域进行高密度巡防，严打沿海走私、偷渡等违法犯罪活动，切实消除疫情防控漏洞盲区，有效防止疫情通过该途径输入。

全流程做好高风险岗位人员闭环管理　威海市进口冷链、非冷链、国际邮件快件业务量较大，加之国际船舶坞修、远洋捕捞等特有业态，高风险岗位人员类别多、数量大。市指挥部结合实际，切实加强隐患排查，及时研究针对性强化措施。强化主动研判，消除空白盲区。针对特有业态，组织专家和行业主管部门，定期梳理现行政策，及时对管控措施进行补充和强化。印发《关于进一步加强远洋自捕回运水产品疫情防控工作的通知》，针对渔船是否与境外人员及货物发生接触、回运的水产品是自捕还是购自境外等无法判定疫情风险情形，率先将风险企业全部按照进口冷链食品企业标准管理，明确高风险岗位，提出相应防护等级、管理标准，补齐该领域防控标准和措施的空白，该文件被省指挥部原文转发至全省沿海各市参照执行。聚焦关键环节，补齐管理空档。坚持高风险岗位人员作业、居住、脱岗全流程监管，印发《关于进一步加强进口货物从业人员疫情防护管理工作的通知》，强化直接接触货物人员分级防护，严格落实作业期间闭环管理，明确静置期货物接触人员管理，落实人员健康管理和防护用品管理，确保高风险岗位全流程管控管理到位。强化责任落实，堵塞防控漏洞。压紧压实“四方责任”，组织区（市）、镇（街道）加强全面摸排，建立动态台账，对相关企业、从业人员坚决做到底数清、情况明，确保各项管控措施落实落细。逐家企业、逐个岗位梳理优化进口货物运转流程，研判界定直接接触货物人员范围和风险等级，严格实施闭环管理措施。

全力抓好社会面防控　严密做好公共场所、景区景点、商场超市等区域疫情防控，将易引发疫情传播扩散的关键领域、风险点位作为重中之重，出台针对性措施，科学精准指导、深入细致排查，坚决堵住可能造成疫情传播的风险漏洞。全维度创新场所码场景应用。依托2020年起开发建设、逐步优化完善的市一体化疫情防控管理系统，创新开发具有公共场所出入登记功能的场所码，多措并举、全力推广，基本实现场所码“应领尽领、应贴尽贴”。把场所码逐一明确到区（市）、镇（街道），督促区（市）、社区落实属地防控责任。公共场所防控组组织商务、文化和旅游、住房城乡建设、机关事务等部门精干力量，常态化开展督导检查，加强调度通报，“倒逼”机关事业单位、商场超市、宾馆酒店、景点景区、社区落实专人负责，做到“逢进必扫、逢进必验”。市指挥部坚持便民利民导向，推行多码关联，创新实现场所码、健康码、行程卡、核酸检测、疫苗接种等信息“五码同显”，并建立“红、黄、灰、绿”四色筛查机制，有效提升数字抗疫水平。针对老年人等群体扫码不便问题，创新推出“卡码融合”，率先将市民卡和市民健康码、场所码等信息打通融合，刷卡即可同步完成健康信息读取、场所码扫码，实现“刷卡即扫码”，方便查验，群众使用也更方便，得到市民广泛认可。落实落细高校疫情防控措施。积极应对假期后学生集中返校，组织专家提前研判，坚持校地防控资源统筹、管控沟通服务并重，结合学生来源地风险程度，由属地政府负责统筹资源，严防风险进入校园。建立高校师生返校保障24小时联络网，实现高校师生返校保障工作全点位无缝对接；推行高校师生接返服务“一线工作法”，平稳应对开学和假期等返校高峰。周密周全抓好婚宴疫情防控。在国庆前后婚宴高峰期间，专题研究针对性防控措施，既全面落实提前报备、查验“两码一证”等要求，严防风险人员参加，又坚持人性化原则，对达不到条件的新人及双方父母，通过加密核酸检测、逐人研判风险、个性化制定方案等方式保障参加，确保提前告知到位、过程管控到位、沟通保障到位。从严从紧规范各类会议活动。根据疫情形势变化，统筹疫情防控要求、各方实际需求，及时修订会议、活动以及考试防控措施，对举办方、举办地提出明确要求，并落实专人现场指导督导，确保规范有序。对重大活动强化专班保障，市指挥部提前制定详细的防控方案，通过会前专题演练、会中严格管控、会后复盘总结，靠前指导，全程参与，有力保障活动的顺利举行，总结形成一套行之有效的大型活动疫情保障工作机制。

持续强化防控能力储备建设　为确保常态化防控措施落实落地，同时为突发本土疫情处置强化能力支撑，市指挥部着力加强资源配备和统筹，构建疫情防控坚实有力保障。加强集中隔离场所建设。通过新建、改造、腾空等方式，持续挖潜集中隔离资源，构建梯次启用格局，充分考虑威海作为著名旅游城市、旅游旺季期间宾馆酒店入住率较高等实际，着力挖掘和提高政府公共资源比例，更好地保障突发情况下的实际需求。推进核酸检测能力建设。持续强化核酸检测能力、核酸采样队伍建设，特别是加快移动检测车、气模实验室等移动检测力量配备。

四、综合施策推动平稳转段

疫情防控进入“乙类乙管”新阶段后，威海市坚决落实省委、省政府“把握节奏、控制进程、拉平曲线、推后峰值”的要求，坚持人民至上、生命至上，深入扎实开展各项工作，全力以赴保健康、防重症，最大限度保护群众的生命安全和身体健康。

全面提升医疗救治服务能力　疫情转段初期，提前做好就诊、救治、药械准备，确保群众就医用药需要。加强就诊能力保障。根据实际需要实施发热诊室扩容，确保应设尽设、应开尽开。推进120急救指挥系统坐席扩容翻倍，安排救护车24小时处于待命状态，组织各区（市）组建转运车队，并落实到镇（街道）、社区、村居，保障群众急救转运需求。加强救治能力建设。协同提升市县两级救治能力，规范设置定点医院、后备定点医院、亚定点医院等。强化救治药械保障。积极帮助本地企业协调解决原材料供应、生产资质、生产设备等问题，引导企业加快生产。积极组织各大药店发挥渠道优势，加紧采购急需药品器械，面向社会加大供应力度。开展政府采购储备，加强对农村地区、养老福利机构和学校所需药品器械的调配供应。

精准开展分类分级分区诊疗　分类实施健康管理指导。对全市老年人开展健康摸排建档，依托基层医疗卫生机构，对红、黄标风险人员持续进行跟踪监测与指导，开展送医送药上门服务、上门随访指导，监测感染人数，感染率明显低于普通人群。精准实施分级分类诊疗。制定印发《诊疗明白纸》并广泛宣传，提升群众自我健康管理水平；开设诊疗专线，引导轻症、无症状感染者居家治疗；明确基层医疗机构对重点人群评估、危重患者转运的路径流程，高效利用三级医院资源；充分发挥县级医联（共）体作用，建立健康服务网格，推动基层首诊、有序转诊。着力强化重症救治。高效发挥专家团队综合诊疗作用，成立新冠肺炎重症综合救治专家指导组，每日会诊、主动巡诊、协同诊疗，为重症救治提供远程指导和服务。推动专家按需下沉现场指导，对分区包干区域二级综合医院重症病例救治情况进行巡诊，积极推进重症患者中西医结合治疗。

全力做好农村地区疫情防控　整合村“两委”干部、包村干部、驻村第一书记和工作队、乡村医生等工作力量，共建联建单位、群团组织、社会组织、志愿组织等支援力量，组建村级防控队服务一线。持续开展宣传引导，加强返乡人员摸排管理，加强聚集性活动引导管控。对农村地区五类重点人群，全面落实市县两级下派干部、医务人员和村干部分包联系措施，每周开展联系走访。推动基层医疗卫生机构、村卫生室全部开设发热诊室，实现农村地区全覆盖。依托3家医疗集团、7家紧密型县域医共体，按照分区包片原则，形成覆盖所有常住人口的健康服务网格。强化农村地区药械保障，保障群众正常诊疗需求。

守好重点机构疫情防线　对养老福利机构等重点机构实行重点机构日调度机制，严格按照频次开展核酸检测，提高服务对象疫苗加强免疫接种覆盖率。安排基层医疗机构对口负责健康监测工作，确保重点机构的高风险人群健康监测全覆盖。不断强化应急处置能力，指导养老福利机构建立应急处置预案，实行分区隔离管理，储备应急支援队伍和集中健康监测点或隔离点。加强对养老福利机构的药品物资供应保障，加大纾困力度，及时落实发放各类补助资金，帮助养老福利机构缓解运营压力。

全面加强监测预警和形势研判　开展分层抽样调查，详细了解居民及其家人感染情况；加强哨点医院监测，深入分析、科学研判全市疫情规模、强度和范围。加强口岸监测，常态开展境外输入新冠病毒变异监测，研判输入风险。加强重点机构监测，动态分析养老福利机构、监所人员感染变化趋势，及时发现感染者和突发疫情。动态监测病毒变异情况，按规定比例开展全基因组测序，及时发现输入新变异株和潜在重要变异株。开展污水监测，定期分析人群感染和发病情况，结合疫情流行情况，采取适当防控措施，减轻对社会运行和医疗资源的冲击。

［中共威海市委统筹疫情防控与经济运行工作领导小组（指挥部）办公室提供］

编辑　闫拥军

大　事　记

1　月

1 日　《区域全面经济伙伴关系协定》（简称 RCEP）生效实施，威海市首份 RCEP 原产地证书签发。

6 日　科学技术部公布新一批开展创新型城市建设城市名单，威海市入选。

同日　山东港口威海港全自动集装箱堆场项目上线运行，该堆场是全市港口首个实现全自动化作业的集装箱堆场。

13 日　威海市与国家电投战略合作项目推进联席会议举行，国家电投集团威海清洁能源有限公司同时成立。

15 日　中国船级社（CCS）青岛分社威海检验处执行建造检验的国内吨位最大的入级远洋渔业辅助船“鲁荣远渔运 898”完成航行试验。

18 日　全市党史学习教育总结会议召开。会议全面总结全市党史学习教育的成效经验，研究部署巩固拓展党史学习教育成果的思路举措，把学习贯彻中共十九届六中全会精神进一步引向深入。

25 日　威海百合生物技术股份有限公司在上海证券交易所上市。

30 日　2021 年度地方纳税 50 强企业表彰大会召开，表彰为全市经济社会高质量发展作出突出贡献的企业。

2　月

7 日　全市招商引资和项目建设攻坚推进大会召开。

同日　在济南市召开的山东省 2022 年工作动员大会上，威海威高国际医疗投资控股有限公司原董事局主席陈学利获评山东省杰出企业家、记一等功；威海光威集团有限责任公司总经理邓向阳获评山东省行业领军企业家、记一等功；迪尚集团有限公司党委书记、董事长朱立华，天润联合集团有限公司党委书记、董事长邢运波，威海市泓淋电力技术股份有限公司董事长迟少林，豪顿华工程有限公司原总经理索伦·汉斯伯格·闫森（丹麦）获评山东省优秀企业家。

8 日　教育部印发《关于公布 2021 年度全国青少年校园足球特色学校、试点县（区）“满天星”训练营、改革试验区和全国足球特色幼儿园名单的通知》，威海市塔山小学、威海市文登区天福山中学、山东省荣成市第三十一中学等 12 所学校获评 2021 年度全国青少年校园足球特色学校，威海市环翠区鲸园实验幼儿园、威海市文登区环山街道中心幼儿园、荣成市俚岛镇中心幼儿园等 8 所幼儿园获评 2021 年度全国足球特色幼儿园。

13 日—14 日　副省长王心富到威海市调研经济运行工作，了解工业企业生产经营、重点项目投资推进、进出口等情况。

16 日　全市 2022 年重大项目集中开工活动举行。全市集中开工项目 183 个，总投资 761.4 亿元、年度投资 222 亿元。

17 日—19 日　中国共产党威海市第十六次代表大会召开。会议听取和审议张海波代表十五届市委所作的报告，审查十五届市纪委工作报告，选举新一届市委和市纪委，通过《中国

2 月 7 日，全市招商引资和项目建设攻坚推进大会召开　（孙大伟　摄）

共产党威海市第十六次代表大会关于十五届市委报告的决议》《中国共产党威海市第十六次代表大会关于十五届市纪委工作报告的决议》。

22日—25日 中国人民政治协商会议第十四届威海市委员会第一次会议召开。会议选举产生十四届市政协领导班子，通过市政协2022年重点协商活动计划和政协第十四届威海市委员会第一次会议决议。

23日 2022年威海市级重点民生实事项目清单公布，涉及老旧小区改造、推进教育“双减”工作等20项内容。

23日—26日 威海市第十八届人民代表大会第一次会议召开。会议选举产生市第十八届人民代表大会常务委员会主任、副主任、秘书长、委员，市人民政府市长、副市长，市监察委员会主任，市中级人民法院院长，市人民检察院检察长，表决通过《关于设立威海市第十八届人民代表大会专门委员会的决定》《威海市第十八届人民代表大会第一次会议关于政府工作报告的决议》《关于威海市2021年国民经济和社会发展计划执行情况与2022年国民经济和社会发展计划的决议》《关于威海市和市级2021年预算执行情况与2022年预算的决议》等。

27日至3月1日 市委副书记、市长闫剑波率队赴上海市开展招商引资活动，拜访重点企业，对接洽谈项目，并召开新能源产业合作推介会。

3　月

1日 在北京市召开的“三八”国际妇女节纪念暨表彰大会上，威海日报社威海日报时政报道部主任孙世超获评全国三八红旗手。

2日 威海市第十八届人民政府第一次全体（扩大）会议暨廉政工作会议召开。

13日 省委书记李干杰到威海市实地检查指导疫情防控工作，看望慰问一线工作人员。

同日 中共威海市委宣传部、市委网络和信息化委员会办公室、市卫生健康委员会联合举办“爱在威海　同心抗疫”全媒体宣传活动。

20日 省直支援威海核酸检测队队长、山东第一医科大学附属省立医院（山东省立医院）临床医学检验部副主任白晓卉因突发疾病抢救无效去世。

22日 副省长孙继业到迪尚集团有限公司调研防疫物资生产工作。

24日 威海市荣成苏山岛海域靖海国家级海洋牧场示范区入选第七批国家级海洋牧场示范区名单。

29日 国家知识产权局发布第二批知识产权行政执法指导案例，《威海市市场监督管理局查办使用回收再利用啤酒瓶侵犯“青岛啤酒”注册商标专用权案》入选。

4　月

2日 全市首条欧洲远洋航线“威海—土耳其”航线开通。

13日 省委常委、组织部部长王宇燕到威海市调研基层党建、人才队伍建设和干部教育等工作。

14日 全市首批普通高中、中职毕业年级复学。

15日 “4·15”全民国家安全教育主题宣传周系列活动举办。

26日 威海—菏泽—重庆航线开通。

27日 威海市招商引资项目集中签约活动举行，集中签约61个内资、外资项目，总签约金额约315亿元。

28日 在北京市召开的2022年庆祝“五一”国际劳动节暨全国五一劳动奖和全国工人先锋号表彰大会上，威海光威集团有限责任公司获得全国五一劳动奖状，金猴集团威海皮具有限公司设计师王海军获得全国五一劳动奖章，文登奥文电机有限公司台钻装配班、山东威达机械股份有限公司国际技术开发部获评全国工人先锋号。

同日 刘公岛、成山头等29家A级景区及市群众艺术馆、市图书馆、市博物馆等主要公共文化场馆恢复开放。

5　月

1日 《威海市海洋牧场管理条例》开始施行。

7日—10日 2022年夏季高考与普通高中学业水平等级考试进行，全市设4个考区10个考点，1.06万人报名参加。

10日 山东省港口集团港产城融合发展（威海）建成项目投产、新项目开工暨合作协议签约仪式举行。此次建成投产及拟新开工重点项目14项，总投资128.08亿元。

12日 第四届威海市创业大赛决赛举办，56个项目进入决赛阶段。

16日 威海市与国家电投战略合作项目推进联席会议暨山东省先进核能技术创新中心成立揭牌仪式举行。

20日 中国教育学会组织召开基础教育国家级优秀教学成果推广应用第十期线上交流研讨会(威海专场)。全国60个推广应用示范区、74项成果持有方代表、部分省市教育学会代表等1000余人参加会议。

同日 由联合国儿童基金会挂牌成立的“知食小卖部”在威海市开业。

同日 全市首家镇级文联在所属荣成市斥山街道揭牌成立。

22日 “中国体育彩票杯”威海市第十二届全民健身运动会·2022年威海市全民健身月启动仪式暨健康威海徒步行活动在威海公园文化广场启动，全市近500名徒步运动爱好者参加活动。

25日 在北京市召开的全国公安系统英雄模范立功集体表彰大会上，威海市公安局地方铁路分局乘警大队获评全国优秀公安基层单位，威海市公安局交警支队三大队副大队长张建政、威海市公安局文登分局特巡警大队副大队长孔宏伟获评全国优秀人民警察，威海市公安局临港分局草庙子派出所三级警长孙李斌获评全国公安机关爱民模范。

26日 “好品山东·优品威海”品牌宣传推介活动启动，集中宣传推广威海市最具影响力的产品、企业和区

国家电投新能源科技馆（威海日报社 提供）

域品牌。

30 日 中国科学技术协会、教育部、科学技术部等 7 个部门联合发布 2022 年度科学家精神教育基地认定名单，国核示范电站有限责任公司国家电投新能源科技馆、荣成市郭永怀事迹陈列馆入选。

6 月

2 日 国务院办公厅印发《关于对 2021 年落实有关重大政策措施真抓实干成效明显地方予以督查激励的通报》，威海市质量强市建设、河长制湖长制 2 项工作获得督查激励。

8 日 国网山东省电力公司威海供电公司员工王银洁被中国共产主义青年团中央委员会评为 2022 年“全国向上向善好青年”。

9 日—30 日 威海市促进商用汽车消费活动举办。

10 日 “威海企业家日”启动仪式暨企业家座谈会举行。会议鼓舞广大企业家弘扬优秀企业家精神，争当创新发展排头兵，实现新突破。

11 日 第五届威海市市长国际经济咨询委员会年会召开。10 个国家和地区的 19 位委员围绕“提升制造业核心竞争力·打造威海高质量发展新引擎”主题建言献策，助力威海市进一步提升城市国际化水平、塑造竞争新优势。2022 首届威海国际周启动仪式同步举行，集中开展国际经贸、科技、文化、体育、友好城市等各类主题活动。

14 日 第十九届中欧膜产业技术创新合作大会在环翠区召开。近 100 位专家、企业代表围绕“创新双招双引，赋能膜链延展”主题进行交流，4 个高端膜产业项目现场签约。

15 日 第五届威海工匠命名大会召开，命名表彰“威海工匠”20 名。

16 日 省政府印发《关于荣成市宁津街道东楮岛村历史文化名村保护规划的批复》，《荣成市宁津街道东楮岛村历史文化名村保护规划（2021—2035 年）》获得省政府同意。

20 日 第三届跨国公司领导人青岛峰会威海海洋产业合作沙龙在青岛市举办。合作沙龙以“向海而兴 拥抱未来”为主题，分致辞与推介、主旨演讲、城市合伙人聘任仪式、集中签约仪式 4 个环节，5 名专家受领聘书，19 个重点项目集中签约。

22 日 全市科技创新大会召开。会议落实全省科技创新大会精神，研究部署全市科技创新工作，切实发挥企业创新主体作用，加快创建国家创新型城市，为实现高质量发展提供有力支撑。

同日 “技能兴威”2022 年度威海市职业技能竞赛开幕式在威海职业学院（威海市技术学院）举办。竞赛分 7 个赛区举办，设置 19 个赛项，全市 8 个代表队 496 名选手参赛。

同日 山东灯塔水母海洋科技有限公司与中国人寿财产保险股份有限公司威海市乳山支公司正式完成牡蛎养殖碳汇指数保险投保，全国首单渔业碳汇指数保险落地威海市。

24 日 2022 全球速卖通威海商家峰会举办。速卖通平台相关业务负责人为全市企业讲解海外市场资讯及热点趋势，提供与阿里巴巴全球速卖通平台的高效交流机会，全市 50 余名跨境电商企业代表参会。

同日 中韩（威海）城市国际客厅启动仪式在威海市和韩国仁川市同步举行。集展示推介、路演发布、商务服务、综合办公、韩日商品集散地服务中心等功能为一体的城市国际客厅揭牌启用。

25 日 全市领导干部会议召开。会议宣布中共山东省委关于威海市主要负责人职务调整的决定。省委决定：闫剑波任中共威海市委书记。

6 月 15 日，第五届威海工匠命名大会召开（孙大伟 摄）

7　月

7月18日，中共山东省委党校（山东行政学院）现场教学基地揭牌仪式举行
（王彦博　摄）

6日　威海市人民政府与中泰证券股份有限公司战略合作签约仪式举行。

6日—7日　省政协副主席王艺华率调研组到威海市就“发挥发掘乡村功能，助力乡村振兴”开展专题调研。

12日　省政协主席葛慧君率调研组到威海市就“加强和改进新时代市县政协工作”开展专题调研。

14日　由10家政府公益机构、社会团体组织及市场服务机构组成的高新区医疗器械产业人才服务联盟成立，可为医疗器械产业人才提供11类服务。

15日　省委书记李干杰、省长周乃翔率山东新旧动能转换“五年取得突破”重点项目现场观摩团到威海市，实地观摩马夸特汽车智能化系统制造、光威复材高性能碳纤维产业化、威高利形生物疫苗及普瑞新型预灌封、捷普打印机整机生产、迪尚智慧时尚创意创新等项目。

16日　副省长、省公安厅厅长范华平到威海市调研指导警察训练基地建设、警务政务服务等工作。

18日　经山东省政府同意，并报水利部、国家发展和改革委员会、住房和城乡建设部、工业和信息化部、自然资源部、生态环境部备案，威海市被确定为国家典型地区再生水利用配置试点城市。

同日　中共山东省委党校（山东行政学院）现场教学基地揭牌仪式在刘公岛举行。

19日　商务部公布全国第二批城市一刻钟便民生活圈试点地区名单，威海市入选。

20日　威海市“中国梦·新时代·新征程”百姓宣讲比赛举行，有4个类别45组作品入围全市比赛。

21日　省科学技术厅和威海市人民政府战略合作框架协议签约仪式举行。

22日　国家知识产权局印发《关于第二十三届中国专利奖授奖的决定》，全市4个项目获得中国专利优秀奖。

22日—23日　市委书记闫剑波率威海市党政考察团先后到烟台市、青岛市围绕新旧动能转换主题进行考察。

24日　青岛市委副书记、市长赵豪志，市委常委、副市长耿涛率党政考察团到威海市就新旧动能转换工作进行考察。

7月20日，威海市“中国梦·新时代·新征程”百姓宣讲比赛举行
（刘志鹏　摄）

25日　威海先进医用材料与高端医疗器械山东省实验室理事会成立大会暨第一届理事会第一次会议召开，全国政协教科卫体委员会副主任曹健林出席会议。

27日　威海市第十八届人民代表大会第二次会议召开。大会补选孔凡萍为威海市人民政府市长。

30日—31日　农业农村部副部长马有祥在副省长江成的陪同下到威海市调研海洋渔业发展情况。

8　月

3日—4日　由23个国家的33名记者组成的中国国际新闻交流中心亚太非洲记者团到威海市访问。

4日　第三届中韩（威海）人才交流合作大会暨韩国留学人才云上对接会召开。会议以“共叙金桥情·携手筑未来”为主题，采取“云端交流＋合作对接＋线上直播”的形式，现场推介威海市人才生态环境，6所高校和10家企业签订合作协议，相关嘉宾为山东（威海）韩国留学人才创新创业基地、山东人才发展集团韩国联络站以及国际人才生态示范区相关机构揭牌，并为入驻机构发放证书。

5日　在山东省曲阜市举办的2022年第二季度“中国好人榜”发布

仪式暨全国道德模范与身边好人现场交流活动中，国网山东省电力公司威海供电公司职工王银洁获评2022年第二季度“中国好人榜”助人为乐好人。

同日 全市医疗器械产业专利导航成果发布会，正式发布医疗器械产业专利导航报告。

5日—7日 第二届韩国（山东）进口商品博览会在威海市举办。博览会首次启用威海国际经贸交流中心，设置中韩建交30周年、知名品牌、RCEP区域等展区，内陈国际标准展位1300余个，全球20余个国家和地区的786家参展商和2000余家采购商参展，副省长江成，韩国驻青岛总领事馆总领事金敬翰出席开幕式。

6日 2022中韩（威海）服务贸易创新发展大会举行。大会以“数字贸易新发展 中韩合作新未来”为主题，中国、韩国的相关单位、行业协会、知名企业等140余名代表参加。

同日 韩国—中国（威海）—蒙古商品集散基地项目签约，构建仁川—威海—乌兰巴托“海铁”联运物流通道。

10日 赛迪顾问股份有限公司发布2022园区高质量发展百强榜单，威海火炬高技术产业开发区列第52位。

11日 威海市人民政府与中国移动通信集团山东有限公司战略合作协议签署仪式举行。

16日—17日 “喜迎二十大 奋进新征程”系列展演活动举办。

17日 中共中央宣传部、国家卫生健康委员会发布2022年“最美医生”名单，威海市立医院感染性疾病科主任、主任医师张静入选。

20日 以“走进科技 你我同行”为主题的2022年山东科技活动周启动仪式在威海市举行。副省长凌文出席活动并讲话，省科学技术厅党组书记、厅长唐波，市领导孔凡萍、孙付春参加活动。

25日 文化和旅游部公布第二批国家级夜间文化和旅游消费集聚区名单，威海卫城片区入选。

25日—26日 以“聚智汇能·逐梦深蓝”为主题的2022中国威海·国际英才创新创业大会召开。会议围绕全市海洋产业发展实际和企业人才技术需求，举办院士主旨演讲、海洋产业“双招双引”环境推介、项目签约、海洋产业重点技术“揭榜挂帅”仪式、“引才大使”聘任仪式、海洋科技人才创新成果展、博士后创新创业大赛等活动，150余名专家学者、重点企业代表参加会议。

27日 威海市人民政府和山东电工电气集团有限公司战略合作协议暨海缆基地项目签约仪式举行。

29日 国家知识产权局发布《关于确定国家知识产权强县建设试点示范县和国家级知识产权强国建设试点示范园区的通知》，威海市文登区、荣成市，被确定为国家知识产权强县建设试点县（市、区），威海火炬高技术产业开发区被确定为国家级知识产权强国建设试点园区。

30日 中国通用技术（集团）控股有限责任公司、飞利浦（中国）投资有限公司、威高集团有限公司高端医疗装备产业战略合作签约仪式在济南市举行。省委书记李干杰，省委副书记、省长周乃翔，省委常委、秘书长张海波，副省长凌文，市领导闫剑波、孔凡萍、李建、杨丽出席活动。

同日 在北京市举行的全国“人民满意的公务员”和“人民满意的公务员集体”表彰大会上，威海市公安局反恐支队支队长陈强获评全国“人民满意的公务员”。

9 月

1日 市委书记闫剑波会见恒丰银行党委书记、董事长陈颖一行。

6日 中国企业联合会、中国企业家协会联合发布“2022中国企业500强”和“2022中国制造业企业500强”榜单，威高集团有限公司列“2022中国企业500强”第423名，威高集团有限公司、金猴集团有限公司和迪尚集团有限公司分列“2022中国制造业企业500强”第210名、第456名和第462名。

7日—8日 “百校联百县兴千村”行动启动仪式暨全国乡村建设行动现场培训班在威海市举办。国家乡村振兴局党组成员、副局长夏更生，清华大学校务委员会副主任史宗恺，省政协副主席王修林，市领导闫剑波、张宏璞参加活动。

7日—8日 省人大常委会副主任、党组书记杨东奇带领执法检查组，到威海市就《中华人民共和国残疾人保障法》《山东省实施〈中华人民共和国残疾人保障法〉办法》贯彻实施情况开展执法检查。

8日 在中央广播电视总台和山东省人民政府联合举办的“好客山东 好品山东”宣传推介活动中，威高集团有限公司被授予第一批“好品山东”企业形象标识授权证书。

9日 荣成歌尔产业园智能硬件项目投产暨出货150万套仪式举行。

13日 市委党校2022年秋季学期开学典礼举行。市委书记、市委党校校长闫剑波出席并为学员授课。

16日 中共威海市委“山东这十年·威海”主题新闻发布会举行。市领导闫剑波、孔凡萍参加发布会并回答有关提问。

24日—25日 市委书记闫剑波率队赴北京市开展招商引资活动，拜访重点企业，洽谈对接项目，推进合作。

27日 由中国共产主义青年团威海市委员会、市市场监督管理局、邮政管理局等多家单位联合建设的“骑手之家”启用，为全市快递外卖从业人员提供多项便利服务。

28日 市委书记闫剑波会见三一集团有限公司董事、三一重能股份有限公司董事长周福贵一行。

30日 威海市向烈士敬献花篮仪式在环翠区烈士陵园举行。

10 月

4日 副省长孙继业到威海市传达中共中央总书记、国家主席、中央军委主席习近平10月2日给山东省地质矿产勘查开发局第六地质大队全体地质工作者回信精神。

8日 农业农村部农产品质量安全中心发布公告，“乳山牡蛎”被列入2022年第二批全国名特优新农产品

荣成市宁津街道东墩村海草房　　（纪　哲　摄）

名录。

11 日　国家发展和改革委员会印发《关于做好 2022 年国家骨干冷链物流基地建设工作的通知》，威海国家骨干冷链物流基地入选 2022 年国家骨干冷链物流基地建设名单。

24 日　中国非物质文化遗产保护协会公布 2022 年全国非遗与旅游融合发展优选项目名录，荣成市宁津街道、威海民俗文化邨获评非遗旅游小镇，荣成市宁津街道东墩村、乳山市乳山寨镇赤家口村入选非遗旅游村寨。

同日　水利部淮河水利委员会公布 2021 年度淮河流域幸福河湖名单，文登区杜营河获评“淮河流域幸福河湖”。

27 日　“畅游山海·寻梦田园”——乡村振兴看威海全媒宣传活动启动，系列乡村纪录片《我家》同时上线。

31 日　在上海市召开的 2022 年世界城市日全球主场活动暨第二届城市可持续发展全球大会上，威海市“用绿色和温情来打造精致城市”案例入选 2022 版《上海手册：21 世纪城市可持续发展指南》。

11　月

1 日　第 35 届金鸡奖提名名单公布，由环翠区国有资本运营有限公司、威海光语电影有限公司联合出品的电影《村头村尾》获得最佳中小成本故事片提名。

7 日　国务院食品安全委员会办公室印发《关于命名国家食品安全示范城市的通知》，威海市继 2017 年获批全国首批国家食品安全示范城市后，再次获得命名。

8 日　第 32 届中国新闻奖评选结果揭晓，以威高集团有限公司为样本的通讯《民生视角看“中国制造”——来自威高集团的样本观察》获得二等奖。

同日　工业和信息化部中国电子信息产业发展研究院直属机构赛迪顾问有限公司发布《2022 中国数字城市竞争力研究报告》，威海市列 2022 数字城市百强榜第 24 位。

13 日　第六届中国青年志愿服务项目大赛全国赛终评结束，威海市“每日净滩 5 分钟”海洋保护项目获得金奖。

18 日　德国海外商会联盟（AHK）发布《AHK 中国园区名录》（2022/2023 版），威海市列名录第 1 位。

19 日　中国共产党威海市第十六届委员会第三次全体会议召开。

20 日　中共山东省委、省人民政府印发《关于表彰“齐鲁杰出人才奖”获奖人员的决定》，山东新北洋信息技术股份有限公司董事长丛强滋获得齐鲁杰出人才提名奖。

23 日　工业和信息化部直属单位赛迪研究院赛迪顾问有限公司发布《先进制造业百强市（2022）》研究报告，威海市列全国第 42 位。

29 日　工业和信息化部编制完成《国家工业和信息化领域节能技术装备推荐目录（2022 年版）》，威海克莱特菲尔风机股份有限公司的 2 种风机产品入选。

12　月

1 日　山东省自然资源厅、山东省住房和城乡建设厅公布山东省一级保护古树名木名录，威海市有 11 株古树名木入选。

3 日—11 日　威海南海·中国乒乓球俱乐部超级联赛在威海南海国家乒乓球训练基地开赛，全国 15 个俱乐部的 80 余名选手参赛。

12 日　工业和信息化部公布 2022 年度国家中小企业公共服务示范平台名单，工业和信息化部威海电子信息技术综合研究中心、威海神舟信息技术研究院有限公司和威海智慧谷投资运营有限公司入选。

13 日　山东港口威海港煤炭业务铁路疏港新通道正式开通。

21 日　在浙江省杭州市举行 2022 中国幸福城市论坛上，威海市连续第三年获评中国最具幸福感城市。

27 日—30 日　中国人民政治协商会议第十四届威海市委员会第二次会议召开。会议审议通过十四届市政协常委会工作报告、提案工作报告、有关人事事项和大会决议，听取讨论政府工作报告等。

28 日　威海市第十八届人民代表大会第三次会议召开。会议表决通过《威海市第十八届人民代表大会第三次会议关于政府工作报告的决议》《关于威海市 2022 年国民经济和社会发展计划执行情况与 2023 年国民经济和社会发展计划的决议》《关于威海市和市级 2022 年预算执行情况与 2023 年预算的决议》等。

同日　山东省威海市文登区高村镇慈口观村、山东省荣成市港西镇鸡鸣岛村、山东省乳山市海阳所镇海阳所村被司法部、民政部评为第九批全国民主法治示范村（社区）。

编辑　于鹏飞

威海概况

建置沿革

【地理位置】 威海市位于山东半岛东端，地处北纬 36° 41′ ~ 37° 35′、东经 121° 11′ ~ 122° 42′。北、东、南三面濒临黄海，北与辽东半岛相对，东与朝鲜半岛隔海相望，西与烟台市接壤。东西最大横距 135 千米，南北最大纵距 81 千米，土地总面积为 5822 平方千米，其中环翠区、文登区面积为 1747 平方千米。海岸线长 968 千米，约占全国的十八分之一。辖环翠区、文登区、荣成市和乳山市。

【建置隶属】 威海历史悠久，新石器时代中期，境内就有人类聚居。夏、商、周三代，今市境为东方嵎夷之地，有莱夷聚居。春秋晚期，境内被纳入齐国版图。秦始皇统一中国后，境内属胶东郡。西汉时期，境内置育犁、昌阳、不夜 3 县。北齐天统四年（568），境内设文登县，今市境尽属之。此后，朝代更替，但隶属文登县未变。

明洪武三十一年（1398），为防倭寇侵扰，设威海卫，威海之名即由此而来。清光绪二十四年（1898），英国强租威海卫。光绪二十六年（1900），设威海卫行政长官署，属英国殖民部。民国 19 年（1930）10 月，中国收回威海卫，置威海卫行政区，直属国民政府行政院。民国 34 年（1945）8 月，成立威海卫市。

中华人民共和国成立后，1950 年 5 月，成立文登专区，辖威海、荣成、文登、昆嵛、乳山、海阳、牟平、福山 8 个县。1956 年 2 月，文登专区撤销，今威海地域改属莱阳专区。1958 年 10 月，莱阳专区改为烟台专区。1967 年 2 月，烟台专区更名为烟台地区，今威海地域属之。1983 年 8 月，撤销烟台地区，设烟台市（地级），威海市改为省辖县级市，由烟台市代管，文登、荣成、乳山 3 个县归烟台市管辖。

1987 年 6 月 15 日，威海市升为地级市，原县级威海市设为环翠区；烟台市的荣成、文登、乳山 3 个县划归威海市管辖。1988 年 10 月，文登县改为省辖县级市，由威海市代管；11 月，荣成县改为省辖县级市，由威海市代管。1993 年 7 月，乳山县改为省辖县级市，由威海市代管。2014 年 2 月 27 日，撤销文登市，设立威海市文登区。

（威海市地方史志研究院）

【行政区划】 至 2022 年年底，威海市辖环翠区、文登区、荣成市和乳山市 2 区、2 市（威海火炬高技术产业开发区、威海经济技术开发区、威海临港经济技术开发区属于国家级开发区，威海南海经济开发区属于省级开发区，开发区管理委员会是市政府派出机构），共 48 个镇、24 个街道办事处、2373 个村民委员会、390 个居民委员会。

（王书清）

自然环境

【地质】 威海市位于山东省胶北断块隆起的东端，其南侧与胶莱凹陷的东部边缘接壤。境内出露地层自老至新有晚太古界的胶东群、中生界上侏罗系莱阳组和白垩系下统青山组及新生界第四系。褶皱构造有乳山—威海复背斜，其轴在乳山台依，向北东经昆嵛山主峰、汪疃、羊亭，在田村倾没，轴向北东。断裂构造有近南北向的双岛断裂，北北东向的金牛山断裂和老母猪河断裂，北东向的牟平—即墨断裂（迹经乳山西部），北西向的望岛断裂、海埠—神道口断裂、俚岛—海西头断裂。岩浆岩主要有元古代的昆嵛山岩体和文登岩体及中生代燕山晚期艾山阶段的伟德山岩体和石岛岩体、崂山阶段的槎山岩体和龙须岛岩体。

（苗丰麟）

【地貌】 威海市属于起伏缓和、谷宽坡缓的波状丘陵区。区内除昆嵛山主峰泰礴顶海拔高度为 923 米以外，其他山地丘陵都在 700 米以下，大部分为 200 ~ 300 米的波状丘陵，坡度在 25 度以下。山体主要由花岗闪长岩构成，山基表面多为风化残积物形成的棕壤性土，土层覆盖较薄，但土壤通透性好。山丘中谷地多开阔，多平谷；平原多为滨海平原和山前倾斜平原。其中，低山占土地总面积的 15.77%，丘陵占 52.38%，平原占 27.56%，岛屿占 0.28%，滩涂占 4.01%。河网密布，河流畅通，地表排水良好。地势中部高，山脉呈东西走向，水系由脊背向南北流入黄海。北、东、南三面环海，海岸类型属于港湾海岸，海岸线曲折，岬湾交错，多港湾、岛屿。

（王文刚）

【气候】 威海市地处中纬度，属于北温带季风型大陆性气候，四季变化和季风进退都较明显。与同纬度的内陆地区相比，具有雨水丰富、年温适中、气候温和的特点。受海洋的调节作用影响，又具有春冷、夏凉、秋暖、冬温，昼

2022年威海市大中型水库蓄水量统计表

表1　　单位：万立方米

日期	1月1日	2月1日	3月1日	4月1日	5月1日	6月1日	7月1日	8月1日	9月1日	10月1日	11月1日	12月1日
大型	24960	24440	23830	23130	22218	20366	23601	23362	24865	25045	25509	25262
中型	15339	15280	15128	14989	14691	13807	14540	14433	15179	15666	15959	15702
合计	40299	39720	38958	38119	36909	34173	38141	37795	40044	40711	41468	40964

说明：大型水库包括米山水库、龙角山水库、八河水库3座；中型水库有13座

夜温差小、无霜期长、大风多和湿度大等海洋性气候特点。全市历年平均气温12.5℃，平均降水量734.6毫米，平均日照时数2417.9小时。2022年，全市平均气温12.9℃，较常年偏高0.4℃，属偏高；年平均降水量1017.2毫米，较常年偏多38.5%，属偏多；日照时数平均为2326.6小时，较常年偏少3.8%，属正常。

（周　宇）

【水文】　威海市河流属半岛边沿水系，为季风区雨源型河流。河床比降大，源短流急，暴涨暴落。径流量受季节影响差异较大，枯水季节多断流。全市有大小河流1000余条，流域面积50平方千米及以上河流35条，其中母猪河、乳山河、黄垒河3条较大河流贯穿于文登、乳山境内，总流域面积2766平方千米，占全市土地总面积的47.7%。母猪河流域面积1092平方千米，河长64千米；乳山河流域面积1039平方千米，河长78千米；黄垒河流域面积635平方千米，河长71千米。2022年，全市径流系数为0.47。

（张明芳）

【土壤】　威海市有棕壤、潮土、盐土、风沙土、褐土、水稻土、山地草甸土7种土壤类型。依其各自的发育程度、附加成土过程和土壤属性，又分为棕壤性土、棕壤、潮棕壤、白浆化棕壤、潮土、盐化潮土、褐土、滨海盐土、流动风沙土、半固定风沙土、固定风沙土、潜育水稻土、山地草甸土13个亚类、18个土类、153个土种。

棕壤土类是全市分布最广、面积最大的土类，遍及全市的山丘地区，占土壤总面积的83.5%。潮土类是居全市分布面积第2位的土类，占土壤总面积的13.2%。

土壤（耕地）质地可归为砂性土、轻壤土、中壤土3类。土体构型可分为15种类型，按其对作物的影响主要归纳为均壤质型，均沙、夹沙、夹砾石型，夹黏、均黏型，夹白浆型，硬（酥）石底型5种类型。从化学性质看，威海市成土母质大部分为酸性岩风化物，一般呈微酸性，pH值为6.5～7，有明显的淋溶作用、黏化作用和生物积累作用。但由于农民化肥施用量居高不下，有机肥施用量严重不足，导致耕地土壤pH值呈下降趋势。2022年，耕地土壤pH值平均数为5.77，有机质含量为13.04克/千克。

（孙洪助）

【海域】　威海北、东、南三面被黄海环绕，海岸线总长968千米，约占山东省的三分之一、全国的十八分之一。海岸类型属于港湾海岸，海岸线曲折。威海近岸海域总面积1.13万平方千米。全市有主要海湾35个，大小海岛185个，岛屿周边海底沉积物主要为粉砂质砂、砾石、泥沙质等。在海域使用方面，至2022年年底，全市登记用海面积38.54万公顷。

（崔维程　梁珍玮）

自然资源

【土地资源】　2022年年底，威海市土地总面积为58.22万公顷。其中，农用地面积45.27万公顷，建设用地面积9.39万公顷，未利用土地面积3.56万公顷。全市实有耕地面积16.25万公顷，永久基本农田面积14.36万公顷。

（梁珍玮）

【水资源】　威海市地处山东半岛最东端，内无大江大河，水资源主要来源于境内的大气降水。全市多年平均降水量为770.6毫米，多年径流深度为

母猪河　　（威海日报社　提供）

256.0毫米。2022年，全市累计降水量为1092.1毫米，比上年偏多1.3%，比多年同期偏多44.2%。

（张 超）

【矿产资源】 至2022年年底，威海市发现矿产（含亚矿种，下同）49种，其中查明或探获资源储量的30种，入山东省储量表23种，包括能源矿产、金属矿产、非金属矿产和水气矿产4类。其中，能源矿产1种：地热；金属矿产11种：铁、钛、铜、铅、锌、钼、金、银、铍、锆、铪；非金属矿产9种：硫铁矿、化肥用蛇纹岩、石墨、长石、玻璃用砂、建筑用砂、高岭土、饰面用花岗岩、饰面用辉长岩；水气矿产2种：地下水、天然矿泉水。

（梁珍玮）

【生物资源】 威海市拥有丰富的海洋生物资源，特别是在浅海和潮间带，各种生物资源种类繁多、分布广泛、资源量大。全市海域平均生物量为353克／平方米，平均生物密度为586个／平方米；有生物资源779种，其中动物647种、植物132种。在动物资源中，鱼类有100余种，包括小黄鱼、棘头梅童鱼、黄姑鱼、鲈鱼等；虾蟹类主要有鹰爪虾、中国对虾、毛虾、脊尾白虾、三疣梭子蟹、日本蟳（赤甲红蟹）等；贝类主要有栉孔扇贝、鲍鱼、泥蚶、文蛤、菲律宾蛤仔、魁蚶、牡蛎、中国蛤蜊、贻贝等；腔肠类主要有海蜇等；棘皮类主要有刺参、海胆、海星等。在植物资源中，主要有褐藻纲的海带、裙带菜，红藻纲的石花菜、条斑紫菜，以及海草类的大叶藻等。

威海市动物资源有647种。陆生野生哺乳动物有梅花鹿、狐狸、豹猫、獾、黄鼬、刺猬、野兔、蝙蝠等。鸟类查到250余种，其中候鸟、旅鸟占70%以上，留鸟种类较少。被列入国家保护范围的野生动物一级的有梅花鹿、中华秋沙鸭、金雕、黑鹳、东方白鹳、白头鹤、大鸨、黄嘴白鹭、黑脸琵鹭，二级的有大天鹅、鸳鸯、灰鹤、苍鹰、松雀鹰、角鸊鷉、白额雁、灰背隼、红隼、红角鸮、雕鸮、鹰鸮、纵纹腹小鸮、长耳鸮、豹猫，其余鸟类及狐狸、獾、黄鼬、刺猬等被列为山东省重点保护野生动物。中国野生动物保护协会先后授予荣成市“中国大天鹅之乡”和“中国黑尾鸥之乡”称号。

威海市木本植物有75科、195属、516种（含变种、亚种、变型）。珍稀濒危树种有19科、23属、29种，野生树种有54科、132属、270种，主要栽培树种有62科、136属、279种，古树名木树种有22科、32属、42种，引进树种有9科、10属、17种。在珍稀濒危树种中，国家重点保护野生植物有玫瑰、东北茶藨子、软枣猕猴桃、狗枣猕猴桃、葛枣猕猴桃、紫椴6种；中国珍稀濒危植物有核桃楸1种；国家珍贵树种有蒙古栎、朝鲜槐、刺楸3种；山东特有树种有小叶鹅耳枥、锐齿槲栎、刺榆、三桠乌药、光萼溲疏、小米空木、三叶海棠（裂叶海棠）、北枳椇（拐枣）、大叶胡颓子、楤木、迎红杜鹃、映山红、腺齿越橘、野柿、华山矾、毛萼野茉莉、玉铃花、单叶蔓荆、荚蒾19种。

【自然保护地】 威海市有自然保护地19处。其中，自然保护区3处（山东荣成大天鹅国家级自然保护区、威海成山头省级自然保护区、山东昆嵛山国家级自然保护区）；地质自然公园1处（威海槎山地方级地质自然公园）；森林自然公园7处（山东双岛国家森林自然公园、山东刘公岛国家森林自然公园、山东伟德山国家森林自然公园、山东岠嵎山国家森林自然公园、威海正棋山地方级森林自然公园、威海米山地方级森林自然公园、威海天福山地方级森林自然公园）；湿地自然公园4处(山东五垒岛国家湿地自然公园、威海林泉河地方级湿地自然公园、威海乳山河地方级湿地自然公园、威海青龙河地方级湿地自然公园）；海洋自然公园4处（山东大乳山国家海洋自然公园、山东海西头国家海洋自然公园、山东小石岛国家海洋自然公园、山东刘公岛国家海洋公园）。

【古树名木】 全市有古树名木343株，共22科、32属、42种，其中环翠区165株、文登区28株、荣成市58株、乳山市67株、威海火炬高技术产业开发区7株、威海经济技术开发区9株、刘公岛6株、威海临港经济技术开发区3株。有一级（500年以上）古树42株，二级（300～499年）古树54株，三级（100～299年）古树246株，名木1株。古树名木树种主要有银杏、国槐、黄连木、柿、朴树、楸树、刺楸，还有大叶朴、旱柳、枫杨、紫薇、侧柏、雪柳、油松、山茶、柘树、板栗、龙爪槐、毛白杨、桂花、流苏树等树种（变种）。

（戚俊杰）

【旅游资源】 威海市旅游资源丰富，自然资源与人文资源兼备，有旅游景区（点）80余处。至2022年年底，全市有国家A级以上旅游景区49家，其中国家AAAAA级旅游景区2家（刘公岛风景区、华夏城景区）、国家AAAA级旅游景区12家。自然资源以“海、岛、滩、湾、泉、山”为特色，全市有近1000千米海岸线，沿线沙滩细腻绵延，海水碧蓝纯净，有国际海水浴场、文登金海滩、乳山银滩等天然海水浴场10余处，有威海湾、半月湾、九

刘公岛风景区　　（宫举卫　摄）

龙湾等海湾 16 个，有刘公岛、海驴岛等大小海岛 168 个，有优质地下温泉 9 处，有昆嵛山、圣经山、里口山、铁槎山、大乳山等山地风景区。人文资源以秦汉文化、民俗文化、道教文化、甲午文化、英租文化为代表。全市有各级文物保护单位 217 处，其中国家级 4 处（刘公岛甲午战争纪念地、威海英式建筑、圣经山摩崖、留村石墓群）、省级 78 处、市级 41 处、县级 94 处，一般不可移动文物 502 处；有省级水下文物保护区 1 处。全市初步形成以东夷文化遗存、成山头秦汉遗迹、圣经山摩崖石刻、明清海防遗迹、刘公岛甲午战争纪念地、威海英式建筑、天福山革命遗址等为主的人文旅游景观体系。

（赛序浩）

人口·民族

【人口】 2022 年年底，全市常住人口为 291.78 万人。其中，城镇常住人口 209.38 万人，常住人口城镇化率 71.76%，比上年提高 0.34 个百分点。全市户籍人口为 255.28 万人，户籍人口城镇化率 61.60%，比上年提高 0.59 个百分点。全市出生人口为 1.17 万人，出生率 4.59‰；死亡人口为 2.77 万人，死亡率 10.84‰，自然增长率为 -6.25‰。

（刘　洋）

【民族】 威海市有 47 个民族，分别是汉族、朝鲜族、满族、佤族、蒙古族、回族、彝族、苗族、拉祜族、土家族、傣族、维吾尔族、白族、壮族、达斡尔族、布朗族、布依族、傈僳族、锡伯族、侗族、哈尼族、藏族、瑶族、土族、纳西族、哈萨克族、黎族、撒拉族、赫哲族、鄂温克族、畲族、仫佬族、仡佬族、羌族、鄂伦春族、东乡族、俄罗斯族、水族、景颇族、柯尔克孜族、裕固族、高山族、塔吉克族、独龙族、毛南族、乌孜别克族、京族。2022 年年底，少数民族户籍人口为 2.20 万人（其中农村少数民族群众 5921 人），暂住人口为 5.30 万人；总人口为 7.50 万人，占全市总人口的 2.7%。人口总数最多的 5 个少数民族依次是朝鲜族（2.04 万人）、满族（1.73 万人）、佤族（6483 人）、彝族（6160 人）、蒙古族（5732 人）。

（张启全）

方　言

【概况】 分布在威海市辖区内的汉语方言，称威海方言。威海方言属于汉语官话方言中的胶东方言。威海方言在李荣主编的《中国语言地图集》中属于胶辽官话区。威海方言具有胶辽官话的一些基本特点，例如：

1. 声母分尖团，如：精≠经，积≠基，尖≠坚；趣≠去，妻≠期，千≠牵；相≠香，西≠希，线≠现。

2. 普通话读 tʂ tʂ‘ ʂ 声母的字，方言中分为两组声母，例如：知≠枝，耻≠齿，超≠抄，处≠楚，书≠梳。

3. 中古日母字方言里基本读为零声母，例如：乳＝雨，荣＝永，人＝阴，日＝椅，染＝眼，软＝远，等等；少部分读为 l 声母，例如“仍、扔、锐”等字。

4. 中古端组合口呼韵母，方言里大多丢失韵头 u 而变读为开口呼，例如“段 tan、对 tei、推 t ‘ei、团 t ‘an、村 ts ‘en、蹲 ten、孙 sen”等字。

5. 在普通话中，韵母为 e 而声母为零声母或舌根音的部分字，方言读为 uo 韵母，例如“饿、蛾、河”等字。

6. 中古咸深摄韵母和山臻摄韵母合并读为 n 韵尾，没有主要元音鼻化现象，这一点跟其他山东方言有所不同，例如“胆、蓝、三、暂、寻、林、餐、滩、难、但、赞、线、天、前”等字。

7. 中古平声次浊字，无规则地分化为两类读音，一部分为阳平，另一部分为阴平，即蓝≠兰，南≠男，鱼≠余。

8. 清声母入声字基本归入上声，例如“急、笔、曲、出、黑、福、桌、窄、切、质、拍、歇、说、发”等字。

威海方言内部存在着一定的差异。青少年与中老年之间，有新派、老派的差异，表现在新派词汇上有比较明显向普通话靠拢的趋势，而老派则更多地保留着地方特色。但这并不是威海方言的主要内部差异，威海方言的主要内部差异表现在地域上。根据其内部差异，威海方言大致可以分为 3 个片儿，即环翠片儿、文荣片儿、乳山片儿。

（威海市地方史志研究院）

民　俗

【概况】 新石器时期东夷先民就在威海依山靠海繁衍生息，民俗文化源远流长。传统习俗“大约朴鲁为多”“淳直”“仁厚”“尚质少文”。相传秦始皇曾于境内召文士登山颂德而“文教大兴”。由是，“人知教子”“世重耕读”，风俗丕变、“质有其文”。淳朴仁厚之古俗与“俗尚礼仪”之新风蔼然交融，成为境内民俗传统最突出的特色，传承千年。因所处自然地理环境和其他条件各不相同，在风尚习俗的某些方面，亦显示出多样性特点。以种植业为主的农村、以渔业为主的沿海渔村，其生产、生活、禁忌和信仰习俗多有不同；而同为农村或山村，因生产行业、生产技艺之不同，风俗亦各有别。

历史上，境内民俗也因移民、航运、外出谋生等原因，不断与区域外相互交流。宋代产生于江南的“妈祖”信仰，随元代海运的兴起传播到境内沿海；而清初后延续 300 余年的闯关东，不但将威海习俗带到东北，也将东北风俗携回家乡。如秃尾巴老李的传说和人参的故事，在威海和东北同样广泛流传；农历正月十五到祖茔送灯、看灯碗水汽和灯花大小预卜当年旱涝丰歉等产生于东北长白山区的满族古俗，在当地早已失传，但在威海各地却得以保存。

近代，随着封建社会的没落和西方文化的传入，威海民俗也随之不断演进。辛亥革命后，男人剪辫子，女人禁缠足，各种封建礼教逐渐被废除，出现新的社会风尚。英国租借威海卫，把西方一些风俗传入境内。抗日战争时期，民主政府成立后，不断破除封建陋习，树立新的社会风气。20 世纪 80 年代后，随着改革开放的不断深入，经济和社会生活的发展变化，中外交流的日益畅达，具有时代气息、兼容中西文化特色的民俗事象逐步增多。

（威海市地方史志研究院）

国民经济与社会发展

【国民经济稳中向好】 2022 年，全市实现地区生产总值 3408.18 亿元，按可比价格计算，比上年增长 1.5%。其中，第一产业增加值 354.75 亿元，增长 3%；第二产业增加值 1313.65 亿元，下降 0.3%；第三产业增加值 1739.78 亿元，增长 2.4%。全市三次产业结构比为 10.4 ∶ 38.5 ∶ 51.1。

农业生产稳步向好　2022 年，全市实现农林牧渔业增加值 370.20 亿元，增长 3.2%。其中，农林牧渔专业及辅助性活动增加值 15.45 亿元，增长 8.0%。粮食播种面积 12.47 万公顷、总产量 73.57 万吨，连续两年实现“双增”。畜牧产能加快恢复，全年猪肉产量 9.45 万吨，禽蛋类总产量 13.19 万吨，牛奶总产量 3.52 万吨。渔业生产稳定增长，全年水产品总产量 317.05 万吨，增长 3.2%；水产养殖面积 11.51 万公顷，增长 4.8%；养殖产量 207.35 万吨，增长 4.9%；远洋渔业产量 45.89 万吨，增长 0.4%。年底市级以上农业产业化龙头企业 193 家，其中国家级农业产业化重点龙头企业 11 家、省级农业产业化重点龙头企业 66 家。新注册农民专业合作社 242 家，总数 5744 家，入社农户 19.44 万户，辐射带动农户 32.15 万户。

工业生产持续发展　2022 年，全市规模以上工业增加值比上年下降 0.5%，两年平均增长 5.61%，其中大中型工业企业增加值增长 2.2%、装备制造业增加值增长 21.1%。在行业大类中，计算机、通信和其他电子设备制造业增长 50.3%，专用设备制造业增长 47.0%。全年规模以上工业企业营业收入 2806.47 亿元，营业收入利润率 8.05%。产销衔接良好，产品销售率 98.26%。全年建筑业增加值 179.37 亿元。

服务业持续恢复　全年规模以上服务业营业收入增长 0.9%，其中卫生和社会工作增长 22.2%、交通运输仓储和邮政业增长 5.3%、信息传输软件和信息技术服务业增长 5.1%。年底公路通车里程 7235.29 千米（含农村公路、国省道）。全年铁路（不含城际铁路）、公路、海运完成客运量 654.87 万人次，货运量 7940.44 万吨。全年完成港口货物吞吐量 4520.12 万吨，增长 5.8%；集装箱吞吐量 139.65 万标准箱，增长 3.9%；港口旅客吞吐量 30.42 万人次，增长 83.9%。全年接待旅游总人数 3541.99 万人次，实现旅游总收入 388.89 亿元。

5 月，山东威达机械股份有限公司生产车间　（孙大伟　摄）

【新旧动能转换】 产业集群壮大　坚持把发展经济的着力点放在实体经济上，突出先进制造业战略地位，对接省“十强”产业，聚焦七大产业集群、十条优势产业链，促进特色产业扩大优势、新兴产业蓬勃发展、未来产业加快布局，全面构筑以新经济新动能为主导的现代化产业体系，全市“四新”（新技术、新产业、新业态、新模式）经济增加值占比达 31.8%。推动全域旅游、现代纺织 2 个产业集群获评省“雁阵形”集群，威海火炬高技术产业开发区新一代信息技术产业集群获评省战略性新兴产业集群、办公自动化设备产业集群获评省特色产业集群，迪尚集团有限公司、浦林成山（山东）轮胎有限公司、山东威达机械股份有限公司 3 家企业获评省“十强”产业集群领军企业。年内，6 个制造业产业集群规模以上企业实现营业收入 2780.93 亿元，增长 2.4%；利润 245.09 亿元，增长 5.4%。七大产业集群专班重点推进项目 125 个，总投资 467.66 亿元，年度计划投资 110.61 亿元，年度实际完成投资 128.96 亿元。

企业冲击新目标行动实施　实施“百亿企业”培育工程、新一轮企业冲击新目标工程，兑现 17 家 2021 年度冲击新目标企业奖励资金 2411 万元，自 2019 年起，累计安排冲击新目标奖励资金超过 1.32 亿元，助力企业纾困解难、改造升级、冲击新目标，全市规模以上工业企业达 1321 家，规模以上工业企业营业收入利润率达 7.6%。严格落实上级政策，动态推出 3 批 109 项配套政策，编制《2022 年惠企政策集成》，推出“威海市惠企政策集成卡”，实现惠企政策一“码”直达、一站集成，最大限度释放政策红利。完善联系帮扶企业制度，启动“威海企业家日”活动，采取各种形式听取企业代表的意见建议，帮助企业解决实际问题。通过“首贷培植”“信财银保”“税银互动”等机制为企业增信，全市贷款余额 4650 亿元，增长 16.2%，其中企业贷款占新增贷款的 82.8%。

现代服务业发展　文登经济开发区、山东新北洋信息技术股份有限公司、山东亘元生物科技有限公司 3 家单位获评省级先进制造业和现代服务业融合发展试点，全市累计获评 2 个国家级、8个省级先进制造业和现代服务业融合发展试点；荣成石岛冷链物流产业园获评省级现代服务业集聚示范区（全市累计获评5个）；1人获评省级服务业专业人才(全市累计6人)。威海市被列为国家骨干冷链物流基地“鲁陕藏大通道”和“东部沿海大通道”横纵双向大通道承载城市，获评国家骨干冷链物流基地。

创新驱动战略实施　深化拓展“1+4+N”创新平台体系，布局医药医疗器械、碳纤维复合材料等创新链8条，建设创新联合体10家，促进产业链、供应链、创新链有机融合。支持各类创新平台、创新型企业提能升级，威海火炬高技术产业开发区、迪尚集团有限公司获评2021年度全国大众创业万众创新示范基地优秀等级，威海先进医用材料与高端医疗器械山东省实验室获批筹建，威高集团医用植入器械国家工程实验室优化整合为医用植入器械及材料国家工程研究中心，腾森橡胶轮胎技术中心被认定为国家级企业技术中心，蓝海工业互联网平台获评国家级跨行业跨领域工业互联网平台，清华宽能谱超高通量辐照装置入选国家“十四五”重大科技基础设施，新增省级双创示范基地4家。设立专精特新企业加速中心，新培育省级以上单项冠军、专精特新、瞪羚企业205家，山东威高血液净化制品股份有限公司获评山东省独角兽企业。实施智能制造引航工程，新培育2家国家级、12家省级智能制造示范工厂。19个项目入选国家级人才项目，37人入选省泰山系列人才。威海南海新区蓝色创业谷入选国家级小微企业创业创新示范基地，文登区、威海经济技术开发区及威海智慧谷投资运营有限公司被认定为省双创示范基地。威海火炬高技术产业开发区获批国家新型工业化产业示范基地。科技创新型企业发展势头强劲，国家科技型中小企业增至2325家，增长24.3%；高新技术企业增至1370家，增长30.6%；高新技术产业产值占比67%。

【内需拉动】　重大项目建设保障　深入贯彻“招商引资和项目建设攻坚年”要求，筹备召开全省新旧动能转换“五年取得突破”重点项目观摩会，按照“1+6”（1个整体包含科技创新、工业、城乡建设、乡村振兴、海洋产业、基础设施及公共服务6个板块，由各行业主管部门牵头推进）项目清单推进重点项目建设，对810个市级重点项目开展平台化跟进、全过程服务。依托市项目管理服务平台，建立项目策划生成协调机制，从项目签约到立项、开工、投产，全过程、全周期、全要素跟踪服务，112个实施类省级重点项目、810个市级重点项目投资完成率分别为127.9%、114%。抢抓国家政策性资金扩容机遇，全年全市落实上级补助资金103.2亿元，增长34.6%，连续2年获得中央预算内投资计划执行情况综合评价全省第一名；争取地方政府专项债获批103.3亿元，政策性开发性金融工具申请基金25.12亿元。推进刘公岛景区上报国家基础设施REITs（不动产投资信托基金）试点项目库。

1月，山东威高集团医用高分子制品股份有限公司生产车间（孙大伟　摄）

基础设施支撑体系完善　谋划储备298个、总投资5261.3亿元“七网”（综合立体交通网、现代物流网、能源保障网、城市市政公用设施网、现代水网、新型基础设施网、农村基础设施网）重点项目。推进莱荣高铁、新机场、乳山口大桥、荣乌高速威海至烟海高速段改扩建、荣乌高速威海文登区至双岛湾科技城段等重大交通基础设施项目，其中莱荣高铁全线隧道贯通。“国和一号”示范工程1号机组进入全面调试阶段，文登抽水蓄能电站1号、2号机组并网发电，乳山半岛南150万千瓦海上风电项目核准建设。黄垒河地下水库、母猪河地下水库下闸蓄水，长会口水库被列入国家“十四五”水安全保障规划。新建5G基站1517座，建成全国“千兆城市”。

消费提档升级　启动仲夏、金秋、暖冬系列消费季活动，投入资金9000万元，带动家电消费7.4万台、汽车消费2.4万辆，惠民电子消费券拉动市场消费49亿元。威海市入选城市“一刻钟便民生活圈”全国试点，威海卫城片区入选国家级夜间文旅消费集聚区，威高广场入选省级智慧商圈试点。打造陆地和海上“畅游威海”旅游品牌，千里山海自驾旅游公路、“环游威海湾”和“海上看威海”成为“网红”路线，滨海旅游公路示范工程获评全国交旅融合创新项目。暑期全市接待游客1778万人次，实现旅游总收入217亿元，旅游市场强势回暖。5家企业获评省级服务型制造示范企业，9家企业获评省级软件工程技术中心。荣成好运角旅游度假区获评国家级旅游度假区，文登区获评省级全域旅游示范区。

【稳外资稳外贸成效显著】　招商引资优化提升行动开展　深入实施“招商引资和项目建设攻坚年”行动，全市新增外商投资企业222家，新签约项目325个，合同投资额增长35%。一批具有风向标意义的大项目签约落地，威高集团有限公司与中国通用技术（集团）控股有限责任公司、飞利浦（中国）投资有限公司在高端医疗装备领域开创中央管理企业、外商投资企业、民营企业合作先河。年内，全市新设立外资项目 222 个，实际使用外资 10.77 亿美元。

外贸高质量发展　举办第五届市长国际经济咨询委员会年会、第二届韩国（山东）进口商品博览会，全市有进出口实绩的企业达 4808 家，跨境电商进出口额 320 亿元。创新服务贸易国际合作机制，经验做法入选国家服务贸易创新发展最佳实践案例。“四港联动”整车运输进入实质化运作阶段，海陆空联动国际多式联运工程入选国家示范工程创建项目，新开通国际海上航线 2 条，欧亚班列发运集装箱量增长 35.1%。年内，全市实现外贸进出口总额 2095.6 亿元，增长 3.1%；对“一带一路”沿线国家贸易往来进出口额 494.4 亿元，增长 9.4%。

开放体制机制创新　开展山东县域经济高质量发展差异化评价，环翠区获评高质量发展先进县。深化全国社会信用体系建设示范城市建设，威海市获批创建全省社会信用管理标准化创新试点，“信易贷”经验被全国推广。创新招标投标交易与监管“全口径”制度体系经验做法被《全国优化营商环境简报》推广，平台运行服务第三方评估和建立招标代理机构信用监管模式连续 2 年入选全省典型做法，在全省首批开展公共资源交易监管省市一体化和招标计划提前发布试点。推进 20 项系统集成改革任务，形成制度创新成果 46 项，荣成市获评系统集成改革省级试点优秀县市。开展营商环境攻坚突破行动，系统推进“无证明城市”建设。

【重大战略实施】　高效推进“三个十大”（十大创新、十强产业、十大扩需求）行动计划，推动成立市“三个十大”领导小组和工作专班，出台落实“三个十大”工作方案、工作台账等文件，谋划推进 1662 项针对性工作举措落实。主动融入黄河流域生态保护和高质量发展、胶东经济圈一体化发展大局，印发《威海市推进黄河流域生态保护和高质量发展实施方案》，推进 15 个省级黄河流域重点项目、4 个省际合作事项，细化明确 82 项“十四五”胶东经济圈一体化推进重点任务和 60 项 2022 年具体任务，协调推进 14 个对接青岛事项。深入推进乡村振兴，加快 87 个乡村振兴样板片区建设，新培育省级农业产业化龙头企业 9 家、农业特色产业“链主”企业 28 家，争取 1 区、5 镇（街道）、58 个村通过第二批省乡村振兴示范县乡村认定，荣成市获评全省整县域推进乡村生态振兴重点县，文登区获评全省畜牧业高质量发展先行县，乳山市获评全省农产品出口产业集聚区。深入实施海洋强市战略，围绕“一城三核”、全域布局的国际海洋科技城发展框架，加快建设国家海洋综合试验场，新增远洋渔业作业渔场 2 处，荣成市获评“中国鱿鱼之乡”，文登区获评国家级水产健康养殖和生态养殖示范区。加快推进新型城镇化，促成市政府与 5 家银行签署城镇化建设战略合作协议，8 个特色小镇纳入省政府名单，80 个项目获评 2023 年省新型城镇化重点项目。主动融入全省绿色低碳高质量发展先行区建设，编制市三年行动计划等相关文件，谋划储备绿色低碳高质量发展项目 457 个，争取 106 个纳入省项目库。全域推进精致城市建设，推进城市体检与城市更新协同联动，威海市被确定为省级城市更新试点城市，2 个片区入选省级城市更新试点片区名单。划定“三区三线”（城镇空间、农业空间、生态空间，生态保护红线、永久基本农田、城镇开发边界），印发 5 类规划管控规则。广泛征集“全域精致·金点子”，深查细改不精致问题。推进公交都市和绿色出行“双城联创”，增设公共停车场 3 处。加强城市智慧化管理，城市数字化竞争力列全国第 24 位。完成 20 件重点民生实事、18 项补短板事项年度任务，办理“微实事”3 批次 562 件，惠及群众 200 万余人次，威海市连续 3 年获评中国最具幸福感城市。

【民生保障】　居民收入持续增长，2022 年，全市居民人均可支配收入为 46638 元，增长 4.5%。其中，城镇居民人均可支配收入 56024 元，增长 3.2%；农村居民人均可支配收入 27027 元，增长 5.2%。全力打造共同富裕先行区，印发打造共同富裕先行区实施方案，聚焦 42 项指标，推动首批 50 项具体工作落实落地，支持威海探索建设共同富裕先行区被列入省政府工作报告。积极推进全龄友好型城市建设，获批国家儿童友好城市建设试点、国家积极应对人口老龄化重点联系城市、省家庭托育试点、省级产教融合试点城市，构建覆盖儿童、青年、老年等各年龄层的创建梯次格局。扎实开展全国义务教育“双减”（有效减轻义务教育阶段学生作业

威高广场商圈　（李传强　摄）

过重负担和校外培训负担）试点，新建、改扩建中小学8处，10所普惠性幼儿园投入使用。家庭教育工作经验被全国推广，环翠区、文登区、荣成市入选省未成年人保护试点县名单。启动“爱国卫生创新提升年”行动，威海市获评全国健康城市建设省级样板市，中医药工作经验入选全国2021年度“推进医改,服务百姓健康”十大新举措。建立门诊共济保障机制，深化医保支付方式改革，威海市获评全省医保支持中医特色医疗机构发展示范点。建成“如康家园”残疾人之家32处，残疾人辅助性就业项目被全国推广。新建、改建城市书房4处、乡村书房12处、公益文化空间20处，本土电影《村头村尾》获得第35届金鸡奖最佳中小成本故事片提名。荣成市获评国家体育产业示范基地，威海临港经技术开发区被确定为棒垒球国家训练基地，威海南海新区获评国家乒乓球训练科普基地。巩固军政军民团结，优化退役军人服务保障，加强国防动员、人民防空、民兵预备役、海防工作，双拥工作经验、人防工程网格化管理经验被全国推广。

（姜富井）

民营经济

【概况】 2022年，全市坚持以稳求进、以进固稳，围绕制约民营经济发展的主要矛盾，在优化营商环境、加强科技创新、破解融资难题等方面主动谋划，多措并举应对经济下行压力，不断推动思想再解放、改革再深化、开放再扩大、环境再提升，全市民营经济总体呈现稳中有进的发展态势。至年底，全市实有民营企业12.6万户，比上年增长6.5%；个体工商户30.58万户，增长3.31%。其中，新登记民营企业1.85万户、新登记个体工商户4.1万户，新登记民营经济市场主体数量占新登记市场主体总数量的99.4%。

【营商环境建设】 举办“威海企业家日”主题活动2期，倾听企业发展需求，共同探讨发展良策，在全社会形成弘扬企业家精神、尊重企业家价值、发挥企业家作用的良好氛围。市政府办公室印发《威海市应对疫情影响助力市场主体恢复发展的若干政策措施》《2022年支持产业高质量发展政策清单》，合计3批次109条政策，切实纾解企业复工复产压力，促进经济恢复发展。安排涉企财政资金18亿元，减轻企业税费负担99.3亿元，最大限度释放政策红利。贯彻落实国务院办公厅《关于进一步加大对中小企业纾困帮扶力度的通知》和省政府办公厅《关于切实加大对中小企业纾困帮扶力度的通知》，印发市级重点任务分工方案，细化分解为30项64条具体措施，逐月调度推进情况，确保惠企政策落实落地落细。建立服务企业“十百千”工程长效机制，实施惠企政策精准推送工程，发放政策汇编3期上万册。加强企业法律服务平台建设，拓宽线上、线下服务渠道。组织律师走访1100余家企业开展“法治体检”，提供线上、线下咨询服务5600余次，解答法律问题2500余个，提出法律意见600余条，开展法治讲座20余场。深入开展“四减”（减环节、减时限、减材料、减跑动）活动，提升政务服务事项网办率、可全程网办率，威海市依申请政务服务事项可网办率为99.77%、可全程网办率为98.76%、平均承诺办结时限为0.7个工作日。

【企业梯次培育】 建立专精特新企业培育库，入库企业1000余家，设置专精特新企业加速中心，开展企业巡诊、产业链对接、投融资对接等活动。全年新增国家级单项冠军4家、国家级专精特新“小巨人”企业21家，省级以上单项冠军、专精特新、瞪羚企业达458家，山东威高血液净化制品股份有限公司获评山东省独角兽企业，威海市培育专精特新企业典型做法被国务院促进中小企业发展工作领导小组办公室发文推广。山东未来机器人有限公司的深海3500米作业机器人技术开发项目获得第七届“创客中国”中小企业创新创业大赛全国总决赛企业组一等奖。三角轮胎股份有限公司、威海天力电源科技有限公司分别入选国家智能制造示范工厂和优秀场景，腾森橡胶轮胎（威海）有限公司获评全省化工产业智能化改造标杆企业。新培育省级智能工厂和数字化车间12家，市级智能工厂和数字化车间24家（总数84家），实现10条产业链全覆盖。

【企业融通发展】 加快壮大七大产业集群、10条产业链，现代纺织、全域旅游2个集群获评省“雁阵形”集群，6个制造业集群入选省“十强”产业“雁阵形”集群，形成医疗器械、打印设备、碳纤维等特色优势产业。迪尚集团有限公司、浦林成山（山东）轮胎有限公司、山东威达机械股份有限公司3家企业获评省“十强”产业集群领军企业，威海火炬高技术产业开发区获评国家新型工业化产业示范基地，办公自动化设备集群获评省特色产业集群。“1+4+N”创新平台体系成员达25家，延伸设立各类创新机构147家，开

1月，威海天力电源科技有限公司生产车间 （孙大伟 摄）

展“双走进”（平台走进企业、企业走进平台）活动60次，推动50家企业与平台精准对接，达成合作意向10余项。打造“链主”和专精特新企业强链补链“共同体”，邀请工业和信息化部智库对电子信息、医疗器械等优势产业链深度梳理，绘制重点产业链生态图谱，成立船舶与海工装备等协会联盟，常态化组织配套对接活动48场，促成60余家企业达成合作。选择带动能力强的“链主”企业、服务能力强的公共服务平台与合作意愿强的专精特新企业，融合上下游供需、技术、金融等各类要素资源，先后举办软件、信息技术产业发展和船舶产业链联盟对接会，推动40余家专精特新企业“入链”发展。

【金融助企服务】 中国人民银行威海市中心支行、市地方金融监督管理局等部门联合印发《关于强化疫情防控工作 做好金融服务全市经济高质量发展的通知》《“齐心鲁力·助企惠商”金融支持小微企业和个体工商户发展专项行动方案》《关于金融支持“专精特新”中小企业高质量发展的实施意见》等金融政策支持文件，加大金融辅导宣传和金融惠企政策传导力度，实施结对辅导“倍增计划”，确保金融辅导惠及更多企业，全市辅导企业扩至3413家，结对辅导企业1796家。落实“1+N”常态化银企对接机制，开展各类对接活动22场，对接融资超过329亿元。主动摸排受新冠肺炎疫情影响企业经营和融资情况，做好延期还本付息政策的接续转换，保障企业经营稳定，累计对3443笔、125.94亿元贷款办理延期还本付息，发放小微企业信用贷款162.66亿元，比上年增加31.6亿元。搭建政金企线上对接桥梁，编制融资纾困金融产品汇编，发布产品14类62款，供企业线上自主选择，提升融资便利度。5万余家企业入驻“信财银保”融资服务平台，获得融资金额超过171亿元。至年底，金融支持专精特新企业贷款余额73.22亿元，增幅132.81%；普惠型小微企业贷款余额600.98亿元，增幅28.26%，高于各项贷款增速13.26个百分点。普惠型小微企业贷款利率5.43%，比上年下降0.47个百分点。全市专利权质押登记457项，增长82%，质押金额54.5亿余元，增长66.2%。

（王 雷）

精神文明建设

【文明城市创建】 威海市精神文明建设委员会印发《威海市精神文明建设委员会2022年工作安排》《关于创建全国文明城市的工作方案》等，筹建文明城市创建工作指挥部，实施2022年版《全国文明城市（地级以上）测评体系操作手册》责任分解，全面打造全国文明城市典范。对小区乱拉乱设空中缆线、乱贴小广告、乱停车问题开展专项整治，全年整治乱拉乱设空中缆线567处，清理乱张贴涂画小广告870余处，施划停车位579个。扎实做好全国文明城市测评实地考察、材料网上申报、问卷调查，在省精神文明建设委员会办公室组织的实地测评中，威海市获评优秀，威海市创城实地迎检工作经验做法在全省文明城市创建视频推进会上交流。

【新时代文明实践·志愿服务】 以文明实践中心、所、站建设为着力点，印发《关于深化拓展新时代文明实践中心建设的实施方案》《关于倡树新时代美德健康生活方式的工作方案》《关于统筹推进美德威海和信用威海建设的实施意见》等6个文件，统筹开展志愿服务、美德健康生活倡树、移风易俗等工作。通过项目化方式提升工作效果，举办威海市“深化五为志愿服务、倡树美德健康生活方式”项目发布会、“倡树新时代美德健康生活方式、助力慈善公益事业”主题公益活动、“新时代文明实践公共文化服务”和“威海红帆社会组织公益实践”项目路演、“礼遇文明”主题活动等8项重点实践活动，征集发布志愿服务项目1000个，扶持品牌项目93个。发挥志愿服务调动社会力量的优势，全面启动新冠肺炎疫情防控志愿服务，印发《威海志愿者健康防护指南》《威海市疫情防控时期“五为”志愿服务指导手册》，推出“双倍信用积分激励政策”、单人50万元的“守护志愿者”特定保险，调动40余万名志愿者科学有序参与疫情防控。开展“志愿服务组织、志愿者到文明实践站报到服务”“美德健康有你有我 公共场所请戴口罩”等活动，发放口罩和明白纸20余万份。年内，实现新时代文明实践中心、所、站建设全覆盖目标，开展活动10.2万场，注册志愿者81.5万人，获评全国志愿服务先进典型4个、省级志愿服务先进典型21个，志愿服务典型被“央视新闻”公众号报道；威海市深化志愿服务、倡树新时代美德健康生活方式现场会照片和威海敬老爱老（海螺姑娘）志愿服务队活动照片入选迎接二十大“奋

8月，威海经济技术开发区新时代文明实践志愿服务总队举办公益读书活动
（威海市精神文明建设委员会办公室　提供）

进新时代”主题成就展；369 篇志愿服务经验做法在《宣传思想文化工作案例选编》《山东宣传工作》《人民日报》和中国文明网等刊发刊播；4 个区（市）在统筹推进美德山东和信用山东建设座谈会上获得表扬。

【群众性精神文明创建活动】 以创建文明村镇、文明单位、文明家庭、文明校园为主要形式，以各类精神文明创建先进典型为示范，推动形成各区（市）、各部门共建精神文明、人民群众提升道德水准，全社会提高文明程度的局面。深化拓展文明单位创建，丰富创建内涵、创新创建形式、拓展创建领域，提升文明单位创建实效；深化文明村镇创建，与乡村振兴融合推进，开展移风易俗，提升农村文明素质；深化文明家庭创建，推动“精致人家·精简生活”文明家庭创建活动，注重家庭、家教、家风建设；深化文明校园创建，加强师德师风建设，把立德树人要求落到实处。年内，全市新增省级文明单位 24 个、市级文明单位 50 个，新增省级文明村镇 22 个、市级文明村镇 116 个，新增省级文明社区 4 个、市级文明社区 14 个。

【典型选树宣传】 加大先进典型的挖掘和宣传力度，建立村（社区）、镇（街道）、区（市）、市级四级联动、自下而上、梯次推进的推荐格局，形成推荐评选、新闻宣传、学习教育和困难帮扶等系列科学配套体系，推动典型选树科学化、规范化、长效化发展。以“身边好人”评选推荐为基础，每 2 年评选全市道德模范 1 次并推荐为全省、全国道德模范候选人。积极开展宣传学习活动，引导全市广大干部群众学习、关爱、崇尚、争当道德模范和身边好人，广泛汇聚向上向善力量。年内，评选“威海好人”110 人，其中 50 人入选“山东好人榜”、2 人入选“中国好人榜”，刘长城、王辉、李双举、王银洁等典型系列事迹先后被中央电视台、《人民日报》、“学习强国”学习平台、《大众日报》等媒体平台报道。走访慰问生活困难道德模范和“身边好人”18 名，营造崇尚好人、争当好人的氛围。

【未成年人思想道德建设】 深化未成年人思想道德建设，组织开展全环境立德树人宣讲，组建 100 余人的宣讲队伍，建立月调度工作机制，至年底，开展宣讲活动 1100 余场次，受众人数 20 万人次，活动成效得到省委宣传部通报表扬。组织开展“国学小名士”经典诵读系列活动，1 人进入省级比赛决赛。组织开展“新时代好少年”评选，推选省级“新时代好少年”2 人、威海市“新时代好少年”25 人。强化乡村“复兴少年宫”建设，典型经验被中央文明网刊发。

【公益广告宣传】 对照文明城市测评体系要求，全方位、立体化做好做实公益广告宣传，持续营造浓厚氛围。围绕社会主义核心价值观、“讲文明、树新风”、倡树美德健康生活方式等主题，设计提供用于不同载体的公益广告模板，并在政务大厅、学校医院、景区景点等各类公共场所，利用电子屏、楼宇电视、灯箱等载体刊播公益广告标语口号 230 余万条（次）；设置发布平面类、视频类公益广告，刊播平面类公益广告 2.5 万幅、循环播放视频类公益广告 1000 万余次。组织参加全国公益广告大赛和山东省“新时代美德山东”公益宣传征集大赛，报送国家级参赛作品 8 件（幅）、省级作品 119 件（幅），10 余件作品获得省级奖项。

（周杨天琦）

精神文明建设公益宣传　（威海市精神文明建设委员会办公室　提供）

生态文明建设

【概况】 2022 年，威海市坚持生态立市、环境优先、绿色发展，统筹产业结构调整、污染治理、生态保护、应对气候变化，协同推进降碳、减污、扩绿、增长，坚持精准治污、科学治污、依法治污，以更高标准深入打好蓝天、碧水、净土保卫战，推动生态环境质量持续改善，以生态环境高水平保护推动高质量发展、创造高品质生活。

【政策保护加强】 市委、市政府坚持把生态文明建设摆在突出位置，主要负责人认真履行第一责任人职责，对生态环保工作作出批示 140 余次并实地督导检查，市委常委会会议、市政府常务会议、市生态环境委员会全体会议研究生态环保工作 16 次，印发声环境功能区划、划定禁止使用高排放非道路移动机械区域等，推动生态环保工作落实落地。积极融入黄河流域生态保护和高质量发展重大战略、全省绿色低碳高质量发展先行区建设，以实现减污降碳协同增效为总目标，编制“十四五”应对气候变化规划、温室气体排放清单、碳达峰工作方案，开展碳排放权交易，发展蓝碳经济，强化“三线一单”（生态保护红线、环境质量底线、资源利用上线，生态环境准入清单）生态环境分区管控，严格落实“两高”

爱伦湾海洋牧场　　（威海日报社　提供）

（高耗能、高排放）项目“五个减量替代”（产能减量、能耗减量、煤炭减量、碳排放减量和常规污染物减量），以碳达峰“倒逼”能源结构绿色低碳转型和生态环境质量协同改善。

【生态环境保护立法监督】 全市高度重视生态环境保护领域立法工作，公布施行《威海市海洋牧场管理条例》，推动海洋经济高质量发展；召开《威海市刘公岛保护和管理条例（草案）》立法专家座谈会，加强刘公岛生态环境保护。市人大常委会依法听取审议市政府关于年度环境状况和环境保护目标完成情况的报告，对大气污染防治情况开展执法检查，督促改善全市环境空气质量，保障群众身体健康。

【现代环境治理体系构建】 严格落实部门单位生态环保责任清单和构建现代环境治理体系实施方案，制定2022年度区（市）、开发区高质量发展考核标准，将单位GDP二氧化碳排放降低、环境质量改善等作为区域发展的约束性指标，压紧压实区（市）属地责任、行业部门主管责任、生态环境部门统一监管责任和企业主体责任。建立生态文明建设财政奖补机制，完成流域横向生态补偿资金清算及补偿协议续签，累计落实中央、省级专项资金1.87亿元。健全环境应急管理体系，完善专家库，充实物资库，拉练应急队伍，签订跨市、跨县流域上下游突发水污染事件联防联控协议，开展“清废行动”，强化危险废物环境安全千企万人警示教育，督导全市1525家重点污染源企业编制、修订突发环境事件应急预案并完成备案登记，确保生态环境安全稳定。

【污染防治攻坚战】 构建生态保护“1+1+N”（第一个“1”为属地责任主体，第二个“1”为牵头部门责任主体，“N”为相关部门协同配合主体）制度体系，出台深入打好污染防治攻坚战的实施方案，推进新一轮“四减四增”（调整产业结构，减少过剩和落后产业，增加新的增长动能；调整能源结构，减少煤炭消费，增加清洁能源使用；调整运输结构，减少公路运输量，增加铁路运输量；调整农业投入结构，减少化肥农药使用量，增加有机肥使用量）三年行动，开展蓝天保卫战、重点海域综合治理攻坚战等行动。打好蓝天保卫战，狠抓挥发性有机物、扬尘、移动源和重污染天气应对“四个关键问题”，落实专项督查、问题曝光、销号管理、预警约谈、考核问责、生态补偿“六项机制”，空气质量继续居全省第1位。打好碧水保卫战，全面落实河湖湾长制，加强重点河流水质超标预警、通报、督办，强化水源地规范化建设，完成4855个入海排污口、384个入河湖排污口整治任务。打好净土保卫战，加强土壤和地下水污染防治，严格建设用地准入管理，强化监督性审查，确保重点建设用地得到有效保障。狠抓危险废物、医疗废物和核与辐射安全监管，守牢环境安全底线。编制“十四五”时期“无废城市”建设实施方案，高质量推进“无废城市”建设。加强生态保护和修复，137个农村生活污水治理全部完工，荣成市农村生活污水治理经验在全国会议上进行交流，荣成市获评省级“整县域推进乡村生态振兴”重点县。市政府与中华环境保护基金会、蚂蚁科技集团股份有限公司签署海洋生态环境保护与修复合作框架协议，在桑沟湾海域启动投资2600万元、修复海域面积66.67公顷的海草床修复项目。完成1600余处历史遗留废弃矿山图斑核查，修复造林面积3000公顷。

【生态文明示范创建】 市政府与中国生态文明研究与促进会签订《生态文明建设战略合作协议》，中国县域绿色低碳发展（乳山）现场推进会在乳山市召开，研讨县域地区探索实现绿色低碳高质量发展的方向与路径。市生态环境局荣成分局开展生态产品总值（GEP）核算，摸清生态产品家底，探索“两山”（“绿水青山就是金山银山”）转化路径。7个典型案例入选《“抓环保 促发展”100例》，7家企业入选山东省生态环保产业百强企业名单，威海五垒岛滨海湿地生态系统养护观测站获批省生物多样性养护观测站试点。1人获评全省十佳生态环境志愿者，1个生态环境志愿服务项目获得省级扶持资金4万元，1家单位、1人分别获评全省十佳环保设施开放单位和十佳环保设施讲解员，1个案例获评全省十佳生态环境公众参与案例。

【生态环境问题整改】 聚焦环保督察问题“清零”，坚持市委常委分区督导、市政府分管领导包案督导，强化市级综合督查、区（市）属地督查、部门专项督查，制定上报《威海市贯彻落实中央生态环境保护督察报告整改方案》，统筹推进历次环保督察整改，对第二轮省督察交办的1574件信访件、反馈的40个问题，以及第二轮中央督察交办的225件信访件、反馈的2个个性问题和主动认领的15个共性问题，落实好区（市）销号、市直部门验收“双轨制”和市、区（市）两级“双公示”整改销号制度，全力推动整改落实。聚焦生态环境重点领域问题“清底”，坚持铁腕治污、精准治污、科学治污、依法治污、主动治污，开展有奖举报活动，狠抓群众投诉举报问题整改，压实镇（街道）、村（居）网格员责任，坚持主动发现、及时解决问题，注重建立长效机制，从根本上解决生态环境突出问题。

（王厚海）

全面深化改革

【概况】 2022年，中共威海市委深入贯彻落实省委确定的30项需要各市落实的共性改革任务，完成年度目标任务并持续完善，形成制度创新成果46项。围绕落实省“十大创新”（科技研发创新、人才引育创新、营商环境创新、数字变革创新、产业生态创新、要素保障创新、风险防控创新、文化宣传创新、民生改善创新、推进落实创新）行动计划，成立由市委、市政府主要负责人“双牵头”的领导小组，印发《威海市落实“十大创新”行动计划工作方案》，谋划推出具体措施940项、个性化创新举措63项，所有任务完成或达成阶段性目标。自主谋划推出系统集成改革任务20项、具体改革任务188项，全部完成年度目标任务。

【改革推进落实机制完善】 坚持问题导向　召开市委常委会、市委全面深化改革委员会会议，着眼破解各领域重点难点，研究审议打造“无证明”城市等改革方案20余个。市委主要负责人带头梳理确定全市经济发展存在的10项突出问题、需要攻坚的38项重大任务，逐一由分管市领导认领，靶向整合工作力量，集中力量攻坚克难。

突出系统集成　以关键改革为牵引，研究梳理、准确把握相关改革的内在联系、实施逻辑，一体谋划、协同推进，推出系统集成改革任务20项，探索形成“融（部门联动合力攻坚）、跨（上下层级互动互补）、链（串珠成链重塑优势）、扩（丰富内涵拓展外延）”4种模式，荣成市获评系统集成改革省级试点优秀县市，威海系统集成改革探新路的经验被《大众日报》推介。

优化推进体系　打破部门边界、区域局限，组建重点工作指挥部10个、实体化工作专班15个，每个指挥部、工作专班均由市领导牵头、主责部门全部参与，其中“三个十大”、对外开放及“双招双引”等5个指挥部由市委、市政府主要负责人“双牵头”，指挥部、工作专班一体负责顶层设计、综合协调、指导督导、跟踪推进，有效提升改革工作效能。

加强督导考核　聚焦提升企业、群众获得感，建立基层“直通车”，完善以下看上机制，通过实施“精准式”考核、开展“下沉式”督察、每月“点名式”通报，倒逼改革接地气、见实效。健全每月调度、季度通报、半年汇总、年底总结的督导机制，聚焦省共性改革任务30项，跟踪督导、实地指导、上门约谈，全力保证完成任务。修订深化改革考核办法，制定改革典型报送工作考核通报办法，强化结果导向、过程管理，有效调动各级各部门抓改革的积极性和主动性。

强化典型引领　健全典型发现、培育、推广机制，总结推出重点典型40余个，基层社会治理工作经验等3项经验被中央全面深化改革委员会办公室简报刊发，河长湖长制工作、质量强国建设获得国务院督查激励，近30项经验在全国推广，7项经验获得省委、省政府主要负责人批示肯定。

【重点领域改革】 发展质量提升　围绕提升企业创新能力，深化“1+4+N”创新平台建设，实施创新链建设工程，威海市入选全国城市创新能力百强榜，获批开展创新型城市建设城市名单，全市高新技术产业产值占比67%；探索“拨投贷保”联动支持科技创新，获批筹建威海先进医用材料与高端医疗器械山东省实验室，蓝海工业互联网平台入选国家级跨行业跨领域工业互联网平台。围绕提升产业竞争力，开展新一轮企业冲击新目标行动，启动“百亿企业”培育工程，新增营收过100亿元企业1家、国家级专精特新“小巨人”企业21家、山东省独角兽企业1家。围绕优化营商环境，印发《威海市行政允诺管理办法》，创立施工许可“七证合一”审批模式，授权开发区行使应急管理行政管理职权，设立“威海企业家日”，创新“一体化＋差异化”涉企执法检查模式，威海市入选全省营商环境创新试点城市名单；全力推进行政审批服务机构效能改革，市、区（市）两级依申请政务服务事项平均承诺办结时限压缩至0.8个工作日，可网办率99.93%，群众满意率保持在99.9%以上。

风险隐患防控　围绕新冠肺炎疫情防控，构建一体化指挥体系，筑牢海、陆、空3道防线，相关经验被国务院联防联控机制推广。围绕渔船管控，建立市、区（市）两级领导干部“双级分包”、市海洋发展局与公安局“双线作战”、北斗卫星定位终端与卫星示位仪“双斗同显”、渔船与船员“双脸同验”、禁渔区线内与线外“双线同管”等机制，相关经验在全省推广。围绕食品药品安全，实施智慧监管、信用监管、全链条监管，威海市连续3年列全省食品安全评议第1位、蝉联“国家食品安全示范城市”。围绕意识形态安全，创立意识形态工作责任制测评体系，网络舆情综合治理工作经验在全省推广。围绕气瓶安全，综合运用产权置换、智慧监管、地方立法等手段，推动在用气瓶合格率从25%提升至99%以上。

民生福祉增进　围绕解决养老难题，全面推广“海螺姑娘”特困人员照料服务模式，试点“互联网＋护理服务”，探索睦邻互助农村养老模式。围绕办好教育，统筹推进国家“双减”、基础教育国家级优秀教学成果推广应用示范区“双试点”，所辖区（市）均通过“全国义务教育优质均衡发展县”省级复查。围绕优化医保服务，创新实施“跨区域通办”综合柜员服务模式，推行医保电子凭证“诊间结算”，医疗保障信息化、标准化建设水平在全省评估中列第1位；印发DRG支付方式改革三年行动实施方案，总体基金覆盖率76%；推行中医、心理科、护理院日间病房医保结算方式，威海市被省政府确定为全省医保支持中医特色医疗机构发展示范点。围绕满足群众“微心愿”，以小投入、“短平快”方式办理民生“微实事”562件，惠及群众200余万人次，威海市连续3年获评“中国最具幸福感城市”。围绕打造更友好

千里山海自驾旅游公路荣成段“彩虹路”　　（威海日报社　提供）

城市，以获批全国青年发展型城市建设试点、国家儿童友好城市及全国积极应对人口老龄化重点联系城市为契机，统筹推进“三城联创”，启动全龄友好型城市建设，推动形成儿童友好、青年向往、老年关爱的城市工作格局。

【区域发展特色打造】　*精致城市建设*　连续5年持续打造精致城市，推进城市体检与城市更新协同联动，划定“三区三线”，推动公交都市和绿色出行“双城联创”，城市数字化竞争力列全国第24位，威海市被确定为省级城市更新试点，“用绿色和温情来打造精致城市”案例入选2022版《上海手册：21世纪城市可持续发展指南》。

旅游产业转型　精心打造1001千米的千里山海自驾旅游公路，串联“吃住行游购娱”等90%以上的文化和旅游资源，将整个城市打造为无边界的大景区。公路开通后，2～3天的“深度体验游”占比提升至80%，暑期接待游客1778万人次、增长30.2%，千里山海自驾旅游公路文旅创新项目被授予山东省文化创新奖，经验被文化和旅游部发文推广。

对外开放新优势形成　积极构建国际物流大通道，推动威海市与韩国仁川海港、空港“四港联动”整车运输进入实质性运作阶段，《中韩多式联运（威海—仁川）试运行谅解备忘录》完成初步签署。新开通国际海上航线2条，欧亚班列发运集装箱量增长25.3%，跨境电商进出口额增长18%，海陆空联动国际多式联运示范工程入选国家多式联运示范工程名单，创新服务贸易国际合作机制获评国家最佳实践案例。

基层治理体系重构升级　围绕强化上下协同、加强镇（街道）治理能力建设，构建“1+2+N”民生诉求服务体系和“吹哨报到”协同工作体系，形成上下联动解民忧的工作格局；聚焦镇（街道）体制机制运行不畅、职能发挥不充分等问题，推出加强工作力量、推进治理体系改革等43项举措，确保基层抓好主责主业。

（秦世浩）

组织机构及负责人名录（2022年12月）

【中国共产党威海市委员会】

书　记　张海波*　闫剑波

副书记　闫剑波*　贾瑞霭（女）*　孔凡萍（女）

常　委　张海波*　闫剑波　贾瑞霭（女）*　孔凡萍（女）　刘树军　王　亮*　侯世超*　傅广照*　刘广华*　任敬喜*　刘升勤（女）*　梁金光*　姚玉辉　杨旭东　徐　杰　李　建　林　强　于　宁　刘裕斌　张宏璞

秘书长　侯世超*　李　建

市委办公室

主　任　张　璟

市委组织部

部　长　刘升勤（女）*　刘裕斌

分管日常工作的副部长　于所航*　徐　力

市委两新工委

书　记　刘金军

市委宣传部

部　长　刘广华*　徐　杰

分管日常工作的副部长　张瑞英（女）*　毕晟磊

社会科学界联合会（与宣传部合署）

主　席　王治国

市委统战部

部　长　刘升勤（女）*　刘裕斌

分管日常工作的副部长　周　兵

归国华侨联合会

主　席　杨志伟

市委政法委

书　记　傅广照*　于　宁

分管日常工作的副书记　曹志武

市委政策研究室

主　任　王洪洲

市委网信办

主　任　刘　源

市委编办

主　任　朱建超

市委台港澳工作办公室

主　任　杨志伟*　林　莅

市委市直机关工委

书　记　侯世超*　李　建

分管日常工作的副书记　王　晓*　李　强

市委老干部局

局　长　徐　力*　许庆耀

市委离退休干部工委

书　记　徐　力*　许庆耀

市委火炬高技术产业开发区工作委员会

书　记　刘　伟

副书记　柯学民

市委经济技术开发区（出口加工区）工作委员会

书　记　（缺）

副书记　谭远国*　王　清　王　启

市委威海临港经济技术开发区工作委员会
书　记　林　强
副书记　梅延良
市委南海新区工作委员会
书　记　张海军*　邢海文
副书记　张凌飞

【威海市人民代表大会常务委员会】

主　任　王学文*　贾瑞霭（女）
副主任　丛培卿（女）*
　　张　竞（女）　李文基
　　于东海　乔　军　李振光
秘书长　杨万友*　于所航
办公室
主　任　张海英（女）
研究室
主　任　修振竹*　丛燕敏（女）
人事代表工作委员会
主　任　穆荣庆
预算工作委员会
主　任　岳　娜（女）
法制工作委员会
主　任　张吉军*　王海威
财政经济工作委员会
主　任　龙连荣（女）
监察和司法工作委员会
主　任　焦　杨（女）*　姜　辉（女）
教育科学文化卫生工作委员会
主　任　李大超
城建环保工作委员会
主　任　褚昭晓*　王维强
农业与农村工作委员会
主　任　张忠山*　王京伟
民族侨务外事工作委员会
主　任　张黎明*　张建岭
社会建设工作委员会
主　任　胡加乐*　刘树伟
法制委员会
主　委　刘昌清
财政经济委员会
主　委　张立成
监察和司法委员会
主　委　李大伟
教科文卫委员会
主　委　李振光
城乡建设和环境资源保护委员会
主　委　戚黎明*　宋修德
农业与农村委员会
主　委　刘德柏*　傅世涛
民族侨务外事委员会
主　委　耿　涛*　张瑞英（女）
社会建设委员会
主　委　王麦壮*　王子明

【威海市人民政府】

市　长　闫剑波*　孔凡萍（女）
副市长　王　亮*　杨　丽（女）
　　叶立耘*　高书良*
　　孙付春　林　强　张宏璞
　　董晓飞　邓　勇　徐　明
　　赵宝钢（挂职）
秘书长　邓　勇*　梁　皓
市政府办公室
党组书记　邓　勇*　梁　皓
主　任　王　伟*
发展和改革委员会
主　任　刘树伟*　隋同朋
教育局
局　长　徐东晖*　王　伟
市委教育工委
书　记　刘广华*　徐　杰
常务副书记　徐东晖*　王　伟
科技局
局　长　王厚全*　谭远国
工业和信息化局
局　长　邢海波
市委工业工委
书　记　邢海波
公安局
局　长　叶立耘*　董晓飞
政　委　王广跃
公安局交警支队（分局）
支队长（局长）　李　涛
政　委　于学龙
公安局海岸警察支队
支队长　高乃江
政　委　王学龙
民政局
局　长　孙玉建
司法局
局　长　刘士侠
山东省威海监狱
第一政委　刘士侠
监狱长　戚　健
政　委　高振平
财政局
局　长　董晓阳*　宋忠勇
人力资源和社会保障局
局　长　王子明*　马绪福
自然资源和规划局
局　长　鞠　云
住房和城乡建设局
局　长　宋修德*　李瑞玲（女）
生态环境局
局　长　毕建康
交通运输局
局　长　刘　勇
水务局
局　长　毕兴全
农业农村局
党组书记　周　华
局　长　周　华
海洋发展局
局　长　邢海文*　陈丕松
商务局
局　长　乔　军*　宫本杲
文化和旅游局
局　长　隋建波*　许宏妮（女）
卫生健康委（中医药管理局）
主　任　王　文
局　长　王　文
退役军人事务局
局　长　苑圣慧*　荣传伟
应急管理局
局　长　梁　皓*　刘　伟
审计局
局　长　于松涛
外事办公室
党组书记　焦　华（女）
主　任　赵广洪
国有资产监督管理委员会
主　任　丛龙海
行政审批服务局（市政务服务管理办公室）
党组书记　王　亮*　林　强
局长（主任）　高　飞*　徐　林
市场监督管理局
局　长　傅世涛*　张术晓
体育局
局　长　丛华清*　姜进军
统计局
党组书记　王京伟*　刘　青
局　长　周　宁
医疗保障局
局　长　苑　顺
国防动员办公室（人民防空办公室）
党组书记　王永池
主　任　王永池*　隋同朋
地方金融监督管理局（市金融办）
局长（主任）　赵　冰*　张宗浩

信访局
局　长　许德刚
林业局
局　长　周德纯
威海火炬高技术产业开发区管理委员会
主　任　刘　伟
副主任　柯学民　孙法春
　　　　赵　林　侯成阳
　　　　巩玉滨（挂职）　于维锋
威海经济技术开发区管理委员会（挂出口加工区管委牌子）
主　任　（缺）
副主任　王　清　谭远国*　李英春
　　　　王　启　梁　明
　　　　马玉鑫（挂职）　邵明光
威海临港经济技术开发区管理委员会
主　任　林　强
副主任　梅延良　丛　涛
　　　　蔡曙光　王维钢　马练军
　　　　史　新（挂职）
威海南海新区管理委员会
主　任　张海军*　邢海文
副主任　张凌飞　刘　杰　迟永伟
　　　　王言明　丛　磊
　　　　胡　啸（挂职）
　　　　孙宝玉（挂职）

【中国人民政治协商会议威海市委员会】

主　席　高旭光
副主席　李淑芳（女）*　戚建波*
　　　　刘亚东（女）*
　　　　徐东明*　夏景华*
　　　　陈伟胜*　吕晓东*
　　　　周　宁　吴永刚
　　　　董晓阳　彭　霞（女）
　　　　韩文斐　赵广洪
　　　　朱文娟（女）
秘书长　戴海波*　宋修骞
办公室
主　任　于培涛
研究室
主　任　王警卫
提案委员会
主　任　袁文龙*　王　晓
人口资源环境和经济委员会
主　任　王金昌*　赵广洪
农业和农村委员会
主　任　张兴民*　隋建波
教科卫体委员会
主　任　毕可德
港澳台侨和民族宗教外事委
主　任　李建军
社会法制委员会
主　任　张思玉（女）*　丛华清
文化文史和学习委员会
主　任　郭世勇
委员联络工作委员会
主　任　谷建青

【中国共产党威海市纪律检查委员会】

书　记　任敬喜*　杨旭东
副书记　李存杰　尹玉翠（女）
　　　　孙洪毅
市监察委员会
主　任　任敬喜*　杨旭东
副主任　李存杰　尹玉翠（女）
　　　　孙洪毅
派驻第一纪检组
　组长　邵洪涛
派驻第二纪检组
　组长　王　荣（女）
派驻第三纪检组
　组长　何　虹
派驻第四纪检组
　组长　宋修顺
派驻第五纪检组
　组长　曲建龙
派驻第六纪检组
　组长　张丰君
派驻第七纪检组
　组长　谷建萍（女）
驻市法院纪检组
　组长　宋桂娥（女）
驻市检察院纪检组
　组长　王殿彬
驻市公安局纪检组
　组长　彭　兵
驻市卫生健康委纪检组
　组长　鞠爱君（女）

【市委巡察办】

主　　任　谷衍宁*
　　　　　王建华（女）
第一巡察组组长　程远臣*
　　　　　臧红芳（女）
第二巡察组组长　由占胜
第三巡察组组长　栾国栋
第四巡察组组长　周高洁（女）
第五巡察组组长　王建华（女）*
　　　　　陶　全

【法院、检察院】

威海市中级人民法院
院　长　黄明春
副院长　杨文昌　邱会军　宋　光
　　　　梁　伟　侯进荣（女）
威海高技术产业开发区法院
院　长　宫云举
威海经济技术开发区法院
院　长　原永忠
威海市人民检察院
检察长　王锡友*　李　峰
副检察长　孟　莲（女）　任建波
　　　　毕新状　姜夕同
　　　　刘海波
威海高技术产业开发区检察院
检察长　姜志芳（女）
威海经济技术开发区检察院
检察长　刘万洋

【民主党派】

民革威海市委
主　委　刘德钧
民盟威海市委
主　委　周　宁
民建威海市委
主　委　于国胜
民进威海市委
主　委　陈卫萍（女）
农工党威海市委
主　委　徐　伟（女）
致公党威海市委
主　委　赵广洪
九三学社威海市委
主　委　朱文娟（女）

【群众团体】

总工会
主　席　张　竞（女）*　乔　军
常务副主席　吴宏飞
共青团威海市委
书　记　李　正
妇女联合会
主　席　彭　霞（女）*
　　　　郝　芳（女）
文学艺术界联合会
主　席　张建岭*　邢　飞
科学技术协会
主　席　宋华东
工商业联合会
主　席　杨　丽（女）
党组书记　李忠楠

中国国际贸易促进委员会威海市委员会（中国国际商会威海商会）
会　长　张术晓*　邵　伟
市残疾人联合会
党组书记　王维强*　苗建臣
理 事 长　陈卫萍（女）
红 十 字 会
会　　长　高书良*　林　强
党 组 书 记　葛平修
常务副会长　葛平修

【市属事业单位、经济组织】

市档案馆
馆　长　周志远
市接待事务中心
主　任　李世良
威海日报社（威海报业传媒集团）
社　长　鞠宏宇
市老年大学
校　长　刘　杰
中共威海市委党校
校　长　张海波*　闫剑波
副校长　许祖强　王绍臣　王肖杰
　　　　秦立兴　王明勇
市行政学院
院　长　（缺）
副院长　孙　明
市社会主义学院
院　长　（缺）
胶东（威海）党性教育基地管理办公室
主　任　许庆耀*　楚茂滨
市委党史研究院（市地方史志研究院）
院　长　耿祥星
市政府驻北京办事处
主　任　王海民
在京流动党员党委
书　记　王海民
市政府驻济南办事处
主　任　唐大鹏
市口岸事务服务中心
主　任　许英文
市大数据中心
主　任　荆　文
市机关事务服务中心
主　任　王治强
市政府决策研究中心
主　任　杨华卫
市能源事业发展中心
主　任　刘　琰
山东省文登师范学校
党委书记　黄峻峰
校　　长　韩文斐
山东省威海艺术学校
党委书记　苗　雨
校　　长　高淑丽（女）
职业中等专业学校
党委书记　连承平
校　　长　朱文娟（女）
科技创新发展中心
主　任　姜松波
市工业和信息化发展中心
主　任　唐文强
财政事业中心
主　任　梁　青
财政管理服务中心
主　任　王以威
公共就业和人才服务中心
主　任　王吉会
社会保险事业中心
主　任　郭良田
自然资源综合服务中心
主　任　于海涛
市住房保障公共服务中心
主　任　李瑞玲（女）*　（缺）
市城市管理综合服务中心
主　任　张晓光
市交通运输事务服务中心
主　任　于雪辉
市公路事业发展中心
主　任　吴　锋
市水利事务服务中心
主　任　刘建国
市农业农村事务服务中心
主　任　徐发荣
市畜牧业发展中心
主　任　刘正杰
海洋发展研究院
院　长　倪国良*　（缺）
市疾病控制中心
党委书记　毕春光
市立医院
党委书记　林治军
院　　长　李振光
市中心医院
党委书记　邹东明
院　　长　隋海明
市中医院
党委书记　兰胜才*　（缺）
院　　长　孙建新
市妇幼保健院（市妇女儿童医院）
党委书记　丁甫春
院　　长　张恩东
市体育运动学校
党总支书记　于年洪
校　　长　李小谦
市供销合作社联合社
主　　任　许宏妮（女）*
　　　　　刘　鹏
监事会主任　李　珣
威海仲裁委员会秘书处
党组书记　郝　芳（女）*　倪国良
秘 书 长　郝　芳（女）*　于国胜
市广播电视台（威海广电传媒集团）
台　　长　毕晟磊*　孙　东
刘公岛管理委员会（市景区管理行政执法局）
党委书记　刘　震
主　　任　周德刚
局　　长　徐焱明
市住房公积金管理中心
主　　任　宋吉信*　宋　斌
威海职业学院（市技术学院）
党委书记　吴永刚*　李耀华
院　　长　李耀华*　徐东晖
副 书 记　李耀华*　徐东晖
　　　　　李建刚
副 院 长　孙忠峰　董　先
纪委书记　丛培明
威海海洋职业学院
党委书记　刘勤显
院　　长　张宗军
副 书 记　张宗军　周承凯
副 院 长　王星淘　王乾亮
纪委书记　王树春
威海技师学院
党委书记　隋永华*　姜茂徐
院　　长　石曰众
副 书 记　石曰众
副 院 长　程学兵　李　宁
　　　　　龙新海
纪委书记　杨　君

【区、市】

中国共产党威海市环翠区委员会
书　记　张　刚
副书记　于晓东　于晓光（女）
常　委　张　刚　于晓东
　　　　于晓光（女）　孙　军*
　　　　甄　峰*　张　勇
　　　　沈燕萍（女）　尹振山

张元波　王　志
周永前*　刘永胜
郑　磊　王海刚
威海市环翠区人民代表大会常务委员会
主　任　刘光辉*　孙　军
副主任　黄式璞　韩　静（女）
戚务海*　刘玉波*
邹　杰　沙建强　陈英欣
威海市环翠区人民政府
区　长　于晓东
副区长　于晓东*　孙　军*
尹振山*　林青松*
张元波　刘永胜
刘　斌　王文萍（女）
王晨旭（科技副区长）*
崔军强　邹　伟
刘　帅（科技副区长）
政协威海市环翠区委员会
主　席　孙青松（女）
副主席　隋良杰（女）*　黄福涛*
张华龙*　林青松
邓　洁（女）　于　超
宋　崴（女）　毕建鹏
中国共产党威海市环翠区纪律检查委员会
书　记　张　勇
环翠区监察委员会
主　任　张　勇
中国共产党威海市文登区委员会
书　记　乔新跃
副书记　单浩仁　刘　军
常　委　乔新跃　单浩仁　姜全文*
刘　军　张晓威　韩　帅
刘新伟　岳欣茹（女）
刘　超（挂职）　高桂阳
宋国华　周佳俊　杨波涛
威海市文登区人民代表大会常务委员会
主　任　张建亭
副主任　李健夫*　王丽珍（女）
江先才*　褚元鹏*
王江炜　徐文建
姜福军　邢利明
威海市文登区人民政府
区　长　单浩仁
副区长　单浩仁*
刘　丽（女）*　刘新伟
刘　超（挂职）　宋国华
李惠静（女，科技副区长）*
尹　剑　刘希杰
刘兆磊　顾甜甜（女）
吴彦超（科技副区长）
政协威海市文登区委员会
主　席　毕庶杰*　姜全文
副主席　王江炜*　黄梅花（女）
毕卫刚*　姜浩宁*
刘　丽（女）　杨学文
姜红江　王基杰
中国共产党威海市文登区纪律检查委员会
书　记　韩　帅
文登区监察委员会
主　任　韩　帅
中国共产党荣成市委员会
书　记　徐　明
副书记　王洪晓*　郑跃文　申万兵
常　委　徐　明　郑跃文
王洪晓*　申万兵
王　刚*　李洪霞（女）*
李文海*　刘明君
刘熙军　王得志
张　辉（挂职）张月明
隋艳秋（女）　胡留生
刘华杰　李彦伟
荣成市人民代表大会常务委员会
主　任　吕劭伟*　王洪晓
副主任　徐志兵*　刘书国*
邹德新*　慕林辉*
李洪霞（女）　郭光远
田永霞（女）　王志勇
张　威
荣成市人民政府
市　长　郑跃文
副市长　郑跃文*　王得志
张　辉（挂职）　刘华杰
白雪松　戚　媚（女）
刘全良　王曙光
姚圣杰（科技副市长）
政协荣成市委员会
主　席　战大海*　王　刚
副主席　张积聚*　郭光远*
孙建明*　李文海
王继静（女）张新颖（女）
武华锋　王立新
中国共产党荣成市纪律检查委员会
书　记　张月明
荣成市监察委员会
主　任　张月明
中国共产党乳山市委员会
书　记　刘奎忠
副书记　宫本杲*　王大治
何　旭（挂职）*　李映华
常　委　刘奎忠　宫本杲*
王大治　何　旭（挂职）*
李映华　吕建川*
许　鹏*　卫　玮　刘建忠
刘培根　杨东鹤　鞠鹏飞
田　彬*　张兴武（挂职）
姜春龙　孟凡勇
鞠红燕（女）
乳山市人民代表大会常务委员会
主　任　姜翠泮（女）*　李国徽
副主任　高翠玲（女）*　矫伟宏*
孙保广*　侯常青*
焉　涛　宫洪霞（女）
姚　飞　王世建　姜泽景
乳山市人民政府
市　长　宫本杲*　王大治
副市长　许　鹏*　宫洪霞（女）*
田　彬*　卫　玮
张兴武（挂职）　姜春龙
刘　新　殷　静（女）
宋　磊　李庆龙
刘海霞（女，科技副市长）
政协乳山市委员会
主　席　李国徽*　许　鹏
副主席　曲华良*　张　平　李新权
丛宝云　侯常青　马洪强
姜　华（女）
中国共产党乳山市纪律检查委员会
书　记　杨东鹤
乳山市监察委员会
主　任　杨东鹤
（中共威海市委组织部提供）

【中央、省驻威海单位】

威海市国家安全局
局　长　马　群
威海市气象局
局　长　于志青
国家税务总局威海市税务局
局　长　丛　琳
中华人民共和国威海海关
关　长　张东方
中华人民共和国荣成海关
关　长　王吉宏
中华人民共和国威海海事局
局　长　张向上
山东省威海船舶技术服务中心
主　任　王曙明
威海市邮政管理局
局　长　于　洋

中国邮政集团公司威海市分公司
总经理　裴周轶
中国联合网络通信有限公司
威海分公司
总经理　宋文杰
中国移动通信集团山东有限公司
威海分公司
总经理　王成杰* 孙凤华
中国电信股份有限公司威海分公司
总经理　隆新华
国网威海供电公司
总 经 理　陈志勇
党委书记　王志忠
中国银行保险监督管理委员会
威海监管分局
局　长　刘兰设*　刘　勇
中国人民银行威海市中心支行
行　长　关志勇
中国农业发展银行威海市分行
行　长　万鲁峰
中国工商银行股份有限公司
威海分行
行　长　鞠　雷
中国农业银行威海分行
行　长　孔令军
中国银行股份有限公司威海分行
行　长　丁瑞梁
中国建设银行股份有限公司
威海分行
行　长　李海建
中国邮政储蓄银行威海市分行
行　长　赵　林
交通银行股份有限公司威海分行
行　长　姜　宏
山东省农村信用社联合社
威海审计中心
主　任　苏明军
威海市商业银行
董事长　谭先国
行　长　孟东晓
监事长　邓　卫

山东威海农村商业银行股份有限
公司（威海农商银行）
董事长　刘韶伟
中国人民财产保险股份有限公司
威海市分公司
总经理　王祝炜
中国人寿保险股份有限公司
威海分公司
总经理　王秀泰
威海市烟草专卖局（公司）
局长（总经理）　张敬全
中国石化销售有限公司
山东威海石油分公司
经　　理　芦春阳* 郭　楠
党委书记　王忠峰
中国石油天然气股份有限公司
山东威海销售分公司
经　理　王　滨*　王乃忠
华能威海发电有限责任公司
党委书记、执行董事　史本天
厂长、党委副书记　吴建国
山东省威海体育训练中心
主　任　谷永波
山东大学（威海）
党工委书记　尹作升
党工委副书记　李振奎　杜言敏*
周慧如
校　长　刘建亚
副校长　赵玉璞　刘　海　夏利东
肖金明
哈尔滨工业大学（威海）
校　　长　谭忆秋
党委书记　张淑娣
党委副书记　王建文　赵国亮
王彦岩
副 校 长　钟诗胜　赵国亮
张文丛　姜永远
纪委书记　王建文
山东药品食品职业学院
党委书记　刘玉东
院　　长　张　晖

党委副书记　许学新
副 院 长　刘恒开　丛淑芹
王华丽
纪委书记　孙学朋
山东交通学院威海校区
党建工作领导小组组长　姜华平
山东外事职业大学
党委书记　徐东升
校　　长　孙承武
常务校长　刘先义
党委副书记、副校长　李恒强
副 校 长　张介公　王　建
孙彤宇　魏伯河
党委副书记　陈光军
哈尔滨理工大学荣成校区
党 委 书 记　张立双
院长兼党委副书记　段宏伟
党 委 副 书 记　赵运平
副　院　长　杜　野　刘云峰
沈俊峰　董晶颢
北京交通大学（威海）
管委会主任　关忠良
党委书记、管委会副主任　孙文博
管委会常务副主任　刘　颖
党委副书记、管委会副主任　李香山
林万梁
管 委 会 副 主 任　白延雷
肖贵平
山东铝业职业学院威海校区
院　　长　杜树宇
党委书记、常务副院长　李　波
党委副书记、纪委书记　贾永臣
副　院　长　王　磊
周焕启

说明：* 表示年内离任。

（各相关单位提供）

编辑　闫拥军

中国共产党威海市委员会

综　述

【概况】　中国共产党威海市第十六届委员会于2022年2月产生，任期5年。至2022年年底，实有委员48人、候补委员9人，常务委员会委员10人。市委设置市纪律检查委员会监察委员会机关和市委办公室［市档案局、市委保密委员会办公室（市国家保密局）］、市委组织部（市委非公有制经济组织和社会组织工作委员会、市公务员局）、市委宣传部（市政府新闻办公室、市精神文明建设委员会办公室）、市委统一战线工作部（市民族宗教事务局、市政府侨务办公室）、市委政法委员会、市委政策研究室（市委全面深化改革委员会办公室）、市委网络安全和信息化委员会办公室（市互联网信息办公室）、市委机构编制委员会办公室、市委台港澳工作办公室（市政府台港澳事务办公室、市海峡两岸交流基地管理办公室）、市委市直机关工作委员会、市委巡察工作领导小组办公室、市委老干部局12个工作机关。

重要会议、决策及部署

【威海市党史学习教育总结会议】　1月18日召开。会议深入贯彻落实中共中央总书记习近平重要指示精神和中央、省党史学习教育总结会议精神，全面总结威海市党史学习教育的成效经验，研究部署巩固拓展党史学习教育成果的思路举措，把学习贯彻中共十九届六中全会精神进一步引向深入，以优异成绩迎接中共二十大胜利召开。

【全市招商引资和项目建设攻坚推进大会】　2月7日召开。会议深入学习贯彻山东省2022年工作动员大会精神，动员全市上下进一步统一思想、凝聚共识，旗帜鲜明把招商引资和项目建设作为“一号工程”，加快理念创新、政策创新、机制创新、方法创新，大抓招商引资，大抓项目建设，以实实在在的成效推动新旧动能转换、高质量发展，努力争当新时代社会主义现代化强省建设排头兵。

【平安威海法治威海建设工作会议】　2月10日召开。会议深入学习习近平法治思想和中共中央总书记习近平重要指示要求，认真贯彻落实中央、省委有关会议精神，总结工作、表彰先进，研究部署平安威海、法治威海建设工作。

【中国共产党威海市第十五届委员会第十三次全体会议】　2月13日召开。全会决定，中国共产党威海市第十六次代表大会于2022年2月17日在威海召开。全会讨论并通过中共威海市第十五届委员会向市第十六次党代会的报告、中共威海市第十五届纪律检查委员会向市第十六次党代会的工作报告，决定将报告提请市第十六次党代会审议；审议并原则通过中共威海市第十六届市委委员、候补委员和市纪委委员候选人预备人选名单；讨论通过《关于全市党费收缴、使用和管理情况的报告》；投票确定威海市出席中共山东省第十二次代表大会的代表候选人预备人选。

【中国共产党威海市第十六次代表大会】　2月17日—19日召开。大会的主题是坚持以习近平新时代中国特色社会主义思想为指导，牢记中共中央总书记习近平“威海要向精致城市方向发展”殷切嘱托，动员全市各级党组织和广大党员干部弘扬伟大建党精神，勇担使命，奋勇争先，高水平推进产业现代化、城市国际化、新型城镇化、发展绿色化、治理现代化，全力打造共同富裕先行区，不断开创“精致城市·幸福威海”建设新局面，争当新时代社会主义现代化强省建设排头兵。大会选出威海市出席省第十二次党代会代表，选出中共威海市第十六届委员会和中共威海市第十六届纪律检查委员会，通过十五届市委报告的决议和十五届市纪委工作报告的决议。

【中国共产党威海市第十六届委员会第一次全体会议】 2月19日召开。全会选举产生中国共产党威海市第十六届委员会常务委员会委员和书记、副书记，通过中国共产党威海市第十六届纪律检查委员会第一次全体会议选举结果，通过《中共威海市委关于加强自身建设的决定》。

【市委常委会（扩大）会议暨统筹疫情防控和经济社会发展专题会议】 3月27日召开。会议调度全市统筹疫情防控和经济社会发展情况，分析研判形势，研究下一步重点工作。

【中国共产党威海市第十六届委员会第二次全体会议】 4月3日召开。会议通过省级党员领导干部、老党员和威海市出席中共二十大代表候选人初步人选推荐人选。

【市委常委会（扩大）会议暨全市统筹发展和安全工作推进会】 4月21日召开。会议深入贯彻落实省委常委会（扩大）会议精神，分析研究一季度经济形势，研究部署统筹发展和安全工作，强调要科学把握态势，聚焦聚力重点，进一步坚定信心、振奋精神，雷厉风行、狠抓落实，确保圆满完成全年目标任务，全力实现疫情防控和经济社会发展“双胜利”。

【市委人才工作会议】 4月28日召开。会议深入学习贯彻中共中央总书记习近平关于做好新时代人才工作的重要论述，全面贯彻落实中央和省委人才工作会议精神，研究部署全市人才工作。

【市委民族工作会议暨全市宗教工作会议】 5月6日召开。会议深入学习贯彻中共中央总书记习近平关于加强和改进民族工作的重要思想、关于宗教工作的重要论述，全面落实中央、省委工作部署，动员全市上下积极推进新时代民族工作高质量发展，扎实做好新时代宗教工作，为全力打造共同富裕先行区、不断开创“精致城市·幸福威海”建设新局面、争当新时代社会主义现代化强省建设排头兵贡献力量。

【威海市学习贯彻庆祝中国共产主义青年团成立100周年大会精神座谈会】 5月13日召开。会议强调要深入学习贯彻中共中央总书记习近平在庆祝中国共产主义青年团成立100周年大会上的重要讲话精神，深入学习领会中共中央总书记习近平关于青年工作的重要思想，激励全市广大团员青年胸怀理想、拼搏实干、建功立业，进一步开创全市共青团和青年工作新局面，充分凝聚“精致城市·幸福威海”建设的青春力量。

【全市统筹发展和安全工作推进会】 6月6日召开。会议深入落实中共中央总书记习近平“疫情要防住、经济要稳住、发展要安全”重要要求，认真贯彻省第十二次党代会精神，安排部署安全、稳定、疫情防控和稳定经济增长等重点工作，动员各级各部门进一步强化执行力，狠抓工作落实，确保完成各项目标任务。

【“威海企业家日”启动仪式暨企业家座谈会】 6月10日召开。会议倾听企业发展需求，共同探讨发展良策，鼓舞广大企业家以受表彰的省优秀企业家为“比学赶超”对象，弘扬优秀企业家精神，争当创新发展排头兵，持续增强创新力、冲击新目标，实现新突破。

【全市科技创新大会】 6月22日召开。会议落实全省科技创新大会精神，研究部署威海市科技创新工作，切实发挥企业创新主体作用，加快创建国家创新型城市，为实现高质量发展提供有力支撑。

【全市领导干部会议】 6月25日召开。会议宣布省委关于威海市主要负责人职务调整的决定。省委决定：闫剑波任中共威海市委书记。

【市委常委会（扩大）会议暨全市统筹发展和安全工作推进会】 6月30日召开。会议深入落实中共中央总书记习近平“疫情要防住、经济要稳住、发展要安全”重要指示要求，分析研究上半年经济形势，安排部署统筹发展和安全各项工作，动员全市上下进一步坚定信心、保持定力，坚持全年预期目标不变、工作要求不减、工作标准不降，全力以赴完成既定目标任务。

【市委常委会（扩大）会议暨全市统筹发展和安全工作推进会】 7月29日召开。会议总结上半年工作，分析研判当前形势，研究部署下一步工作，动员全市上下咬定目标不放松，埋头苦干抓落实，确保全市安全稳定，确保圆满完成全年各项目标任务，以优异成绩迎接中共二十大胜利召开。

【市委常委会（扩大）会议暨全市统筹发展和安全工作推进会】 8月31日召开。会议总结全市经济运行和安全工作情况，安排部署下一步工作，动员全市上下进一步统一思想认识，推动各项工作往前赶、争主动，决战三季度，圆满完成各项任务，以优异成绩迎接中共二十大胜利召开。

【市委人大工作会议】 9月14日召开。会议深入学习贯彻中央、省委人大工作会议精神，总结交流威海市人大工作取得的成绩和经验，研究部署进一步加强和改进全市人大工作。

【市委常委会（扩大）会议暨全市统筹发展和安全工作推进会】 9月30日召开。会议要求各级各部门继续保持良好精神状态，突出重点、担当作为、狠抓落实，高效统筹疫情防控和经济社会发展各项工作，以实际行动迎接中共二十大胜利召开。

【市委常委会（扩大）会议暨全市统筹发展和安全工作推进会】 10月31日召开。会议深入学习宣传贯彻中共二十大精神，落实“疫情要防住、经济要稳住、发展要安全”重要要求，动员全市上下继续保持良好精神状态和工作作风，全力以赴抓好疫情防控、经济增长、社会治理、风险防范等各项工作。

【威海市领导干部党的二十大精神专题学习班】 11月15日—19日举办，专题学习中共二十大精神。省委宣讲团成员，省科学技术厅党组书记、厅长唐波作宣讲报告，市委书记闫剑波作动员讲话并为学员宣讲中共二十大精神，市委副书记、市长孔凡萍主持交流研讨会并讲话，部分市级领导参加学习，7名学员代表作交流发言。

【中国共产党威海市第十六届委员会第三次全体会议】 11月19日召开。全会深入学习贯彻中共二十大精神，全面落实省委十二届二次全会部署，听取和讨论闫剑波受市委常委会委托作的工作报告，审议通过《中共威海市委关于深入学习宣传贯彻党的二十大精神的意见》。

【市委常委会（扩大）会议暨全市统筹发展和安全工作推进会】 11月25日召开。会议动员全市上下深入学习贯彻中共二十大精神，树立大抓经济的鲜明导向，全力以赴抓项目、抓企业、抓经济，加快高质量发展。

【市委统战工作会议】 12月7日召开。会议深入学习贯彻中共中央总书记习近平关于做好新时代党的统一战线工作的重要思想，全面落实中央、省委统战工作会议精神，总结工作，分析形势，部署任务，推动全市统战工作高质量发展，为"精致城市·幸福威海"建设凝聚人心、汇聚力量。

【重要决策和部署】 2月21日，市委印发张海波在中国共产党威海市第十六次代表大会上所作报告《牢记"威海要向精致城市方向发展"殷切嘱托 全力打造共同富裕先行区 奋勇争当强省建设排头兵》，对全力打造共同富裕先行区、不断开创"精致城市·幸福威海"建设新局面、争当新时代社会主义现代化强省建设排头兵作出部署。

2月25日，市委印发《中共威海市委关于加强自身建设的决定》，对加强市委自身建设，全力打造共同富裕先行区、不断开创"精致城市·幸福威海"建设新局面、争当新时代社会主义现代化强省建设排头兵作出部署。

4月18日，市委、市政府印发《关于做好2022年全面推进乡村振兴重点工作的实施意见》，对做好2022年全面推进乡村振兴重点工作，打造精致化城乡融合发展先行区作出部署。

4月20日，市委印发《中国共产党威海市委员会工作规则》，对深入学习贯彻习近平新时代中国特色社会主义思想、落实全面从严治党部署要求、加强和改进市委工作、提高执政能力和领导水平提出要求。

5月26日，市委、市政府印发《威海市打造共同富裕先行区实施方案(2022—2025年)》，对全力打造共同富裕先行区，争当新时代社会主义现代化强省建设排头兵作出部署。

7月19日，市委印发《贯彻落实省第十二次党代会报告各项任务分工方案》，对贯彻落实中国共产党山东省第十二次代表大会各项部署作出安排。

11月24日，市委印发《关于深入学习宣传贯彻党的二十大精神的意见》，对深入学习宣传贯彻中共二十大精神提出要求。

（连　涛）

组织工作

【概况】 2022年，全市组织系统深入学习贯彻习近平新时代中国特色社会主义思想，坚定践行新时代党的建设总要求和新时代党的组织路线，坚持以求解破难题、优解促提升，推动全市组织工作高质量发展。

【理论武装强化】 深入推进新时代党的创新理论教育，把学习宣传贯彻中共二十大精神作为首要政治任务，引导全市党员干部坚定拥护"两个确立"、坚决做到"两个维护"。印发《关于全市组织系统深入学习贯彻党的二十大精神的通知》，明确学习计划、开展专题研讨，通过"威海组工"微信公众号、《威海组织工作》等交流学习体会，推动组工干部深入学习。组织举办全市领导干部党的二十大精神专题学习班，依托"学习强国""灯塔—山东干部网络学院"等平台，指导各级各部门开展多形式、分层次、全覆盖培训。印发《进一步加强党性教育工作的通知》，成立专项工作组，指导全市党性教育培训机构进行规范整改，推动党性教育工作有序开展。深入推进山东威海干部学院建设，加强配套设施和规章制度建设，通过中央组织部办学质量评估。

【高素质干部队伍打造】 聚焦抓好后继有人根本大计，突出实践实干实绩导向，完成市、区（市）、镇（街道）领导班子换届，持续完善育选管用干部工作体系，培养忠诚、干净、担当的实干队伍。

干部实绩考准考实　健全定期开展干部调研工作机制，实行"单位+个人"工作业绩"双填报"，着重了解亮点成绩"谁牵头干的"，落后工作"由谁负责的"，谈话对象按"表现突出的"到"相对较弱的"对各单位领导干部逐一排序，区分"近期可使用的"和"可重点培养的"进行干部任用推荐，全面立体掌握干部政治素质、实干实绩和群众口碑等，逐个进行"精准画像"。在新冠肺炎疫情防控中，深入一线了解干部政治素质、现实表现和群众评价，对41名表现优秀的干部予以提拔、进一步使用或晋升职级。

年轻干部培养选拔　制定2022年度年轻干部配备提升计划，建立300人优秀年轻干部数据库并实行动态调整。加强年轻干部培养锻炼，开设年轻干部"长风青训营"，择优选派6名年轻干部参加对口支援和东西部协作挂职，提拔79名基层选调生进入镇领导班子，市委组织部获评全省选调生工作先进单位。大胆使用政治强、勇担当、有本事、潜力大的优秀年轻干部，换届后区（市）党政班子和镇（街道）党政正职中，年轻干部比例分别为25%、25.4%，47个市级党政工作部门主要负责人中有"80后"4名。

干部素质能力提升　制定年度干部教育培训计划，突出树立践行正确政绩观及履职能力建设、高质量发展推动共同富裕及创新争先等5个专题，加强思想淬炼、政治历练、实践锻炼和专业训练，举办各类培训班35期、讲堂报告会69期，培训2.1万余人次。惠普（威海）全产业链落地案例被中共中央组织部评为全国干部教育培训好课程。

干部监督激励　用好干部监督工作联席会议机制，强化信息主动沟通预警，对苗头性、倾向性问题，及时与干部谈话提醒，或采取函询、诫勉措施，提高问题化解实效。加大打击诬告陷害工作力度，通报典型案例3起。建成全市干部数据中心，实现对全市干部信息的全面集中管理。强化考核“指挥棒”作用，进一步完善考核体系，落实好正向激励、容错纠错等机制，引导激励广大干部紧盯全市中心工作攻坚发力、全力争先。

公务员管理机制构建　有序推进公务员、选调生招录和市级机关公开遴选工作，试点探索公务员平时考核与绩效管理深度融合，将全市乡镇（街道）机关的年度考核优秀比例由20%提高到25%，提振基层公务员扎根基层、干事创业的精气神。1人获评全国“人民满意的公务员”，4个集体、5人分获全省“人民满意的公务员集体”“人民满意的公务员”。

【党建战斗堡垒筑牢】　牢固树立大抓基层的鲜明导向，坚持从最基层、最基础入手，全面推动力量整合、工作创新，把党建优势转化为发展优势、治理优势。

乡村振兴促进　实施村级党组织分类推进整体提升三年行动计划，区分强基、创优、示范3种类型，“一村一策”制定改进优化措施，推动整体晋位提升。持续推进村干部“赋能计划”，开展村党组织书记“擂台比武”，推动素质提升、“比学赶超”。推进乡村共富党建联盟建设，55个村被确定为中央财政资金扶持发展的重点村，2个村被确定为全国推动红色村组织振兴建设红色美丽村庄试点，村集体经济收入全部超过10万元，中共中央组织部到威海市进行蹲点调研。

城市基层治理效能引领　全域建立基层党建引领基层治理领导协调机制，实施社区规模调整集中攻坚和网格党组织集中覆盖行动，成立网格党组织1610个，建设网格党群驿站1896处。强化平急转换机制建设，4.6万名党员下沉居住地社区报到服务。加强社区工作者队伍建设，配备3583人，每万城镇常住人口配备社区工作者达22.6人。深化红色物业建设，制定全市物业全域发展实施方案，健全社区物业党建联建机制，2个小区获评全国“美好家园”典型案例，全省塑优势、创品牌“齐鲁红色物业”建设调研活动在威海市启动。

“两新组织”党建　深化“十百千示范提升工程”，培育选树省、市、区（市）三级党建示范点155个。深化“威海红帆”社会组织党建计划，出台加强行业党建的措施办法，实施“一行业一项目”行动。制定加强新业态新就业群体党建措施11条，成立新就业群体党建联盟，打造“威海红帆·‘新’锋领跑”党建品牌矩阵。总结推广打印机产业链党建经验做法，组建碳纤维等产业链党建联盟15个，推动“产学研”、上下游、大中小企业党建联建共建，“深化产业链党建赋能产业高质量发展”项目获得2021—2022年度山东组织工作创新奖。

党支部和党员队伍建设　深化“支部争星、党员争先”活动，实施组织设置规范理顺、组织生活质量提升、党支部和党员寻标对标等专项行动，对172个支部进行组织理顺，对9500个支部开展组织巡听。开展农村发展党员违规违纪问题排查整顿，建立发展党员责任追究制度，实现镇（街道）党员档案室标准化建设全覆盖。持续深化基层党校（党员教育中心）建设，着力构建党员教育工作标准体系，威海市被确定为全省党员教育阵地管理系统试点市，2部党员教育电视片（党课）作品分获中共中央组织部一、二等奖，12部作品获得省级奖项。

【人才集聚格局构建】　突出人才引领发展，全面强化人才引育创新，不断拓宽具有威海特色的人才发展之路，“威海人才·遇见未来”工作品牌影响逐步凸显。

党管人才体系完善　组织召开市委人才工作会议，推动市、区（市）两级升格设立党委人才工作领导小组，组织开展成员单位年度述职评议。出台党管人才运行机制若干措施，完善领导干部领题攻坚、行业部门重点推进机制，持续推动人才集聚节点建设、“四链”融合机制创新等重点任务落实。优化整合新时代威海英才工程，推出顶尖人才“一事一议”、头部企业“一企一策”等定制化政策支持，完善“配额制”“举荐制”等激励机制，加大急需紧缺人才集聚力度。

产业人才引育　坚持人才引育与产业创新有机联动，全程指导重点用人单位开展选题立项、专家对接等基础工作，入选国家级人才项目19个、泰山产业领军人才项目31个，1人获得齐鲁杰出人才提名奖。突出产业特色，举办2022中国威海·国际英才创新创业大会，邀请3位院士、181位专家学者、288位企业代表参会，促成47个人才技术项目现场签约、10项海洋产业关键技术现场揭榜对接。立足区位优势，举办第三届中韩（威海）人才交流合作大会暨韩国留学人才云上对接会、中韩创新大赛、海外工程师创新合作大会等活动，达成人才技术引进和战略合作协议50余项。举办首届博士后创新创业大赛，吸引110名博士后参赛，13个项目获得省市重点资助。

创新平台作用发挥　推动创新平台“提能造峰”，获批建设先进医用材料与高端医疗器械省实验室、山东省先进核能技术创新中心，9家平台获评省级新型研发机构绩效评价优秀等次，全市创新平台引育省级以上领军人才17人。全面推行产业技术“揭榜挂帅”攻关机制，面向海内外发布技术需求80余项，3项共性技术成功揭榜并完成研发，10个揭榜项目获得市级领军人才政策扶持，2项创新成果获产业投资基金支持。坚持“每月一主题”，举办产业链—创新链融链行动、平台—企业双走进等“产学研”对接活动60余场，促成50家企业与高校院所深度合作，推动创新要素与企业技术需求有机衔接。

服务水平提升　建立人才政策“进企业、进高校、进平台、进园区、进商圈”工作机制，推行“无形认证”“免申即享”服务模式，推动政策知晓零盲区、落实零障碍。开展人才服务“惠才暖企”专项活动，为33家重点企业49名专家人才发放威海英才卡，为超过6500名企业引进人才发放生活津贴。全域推进青年发展友好型城市建设，试点打造国际人才生态示范区，举办2022威海人才安居节，为人才安心立业营造良好环境。

（栾　鑫）

宣传工作

【概况】 2022年，全市宣传思想文化战线坚持以习近平新时代中国特色社会主义思想为指导，聚焦学习宣传贯彻中共二十大精神主题主线，扎实履行举旗帜、聚民心、育新人、兴文化、展形象的使命任务，推进理论舆论、文化文明、意识形态等工作取得新进展、新成效。

【习近平新时代中国特色社会主义思想宣传贯彻】 坚持把学习宣传贯彻习近平新时代中国特色社会主义思想作为首要政治任务，综合运用各种方法手段，推动学懂、弄通、做实。理论学习方面，制定党委（党组）中心组列席旁听、重点事项、年度学习安排意见等系列文件，组织到部分市直部门单位党委（党组）开展学习巡听，推进落实集体研讨、个人自学、“一学一报”等常态化学习机制。宣传普及方面，组建8000余人的8支宣讲队伍和1100余人的市、区（市）两级“红色宣讲团”，创新实施“0631”工作法，打造“精致城市•理响威海”宣讲品牌，构建“一县一品牌宣讲格局”，1人获评中共中央宣传部2022年全国基层理论宣讲先进个人，宣讲报告《绿水绕红城》获得全国讲解员大赛三等奖。开通办好“威海宣讲”公众号，推介基层经验做法800余期。“学习强国”学习平台日均活跃度列全省前3名，经验做法在山东学习平台内容审核培训交流会上交流。研究阐释方面，征集确定应用性课题33个、咨政课题9项，8个课题入选省级重点社科课题。《威海日报》刊登理论文章30篇，威海市广播电视台推出《理响威海》栏目3期，上线“学理论、懂政策，做明白人”政民互动微访谈栏目25期。

【重大主题宣传】 聚焦中共中央总书记习近平视察威海四周年，聚焦喜迎中共二十大以及省、市党代会、两会等重大会议，聚焦“三个十大”（十大创新、十强产业、十大扩需求）行动、“五化”（产业现代化、城市国际化、新型城镇化、发展绿色化、治理现代化）建设、新冠肺炎疫情防控等重大战略、重点工作，策划推出专题专栏60余个，《大众日报》先后3个专版推介威海“三个十大”行动经验做法，威海日报社、威海市广播电视台策划推出的“三个十大”行动重点稿件阅读量超120万人次。策划发起“爱在威海 同心抗疫”话题，推出抗疫正能量原创视频3570条、话题总阅读量10亿人次，创作文艺作品200余部，发动志愿服务活动20余万人次。

【城市形象宣传】 持续提升新闻发布质效，市、区（市）两级举办新闻发布会300余场，数量、质量、发布主体、形式创新、传播效果均实现新突破。持续改进对外传播内容，围绕传统文化节日、乡村振兴等主题，策划外宣视频100余个，推出融媒体报道50余期，开展外国友人体验活动600余人次，先后有23个国家33名记者及中央电视台60余人通过5个语种、360余篇融媒报道推介威海风情风貌，传播量达3000余万次。其中，《My life in Weihai》获得2022年第四届“第三只眼看中国”国际短视频大赛优秀作品奖，《韩国摄影家李赞镐镜头中的美丽威海》获得“第三只眼看中国·大美中华”国际短视频大赛优秀作品奖。持续拓展对外传播渠道，以国际友城为重点，在韩国富川上洞图书馆设置“中华文化之角·尼山书屋”，投放海外稿件、宣传品等3000余篇次，开展友城结好纪念日、中韩非遗文创体验周、中韩建交30周年书画展等系列交流活动。

【文艺精品创作】 深入挖掘威海市红色题材、时代题材，创作推出《城南硝烟》《昆嵛杜鹃红》《永不迷航》《苦菜花开》等沉浸式情景小剧113部，深入推广“乳娘四部曲”、《烈火芳菲》等一批精品力作。其中，电影《村头村尾》获评2022年度中国电影精品项目，入选2022年度电影精品专项资金资助项目；长篇报告文学《甜土地》、歌剧《甲午》、京剧《梦圆刘公岛》、纪录电影《大洋追鱼记》《呼吸·天鹅湖畔》5部作品入选山东省“十四五”重点文艺创作项目；电影《破障》、电视剧《落地生根》、歌曲《共同富起来》、现代京剧《昆嵛杜鹃红》、网络长篇小说《山河》5部作品入选“齐鲁文艺高峰计划”五年规划项目；小型音乐剧《永不迷航》入选2021年全省舞台艺术青年人才创作扶持项目；京歌《中华赤心映天红》《描绘未来更美明天》、吕歌《众志成城抗疫情》、吕腔《信仰》、戏歌《抗疫新歌》等在省级媒体播出。

【群众性文化活动开展】 积极开展文艺演出活动，以中秋、元旦、春节等传统节日为契机，策划举办包括主题文艺演出、地方特色民俗展演、文化进万家、群众性文艺演出、展览展示在内的6个系列125项重点活动，常态化开展京剧票友大赛、京胡展演、少儿京胡展

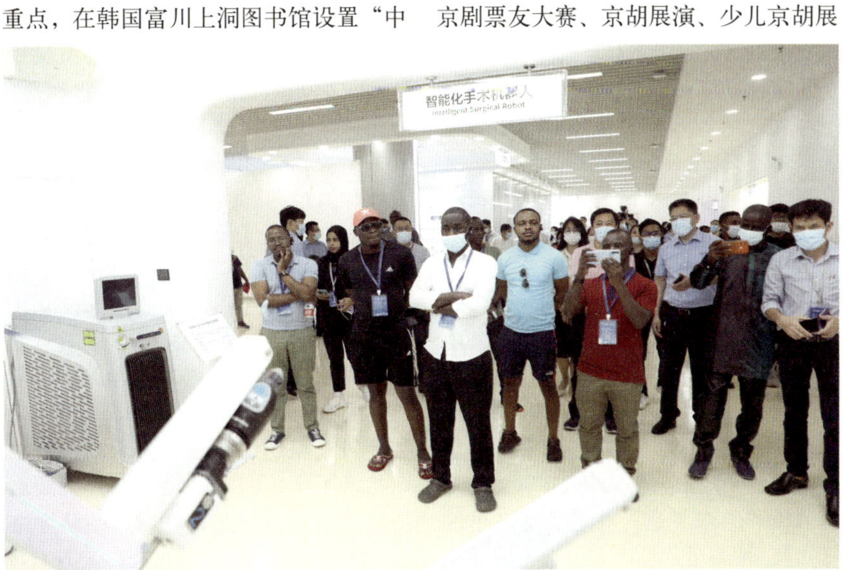

8月，亚太非洲记者团到威海市访问　　（中共威海市委宣传部　提供）

演等戏曲文化活动，进一步提升中国（威海）国际合唱节、威海市朗诵音乐会等特色活动的知名度。积极争取《山东卫视春节联欢晚会》在威海市举办。

【典型选树宣传】 推荐山东省地质矿产勘查开发局第六地质大队等3个典型作为全省重大典型选树宣传，发布“齐鲁时代楷模”2个（白晓卉和山东省地质矿产勘查开发局第六地质大队）。设立威海市级重大典型“威海榜样”，以榜样发布厅的形式面向全社会发布3个“威海榜样”（贾长全、国网山东省电力公司威海供电公司带电作业团队、陈强）先进事迹。持续做好“最美人物”系列选树推荐，9人获评省级及以上“最美人物”称号。评选“威海好人”110人，推荐入选“山东好人”50人、“中国好人”2人。

【全域文明层次水平提升】 以文明城市创建为带动，组建运行文明城市创建工作指挥部，建立工作机制7项，做到周检查、月调度；实施十项集中攻坚行动，开展乱拉乱设空中缆线等突出问题专项整治，深化“精致城市·文明市民”培育工程，广泛开展文明出行、文明旅游、文明餐桌、佩戴口罩以及“文明实践星期六”主题实践活动，引导人们养成文明习惯。以乡村文化振兴为带动，深入推进乡村文明行动和“反对浪费、文明办事”移风易俗工作，96%的村达到县级以上文明村标准。以新时代美德威海建设为带动，实施倡树新时代美德健康生活方式“12345”行动，发布“五为”（为老、为小、为困难群体、为需要心理疏导和情感慰藉群体、为社会公共需要服务）志愿服务项目1200余个，全市倡树新时代美德健康生活方式启动仪式照片入选在北京市举办的“奋进新时代”主题成就展。

【文化“两创”】 扎实推进优秀传统文化创造性转化、创新性发展，实施“山东手造”威海推进工程，印发《“山东手造”威海推进工程实施方案》《关于支持“山东手造”威海推进工程高质量发展若干政策措施的通知》《关于公布市级“山东手造”非遗工坊名单的通知》，建成运营“山东手造·威海中心”，鲁绣丝绸、工艺家纺、锡镶陶艺、胶东面艺、海洋产品非遗制作技艺等非遗文创项目20余项被列为发展重点，30余个文化创意产品入选首批山东“好品”，7家手造企业产品入选“山东手造·优选100”名单。加大文化创意产品宣传推介力度，在第三届中国国际文旅博览会、首届中华传统工艺大会设置以“精致城市·幸福威海”为主题的综合展区、以“文化赋能·数字威海”为主题的数字文创展区、以“母爱乳山”为主题的乳山展区，全市73家企业337个品类产品参展。

【文化体制改革】 建立健全市属国有文化企业双效考核机制，印发《关于深化国有文艺院团改革的若干措施》，逐步构建以演出为中心环节的制度机制。推进省市县三级联合购买文化惠民演出工作开展，印发《“我们的中国梦+文化进万家”2022年一村一年五场（演出）工作方案》《国有文艺院团2022年度社会效益任务目标》等，在文登区和乳山市举办演出14场。加强文物保护利用，印发《关于推进国有建设用地考古调查勘探发掘前置工作的实施意见》，公布第一批市级革命文物名录，乳山市革命文物保护利用典型经验被省文化和旅游厅向全省推广，5个村入选山东省第二批红色文化特色村创建名单，2个案例入选山东省历史文化保护传承示范案例，7家乡村博物馆入选山东省第一批乡村博物馆名单。推进应急广播平台建设，构建起全媒体、全平台、全天候、全覆盖的应急广播体系。

【文化旅游产业发展】 加强顶层设计，印发《威海市关于支持非遗文创产业高质量发展的若干政策措施》《威海市关于支持艺术品产业高质量发展的若干政策措施》《威海市关于促进影视产业发展的若干政策措施》等。大力培育市场主体，推进涉及艺术园区、创意设计、特色小镇、非遗传承、文化旅游、文化体育等领域的65个重点文化产业项目建设，2个项目纳入省级重点文旅项目库，完成投资20.6亿元。优化升级千里山海自驾旅游公路，策划开拓海上休闲游、定制旅游、会展旅游等特色产品，威海全域旅游获评全省十强产业“雁阵型”集群。

（谭艳华）

统一战线工作

【概况】 2022年，中共威海市委统一战线工作部（简称市委统战部）坚持以学习宣传贯彻中共二十大精神为主线，以中共中央总书记习近平关于做好新时代党的统一战线工作的重要思想为指导，坚持大团结大联合主题，高点谋划、强力推进，大胆探索、突破创新，有效推动全市统战工作提质增效、提档升级。

【大统战工作格局效能发挥】 市委在全局中重点谋划统战工作，推动统战工作纳入全市改革发展重点事项、全国市域社会治理现代化试点城市创建等中心工作，纳入全市高质量发展考核和市直部门考核，市委主要负责人主持研究统战工作16次，推动出台文件18个，专门批示10余次，新建民族、宗教等协调机制4项，为工作开展提供坚强保障。强化特约人员队伍建设，全年全市聘请特约人员705人次，发挥民主党派和无党派人士参政议政、民主监督的作用。

【共同思想政治基础牢固】 深入贯彻落实中共二十大精神、中央及省委统战工作会议精神，举办专题学习班8次，组织宣讲报告10余次，发布学习感想60篇。开展“矢志不渝跟党走、携手奋进新时代”等主题教育，举办侨界书画作品展等活动20余次，组织中国香港籍代表人士拍摄的《紫荆花开香满江　威港同心庆回归》短视频在省级媒体展播，在中央及省级媒体发稿220余篇。针对基层干部掌握政策不透、工作方法单一等问题，组织专人赴高校、社区等授课6次，切实推动基层干部掌握政策、提升能力。推动铸牢中华民族共同体意识纳入国民教育体系，全市221所学校、3.9万名师生共同参加“开学第一课”。中国·马来西亚“一带一路”国际青少年中华文化云端之旅活动在威海市鲸园小学、马来西亚吉隆坡南强国民型华文小学及山东省归国华侨联合会会场同步线上启动。

【中国特色社会主义参政党建设】 加强新时代参政党建设，完成5个民主党派26个基层组织换届、新成立及个别调整，基层组织委员会结构进一步优化，成员进一步年轻化。做好民主党派省级层面代表人士初步人选推荐工作，动态调整民主党派市级层面代表人士，为中国国民党革命委员会威海市委员会、中国民主促进会威海市委员会配备秘书长，加强驻会干部力量。推进“党派之家”建设，实现有民主党派基层组织的区（市）、开发区“党派之家”全覆盖。举办威海市民主党派提升“政治三力”（政治判断力、领悟力、执行力）暨民主党派市委会领导班子成员素质提升专题研讨班，围绕基础知识、政策规定、履职效能等方面进行培训。

【党外知识分子和新的社会阶层人士统战工作】 高效推进无党派人士认定工作，认定无党派人士政治面貌322人，其中重点人选76人、骨干人选17人。推动党外知识分子联谊会基层组织建设，8个区（市）建立威海市党外知识分子联谊会分会。推动理论阐发，市中华职业教育社7项课题在全省获奖，获批设立省级职业教育研究基地。市级及各区（市）成立新的社会阶层人士联谊会自由职业人士分会，实现新阶层联谊组织全覆盖。市新的社会阶层人士联谊会创新实行会长轮值制度，激发领导班子成员积极性与责任感。举办“同心公益”系列活动，在环翠区光明社区建立第9个新阶层爱心书屋，帮助帮扶村销售“爱心”西瓜1.5万余千克，举办“艺术点亮筑梦空间”儿童艺术课堂体验活动。

【民营经济统战工作】 市委统战部印发《威海市党委、政府及部门、单位与经济类行业协会商会、民营企业沟通协商细则（试行）》，推出“威海营商行”服务市场主体关键一招（畅通政企议事沟通协商渠道），通过开展法律培训、召开企业家座谈会等方式，提升市场主体在沟通协商方面的获得感，指导市工商业联合会同市司法局、公安局、中级人民法院共建沟通联系机制、优化营商环境的典型做法被全国工商业联合会、司法部及省工商业联合会、公安厅、司法厅、高级人民法院通报表扬。召开威海市工商业联合会（总商会）十二次代表大会，选举产生新一届执委会和市总商会领导班子成员。引导全市民营企业开展“万企兴万村”活动，232家民营企业参与，帮助258个乡村打造“兴村”项目330个。

【民族团结进步事业】 坚持以铸牢中华民族共同体意识为主线，推动全市民族工作高质量发展。持续深化民族团结进步创建，巩固提升“爱心拉面”“文登妈妈”等民族工作品牌，“文登妈妈”获评2022年度全省民族宗教工作“十大品牌”。坚持用创新思路举措破解新问题、推动新实践，实施“1+8+N”铸牢中华民族共同体意识目标任务体系，一体化谋划全市创建思路及重点项目，联动全市36个部门及8个区（市）合力攻坚，细化建立工作清单40余项，推进各项创建任务。以民族复兴“梦碎、梦醒、筑梦、圆梦”为主线，打造“五彩心连心”等品牌，开展交流活动400余次，命名“民族团结号”公交专线13条、投入公交车742辆，打造铸牢中华民族共同体意识示范教育实践基地40个，郭永怀事迹陈列馆获评山东省铸牢中华民族共同体意识教育实践基地；培育民族团结示范单位、和美家庭示范岗位等252个，获评全国民族团结进步示范单位1个，全省示范单位5个、和美家庭2个、示范岗位2个。

8月12日，铸牢中华民族共同体意识示范创建工作座谈会召开

（中共威海市委统一战线工作部 提供）

【宗教工作】 探索推行《威海市宗教场所现场办公制度》，推动四级宗教干部现场办公850余次，解决问题80余个，有关经验做法被中共中央统一战线工作部、省委统一战线工作部刊发交流，并获得2022年度全省统战工作实践创新成果奖。重新制定《宗教工作联席会议工作规则》，确定30个部门为成员单位。深入推进宗教界教风整治活动，指导宗教团体召开民主座谈会。开展《互联网宗教信息服务管理办法》《宗教活动场所财务管理办法》学习宣传培训，指导全市团体、场所取得互联网宗教信息服务许可证12张。组织宗教界450余人次到天福山、马石山红色教育基地参观学习。组织宗教界开展“携手共植同心林”活动和“同心跟党走·喜迎二十大”演讲比赛。指导荣成市圣水观景区创建并获评2022年度全省民族宗教领域普法宣传教育基地、全省宗教界红色文化教育点。市基督教三自爱国运动委员会获评全省宗教界表现突出的集体，1人获评全省宗教界表现突出的个人。

【海外统战工作】 在威海市、阿曼苏丹国同步举办“威海名优商品走进阿曼”云端洽谈会，有30余家企业参会，组织侨企参加“侨商RCEP线上培训”“双十一”展销季等活动，在英国、马来西亚、阿曼苏丹国设立海外引资引智工作站3处。组织举办中马“一带一路”国际青少年中华文化云端之旅、世界华人学生作文大赛、2022年山东省侨界青少年研习营等活动。积极参与“好品山东”“鲁菜大赛”“亲情中华·为你讲故事”等系列活动，郭永怀事迹入选中华全国归国华侨联合会亲情中华故事库，并向海外展播。推进“侨联暖巢”行动，为21户空巢家庭定制个性化服务。走进2所侨心小学开展“关爱眼健康”主题义诊活动，发放澳大利亚“魏基成天籁列车”助听器180台。年内，1名侨企负责人获评中华全国归国华侨联合会第九届“侨界贡献奖”一等奖。

【留学归国人员统战工作】 积极发挥建言献策委员会“人才库”“智囊团”作用，提报各类建议39篇，其中4篇提案获评2022年度市政协优秀提案。打造“留学报国·乐业威海”和“留学报国·智汇威海”双招双引品牌工作，推动中韩双向跨境电商项目落地威海经济技术开发区，成立外国法人独资企业。促进starday对日跨境电商平台与智慧谷产业园签署入驻意向。吸引海内外人才7人。

【高质量发展助力】 组织开展“喜迎二十大 凝心聚力助发展”活动，打造“留学报国·乐业威海”品牌，广泛牵线搭桥、收集找寻招商信息16条，推动在谈项目5个。引导新的社会阶层人士等发挥优势，举办“新智享 618惠民季”活动，50余个商家100余个门店发放惠民消费券500万元，带动消费1500万元；举办“惠民惠企促发展——社组联·双惠月”活动，组织近200家企业参加，拉动消费5000余万元。助力新冠肺炎疫情防控，全市统一战线捐款捐物累计达5000万元，184家“爱心拉面”业主捐献拉面12万碗。打造议政建言“聚智威海”品牌，引导党外人士围绕中心工作及民生热点问题，形成调研报告39篇，市委主要负责人批示转办37篇。

（李晓娟）

政策研究

【概况】 2022年，中共威海市委政策研究室坚持以党的政治建设为统领，聚焦全市中心大局，立足“大参谋、大服务、大落实”定位，认真履行以文辅政、调查研究、信息服务等职能，推动各项工作取得新进步。

【以文辅政】 高标准做好文字服务，坚持“身在兵位、胸为帅谋”，自觉站在市委高度和全市大局思考谋划各项工作，与市委办公室联合起草各类文稿780余篇。高质量做好中国共产党威海市第十六次代表大会、中国共产党威海市第十六届委员会第三次全体会议的文字服务工作，谋划提出“全力打造共同富裕先行区、不断开创‘精致城市·幸福威海’建设新局面、争当新时代社会主义现代化强省建设排头兵”的目标定位，得到市委主要负责人肯定。完成市委主要负责人参加全国两会、省两会、中国共产党山东省第十二次代表大会、省新旧动能转换“五年取得突破”重点项目现场观摩、省委全会等上级重要会议活动，市两会、招商引资和项目建设攻坚推进会、统筹发展和安全工作推进会等全市性重要会议活动以及市委常委会会议、市委理论学习中心组集体学习、议事协调机构会议、各类专题会议等会议活动的文字服务工作。负责或参与新冠肺炎疫情防控综合材料、督查调度、新闻宣传等工作，起草各类讲话、汇报、总结、报告等100余篇。起草学习贯彻中共中央总书记习近平视察威海重要指示精神情况等报告21篇；编撰《威海要向精致城市方向发展》；完成“山东这十年·威海”主题新闻发布会的文字服务工作，起草贯彻落实中共二十大精神、省党代会精神和“三个十大”行动计划的新闻采访、约稿文章，展现全市经济社会高质量发展新成效。

【调查研究】 精准务实开展调查研究，推动服务市委决策从以定性分析为主的经验型传统决策向以定量分析为主的科学型现代决策转变。围绕2022年中央一号文件政策解读、先进制造业、港产城融合发展等谋划15个重点调研课题，采取小分队形式“走下去”调研。深入开展“百题调研”活动，征集调研成果132篇，精选38篇汇编《谋事之基》，推动全市调查研究常态化制度化。组织中共威海市委党校、驻威海高校和市直有关部门开展“联合调研”，形成建设青年发展友好型城市、化工园区建设、打造中韩海上“高速路”等调研报告14篇，其中12篇得到市委、市政府主要负责人批示。

【信息服务】 高质量办好《威海通讯》，突出政治属性和服务功能，在办好工作交流、调查思考、基层经验固定栏目的基础上，精心策划“一期一专栏”，开设《贯彻落实市党代会精神》《统筹发展和安全》《招商引资和项目建设》《学习考察交流》《“三个十大”》《学习贯彻中共二十大精神》等专栏，累计编发12期、稿件250余篇。

（刘东国）

网络安全和信息化工作

【概况】 2022年，中共威海市委网络安全与信息化委员会办公室（简称市委网信办）坚持以中共中央总书记习近平关于网络强国的重要思想为指导，认真抓好网络生态治理、网上宣传引导、网络安全保障、信息化驱动引领等工作，全力维护网上政治安全和网络技术安全。

【网络舆情应对处置】 完善网络舆情风险评估机制，开展全市网络舆情风险隐患排查整改专项行动，落实舆情日汇总、周碰头、月会商、季联席工作机制，分行业、分领域、分主题开展舆情应对处置专题培训20余次，提升舆情应对处置实效。严格规范网上传播秩序，开展互联网新闻信息服务单位年度考核和社会效益评价考核，加强网络从业人员管理，用好市互联网违法和不良信息举报平台、辟谣平台，坚决治理网上有害信息，开展“清朗”系列专项行动，有效保障网络空间“天朗气清”。

【网上正能量传播】 扎实推进网上重大主题宣传，推动网络正能量实现“大流量”，组织做好“这就是山东·威海”等系列网络主题活动；组织参加“这十年·这十秒”创意短视频网评引导活动，通过短视频、网络直播、H5等形式宣传全市各级各行业取得的成就和经济社会变化；策划开展“爱在威海 同心抗疫”全媒体宣传活动，全网话题总阅读量、播放量突破10亿次；组织开展“这就是威海精致好品”达人威海行、“精致威海”达人采风第三季等活动，话题阅读量过亿次，曝光量2000余万人次；举办2022年度威海市新媒体颁奖仪式、威海“青年好声音”网络文化作品大赛，开展“网络中国节”等主题宣传活动，创作网络文化作品1840余部、阅读量890余万次；举办威海市首届网评作品评选大赛，50篇网评作品分获一、二、三等奖及优秀奖。

【网络安全保障】 开展网络安全走基层活动，深入党政机关、企事业单位开展走访排查服务。先后开展医疗、教育、交通等领域网络数据安全与个人信息保护专项排查，政务领域“挖矿”木马排查，恶意域名和网站篡改排查等专项整治行动，常见类型漏洞隐患事件比上年下降30%以上。组织网络安全实战化攻防演练2次，开展跨部门、跨地区网络安全应急演练，提升重点行业领域重要业务系统网络安全防护能力。举办国家网络安全宣传周威海市活动，推送各类宣传作品约1600件，阅读量150余万次。举办第一届网络安全大赛，发掘培养网络安全专业人才，在山东省“泰山杯”网络安全大赛中获得团体三等奖。编制《网络安全事件应急处置操作指南》《网络安全基础知识和规范操作实用手册》，组建网络安全应急服务支撑队伍10个，为各级各部门应急处置提供标准依据、技术支持。

【信息化发展】 市委网信办制定《全市信息化工作重要信息报送制度》，开展区（市）信息化系列调研和信息化优秀案例宣传推广活动，统筹推进网络强国战略年度计划、数字乡村建设重点任务，积极参与5G、IPv6、智慧城市和工业互联网建设等全市重点工作。开展数字乡村建设试点示范，荣成市入选省数字乡村试点县，环翠区张村镇、文登区张家产镇、乳山市海阳所镇入选省数字乡村试点镇。发挥典型示范带动作用，开展数字乡村创新发展典型案例征集评选活动，针对产业园区、特色小镇、美丽乡村等方面树立环翠区张村镇、荣成市桃园街道嘉和社区、威海市翠虹果品股份有限公司等数字乡村创新发展典型20个，编印《威海市数字乡村创新发展典型案例汇编》，其中5个案例入选省级数字乡村典型案例。

9月6日，威海市网络安全联合检查活动举办

（中共威海市委网络安全与信息化办公室 提供）

【数字素养与技能提升】 市委网信办依托威海职业技能提升网络平台、工业和信息化部威海电子信息中心电子信息技术公共服务体系和基础服务平台，举办数字领域职业技能培训班，采取“线上＋线下”职业技能培训模式，开展电商、工业互联网、信息产业、劳动人事等领域职业技能培训，全市累计开展数字领域技能培训2.96万人次。开展全市政法系统、行政审批领域的“提升全民数字素养与技能”案例征集活动，“威海市国家工作人员学法考法平台”“集成审批平台”入选省级“提升全民数字素养与技能”典型案例。

【“打卡威海网红地”第三季网络达人采风活动】 11月16日—20日举办。30余位威海市网络达人从“人居威海”“自驾威海”“冬游威海”“乡村威海”4个维度，创作“衣、食、住、行”4种主题视频，多维塑造和呈现精致威海的魅力风采。举行“精致威海”视觉大赛暨“星辰计划”新媒体分享会，发挥自媒体的网络影响力，展现威海自媒体宣传威海、推广威海的实力和担当。

【“这就是威海 精致好品”全国网络大V行活动】 11月15日—18日，市委网信办邀请6名全国“网络大V”沉浸式考察威海市城市品牌、企业发展、美食美景等，体验精致威海精致好品。活动期间，话题登上微博热搜榜第3位，话题“这就是威海 精致好品”累计阅读量近6200万次，“好品”“精致”“制造”“工匠精神”等关键词成为城市热门词，系列深度观察稿件在新浪网、澎湃新闻、今日头条等媒体平台矩阵发布。

（汤鹏飞）

机构编制工作

【概况】 2022年，中共威海市委机构编制委员会办公室（简称市委编办）深入学习贯彻中共中央总书记习近平关于机构编制工作的重要论述，围绕全市中心工作大局，改革创新、真抓实干，各项工作取得新成效。

【高质量发展体制机制完善】 把机构编制工作纳入全面深化改革“大盘子”，强化顶层设计，推动机构编制工作全力服务高质量发展。

重大战略体制机制健全　健全市委对重大工作的领导体制，对132个市级议事协调机构提出优化调整意见，完善工作规则、细则，重点优化国防教育、海域使用审批等关键领域议事协调机构。开展议事协调机构履职专项评估，查摆机制不健全、制度不规范问题54个，督促提升议事能力和协调水平。

中心工作保障　围绕绿色低碳高质量发展先行区建设重大部署，出台机构编制保障深化新旧动能转换10条贯彻落实措施，为重大战略实施提供支撑。围绕国家安全、机要保密、应急管理等重点任务，优化市、区（市）、镇（街道）三级相关机构职能配置和编制配备。高质量完成市县国防动员体制改革主体任务。围绕重点区域发展，组织开展开发区改革“回头看”，形成《开发区体制改革调研报告》，相关决策建议被中共山东省委机构编制委员会办公室采纳。

部门协同联动机制完善　围绕统筹发展与安全，组织厘清远洋渔获物、有关实体店、早教行业等监管职责分工，提升协作能力水平。针对审批监管协同不紧密问题，明确22个市直部门划转的154项行政许可事项、35项关联事项的职责分工，更新编印《威海市职责边界一本通（2022年版）》，进一步完善职责边界制度体系，为市委部署调度、部门履职明责提供有力依据。

【基层治理创新】 坚持大抓基层鲜明导向，持续把资源、服务、管理向基层倾斜，为镇（街道）减负增效、赋权扩能。

“属地管理”规范　落实3批次“属地管理”清单，在网格化治理平台开发“属地管理”模块，将72个镇（街道）、729项“属地管理”事项纳入网格化平台管理，完善“乡呼县应”工作机制，赋予镇（街道）对基层工作的统筹权，对县级部门的考核权，全年镇（街道）“吹哨”事项5000余件，按时办结率99%以上。

人员编制下沉　优先保障镇（街道）用人需求，足额下达2023年镇（街道）用编进人计划507名，占全市总数的29%。严格落实派驻机构属地管理制度，推动县级累计下沉镇（街道）执法人员1739人。

镇（街道）管理体制完善　市委编办印发《机构编制服务保障镇街基层治理能力建设十二条措施》，全力化解镇（街道）人员力量不足、机构活力不够、体制机制不畅等突出矛盾和问题，支持基层发展。

【机构职能优化】 坚持优化协同高效原则，创新思路举措，强化职能运行监管，推动部门单位履职尽责、干事创业。

评履职全覆盖　聚焦转职能提效能，深化职能运行监管，将280个机关事业单位（含垂管单位）作为监管对象，把86个部门的544项、194个事业单位的2620项工作纳入监管范围，实现部门单位全覆盖、党委政府重点工作全覆盖。市委编办印发《市级机关职能运行监管观察员队伍管理办法》，聘任22名观察员，提升履职监管水平。

分类评履职　机关单位方面，重点评价职责履行、担当作为、职能运行3个维度工作情况，实地核验材料3000余份，组织区（市）、开发区对市级部门履职情况进行评价，推动部门担当作为。事业单位方面，压实主管部门、行业监管部门等平时监管责任，重点评价履行职责、创先创优、群众满意度3个方面工作情况，全过程监管公益服务质效。

专项评履职　聚焦招商引资和项目建设重点工作，实施招商引资专项履职评估，组织24个重点招商部门编制履职清单，优化科室职责150项，厘清科室分工46项，制定年度目标45项，发现人员不充足等问题20个，督促部门整改提升。

4月15日，中共威海市委机构编制委员会第十次会议召开
（中共威海市委机构编制委员会办公室　提供）

【事业单位改革成果巩固】 扎实做好事业单位改革“后半篇文章”，推动机构职能深度融合、协同高效。

事业单位分类管理　围绕事业单位功能定位，区分向社会提供公益服务、为机关提供支持保障、综合行政执法3类事业单位，实施分类精细化管理，构建“一库三策一清单”（事业单位分类数据库，三类事业单位差异化管理措施，履职清单）管理体系，建立健全覆盖市直307家事业单位的分类数据库。印发《市直事业单位精细化分类管理试点工作方案》，指导51家市级事业单位试点编制履职清单，提升管理服务效能。

重点领域保障　市、区（市）两级统筹编制966名，建立高层次人才周转编制专户，市委编办印发《威海市高层次人才周转编制管理使用办法》，健全人才引育保障机制，为“人才兴威”加力提效。规范公立医院综合管理和后勤服务机构，完善临床医技机构设置，优化人员控制总量备案管理，调增人员控制总量366名，助力医疗卫生事业高质量发展。开展中小学教职工编制核定工作，市级调增编制275名，跨区域调剂编制877名，达到国家标准。

事业单位监督管理　推进事业单位监管服务线上、线下融合，线上方面，推行党政群机关、事业单位登记赋码“最多跑一次”，全面推开事业单位法人电子证照应用，申领率达80%以上；线下方面，加大“双随机、一公开”监管力度，全面掌握事业单位法人登记、章程制定、业务开展等情况，推动事业单位依法依规运行。

【机构编制管理】　加强机构编制法定化建设，创新监督检查体系，不断提升机构编制管理水平。

政策法规宣传　坚持党管机构编制原则，开展“党内法规学习年”活动，市委编办编印《机构编制党内法规制度学习材料》，实施机构编制政策进党委（党组）理论学习中心组、进党校主体培训班次、进党员干部教材“三进”工程，市委理论学习中心组带头学习《机构编制违规违纪违法行为处理和问责规则（试行）》等文件，中共威海市委党校培训干部360余人次。

全链条监督体系完善　市委编办印发《市直部门单位机构编制事项动议程序》《机构编制申请事项评估办法》，明确5类动议事项、5种动议情形和4步流程；印发《机构编制决策事项执行报备工作办法》，建立决策事项执行报备机制，将决策事项100%纳入报备范围，打通评估论证“最先一公里”和执行落实“最后一公里”，经验做法被《山东机构编制信息》《机构与行政》和“山东机构编制”微信公众号宣传推广，并获评山东省机构编制工作创新案例一等奖。

监督检查方式创新　探索开展机构编制执行和使用效益评估，坚持市和区（市）一体探索，选择公立医院、职业院校等11家单位开展试点，综合运用“评估+监管”，督导整改问题28个，促进机构编制提质增效。争取列入机构编制人员经费管理共用信息平台建设省级试点，克服部门间系统不兼容、数据差异大等困难，完成数据比对。

（王婷丽）

对台港澳工作

【概况】　2022年，全市新设台港澳资企业65家，实际使用台港澳资金6.4亿美元。有619家企业与台湾、香港、澳门进行贸易，合计贸易额59.5亿元，比上年增长44.2%。至年底，威海市在香港投资设立企业58家，协议投资额9.9亿美元。加强推介交流，组团赴济南市参加庆祝香港回归祖国25周年活动，赴澳门特别行政区参加“孔子家乡 好客山东”文化旅游推广周活动。落实精细服务，汇总惠企政策157条，为台港澳资企业创造良好经营环境；协助台资企业享受优惠政策，减免、退税1077万元。全年处结新发涉台案件及求助事项4起，解决台港澳同胞实事50余项。相关工作4次被中央电视台报道，经验做法在全省对台经济工作现场观摩交流活动暨工作推进会上进行交流。威海刘公岛获批山东省港澳青少年爱国主义教育基地，第一届海峡两岸（威海）棒球赛、“姊妹情·一家亲”海峡两岸妇女线上文化行等4项交流活动获评2022年全省优秀对台交流项目。

【海峡两岸（威海基隆）台胞台属线上过大年活动】　2月12日，威海市台胞台属联谊会与基隆市山东同乡会在威海市、基隆市两地共同举办“同心欢庆 网络传情”海峡两岸（威海基隆）台胞台属线上过大年活动，两地的山东籍同乡、台胞台属及在威海的台商等100余人参加活动。

【市委台港澳工作领导小组全体会议】　4月26日召开。会议深入学习贯彻中共中央总书记习近平关于台港澳工作的重要论述，贯彻落实省委台港澳工作会议精神，审议2022年全市台港澳工作要点，研究部署下一步工作。

【市委台港澳工作会议】　5月16日召开。会议贯彻落实省委台港澳工作会议、市委台港澳工作领导小组会议精神，总结工作，分析形势，部署任务。

【海峡两岸（威海基隆）基层社区“艾香端午邻里和”交流活动】　6月1日，威海市环翠区翠竹社区与基隆市暖暖区碇祥里共同举办海峡两岸（威海基隆）基层社区“艾香端午邻里和”交流活动。活动以端午节为载体，采用线上线下同步推进的方式，增进两地居民情谊，促进台湾同胞对中华传统文化的深入了解。

【第一届海峡两岸（威海）棒球赛】　8月13日—17日，第一届海峡两岸（威海）棒球赛举办，8支球队97位队员参加比赛。比赛期间，举行海峡两岸（威海）棒球赛“选手之夜”联谊会、海峡两岸青年企业家交流会，组织台胞考察刘公岛海峡两岸交流基地、威海威高国际医疗投资控股有限公司、迪尚集团有限公司等，增进两岸同胞情谊。

【海峡两岸妇女线上文化行活动】　12月17日，威海市环翠区北门外社区与基隆市港都姊妹协会、基隆市山东同乡会共同举办“姊妹情·一家亲”海峡两岸妇女线上文化行活动。威海、基隆两地社区居民、妇女同胞及部分山东籍、威海籍同乡近100人参加活动。

（卢桂洋）

机关党务工作

【概况】　2022年年底，中共威海市委市直机关工作委员会所属党委126个，党总支61个，党支部1307个，党员2.26万名。市直各党组织和广大党员围绕学习宣传贯彻中共二十大精神工作主线，谋划推动系列原创性、首创性工作，多项党建成果被中央和国家机关工作委员会、中共山东省委省直机关工作委员会刊发推广，机关党建引领高质量发展相关做法入选全国第六届基层党建创新典型案例。

【中心大局服务】 组织开展“落实‘六个导向’要求、守底线谋发展勇争先”等活动，协同推进党员“双报到”（市县机关、企事业单位党组织工作人员到所在地社区报到，共同建设社区；在职党员到居住地社区报到，组织开展志愿服务）、双联共建、联系服务镇（街道）等工作，引导2.1万名党员干部参与新冠肺炎疫情防控等志愿服务。以高质量党建引领推动高质量发展的经验做法在全省机关党建课题交流暨党建与业务工作深度融合座谈会上交流。

【基层基础夯实】 聚焦基层党建工作热点、难点、堵点问题，研究编印案例型机关党务实用丛书《机关党建实务百问》，汇总解答各类问题101个、常见错误案例38个。开展机关党建“大走访大调研”，实现97家党组织全覆盖，4项调研成果获得全省机关党建优秀研究成果奖等。推动党支部标准化规范化建设，公布首批45个主题党日实践活动基地，开展党支部和党员“双争双创”活动，评选五星级党支部208个、“红色引擎”17个。推行机关工委示范培训、基层党支部日常培训、专业师资特色培训“三位一体”的培训体系，培训党组织负责人等1100余人次。

【模范机关建设】 市委市直机关工委印发《五型精致模范机关评估认定办法》和千分指标评价体系，开展“学比做”三项行动，高质量模范机关建设经验做法在《今日信息（专报）》刊发推广，精准服务大局、精心服务发展、精细服务民生经验做法被收录至《奋进的十年——新时代机关党建巡礼》。

【党群共建】 市委市直机关工委印发《机关党建带群建工作实施意见》，通过带思想建设深化理论联学、带组织建设强化活动联建、带阵地建设推动资源联享、带制度建设完善考核联评凝聚党群合力。推荐选树全国、省级五四红旗团组织、三八红旗集体等先进典型9个，积极助推建设第一批国家儿童友好城市、入选全国首批青年发展友好型城市建设试点等重点工作。党群共建经验做法在《机关党的工作简报》刊发。

【机关作风改进】 围绕常态化新冠肺炎疫情防控、安全生产、招商引资和项目建设攻坚、整治形式主义为基层减负等重点工作，坚持“一线工作法”，深入232处重点场所明察暗访，发现、整改落实问题199个。在媒体开设《学典型 促发展 勇争先》专栏，推出典型经验37期45篇，营造“事争一流、唯旗是夺，抬高标杆、加压奋进”的浓厚氛围。威海市聚势聚力深化干部作风改进典型做法在《今日信息（专报）》刊发。

【“双展双讲双评”系列活动】 开展喜迎二十大“双展双讲双评”系列活动，立体化展示机关党建创新成果21个，评选十佳优秀课题、最佳优秀案例等44个，1.3万余名党员干部参展参赛；2项课题被中央和国家机关工作委员会立项，1项案例获评全省机关党建十佳创新优秀案例。《旗帜》《大众日报》、山东电视台、“学习强国”学习平台等报道活动情况。

（李孟君）

老干部工作

【概况】 2022年，中共威海市委老干部局（简称市委老干部局）以离退休干部政治建设为统领，坚持完善工作制度机制，统筹抓好服务保障、文化养老、作用发挥等重点工作，全面推进老干部工作高质量发展。

【离退休干部党的建设】 市委老干部局提请市委党的建设工作领导小组会议研究出台威海市离退休干部党建工作实施意见，推动将离退休干部党建工作纳入全市高质量发展综合考核和市级机关绩效考核，为全市离退休干部党建工作提供指导和遵循。组织开展“建言二十大”“我看中国特色社会主义新时代”系列专题调研活动。每半月编印《参阅资料》1期，举办“喜迎二十大·共话新征程”老干部情况通报会，深化干部荣誉退休制度，激发老干部的政治荣誉感和组织归属感。完成全市440个离退休干部党组织的集中换届工作，举办示范专题培训班，提升支部书记履职能力。全面推进社区“银龄先锋家园”建设，持续开展“本色家园·树山”示范离退休干部党支部创建活动，推动离退休干部党建融入城市基层党建大格局。

【离休干部服务】 完善离休干部“一人一策”和“一对一”联系服务机制，实现离休干部家庭医生个性化签约服务“全覆盖”。开展“适老化”改造服务，为离休干部安装助老扶手、助行器等。提升市直离休干部遗属救助标准，由1000元、2000元、3000元3个档次调整为4000元、6000元2个档次，实现无工作离休干部遗属救助“全覆盖”。

【老干部作用发挥】 一体推进银龄人才续航驿站（老专家联络服务站）建设，新建银龄人才续航驿站分站9处，打造银龄人才团队、创新基地、工作室42处，开展建言献策、招才引智、技术帮扶和社会治理等工作。成立市老干部法律咨询服务中心，免费为群众提供法律咨询服务，威海市银龄人才续航驿站工作经验被省委老干部局推广。组织6200余名老干部在乡村振兴、新冠肺炎疫情防控、社会治理等领域发挥优势，开展“银龄助威”行动。开展“精致威海我建言”问策咨询活动，收到问题建议400余条。深化党史国史教育，发挥“五老”（老干部、老战士、老专家、老教师、老模范）队伍作用，开展“党史学习月”“老少同声颂党恩·喜迎二十大”等系列主题活动，受教育青少年达10万余人次。

【离退休干部文化养老】 加强老干部活动阵地建设，启用威海市老年大学东部滨海新城校区，完成主校区5号教学楼设备、市老干部活动中心活动场所升级。开通“网上老年大学”，覆盖所有学科专业，打造线上教学模式；开设智能手机课等智慧助老课程，设立“智泉讲堂”公开课，市老年大学获评全省老年大学智慧助老行动成绩突出单位。举办第十届全市老干部艺术节、“老干部之家”杯全市老干部时装模特大赛、第二十八届老干部门球赛等活动。在 2022 山东省中老年优秀文艺作品展播活动中，威海市参演节目数量占 44%。

【老干部工作理论研究】 坚持问题导向，高质量撰写老干部工作信息，1 篇调研报告获得全省组织工作优秀统计分析报告二等奖、全省老干部工作部门调研报告一等奖、市委政研室优秀调研成果一等奖，1 篇调研报告获得全国老年大学高峰论坛论文评比一等奖。扎实开展老干部工作舆论宣传，在《大众日报》、山东电视台、“学习强国”学习平台上发表稿件 16 篇（条），在《情况反映》《老干部工作通讯》和“山东老干部”微信公众号上发表稿件 24 篇（条）。

（林理杰）

党校工作

【概况】 2022 年，中共威海市委党校（简称市委党校）全面贯彻落实中共中央总书记习近平关于党校工作重要论述，积极发挥干部培训、思想引领、理论建设和决策咨询职能作用，在省委对全省 16 地市党委发挥党校（行政学院）主阵地作用和干部教育培训、公务员初任培训成效考核评价中位列第 2 名。

【教学培训】 围绕习近平新时代中国特色社会主义思想指导下的威海实践，系统开发开设“威海市第十六次党代会报告”解读、落实“五化”重点任务、精致城市建设、打造共同富裕先行区、乡村振兴等方面的地方特色课程，邀请 12 位市领导和 32 位市直部门主要负责人、8 位分管负责人授课，帮助学员打通学思用贯通的“最后一公里”。创新教学方式方法，举办全市党校系统案例访谈教学现场会，推广应用“4+X”集成化党性教育模式及“艺术党课”“红色剧本杀”剧本演绎、“三同”实践锻炼、专题辩论赛等新型教学方式，提升教学培训的针对性和实效性。全年举办各类培训班次 47 个。其中，主体班次 21 个，培训学员 1083 人；社会培训班次 26 个，培训学员 2046 人；新录取省委党校（山东行政学院）2022 级在职研究生 98 人，培养在册学员总数为 284 人。

【智库建设】 整合党校系统内外人才资源、学科优势、特色资源，办好习近平新时代中国特色社会主义思想实践案例研究中心、精致城市治理研究中心、乡村振兴研究中心等开放式科研智库协作平台，新设立威海市机关党建理论研究中心，筹备设立威海市总体国家安全观教育研究中心，围绕市委、市政府关注的重点问题和社会关注的热点、难点问题开展专业化研究，完成校级以上科研咨政项目 42 项，形成学术论文、咨政报告、理论宣传文章等 78 篇，在《威海日报》刊发理论宣传文章 12 期，出版《乡镇（街道）干部提升能力七讲》《青年干部能力提升之道》《干而论道：威海市委党校智库报告（2022）》等，2 项成果获得全省党校（行政学院）系统科研和决策咨询成果奖一等奖、2 项成果获得二等奖。

6 月，“艺术党课”主题党日活动举办　　（中共威海市委党校　提供）

【队伍建设】 坚持党校姓党、严以治校、质量立校、人才强校，以创建“铸魂赋能”党建品牌为着力点，健全完善机关党建工作体系，常态化开展“落实‘六个导向’要求　守底线谋发展勇争先”实践活动。市委党校、市委组织部等部门联合印发《关于支持市委党校进一步加强师资人才队伍建设的若干措施》，制定完善专业技术岗位聘用办法、科研项目管理办法、教学和智库建设创新工程暂行办法等人才激励制度。新引进博士研究生 1 名、短缺急需人才 7 名。成立市委党校青年理论学习组，举办“党校青年人才能力提升”系列讲座 16 讲，助力青年人才全方位提升。

【市域党校融合发展】 统筹开展县级党校分类建设、党校分校建设、镇（街道）党校建设，召开全市党校系统“学典型、促发展”比学赶超交流观摩会暨访谈式教学现场观摩会、区（市）党委党校（行政学校）办学质量评估意见反馈会，为每个镇（街道）党校配备教学指导员，协助制定培训方案、培训授课教师、审核把关授课专题，加快形成市、区（市）、镇（街道）三级党校工作联动、教研互动、师资联训、基地共建、资源共享的联动发展机制。

（王瑞环）

党史史志工作

【概况】 2022 年，中共威海市委党史研究院（市地方史志研究院）强化主责主业意识，促进融合创新发展，党史史志研究编修、宣传教育、资料征集和方志馆建设等工作取得长足进步。

【党史史志编研】 高标准推进创新突破任务，完成《红色胶东革命回忆录（第二辑）》《红色胶东革命人物故事（第一辑）》编撰发行，文字量52万字、图片488幅。扎实推进《威海简史》编研，拟定框架篇目、确定编修人员、明确编写分工、开展编修工作，设计规模约20万字。强化年鉴编纂提质增效，树牢“控制文字数量、增加信息总量”原则，创新“边组稿、边编纂、边审核”方式，切实提高编纂质量和效率，《威海年鉴（2022）》按时完成出版发行。开展“精品年鉴品读”活动，督导各区（市）高质量完成地方综合年鉴“一年一鉴，公开出版”。完成《山东年鉴（2022）》《中共山东年鉴（2022）》《脱贫攻坚口述史》《新时代现代化强省建设实录（2021卷）》威海市组稿工作。《威海姓氏志》获得威海市社会科学优秀成果奖一等奖。

4月12日，威海市职业中等专业学校学生到威海市方志馆参观

（中共威海市委党史研究院 提供）

【红色胶东宣教】 挖掘整理威海市关于抗美援朝的档案文献等，形成档案资料复印件480页、回忆文章及口述史料25篇、烈士生平简介230余人、烈士名录1300余人，文字总量约25万字。市委党史研究院与威海市广播电视台联合摄制6集电视纪录片《天福山起义》，系统展示中国共产党早期在胶东的革命斗争历史；与中共威海市委市直机关工作委员会、市文学艺术界联合会等部门联合举办“碧海丹心胶东行——纪念天福山起义85周年暨胶东革命英雄于得水事迹展”。加强与主流媒体合作，在《威海日报》刊发“红色胶东”专版10期（总计45期），在“Hi威海”新闻客户端发布红色胶东英烈故事36期（总计90期），点击量超过900万次。组织“史敢当”志愿服务队开展“六进”（进机关、进军营、进企业、进学校、进社区、进农村）活动，赠送书籍1万余册，让党史史志成果惠及更多干部群众。参加“红动威海·强国复兴有我”威海市第四届红色故事讲解大赛，提升宣传教育水平，市委党史研究院获评全市优秀组织单位。做好全省党史史志系统“喜迎二十大 初心耀齐鲁”党史宣讲活动，指导录制视频《践行初心的中共胶东特委》并在“齐鲁壹点”App展播。

【社会服务】 协助审核威海革命军事馆布展大纲，出具2轮审读意见。与威海职业学院（威海市技术学院）联合开展《红色基因传承融入高校思政课创新实践能力》课题研究。指导市中心血站编修《威海市中心血站志》。助力威海军分区编撰《中共威海地方武装斗争史》，提出建议5条、提供图片50余张。调查全市基层志类丛书编修情况，为建立全市统一的地情数据库奠定基础。

【方志馆建设】 着力创新与提升，对市方志馆进行历史文化主题装饰，突出地域文化特点，市方志馆入选首批市直机关主题党日实践活动基地。助力学校拓宽教育实践途径，与威海市第二中学建立馆校合作研学教育机制。协助环翠区融媒体中心录制《志说威海》节目，策划举办“喜迎二十大 方寸忆沧桑”票证展览。采取讲师授课、定期培训、参观学习等方式，提升工作人员业务水平。开展新冠肺炎疫情防控、消防安全培训及演练，提高应急能力和实操本领，确保方志馆安全运行。年内，接待参观团体120余场8000余人次。

（闫拥军）

编辑 闫拥军

威海市人民代表大会

综　述

【概况】　2022年，威海市人民代表大会常务委员会（简称市人大常委会）依法履职、担当作为，筹备召开市第十八届人大二次会议，组织召开常委会会议7次、主任会议14次，制定地方性法规2部，听取审议专项工作报告21项，开展专题调研、集中视察、执法检查、专题询问等活动27次。

【机构设置】　市第十八届人大设法制委员会、财政经济委员会、监察和司法委员会、教育科学文化卫生委员会、城乡建设和环境资源保护委员会、农业与农村委员会、民族侨务外事委员会、社会建设委员会8个专门委员会。市人大常委会下设办公室、研究室、人事代表工作委员会、预算工作委员会、法制工作委员会5个工作机构。相关专门委员会设立办事机构，分别为财政经济工作委员会、监察和司法工作委员会、教育科学文化卫生工作委员会、城乡建设和环境资源保护工作委员会、农业与农村工作委员会、民族侨务外事工作委员会、社会建设工作委员会。法制委员会暂不设办事机构，日常工作由法制工作委员会承担。

重要会议

【威海市第十八届人民代表大会第一次会议】　2月23日—26日举行。应出席会议代表331名，实际到会代表308名。大会以举手的方式，表决通过选举办法、总监票人和监票人名单。在总监票人和监票人的监督下，大会以无记名投票方式，选举产生市第十八届人民代表大会常务委员会主任、副主任、秘书长、委员，市人民政府市长、副市长，市监察委员会主任，市中级人民法院院长，市人民检察院检察长。表决通过《关于设立威海市第十八届人民代表大会专门委员会的决定》《威海市第十八届人民代表大会专门委员会组成人员有关人选表决办法》《威海市第十八届人民代表大会专门委员会组成人员有关人选名单》。大会还表决通过《威海市第十八届人民代表大会第一次会议关于政府工作报告的决议》《关于威海市2021年国民经济和社会发展计划执行情况与2022年国民经济和社会发展计划的决议》《关于威海市和市级2021年预算执行情况与2022年预算的决议》《关于威海市人大常委会工作报告的决议》《关于威海市中级人民法院工作报告的决议》《关于威海市人民检察院工作报告的决议》。选举产生人员进行宪法宣誓。

【威海市第十八届人民代表大会第二次会议】　7月27日举行。大会表决通过选举办法和总监票人、监票人名单。在总监票人和监票人的监督下，以无记名投票方式，补选孔凡萍为威海市人民政府市长，孔凡萍进行宪法宣誓。

【威海市第十八届人民代表大会第三次会议】　12月28日—30日举行。应出席会议的代表333名，实际到会代表231名。大会以举手的方式，表决通过选举办法、总监票人和监票人名单。在总监票人和监票人的监督下，大会以无记名投票方式，选举威海市出席山东省第十四届人民代表大会代表28名，选举威海市第十八届人大常委会委员5名。大会还依次表决通过《威海市第十八届人民代表大会第三次会议关于政府工作报告的决议》《关于威海市2022年国民经济和社会发展计划执行情况与2023年国民经济和社会发展计划的决议》《关于威海市和市级2022年预算执行情况与2023年预算的决议、关于威海市人大常委会工作报告的决议》《关于威海市中级人民法院工作报告的决议、关于威海市人民检察院工作报告的决议》。

常委会会议

【第1次会议】　4月22日举行。会议决定任免市人大、市人民政府、市监察委员会、市中级人民法院和市人民检察院工作人员，表决通过市第十八届人大各专门委员会委员人选。会议组织市第十八届人大一次会议选举产生的市第十八届人大常委会委员、会议表决通过的市第十八届人大各专门委员会委员、决定任命的市人大、市人民政府、市中级人民法院工作人员举行宪法宣誓仪式，威海市人大常务委员会主任贾瑞霞颁发任命书。会议还听取审议市政府《关于全市环境状况和环境保护目标完成情况的报告》，对2021年度市人大常委会审议意见落实情况进行满意度测评，审议通过《威海市人大常委会关于加强自身建设的意见》。

【第2次会议】 6月29日举行。会议听取市委组织部《关于省委对威海市政府主要负责人调整意见的说明》，并根据市人民政府市长闫剑波的提请，任命孔凡萍为市人民政府副市长，同时接受闫剑波辞去市人民政府市长职务的请求。市人大常委会主任会议提请决定孔凡萍为市人民政府代理市长，市人大常委会会议经过审议，决定孔凡萍为市人民政府代理市长，孔凡萍进行宪法宣誓。

会议听取审议市政府提请审议的《威海市气瓶安全条例（草案）》及市政府《关于全市“双减”工作推进情况的报告》《关于全市先进制造业发展情况的报告》；听取审议市中级人民法院、人民检察院、公安局、司法局《关于“巩固政法队伍教育整顿成果 强化队伍建设 确保严格执法公正司法”情况的报告》。会议听取市政府《关于2022年威海市地方政府债券分配使用意见及市级预算调整方案的报告》，对市政府提出的2022年威海市市级预算调整方案进行审查。会议同意地方政府债券分配使用意见，决定批准2022年市级预算调整方案。会议表决通过《威海市第十八届人大常委会代表资格审查委员会组成人员名单》。会议还决定任命威海市地方金融监督管理局主要负责人，决定任免市中级人民法院审判人员，并组织新任命人员进行宪法宣誓，贾瑞霞颁发任命书。

【第3次会议】 7月17日举行。会议听取审议市第十八届人大常委会代表资格审查委员会《关于个别代表的代表资格变动情况的报告》，讨论通过市人大常委会主任会议提请审议的拟提交市第十八届人大二次会议预备会议表决的会议建议议程、主席团和秘书长建议名单。会议决定，市第十八届人大二次会议于2022年7月下旬在威海市召开，决定任命市监察委员会有关工作人员。贾瑞霞颁发任命书，新任命人员进行宪法宣誓。

【第4次会议】 8月24日举行。会议听取审议市政府提请审议的《威海市刘公岛保护和管理条例（草案）》，常委会组成人员就修改完善条例草案提出建议意见。会议听取审议市政府《关于全市优化就业环境工作情况的汇报》《关于全市粮食安全有关工作情况的汇报》。市发展和改革委员会、财政局、审计局等部门受市政府委托，分别向会议报告2022年上半年国民经济计划和预算执行、2021年市级预算执行和其他财政收支审计、2021年市级决算情况。会议经过审查，批准2021年市级决算。会议经过审议，决定任免市监察委员会、市中级人民法院工作人员。

【第5次会议】 11月4日举行。会议传达学习中国共产党第二十次全国代表大会精神。会议听取市人大法制委员会《关于〈威海市气瓶安全条例（草案稿）〉审议结果的报告》，审议通过《威海市气瓶安全管理条例（表决稿）》。会议听取审议市政府《关于全市交通基础设施建设情况的报告》《安全生产和突发事件应对“两法两条例”实施情况的报告》《外事工作服务城市国际化发展情况的报告》《全市金融工作情况的报告》《2021年度全市和市级行政事业性国有资产管理情况的专项报告》，审议市政府书面提交的《2021年度全市和市级国有资产管理情况的综合报告》。会议审议通过《威海市人民代表大会常务委员会关于加强国有资产管理情况监督的决定》，审议通过修订后的《威海市人民代表大会代表建议、批评和意见办理工作办法》。会议决定任免市中级人民法院、市人民检察院有关工作人员，新任命人员进行宪法宣誓，贾瑞霞颁发任命书。

【第6次会议】 12月22日举行。会议审议通过《威海市人大常委会关于深入学习宣传贯彻党的二十大精神的决议》。常委会组成人员听取市人大法制委员会《关于〈威海市刘公岛保护和管理条例（草案）〉审议结果的报告》，审议通过《威海市刘公岛保护条例（表决稿）》。会议听取并审议市政府《关于代表建议批评和意见办理情况的报告》《关于全市农村水利建设情况的报告》《关于全市文化产业发展情况的报告》《关于2021年度市级预算执行和其他财政收支审计查出问题整改情况的报告》。

会议讨论研究拟提请市第十八届人大三次会议审议的《市人大常委会工作报告》，讨论通过拟提交市第十八届人大三次会议预备会议表决的会议建议议程、主席团和秘书长建议名单。会议听取《关于市第十八届人大三次会议筹备情况的报告》，决定市第十八届人大三次会议于2022年12月28日—30日在威海市召开。

【第7次会议】 12月30日举行。会议决定任免市人大、市人民政府、市中级人民法院、市人民检察院有关工作人员，表决通过市第十八届人大有关专门委员会副主任委员人选。会议经过审议，决定接受杨旭东辞去威海市监察委员会主任职务的请求，报威海市第十八届人民代表大会备案。常委会会议决定任命的有关人员、表决通过的有关专门委员会组成人员及市第十八届人大三次会议选举的市第十八届人大常委会委员进行宪法宣誓。

常委会工作

【党的领导与依法履职相统一】 强化思想政治引领 严格落实“第一议题”制度，学习中共中央总书记习近平重要讲话重要指示，中共中央和省委、市委重要会议精神，常委会会议、党组会议就38个议题组织集体学习21次，举办专题辅导5次。召开常委会党组扩大会议传达学习中共二十大精神，作出关于深入学习宣传贯彻中共二十大精神的决议，在全市各级人大和人大代表中掀起学习宣传贯彻热潮。常委会组成人员带头深入基层开展宣传、宣讲，推动学习宣传贯彻走深、走实。

坚持党的全面领导 市人大常委会党组严格落实党领导人大工作制度，及时向市委请示报告人大工作和建设中的重大问题、重大事项。围绕市委人大工作会议作出的安排部署、市委主要领导到人大常委会机关调研时提出的目标任务，落实落细《贯彻落实中央及省委人大工作会议重点任务分工方案》，推动新时代人大工作高质量发展。坚持党的领导与人大依法决定任免相统一，作出加强国有资产管理情况监督等决议决定6项，任免国家机关工作人员148人次。

落实市委决策部署 围绕市委中心工作谋划推进人大工作，聚焦“招商引资和项目建设攻坚年”活动，组织对全市先进制造业发展、优化就业环境情况进行调研审议，对重点项目建设情况开展集中视察，从不同角度提出意见建议，3篇报告获得市委主要负责人批示，市政府及有关部门认真落实，推动相关领域工作取得突破进展。落实“疫情要防住、经济要稳住、发展要安全”的要求，常委会班子成员积极参与新冠肺炎疫情防控、渔船管控、森林防火、信访积案化解和重点企业项目建设等，8名领导干部在乡村振兴、全龄友好型城市建设等重点工作指挥部和工作专班中担任相应职责，推进重点工作加快突破，各级人大代表捐赠款物2000余万元。

【市域治理体系和治理能力现代化建设】 *精准立法* 注重“小切口、真管用、有特色”，深入开展科学立法、民主立法、依法立法，推动经济社会高质量发展。着眼于保护人民群众生命财产安全，印发《威海市气瓶安全管理条例》；制定《威海市刘公岛保护条例》，聚焦生态环境、历史文化保护利用等内容，推动生态文明与历史文化互促融合、协调发展；对《威海市电梯安全管理条例》《威海市管道燃气安全管理条例》等4个立法项目开展调研论证。配合上级人大制定修改《中华人民共和国海洋环境保护法》等法律法规10部，开展立法调研30余次，为上级人大立法工作提供重要素材和建议参考。

严格执法 完善精准选题、实地检查、听取审议、整改反馈等工作流程，组织开展安全生产和突发事件应对“两法两条例”（《中华人民共和国安全生产法》《中华人民共和国突发事件应对法》《山东省安全生产条例》《山东省突发事件应对条例》）执法检查，压实安全生产责任，强化工作监管，持续推进应对突发事件能力建设。配合上级人大对《中华人民共和国残疾人保障法》等10余部法律法规开展执法检查，提报检查报告9篇，提出针对性意见建议23条。

公正司法 开展“巩固政法队伍教育整顿成果”专项监督，邀请市委政法委员会、市监察委员会参与，发放调查问卷1300余份，梳理12345政务服务便民热线反馈信息1800余条，深入了解政法队伍为民办实事和作风建设等情况。常态化组织人大代表参与旁听案件庭审等活动，提升审判检察工作质效和司法透明度、公信力。

【经济社会高质量发展推动】 *经济高质量发展监督* 围绕国民经济和社会发展计划执行、全市财税工作情况进行专题调研，就培植新的经济增长点、拓宽财税收入渠道等方面加强研究分析、提出意见建议。着眼于金融支持服务实体经济，组织对金融业发展情况进行调研审议，提出推动企业对接多层次资本市场、深化绿色金融改革创新、防范化解金融风险等意见建议。开展全市交通基础设施建设情况监督调研，督促有关方面高标准推进新机场、莱荣高铁等重大工程，提升区域互联互通水平，加快构建综合立体交通网络。助力乡村振兴，对地理标志培育与保护、农村水利建设等情况进行专题调研，要求切实加强品牌保护利用与宣传推介，加快补齐农村水利基础设施短板，提升水生态治理和抗旱防洪能力。组织对全市粮食安全有关工作情况进行调研审议，督促各级政府压紧压实粮食安全责任，守住耕地保护红线，打好稳粮保供“组合拳”。对外事工作服务城市国际化发展情况进行调研审议，强调要进一步优化涉外营商环境，开辟对外交流合作新路径，培植对外经贸合作新优势，以高质量外事工作服务高质量发展。

民生工作监督 将安全生产作为年度监督重点，就消防安全、燃气安全、渔船渔港安全、森林防火等安全生产突出问题进行专题询问，筑牢安全发展底线，安全生产专题询问报告获得市委主要负责人批示。组织对全市环境状况和环境保护目标完成情况开展调研，将上一轮中央环保督察发现问题的整改落实、近年执法检查发现的问题线索与省市环境质量考核评价指标统筹，对各区（市）22个点位进行明察暗访，将发现的问题及审议意见反馈给市政府及有关部门整改落实。听

4月27日，市人大常委会督导组到乳山市乳山口镇督导渔船管控工作
（威海市人民代表大会常务委员会办公室　提供）

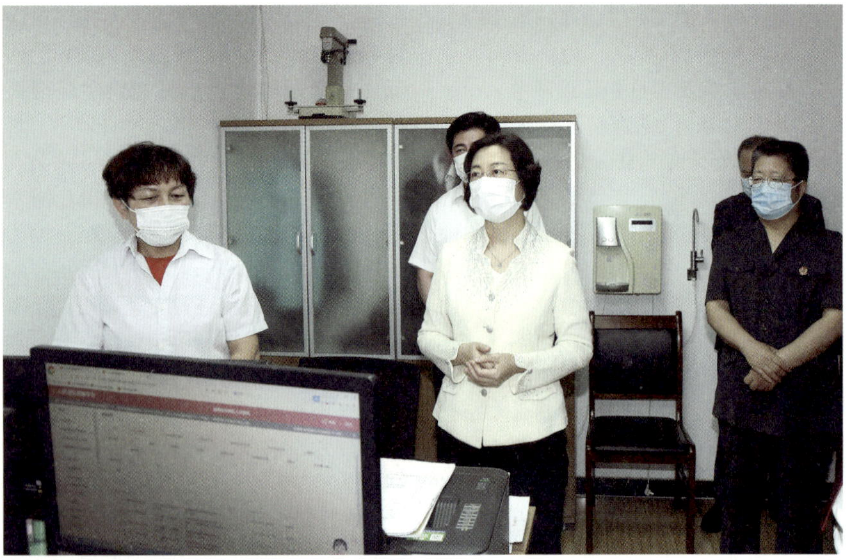

6 月 15 日，市人大常委会调研组到市人民法院系统开展调研
（威海市人民代表大会常务委员会办公室　提供）

取审议《关于全市教育“双减”工作推进情况的报告》，促进教育优质均衡发展、教学质效同步提升。在文化产业发展情况专题调研中，对照梳理确定 26 个重点问题清单，提出针对性建议，着力推动文化产业创新发展。扎实做好人大信访工作，接待受理群众信访到访 447 件次，依法依规解决群众合理诉求。

财政预决算和国有资产管理监督　积极推动预算审查监督工作创新，实行预算审查前听取人大代表和社会各界意见制度，加强与山东大学人大预算监督研究中心共建合作，联合开展威海市人大预算和国资管理监督发展情况专题调研，形成的报告获得省委、市委主要负责人批示肯定。听取审议预决算情况、市级预算调整方案等报告，依法作出审查批准决议。对市公安局、人力资源和社会保障局等 15 个部门开展预算审查监督，推动严格执行财经纪律，提升预算管理水平。听取审议审计工作报告、审计查出问题整改情况报告，组织召开审计整改推进会，进行现场核查、跟踪监督，形成全链条闭环监督体系。听取审议行政事业性国有资产管理情况的专项报告，审议国有资产管理情况的综合报告，促进国有资产优化配置、高效利用、保值增值。

【代表权利保障与代表作用发挥相协调】　*代表履职能力提升*　加强初任代表培训，市、区（市）联动开展代表履职学习、业务培训等活动 5 次，组织参训 700 余人次，引导代表依法履职。坚持重点工作通报制度，扩大代表对立法、监督等工作的参与度，邀请人大代表参加常委会集中视察、专题调研、执法检查、专题询问等活动 300 余人次，使地方立法和监督工作更好倾听民意、集中民智、维护民利。制定代表履职管理办法，建立起代表履职约束机制。印发开展市人大代表述职评议工作的实施意见，适时组织对代表履职活动等情况进行述职评议，推进代表履职管理规范化、常态化。

代表履职形式丰富　按照“全覆盖、制度化、常活动、重实效”的要求，建成标准化代表工作站 63 处，基本实现全市镇（街道）全覆盖，各级人大代表进站接待群众 2000 余人次，帮办好事实事 200 余件。修订完善开展“双联”活动意见，推动常委会组成人员联系代表、代表联系群众常态化、制度化，指导基层人大分类开展“汇聚代表合力　助力招商引资”等代表主题实践活动，支持成立青年企业家人大代表联络站，引导各级代表深入调研、建言献策、促进发展，先后引进新能源等项目 20 余个，收集各方面意见建议 300 余条。搭建代表全程参与民生实事实践平台，印发关于推行重大民生实事项目人大代表票决制的指导意见，从严把好征集、票决、实施“三个关口”，推动民生实事项目高效落实。

建议办理实效增强　修订代表建议批评和意见办理工作办法，完善代表建议“提、交、办、督”全链条体系，采取主任会议成员领衔督办、跟踪督查、办理情况“回头看”等方式，着力提高建议落实率、问题解决率和代表满意率。对代表提出的 131 件建议，全部办理完毕并答复，推动解决群众关注、社会关切的热点难点问题。印发优秀代表建议评选表扬办法，通报表扬优秀代表建议 20 件，起到示范引领作用。

【工作机制创新】　修订完善市人大常委会履职制度，细化目标责任，形成充满活力、务实高效的运行机制。健全专家咨询制度，设立立法和规范性文件备案审查专家库、预算审查监督专家咨询委员会，全面推行立法项目专家会诊制，分别委托西南政法大学、山东大学（威海）举办高层次专题立法研讨会，充分发挥专家建言咨政、评估论证的优势作用。完善跟踪督办机制，开展 2021 年度审议意见落实情况满意度测评，做实监督“后半篇文章”。深化“智慧人大”建设，加快机关办公数字化、网络化，改版升级人大网站，开通“威海人大”微信公众号，提升人大工作的科学化、信息化水平。

（于云龙）
编辑　闫拥军

威海市人民政府

综　述

【概况】　威海市第18届人民政府设市长1人，副市长7人。市政府工作部门34个，派出机构5个。

【重要决策和部署】　1月28日　印发《威海市人民政府关于印发威海市“十四五”妇女发展规划和威海市“十四五”儿童发展规划的通知》，要求贯彻落实男女平等基本国策，完善促进男女平等和妇女全面发展的制度机制，充分发挥妇女在新时代社会主义现代化强省建设和“精致城市·幸福威海”建设中的“半边天”作用。

1月30日　印发《威海市人民政府关于重污染天气应急期间对部分中重型燃油（气）货车和非道路移动机械采取临时性管制措施的通告》，要求根据相关法律法规规定，在重污染天气应急期间对部分中重型燃油（气）货车和非道路移动机械采取临时性管制措施，更好应对重污染天气，改善环境空气质量，保障人民群众身体健康。

3月30日　印发《威海市人民政府关于印发威海市2022年支持产业高质量发展政策清单（第一批）的通知》，要求精准支持企业培育壮大，增强龙头企业带动作用，做优做强全市

2022年威海市人民政府常务会议内容一览表

表2

时间	会议	内容
1月14日	第17届人民政府第115次常务会	传达学习中共中央总书记习近平在北京考察2022年冬奥会、冬残奥会筹办备赛工作时的重要指示精神
		传达学习李干杰、周乃翔在省委经济工作会议上的讲话精神
		传达学习国务院办公厅督查室、省政府办公厅有关文件精神
		研究《政府工作报告（讨论稿）》
		研究《威海市市级政府投资引导基金管理办法（草案）》
		研究《关于医疗卫生、科技、教育、公共文化、应急救援、交通运输、自然资源领域市县财政事权和支出责任划分改革实施方案》
		研究《威海市公交都市创建暨绿色出行创建验收工作方案》
		研究《关于威海产业投资集团有限公司发行债券融资的意见》
		研究《关于市属国有企业设置安全总监的意见》
		听取关于省安全生产巡查反馈问题整改情况的汇报
1月28日	第17届人民政府第116次常务会	传达学习省十三届人大七次会议和省政协十二届五次会议精神
		研究《关于2022年“两个清零、一个提标”建设项目的安排意见》
		听取关于加快推进威海现代水网建设的汇报
		研究《威海市招商引资工作攻坚方案》
		研究《关于2021年度全市地方纳税50强企业表彰的意见》

续表 2

时间	会议	内容
2月27日	第18届人民政府第1次常务会	传达学习中共中央政治局会议精神和中共中央总书记习近平在中共中央政治局第三十六次集体学习时的重要讲话精神、对党的建设研究工作作出的重要指示精神
		研究威海市政府领导班子成员分工
		研究威海市政府工作规则
		研究2022年全市政府系统工作清单
		传达学习十九届中央纪委六次全会、省纪委十一届七次全会、市纪委十五届七次全会精神
		研究加强市政府领导班子建设
4月15日	第18届人民政府第2次常务会	传达学习中共中央总书记习近平在全国“两会”期间的重要讲话和全国“两会”精神
		传达学习中央、省有关安全生产文件精神
		研究《关于贯彻落实习近平总书记在推进南水北调后续工程高质量发展座谈会上重要讲话精神的若干措施》
		听取关于《山东半岛城市群发展规划》任务分工方案的汇报
		研究《威海市能源发展“十四五”规划》
		听取关于威海市落实省“十大创新”“十强产业”“十大扩需求”2022年行动计划工作安排的汇报
		研究《威海市守信联合激励和失信联合惩戒办法（修订草案）》《威海市公共信用信息管理办法（修订草案）》
		研究《2022年威海市法治政府建设工作计划》《2022年威海市人民政府立法项目计划》《2022年度重大行政决策事项目录》
		听取关于全面深化服务贸易创新发展试点有关情况的汇报
		研究《关于做好新时代推进国有经济布局优化和结构调整工作的实施意见》
		研究《关于做好医疗保障巩固拓展脱贫攻坚成果同乡村振兴有效衔接工作的意见》
		研究《威海市区2022年国有建设用地供应计划》
		听取关于2021年城市体检工作情况的汇报
4月27日	第18届人民政府第3次常务会	传达学习中共中央总书记习近平在中央全面深化改革委员会第二十五次会议上的重要讲话精神
		传达学习《关于更加有效发挥统计监督职能作用的意见》
		研究《威海市营商环境创新试点工作实施方案》
		听取关于安全生产“百日攻坚”行动工作情况的汇报
		听取关于2021年全市火灾形势分析和下一步工作安排的汇报
		研究《威海市城市排水“两个清零、一个提标”工作方案》
		安排部署当前工作
5月17日	第18届人民政府第4次常务会	传达学习中共中央政治局会议精神和中共中央总书记习近平在中共中央政治局常务委员会会议、中共中央政治局第三十八次集体学习时的重要讲话精神
		研究《威海市打造共同富裕先行区实施方案（2022—2025年）》
		研究《威海市突发事件总体应急预案》
		听取关于《2022年需要高度关注、着力解决的重点问题》有关情况的汇报
		开展《优化营商环境条例》专题法治讲座
		研究《威海市人民政府规章制定程序规定（修订草案）》
		听取关于规范民办义务教育发展工作情况的汇报
		听取关于第五届“威海工匠”评选情况的汇报

续表 2

时间	会议	内容
6月8日	第18届人民政府第5次常务会	传达学习中共中央总书记习近平在庆祝中国共产主义青年团成立100周年大会上的重要讲话精神
		研究《威海市气瓶安全条例（草案）》
		研究《2022年威海市东西部协作工作重点事项》
		研究《威海市基本医疗保险门诊共济保障机制实施细则》
6月23日	第18届人民政府第6次常务会	传达学习中共中央总书记习近平在四川考察时的重要讲话和重要指示精神
		传达学习省防汛抗旱指挥部《关于深入学习贯彻习近平总书记在四川考察时的重要指示精神抓实抓细防汛救灾各项工作的通知》
		研究《威海市贯彻落实〈山东省人民政府关于塑强“爱山东”政务服务品牌全面推进政务服务体系建设的实施意见〉工作方案》
		研究《威海市打造“无证明城市”实施方案》
		研究《威海市政府专职消防员管理办法（草案）》
		研究《关于调整完善土地出让收入使用范围优先支持乡村振兴的实施意见》
6月29日	第18届人民政府第7次常务会	市人大常委会决定孔凡萍代理威海市人民政府市长，孔凡萍就加强政府领导班子建设作出安排部署
7月28日	第18届人民政府第8次常务会	传达学习中共中央总书记习近平在庆祝香港回归祖国25周年大会暨香港特别行政区第六届政府就职典礼上的重要讲话精神
		研究关于全市上半年安全生产有关情况的汇报、《威海市深化应急管理综合行政执法改革实施方案》《关于授权三个国家级开发区和南海新区管委行使应急管理行政管理职权的决定》
		研究上半年全市经济运行情况及省考经济社会发展指标进展情况
		研究《威海市行政许可事项清单（2022年版）》
8月3日	第18届人民政府第9次常务会	传达学习中共中央总书记习近平在新疆考察时的重要讲话和重要指示精神
		研究《威海市刘公岛保护和管理条例（草案）》《威海市行业性专业性人民调解工作管理办法（草案）》《威海市行政允诺管理办法（草案）》
		研究《关于加快发展保障性租赁住房的实施意见》《威海市城市建设档案管理办法（草案）》
		研究《威海市“十四五”农村供水保障实施方案》
		研究《关于加快农业保险高质量发展的实施方案》
		研究《威海市完善政府猪肉储备调节机制 做好生猪猪肉市场保供稳价工作实施方案》
		研究《威海市火灾事故调查处理规定》
8月19日	第18届人民政府第10次常务会	传达学习中共中央政治局会议精神
		传达学习全省经济社会发展重点工作部署会议和当前经济运行形势视频调度会议精神，研究威海市贯彻落实意见
		听取关于全市燃气安全工作情况的汇报
		研究《威海市城市更新规划》
		研究《威海市深入打好污染防治攻坚战的实施方案》
		研究《威海市企业分级分类监管办法（草案）》
		听取关于2022年“威海友谊奖”评选情况的汇报
		研究《关于推进国有建设用地考古调查勘探发掘前置工作的实施意见》

续表 2

时间	会议	内容
9月27日	第18届人民政府第11次常务会	传达学习中共中央政治局会议精神和中共中央总书记习近平在中央全面深化改革委员会第二十七次会议上的重要讲话精神
		传达学习《知识产权强国建设纲要（2021—2035年）》《山东省知识产权强省建设纲要（2021—2035年）》
		传达学习《山东省政府系统值班工作规范（试行）》
		研究《全省标准化创新发展工作会议精神及威海市贯彻落实意见》
		研究《威海市“一老一小”整体解决方案》
		研究《关于进一步完善科技支行政策的意见》
10月25日	第18届人民政府第12次常务会	传达学习中共中央总书记习近平给山东省地质矿产勘查开发局第六地质大队全体地质工作者重要回信精神
		研究《威海市公共数据管理办法（草案）》
		研究《关于设立陆生野生动物禁猎区和禁猎期的通告》
		研究《关于严禁在林区野外用火的通告》
		研究《关于修改〈威海市物业管理办法〉的决定（草案）》
11月25日	第18届人民政府第13次常务会	传达学习中共中央总书记习近平在第五届中国国际进口博览会开幕式、《湿地公约》第十四届缔约方大会开幕式上的致辞
		研究《威海市安全生产行政责任制规定（修订草案）》
		研究《威海市党政领导干部药品安全责任制规定》
		听取关于2022年全市食品安全、药品安全、质量强市及品牌战略推进工作情况汇报
		研究《关于推进气象事业高质量发展的意见（草案）》
		研究《威海市积极应对人口老龄化创建老年友好型城市行动方案》
		研究《威海市推进城市一刻钟便民生活圈建设试点实施方案》
		研究《威海市新型城镇化规划（2021—2035年）》
		研究《关于划定禁止使用高排放非道路移动机械区域的通告》
		研究《关于完善重特大疾病医疗保险和救助制度的意见（草案）》《关于修改〈关于完善参保人员生育待遇政策有关问题的通知〉的意见（草案）》
		研究《关于县际客运升级改造的实施意见（草案）》
		研究《关于2023年市本级及高区、经区、临港区财政预算收支的安排意见》
12月15日	第18届人民政府第14次常务会	传达学习中共中央政治局会议精神
		研究《政府工作报告（讨论稿）》及2023年度市级重点民生实事和补短板事项的安排意见
		开展专题法治讲座：解读《政府信息公开条例》
		研究《威海市控制吸烟管理办法（草案）》
		研究《关于全市主要经济指标2022年预计完成情况及2023年初步安排意见》
		研究《威海市新一轮企业冲击新目标行动方案》
		研究《威海市人民政府领导班子及其成员粮食安全工作职责清单》、听取关于2022年全市粮食安全工作情况汇报
		研究《关于2023年市级政府投资项目的安排意见》
		听取关于城乡生活垃圾分类工作情况的汇报
		研究《威海市市属直管公房管理办法（草案）》
		研究《威海市现代水网规划》
		听取关于全市禁毒工作情况的汇报
		研究《威海市声环境功能区划》

“十强”产业、七大产业集群和十条优势产业链，统筹推进疫情防控和产业高质量发展。

4月22日　印发《威海市人民政府关于印发威海市“十四五”推进农业农村现代化规划的通知》，要求大力实施乡村振兴战略，推动精致农业发展、精美乡村建设、精细乡村治理走在全省前列，实现农业高质高效、乡村宜居宜业、农民富裕富足，打造乡村振兴齐鲁样板威海范例。

4月26日　印发《威海市人民政府关于印发威海市人民政府工作规则的通知》，要求根据相关法律法规规定，参照国务院工作规则、省政府工作规则，结合威海市实际，制定工作规则。

5月13日　印发《威海市人民政府关于印发威海市全民科学素质行动规划纲要实施方案（2021—2025年）的通知》，要求根据中央、省、市相关文件精神，结合威海市实际，开展科普和科学素质建设工作。

5月25日　印发《威海市人民政府关于印发威海市守信联合激励和失信联合惩戒办法的通知》，要求根据中央、省有关规定，结合威海市实际，加快推进“信用威海”建设，构建信用联合奖惩机制，营造诚实守信的信用环境。

5月25日　印发《威海市人民政府关于印发威海市公共信用信息管理办法的通知》，要求根据中央、省有关条例规定，结合威海市实际，加强公共信用信息规范管理，推进社会信用体系建设。

5月27日　印发《威海市人民政府关于命名“威海工匠”的决定》，命名刘纯森等20人为“威海工匠”，以此表彰先进、树立榜样。

6月15日　印发《威海市人民政府关于印发威海市突发事件总体应急预案的通知》，要求建立健全应急管理体系和运行机制，规范各类突发事件应急处置行为，提高应急处置能力，快速有效、有序应对各类突发事件，维护威海市总体安全和社会稳定。

7月5日　印发《威海市人民政府关于加强农机安全生产工作的意见》，要求完善农机安全生产机制，夯实农机安全生产基础，促进农业高质量发展、农村社会和谐稳定。

7月7日　印发《威海市人民政府关于印发〈威海市贯彻落实《山东省人民政府关于塑强“爱山东”政务服务品牌全面推进政务服务体系建设的实施意见》工作方案〉的通知》，要求贯彻落实中央、省有关文件精神，全面深化政务服务体系建设，进一步提升政务服务标准化、规范化、便利化水平。

7月31日　印发《威海市人民政府关于全面实行行政许可事项清单管理的通知》，要求落实党中央、国务院关于深化“放管服”改革优化营商环境的决策部署和省委、省政府工作要求，正确处理政府和市场、政府和社会的关系，锚定“走在前、开新局”，持续深入优化营商环境和推进政府职能转变。

8月5日　印发《威海市人民政府关于授权三个国家级开发区和威海南海新区管委行使应急管理行政管理职权的决定》，依据相关法律、法规、规章规定，市政府决定授权威海火炬高技术产业开发区、威海经济技术开发区、威海临港经济技术开发区和威海南海新区管委行使应急管理行政管理职权，落实属地责任，理顺开发区应急管理（含安全生产，防灾、减灾、救灾）行政管理体制。

8月17日　印发《威海市人民政府关于加快推进新时代现代体育强市建设的实施意见》，要求落实省委、省政府关于体育强省建设决策部署，结合威海实际，制定实施意见，加快推进新时代现代体育强市建设，助力实现2035年建成体育强国、健康中国远景目标。

8月25日　印发《威海市人民政府关于印发威海市城市建设档案管理办法的通知》，要求根据相关法律、法规、规章规定，结合威海市实际，加强城市建设档案管理，充分发挥城市建设档案在国土空间规划、建设和管理中的作用。

10月11日　印发《威海市人民政府关于进一步完善科技支行政策的意见》，要求培育发展科技金融服务体系，促进科技成果向现实生产力转化，推动科技企业健康平稳发展。

10月30日　印发《威海市人民政府关于严禁在林区野外用火的通告》，要求根据相关法律法规规定，严禁在全市林区野外用火，有效预防和遏制森林火灾发生，保障人民群众生命财产和森林资源安全。

10月30日　印发《威海市人民政府关于设立陆生野生动物禁猎区和禁猎期的通告》，要求根据相关法律、法规及文件规定，结合威海市陆生野生动物资源状况及栖息繁衍规律，在威海市行政区域内设立禁猎区、规定禁猎期，加强陆生野生动物保护，遏制乱捕滥猎行为。

12月1日　印发《威海市人民政府关于推进气象事业高质量发展的意见》，要求贯彻落实中央、省有关文件精神，推进威海市气象事业高质量发展。

12月4日　印发《威海市人民政府关于划定禁止使用高排放非道路移动机械区域的通告》，要求根据相关法律、法规及文件规定，结合威海市实际，决定在全市范围内划定禁止使用高排放非道路移动机械区域，进一步减少非道路移动机械污染排放，切实改善环境空气质量，保障人民群众身体健康。

12月10日　印发《威海市人民政府关于印发威海市安全生产行政责任制规定的通知》，要求根据相关法律、法规、规章规定，结合威海市实际，健全安全生产行政责任制，加强安全生产监督管理。

12月22日　印发《威海市人民政府关于印发威海市声环境功能区划的通知》，要求适应城市发展和区域功能变化，根据相关法规和标准规范等要求，结合威海市实际，制定相关区划，加强区域环境噪声治理，改善城市声环境质量。

2月10日　印发《威海市人民政府办公室关于印发威海市市级政府投资引导基金管理办法的通知》，要求根据省有关规定和威海市实际，进一步规范威海市市级政府投资引导基金管理，支持全市新旧动能转换重大工程实施，引导社会资本支持企业创新创业。

2月12日　印发《威海市人民政府办公室关于印发教育、科技、自然资源、交通运输、公共文化、医疗卫生、应急救援领域市县财政事权和支出责任划分改革实施方案的通知》，要求认真落实省有关要求，明确市县财政事权和支出责任划分改革实施方案。

3月4日　印发《威海市人民政府办公室关于印发威海市突发粮食事件应急预案的通知》，要求进一步提高政府及有关部门处置突发粮食事件的能力，确保城镇居民基本口粮供应，维护公共安全和社会稳定。

6月17日　印发《威海市人民政府办公室关于印发威海市基本医疗保险门诊共济保障机制实施细则的通知》，要求根据有关文件规定，进一步完善医疗保障制度体系，提高参保人员门诊待遇水平，明确基本医疗保险门诊共济保障机制实施细则。

6月22日　印发《威海市人民政府办公室关于印发全力做好保企业用工保高校毕业生等重点群体就业的若干措施的通知》，要求根据相关文件精神，结合威海市实际，制定具体措施，全力做好保障企业用工及高校毕业生等重点群体稳就业工作。

6月25日　印发《威海市人民政府办公室关于实施养殖渔船“双编”管理的意见》，要求充分发挥市、县、镇、村四级监管网络效能，加强海上养殖安全管理，打通渔业安全管理“最后一公里”。

6月28日　印发《威海市人民政府办公室关于印发威海市政府专职消防员管理办法的通知》，要求依据相关法律、法规、规章规定，结合威海市政府专职消防队伍建设实际情况和灭火救援需要，进一步规范和加强政府专职消防员管理，保障其合法权益。

8月18日　印发《威海市人民政府办公室关于印发威海市行业性专业性人民调解工作管理办法的通知》，要求根据相关法律、法规和文件规定，结合威海市实际，进一步规范行业性、专业性人民调解工作，充分发挥人民调解在矛盾纠纷多元化解中的基础性作用，有效化解行业、专业领域纠纷，维护社会和谐稳定。

8月30日　印发《威海市人民政府办公室关于印发威海市企业分级分类监管办法的通知》，要求根据国家、省、市有关规定，结合威海市实际，提升涉企行政检查的科学性、精准性和有效性，进一步优化法治化营商环境。

9月8日　印发《威海市人民政府办公室关于加快发展保障性租赁住房的实施意见》，要求贯彻落实中央、省相关文件精神，结合威海市实际，加快发展保障性租赁住房，着力解决新市民、青年人等群体住房困难问题，完善住房保障体系。

9月28日　印发《威海市人民政府办公室关于印发威海市火灾事故调查处理规定的通知》，要求根据并参照中央、省有关规定，结合威海市实际，规范火灾事故调查处理工作。

11月3日　印发《威海市人民政府办公室关于推进国有建设用地考古调查勘探发掘前置工作的实施意见》，要求根据文物保护和国土资源有关法律、法规，结合威海市实际，严格做好文物保护利用工作。

11月4日　印发《威海市人民政府办公室关于印发威海市公共数据管理办法的通知》，要求根据相关法律、法规和规章规定，结合威海市实际，加强公共数据管理，释放公共数据价值，提高社会治理能力和公共服务水平。

12月2日　印发《威海市人民政府办公室关于完善重特大疾病医疗保险和救助制度的意见》，要求根据省有关要求，结合威海市实际，进一步做好重特大疾病医疗保障工作，筑牢防范群众因病致贫返贫底线，推进共同富裕先行区建设。

12月21日　印发《威海市人民政府办公室关于印发威海市新一轮企业冲击新目标行动方案的通知》，要求深入落实省第十二次党代会关于纵深推进新旧动能转换和市委经济工作会议关于继续抓好企业冲击新目标等部署要求，推动骨干企业膨胀扩张，带动产业转型升级，促进经济高质量发展。

12月31日　印发《威海市人民政府办公室关于印发威海市市属直管公房管理办法的通知》，要求根据相关法律、法规和政策规定，加强市属直管公房管理，促进国有资产保值增值，保障直管公房产权人和承租人合法权益。

【政务信息】　全年采用各区（市）、开发区和市直有关部门、单位信息1878篇。其中，采用各区（市）、开发区信息711篇，采用市直有关部门、单位信息1167篇；编发《威海政务》171期，其中有63篇被市委、市政府领导批示；上报国务院办公厅和省政府办公厅信息526篇，被省级以上政务信息刊物采用158篇（其中国务院办公厅采用83篇，省政府办公厅采用75篇），国务院领导批示45篇，省政府领导批示43篇。市政府办公室在全国100个基层政务信息直报点排名中居全国第1位，获评2022年全国政务信息工作先进单位。

【决策服务】　2022年，市政府决策研究中心聚焦新冠肺炎疫情防控、经济发展、安全稳定等重点工作，完成重点调研报告33篇，获得省领导批示5篇次、市领导批示79篇次（其中市委、市政府主要负责人批示55篇次），获得全省政府办公系统优秀调研成果奖5篇，全市优秀调研成果奖2篇、威海市第二十五次社会科学优秀成果奖1篇、全市政府办公系统优秀调研成果奖6篇、全市政府系统优秀调研成果奖12篇。

聚焦新冠肺炎疫情防控，开展配强社区疫情处置力量、大数据赋能等调研，推动相关文件出台。聚焦稳定经济增长，开展冲击“百亿”新目标企业、房地产形势分析、财源状况分析等调研，对相关领域工作起到推动作用。聚焦政府职能转变和作风改进，组织开展镇（街道）减负、行政执法力量配置等调研。聚焦安全稳定，组织开展近海捕捞、老旧建筑安全等调研，推动多项对策性建议进入决策。聚焦政策机制，围绕金融工具、建筑市场主体信用评价办法等开展研究，探索性提出工作建议。联合智库专家，围绕蓝碳经济、创新人才便利化机制等情况开展研究。聚焦工作创新，围绕旅游市场复苏、社区精细化管理等总结提炼典型经验，推动多项创新举措落地见效。统筹全市政府系统调研工作，按照“课题化管理、清单化调度、竞赛化组织、常态化推进”的模式，在全市政府系统大兴调研之风，聚焦15个专题185项重点调研课题，形成一批高质量的调研成果，组织开展全市政府办公系统和全市政府系统优秀调研成果评选活动，调动各级各部门开展调研工作的积极性、主动性。

【政务服务热线】　2022年，12345政务服务便民热线受理群众诉求事项

195.95 万件，比上年增长 50.12%。其中，受理群众呼入电话 193.17 万件，增长 51.05%；受理网络平台信件 2.78 万件，增长 5.66%。群众关注的热点问题主要集中在新冠肺炎疫情防控、住房与房地产、劳动关系、交通运输、居民生活、市场秩序、农村工作、城市管理、社会治安、法律服务等方面。

12345 政务服务便民热线践行“为群众服务、树政府形象”的工作宗旨，叫响“一号受理”服务承诺，构建“一链通办”工作体系，打造优质、便捷、高效的企业群众服务品牌。紧盯群众反映的热点难点问题，全年采取电话督办、书面督办、会议督办、现场督办、专项督查、领导批示督办等多种形式，开展综合督办 3185 件次，推动群众反映问题有效解决。深化“提醒警示函”和“三色督办单”制度，全年下发提醒警示函 76 件、“三色”督办单 11 件，压实工作责任，提高重要诉求的解决力度。深入开展热线大数据分析，编制热线专刊 64 期、新冠肺炎疫情专刊 366 期，获得市领导批示 67 件次，为领导科学决策和部门精准施策提供参考。按照全市“招商引资和项目建设攻坚年”工作部署，坚持把办好企业诉求作为优化营商环境、服务经济发展的重要着力点，按照“应接尽接、一次办好”的原则做好服务企业，落实“1 个工作日内响应核实、2 个工作日内落实反馈、12 个工作日内办结确认”的工作标准，全年办理企业诉求 867 件，合理诉求满意率达 100%。开展“热线开放日”活动，邀请群众代表、基层工作人员、市政协委员体验热线工作流程，拉近与干部群众的距离；开展区（市）、部门主要负责人上线接听活动 21 次，接听群众诉求 925 件，全部按期办结，合理诉求满意率达 100%；持续用好《直通 12345》《12345 连线》等媒体平台，经常性开展问题曝光和“回头看”，展现承办单位的做法举措，提高承办单位工作的主动性、积极性；对 8 个区（市）开展群众满意度调查，外拨电话 5.48 万次，收集有效样本 2.91 万个，分区域组织有关负责人集中收听电话录音，从群众视角审视工作、查摆问题、剖析原因；与市纪委监委机关建立情况通报、问题移交、联合协商、联察联访、协同督办等常态化协作配合机制，深入基层督导 5 次，督促问题 55 个，全部整改到位。年内，12345 政务服务便民热线被人民网评为网上群众工作民心汇聚单位，连续 8 年获得通报表彰。

（张兰馨）

【机关事务管理】 办公用房保障　严格执行《威海市党政机关办公用房管理办法》，推进省房地产管理系统应用，累计录入办公楼 305 栋、建筑面积 137 万平方米，涵盖办公单位 360 家。推进办公用房统筹调剂，解决近 30 家办公单位和工作专班的办公用房需求。明确“优先维修存在安全隐患、影响正常使用项目”的基建维修原则，实施大中修项目 10 余个、零星维修项目 200 余个。

公务用车保障　深化公务用车“三定点”（定点加油、定点维修、定点保险）使用管理，优化公务用车平台模块功能，巡检公务用车 4000 余辆，更换车载设备 881 台，统筹调剂使用公务用车 20 辆。依托公务用车集中监管平台，全市 4020 辆公务用车全部纳入全天候卫星定位监控，全面落实信息化、标识化、动态化的公车管理模式。

公共机构节能管理　强化公共机构能源资源节约，通过申报推荐、督促辅导，全市 288 家公共机构获评“节约型机关”，3 处垃圾分类示范点获评全国公共机构垃圾分类示范点，1 项案例获评全省能源资源节约最佳案例、2 项获评优秀案例。

市级机关后勤保障　市级机关后勤集中统一保障范围全面覆盖市级机关 171 栋办公楼、281 家市级机关事业单位、78.4 万平方米的办公区。9 月 11 日，市地方标准《机关办公楼物业服务与管理规范》施行后，市级机关综合服务中心对办公楼进行全覆盖式考核，“倒逼”中标物业服务商切实履行物业服务协议，不断提升服务质量。探索建立“线上 + 线下”的公物仓管理制度，建设 1600 平方米的实体公物仓，对仓内办公资产进行数据采集、电子贴标，先后调剂使用办公用品近 2000 件。

（吕亚施）

大数据建设与发展

【概况】 2022 年，市大数据中心紧抓数字化发展先机，推进数字政府、数字社会和数字生态建设，各项工作取得积极成效。威海市获评 2022 中国领军智慧城市，在 2022 全国数字城市百强榜中列第 24 位，新型智慧城市建设、“互联网 + 政务服务”、数字机关建设、大数据创新应用、大数据宣传 5 个专项工作获得省大数据局通报表扬。

【顶层设计完善】 市政府办公室印发《对标浙江加快推进数字变革创新工作方案》《数字威海创新突破 2022 年行动方案》《打造“无证明城市”实施方案》《威海市公共数据管理办法》《威海市公共数据首席代表制度（试行）》等文件，将数字威海建设列入年度绩效考核体系，推动工作开展。开展“数字变革创新”重点工作，成立数字机关、“无证明城市”工作推进机制及“互联网 + 监管”工作专班，全面推进工作落地落实。

【数字政府协同发展】 数字基础设施支撑　“政务一朵云”新增政务系统 145 个，“政务一张网”持续拓宽，政务外网实现市县、镇、村全覆盖，政务内网实现市级党政机关和事业单位全覆盖，1 个大中型数据中心和 6 个边缘数据中心入选省级数据中心试点建设范围。推进“数据全汇聚”，全年市大数据平台汇聚数据 30 亿条，累计 98 亿条，日均交换量超 1000 万次，通过中国信息通信研究院“分布式系统稳定性保障能力评估”，并获评最高等次“优化级”。

民生事项“一网通办”　坚持“线上优先、移动优先”，加快推动“掌通办”，新增“护照签发”“我的数据”“异地就医备案”等便民服务 150 项，累计上线 1090 项，日均活跃用户超 60 万人次。

政务服务“免证办理” 加快“无证明城市”建设，开设《我的数据》栏目，汇聚公安、人力资源和社会保障、医疗保障等46个领域132类个人数据和159类企业数据，制发309类557.5万个电子证照，推动83类电子证照证明在政务服务、公共服务以及行政执法等领域6838个事项中应用，并在法律公证、旅游服务、公共交通等场景率先实现电子证照亮证、“居民码”一码通行等“免证”办事服务。

机关办事“一网协同”提速 加快数字机关建设，激活用户4.14万个，实现“山东通”App全员覆盖。推进事业单位全周期管理等一批“一件事”集成，组织市直70余个单位开展事项梳理及数字化培训，梳理事项2000余条，依托“山东通”App上线电子政务办公平台、政通威海等30个业务系统，初步建成数据互通、应用集成的“一平台”架构。

安全防护水平提升 强化全时网络安全防护，升级网络安全态势感知平台功能，构建省市一体联动的安全态势感知体系，依托国家电子政务外网山东省电子认证注册服务中心，搭建威海市政务外网电子认证注册服务分中心，完善统一密码资源，构建起坚强安全防护保障体系。“一体化网络安全管理服务中心建设”入选2022年度山东省新型智慧城市网络创新优秀案例。

【城市管理】 “城市大脑”建设 搭建城市物联网感知平台，新增视频1.2万个、数据2亿条，部署物联终端163万个，形成13类161项城市运行体征指标，实时感知城市运行“脉搏”。创新开发“政通威海”移动端，对接至“山东通”App，推动城市“大脑”向移动“智脑”延伸。

监管数据汇聚 推动“互联网+监管”数据汇聚和应用共享，向省库汇聚数据195万条，监管数据及时率达100%。推广应用通用移动行政检查系统，部门应用率达95%，初步实现一次录入、多方共享。

以“数”支撑疫情防控 扩充完善一体化疫情防控系统功能，紧急开发优化核酸检测报告、入威海返威海申报、数字流调、公共场所登记等系统功能，创新“五码同显、四色筛查”机制，完善入威海返威海、药品购买、国际快件、货车司机、重点人员等多点触发监测，用数字化手段筑牢防线。全市场所码申领超16.1万人次，日均扫码190万人次。全年召开各类视频会议3000余场，其中保障疫情指挥部视频会议300余场。自主开发的一体化疫情防控管理系统获得2022数字政府管理创新奖。

【智慧城市应用创新】 分级分类推进智慧城市建设，在主城区通过四星级新型智慧城市省级验收基础上，推进荣成市和乳山市开展县级新型智慧城市试点，威海市在全省新型智慧城市发展水平评价中居第3位。加快县级智慧社区平台建设，推进养老、党建、创业、文化等不同特色智慧社区建设，拓展政务服务、生活服务、信用超市等便民场景，新增集自主购物、应急物品及政务信息服务等于一体的“智惠易站”377台，30个社区为老年人配备应急救援装置。推动智慧小区扩面升级，按照三星级标准加快老旧小区智慧化改造，普遍安装智能门禁、车辆识别、电子巡更等系统，安装智能充电桩、智能快递柜、智能垃圾箱等智能化设施，提升群众生活便利度。

（伯彩霞）

应急管理

【概况】 2022年，市应急管理局统筹发展和安全，以防范化解重大安全风险为主线，抓实各项安全防范措施，全市生产安全事故起数、死亡人数分别比上年下降28.1%、26.8%，自然灾害形势总体平稳，妥善应对突发事件18起。

【安全教育培训】 坚持通过“召集来”“走下去”的方式开展安全教育培训，引进VR（虚拟现实技术）、实操设备等先进装备，建成涵盖高处作业、制冷运行、危化作业及对应等11个科目的市级实训基地，并建设区级安全生产培训考试基地暨应急管理大讲堂，培训近1万人次。组建以省、市专家库成员为主体的安全生产内训师队伍，赴基层开展培训，提升基层工作人员安全生产意识和技能水平。强化党政领导干部应急管理培训，开发学习考试平台，组织全市1.15万余名领导干部参加学习考试，提升监管专业化能力。坚持逢查必考，开发移动考试终端，结合日常检查、督导等工作随机抽考，掌握员工安全生产创新措施学习情况。开展培训“走过场”专项整治，围绕培训机构、考试点、企业3类主体整改问题460个，立案查处2家、暂停1家培训机构活动。持续推出“威海应急侠”系列科普作品，常态化开展安全宣教工作，厚植安全文化。

【安全制度落实】 制定安全生产重点工作清单和有限空间作业“十不准”、电气焊动火作业“十不准”等明白纸，条目式、清单化明确制度落实要求。通过流动驻点、专人驻点等方式驻企监督249家，并聘请行业专家参与，驻企指导落实制度，提升专业化水平。在283家企业设置安全总监，发挥安全总监“关键人”的作用，监督企业落实各项制度规程。落实有奖举报制度，在各类企业、小微市场主体等设置有奖举报公告牌10万余块，引导全社会参与安全生产隐患举报，月均奖励金额增至11万元。

【隐患事前预防】 融合推进双重预防体系建设和安全生产标准化工作，编制《安全生产标准化（三级）作业指导书》，指导116家重点工贸、400余家危险化学品企业建成三级安全生产标准化企业。加强重点领域攻坚，分析近10年同时期事故规律和季节性风险，每季度突出不同重点行业领域，针对性组织开展4轮“百日攻坚”行动，整治问题隐患6万余项，有力稳控各时段安全形势。开展企业安全风险诊断，寓监管于服务，组建“监管人员+专家”的诊断帮扶小组，紧盯重点环节，深入企业和生产现场进行驻厂式帮扶，全方位评估诊断问题隐患1.77万余项，切实解决企业隐患自查不专业、查不全、查不深的问题。强化小微市场主体监管，聚焦安全生产末端环节，深入实施小微市场主体综合治理，制定安全生产负面清单，发动网格员全面摸排9.4万余家，查改问题隐患2万余项。组织基层力量每月对小微市场主体巡查1次，着力破除“管大不管小”的问题。

【安全责任落实监督】 建立月度评估通报机制，秉持“一把尺子量全市、营造齐抓共管浓厚氛围、不给基层添负担”的原则，以省考指标为核心、以问题导向为指引、以重点领域为着力点，成立5个包区（市）督导组常态化开展督导检查，以生产经营单位安全管理水平，一体评估部门、区（市）、镇（街道）三级监管实效。实施分类分级管控，聚焦工贸企业多、监管频次间隔时间长、危化品企业风险高等问题，健全多层次监督体系，通过企业自我诊断、第三方诊断、部门诊断等方式，对3022家危化、工贸企业进行分级，明确A级企业478家、B级企业2371家、C级企业171家、D级企业2家。按照分级确定检查频次，确保与企业安全管理现状相匹配，有效用好行政资源。建立生产安全事故统计信息核查与工伤保险联动机制，统计分析工伤认定信息，约谈同类工伤反复出现的12家企业主要负责人，督促落实企业主体责任，制定防范措施。

【安全监管执法】 市政府印发《关于授权三个国家级开发区和威海南海新区管委行使应急管理行政管理职权的决定》，破解职能不全、执法能力不足、威海南海新区无执法权等问题，工作做法被应急管理部、省应急管理厅推广。建立常态化引入第三方服务机构助力监管执法机制，对20家代表性企业进行全面帮扶检查，解决监管执法专业化水平低，以及一次执法查不深、查不透、查不全的问题，并将检查情况分行业通报，起到“执法帮扶一家企业、带动一个行业”的效果。建立异地执法、全员执法等模式，解决“只检查不执法”的问题，立案处罚企业568家次。

【科技赋能安全生产】 以产业技术转型和信息化手段支撑安全，提升本质安全水平。针对电线老化易引发火灾等问题，打造智慧用电综合治理隐患预警平台，实时监测用电隐患，紧急情况下可实现远程断电。针对燃气事故发生的根源及特点，建设燃气安全智慧监管平台，对燃气用户24小时监控，及时处置燃气泄漏等异常情况，实现全流程闭环管理。全市400余家危险化学品、非煤矿山企业建成安全生产信息化平台，实时进行风险预警，液氯、涂料、气体充装等领域工作经验做法得到省应急管理厅推广，并逐步在化工、医药等领域进行试点。

7月27日，开展氟化氢储罐泄漏事故应急演练

（威海市应急管理局　提供）

【应急处置】 规范基层预案，协助应急管理部起草《关于加强基层灾害事故应急救援力量建设的意见（草案）》，编制《镇街突发事件应急预案编制导则》等市级地方标准，高标准完成应急部基层应急力量建设试点、全省基层预案体系建设试点工作。以实战标准开展演练4300余次，参演人数达32万余人次，进一步检验预案、锻炼队伍、磨合机制。组队参加全省第二届社会救援力量技术竞赛，获得集体二等奖2个、集体三等奖1个及多个单项冠军。加强应急队伍一体化建设，整合全市应急救援力量和资源，将32支消防救援队伍、48支专业队伍、5支社会救援队伍等纳入全市联调联战救援体系，与省内应急救援队伍、交通运输部北海救助局等国内主力队广泛建立响应支援等工作机制，构建“大救援”工作格局。组织开展专题培训，邀请专家授课，并建立定期培训机制，在相关部门各培养懂预案、能处置、会应急的复合型人才3名。开展可视化指挥体系建设，按照“分级分梯队负责”的原则，组建市、区（市）、镇（街道）三级现场通信保障队伍，实现突发事件现场可视化指挥调度100%连接成功、100%三十分钟响应、100%连线质量达标。

【防灾减灾】 打好预警预报提前战，建立基层重大气象灾害“叫应”制度，通过视频调度系统直接调度镇（街道），每天抽查10%的镇（街道），实现“蓝色”及以上预警全覆盖调度，督促基层及时落实防范应对措施，成功应对“轩岚诺”“梅花”等台风。打好防汛抗旱主动战，开展防汛、防台风检查，按照“单位自查、行业检查、综合检查”的模式，整治问题隐患78项。摸排全市城市易涝点24处、地质灾害隐患点20处、山洪危险区单元517个，建立底数台账，做好针对性防范。打好森林防灭火攻坚战，组织开展森林防灭火百日攻坚等活动，通过督导检查、驻点包保等方式，全覆盖督导检查72个镇（街道）、11个林场，整治问题隐患500余个。协调省应急管理厅安排直升机驻防威海市，提升航空救援能力。打好防震减灾持久战，分析近年内有感地震影响的镇村范围，对乳山市、荣成市的6个镇120个村的370余名干部开展地震应急培训，发放宣教资料4000余份。着力提升地震监测数据质量，在全省地震台网运维考核中获得3项第1名、1项第2名和多项第3名；信息网络项目在全国市县级评比中获得第2名。打好综合减灾能力提升战，推进自然灾害综合风险普查，审核应急系统调查数据1.64万条，统筹录入全市数据103万条余。构建预警、救助、警示“三张网”防溺水技防体系，通过布设视频监控、人像识别、热点围栏、位置定位等7类感知设备，配备水面救生机器人，全覆盖投放公益救生杆，实施易溺点消防队伍前置备勤等举措，确保涉水安全。

（甘涌泉）

行政审批服务

【概况】 2022年，全市进驻市政务服务中心的部门、单位有32个，水务、供电、热电、燃气、广电等公共服务企业8家，设立车辆管理、出入境、不动产、公积金、社会保障、医疗保障、人力资源、公证8个部门分中心。市行政审批服务局全年办理各类服务事项2.8万件，收到锦旗、感谢信48面（封）。在省共性改革考核工作中，威海市行政审批效能改革成绩居全省第1位，业务协调科获评全省深化“放管服”改革优化营商环境工作先进集体。

【行政审批服务改革】 围绕承接省高质量发展综合考核、优化营商环境各牵头指标攻坚等任务，市行政审批服务局实施流程再造，扎实推进各项工作。实行高中阶段教师资格证网上办理，与威海市市场监督管理局联合推行医疗器械经营企业分支机构备案企业总部统一办理。推进商事制度改革，企业开办便利化水平进一步提升。深化工程建设项目审批改革，推行工程建设项目审批事项标准化、施工许可类“七证合一”（将建筑工程施工许可、工程质量监督手续、人防工程质量监督手续等7个事项合并为建筑工程施工综合许可1个事项）、构建企业全生命周期无感审批服务环境等经验得到住房和城乡建设部、省住房和城乡建设厅、省市场监督管理局等推广，“七证合一”改革成效得到市政府主要负责人批示，在全省“走在前、开新局”行进式主题采访活动中被集中采访报道，被省级媒体重点报道。

【相对集中审批权改革】 积极做好承接事项和省级委托下放事项办理，持续减环节、降层级、压时限。全年办理各类行政许可实际用时较划转前部门承诺用时节省69%，审批效率提高3倍，全市政务服务企业群众满意率99.9%。

【营商环境优化】 深化商事制度改革，企业开办实现全流程“一链”办理，开办时间压缩至1小时。推行企业档案“手机”查档，实现企业登记智能终端全覆盖，实现企业开办24小时自助办理、企业登记“跨域通办”、营业执照“异地”打印。推进办理建筑许可审批提速增效，推行施工许可类审批“七证合一”“一次办成”，办理时限由13个工作日变为1小时；制定全市统一的工程建设项目审批服务事项清单，将全市工程项目审批主链条事项压减为25项；通过跨部门数据共享核验和业务协同办理，将办理工程建设项目相关事项填报要素精简为162个，累计减少申请材料6.7万余份。

【政务服务水平提升】 深入推进“四减”（减材料、减环节、减时限、减次数）行动，市、区（市）两级依申请政务服务事项平均承诺办结时限压缩至0.72个工作日，承诺办结时限压缩占比达96.53%，即办事项占比提高到83.41%，“零跑腿”事项占比达98.9%，可网办率达99.77%，可全程网办率达98.76%。加快推进“爱山东”App威海分厅建设，累计上线应用服务1050项、注册法人用户26.8万人、注册个人用户超过191.5万人、年度累计活跃用户超过1.8亿人次、日均活跃用户超过59万人次。全面落实高频事项“集成办”，组织实现“申请公积金贷款”“办理二手房过户手续”等107个重点高频民生事项“一件事一次办”。推行高频事项“跨域办”，464项高频政务服务事项全部实现“跨域通办”。深化电子证照共享应用，74个使用市级系统的事项实现纸质证明和电子证照同步制发，实现电子证照在6000余项涉企政务服务事项上的应用共享。建立“好差评”“吐槽找茬”“窗口无否决权”等制度，实现现场服务“一次一评”。加强对政务服务工作的监督监察，通过“四不两直”（不发通知、不打招呼、不听汇报、不用陪同接待，直奔基层、直插现场）方式，对各级办事大厅窗口进行明察暗访。全年实现群众评价1.1万件次，全市政务服务满意度达99.9%以上。

1月，市行政审批服务局工作人员为市民送上企业开办政策服务“大礼包”

（刘志鹏　摄）

【公共资源交易服务】 持续优化“1+N+1”电子化公共资源交易平台，推出企业信息“一地注册、全省通识”、营业执照“一刷获取”、CA数字证书全省互认、招投标合同签订和变更电子化、跨省远程异地评标等系列改革举措。全年完成进场项目2655个、交易额180亿元，节省资金3.6亿元。开具电子保函564单，为企业减负7600万元。将原需在省产权交易中心进行的海域使用权“招拍挂”，改在市交易中心进行，可节省大笔交易成本。

（杨　健）

机关事业单位人事管理

【概况】 2022年，市人力资源和社会保障局积极开展事业单位人事管理、工资管理、评比达标表彰等工作，完成各项工作任务。

【评比达标表彰】 2022年，各区（市）和市直部门获批表彰项目10项。组织开展省部级以上联合推荐表彰工作，推荐省级及以上先进集体47个、先进个人66名。严格落实创建示范活动管理办法，完成威海市创建示范活动申报，全市有21项创建活动获得批复。

【事业单位人事管理】 公开招聘　公布2022年度事业单位高层次急需短缺人才岗位247个。全年各级事业单位开展各类招聘65次，发布招聘计划3199个（其中市直事业单位开展招聘31次，发布招聘计划1043个），招聘事业单位工作人员2431名，其中博士研究生20人、硕士研究生359人、大学本科生1867人。

公开选聘　稳妥组织事业单位公开选聘工作，发布2022年事业单位公开选聘计划45个，首次采取线上面试、线下评审方式同步完成公务员遴选、事业单位选聘面试，全年选聘工作人员31名。

县级以下事业单位管理岗位职员等级晋升　以区（市）为单位制定事业单位管理岗位职员等级晋升工作方案，获省委组织部、省人力资源和社会保障厅批复，推动职员等级晋升制度全覆盖。各区（市）及开发区全部完成首轮晋升工作，累计晋升职员等级118人，其中晋升九级职员63人、八级职员24人、七级职员19人、六级职员12人。

工作人员奖励　完成市属1.76万名科级及以下事业单位工作人员年度考核结果备案。指导各区（市）、部门（单位）根据年度考核结果开展定期奖励，按照奖励权限，完成2497人嘉奖奖励审核备案，给予612人记功奖励。

岗位管理　指导各区（市）、部门（单位）规范开展事业单位岗位设置和聘用工作，制定岗位设置、岗位竞聘和岗位说明书参考模板，备案25家市属事业单位岗位设置方案和200余家（次）事业单位岗位聘用结果。

【机关事业单位工资管理】 设置基础绩效奖标准，对市直在职人员2021年度全年发放的各类奖励性补贴项目进行统一清算并发放到位。规范改革性补贴项目，对在职人员住房补贴按2022年1月晋级晋档后的标准进行锁定，不再与基本工资调整挂钩。规范其他津贴补贴项目，印发威海市机关事业单位工作人员工资津贴补贴项目“白名单”，指导市直部门开展自查和整改。深化公立医院薪酬制度改革，印发《威海市深化公立医院薪酬制度改革实施方案》，指导各区（市）结合实际完善公立医院薪酬水平决定机制。

（丛海平　王　蕾）

外　事

【概况】 2022年，威海市外事办公室积极应对风险挑战，稳妥开展对外交往，审慎化解涉外风险，全力服务对外开放，接待重要外宾访问团组16批次。其中，接待白俄罗斯驻华大使馆公使衔参赞科瓦列诺克·德米特里等厅级以上访问团组1批2人次。

【友好交往】 以中日邦交正常化50周年和中韩建交30周年为契机，开展对日本、韩国系列交流活动，与日本宇部市开展线上经贸洽谈对接会、威海·宇部青少年城市虚拟互访体验交流活动，组织参加西日本地区中日友好交流大会、第21届山东省—山口县经贸洽谈会；举办“祖父手艺”中韩非遗作品展、威海—韩国富川国际友好城市大学推介会等活动，参与第12届华城游船节等韩国友好城市庆典活动，录制威海对韩交流宣传片《潮起金桥》，有序开展“中韩文化交流年”系列活动。推进对英交流合作典范城市建设，与英国驻华大使馆、彻特纳姆市、英国职业教育联盟等举办视频连线活动，与兰卡斯特市连线探讨结好事宜，山东大学（威海）与威斯敏斯特大学建立合作关系。以山东省与布列塔尼大区友好交流年为契机，承办第九届中法环境月海洋、珊瑚主题展，与法国布列塔尼大区、尼斯市开展交流，探索合作事宜。推动威海常春藤外国语学校与加拿大伯灵顿皇家艺术学院签约，深化威海市对加教育领域合作。与俄罗斯索契市开展视频友好交流活动，参加2022年哈巴罗夫斯克国际儿童画展，举办威海—俄罗斯鞑靼斯坦共和国驻华代表处线上商贸交流会，邀请俄罗斯、白俄罗斯驻华大使馆和企业参加国际食品博览会开展经贸洽谈。做好援助埃塞俄比亚医疗物资采购工作，拓展对非洲合作。举办“天涯遇海角”威海—基里巴斯文化联展，奠定对太平洋岛国的合作基础。

【因公出国管理】 全年审核审批因公出访团组7批18人次，办理因公护照10本、境外换发护照1本、因公签证4批6人次，办理APEC商务旅行卡109人次。配合做好山东省因公出国审护签管理服务平台运行工作，推进外事业务“网上办”工作进程。

【涉外管理】 做好与外国驻华使领馆交往工作，与韩国驻青岛总领事馆进行工作会晤1次，办理外国驻华使领馆照会所提事项10批次，指导有关部门与外国驻华使领馆交往12批次；处置

6 月 15 日，“外国友人看威海”活动举办　（威海市外事办公室　提供）

和协助处置涉外事件和领事保护案件 24 起；妥善做好涉外新冠肺炎疫情防控工作，开展督导检查 10 次，办理邀请外国人到威海市邀请函 91 批 163 人次，妥善处置外国人求助事件 12 起。协调完成 5 批次外籍船员下船救治及病重境外企业员工包机回威海市治疗，为 2 名韩国驻华大使馆外交官自威海市入境提供礼遇安排。

【对外宣传】 开展“喜迎二十大，外事走基层”专题宣传，组织“外国友人看威海”“新时代十年·外国友人话山东”活动，《中国报道》《中国日报》等媒体的 18 位记者全方位报道威海市高质量发展的活力与成就。由 23 个国家的 33 名外国记者组成的中国国际新闻交流中心亚太非洲记者团通过“沉浸式”体验，感悟宣传威海市的历史、自然和产业资源，印度尼西亚、老挝、斯里兰卡、喀麦隆等多个国家头部媒体进行深度报道，外交部、省委外事工作委员会办公室对威海市工作进行表扬。以友好城市“云对话”为特色品牌，推出《海这边　海那边》电视节目和“外眼看威海”系列报道，用外国人的视角宣传威海市。制作《My Life in Weihai》宣传片，海外平台浏览量超过 10 万人次。积极开展友好城市对外宣传，坚持“一城一策”，在韩国富川市设立“中华文化之角”，建立相互宣传工作机制，不断增强城市国际影响力。

（董　茜　秦娅丽）

信访工作

【概况】 2022 年，全市党政信访部门受理群众信访事项 1.31 万件，其中信访及网上投诉事项 1.24 万件。全市新发生的信访事项 90% 以上化解在基层和属地，信访形势呈现持续平稳有序态势。威海市在全省各市信访工作成效综合测评中获评优秀等次。

【重复信访治理和信访积案化解】 深入开展“治重化积”攻坚行动，对中央、省交办 2 批 1116 件重复信访事项全部落实市及区（市）、部门领导包案，采取集中交办、专班攻坚、集中会商、信访听证、多元化解等措施，全力推动实体性化解。年内，2 批重复信访事项基本化解。

【《信访工作条例》学习贯彻】 全方位开展《信访工作条例》（简称《条例》）学习活动，纳入市委、市政府学习计划，先后召开市委常委会议、市政府常务会议，学习《条例》内容、研究贯彻《条例》措施；纳入市委党校干部培训内容，在党校主体班次上进行宣讲；纳入全市普法计划，在《威海日报》、威海新闻网等媒体平台开设信访法规普法专栏，发布《条例》原文、内容解读和微视频，市、区（市）、镇（街道）同步开展集中宣传日活动，常态化组织《条例》“五进”（进乡村、进社区、进学校、进企业、进单位）活动，营造“学条例、用条例、守条例”的浓厚氛围。市信访工作联席会议出台进一步加强和改进信访工作“十条措施”，从积案化解、初信初访、源头治理等 10 个方面提出 33 项具体措施。年内，信访事项及时受理率、按期办结率均为 100%，信访事项办理群众满意率达 98%。

【诉求解决模式创新】 全面推行“一案一策、一案一卷”诉求解决新模式，将初信初访、重复信访、信访积案全部纳入工作体系，理顺细化诉求固定、调查核实、书面答复、沟通反馈等各环节工作程序，全程收录工作要件、影像等资料。突出抓好“两见面、双签字”工作流程，所有信访事项主办单位必须在固定诉求、答复反馈“两个环节”主动与群众见面交流、面对面工作，用接待人、诉求人“双签字”固定信访人诉求，用调查人、诉求人“双签字”确认答复意见。常态化采取案件评查、多点抽查、交叉印证等方式，深入各区（市）、镇（街道）和部门实地督促指导，推动群众诉求办理提质增效。

（曲江华）

编辑　闫拥军

中国人民政治协商会议威海市委员会

综　述

【概况】　中国人民政治协商会议第十四届威海市委员会于2022年2月换届产生。至2022年年底，有委员323名，常委会组成人员56名。其中，中共委员128名，占委员总数39.6%；非中共委员195名，占委员总数60.4%。政协第十四届威海市委员会下设办公室、研究室2个办事机构及提案委员会、人口资源环境和经济委员会、农业和农村委员会、教科卫体委员会、港澳台侨和民族宗教外事委员会、社会法制委员会、文化文史和学习委员会、委员联络工作委员会8个专门委员会。

全体委员会会议

【政协第十四届威海市委员会第一次会议】　2月22日—25日召开。会议应出席委员325名，实到300名。会议审议通过《第十三届市政协常委会工作报告》《提案工作报告》及2022年重点协商活动计划和有关决议，选举产生政协第十四届威海市委员会主席、副主席、秘书长和常务委员，中共威海市委书记张海波应邀出席闭幕大会并讲话。与会委员列席威海市第十八届人大第一次会议，听取讨论《政府工作报告》及其他有关报告，围绕学习贯彻中国共产党威海市第十六次代表大会精神、推动各项目标任务落实，深入协商议政，积极建言献策。

【政协第十四届威海市委员会第二次会议】　12月27日—30日召开。应出席委员323名，实到委员236名。会议审议通过《第十四届市政协常委会工作报告》《提案工作报告》和有关决议，增选第十四届市政协常务委员。与会委员列席市第十八届人大三次会议，听取讨论《政府工作报告》及其他有关报告，围绕全面贯彻落实中共二十大精神积极建言资政。

常务委员会会议

【第一次会议】　2月25日召开。会议传达学习中国共产党威海市第十六次代表大会精神，审议通过第十四届市政协副秘书长名单、设置专门委员会的决定和各专门委员会主任、副主任名单，审议通过市政协2022年工作要点和《政协第十四届威海市委员会常务委员会关于加强自身建设的意见》《政协威海市委员会委员履职管理考核办法》。

【第二次会议】　8月10日召开。会议传达学习中共中央总书记习近平在省部级主要领导干部专题研讨班上的重要讲话精神、《中国共产党政治协商工作条例》和省政协主席葛慧君到威海市调研时的讲话精神，听取市政府《关于2022年上半年全市经济运行情况的通报》，围绕“加快威海市制造业智能化改造”协商建言。会议听取市政府办公室《关于市政协第十四届一次会议提案办理情况的汇报》，审议通过《关于加快威海市制造业智能化改造步伐的建议案》和有关人事事项。6位市政协委员围绕协商议题进行发言，5位市政协委员与市直有关部门负责人进行交流。

【第三次会议】　11月30日召开。会议传达学习中共二十大精神和市委十六届三次全会精神，围绕“加强就业援助体系建设，促进共同富裕”协商建言。会议审议通过《政协威海市委员会关于深入学习宣传贯彻中国共产党第二十次全国代表大会精神的决议》《关于“坚持就业优先，完善援助体系，促进全面就业，推动共同富裕”的建议案》。会议听取市人力资源和社会保障局《关于全市就业工作情况的报告》，6位市政协委员围绕协商议题进行发言，3位市政协委员与市直有关部门负责人进行交流。

【第四次会议】　12月26日召开。会议审议通过第十四届市政协委员增补名单，审议通过《关于召开市政协第十四届二次会议的决定》《列席会议单位和人员的决定》及会议议程（草案）和

6月21日，十四届威海市政协初任委员培训班举办

（中国人民政治协商会议威海市委员会办公室　提供）

日程，审议通过《第十四届市政协常委会工作报告》《提案工作报告》《十四届市政协常委会工作报告》和提案工作报告的报告人名单、市政协十四届二次会议常委轮值名单、秘书长副秘书长名单、各组召集人名单。

协商议政会议

【对口协商会】　6月29日，围绕“加快发展普及普惠安全优质学前教育，构建广覆盖、保基本、促公平、有质量的学前教育公共服务体系”议题，市政协组织部分市政协委员与市直有关部门进行民主协商。6位市政协委员围绕学前教育机构编制保障、收费标准、教师队伍建设等方面提出意见和建议。中共威海市委机构编制委员会办公室、市教育局、发展和改革委员会等5个部门负责人介绍工作情况，并针对意见建议提出解决措施。

8月25日，市政协召开“发挥民族复兴资源丰富优势，加强威海与港澳台青少年文化交流”对口协商会。会议在威海市设主会场，在中国香港设分会场。与会市政协委员围绕协商议题提出意见和建议，香港威海同乡会和4位港区市政协委员通过视频连线方式开展网络议政，中共威海市委统一战线工作部、中共威海市委台港澳工作办公室、中国共产主义青年团威海市委员会等部门负责人介绍工作情况并与委员交流。

9月8日，围绕“探索建设威海特色未成年人保护体系”议题，市政协组织部分市政协委员与市直有关部门进行民主协商。与会委员围绕协商议题提出意见和建议，市民政局、教育局、中国共产主义青年团威海市委员会、市妇女联合会等9个部门负责人介绍工作情况，并与委员进行交流。

【专题协商会】　8月12日，围绕“进一步提升威海市农村公共基础设施建设水平”议题，市政协组织部分市政协委员与市直有关部门进行民主协商。与会委员从基层的角度，针对农村公共基础设施建设和管护工作存在的困难和问题，提出相关意见和建议。市农业农村局、民政局、财政局、生态环境局、住房和城乡建设局、交通运输局、水务局、卫生健康委员会、国网山东省电力公司威海供电公司等部门和单位的负责人介绍相关工作情况，并与委员进行交流。

8月19日，围绕“提高家政管理服务水平”议题，市政协组织部分市政协委员与市直有关部门进行民主协商。5名市政协委员围绕协商议题提出意见和建议，市发展和改革委员会、商务局、人力资源和社会保障局、妇女联合会等部门负责人介绍相关工作情况，并与委员进行交流。

视察调研活动

【渔船综合管控督导】　4月24日，市政协主席高旭光率督导组到文登区督导伏季休渔期前渔船综合管控工作。督导组先后到文登区泽库镇白云渔港和长会口渔港查看渔船回港、驻港值守、新冠肺炎疫情防控和安全生产等情况，与相关负责人就北斗导航系统安装运行、杜绝非法捕捞和海上安全作业等问题进行交流，并召开座谈会听取工作情况介绍。

3月31日，市政协调研组到棉花山调研森林防火工作

（中国人民政治协商会议威海市委员会办公室　提供）

4 月 24 日，市政协督导组到文登区督导渔船综合管控工作

（中国人民政治协商会议威海市委员会办公室　提供）

【界别委员工作室及委员企业调研】 5 月 24 日，市政协主席高旭光率调研组到乳山市调研工商联界别政协委员工作室建设情况及部分委员企业。调研组听取工商联界别政协委员工作室情况介绍，了解建设和开展活动情况；到乳山市金果食品有限公司和威海汉威新材料有限公司考察企业生产经营情况，听取委员意见和建议。

【制造业智能化改造情况视察】 6 月 15 日，市政协主席高旭光带领部分政协委员围绕全市制造业智能化改造情况进行视察。视察团先后视察贝卡尔特（山东）钢帘线有限公司“创梦工厂”项目、威海市泓淋电力技术股份有限公司数字化车间项目、威海海马地毯集团有限公司纤维和地毯扩建项目、威海经济技术开发区天智创新技术研究院，了解企业智能装备投入、生产效能提升等情况及企业发展问题，听取意见和建议。

【乡村振兴工作调研】 6 月 29 日，市政协主席高旭光率调研组到文登区调研乡村振兴工作。调研组到文登区侯家镇汤家村，查看村党员活动室、老年活动室等修缮改造和村主干路硬化情况，并就基础设施建设、集体经济壮大、乡村振兴工作思路等进行座谈；到文登区大水泊镇小镇中心、精武农场（山东）有限公司、空间道文创中心，了解项目规划建设和投资运营等情况。

【民主党派市委会、市工商联调研】 9 月 1 日，市政协党组书记、主席高旭光带领市政协党组和主席会议成员，到各民主党派市委会、市工商业联合会机关调研工作情况，并围绕“更好发挥民主党派、工商联和无党派人士在政协工作中的重要作用”进行座谈交流；到中国国民党革命委员会威海市委员会法律服务站、市工商业联合会“界别同心汇”、中国民主促进会威海市委员会经区支部工作室、中国民主建国会威海市委员会企业工作委员会活动室、中国农工民主党威海市委员会“党员之家”活动室、中国致公党威海市委员会文登支部活动室、中国民主同盟威海市委员会“和美”社区服务站、九三学社威海市委员会“威海老照片”展馆，开展实地调研并听取工作情况介绍。

【就业援助体系建设视察】 10 月 20 日，市政协主席高旭光带领部分市政协委员，对全市就业援助体系建设工作进行专题视察。视察团先后到威海创业大学、温泉镇“如康家园”残疾人之家、威海大姐职业培训学校、威海远遥浅海科技湾区青年国际海洋就业创业基地进行考察，并就有关问题与相关负责人进行交流。

【深化提升乡村振兴样板片区建设调研】 10 月 19 日，市政协副主席、党组副书记吴永刚带领部分市政协委员，到文登区调研深化提升乡村振兴样板片区建设工作。调研组先后到文登区西洋参小镇样板片区内张家产镇邹家床村、山东威登医药科技有限公司、山东道地西洋参交易中心、高村镇慈口观村、高村镇社会化服务中心，了解西洋参加工、乡村旅游发展、农业社会化服务等情况，并就有关问题与相关负责人进行交流。

【经济社会发展情况视察】 11 月 4 日，市政协组织驻威海的省政协委员到威海经济技术开发区视察经济社会发展情况。视察团先后视察招商局金陵船舶（威海）有限公司、威海紫光健康产业园、山东恒万智能仪表项目等，就生产经营、技术研发、市场开拓、项目推进等与相关负责人进行交流。

6 月 29 日，市政协调研组到文登区调研乡村振兴工作

（中国人民政治协商会议威海市委员会办公室　提供）

9月1日，市政协调研组调研民主党派和工商联工作

（中国人民政治协商会议威海市委员会办公室　提供）

其他重要活动

【葛慧君到威海市调研】 7月12日，省政协主席葛慧君率调研组到威海市，围绕“加强和改进新时代市县政协工作”开展专题调研。调研组先后考察华夏文旅集团生态修复项目，威海市规划展览馆，韩强、李冬霞政协委员工作室，了解威海市在生态环保、产业转型升级、城市建设等方面的实践探索和各界别政协委员在联系基层群众、服务经济主体、助力社会治理、创新民主协商等方面的作用发挥情况，并召开座谈会，听取威海市工作情况介绍及市政协和部分区（市）政协工作情况介绍。

【赵家军到威海市调研】 9月20日，省政协副主席赵家军率调研组到威海市，围绕“推进医防融合慢性病管理工作”开展专题调研。调研组先后考察威海火炬高技术产业开发区利民医院、威海威高国际医疗投资控股有限公司、威海市立医院，了解医院学科建设、慢病服务能力和医疗企业创新发展情况，并召开座谈会，听取威海市推进医防融合慢病管理工作情况介绍，与市直有关部门、医药企业、康养机构负责人进行交流。

【唐洲雁到威海市调研】 9月28日—29日，省政协副主席唐洲雁率调研组到威海市，围绕“整合昆嵛山综合资源，打造山东名山”开展专题调研。调研组先后考察文登区界石镇软枣林宫氏古墓群、文登抽水蓄能电站、昆嵛山红旗教育馆、圣经山摩崖石刻等，了解昆嵛山的文化底蕴和生态资源，并召开座谈会，听取文登区和相关部门负责人关于推进昆嵛山区域综合性保护开发情况的介绍，就有关问题进行沟通交流。

【王艺华到威海市调研】 7月6日—7日，省政协副主席王艺华率调研组到威海市，围绕“发挥发掘乡村功能，助力乡村振兴”开展专题调研，并召开座谈会听取威海市乡村振兴总体工作情况介绍。

【市政协智库工作会议】 7月5日召开。会议印发关于成立第十四届市政协智库工作委员会的相关文件，向30位智库专家颁发聘书，并围绕加强政协智库建设听取意见和建议，对推进政协智库工作作出部署。

【喜迎二十大　永远跟党走“进乡村 看小康”全国政协委员画家作品邀请展】 8月19日举办。作品展汇集全国知名的政协委员画家和市政协书画联谊会画家的110余幅作品，涵盖国画、油画等多种类型，表达助力美丽乡村建设、祈福国泰民安的美好愿望。

【全市政协提案工作会议】 10月12日召开。会议学习贯彻中共中央总书记习近平关于加强和改进人民政协工作的重要思想，全面落实中央和省委、市委政协工作会议精神，就进一步做好全市政协提案工作进行部署。

（孙宏强）

编辑　闫拥军

纪检监察

综　述

【概况】　中国共产党威海市纪律检查委员会与威海市监察委员会（简称市纪委监委）合署办公，实行一套工作机构、两个机关名称，履行纪律检查、国家监察两项职能。中国共产党威海市纪律检查委员会、威海市监察委员会机关内设16个职能室（部）及机关党委，1个直属事业单位。中共威海市纪律检查委员会、威海市监察委员会设11个派驻纪检监察组。2022年，全市纪检监察机关发挥监督保障执行、促进完善发展作用，推动纪检监察工作高质量发展。

【“规范化法治化正规化建设年”活动】　领导体制和工作机制优化　完善市纪委监委领导班子分工和组织领导方式，纪检监察工作的系统性、整体性、协同性显著增强。印发《各区市纪委监委向市纪委监委请示报告重大事项清单》，统筹审查调查信息发布，加强上级纪委监委对下级纪委监委的领导指导。深化派驻机构改革，完善常委会统一领导、班子成员分工负责、监督检查室日常联系的领导体系。

监督执纪执法制度机制完善　全面补齐制度短板，先后制定程序类、实体类、协作类、束权类等各类制度60余项，不断健全符合纪检监察工作规律的制度机制、运作方式和审批程序。做好制度“精装修”，细化落实政治监督、问题线索处置、谈话函询抽查核实、办案安全、处分决定执行、申诉复查复议等措施办法。完善问题线索工作管理体系，印发《问题线索分办处置专题会议制度》，集体研究问题线索处置和办理情况349件次，不断提高问题线索研判精准度和工作质效。健全案件质量保障体系，开展全市纪检监察系统案件质量评查活动，发布审理提示3期。

干部队伍建设　印发《中共威海市第十六届纪律检查委员会常务委员会关于加强自身建设的意见》，带头加强政治建设，深入学习贯彻习近平新时代中国特色社会主义思想，坚持民主集中制，严格落实请示报告制度、意识形态工作责任制。突出党建引领，打造“忠诚卫士·清廉威海”党建品牌，深化“一支部一品牌”创建，全面提升机关党建质量。深化全员培训，举办专题培训班8期，培训干部1000余人次。强化监督约束，召开全市干部监督工作专题会议，开展监督调研，坚决防治“灯下黑”。

【重要会议及活动】　1月18日，市纪委监委召开全体干部会议，传达省委关于市纪委监委主要负责人调整的决定。省委决定：杨旭东任威海市委委员、常委，市纪委书记，提名为市监委主任候选人；任敬喜不再担任威海市委常委、委员，市纪委书记，市监委主任职务。

1月25日，市纪委监委机关召开党史学习教育总结会议，市委党史学习教育第十四巡回指导组到会指导。

1月29日，中共威海市纪委十五届七次全体会议召开。全会以习近平新时代中国特色社会主义思想为指导，全面贯彻中共十九大和十九届历次全会精神，学习领会中共中央总书记习近平在十九届中央纪委六次全会上的重要讲话精神，传达学习赵乐际在十九届中央纪委六次全会上的工作报告和省纪委十一届七次全会精神，总结2021年全市纪检监察工作，安排2022年任务，审议通过杨旭东代表市纪委常委会所作的工作报告。全会审议通过《中国共产党威海市第十五届纪律检查委员会向中国共产党威海市第十六次代表大会的工作报告（审议稿）》，同意提交中国共产党威海市第十六次代表大会审查。

2月7日—8日，省委常委、省纪委书记、省监委主任夏红民到威海市调研。夏红民强调，要学懂、弄通、做实习近平新时代中国特色社会主义思想，按照十九届中央纪委六次全会和省纪委十一届七次全会要求，实事求是、依规依纪依法、精准有效做好各项工作，以纪检监察工作高质量发展的优异成绩迎接中共二十大胜利召开。

4月18日，市纪委监委以视频形式召开区（市）纪委书记座谈会暨“规范化法治化正规化建设年”活动推进会，听取年内工作情况汇报，研究部署下一步工作。

4月28日，市纪委监委召开黄河流域生态保护和高质量发展专项监督工作会议。会议深入贯彻中共中央总书记习近平在推动黄河流域生态保护和高质量发展座谈会上的重要讲话精神，传达学习省纪委监委黄河流域生态保护和高质量发展专项监督动员部署会议精神，研究贯彻落实意见。

5月6日，市纪委监委机关召开青年党员干部学习交流会暨青年理论学习提升工程启动仪式。

5月7日，市纪委监委召开全市黄河流域生态保护和高质量发展专项监督工作推进会议，深入学习贯彻中共

5 月 7 日，全市黄河流域生态保护和高质量发展专项监督工作推进会议召开
（威海市纪委监委办公室　提供）

中央总书记习近平在推动黄河流域生态保护和高质量发展座谈会上的重要讲话精神和视察山东重要指示要求，认真落实省纪委监委专项监督工作动员部署会议精神，着力推动黄河重大国家战略在威海市落地落实。

7 月 1 日，市纪委监委机关举办“喜迎二十大·铸忠诚铁军·展卫士风采”主题演讲比赛，激励党员干部学习先进事迹、汲取奋进力量，“铸忠诚铁军、展卫士风采”。

7 月 19 日，市纪委监委召开 2022 年上半年工作总结会，总结交流上半年工作，研究部署下半年重点任务。

9 月 5 日，市纪委监委召开统筹衔接“四项监督”专题会议。

9 月 19 日，由市纪委监委机关、中国共产主义青年团威海市委员会、市文化和旅游局联合主办，市文学艺术界联合会、威海日报社协办的“青春书华章·清风绘华彩·光影颂华诞”威海青年干部廉洁书画摄影展在市群众艺术馆开展。

9 月 27 日，由市纪委监委机关联合中国共产主义青年团威海市委员会主办的市直机关年轻干部扣好廉洁从政“第一粒扣子”演讲比赛决赛在市群众艺术馆举行。

10 月 25 日，市纪委常委会召开扩大会议，传达学习中共二十大和二十届一中全会精神，研究贯彻落实意见。

11 月 18 日，市委常委、市纪委书记、市监委主任杨旭东在市廉政教育中心为纪检监察干部宣讲中共二十大精神。

监督执纪

【政治监督】 推动政治监督具体化精准化常态化，聚焦中共中央总书记习近平重要讲话和指示批示精神、中共中央重大决策部署和山东省委、威海市委工作安排，紧盯“三新一高”（新发展阶段、新发展理念、新发展格局、高质量发展），“疫情要防住，经济要稳住，发展要安全”等强化监督。统筹联动开展黄河流域生态保护和高质量发展专项监督，做实美丽宜居乡村建设中的问题整改、海洋渔船综合管控和优化营商环境监督等工作，纠正政治偏差，确保政令畅通。印发《建立“一台账、两清单、双责任、双问责”监督机制强化政治监督的实施办法》，建好用好政治监督“活页”。严明政治纪律和政治规矩，严肃换届纪律风气，严把政治关、廉洁关，规范审慎回复党风廉政意见。

【监督体系完善】 日常监督　加强对“一把手”和领导班子监督，印发《关于进一步加强同级监督的工作措施》《关于开展对市级领导班子成员进行“廉情通报”工作的方案》，推进同级监督具体化、规范化、常态化。全市纪检监察机关通过监督检查发现问题线索 1076 件，线索来源“主渠道”作用日益凸显。

“四种形态”运用　坚持把监督“挺在前面”，向全市党员领导干部发放廉洁自律提示卡，探索实行谈心类谈话，规范谈话函询工作，不断提高监督的针对性和有效性。全市纪检监察机关运用“四种形态”（第一种：党内关系要正常化，批评和自我批评要经常开展，让“咬耳扯袖”“红脸出汗”成为常态；第二种：党纪轻处分和组织处理要成为大多数；第三种：对严重违

6 月 22 日，市纪委监委派驻第六纪检监察组到威海市古寨小学开展专项监督检查
（威海市纪委监委办公室　提供）

纪的重处分、作出重大职务调整应当是少数；第四种：而严重违纪涉嫌违法立案审查的只能是极少数）批评教育帮助和处理3314人次，其中四种形态分别占74.2%、18.9%、2.5%、4.4%，结构明显优化。

派驻监督　认真贯彻派驻机构工作规则，印发《派驻机构履责清单指引60条》，督促市纪委监委各派驻纪检监察组全要素履职，全年立案51件、给予党纪政务处分60人。深化“五驻”（常态驻、重点驻、协同驻、循环驻、机动驻）工作模式，相关经验做法得到省纪委监委主要负责人批示肯定，在地方纪委监委党政口派驻机构改革调研视频会议上进行交流。印发《关于加强金融风险防范化解监督的实施意见》，建立“纪检监察＋金融监管”双线工作体系，守住金融安全底线。印发《关于强化事业单位监督的工作办法》，推动派驻监督向事业单位延伸，累计发现问题216个，批评教育帮助和处理29人。

监督合力形成　市纪委监委印发《关于进一步加强“四项监督”统筹衔接的若干措施》，梳理细化具体措施81条，着力构建内部贯通、左右衔接的监督工作格局。统筹纪检监察监督资源、力量，建立“室组地巡”联动监督、“室组地”联合办案机制，促进全系统条块结合、上下联动。印发《关于加强对驻在部门机关纪委业务指导强化监督合力的实施意见》，统筹运用好机关纪委人员力量，形成监督合力。探索统筹各类监督贯通融合，市纪委监委机关与政法、行政执法、审计、统计、金融监管等监督主体建立多项协作配合制度，构建完备的监督贯通体系。

6月23日，全市护航企业发展座谈会召开

（威海市纪委监委办公室　提供）

【全周期管理】　运用“全周期管理”方式一体推进不敢腐、不能腐、不想腐，巩固拓展反腐败斗争压倒性胜利。

惩治腐败力量保持常在　靶向清除存量、坚决遏制增量，全市纪检监察机关处置问题线索2317件，立案941件，给予党纪政务处分851人，涉嫌犯罪移送检察机关16人，严肃查处一批严重违纪违法案件。从严从实加强对年轻干部教育管理监督，给予“80后”干部党纪政务处分62人。集中治理执法司法、粮食购销、人民防空、供销等领域的腐败问题。坚持受贿行贿一起查，坚决斩断“围猎”与甘于被“围猎”的利益链。召开全市审查调查安全工作会议3次，加强对留置场所的监督管理，坚决守住办案安全底线。全市纪检监察机关通过办案挽回经济损失2.6亿元，有15人主动向纪检监察机关投案，35人主动交代问题。

5月18日，市纪委监委调研组到夏季播种一线开展调研

（威海市纪委监委办公室　提供）

群众身边腐败整治　聚焦群众看病就医等5个重点领域、27类突出问题全面开展专项整治工作，查处群众身边腐败和不正之风问题417起，给予党纪政务处分241人。推进常态化“打伞破网”，全市纪检监察机关查处党员干部涉黑涉恶腐败和充当“保护伞”问题21起、处理25人，给予党纪政务处分21人。深入基层一线开展明察暗访，拍摄《群众身边作风问题察访实录》，组织全市各级党组织主要负责人集中观看，强化警示教育和震慑作用。做好“送上门的群众工作”，印发《关于做好“初次举报及时办、重复举报重点办、上级交办马上办”工作的实施意见》，全市纪检监察机关接收信访举报727件，比上年下降6.6%，相关经验做法在全省纪检监察信访举报工作会议上进行交流。

以案促改促治　用好“一案五看”（看好关键事、看住关键人、看在关键处、看准关键时、看到真成效）工作法，精准发现个案背后的普遍性问题和深层次问题，制发纪检监察建议书296份，推动有关部门完善制度机制120余项，编印《严重违纪违法市管干部忏悔录》，摄制《贪欲裹挟下的权力漩涡》等警示教育片4部，做到“查处一案、警示一片、治理一域”。市委、市纪委监委印发《关于加强新时代威海廉洁文化建设的实施方案》，持续深化拓展“学论述·正家风·树清风”主题活动，组织2000余名科级以上党员干部家属走进廉政警示教育馆。向领导干部手机推送警钟长鸣“十二时”彩铃，打造“非遗里的清廉”廉洁文化品牌，摄制专题片20余部，市、区（市）联动开展各类主题宣讲400余场次，组织新提职任职市管干部到威海廉政警示教育馆、威海“清廉之路”教学点开展教育，举办市直机关年轻干部扣好廉洁从政“第一粒扣子”演讲比赛、青年干部书画摄影作品展，营造崇廉尚洁、抵制腐败的良好风尚。

9月1日，组织新提职任职市管干部到威海廉政警示教育馆接受廉政警示教育（威海市纪委监委办公室　提供）

【作风建设】　“四风”纠治　市纪委监委印发《关于锲而不舍纠“四风”树新风　监督落实中央八项规定精神的工作实施方案》，分层级、分地区、分领域、分行业开展“四风”（形式主义、官僚主义、享乐主义和奢靡之风）整治。聚焦新冠疫情防控、营商环境、教育医疗、财政监管等13个重点领域，坚决纠治影响中共中央决策部署贯彻落实、漠视侵害群众利益、加重基层负担的形式主义、官僚主义。用好市、区（市）、镇“直通车”机制，及时转办督办基层反映的突出问题39个。全市纪检监察机关查处形式主义、官僚主义问题201个，批评教育帮助和处理320人，其中给予党纪政务处分130人。紧盯重要节点开展明察暗访、专项检查，靶向纠治违规发放津贴补贴、借培训名义搞公款旅游等突出问题，对“酒杯中的奢靡之风”开展专项整治。全市纪检监察机关查处享乐主义、奢靡之风问题92个，批评教育帮助和处理127人，其中给予党纪政务处分62人。

干部激励担当作为　用好信访举报“一信双查”（既依规、依纪、依法对被举报人进行调查，又依据有关规定对涉嫌诬告陷害他人的举报人进行调查）机制，澄清不实举报64起，查处诬告陷害党员干部案件5起。深入落实“三个区分开来”（要把干部在推进改革中因缺乏经验、先行先试出现的失误和错误，同明知故犯的违纪违法行为区分开来；把上级尚无明确限制的探索性试验中的失误和错误，同上级明令禁止后依然我行我素的违纪违法行为区分开来；把为推动发展的无意过失，同为谋取私利的违纪违法行为区分开来），坚持尽职免责、失职追责、精准问责，印发《关于激励干部担当作为深化容错纠错工作的实施办法》，明确4个方面14种容错情形和5种不予容错情形，实施容错纠错14起16人，关爱回访受处分干部716人次。

【政治巡察】　高质量推进十六届市委巡察工作，全面总结十五届市委巡察工作，高标准编制十六届市委巡察工作规划。紧扣“两个维护”（坚决维护习近平总书记党中央的核心、全党的核心地位；坚决维护党中央权威和集中统一领导）根本任务，围绕加快构建抵御自然灾害防线、推动高质量发展等方面，开展十六届市委第一轮巡察工作，对11个部门开展黄河流域生态保护和高质量发展专项巡察，对5个部门开展常规巡察，发现问题336个，并移交一批线索，推动黄河重大国家战略在威海市落地见效。围绕学习宣传贯彻中共二十大精神，开展第二轮巡察工作，对市国有资产监督管理委员会党委和8个市属国有企业党委开展常规巡察，着力查找国有企业党的建设、供给侧结构性改革、国有资产保值增值等方面政治偏差。

加强巡察整改和成果运用，市纪委监委印发《巡视巡察整改和成果运用工作责任清单》《巡察机构落实巡察整改和成果运用统筹督促责任的工作办法（试行）》，搭建巡察整改“四梁八柱”制度支撑体系。创新巡察反馈方式，召开专题会议集中反馈问题，通报巡察发现共性问题，督促被巡察党组织主要负责人开展整改；“一对一”向被巡察单位反馈巡察情况，分管市领导参加会议并提出工作要求，压实整改责任。根据巡察发现体制机制问题，形成专题报告5份，向市委、市政府提出合理化建议；针对行业性领域性问题，向主责部门、属地区（市）发出巡察建议16份，督促开展专项治理3项、纠治问题196个。

不断完善巡察上下联动工作格局，市纪委监委印发《关于“办组”联合做好对县级巡察工作常态化指导督导的工作方案》，对各区（市）、国家级开发区、威海南海新区党（工）委巡察工作开展指导督导和专项检查，提出工作建议111条，指导制定完善制度27项，推动区（市）巡察工作整体提升。创新“纪巡”联动形式，完善市纪委监委监督检查室负责人兼任市委巡察组兼职副组长（组长助理）的工作机制；深化巡审联动，加强与市委政法委员会、市财政局、统计局等部门的协作，推动巡察监督与其他监督贯通融合。

（贾圣凡　王秉力）

编辑　闫拥军

民主党派与工商联

中国国民党革命委员会威海市委员会

【概况】 2022年，中国国民党革命委员会威海市委员会（简称民革威海市委会）发展新党员9人，总人数140人。其中，大学及以上学历党员121人，占党员总数的86%；中、高级专业技术职称或相应职务党员67人，占党员总数的48%。18人担任各级人大代表和政协委员。民革威海市委会获评民革全省参政议政先进集体、民革全省机关工作先进集体，三支部党员之家被民革山东省委会评为优秀民革党员之家，2人分别获评民革全国机关工作先进个人、民革全国宣传思想工作先进个人。

【组织建设】 重新划分7个支部、1个直属小组，完成支部成立、换届有关工作，设立内部监督委员会及祖国统一委员会等7个专委会，成立民革威海画院。组织参加中国国民党革命委员会山东省第十四次代表大会并完成有关任务。全年考察、培养具有界别特色的高层次入党积极分子16人，发展新党员9人，举办入党积极分子培训班2期和新党员培训班1期。开展"示范支部""党员之家"创建活动，升级改造各支部活动场地。加强后备干部队伍和代表人士队伍建设，人才举荐力度进一步加大。

【参政议政】 围绕游艇产业、地毯产业、对日本经贸合作等方面开展专题调研，提交反映社情民意信息32篇、提案17篇和议政建言材料3篇。其中，7篇被中国国民党革命委员会山东省委员会（简称民革省委会）采用，1篇被省政协采用，1篇被民革省委会选为集体提案报省政协、被省政协确定为重点提案，27篇被市政协评为优秀提案。4篇调研报告得到中共威海市委、市政府主要负责人批示，1篇调研报告获得年度全市优秀调研成果特等奖，1人获评民革山东省参政议政先进个人。

【宣传工作】 民革威海市委会在各级媒体发表文章近20篇，其中6篇被《大众日报》和"山东统一战线"微信公众号等省级媒体采用、19篇稿件被市级媒体采用。通过"威海民革"微信公众号，大力宣传组织亮点工作、社会服务工作和民革党员优秀事迹。将线上线下学习教育相结合，利用微信公众号、"钉钉"群等载体，发布民革前辈、领导人关于多党合作的理论文章等系列专题。鼓励党员立足本职，扎根奉献，3人分别获评山东省优秀企业家、全国优秀律师、山东省节能减排标兵。

【社会服务】 扎实开展对口扶贫工作，积极参与"我为帮扶下一单"活动，促进贵州省纳雍县特色农产品销售；定期举办支农扶贫活动，为多个村近100名村民送去生活必需品，完善村集体设施设备。打造"爱心文具袋 考试送祝福"进校园活动品牌、为中考、高考学生赠送6438套价值3万余元的爱心文具袋。举办"博爱·牵手"活动，开展文化法律卫生服务，通过线上线下相结合的方式，实现志愿服务常态化；开办秋季书法公益课、素描基础课、"非遗"进课堂28次，受益1200余人。强化法律援助，以民革威海市委法律服务站为依托，定期举办法律进企业、进社区活动，开展专题培训与法律讲座9次，有200余人次参加。开展线上线下读书活动，发放孙中山主要著作等图书资料500余册。积极开展"双招双引"活动，促成威海市部分企业与台资企业达成贸易、文化和投资等方面的意向。年内，1人获评民革山东省社会服务工作先进个人。

（卫海民）

中国民主同盟威海市委员会

【概况】 2022年，中国民主同盟威海市委员会（简称民盟威海市委会）发展盟员16人，调入4人，盟员总数407人。其中，中、高级以上专业技术职称或相应职务盟员264人，占盟员总数的65%。有省政协委员2人、市政协委员16人（其中副主席1人、常委3人）、市人大代表2人、环翠区政协委员11人（其中常委3人）、文登区政协委员5人（其中常委2人）、荣成市政协委员2人（其中常委1人）。民盟威海市委会下设支部13个、直属小组1个，内设机构9个（7个专委会和书画院、艺术团），获评社会服务工作先进集体，获得盟务工作突出贡献奖，4个基层组织、15名盟员被中国民主同盟山东省委员会表彰。

【组织建设】 开展"矢志不渝跟党走、携手奋进新时代"政治交接主题教育，成立领导机构、工作机构，精心编制方案并组织实施。全年召开民盟威海市委会议4次、支部班子会议10余次，深入学习贯彻中国共产党第二十次全国代表大会、全国两会、中国共产党山东省第十二次代表大会等会议精神。以“深挖楷模内涵 赓续精神血脉”为主线推进思想政治及宣传工作，在民盟省委常委会议上作典型发言。开展“喜迎二十大 对党说句心里话”“讲述·非凡十年”等专题征文。提升组织发展水平，健全内部监督机制，成立哈尔滨工业大学（威海）支部、民盟威海市监督委员会。优化积分制管理App，上线威海民盟人才资源库板块，同步开发微信小程序。提升盟务宣传实效，在“威海民盟”微信公众号发布稿件近50篇，在《人民政协报》、民盟中央网站、“山东统一战线”微信公众号、《大众日报》等发稿20余篇。

【参政议政】 重点围绕主界别领域建言献策，向中共威海市委提交调研报告3篇。围绕“双减政策下课后服务实施有关情况的报告”开展专项民主监督。积极参加政党协商，协助完成中国民主同盟山东省委员会年度“大调研”重点工作和民盟中国社会科学院委员会“乡村振兴战略推进效果”调研活动，参加中共威海市委、市政府召开的政府工作报告、党风廉政建设和反腐败工作等党外人士座谈会13次。在市政协十四届一次会议上，提交提案27件、集体提案4件；在市政协十四届二次会议上，提交提案28件、集体提案3件。其中，10件提案获评2022年度优秀提案，5位盟员获得市政协表彰。

【社会服务】 强化品牌建设，在和美社区开展“五个一”（发表一篇理论研究成果、拍摄一个宣传片、制作一个主题歌MV、举办一次师生作品展览、举办一场主题演出）建设，通过“1+8+N”（1个中心服务站、8个社区服务点、N种活动方式）运作模式，将服务范围与效果最大化延伸；常态化开展剪纸、声乐、手工等12门公益课程，举办公益培训562场、特色活动64场次，覆盖居民5.6万余人。各支部开展高质量公益服务，环翠区支部举办“聚力扶弱 一家亲”爱心竞拍活动，科技支部、威海经济技术开发区支部、高教支部联合开展“爱心汇聚力量 真情共筑希望”献爱心活动，老龄支部、环翠区支部、威海临港经济技术开发区直属小组、科技支部联合开展“助力高考、奉献爱心”志愿服务活动、参与扶贫慰问活动，荣成市支部举办“翰墨迎新、春联送福”活动、“致敬二十大 非遗进校园”明德大讲堂活动，文化艺术支部在东发老年公寓开展“庆七一”“迎重阳”2场文艺演出。

（毕明艳）

中国民主建国会威海市委员会

【概况】 2022年，中国民主建国会威海市委员会（简称民建威海市委会）发展新会员11名，会员总数173人。其中，大学及以上学历会员166人，占会员总数的95.95%；中、高级以上专业技术职称或相应职务会员43人，占会员总数的24.9%。设总支1个、支部10个，有工作委员会6个和会员服务中心1个。民建威海市委会获评民建山东省委会组织建设二等奖、市政协参政议政优秀单位，3篇社情民意信息被中国民主建国会中央委员会采用，1家会员企业获评环翠区纳税50强，1人获评民建山东省委宣传信息先进个人。

【组织建设】 扎实开展民建基层组织换届工作，完成支部班子述职、班子人选考察、群众评议、支部大会筹备等工作，确保各支部换届工作有序进行，至7月，完成8个支部换届工作，调整5个工作委员会，新成立会内监督委员会，顺利实现政治交接。对新的基层组织班子开展全员集中培训，全面提高各级干部的会务工作能力和综合履职能力。制定财务管理制度、会务履职细则和公章使用办法等章程，为全面推行集体决策、民主决策提供制度保障。加强会员活动室和“会员之家”建设，环翠区总支和文登支部先后筹建活动室，改造威海火炬高技术产业开发区“会员之家”，为会员开展活动提供场地平台。实施基层组织轮值活动主委制度，激发会员参与组织活动的热情。强化工作量化考核，将会员参与会务情况进行分类细化评分，依据分值评先选优。印发《关于强化各级班子履职考核的意见》，完善措施督促激励，以制度化建设推进组织工作科学化。

【参政议政】 民建威海市委会鼓励担任人大代表、政协委员的会员积极履职，推荐会员参加部门意见征求会、党政主要领导廉政情况民主测评、政风行风评议等工作，担任各级社会监督员，切实履行监督职责，有效发挥民主党派职能。加强调研工作统筹力度，压实重点调研课题负责制，通过课题认领等方式，提高议政建言的质量，提交的集体提案入选政协会议书面发言材料。结合新冠肺炎疫情防控、复工复产、数字经济等中心工作，组织会员开展调查研究，为市政府决策出力，全年参加政党协商会议20次，提交重点课

7月21日，民盟威海市委会调研组赴荣成市开展调研

（中国民主同盟威海市委员会 提供）

题调研报告4篇和民主监督报告1篇，5篇调研报告均得到中共威海市委、市政府主要负责人批示，被市委统一战线工作部通报表彰。

【社会服务】 打造“彩虹·筑梦”社会公益品牌，依托健康查体、法律援助和助残帮扶3个服务平台，助力民生改善。全年开展送医下乡和送医进社区活动11场次，免费为基层群众体检近500人次、义务健康讲座9场次。以妇女儿童为主要对象，全年办理司法公益援助案件8起。举办“助残圆梦 爱在威海”趣味运动会，开展系列帮扶活动，助力残疾人士学习专业技能，实现自立自强。组织会员购买威海经济技术开发区崮山镇沙龙王村滞销农产品，各支部开展低保户、五保户、特殊教育学校儿童、抗美援朝老兵走访慰问，捐赠生活物资和体育用品等活动，捐赠款物合计20余万元。拓展社会公益新领域，以“规范企业运营管理”为切入点，搭建企业合规经营研究推广中心，助力企业完善内部管理制度、依法合规经营，组织讲座3场，培训企业家近200人次。启动“民建之旅”活动新平台，通过“走出去”和“请进来”的方式，把“民建之旅”与红色教育、联谊交流、招商引资和考察调研等活动相结合，突破基层组织活动的传统模式，拓展工作思路，服务全市经济建设。

（曲志华）

中国民主促进会威海市委员会

【概况】 2022年，中国民主促进会威海市委员会（简称民进威海市委会）新发展会员23人，会员总数169人。其中，具有中、高级专业技术职称或相应职务会员76人，占会员总数的44.97%。有省政协委员1人、市政协委员18人（其中常委3人）、环翠区政协委员5人（其中区副主席1人）、文登区人大代表1人、文登区政协委员3人。民进威海市委会获评民进全国信息化建设先进集体、民进山东省市级组织社会服务工作先进单位，4个支部获评民进山东省先进基层组织，1名会员获评民进全国信息化建设先进个人，19名会员获评民进山东省优秀会员。

【参政议政】 民进威海市委会向市政协提交提案18件，其中6件获评市政协优秀提案。2篇调研报告分别得到中共威海市委、市政府主要负责人批示。完成民进山东省委会调研课题1篇、民主监督报告1篇，3篇社情民意被民进中国民主促进会山东省委员会采用。3名代表参加民进山东省第八次代表大会。8月25日，民进威海市委会调研组到哈尔滨工业大学（威海）调研并召开座谈会，双方围绕做好引才工作和发挥高校集聚效应等问题进行交流。

【社会服务】 开展“共享阳光 同绘彩虹”助残服务活动，实施“启迪心灵”“健康护航”“自立赋能”“圆梦同行”“法护人生”5个助残服务项目，捐款捐物价值3.2万余元，受益残疾人150人次。走访慰问“如康家园”智障残疾人，捐赠生活用品，组织会员为“如康家园”残疾人之家捐款5000余元。春节前夕到农村开展“春联万家”活动，赠送村民春联160余副。赠送威海临港经济技术开发区黄岚办事处山马刘村价值1万元的大喇叭音响1套、威海市实验高级中学价值1.2万元的学习生活用品。

（刘 辉）

中国农工民主党威海市委员会

【概况】 2022年，中国农工民主党威海市委员会（简称农工党威海市委会）有党员126人。其中，大学及以上学历113人，占党员总数的90%；中、高级以上专业技术职称或相应职务党员64人，占党员总数的51%。有省人大代表1人，市人大代表1人，市政协委员9人（其中常委3人），环翠区人大代表1人，政协委员5人，文登区政协委员4人。设有专委会3个、基层支部6个。

【组织建设】 坚持“人才强党”，加强班子建设，优化党员队伍。强化基层组织建设，成立基层支部6个，为基层组织建设奠定坚实基础。指导各基层组织建立“党员之家”，在“党员之家”定期组织学习、开展讨论调研，增强基层组织凝聚力；及时通过微信公众号发布各基层组织会务活动、社会服务工作情况。强化队伍建设，坚持标准、注重质量、规范程序、保持特色，严把入党关。加强代表人士队伍和后备干部队伍建设，积极做好干部发现、选拔、培养、推荐工作，通过吸纳高层次人才使党员的结构和层次进一步优化。开展新党员培训，助力新党员尽

11月10日，民进威海市委会文登区支部开展“共享阳光 同绘彩虹”助残服务活动 （中国民主促进会威海市委员会 提供）

快融入角色，提升参政议政能力。

【参政议政】 坚持“身入”“心入”“深入”的调研原则，组织党员深入城镇、乡村、企事业单位、行业主管部门，围绕民生需求、产业发展，走访调研医养、康养机构和威海威高国际医疗投资控股有限公司，就失能、半失能老人预防和现状干预、推进高端医疗器械与生物医药产业链高质量发展进行座谈，提出高质量建议。利用“界别协商”“政党协商”“民主协商”等参政平台，向中国农工民主党山东省委员会提交调研报告及社情民意25篇，向中共威海市委、市政府提交调研报告3篇，向市委统一战线工作部提交社情民意10余篇，向政协大会提交集体提案2件、个人提案14件。助力新冠肺炎疫情防控方面，1篇调研报告经省政协提交全国政协，1篇调研报告获得中共威海市委主要负责人批示。助力经济发展及民生保障方面，1篇社情民意信息被威海市政府相关部门采纳并实施，1篇调研报告获得中共荣成市委主要负责人批示。

【社会服务】 以“六进”（进机关、企业、学校、社区、乡村、场所）活动为载体，打造“健康快车”服务品牌，开展义诊、查体、健康宣讲活动，惠及1000人次。定期向市民传授八段锦健身操，惠及1000余人次。党员企业走访养老院、儿童福利院、高龄失能老人家庭，捐款捐物40余万元，惠及1000余人次。党员企业通过线上开展免费书画教学、财会教学、法律宣传等活动。农工党威海市委会获评全省助力乡村振兴县区行、情系三农及同心助学工作先进集体，3人获评全省助力乡村振兴县区行、情系三农及同心助学工作先进个人。

（杜　平）

中国致公党威海市委员会

【概况】 2022年，中国致公党威海市委员会（简称致公党威海市委会）发展党员10人，转入1人，转出2人，党员总数142人。其中，具有“侨”“海”身份的党员85人，占党员总数的60%；大学及以上学历121人，占党员总数的85%；中、高级以上专业技术职称或相应职务党员68人，占党员总数的49%。设有支部11个、专委会9个。致公党威海市委会获评省级参政议政先进集体及反映社情民意信息工作优秀组织，市直二支部获评省级宣传思想先进集体，哈尔滨工业大学（威海）支部获评省级组织建设先进集体，6个支部获评省级示范支部，3个支部挂省级“致公党员之家”牌子，23人获评省级“创先争优”优秀致公党党员，1人获评省级“创先争优”优秀机关工作者。在中国致公党山东省委会成立30周年大会上，致公党威海市委会获评先进集体，13人获评优秀党员，1人获评优秀机关工作者。

【组织建设】 开展“制度建设年”活动，制定《威海致公党市委会规章制度》，涵盖工作职责、基层组织建设、党员发展、机关建设、履职考核等37个方面内容，使各项工作开展有章可依、有据可循。持续做好基层组织党员积分制考核，建立谈心谈话机制，时刻关注党员的思想动态、工作情况和生活需求，给予党员温暖和关爱。成立南海新区支部，市直一支部进行支部班子届中个别调整。开展省级“示范支部”“致公党员之家”等创建活动，规范完善相关制度和硬软件设施，做到日常工作有场所、组织建设有保障，履职活动有抓手，建成省级“示范支部”6个，“致公党员之家”3个。着力打造文登区支部活动室，组织开展示范支部观摩活动，制定统一的基层组织工作记录簿，以优秀支部的示范引领作用推进基层组织规范化建设。推动“书香致公”“书香支部”建设，搭建书香活动载体，以优秀图书为媒介，持续开展送文化下基层活动，先后捐赠图书500余本，举办读书分享交流活动10余场。5月10日，致公党威海市委会联合市文化和旅游局开展《曹禺评传》图书捐赠活动，拓展“书香支部”创建活动渠道。环翠区支部倾力打造乡村振兴爱心书屋、致公讲堂、爱心公益画室，通过传统文化读书分享会引导党员、村民读书学习，并以大讲堂的方式为百姓传递文化知识。

【参政议政】 先后参加党外人士座谈会、民主协商会、情况通报会15次，提意见建议30余条。围绕“千里山海 自在威海”品牌建设、威海市中医药综合改革示范区建设、知识产权保护等年度重点课题开展调研10次。全年上报各类调研报告、提案、社情民意信息185篇，其中被中央级录用4篇、省级录用33篇、市级采用60篇，3篇调研成果分别得到中共威海市委、市政府主要领导批示，5篇社情民意信息获评省级参政议政优秀成果，1篇理论研究成果获评省级理论研究优秀成果二等奖；向市政协大会提交提案23篇，其中5篇获评优秀提案；在“威海致公”微信公众号推送信息100期，上报各类宣传稿件113篇，其中被中国致公党中央委员会、省委员会录用17篇，《人民日报》刊发1篇。

【海外联谊】 通过线上、线下等方式，与巴基斯坦（中国）山东商会、韩国国际青少年交流协会、马来西亚和文莱等国的华商会等华人华侨团体、友华组织、友好人士开展联谊交流活动。向海外发起“全球心相连·携手共抗疫”为主题的短视频征集活动，日本、韩国、俄罗斯等13个国家的海外友人、华人华侨和合作伙伴参加活动。文登区支部及时向在乌克兰的华侨发布撤侨信息，帮助留学生安全回国。职业学院支部参加中巴职业技术教育合作发展研讨会暨中巴职业技术和教育交流活动，推广职业教育先进经验。

【社会服务】 着力打造“威海致公乡村振兴爱心驿站”社会服务品牌，在威海临港经济技术开发区汪疃镇西英武村设立首家威海致公乡村振兴爱心驿站，设置“吾老洗衣站”为村民提供免费洗衣服务。开展苹果等农产品助销活动，卖出苹果9.16万千克。各基层组织围绕“致公讲堂”“佃里院村乡村振兴实践服务基地”“心系星星天使情暖特殊群体”“被看见 才安全——农用车反光板公益捐助”等活动开展社会服务和爱心公益活动，全年组织开展各类社会服务活动13次，累计捐资捐物价值数十万元。

（刘京璞）

九三学社威海市委员会

【概况】 2022 年，九三学社威海市委员会（简称九三学社威海市委会）发展新社员 11 人，调出 2 人，社员总数 193 人。其中，省政协委员 2 人，市人大代表 5 人，市政协委员 16 人（其中副主席 1 人、常委 3 人）；大学及以上学历 182 人，占社员总数的 94%；中、高级以上专业技术职称或相应职务社员 154 人，占社员总数的 79.7%。九三学社威海市委员会获评九三学社山东省信息工作先进集体、宣传工作先进集体、社会服务工作先进集体、组织信息系统工作先进集体、理论（社史）研究工作先进集体，2 人分别获评九三学社中央组织工作先进个人、九三学社中央宣传工作先进个人，11 人次获评九三学社山东省先进个人。

【组织建设】 设置成立参政议政委员会、宣传工作委员会、社会服务委员会、科技工作委员会、医疗卫生委员会、文化教育委员会、经济工作委员会、法律工作委员会 8 个专门委员会。印发《九三学社威海市委员会社务工作评价管理办法》，配套社务工作评价管理软件系统。成立山东大学（威海）支社。九三学社威海市委会被九三学社中央委员会评为 2021 年度机关规范化建设市级组织先进单位。

【参政议政】 将学习中共二十大精神与“矢志不渝跟党走、携手奋进新时代”政治交接主题教育有机结合，落实“第一议题”学习制度，凝聚共识和力量，着力打造新时代中国特色社会主义参政党，相关宣传稿件被联合网、《联合日报》《大众日报》分别选用 1 篇，“威海统一战线”微信公众号发布 7 篇。市“两会”期间，九三学社威海市委会提交提案 24 件，7 篇调研报告得到中共威海市委、市政府主要负责人批示。提交的社情民意信息被九三学社中央委员会采用 1 篇、省政协采用 5 篇、山东省委办公厅采用 1 篇，九三学社山东省委会采用 12 篇。年内，“威海九三”微信公众号和九三学社威海市委会网站发布稿件 111 篇，积极宣传中国共产党的路线方针政策、九三学社各级组织工作动态和社员风采，展示工作成果和良好形象。

【社会服务】 建设公益品牌工程“威海记忆馆”，馆藏照片 2 万余张。发挥九三学社专家智库的资源优势，围绕“科技、人才、产业、文化、资本、创新”6 类内容，打造九三学社海洋主题讲堂，为经济社会发展贡献智慧和力量。打造“九三智汇·乡村富美”品牌，在威海经济技术开发区崮山镇建立乡村振兴服务站，为乡村振兴提供智力支持、产业指导。捐建九三学社威海世昌中学美术馆，为青少年学生全面发展贡献力量。

（曲　兴）

6 月 1 日，九三学社威海市委员会调研组赴威海经济技术开发区崮山镇开展助力乡村振兴调研　　（九三学社威海市委员会　提供）

威海市工商业联合会

【概况】 2022 年，威海市工商业联合会（威海市总商会）有会员 1.39 万个。其中，企业会员 1.08 万个，团体会员 104 个，个人会员 3047 人。威海市工商业联合会（简称市工商联）被中共威海市委、市政府评为 2022 年度工作优秀单位。

【市工商联（总商会）第十二次代表大会】 5 月 10 日召开。会议审议通过威海市工商联第十一届执行委员会工作报告，选举产生威海市工商联第十二届执行委员会委员、常务委员、主席、副主席和总商会会长、副会长。

【参政议政】 搭建“新威商·界别同心汇”开放性履职平台，并入选山东省政协第一批创建试点名单。调整市工商联参政议政专委会成员，市政协工商联界别委员全部纳入专委会，邀请专家作专题辅导，提升专委会成员参政议政能力水平。提报的社情民意信息被中华全国工商业联合会采纳 4 篇、被省政协采纳 4 篇。

【民营企业家培养】 通过微信公众号、网站等媒体，宣传全市获得山东省杰出企业家、行业领军企业家和优秀企业家称号的企业家先进事迹，连续推出“抗击疫情　民企担当”系列报道 28 期，弘扬企业家精神。赴安徽省合肥市举办新生代企业家创新能力提升专题培训班 1 期，赴福建省上杭县古田村举

8月21日，2022年威海市新生代企业家创新能力提升专题培训班在安徽省合肥市举办　　　　　　　　　　　　（威海市工商业联合会　提供）

办民营经济人士理想信念教育培训班1期，开展“青蓝接力”导师分享活动、青年民营企业家主题沙龙活动5场。

【“万企兴万村”行动】 市工商联、农业农村局、乡村振兴局、中国农业发展银行威海市分行等部门联合印发《威海市“万企兴万村”行动方案》，成立领导小组，召开推进会议，向全市民营企业家发出《威海市“万企兴万村”行动倡议书》，通过媒体广泛宣传报道。筛选五十一号农场、慈口观、樱聚缘、青旺农业等7个产业振兴项目参加省级实验项目评选，通过选树典型、以点带面，激发全市民营企业参与乡村振兴行动的积极性，至年底，有230家民营企业参与“兴村”项目315个，“兴村”总数249个。

【“双招双引”助力】 将招商引资和项目建设贯穿工作全过程，高起点确定工作目标，建立“获取信息第一时间分析研判、有效信息第一时间上门对接、后续全程跟踪服务”工作法，与区（市）、部门无缝对接，做好服务管理，新签约落地项目4个，市工商联被市委、市政府评为2022年度招商引资先进典型。推动成立成都市威海商会、泰安市威海商会，成立威海籍在沪专家博士团，在西安市举办“双招双引”推介会。

【民营企业权益保护】 聚焦企业急盼“需求点”，与市中级人民法院健全沟通联络机制，召开服务民营企业高质量发展座谈会，延伸和拓展服务渠道。推进民营企业依法合规经营，成立企业合规改革试点第三方监督评估机制管理委员会，选任68名专家进入名录库，对3家企业开展合规评估。召开护航民营企业高质量发展座谈会，就企业家关心关注问题进行现场答疑和回复。联合市司法局常态化开展“法治体检”“法律三进”（法律进企业、进商会、进工商联机关）和“‘十百千’走访企业服务发展”等活动，市工商联、市司法局共建沟通联系机制做法入选全国工商联与司法行政机关沟通联系机制典型事例（2021—2022年）。

【商会发展】 召开镇（街道）商会登记管理工作推进会，现场观摩学习威海临港经济技术开发区苘山镇商会登记管理经验做法，推动镇（街道）商会应登尽登。举办商会工作培训班，开展商会观摩学习活动，提升商会规范化建设水平。强化商会党组织档案管理，制定涉及9类30项的党建工作清单，统一档案归类收集标准，推进基础设施标准化建设。建立市总商会党委所属商会党支部书记联席会议制度，以“树党旗、强共识、增合力、助发展”为导向，推动提升所属商会党组织的组织功能。按照“百千万工程提升”和争创“红色引擎”党建示范点工作要求，持续开展“一会一品牌”党建品牌创建活动。年内，9家商会被认定为2021—2022年度山东省“四好”（班子建设好、团结教育好、服务发展好、自律规范好）商会，其中威海市安徽商会、江苏商会、福州商会被认定为全国“四好”商会。

【对口支援】 组织发动所属商会和民营企业家，通过产业对接、捐资助学、消费帮扶等形式，积极参与对口支援工作，为青海省门源回族自治县捐赠助学金及物资计10万元。

（汤华治）

编辑　闫拥军

群众团体

威海市总工会

【概况】 2022年，威海市总工会辖2个区（环翠区、文登区）、2个市（荣成市、乳山市）、3个国家级开发区（威海火炬高技术产业开发区、威海经济技术开发区、威海临港经济技术开发区）和威海综合保税区、威海南海新区总工会。全市建有基层工会组织4977个，涵盖单位7453个；建会单位有职工56.65万人，其中女职工23.74万人；有工会会员55.28万人，其中女会员23.23万人；各级工会有专职工作人员1502人，兼职工作人员1.27万人。全年获评全国五一劳动奖状3个、全国工人先锋号2个，山东省五一劳动奖状19个、山东省工人先锋号4个；评选表彰第五届“威海工匠”20名、威海市优秀职工500名。

【思想政治引领】 加大宣传宣讲力度，深入学习宣传中共二十大精神，依托劳模工匠宣讲团，开展主题宣传教育活动385场次，在市级以上媒体刊发稿件960余篇，向31.7万名工会网上平台用户推送信息1000余条。在市级主流媒体开设《弘扬工匠精神·建设精致城市》专栏，依托“三种精神”（劳模精神、劳动精神、工匠精神）实践展示点，开展“弘扬三种精神·凝聚职工力量”主题活动，实施劳模工匠进校园行动，在全社会形成“劳动光荣、技能宝贵、创造伟大”的浓厚氛围。开展“中国梦·劳动美”主题书画摄影征文比赛、厂歌（司歌）展播展演、“新时代·中国梦·新征程”主题百姓宣讲，组织“送万福 进万家”“安全生产”“科学防疫”等主题志愿服务活动近300场次。打造“工读书会”读书联盟品牌，培育基层职工读书组织177家，培育阅读推广人和领读者207人。

【高质量发展服务】 开展“强素质、比贡献、促发展”争先创优劳动竞赛，参与职工10万余人次，助力重点项目优质高效推进。开展职工职业技能竞赛，以赛促学、以赛促练，30余人获评威海市金牌职工。举办全市职工烹饪技能大赛暨“地标威海菜”“生态餐厅”评选活动，选出菜品42道、生态餐厅20家参加市级决赛，宣传推广地域特色餐饮文化。深入推进全员创新创效，以66家全员创新企业和1400余家职工创新工作室为引领，完成创新项目6000余个，择优命名威海市全员创新企业10家、威海市劳模和工匠人才创新工作室50家；持续推进“技术红娘”品牌创建，开展校企对接会10余场，发布技术需求榜单累计2000余万元；组织开展市级职工创新创效竞赛，择优推荐创新项目参与省级竞赛。强化产业工人队伍建设，市总工会印发《关于贯彻落实〈山东省产业工人队伍建设改革“十四五”规划〉的实施方案》，建立《2022年推进产业工人队伍建设改革工作台账》，明确产业工人队伍建设改革联席会议成员、参与单位的目标任务，确保改革工作有序推进；加强产业工人队伍建设改革工作调研督导，建立专项评估机制，开展试点经验推广，推进工作走深、走实。

【“工会推进乡村振兴”行动】 瞄准镇域各类经济组织，实施“新领域、新业态、新组织建会入会集中行动”，采取线上建设“会员之家”，线下行业统建、区域联建、项目共建等形式，吸纳参与乡村振兴的产业工人，实现镇域工

2月28日，威海市“强素质 比贡献 促发展”争先创优劳动竞赛启动仪式举行
（威海市总工会 提供）

会组织全覆盖，全年新发展农民工会员1.44万人。将思想政治引领、技能素质提升、职工权益维护等工会职能全面向镇域推进下沉，建成工友创业园160家，带动5000余人创业就业。开展岗位建功劳动竞赛，评选标兵个人100名。依托镇域职工服务综合体、劳动关系全响应中心，为7.3万名职工提供就业服务、困难救助、法律服务、文体活动等"一站式"服务。聚焦城乡结对全面融合，组织动员全市102家国家、省级模范职工之家及市级活力工会结对镇域基层工会组织，推进镇域工会建设；广泛推介农业农村资源、产品、服务，发放消费券、助农券1.9万余张，惠及职工4万余人次。

【工会维权服务】 切实维护劳动领域政治安全，积极融入全市维护政治安全工作协调机制，常态化开展职工队伍稳定风险排查化解，推动完善协调劳动关系三方机制、政府和工会联席会议制度、"人社＋法院＋工会"劳动争议多元化解机制，推动共建、共治、共享社会治理。提升依法维权工作水平，推动工会劳动法律监督落实落地，全市有2100余家建会企业设立工会劳动法律监督委员会，构建"工会劳动法律监督员—车间班组监督小组—工会劳动法律监督委员会"3层过滤体系；发挥55家工会法律援助实体化机构作用，为职工提供法律咨询和法律援助，受益职工2.3万人次；市总工会印发《关于加强企业民主管理工作的意见》，推进企业开展工资集体协商，引导职工理性表达诉求，签订集体合同1780份，覆盖职工32万余人次；开展"遵法守法·携手筑梦""法治体检""送法进企业"等普法宣传活动400余场次，惠及职工8.7万人次。完善职工普惠服务，巩固拓展城市困难职工解困脱困成果，健全多层次常态化梯度帮扶长效机制，全年发放各类救助金292万元，帮扶困难职工804人次；实施第十三期职工互助医疗保障工程，惠及4519家单位的51.4万职工；开展"惠心·赋能"心理健康服务，服务职工3.2万人次；开展"夏送清凉"活动，为8.6万名户外劳动者和高温作业职工送去慰问品；组织580名一线职工参加疗休养，建设共享妈妈小屋15家、"工会爱心托管（育）"班5家，开展"工会佳缘"青年职工交友联谊活动13场次。

（孙筱楠）

中国共产主义青年团威海市委员会

【概况】 2022年，威海市有团员9.3万人，中国共产主义青年团威海市委员会（简称共青团威海市委）下设市直团委56个，基层团委280个，基层团工委43个，团总支207个，团支部6130个；有专兼职团干部7419名，其中专职团干部507名、兼职团干部6912名。威海市第一中学团委获评全国五四红旗团委，荣成市中医院团支部、威海海事局指挥中心（VTS中心）团支部获评全国五四红旗团支部，国网山东省电力公司威海供电公司输电运检中心获评全国青年安全生产示范岗，中国共产主义青年团威海市文登区委员会获评全国"返家乡"社会实践活动优秀单位，华能山东石岛湾核电有限公司安全质保部工业安全科等6个青年集体获评山东省青年安全生产示范岗，1支实践团队获评2022年山东省大中专学生志愿者暑期文化科技卫生"三下乡"社会实践活动全国重点团队，3支实践团队获评2022年山东省大中专学生志愿者暑期文化科技卫生"三下乡"社会实践活动省级重点服务团队，44名大学生、22名教师及8个实践团队在2022年山东省暑期"三下乡"社会实践活动中分别获评优秀学生、优秀指导教师、优秀服务团队。1人获评全国优秀共青团干部，2人获评全国优秀共青团员，2人获评中国大学生自强之星，2人获得中国电信奖学金·飞Young奖，2人获评全国青年岗位能手，1人获评全国"返家乡"社会实践活动优秀个人。

【青年理论学习提升工程实施】 以学习宣传贯彻中共二十大精神和庆祝中国共产主义青年团成立100周年大会精神为主线，共青团威海市委、中共威海市委宣传部等4个部门联合印发《2022年威海市青年理论学习提升工程的工作方案》，成立由74名先进青年典型组成的青年宣讲团，开展各类主题宣讲活动143场次，覆盖团员青年2万余人次。实施2022年度共青团和青少年工作课题研究，建立课题项目28个。依托"青年大学习""青年之家"等平台，深化主题教育实践活动，团支部6130个、团员9.3万名参与活动。

【青年发展友好型城市建设】 市委常委会先后研究青年发展友好型城市建设工作3次，召开市青年工作联席会议3次，成立工作专班统筹协调，广泛开展调研，完成有效问卷2万余份，1篇调研报告在市委办公室《决策参考》刊发。市委办公室、市政府办公室印发《建设青年发展友好型城市实施方案》，围绕青年住房、就业创业等明确12个方面、65条工作举措、232项具体推进措施。建立包括12大项和55小项重要指标的监测体系，制定青年发展友好型城区、镇（街道）、社区、阵地标准，工作做法被新华网、《中国青年报》等媒体宣传报道30余次。坚持全域推进，各区（市）均印发实施方案，有37个镇（街道）、44个城市社区、38个社会单位分类打造青年发展友好镇（街道）、社区、阵地，形成全社会参与、基层单元共同推进的局面。年内，威海市获评全国青年发展型城市建设试点、全省青年发展友好型建设城市，工作经验在全省青年发展友好型城市建设论坛、"纪念中日邦交正常化五十周年"中日青年对话会视频会议、2022年（第二届）中国青年梦想季·青年发展友好自贸港建设论坛、全国青年发展型城市试点"云讲坛"等活动中进行交流。环翠区、文登区入选山东省青年发展友好型县域试点。

【县域共青团基层组织改革】 召开威海市县域共青团基层组织改革推进会，部署改革工作，强化改革联动配合，各区（市）均印发县域共青团基层组织改革方案，形成县域共青团改革在基层落地的强大合力。深化镇（街道）青年工作委员会改革，印发《镇街青工委工作规则》《镇街青工委评议指标》，开展2022年镇（街道）青工委主任培训班，着重把改革资源和力量向基层倾斜。

【"村村都有好青年"选培】 深化"村村都有好青年"选培工作，累计选树各级乡村好青年4475名，推荐进入村(社区)"两委"班子278名，文登区入选全省乡村好青年选培计划整县提升试点单位名单，1人获评全国乡村振兴青年先锋。

【"青鸟计划 汇聚威海"行动】 制定"青鸟计划"大学生社会实习实践方案，促成清华大学、中国人民大学等全国247所高校949名大学生到威海市实习实践，涌现全国优秀单位和个人3个。开展"青鸟计划"云聘会等招聘活动16场次，征集发布优质岗位1.2万个，助力签约大学生3100名。承办全省"青鸟计划"推进会，工作经验做法在大会上进行交流。开展北京山东博士生联谊会"山东行"首站活动，成立青年人才工作站（北京），建设中国科学院、复旦大学等青鸟驿站87个，打造聚才引才前哨阵地。持续优化青年人才服务阵地，实施青年人才公益体检项目，为到威海市就业青年人才进行免费体检。打造公益性"青年驿站"16处，为到威海市的学生提供5天内免费住宿，并提供政策解读、岗位推介等服务，环翠区青年驿站助力大学生就业相关做法被《人民日报》报道。

【青年创新创业】 全力打造"青创威海"工作品牌，持续深化"青创赛""青创贷""青创园""青创板""青创课""青创朋友圈"青年创新创业服务体系，举办威海市创业大赛青年创业专项赛，182名大学生参赛，32名大学生获奖。组织50余支团队参加省青年创新创业大赛，承办第十三届"挑战杯"山东省大学生创业计划竞赛决赛。依托"威青易贷"金融超市，与22家银行建立合作关系，为创业青年授信100亿元；扎实开展青年优惠贷款工作，发放"鲁青惠企贷""鲁青农担贷"2.38亿元，惠及企业146家。积极开展"青创板"宣讲培训，2家青年创办企业在股权交易市场挂牌。全心服务青年学子就业创业，实施青年人才公益体检项目，为到威海市就业青年人才进行免费体检。探索"情感留威"服务模式，针对性开展青年人才交友联谊活动8场次；通过购买专业机构服务项目，选聘青年创业导师140余名，开展青年企业家大讲堂、高校毕业生就业创业技能提升培训等活动，受众群体1200余人。

【青年岗位建功】 深化青年安全生产技能提升行动，开展安全生产重点监管企业遍访活动，摸排走访企业85家，培育全国、省、市青年安全生产示范岗37个，举办注册安全工程师免费公益培训活动，参训青年职工2000余人。实施青年职业技能提升行动，举办青年职业技能竞赛13场次，选树市级青年岗位能手27人，培育全国青年安全生产示范岗1个、山东省青年安全生产示范岗6个、全国青年岗位能手2名。

【城市建设服务】 聚焦服务困境儿童健康成长，募集资金100余万元，为6～14岁困境儿童打造"希望小屋"54间，援建枣庄市60间。举办模拟政协提案征集活动，12件作品获得省级奖项，1件作品获得中学组全国最佳模拟政协提案作品，工作经验做法在全国青少年模拟政协提案征集活动线上交流会上进行交流。加强青春社区建设，组织拍摄的青春社区短片入选央视财经"新青年·新经济"青春100秒短视频展播，韩乐坊商圈、欧乐坊商圈获评首批省级新兴青年集聚区。

【青年志愿服务】 全域建立青年志愿者协会，全市注册青年志愿者12.45万人，累计志愿服务时长22万小时，开展的"深化'五为'文明实践助残扶志乡村行"主题活动在中央电视台《热线12》节目上播出。在第六届中国青年志愿服务项目大赛中获得金奖1个，在山东省青年志愿服务项目大赛中获得1枚金牌、6枚铜牌。威海职业学院（威海市技术学院）海伢志愿服务队获评山东省青年志愿服务先进集体，3人获评山东省青年志愿服务先进个人；新冠肺炎疫情防控中表现突出的4支团队和3名个人获得中国共产主义青年团山东省委员会及省精神文明建设委员会办公室、卫生健康委员会、应急管理厅联合通报表扬。

（莫鑫煜）

1月21日，"春运暖冬"行动志愿者培训工作开展

（中国共产主义青年团威海市委员会 提供）

威海市妇女联合会

【概况】 2022年，全市有镇（街道）妇女联合会（简称妇联）组织72个、专职妇联干部163人，有党政机关、事业单位妇委会259个、村（社区）妇联2717个。

【妇联基层组织建设】 坚持党建带妇建、妇建服务党建的思路，推进在新经济组织、新社会组织及新媒体行业建立妇女组织，推动基层组织向新领域、新业态、新阶层、新群体中延伸，在“两新”组织建设妇联组织102个，成立福建商会妇联和全市首家民营企业妇联——居然商管集团妇联。以“拓面提质、精准服务、强化活跃、群众满意”为目标，重点打造“妇女微家”10个，激活妇女工作的“神经末梢”。推进妇联基层基础工作与网格化服务管理融合发展，健全妇联管理与激励并存的工作机制，提高妇联执委参与基层社会治理的履职积极性。深化“巾帼领头雁淬炼”行动，组织全市妇联干部培训班，提升女干部履职能力和水平，分级分类开展执委骨干培训1.9万人次。开展机关干部联系基层制度，推动把问题发现在基层、解决在基层。2个妇联基层组织建设典型案例获得全省推广。

【儿童友好城市创建】 按照“系统谋划、机制护航、试点先行、完善政策、营造氛围”的总体思路，多维度、多层面、立体化开展儿童友好城市创建，推动儿童事业高质量发展融入经济社会发展全局。推动儿童友好城市建设纳入市委、市政府重点工作任务、市政府工作报告和民生实事项目，建立健全信息通报、考核等系列工作机制。项目化打造社区、小镇、街区、安全出行路径、实践基地等儿童友好空间，累计建成儿童友好创建单元137个，进行“适儿化”空间改造和设施升级。命名儿童友好实践基地15家，为儿童安全出行、自由玩耍、健康学习创设环境。优选非遗传承、户外拓展等儿童友好服务项目10个，开展活动248场次，服务社区儿童5050人次。策划开展系列主题庆祝和走访慰问，启动儿童友好立体化主题宣传，在城市公交车、公交站牌及部分主城区站点播放儿童友好宣传语，发布儿童友好主题宣传片。开展新媒体话题挑战赛、儿童营养短视频征集等活动，播放量突破4100万次，“点赞”量超过100万次。参与世界儿童日点亮活动，在224处城市标志性建筑进行“亮灯＋宣传语”展示；与联合国儿童基金会、中国助残志愿者协会、中国残疾人事业宣传促进会联合举办“融合无障爱　携手向未来”残障融合主题儿童青少年摄影作品巡展主题宣传活动，在国际平台宣传展示威海。邀请联合国儿童基金会、宋庆龄基金会到威海市指导调研，提升儿童友好城市建设水平。6月，威海市入选第一批国家儿童友好城市建设名单，获批望岛河游园适儿化改造项目和羊亭公园适儿化改造项目中央无偿资金1000万元。

【妇女儿童发展规划编制】 凝聚各成员单位力量，广泛汇集民智民意，在总结“十三五”妇女儿童发展规划实施工作的基础上，结合威海市妇女儿童发展实际，充分考虑城乡差异、区域差异和群体差异，聚焦贯彻落实男女平等基本国策，坚持儿童优先原则，融入妇女儿童发展视角，实施与“精致城市·幸福威海”建设和打造共同富裕先行区相匹配的妇女儿童发展战略，促进妇女儿童与经济社会同步发展、全面发展，历经前期调研、起草修改、征求意见、审查确定、会议审议等阶段，编制形成《威海市“十四五”妇女儿童发展规划》。

【为妇女儿童办实事】 市妇联印发《关于认真落实2022年为全市妇女儿童办实事的通知》，确定为妇女儿童办实事项目12个，包括儿童友好城市创建、教育医疗、创业就业、关爱帮扶、家庭教育等方面，切实推动妇女儿童重点难点问题解决，让发展成果更好惠及全市妇女儿童。

【“三八”节庆祝活动】 以“巾帼心向党　喜迎二十大”为主题，持续发掘各领域、各行业的先进妇女典型，选树全国荣誉获得者5个、省级荣誉获得者11个、市级妇女典型247个。坚持全媒体联动，高密度多频次进行典型宣传，在《威海日报》《威海新闻》发布各行各业妇女在新冠肺炎疫情防控期间的先进事迹50余个，在海报新闻、人民号等平台同步宣传典型100余个，引领广大妇女学榜样、做榜样。

【巾帼大宣讲活动】 4月29日，市妇联举办“巾帼心向党　喜迎二十大”——山东省暨威海市“齐鲁女性”示范宣讲在线直播活动，传播“威海巾帼好声音”、激发奋进正能量。成立宣讲队伍，通过宣讲比赛、微宣讲、宣讲大课堂等形式，线上线下开展巾帼大宣讲活动1100余场次，惠及144万余人。常态化开设《巾帼大学习》《巾帼心向党》等专栏，推出“巾帼大学习　今天我来读”云接力活动及优秀宣讲作品40余个，组织妇女在线学习并征集展示学习心得体会，实现互动式宣讲，提升活动成效。

【“巾帼情”志愿服务活动】 围绕“党政所急、社会所需、群众所盼和巾帼志愿者所能”，实施涵盖思想引领、文化教育、法律宣传、社区治理、生态环保等领域的巾帼志愿服务项目56个，开展各类志愿服务活动7433场次，参与志愿者5438人，惠及群众9.98万人次。持续打造“巾帼情”志愿服务品牌，命名表扬“向阳光”巾帼志愿服务等项目10个，威海市社会妈妈“巾帼情”志愿服务项目入选第四届全国巾帼志愿服务征集展示活动十大优秀项目。

【婚姻家庭辅导服务】 持续深化“幸福护航”婚姻家庭辅导服务行动，全年对辅导员、志愿者开展心理、法律、家庭教育、沟通技巧等培训23场，培训近600人次。开展《中华人民共和国反家庭暴力法》《中华人民共和国未成年人保护法》《中华人民共和国民法典》等法律法规宣传，印制宣传材料近9000份，升级改造部分辅导中心调解室。开展婚前辅导63场，辅导近2000人，面向4944对申请离婚夫妻开展离婚辅导，劝和2643对。

【家庭家教家风建设】 贯彻落实《中华人民共和国家庭教育促进法》，成立市级家庭教育指导中心，构建覆盖城乡的四级家庭教育指导服务体系；组建家庭教育师资队伍，开展家庭教育师资培训3场，启动实施家庭教育“百千万”工程，优选社区家长学校102个，开展“家庭会议”“家长读书会”“亲子阅读”等家庭教育指导服务活动。举办全国贯彻落实家庭教育促进法暨家长教育素养提升工作现场交流会，市妇联工作经验做法在会上进行交流。举办好家风宣讲活动，开展“学论述·正家风·树清风”家庭助廉活动，组织承办家风主题展，近50家单位1300余人参观展览；参与组织全市县处级党员干部家属接受廉政教育活动。年内，选树“文明家庭”“最美绿色家庭”各100户，评选市“十佳好军嫂”“十佳兵妈妈”，新增省级以上家庭典型6个、全国家庭工作先进个人1名、山东省“十佳好军嫂”1名。

【妇女儿童权益维护】 召开全市妇联系统维权工作专题会议，推动妇联维权工作融入社会治理大局，切实开展好妇女儿童权益维护和关爱服务。市妇联印发《关于进一步规范12338妇女维权热线的通知》，督促各区（市）9条“12338维权热线”设立专线接听，全程录音。发动12个妇女儿童维权站参与“12338维权热线”服务，为当事人提供法律咨询等服务。

【“社会妈妈”关爱困难儿童活动】 开展寒假困难儿童关爱服务活动，以“暖童心，让爱留守”为主题，结合“巾帼送暖”“社会妈妈”活动，动员女企业家协会、女商联谊会救助帮扶困难儿童，开展“我给妈妈写封信”“点亮微心愿，把爱带回家”等活动，结对帮扶困难儿童900余人。开展暑期困难儿童关爱服务活动，以“少年儿童心向党 用心用情伴成长”为主题，动员巾帼志愿者加强结对帮扶、走访慰问，为400余名困难儿童提供家教指导、安全教育、走访慰问、心理疏导等精准服务。深化“社会妈妈”活动，动态摸排困难儿童分布及家庭情况，广泛发动女企业家、女干部、女职工、爱心市民，通过走访慰问、组织研学等形式，开展系列关爱帮扶活动，捐款捐物约194万余元，帮扶困难儿童1000余名。

【乡村振兴巾帼行动】 市妇联印发《关于进一步推进2022年“乡村振兴巾帼行动”的实施方案》，着力在“促进富民产业发展、强化人才队伍建设、弘扬时代文明新风、共建生态宜居乡村、夯实基层组织基础”5个方面推进乡村振兴工作。人才振兴方面，深化开展“乡村振兴巾帼行动”系列培训，开展巾帼电商、家政育婴、面点加工等各类妇女培训254场次，覆盖妇女1.3万人次。搭建劳动力供需对接平台，举办女工、农村妇女等女性求职者专场网络招聘会15场，发动180家企业提供岗位1494个，吸引近7500名妇女参与。产业振兴方面，开展“乡村振兴 巾帼助农”系列服务，组建农业技术专家和农业技术服务“巾帼联络员”2支队伍，搭建农业技术需求服务沟通对接桥梁，举办“送科技下乡”活动31场，惠及妇女17.2万人次。文化振兴方面，线上开设专栏，以微视频、云宣讲的形式发布宣讲视频40余个；线下开展“巾帼之声”大宣讲、“我奋斗·家国美”等宣讲活动100余场次，受众人数近2万人。开展寻找“最美家庭”“好媳妇、好婆婆”等活动，选树先进家庭典型200余个，举办家庭文明宣讲会、家教主题讲座、家风故事分享会等活动90余场次。生态振兴方面，推进“精致农家·美丽庭院”创建工作，创新开展“巾帼家政进农家”活动，依托优秀家政团队手把手指导妇女收纳清洁的技巧与方法，开展现场授课、入户指导教学60场次，录制物品整理、家居收纳等家政专题“云课堂”25期，吸引妇女3.2万人次参与，全市新创建示范户1.53万户、精品户6114户。组织振兴方面，抓牢基层基础，村（社区）妇联主席进“两委”比例达100%。深化“巾帼领头雁淬炼”行动，分级分类开展执委骨干培训1.9万人次。开展机关干部联系基层制度，推动把问题发现在基层、解决在基层。4个典型案例获评省妇联创新突破项目。

【“巾帼文明岗”创建活动】 市妇联在全市职业女性中开展“争创文明岗 奋斗新征程”活动，印发《关于开展“争创文明岗 奋斗新征程”活动的实施方案》，经各基层单位自查上报、各推荐单位检查验收、市妇联组织评审委员会实地抽查、信用核实、官网公示等环节，68个岗位获评威海市“巾帼文明岗”，搭建提高威海市妇女素质、促进女性成才的实践平台。

【低收入妇女“两癌”救助项目】 推进实施“两癌”（乳腺癌和宫颈癌）免费检查及救助项目，聚焦预防、治疗、保障3个关键环节，全年争取“两癌”救助资金88万元，救助患病妇女138名；为4.2万名城乡适龄妇女提供“两癌”免费筛查服务；开展关爱女性公益保险捐赠活动，向2357名低收入妇女赠送总保费11.79万元、总保额7071万元的公益保险，全面构建“以两癌筛查为先导、以女性安康保险为保障、以两癌救助为补充”的女性健康保障体系。市妇联相关工作经验做法在《中国妇女网》刊发。

【巾帼电商培育行动】 构建市、区（市）、村“1+4+N”三级电商服务体系，联合威海职业学院（威海市技术学院）成立威海巾帼电商学院，实施大学生巾帼电商助力行动，引进高校职校、MCN机构、电商企业等专业力量，助推巾帼企业营销、电商镇村打造和乡村产业发展。优选5家巾帼企业为试点，“一企一策”助力企业加快转型电商，半年平均销量增长10%、店铺粉丝数增长50%。打造以1镇5村为枢纽的农村电商平台，推广营销无花果、苹果、地瓜干等几十个品类农特产品，销售额531万元。打造巾帼电商创业实践基地，搭建“巾帼优选”好物展销平台，打造电商公益直播间1处，助力妇女提升电商创业素质。年内，全市各级妇联开展巾帼电商赋能培训123期，惠及妇女5976人次，跟踪培养“电商女达人”33名；开展直播带货、“巾帼好品”展销等活动58场次，助销农产品311.5万元；302处村级巾帼创客服务站年销售总额达1122万元，其中年销售额过30万的服务站有12处。市妇联相关工作经验做法在《中国妇女报》刊发。

【威海市女企业家协会建设】 围绕高质量发展，立足女企业家所急、所需、所盼，精准帮助巾帼企业纾困解难。向100余家市女企业家协会会员企业发放《服务女性经营者企业需求问卷调查》，涵盖企业用工招聘、金融服务、科技创新、学习提升4个方面，依据问卷结果针对性地谋划服务举措。举办“威海云招聘”女企业家协会会员企业专场招聘直播活动6期，19家会员企业发布近100个用工岗位，通过微信、快手等新媒体平台进行直播送岗，吸引7万余人次在线观看，助力巾帼企业解决用工难题。举办助企纾困银企对接会，3家巾帼企业获得中国银行股份有限公司威海分行授信，28家巾帼企业参与对接，至年底，全市发放妇女创业就业贷款34.28亿元，支持妇女创业企业7209户。市妇联相关工作经验做法在《中国妇女报》刊发。

【妇女儿童活动中心工作】 坚持公益性、普惠性原则，致力于“立德树人，以美育人，以文化人”，不断创新服务形式，提高引领服务能力。设立威海市家庭教育指导中心，开展家庭教育系列活动，努力打造儿童友好型活动中心，参与组织各类儿童友好相关活动13项，获得2022年全国少年儿童“心中有祖国 心中有他人”主题教育活动优秀组织奖。采用与学校学期同步的方式，开设书画、歌舞、器乐、科技、体育、阅读6类17个专业的儿童文体特长培训项目及书法、国画、茶艺、合唱、烘焙、手机摄影6个专业的妇女培训项目，全年培训45周次7430课时，培训妇女儿童3715人。

（刘俊阳）

威海市科学技术协会

【概况】 2022年，威海市科学技术协会（简称市科协）所属市级学会16个，高校科学技术协会8个，企业科学技术协会52个。市科协锚定“走在前、开新局”目标，扎实履行职责，创新发展，各项工作稳步推进，获评2022年全国科普日活动优秀组织单位、2022年度学会工作特色先进集体、山东省2022年全国科技工作者日优秀组织单位。

【人才工作品牌打造】 着眼科技社团引才的渠道功能、聚才的平台功能和用才的舞台功能，打造“强会聚才 创新争先”人才工作品牌。组织青年人才参加第一届中国青年科技论坛，获得二等奖1个、优秀奖1个；2人获得第十二届山东省青年科技奖；4人获评山东省企业“创新达人”；3人分别获评省卓越工程师、杰出工程师、青年优秀工程师。开展第八届威海市青年科技奖评选，在全国科技工作者日期间，对20名获奖者进行颁奖并通过媒体广泛宣传先进事迹，增强科技工作者荣誉感。

【助企赋能服务活动】 依托“科创中国”平台，组织226家企业免费注册使用，建立微信交流群，随时解答企业用户问题，至年底，5家企业入选全国注册企业活跃度50强。着眼全市房车产业发展及存在的技术瓶颈，引进省汽车工程学会创建荣成房车产业协同创新基地。学会组织12名专家多次深入荣成康派斯新能源车辆股份有限公司等6家企业，征集技术需求23项，现场解决技术问题2项，提出技术需求解决方案21个，并向中共荣成市委、市政府提交发展建议。

【科学决策服务】 组织智库专家围绕智慧城市建设、远洋渔业基地建设、仿生科技应用、新冠肺炎疫情背景下冷链产业长远发展等7个方面开展立项调研，撰写调研报告，供党委政府决策参考。

【全民科学素质提升行动】 履行市全民科学素质领导小组办公室作用，牵头制定《威海市全民科学素质行动规划纲要实施方案（2021—2025年）》。争取上级无偿资金316万元，用于科技馆展品及科普项目建设。争创2021—2025年全国科普教育基地7处、省科普项目11个，认定市级科普教育基地34家，创建全国首批科学家精神教育基地2个。推动环翠区入选全国科普示范区创建单位名单并通过省科学技术协会验收。1个案例获评全国基层科普行动计划项目典型案例。开展以“喜迎二十大 科普向未来”为主题的全国科普日活动1417项，3个单位、2项活动分别获评2022年全国科普日活动优秀组织单位和优秀活动，6个单位、10项活动分别获评2022年山东省全国科普日活动优秀组织单位和优秀活动。

【科普服务行动】 实施“科普轻骑兵 惠民零距离”品牌科普服务行动，组建由70名农业、果业、医疗、天文、人工智能等行业专家组成的服务团队，通过“精品菜”式专家讲座、“拉呱式”面对面交流、“跨时空、零距离”音视频连线等形式，开展科普志愿服务活动300余场次，受益群众3万余人，助推重点人群科学素质快速提升。

【“科创筑梦”助力“双减”科普行动】 威海市入选全国“‘科创筑梦’助力‘双减’科普行动”试点城市，13家单位入选试点单位。探索建立科普资源共建共享机制，在全市优选高校、科普教育基地、科创教育培训机构等100家单位作为威海市“科创筑梦”助力“双减”科普行动试点单位，围绕科教资源共建共享、科技教师科学素质提升等科普行动，深入实施科普巡游、科普研学游等助力“双减”试点工作，先后开展科普研学进基地、科创教育进校园、科技辅导员培训等线上线下科普活动600余场次，受益师生37万余人次。

9月16日，2022年威海市暨环翠区全国科普日主场活动及启动仪式举行

（威海市科学技术协会 提供）

【青少年科创教育和竞赛】 组织1200余名中小学生参与中国—以色列青少年科技人文交流活动，通过线上开展“共创友谊树”等活动，共同了解人工智能领域前沿知识，培养青少年科学兴趣，威海市科技馆被中国科学技术协会、以色列驻华大使馆等评为活动优秀组织单位。开展2022年威海市青少年科普报告百校行、希望行活动，邀请6名科普专家以线上线下相结合的方式讲授报告21场，参与师生1.1万余人。举办第36届威海市青少年科技创新大赛，评出市级获奖作品410项，推荐41项作品参加省青少年科技创新大赛并全部获奖，其中3项成果参加全国青少年科技创新大赛，市科技馆获评第36届山东省青少年科技创新大赛优秀组织单位。

（邹志鹏）

威海市文学艺术界联合会

【概况】 2022年，威海市文学艺术界联合会（简称市文联）深入调查研究，狠抓队伍建设，在组织全系统文艺抗疫、筹划重大主题文艺活动、加强文艺精品工程建设等方面创新突破，取得较好效果。全市在省级以上刊物发表、参展各类文艺作品2000余件，获得省级以上各项文艺类比赛、展览金奖或一等奖50余个，出版图书期刊60余部（期）。“威海艺起来”微信视频号于3月15日上线，年内发布原创主题视频360个，“威海市文联”微信公众号发布信息392篇，阅读量11.09万人次。

【以艺抗疫】 市文联组织各文艺家协会和文艺爱好者，创作抗疫主题文艺作品3000余件，反映全市抗疫壮举，并在媒体平台传播发布。征集歌颂山东省支援威海临床医学检验专家白晓卉的诗歌、绘画、音乐等作品200余件，编辑成《永远的芳卉》和纪念视频专辑。市美术家协会组织会员创作抗疫主题绘画895件及美术教育短视频作品，并在媒体平台发布。市书法家协会举办“走向春天——威海市抗疫书法作品网络展”，展出书法作品150幅。市曲艺家协会组织创作抗疫作品100余段，其中歌曲《永远的芳卉》在山东卫视、“学习强国”学习平台、新华社等媒体平台播出。10余首抗疫诗歌在上海市、北京市、山东省的有关媒体发表、朗诵。

【群团建设】 加强文联基层组织建设。5月，市文联系统第一个镇级文联组织——荣成斥山街道文联成立，第一支镇（街道）文艺志愿服务队同时启动。8月，乳山市下初镇文联揭牌暨“文艺进万家 健康你我他”文艺志愿服务活动启动仪式举行，各区（市）镇级文联组织建设全面铺开，至年底，成立镇级文联41个。

【文艺精品成果】 全年全市文艺工作者在省级以上报纸杂志、展会发表和参展各类文艺作品2000余件。《我与城市共荣光》获得上海国际“郎静山摄影艺术奖”慈善摄影大赛金牌奖，《盼》获得“永远跟党走 献礼二十大”原创歌曲全国征集评选金奖，国家级非物质文化遗产纪录片《医武济世》《下沙村祭祖》等7集在深圳卫视、广东卫视播出，历史歌剧《甲午》入选山东省“十四五”重点文艺创作项目，长篇小说《十二背后》在《中国作家》发表，长篇网络小说《万古一帝》在七猫、书旗、熊猫等平台连载，《拯救的诗歌：戈麦研究集》等3部编著出版，4部中篇小说在《小说林》等刊物发表，1篇论文被《文艺理论》转载，1部组诗被《新华文摘》转载，在多个国内楹联征文活动中获得2个一等奖。

【“喜迎党的二十大”主题活动】 市文联举办“喜迎党的二十大”文艺展览活动20余场，受益市民近10万人次。举办“碧海丹心胶东行·赖少其艺术馆精品项目（威海）巡展暨胶东革命英雄于得水事迹双联展”，近1万人观展；举办“胶东经济圈摄影联盟”五市摄影作品联展——威海展、海岱俊峰·山东优秀中青年书法家作品展——威海展、“喜迎党的二十大”威海市书法、美术、摄影及诗词楹联展。

2月13日，乳山渔民节暨“我们的中国梦——文化进万家”活动举办 （中共威海市委宣传部 提供）

【展演展庆活动】 市文联、市民间文艺家协会组织参加2022第十四届中国（山东）公益美术博览会暨首届“山东手造”精品展，29件作品获得“荷花杯”山东省工艺美术设计创新金奖、22件作品获得银奖、4件作品获得铜奖。在2022全国第二届萨克斯管艺术展演中，威海市获得中老年城市展演团体奖铜奖、最佳表演奖、重奏组铜奖等6个奖项。在“喜迎二十大 讴歌新时代”山东省第三届京剧票友大赛上，市文联、市戏剧家协会获得优秀组织奖，4名选手分别获得2个金奖、2个银奖。

【“我们的中国梦——文化进万家”活动】 市文联组织开展“我们的中国梦——文化进万家”活动，有15支文艺小分队340人次参与文艺演出、展览讲座、文艺帮扶、培训指导等活动，受益群众3万人次。2月，中国文艺志愿者协会、山东省文联、省舞蹈家协会、威海市文联、市舞蹈家协会在威海市举办山东省“青年舞团”“送欢乐下基层”学雷锋文艺志愿服务活动。8月，分别在那香海摩天轮广场和刘公岛客运中心举办“我们的中国梦——文化进万家”威海文联文艺志愿服务行进基层慰问演出活动，在市政府广场举办全市京剧广场演出启动仪式暨京剧专场晚会。9月，市文联在市消防救援支队举办文学创作基地揭牌暨“消防文化嘉年华”活动启动仪式，组织文艺演出。威海市京剧协会承办2022年新年京剧晚会，发动戏迷票友自编自演京剧唱段、曲艺作品120余个，录制京剧小视频50余个。

【《威海文艺》】 调整版块、专栏，刊发“喜迎党的二十大”系列文艺作品，丰富《文艺评论》《新人新作》等栏目内容，优化内文编排设计。理顺刊物投送工作，提升刊物投递的快捷度。全年编辑出版《威海文艺》6期，刊发各类文艺作品70万字。

（史怀宝）

中国国际贸易促进委员会威海市委员会

【概况】 2022年，中国国际贸易促进委员会威海市委员会（简称市贸促会）努力织密服务企业网、扩大国际“朋友圈”，打造“活力贸促、开放桥梁”品牌，各项工作取得新进展。工作经验做法在全省贸促工作会议、全省贸促系统党建交流会上进行交流，调研工作获得2022年全省贸促系统优秀组织奖，多篇调研报告获奖。

【FTA政策红利开发】 1月1日，RCEP（《区域全面经济伙伴关系协定》）正式生效，市贸促会、威海海关、荣成海关联合开展“RCEP攻坚年”活动，启动RCEP“三进”（进企业、进机关、进园区）活动。全年签发出口货物原产地证书10.6万份，比上年增长18.5%。其中，区域自贸协定优惠原产地证书9.6万份，RCEP项下优惠原产地证8599份。持续扩大“原产地信用贷”覆盖面，为42家企业发放贷款1.1亿元，有效解决中小微外贸会员企业融资难问题。8月，中国国际贸易促进委员会威海市文登区委员会、中国国际贸易促进委员会乳山市委员会获批原产地签证点，威海市实现原产地签证点县级全覆盖。

【招商引资】 发挥国内外联络渠道广泛等优势，印发《威海市贸促会2022年招商引资攻坚方案》和招商考核办法，落实责任，分解任务，定期调度，严格考核，形成全员招商的“大合唱”。先后组织参加、策划推出第三届跨国公司领导人青岛峰会“跨国公司与中国主题展”、中日食品企业对接会、中国荣成—欧洲房车产业推介大会、“对话韩国”“对话日本”“对话德国”等经贸促进活动，新增目标企业25家、在谈项目16个、签约项目1个。

【会展活动招引】 坚持打造“会议之城”品牌，树立“大会展”理念，按照“以会带展、以展促会、突破会议”的思路，依托威海国际经贸交流中心和威海国际会展中心2个载体，克服新冠肺炎疫情超预期影响，开展政策优化、对接策划、助企纾困等工作。召开推动会展业高质量发展专题会议，将招会引展纳入招商引资考核，激发全市抓“招会引展”的积极性。印发《威海市市级会展资金管理办法》，统筹市级会展经费，增加数字会展内容，政策导向进一步聚焦。加强与国内外会展机构联系，发挥“会议大使”和会展业协会作用，围绕威海市产业集群和优势产业链，主动开展会展项目招引培育工作，新引进国际纺织服装供应链博览会等会展项目。年内，全市会展活动基本采取线上方式举办，全年举办线上、线下会展活动109场次。

【国际经贸合作】 布局国际经贸交流合作网，围绕境外机构办公聚集区建设，创新设立威海国际商会RCEP服务中心，首批7家机构签订协议并入驻，经验做法在全省国际贸易促进系统推广，获评2022年全国贸促系统服务RCEP高质量实施十大推广示范案例。中国国际贸易促进委员会荣成市委员会、市商务局与荣成海关联合推报的“依托外综服务平台架起中小微企业享惠RCEP快车道”案例获评全省RCEP最佳实践案例。

【服务企业网络织密】 建立大走访大调研机制，全市国际贸易促进系统深入一线，了解企业所需所求，积极帮助企业纾困解难，切实履行好“代言工商”职责。走访企业和商协会100余家，发布经贸动态及预警信息20余期。发挥36个中国贸促会营商环境监测点作用，畅通联系企业渠道，收集外资外贸企业经营发展中的困难问题，在政策宣讲、代言工商、市场开拓、纾困解难等方面加大力度，切实增强中外企业的认同感和获得感。印发《威海市贸促会关于全力做好稳定经济大盘和外资外贸基本盘工作的九条措施》，帮助企业应对困难挑战，促进产业链供应链稳定畅通。乳山市获批设立山东国际商会康养产业试点培训中心。

（邹清晓）

威海市残疾人联合会

【概况】 2022年，威海市有持证残疾人6.56万名。其中，重度残疾人3.39万名，占总数的51.7%；轻度残疾人3.17万名，占总数的48.3%；就业年龄段残疾人1.98万名，占总数的30.3%。威海市“白手杖石磨艾绒制作”残疾人辅助性就业项目被列入全国残疾人组织助残就业推广项目；市残联优化残疾人、老年人等特殊群体政务服务体验项目入选省政府办公厅第一批《政务服务专题研究攻关项目清单》；荣成市残疾人辅具适配服务创新试点被省残疾人联合会评价为“优秀”等次；威海市残疾人联合会（简称市残联）以“三个关爱体系”破解残疾人急难愁盼问题的工作经验做法得到中共威海市委主要负责人的肯定。

【政策支持】 市委、市政府将残疾人工作纳入全市经济社会发展大局统筹推进，“如康家园”残疾人综合服务平台建设、“基层党组织结对帮扶，助力残疾人居家就业活动”、残疾儿童康复救助、开展重度肢体残疾人居家康复服务等重点工作被纳入2022年度全市创新突破目标、2022年度民生实事项目，加大督导考核力度、统筹推进，确保年度残疾人工作重点任务提质增效。建立残疾人事业经费增长机制，市、区（市）两级财政投入残联项目经费3522万元，匹配省以上转移支付残疾人事业发展补助资金，残联系统项目经费达4539.8万元，保障年度各项目标任务完成。2022年，山东省人大常委会对威海市贯彻实施《中华人民共和国残疾人保障法》《山东省实施〈中华人民共和国残疾人保障法〉办法》情况开展执法检查，肯定威海市残疾人工作。

【残疾人基本生活保障】 市残联按照“普惠＋特惠”的要求，协调有关部门将惠民政策向残疾人倾斜，通过最低生活保障重点倾斜、养老医疗保险政府兜底、完善残疾人救助制度、专项补贴动态调整等政策，兜牢残疾人民生底线。全市享受特困供养残疾人3602名，9286名困难残疾人领取生活补贴，3.42万名重度残疾人领取护理补贴，“两项补贴”增幅最高达18%。开展持续巩固拓展残疾人脱贫攻坚成果工作，确保6845名脱贫享受政策和防返贫监测帮扶对象的残疾人持续享受政策。全市享受各项救助残疾人近4万人次，占残疾人总数的61.1%。

【残疾人康复服务】 拓展残疾人社会化工作方式，推动残疾人康复服务项目化运作和制度化管理，全年完成1054名残疾儿童康复救助，为3258名残疾人提供辅助器具适配服务，为5.47万名残疾人提供康复服务。多部门协作开展残疾预防，印发《贯彻落实山东省残疾预防行动计划（2022—2025年）责任分工清单》，全市6岁以下残疾儿童214人，比上年减少39名。印发《威海市残疾人基本型辅助器具适配补贴目录（第五版）》，辅具种类增至95种。组织5.40万名残疾人签约家庭医生，比上年增加5587人。实现精神残疾人医疗救助全覆盖，为458名精神残疾人提供医疗救助。连续18年开展“威高光明行动”，累计捐款3113.8万元，为2.19万名白内障患者进行复明手术。《中国残疾人》刊发威海市开展居家康复服务的做法。

【残疾人就业创业】 通过政策实施扩大企业安置残疾人就业规模，推进“共享阳光·残疾人就业创业工程”带动就业创业，结对扶持农村残疾人实现居家就业，建设“如康家园”帮助困难残疾人实现辅助性就业，全市城乡残疾人就业人数达1.2万人，其中残疾人在机关、企事业单位就业2673人。9月，中国残联政策研究室将威海市威高集团集中安置残疾人就业、环翠区温泉镇“如康家园”帮助残疾人就业作为全国残疾人按比例就业、辅助性就业的威海案例向全国推广。

【社会助残】 创新普法宣传模式，投入30万元建成市残联融媒体中心，提高普法宣传成效。推进无障碍环境建设，成立威海市无障碍环境建设促进队伍，印发《威海市“十四五”困难重度残疾人家庭无障碍改造工作方案》，全年投入121.5万元、完成改造任务1590户。创新“党建引领·同心助残”工作理念，组织以威海长城爱心大本营、环翠区爱援祥公益服务中心为代表的55个助残社会组织开展各类助残活动60次，帮扶残疾人及家庭3261人（户）、捐款物607万元，威海市扶残助残活动被中央广播电视总台、新华网、《人民日报》和《大众日报》等国家级、省级媒体平台报道近30次。

（吴　溪）

5月27日，集中安置、帮助残疾人就业　（威海市残疾人联合会　提供）

威海市红十字会

【概况】 2022年，威海市红十字会扎实开展以“三救三献”（应急救援、应急救护、人道救助，献血液、献造血干细胞、献人体器官组织）为核心的业务工作，推动各项工作“走在前、开新局”，综合考核和应急救护、造血干细胞捐献、遗体器官捐献、宣传传播、募捐筹资5个单项业务均被山东省红十字会系统评为先进。

【筹资救助】 开通捐款捐物通道接收社会捐赠，拨付款物驰援新冠肺炎疫情防控一线，全系统接收社会捐赠款物总价值1808.93万元。集中开展“5•8”人道公益日项目众筹活动，实现线上和线下筹资33.13万元。开展博爱送温暖、爱眼公益行、门源对口帮扶等救助活动，累计投入款物167万余元。

【应急救护培训】 全力推进应急救护培训进机关学校，深入企业社区，普惠家庭农村，渗透网格网络，全年培训红十字救护员9154人，普及教育12万余人次，“红十字救在身边”的品牌影响力不断扩大，工作经验做法在全省应急救护工作现场会上进行交流。组队参加山东省首届红十字应急救护师资教学技能大赛，获得团体二等奖和个人技能二等奖，1人获评山东省“优秀师资”。红十字生命健康安全体验馆获评威海市关心下一代教育基地、机关主题党日实践活动基地。

5月8日，省级城市社区博爱家园示范点揭牌仪式举行

（威海市红十字会　提供）

【造血干细胞捐献】 广泛宣传动员，全年实现干细胞采样401份，全市干细胞入库资料1.42万份。探索开展造血干细胞“随到随采”试点工作，获得山东省红十字会批复同意。组织志愿者捐献造血干细胞10例，全市累计捐献98例。年内，84名造血干细胞捐献者被列入“威海市见义勇为先进集体”表扬名单。

【遗体器官捐献】 组织召开全市器官捐献工作会议，依法规范开展遗体（角膜）和人体器官捐献工作，全年完成眼角膜捐献13例、遗体捐献5例、器官捐献8例。投资181.24万元在环翠区塔山公园内建设红十字文化公园，8月26日，威海市红十字文化公园落成仪式暨遗体器官捐献缅怀纪念活动举行。

【基层组织和志愿服务队伍建设】 加强红十字会基层组织建设，市红十字会印发《威海市红十字会基层组织建设实施意见》，全年推动创建省级博爱家园23处。广泛吸纳社会各界爱心人士，新成立红十字志愿服务队伍5支。组织发动红十字志愿者参与新冠肺炎疫情防控、生命教育、应急救护演练、社区公益服务等，2名志愿者获评中国红十字会“会员之星”。

（苗延颂）

编辑　闫拥军

法　　治

人大立法

【概况】 2022年，威海市人民代表大会常务委员会（简称市人大常委会）坚持科学立法、依法立法、民主立法，科学编制年度立法计划，健全完善起草、调研、论证、审议、评估等工作机制，充分发挥立法专家库、立法研究服务基地、立法基层联系点等优势作用，扎实推进小切口、精细化、有特色的地方立法，制订完成《威海市气瓶安全管理条例》《威海市刘公岛保护条例》2部地方性法规，对《威海市电梯安全管理条例》《威海市管道燃气安全管理条例》等4个立法项目开展调研论证，配合上级人民代表大会制订修改《中华人民共和国海洋环境保护法》等法律、法规10部，开展立法调研30余次，实现以良法促发展、保善治。

【《威海市海洋牧场管理条例》实施】 1月25日，市人大常委会召开新闻发布会，公布《威海市海洋牧场管理条例》自2022年5月1日起正式实施。该条例是省人民代表大会常务委员会开展胶东经济圈5市协同立法、引领胶东经济圈一体化发展而制订的首部地方性法规，为全市加快海洋强市建设、促进海洋生物资源养护与生态环境修复、提升海洋牧场管理水平、推进海洋经济高质量发展提供重要法规支撑。

【立法和规范性文件备案审查专家库建设】 9月16日，市人大常委会举行市十八届人大常委会立法和规范性文件备案审查专家库成员聘任仪式，并召开《威海市气瓶安全条例（草案修改稿）》立法座谈会。聘任立法和规范性文件备案审查专家库成员31名，涵盖高校教授、专家学者和执业律师等。与会专家围绕条例草案进行座谈，提出意见建议。

【《威海市气瓶安全条例（草案）》专家论证会】 9月25日，由威海市人大常委会主办，西南政法大学地方立法研究院承办的《威海市气瓶安全条例（草案）》专家论证会在重庆市举行。会议采取线上线下相结合的方式，邀请中国法学会立法学研究会、天津大学、山东大学、国家市场监督管理总局、中国特种设备检测研究院等单位的专家学者及实务工作者参加。威海市人大常委会法制工作委员会相关负责人介绍条例的制订背景、过程、主要内容及需要说明的问题。与会专家肯定条例的立法价值、起草思路和制度创新，并结合自身研究领域，对条例的逻辑结构、重点问题和具体条文等提出意见和建议。该条例作为全国地级市首部关于气瓶安全方面立法的地方性法规，体现威海市人大常委会在立法选题上关注民生热点、回应群众关切。

【《威海市刘公岛保护和管理条例（草案）》专家座谈会】 10月20日，市人大常委会召开《威海市刘公岛保护和管理条例（草案）》立法专家座谈会，听取部分立法专家对草案的意见和建议。市人大常委会、司法局、刘公岛管理委员会等部门相关负责人参加会议。市人大常委会法制工作委员会负责人介绍条例的立法背景、起草情况、主要制度设计和工作进展等相关情况。与会专家围绕着草案的体例结构、法律责任和文字表述等方面提出意见和建议，并就刘公岛的保护范围、保护管理责任主体和传承利用等重点难题进行专题讨论。

【《威海市刘公岛保护和管理条例（草案）》专家论证会】 11月20日，由市人大常委会主办，山东大学（威海）承办的《威海市刘公岛保护和管理条例（草案）》专家论证会召开。会议邀请国内知名专家11名，采取线上线下相结合的方式，对草案进行专题论证。会议听取市人大常委会法制工作委员会关于草案起草说明，海岛保护、历史文化和法律等方面的专家对草案标题、逻辑结构、重点问题和具体条文等提出意见和建议。

【规范性文件备案审查】 2022年，市人大常委会严格落实“有件必备、有备必审、有错必纠”的要求，依法做好规范性文件主动审查、专项审查，推动备案审查工作报告制度向区（市）人大常委会延伸、审查范围向“一委两院”（监察委员会，人民法院、人民检察院）拓展，实现审查内容全方位、审查范围全覆盖。年内，接收备案并审查规范性文件19件，督促有关部门对《威海市物业管理办法》等2部政府规章进行修改。

（于云龙）

政法工作

【概况】 2022年，全市政法系统以组织开展"狠抓落实年"活动为主线，抓安全护稳定，抓改革求创新，抓作风促落实，推动政法各项工作"走在前、开新局"。先后完成2022年北京冬季奥运会、全国两会、中共二十大等系列重大活动维稳安保任务，省信访联席会议以表扬信形式予以肯定。市、区（市）两级成立专项办公室，统筹推进常态化扫黑除恶斗争、打击整治养老诈骗专项行动、防范化解"五类风险"（政治安全、社会治安、社会矛盾、公共安全、网络安全风险），工作做法被中共山东省委政法委员会推广。全市受理治安案件1.14万起，爆炸、劫持、绑架、投放危险物质犯罪"零发案"。印发进一步加强和改进信访工作十条措施，创新推行"一案一策、一案一卷""两见面、双签字"模式，进京访批次、人次下降76.7%和77.3%，1起案件被省委政法委员会确定为典型案例。坚持"全域统筹、全面融合、全员参与、全民共享"，持续深化市域社会治理创新，工作经验在全国市域社会治理现代化试点创新研讨班上进行交流，《"政府负责"让社会治理更"精致"》经验做法被中共中央政法委员会简报推广，政法综治力量参与疫情防控经验做法被"学习强国"平台、《法治日报》宣传。印发《中国共产党政法工作条例》10项配套制度和平安威海建设相关制度，构建"1+10+N"制度体系；开展"书法·普法""听例·读法"系列宣传活动，工作经验在全省政法系统贯彻落实条例推进会上交流推广，整体工作得到中央督察组肯定。加快推进政法改革，司法责任体系改革经验做法被省领导批示肯定，总体工作经验在全省全面深化政法改革推进会上交流推广。举办全市政法机关"护航企业发展"专题会议，法治辅导规模以上工业企业近1300家。加大政法英模选树力度，公安系统1人获评全国"人民满意的公务员"，司法行政系统1人获评全省"人民满意的公务员"。

【平安威海建设】 中共威海市委办公室（简称市委办公室）、市政府办公室印发《威海市重大决策社会稳定风险评估实施办法》及配套制度，开展重大决策风险评估530项，从源头上消除风险隐患。深入推进矛盾隐患排查整治和防范化解专项行动，累计排查化解隐患问题4.3万个。开展"治重化积"攻坚行动，中央信访工作联席会议办公室交办的1116件重复信访事项化解率99.6%。常态化开展扫黑除恶斗争，打掉黑社会性质组织1个、恶势力犯罪集团4个，立案查处党员干部涉黑涉恶腐败及"保护伞"问题21起、25人，海洋渔业领域专项整治工作经验在全省推广。开展打击整治养老诈骗专项行动，侦办涉养老诈骗犯罪案件203起，抓获犯罪嫌疑人431人，源头预防养老诈骗违法犯罪工作经验在全省推广。深入开展夏季社会治安集中整治"十项行动"等，破获刑事案件3731起，抓获犯罪嫌疑人6475人。

2月10日，平安威海法治威海建设工作会议召开　　（王彦博　摄）

【市域社会治理】 对照《全国市域社会治理现代化试点工作指引》，开展自查自评，逐项梳理、查漏补缺，66项重点任务全部完成。按照"市级有品牌、区市有特色、镇街有亮点"的思路，总结推广典型经验60余个，市域社会治理工作经验被《民主与法制周刊》宣传推广。部署实施社会治理10大工程，调整优化城乡网格423个，搭建以"两库"（居民信息库、人力资源库）、"两组"（平时编组、急时编组）为支撑的社区网格化治理体系。加强网格员队伍建设，补录专职网格员719名，"三岗十八级"薪酬体系建设经验被省领导批示肯定。深化"雪亮工程"建设，接入省平台监控器数量增长18.3%。印发行业性专业性人民调解工作管理办法，开展矛盾纠纷风险隐患排查化解专项行动，累计排查化解纠纷隐患3.2万件。实现市、区（市）、镇三级"一站式"矛盾纠纷调解中心全覆盖，按照"一中心一管理团队"要求配备工作人员252人。

【法治威海建设】 深入落实"八五"普法规划，青少年法治教育工作被司法部通报表扬。自主研发威海市国家工作人员学法考法平台，工作案例获评全省政法系统提升全民数字素养与技能创新实践案例。实现首席法律咨询专家市、区（市）、镇三级全覆盖，加强法学会基层工作站建设，吸纳法学法律工作者126人。加快推进法治乡村建设，选拔"法治带头人""法律明白人"1.1万名。扎实开展执法司法突出问题整治和执法司法顽瘴痼疾问题整治，排查整改执法司法领域问题351个。开展跨地市案件交叉评查，工作做法获得省委政法委主要负责人肯定。全面运营涉案财物管理中心，接收保管涉案财物3140余件。健全经营风险提示、重点企业和重点项目跟踪服务工作机制，开展"百名律师进千企"等活动，检察系统"微服务·检办好"品牌创建活动被省人民检察院检察长批示肯定。深入实施包容审慎的监管政策，为企业减免罚金1.08亿元。

【政法队伍建设】 市委办公室印发《巩固政法队伍教育整顿成果推进全面从严管党治警实施方案》，为全面加强政法队伍建设提供制度支撑。印发干部协查协管文件，健全干部交流轮岗制度，全面加强政法干部队伍建设。大力践行“严真细实快”工作作风，经验做法被《法治日报》宣传推广。举办警示教育廉政专题党课等系列活动，引导干警强化廉洁意识、筑牢廉洁底线。依托“长安威海”政法新媒体矩阵联盟和政法新媒体体系，开展“保一方平安、正一方风气、促一方发展”主题宣传活动12批次，宣传37名政法先进典型事迹，法治日报社到威海市调研总结推广经验。

（张 昱）

法治政府建设

【概况】 2022年，威海市将深化法治政府建设作为推动法治威海建设的着力点、全面依法治市的主体工程和重点任务，列入中共威海市委常委会年度工作要点和市政府工作报告，纳入经济社会发展的总体布局，一体统筹、协同推进，不断提升法治政府建设整体水平。强化顶层设计，中共威海市委印发贯彻落实法治政府建设实施纲要的实施方案，明确“十四五”时期法治政府建设的任务措施。在法治威海建设规划和法治社会建设方案中分别提出推进法治政府建设的具体要求，为推进法治威海、法治政府、法治社会一体建设提供制度保障。印发法治政府建设示范创建工作方案，建立工作台账，开展法治政府建设示范创建“查漏洞、补短板、树亮点、促提升”及共性问题整改等活动，形成中共威海市委全面依法治市委员会（简称市委全面依法治市委）办公室统筹、全市整体参与的创建合力和争先创优的良好氛围，威海市、荣成市获评全省法治政府建设示范市，“1+425”行政复议工作机制获评全省法治政府建设示范项目。

【行政立法推进】 市政府办公室印发《2022年威海市人民政府立法项目计划》，确定年内提请市人大常委会审议的立法项目2件，调研项目4件；政府规章完成项目3件，调研项目1件，立法后评估项目1件。印发《威海市人民政府规章制定程序规定》，解决政府立法中存在的工作责任不明确、分歧解决机制不顺畅、公众参与度不高等问题。强化市级立法联系点的辐射引领作用，通过参与立法项目制定，推动全过程人民民主理念融入立法实践，有效防止“桃子政策”的出台。

【行政执法行为规范】 围绕构建公平竞争的市场环境和政务诚信环境，建立合法性审查与公平竞争审查联动机制，强化公平竞争审查制度的刚性约束。印发行政允诺管理办法，构建以权力内控为基础的全链条管理机制，从源头上预防事前乱承诺、事后不兑现和新官不理旧账等现象的发生。着眼规范涉企执法行为，市政府办公室印发《威海市涉企行政检查分级分类监管办法》，推行以信用和风险等级为依据的涉企分级分类监管模式，涉企检查次数降低27.8%，问题发现率提升12.6%。开展市、县、乡三级全覆盖行政执法协调监督体系建设试点工作，构建党委统一领导、政府全面监督、司法行政机关专责监督、部门职能监督相结合的行政执法监督体系。加大行政复议层级监督力度，对在办案过程中发现的有关证据收集、事实认定、执法程序等方面的问题，及时制发意见书和建议书，提出有针对性的整改意见，年内发送意见书、建议书15份，提出问题整改建议30余条。

【行政复议体制机制改革】 市委全面依法治市委印发《威海市行政复议体制机制改革工作方案》，建立行政复议提级管辖、案例指导、情况通报等机制。积极探索行政复议案件类型化审理方式，大力实施“提质增效”工程，办结行政复议案件81件，行政复议综合纠错率达40%。开展优秀行政复议文书和行政应诉典型案例评选活动，编印《行政复议和行政诉讼案例选编》，免费发放3000余册。建立行政应诉“案例研讨、败诉复盘”每月例会制度，不断提升出庭答辩举证质量。全面落实《威海市行政应诉管理办法》，严格执行庭审观摩、案例发布、定期通报制度。妥善办理重大涉法事务，处置涉及市政府的重大疑难案件10余件，挽回经济损失2亿余元。

（孙荟萃）

公 安

【概况】 2022年，全市公安机关以中共二十大安保维稳工作为主线，全力以赴防风险、保安全、护稳定、战疫情、促发展，有力维护全市政治社会大局持续安全稳定。安保维稳、新冠肺炎疫情防控等工作获得公安部、省以上领导批示肯定27件次，获得中共威海市委、市政府主要负责人批示肯定23件次；17项重点工作被省公安厅评为优秀等次，威海市公安局获评全省优秀市级公安局、获得基层基础建设攻坚战优秀奖。

（张长春）

【平安威海建设深化】 聚力集中打击整治，开展夏季治安打击整治“百日行动”等专项行动，常态化开展扫黑除恶斗争，命案现案破案率保持100%。纵深推进禁毒人民战争，全市生活污水毒品平均含量连续4年降幅超30%。创设警汇数据合成实验室，立案侦办经济案件216起，挽回经济损失4.02亿元。深化“三非”（非法入境、非法居留、非法就业）外国人管理。强化渔船综合管控、“猎鼠净海”打击走私专项行动，查处涉海案件556起、“三无”（无船名号、无船籍港、无船舶证书）船舶68艘。打掉以韩国人为首的网络赌博犯罪集团2个，涉案资金1.9亿元。聚力风险防范化解，建立“四情”（每日疫情、社情、舆情、警情）日调度机制，及时发现处置风险隐患1560件次，研

5 月 17 日，威海市公安局民警到学校开展毒品危害宣传
（威海市公安局　提供）

判支撑警务实战 973 次。推进社会治理共同体建设，科学布建“1、3、5 分钟”快速反应圈、警务工作站、PTU 作战单元，常态化开展矛盾纠纷排查化解，带动“民转刑”案件、命案比上年分别下降 59.6%、50%。聚力公共安全监管，持续深化道路交通事故预防“减量控大”，交通事故起数和死亡人数实现“双下降”，未发生较大以上道路交通事故，高速公路无死亡事故，威海市获评全省推动道路交通安全工作高质量发展先进市。出资 300 余万元为基层配发水上救生设备 74 套，成功紧急救助溺水群众 43 人，经验做法获得公安部、省领导批示肯定。

（王　禹）

【警务机制改革】　深化智慧警务建设，推进“Z+ 数智”警务体系建设，搭建“战疫多维联查追踪”“关注群体预警”等模型 23 个，重点区域视频监控覆盖率、联网率均达 100%；完成微警务二期建设，新增线上公安服务 56 项；建成“智慧警局”6 处、“无人车管所”3 处，实现出入境、“车驾管”等业务 24 小时自助服务区全域覆盖。创新海岸生态警务机制，建成生态警务工作站 9 个，建立“警长 + 港长 + 湾长”工作机制，实行部门联动执法，近海捕捞产量和洄游性渔业资源量上升 12.7% 和 30.1%。打造低空警务新模式，按照全方位服务、全天候作战、全时空防控要求，创建“警政一体、精准服务”政务航空共享平台，建立“1 分钟处置点 + 无人机”等立体化巡防模式，初步实现主城区重点区域无人机侦测反制，工作做法入选省公安厅“十大创新经验”。聚焦执法规范化建设，构建“日周月季”监督联动、“省市县所”四级联动、“公检法司”内外联动的“三个联动”执法监督新格局，推行行政复议诉讼结果不利案件网上“晾晒”和不捕不诉案件复盘，探索实行执法办案积分管理，省公安厅执法办案管理中心高质量发展座谈会在威海市召开。

（张长春）

【公安队伍建设】　强化党建引领，持续推进基层党支部规范化标准化建设，评选星级党支部，同步实行动态管理；组建临时党支部、党员先锋岗，发挥基层战斗堡垒作用。强化实战练兵，威海市人民警察训练中心投入使用，与山东大学（威海）、哈尔滨工业大学（威海）等高校签订合作协议，开展“红蓝对抗”56 场次，连续 6 年举办“枪王”选拔赛，举办首届辅警职业技能竞赛。强化暖警措施，制定“惠警暖警”措施 10 条，为民警晋升职级，增补优抚专项基金，明确民警、辅警健康查体标准，为受到不实投诉的民辅警公开正名，有效激发队伍活力。强化典型引领，涌现出中共二十大代表、全国“人民满意的公务员”陈强，全国公安机关爱民模范孙李斌等先进典型，2 个集体获评公安部一等功。强化从严治警，印发清廉警队建设“二十二条措施”，深入开展专项整治，全警受到党纪政务处分人数下降 73%。

（李恩涛）

检　察

【概况】　2022 年，威海市检察机关以走在前、开新局的政治担当防风险、保稳定、促发展、护民生，检察履职成效显著。在省人民检察院考评的 41 项核心数据中，威海市 33 项数据进入全省前 3 位，其中 28 项居全省第 1 位；17 起案件入选全国、全省检察机关典型案例；7 项工作受到省人民检察院、市委主要负责人批示肯定。

【平安威海建设】　全力维护国家安全和社会安定，对危害国家安全和社会安定的刑事犯罪依法快捕快诉，批准逮捕 485 人，提起公诉 3072 人。常态化推进扫黑除恶斗争，起诉 48 人，追捕追诉 15 人，发出检察建议 11 份。深入打击整治养老诈骗、电信网络诈骗，办结 482 人，比上年增长 36%，提出行业治理检察建议 24 份。坚决守牢维稳安保底线，经验做法被市委主要负责人批示肯定。创新开展案件全流程、全要素闭环管理机制改革，将案件质量、效率、风险统一沉浸于办案全过程，严防因办案不当产生新的矛盾，改革经验被最高人民检察院简报转发。积极参与市域社会治理，贯彻少捕慎诉慎押刑事政策，对轻微刑事案件不捕不诉 1009 人，开展羁押必要性审查 485 人，建议变更强制措施 108 人。全面落实认罪认罚从宽制度，对 3152 人提出从宽建议；认罪认罚从宽适用率超 90%，确定刑量刑建议采纳率居全省第 1 位。统筹推进案件办理与社会治理，邀请市人大代表、政协委员、人民监督员等参与公开听证 283 件次，对轻伤害、涉众金融等领域开展类案分析，制发检察建议 125 件，协同相关部门和行业堵塞漏洞。

【经济发展服务】　开展“微服务·检办好”品牌创建活动，工作经验做法被省人民检察院、市委主要负责人批示肯定，获评全省检察机关优化营商环境典型事例。先后调研省、市、区（市）重点项目74个，解决涉法、涉诉问题21个，“牵线搭桥”落户威海市投资约4亿元。开展合规整改涉案企业12家，涉及纳税规模1270万元，稳定就业1000余人。举办“检察长谈企业合规”等讲座，为1400家企业解读政策。对市级领导联系的112家企业涉案情况进行专题分析，助力企业健康发展。全面推行涉企人员羁押、起诉必要性审查，依法不捕不诉76人。对1起国有土地出让后长期闲置问题跟进监督，督促、支持行政机关无偿收回，盘活土地面积25.33公顷，该案获评全国行政公益诉讼典型案例。聚焦山水、林田、湖草沙一体化保护和系统治理，与市林业局、生态环境局等部门完善“林（河湖湾）长＋检察长”制，起诉非法捕捞、盗伐林木等破坏环境资源犯罪44人。开展古树名木保护公益诉讼监督，在环翠区里口山建成习近平生态文明思想宣传教育基地。与6个部门建立公益诉讼与生态损害赔偿衔接制度，设立专项账户，收缴修复保证金556万元，督促责任主体增殖放流鱼苗310余万尾，清理固体废物面积120余立方米，恢复耕地林地面积24万平方米。对侵害未成年人犯罪“重其所重”，批捕51人、起诉73人；对罪错未成年人“轻其所轻”，依法不捕不诉54人，并跟进观护帮教。织密未成年人关爱网络，开展家庭教育指导104次，发出督促监护令148份；对各类学校教职员工开展涉性侵违法犯罪信息查询2289人次，对3名有前科劣迹的人员落实从业禁止规定。综合运用检察听证、司法救助、支持起诉等方式提供法律服务，为行动不便的当事人上门听证、简易听证157件次，对因案致贫的当事人司法救助286万元，帮助农民工追回欠薪374万元。服务常态化新冠肺炎疫情防控，开展远程提讯、视频接访等非接触式办案328件次，突出强化监管场所疫情防控检察。办理的刘某涉嫌妨害传染病防治案，入选全国检察机关典型案例。

【法律监督】　强化刑事检察，贯彻落实《中共中央关于加强新时代检察机关法律监督工作的意见》，细化措施55项，强化监督制约，加强协作配合。与市监察委员会会签《工作协作衔接办法》，完善监检配合措施，起诉各类职务犯罪13人。会同市公安局在市、区（市）两级同步设立侦查监督与协作配合办公室，监督立案59人、撤案52件，纠正漏捕漏诉132人。加强刑事裁判结果和程序监督，提出刑事抗诉21件，提出刑事审判活动纠正意见17件。实现对全市监狱、看守所巡回检察全覆盖，督促整改问题105个；从严审查涉及344人的减刑、假释、暂予监外执行案件，开展未收押收监专项清理，督促收押收监125人。依法立案查处涉嫌滥用职权徇私枉法2人。强化民事检察，会同市中级人民法院建立卷宗调阅制度，强化信息共享和精准监督，全年办结各类民事申请监督及审判、执行活动监督案件424件，增长7%。对法院判决并无不当的，依法终结审查139件，并加强释法说理，促进服判息诉。加强民事生效裁判监督，提出民事抗诉3件，通过再审检察建议督促原审法院再审30件，监督纠正审判、执行程序违法72件，依法监督“假官司”24起，对涉嫌犯罪的3人提起公诉。强化行政检察，办结征地拆迁补偿、行政行为合法性监督等案件175件，对不当情形提出纠正意见87件；行政争议得到实质性化解23件。强化公益诉讼检察，提起民事、刑事附带民事公益诉讼13件，发出督促履职诉前检察建议122件。对自建房、道路交通、易燃易爆危化品等领域问题开展专项监督，督促主管部门责令整改老旧小区54个、燃气企业（场站）34家，从严监管车辆检验机构63家、运输企业18家，修缮无障碍设施、“断头路”24处。

【检察队伍建设】　深化习近平新时代中国特色社会主义思想学习教育，开展“第一议题”、理论学习中心组集体学习69次，习近平法治思想体悟实训1200余人次。举办中共二十大专题读书班、党课宣讲、辅导报告等14次。贯彻《中国共产党政法工作条例》，印发配套制度12项，请示报告重大事项43件，条例落实情况受到省督导组肯定。强化素能提升，加强练兵实训，线上线下、分级分类轮训960余人次。在全省业务竞赛中，3名干警获奖，7名干警入选全省检察业务人才库，22个集体、79人获得市级以上表彰。强化业务建设，同步推进示范检查委员会、示范听证会、数字检察等工作。强化从严治检，巩固政法队伍教育整顿成果，深化各级巡视巡察反馈整改，加强督办问效，促进顽瘴痼疾常态化整治。全面加强纪律建设，排查廉政风险点，印发律师代理案件排查等措施37项。

（王红丽）

5月26日，威海市人民检察院、威海市公安局侦查监督与协作配合办公室揭牌仪式举行

（威海市人民检察院　提供）

法　院

【概况】　2022年，全市人民法院狠抓执法办案，强化自身建设，审判质效位居全省人民法院前列，司法责任体系建设改革等13项经验做法在全国、全省人民法院推广。全市人民法院受理各类案件6.26万件，比上年下降4.1%；办结案件6.42万件，增长0.5%。其中，威海市中级人民法院受理案件6005件、办结6108件，分别下降6.2%、2.5%。

【平安威海、法治威海建设】　坚决贯彻总体国家安全观，依法惩处刑事犯罪，审结一审刑事案件2533件，判处罪犯3030人。常态化开展扫黑除恶斗争，审结涉黑恶案件5件，执行到位涉黑恶财产3555.7万元。开展打击整治养老诈骗专项行动，审结相关案件6件，向行业源头企业发出司法建议24份，开展普法宣教活动30余场。依法严惩电信网络新型犯罪，审结网络诈骗、“帮信罪”、网络赌博等案件175件。着力防范化解风险，开展矛盾隐患排查行动，排查涉重点领域、热点问题等风险隐患。推动防范化解金融风险，深化金融案件跨区域集中管辖改革，与金融监管部门建立风险信息通报机制，妥善化解金融纠纷4580件，依法严惩涉众型经济犯罪案件64件145人。开展信访“治重化积”攻坚行动，严格落实“两见面、双签字”要求，依法稳妥化解一批涉诉信访积案。推动纠纷源头治理，深度融入市域社会治理，对接、入驻各区（市）、镇（街道）矛盾纠纷调解中心，合力将纠纷化解在前端。完善多元化解纷机制，开展线上调解，入驻调解组织213个、调解员625名。推动司法触角向基层延伸，构建“一镇街一法官”“法院＋网格”等治理新模式，诉前成功化解纠纷2.2万起，增长19.1%，一审民商事收案连续4年下降。全面参与法治威海建设，监督支持行政机关依法行政，审结一审行政案件358件，审查行政非诉案件479件，行政机关负责人出庭应诉率保持100%，采取巡回审判、走街串巷等方式普法1096场次，创新推出“小威说法”系列微动漫，发布典型案例280余个。

【企业发展保障】　助力培育现代产业体系，印发常态化走访企业、全流程提速增效等司法服务意见18条，审结一审民商事案件3.1万件。保障先进制造业核心竞争力提升，专项分析全市1万余家企业涉诉情况，专题辅导规模以上企业1200余家，审结涉工业企业案件1739件。服务海洋经济转型发展，审结海水养殖、海洋食品等案件534件。促进现代服务业品质提升，审结商贸、旅游等案件3393件。回应数字经济发展司法需求，审结互联网购物、金融等案件208件，推进金融纠纷电子诉讼试点工作，环翠区人民法院获批山东金融云庭智审平台试点法院。

【法治化营商环境优化】　创新开展全周期服务企业改革，印发服务措施41条，制定法律风险防范等4张清单，审结涉企案件1.6万件。深化知识产权审判“三合一”（知识产权民事、行政和刑事案件的级别管辖权统一）改革，印发适用惩罚性赔偿裁判指引，建立“行政调解＋司法确认”诉调衔接机制，与青岛市中级人民法院、威海市市场监督管理局签署跨域保护合作框架协议，审结知识产权案件281件，诉前化解369件。健全市场主体司法救治和退出机制，审结破产案件11件，盘活资产1.3亿元。构建城市发展新格局，实施预防、修复、共治、专业“四位一体”的生态司法保护新模式，审结环境资源案件632件，与市生态环境局、人民检察院、公安局设立“企业环保法律服务日”，省高级人民法院在威海市召开现场会推广威海市经验。全面推进乡村振兴，审结涉农村土地承包、征地补偿、休闲农业等案件255件。服务城市发展与国际接轨，依法平等保护中外当事人合法权益，审结涉外，涉中国香港、中国澳门、中国台湾案件86件，办理司法协助案件29件。促进提升城市文化软实力，主动融入信用威海建设，联合惩戒严重失信主体1835个，限制高消费1.5万人，为4980个履行裁判的当事人修复信用。

【诉讼服务优化】　持续优化诉讼服务，开展“微实事”“微创新”活动，不断从“小切口”解决“大民生”。推进诉讼服务标准化建设，规范立案、交费、鉴定等办事流程70余项，为群众提供线上线下、方便快捷的“一站式”服务。创新“12368”诉讼服务热线集约办理模式，18项诉讼事务接单即办。积极回应新冠肺炎疫情防控常态化下群众司法新需求，采用互联网方式开庭3.3万件次。简化小额执行案款发放流程，无需提供收款手续直接拨付当

8月25日，威海市中级人民法院环境资源审判庭揭牌仪式举行

（威海市中级人民法院　提供）

事人账户。坚持严格公正司法，扎实开展审级职能定位改革试点，健全查明事实、提级管辖、对下指导等机制，制定民间借贷等15类常见纠纷审判要素表和裁判指引。创新构建权责统一、监管有效的司法责任体系，建立改判发回重审案件评析、重点案件评查、反向评价等机制，改判发回重审率下降3.7个百分点。

【纠纷实质化解】 树牢“案结事了”理念，开展“实质化解纠纷、减少衍生诉讼”专项行动，建立风险提示、辨法析理、判后答疑等机制，50.1%的民商事案件以调解、和解方式解决，89.5%的当事人在一审后服判息诉。深化纠纷繁简分流，28个速裁团队办结案件1.3万件，平均用时25.9天，44.3%的案件交由院庭长办理，超98%的案件经一审、二审后实现定分止争。保障民生福祉，深化家事审判方式改革，完善心理辅导、家事回访等机制，审结婚姻家庭、继承案件3677件。积极贯彻《中华人民共和国家庭教育促进法》，设立“法护威来”“法育青翠”家庭教育服务基地，发出家庭教育令13份。兑现胜诉权益，打造“威执亮剑”品牌，常态化开展涉民生、涉中小微企业等执行行动94次，拘传拘留被执行人650人，全年执结案件2.2万件，执行到位金额35.4亿元。加大司法救助力度，为困难当事人发放救助金427.7万元。

【法院队伍建设】 加强司法能力建设，邀请专家授课18次，组织3批21名“案结事了红旗手”分享办案经验，分批抽选基层干警到市中级人民法院业务轮训，“非法集资犯罪涉案财物处置问题研究”获得最高人民法院重大课题立项，2名法官分别获评齐鲁最美法官及提名奖，6个集体、22人获得省级以上表彰。持续强化正风肃纪，开展“用身边事警醒身边人”集中警示教育活动，建立常态化排查整治顽瘴痼疾机制6项，对文书送达不规范等违反纪律的干警作出党纪政务处理，风清气正的政治生态持续向好。

（王红云）

司法行政

【概况】 2022年，威海市司法局统筹推进法治威海、法治政府、法治社会一体化建设，全力推动依法治市和司法行政工作高质量发展。25项经验做法被国家和省有关部门肯定推广，威海市司法局获评全国司法行政系统先进集体、全国行政执法先进集体。

【依法治市】 压实法治建设主体责任，开展党政主要负责人述职述法工作，中共威海市委主要负责人在省委全面依法治省会议上进行现场述法。加强研究谋划，在法治政府示范创建、律师参与依法治市工作等方面印发文件14件。市委全面依法治市委员会办公室印发《威海市加强新时代法治人才培养工作的实施方案》，为法治人才培养提供制度支撑。加大法治督察力度，建立法治督察与纪检监察监督协作机制，开展贯彻落实习近平法治思想及法治政府建设专项法治督察。认真抓好法治山东建设指标落实，年度法治指数动态评估成绩位居全省前列。深化与高校联动合作，全面启动法治威海建设情况评估和“打造共同富裕先行区法治保障研究”课题调研工作。“聚焦解决城市成长烦恼、化解土地历史遗留问题、加强渔船管控、双招双引四个领域，更加重视依法办事”的经验在全省推广。重点在法治人才建设、优化营商环境、黄河流域高质量发展、招商引资和项目建设、法治政府建设等方面加强研究，牵头制定制度规划20余个。

【法治政府示范创建】 开展法治政府建设示范创建“查漏洞、补短板、树亮点、促提升”及共性问题整改等系列活动，查找短板问题7个，树立工作亮点20余项，夯实示范创建的基础。

【法治环境优化】 开展优化法治环境攻坚突破行动，全面落实优化营商环境法治建设专题组牵头单位职责任务。营造公平诚信环境，审查市政府及有关部门作出的承诺事项55项。建立合法性审查与公平竞争审查联动机制，将公平竞争审查作为合法性审查的必经程序，通过“两审”联动，强化公平竞争审查制度的刚性约束，相关做法在全省推广。提升涉企法律服务水平，加强与民营企业的联系，工作经验做法入选全国服务企业“两个机制”典型事例。围绕服务贸易、医疗器械、电子信息、激光打印等产业园区，打造各具特色的“园区式”法律服务中心4个，实现开发区园区法律服务中心设置全覆盖。成立海事海商法研究中心，组建威海市海事海商法研究中心专家库，重点在海洋法律人才培养、涉海法律服务等方面提供支持。深入实施服务企业“十百千”工程和惠企政策精准推送工程，开展企业“法治体检”1600余次，解决涉及劳务纠纷、合同管理等问题2500余个，免费向企业发放政策汇编1万册。市委依法治市委员会印发《关于加强法治国企建设的实施意见》，助力企业合规建设，开展企业合规培训300余场次，切实提升企业合规意识。

【行政立法】 市政府印发《威海市人民政府规章制定程序规定》，解决政府立法中存在的工作责任不明确、分歧解决机制不顺畅、公众参与度不高等问题。强化市级立法联系点的辐射带动作用，推动全过程人民民主理念融入立法实践。加强重点领域立法，年内审议通过《威海市气瓶安全条例》《威海市刘公岛保护和管理条例》；市政府印发《威海市控制吸烟管理办法》，为精致城市建设提供有力的制度保障。

【备案审查及合同管理】 强化政策文件规范管理，建立党政规范性文件联合审查机制，制定行政规范性文件管理文书范本，审查市委、市政府文件135件。规范重大行政决策程序，市司法局印发《威海市重大行政决策事项目录管理办法》，对重大行政决策事项实行清单式管理，确定并全部完成市政府2022年度重大行政决策事项5件。全面加强合同管理，审查市级机关、事业单位合同4571件，总金额达81.3亿元，所有经审查通过的合同均得到有效履行，未发生诉讼、仲裁案件。

【行政执法监督】 市政府办公室印发《威海市涉企行政检查分级分类监管办法》，推行以信用和风险等级为依据的涉企分级分类监管模式，涉企检查次数比上年降低27.8%，问题发现率提升12.6%。深入实施包容审慎的监管政策，全年办理“首违不罚”“首违轻罚”案件4584件，减免罚金2977.07万元，为市场主体提供健康有序、宽松适度的发展环境。稳步推进市县乡三级行政执法监督工作体系国家试点工作，为改革提供“威海经验”。开展全市执法力量配置情况调研，市委全面依法治市委员会办公室印发《优化行政执法力量配置重点任务落实清单》，解决行政执法力量不足的问题。

1月25日，“新春送福·法润万家”普法宣传进社区活动举办

（威海市司法局　提供）

【行政复议应诉】 建立行政复议提级管辖、案例指导、情况通报等机制，行政复议综合纠错率达40%；依法办理行政应诉案件，完善行政应诉工作流程，行政机关负责人出庭应诉率达100%，行政诉讼案件一审胜诉率达95.7%。提升涉企复议案件办理质效，建立涉企行政复议案件类型化审理机制，压缩办案期限20天以上，涉企案件综合纠错率达44%，有效化解项目立项、税收征缴等难题50余个。

【重大涉法事务办理】 聚焦解决“城市成长烦恼”，依法妥善化解土地历史遗留问题，通过打造“三个结合”（坚持诉讼手段与非诉手段相结合、坚持解决个案问题与解决共性问题相结合、坚持案件处置与行政执法监督相结合）的办案新模式，处置重大疑难案件12件，避免财政损失2亿余元。法律论证重大涉法事务40余件，提出法律意见30余条。

【监狱工作】 围绕“忠诚保平安、护航二十大”工作主线，完成系列维稳安保任务。加强狱情收集研判、罪犯危险性评估，做到底数清、措施实、管控稳。开展“安全监管提升年”“反脱逃警示教育”等活动，深化罪犯行为养成。联合驻监狱武警和公安干警开展多警联动综合演练、防暴恐演练，提升应急处突能力。持续抓好罪犯精准教育转化，编发《威海监狱心防工程案例选》，层层选拔案例成果，在全省监狱警察精准教育转化能手竞赛活动中获得二等奖。强化常态化疫情防控阶段医疗卫生保障，加强“医联体”建设，经验做法在全省监狱系统进行交流。

【社区矫正工作】 召开全市社区矫正档案规范化管理现场会暨社区矫正工作推进会，部署开展社区矫正档案规范化建设试点工作，统一社区矫正执法操作规范。市司法局印发《威海市社区矫正档案指南（试行）》，规范社区矫正档案管理。加大督导检查力度，开展重点社区矫正和安置帮教对象的隐患排查，对执行地变更社区矫正对象全部做到无缝衔接管控到位，全市社区矫正对象管理稳定有序。

【公共法律服务体系建设】 完善制度规划，印发公共法律服务体系建设规划，增强公共法律服务工作的系统性、规范性、科学性，推出公共法律服务事项清单和指导标准。推动平台升级，完成市级公共法律服务中心升级改造，构建“一端发起、三台响应”服务模式，全年提供各类法律服务10万余次。

【律师工作】 市委全面依法治市委员会办公室印发《关于进一步发挥律师作用助推依法治市工作的意见》，为律师深度参与法治建设提供制度支撑。加强律师行业党建工作，围绕打造“法润威海·律师护航”党建品牌，实施党建提升工程。开展“三亮”（亮身份、亮态度、亮成绩）活动，实现党员律师“身份全亮明、阵地全覆盖、履职全记录”，经验被省司法厅向全省推广。

【普法与依法治理】 深化法治宣传教育，扎实开展习近平法治思想学习宣传活动，举办市委理论学习中心组专题报告会，开展安全生产、疫情防控、渔船管控等普法宣传活动近1万场，发放材料260余万份。加强重点群体法治宣传教育，推动领导干部带头尊法、学法，各级党委（党组）理论学习中心组集体学法870次，领导干部讲法治课401次。强化青少年学法用法，在全市中小学校组织开展“书·法”活动，征集优秀作品400余件，择优汇编成册，面向社会免费发放1000余册。加强法治文化建设，在全市打造法治文化公园、广场、普法宣传栏、长廊等5000余处，实现市、区（市）、镇（街道）、村（社区）四级法治文化阵地全覆盖。实施“法治带头人”和“法律明白人”选拔培养工程，在全市选拔出“法治带头人”2793名和“法律明白人”8297名。深入开展民主法治示范村创建活动，强化党建引领、深化城乡一体治理、提升基层治理能力等法治乡村建设创新经验在全省推广。

【人民调解】 印发行业性专业性人民调解工作管理办法，加强行业性专业性调解组织管理。总结矛盾纠纷特点和调解工作规律，推行“四平四说”（以平和的心态把事情说清、以平实的语言把法说明、以平等的人格把理说透、以平易的方式把情说近）调解工作法，通过加强培训、选树调解能手、创建品牌调解室等方式，推动“四平四说”调解工作法在全市落地落实。打造品牌调解组织276个，取得良好的示范效应，经验得到市领导批示肯定并被《大众日报》刊发推广。

【司法所建设】 市司法局印发《威海市司法所规范化建设三年行动实施方案（2022—2024年）》，提高司法所政治、业务、组织队伍、保障能力等建设水平，全面提升司法所工作综合效能。全市73个司法所有工作人员406人，其中在编人员159人、辅助人员247人。改善司法所办公条件，拥有独立业务用房的司法所达67个，办公用房平均面积150平方米，所有司法所均实现标识统一规范。46个基层法律服务所与司法所实现“两所共建”，司法所维护基层社会稳定、统筹提供基层法律服务和推动基层法治建设的职能作用得到充分发挥。2022年，全市司法所参与化解矛盾纠纷5000余件，开展法治宣传教育受众110余万人次。

【基层法律服务】 巩固基层法律服务行业突出问题专项整治效果，市司法局印发《关于加强基层法律服务行业职业道德和执业纪律建设实施意见》，推动建立长效机制，提升行业整体形象。强化基层法律服务工作者执业权利保障，协调法院解决基层法律服务工作者“一码通”问题，为基层法律服务工作者出庭诉讼开辟安检快捷通道。

【人民监督员选任管理】 完成人民监督员年度考核工作，7人获评优秀等次，5人受到省人民检察院、省司法厅通报表扬。2022年，抽选人民监督员226人次，监督检察院办案活动115件次。联合市人民检察院，开展年度人民监督员专项业务培训，提升人民监督员履职能力。

【法律职业资格管理】 完成405人申请授予法律职业资格受理和审查工作，其中跨省通办38人、省内通办55人。印发并严格落实考试组织实施工作方案、疫情防控方案、应急预案，安全顺利完成2022年法律职业资格考试。客观题报名1512人，参加考试1068人；主观题报名552人，参加考试536人。

【公证工作】 全力保障群众和企业的公证服务需求，采取远程视频公证、“代办＋联办”“零接触”、上门办等服务模式，用好“跨省通办”“全程网办”“公证在线”等服务网络，实现公证业务由面对面办向不见面办、由坐等办向上门办、由各自办向联合办、由线下办向线上办的转变。聚焦企业和群众高频服务公证事项，发挥大数据赋能作用，推出公证服务电子证照“无证明”社会化应用场景10项，方便企业和群众办事创业。年内，全市各公证处办理远程视频公证近1200余件，代办不动产登记业务400余件，“为民办实事”150余件，减免费用2.5万余元，办理公证2.4万余件，其中国内公证1.4万余件、涉外公证1万余件。

【司法鉴定】 市司法局印发《威海市司法鉴定资质认定能力提升三年行动实施方案（2022—2024）》，推进司法鉴定行业高质量发展，提高鉴定公信力。坚持问题导向，开展山东省司法鉴定行业发展规划（2020—2024年）实施情况中期评估工作，提高司法鉴定机构、司法鉴定人依法依规执业的自觉性，促进全市司法鉴定工作高质量发展。

【法律援助】 全面实行法律援助证明事项告知承诺制，对于请求确认劳动关系或者支付劳动报酬等《中华人民共和国法律援助法》规定的8个事项，群众在如实说明经济困难状况，并进行个人诚信承诺后，可以直接申请法律援助，无需提交经济困难的证明，有效提升群众办事体验感。推行法律援助服务“线上办、掌上办”，引导困难群众通过“法治威海”和“威海市法律援助”公众号在线申请法律援助，在新冠肺炎疫情防控期间实现法律援助服务“不打烊”，取得良好效果。全年受理法律援助案件6559件，减免法律服务费用3600余万元，威海市刑事法律援助工作经验在联合国法律援助交流会议上推广。

（孙荟萃）

仲 裁

【概况】 2022年，威海仲裁委员会聚焦主责主业，着力打造“仲心向党、裁信为民”特色鲜明的党建品牌，提升仲裁服务质效，为全市经济社会发展服务。年内，威海仲裁委员会受理仲裁案件545起，涉及商品房买卖合同纠纷、借款合同纠纷、委托合同纠纷等30余类，涉案标的额5.71亿元，调撤率60.5%。

【营商环境建设】 新冠肺炎疫情防控期间，对仲裁业务信息管理系统进行维护升级，升级“网上预约立案”“网上快捷缴费”等仲裁业务绿色通道，全年网上立案申请181人次，占比20%；开展线上庭审、线上仲裁庭合议，实现疫情防控期间“服务不打烊”“群众少跑腿”。依托仲裁员专家队伍，与行业协会联合组建“威仲”法律服务团、建筑协会服务团等，为企业提供免费法律咨询服务。举办“威仲直播”4期，邀请专家线上直播讲解外贸企业常见法律风险及防范、知识产权政策解读等相关知识；《威仲论坛》栏目发布《调解在仲裁案件中的价值与运用》等文章3篇。开展仲裁走进园区活动，实地调研科技孵化园区企业困难，将仲裁服务前延，为企业提供仲裁法律服务。

【海事海商纠纷解决机制建设】 创新海事海商纠纷解决新机制，与市工业和信息化局、渔业协会等就如何在涉海企业推行仲裁法律制度进行多次座谈沟通，加强海洋领域的普法宣传。参加海洋经济法律交流会，与众成清泰律师事务所、中国科学院海洋研究所等就仲裁在海洋经济法律研究方面进行座谈交流。赴大连海事大学、大连国际仲裁院，就利用仲裁制度解决海事海商纠纷寻求人才支持。撰写调研报告《发挥仲裁优势，打造海事海商纠纷解决新机制》，增聘23名海事海商领域专家作为仲裁员，计划在海洋经济集中的荣成市设立海洋仲裁院，为涉海市场主体提供专业的法律服务。

【国际仲裁院建设】 强化国际仲裁院建设，威海国际仲裁院落户威海经济技术开发区智慧谷发展园区“一站式”公共法律服务中心。借鉴各地国际仲裁院建设经验，聘请国内知名法律专家担任国际仲裁院首任院长，制定涉外仲裁规则，组建管理团队和涉外仲裁员队伍，为到威海市投资的企业创造良好的法治化营商环境。

【案件质量管理和仲裁队伍建设】 成立威海仲裁委员会秘书处案件审理质量管理领导小组，印发配套制度，定期组织案件汇报和疑难案件讨论，完善办案程序，严把案件裁决关。印发《仲裁员管理办法》《仲裁员行为规范》，提高仲裁员管理服务的科学化、精准化、规范化水平。开展仲裁员、办案秘书职业道德和业务能力培训，采用网络直播的方式举办各类讲座培训5场。

【金融仲裁模式创新】 深入10余家银行机构，调研互联网金融纠纷的类型、特点等，探索信用借款、分期付款等规模化小额纠纷的在线仲裁模式。印发《威海仲裁委员会金融仲裁规则（草案）》，大幅缩短程序性期限，互联网金融类案件审理期限由90天缩短至30天，邀请市地方金融监督管理局、各银行机构座谈并提出可行性意见。2022年，受理金融案件数量增长20%。

（马海冰）

重要案例

【缅北跨国系列电信诈骗案】 自2020年起，犯罪嫌疑人张某、叶某山、罗某等人，在缅北境外窝点利用虚假投资平台对境内人员实施诈骗，受害人遍布全国多个省（直辖市），累计金额上亿元。经缜密侦查，摸清嫌疑人活动规律后，2022年3月，专案组赶赴重庆市等地将3人抓获，随后抓获该诈骗集团犯罪嫌疑人6人。

（刘京瑜）

【特大养老诈骗犯罪团伙案】 2022年9月5日—6日，威海市公安局经济技术开发区分局打掉以售卖医疗保健品为幌子，专门骗取老年人钱财的犯罪团伙1个，抓获犯罪嫌疑人14人，追缴赃款赃物折款162万余元。经查，该团伙自2021年7月起，以加盟“5A塬头贡”公司名义在威海市、烟台市等地设立线下销售店铺13个，以食品冒充具有药用和保健作用的保健品，非法获利200余万元。

（沈小玉）

【山东思峄生态科技有限公司非法吸收公众存款案】 自2021年6月起，山东思峄生态科技有限公司股东以买卖资产包、投资大礼包为诱饵，吸引全国各地大量不特定群体购买，非法吸收资金7000余万元，涉及全国1000余人。2022年7月14日，乳山市公安局根据线索将犯罪嫌疑人李某泉、丁某义、毕某军抓获归案。

（孙福圣）

【涉嫌走私国家禁止进出口货物物品案】 荣成市公安局在工作中获知有一批朝鲜走私鱿鱼要在荣成市卸货，组织警力在全市开展巡防排查。2022年2月8日，与海警部门共同将可疑货轮“义海167”查获，同时抓获陆上涉案人员6人、船上涉案人员6人，查获走私朝鲜鱿鱼400余吨（价值900余万元）、铁矿石1500余吨（价值200余万元）。案件移交海警部门进一步侦办。

（李 敏）

【巨额涉案资金赌场案】 自2009年起，韩国籍男子姜某灿在威海火炬高技术产业开发区租用酒店房间建立网站，面向韩国境内注册会员进行网络赌博。网站有会员2591人，总存款额为800亿韩元，折合人民币约4.28亿元。5月19日，威海市公安局“122”专班联合市公安局火炬高技术产业开发区分局抓获该团伙犯罪嫌疑人22人，捣毁网站工作室4处，打掉网络赌博平台11个，扣押涉案电脑51台、冻结涉案账户资金650余万元，扣押追缴现金1750余万元。

（林乐鑫）

【“1·02”走私国家禁止进出口货物案】 自2021年9月起，犯罪嫌疑人黄某洪、李某、王某东等人，雇佣货船到公海将禁止进出口冻品运至威海市文登区长会口码头卸货，并通过货车运往江苏省兴化市，河南省郑州市、开封市等地销售。威海市公安局文登分局抓获犯罪嫌疑人39人，打掉犯罪团伙2个，查获标识为美国、西班牙等国的熟猪肚、熟羊肚、生牛腿肉等8种走私冻品375吨，涉案价值2000余万元，偷逃税款500余万元，该案被列为全省公安机关“昆仑2022”专项行动第四批督办案件。

（宋晓晴）

7月28日，威海仲裁委员会秘书处赴大连国际仲裁院调研考察

（威海仲裁委员会秘书处　提供）

编辑　李传强

军　　事

威海军分区

【概况】 2022年，威海军分区（简称军分区）聚焦“干精品工作、抓精细建设、建精锐之师”建设目标，强化政治引领固根本，聚焦应对强敌抓备战，坚持守正创新谋发展，围绕“三个过硬”（听党话、跟党走的过硬基层，能打仗、打胜仗的过硬基层；法纪严、风气正的过硬基层）强基层，持续正纲肃纪严法治，统筹推进新冠肺炎疫情防控和部队全面建设，全面完成年度工作任务。

【思想政治建设】 军分区科学制定年度理论学习计划，采取党委中心组带机关理论学习、理论轮训、理论夜校等方式，组织官兵学习贯彻习近平强军思想。开展“理论大讲堂”活动，定期进行学习体会交流，巩固深化学习效果。开展“学训词、迎盛会、谱新篇”开年教育，召开教育座谈会4场，收集采纳4类16条建议，落细落地一系列创新举措，主题教育和中共二十大精神学习宣传贯彻相关做法6次被山东省军区简报刊发。推进“忠诚·担当·尽责”主题教育实践活动，落实军分区讲大课、团级单位上小课、基层单位有微课，区分不同类型教育对象“定制”教育手册，扎实开展主题党日活动经验做法被山东省军区转发。开展“学、比、创”活动，组织优秀政治教员评比竞赛和第一届“强我国防”民兵演讲比赛，开展庆祝建军95周年系列文体活动，创先争优、以文化人氛围更加浓厚。组织军地互办实事试点活动，军地双方合力解决5类21个问题，军分区党委持续助力乡村振兴，与14个地方单位确定共建关系，军政军民关系更加团结巩固。升级军分区图书阅览室，完成威海革命军事馆建设和军事年鉴编纂上报工作。注重整合全区宣传骨干力量资源，提升宣传报道质量效益。

【国防动员】 军分区推进国防动员体制改革调整，完成9类国防动员潜力数据收集任务。推动民兵工作领导小组按职责运转，军地联合印发基干民兵体格检查、政治考核、专业技能考核和基干民兵干部资格认证等实施意见，规范整组秩序、落实规定程序、抓好过程管控，完成民兵编建任务。着眼提升兵员征集质量，军地联合印发《关于结合事业单位公开招聘征集本科及以上学历毕业生入伍的意见（试行）》，完善激励高学历青年应征入伍的优惠保障体系。军分区印发《普通高校征兵工作站达标考评实施办法》，推动山东药品食品职业学院征兵工作主责单位变更，提升高校征兵工作质量效益。区分不同学历层次，精准制定定兵原则和兵员分拨方案，完成大学生和大学毕业生征集指标，大学毕业生征集比例比上年增长26%。

【基层建设】 军分区贯彻落实《军队基层建设纲要》，严格党委常委挂钩帮抓帮带制度，进一步正规基层工作秩序。强化基层武装建设，在10家市属国有企业和高职院校建立基层人民武装部；组织召开基层武装规范化建设观摩会，统一建设思路，规范建设标准；实行军地联合考评，持续开展基层武装达标考评活动，促进基层武装部建设提质增效，基层武装建设“1+2+3+N”经验被省国防动员委员会转发。注重加强专武干部队伍培训帮带，打造“集中培训＋轮岗代训”模式，分批组织专武干部到军事机关轮岗带训，提升专武干部业务能力素质。开展“百日安

10月16日，威海军分区组织官兵收看中国共产党第二十次全国代表大会开幕会
（杨　正　摄）

全”、微信泄密和保密工作专项整治活动，常态化开展安全隐患排查，坚持每日值班抽查、每周昼检夜查、每季度安全检查和形势分析，做好重大节日、重点时节和实兵演训活动期间的部队安全管控。加强机关安全建设，购置保密柜、规范营门设置、升级营区安防系统，提升机关规范化建设水平。实施“暖心工程”，立项为基层办实事20件，全年看望慰问老干部和遗属190人次，解决好退役军人安置、随军家属就业、军人子女入学等问题。推进老干部移交安置工作，完成移交任务，做好老干部服务保障，军分区干部休养所被中央军事委员会国防动员部评为先进干休所。

【综合保障】 军分区推进财务正规化建设，严格规范财经管理和物资采购秩序，经费使用质效明显提升。做好资金集中收付准备，梳理盘点资金账目，完成集中结算室升级改造。严密组织弹药请领调运，按编配备补充装备器材，装备编配率稳步提升。加强基础设施建设，对机关营院、办公楼、道路、污水管线进行改造和整修，改善官兵工作生活条件。扎实做好新冠肺炎疫情防控工作，滚动修订应急预案，及时调整防控措施，积极筹措防疫物资，做好相关人员医药保障和康复治疗，伙食保障、新兵运输、油料供应、新被装列装等工作取得明显成效。

（赵晓东）

武警威海支队

【概况】 2022年，武警威海支队（简称支队）坚持思想政治引领，扎实练兵备战，忠实履行使命，全面完成各项任务。

【思想政治引领】 支队紧扣主线深化理论武装、紧贴实际抓实铸魂育人、紧扣时代激活强军文化、紧盯形势筑牢思想防线，深入贯彻思想政治教育创新交流会精神，探索建立研讨式、共享式教育模式，健全“推门听课、网上查课、教案评比、每月讲评”督教机制，组织优秀政治教员评比竞赛，着力强能力、正秩序、提质量。利用“红肩章”宣讲、好书分享、微课解读等形式，宣扬主旋律、传播正能量。开展“强军风采”群众性文化活动，推进军地文化共建发展，组织官兵参观刘公岛爱国教育基地，举办“党旗引领战旗红”文艺会演、军事文化体育运动会和“歌声嘹亮献给党”歌咏大会，不断提振官兵精气神。开展谈心交心和“思想大摸底、隐患大排查、矛盾大化解”活动，做好解难、帮困和暖心工作。创新开展新兵“五帮”教育（帮助过好分配关、转变关、相处关、纪律关、任务关），助力新兵度过“第二适应期”。紧盯意识形态领域新动向，邀请专家进行保密宣讲，有效防范化解风险。

【练兵备战】 支队着眼有效应对强敌和专项任务，组织官兵到驻地重要民生目标现地考察、对接协同，跟进修订任务方案和训练计划，常态化搞好临战训练。深化战备值班力量建设，引接信息资源7路，升级改造战备综合库、战备执勤图库等场所，每月开展覆盖式实案化应急力量拉动演练，全面检验部队遂行任务能力。强化监狱、看守所等固定目标的执勤和战备值班，确保目标的绝对安全。完成春节、两会等重要时期的城市武装巡逻任务、威海市地方高校新生军训任务、烈士纪念日公祭活动和武装押解任务，全年处置执勤险情1起和突发事件4起。深入开展“学研用”新大纲活动，严格落实按纲施训周期法，全面推开“月考季评”抓训路子，探索建立图表式训练档案，按纲施训经验做法被武警山东总队转发。结合交班情况进行通报，每月汇总下发执勤训练情况，定期组织重点科目网上会操考核，有效促进训练落实。加大训练保障经费投入，完成军事职业教育场所建设，补齐各类训练器材，实现训练场地100%达标。严密组织分批轮训、教练员集训，参加武警山东总队“巅峰特战”比武，获得团体第4名，1人立功受奖。

【强基固本建设】 支队科学制定支队党委机关“一队一案”精准帮建计划，释放“单位数量少、领导力量强、一小时工作圈”等抓建效能，用实用好利军惠兵政策，建立军地互办实事机制，推动13项“我为群众办实事”清单落地，协调解决官兵子女入托入学问题，看望慰问患病官兵及亲属，组织“士兵接待日”活动，开设《你问我答》专栏，受理、反馈官兵关切问题，新冠肺炎疫情防控期间为官兵家属配送物资和药品，不断增强官兵归属感、内动力。着眼岗位需要，按照“以学为先、课题牵引、全面覆盖、重在落实”的思路，一体推进“学、知、用《纲要》”和“岗位练兵、联学联训”活动，并抓好成果验收。常态化开展“组织建设规范周”活动和党建法规学习，做好2个群众组织的培训工作，荣成中队、文登中队

7月28日，文化建设军民融合发展活动启动仪式举行

（武警威海支队　提供）

被武警山东省总队评为基层建设先进中队。聚焦支队安全，常态化组织安全综合检查，及时查纠整改安全隐患200余个，有效堵塞安全漏洞。强化“长期安全靠文化”理念，加强安全文化建设，开展案例式、警示式安全教育，组织安全员进行培训，构建人人建安创安抓安的良好局面。全面整治各类“土政策”“土规定”，重点纠治管理方法简单、干部跟训不参训等不良倾向，部队秩序不断规范。

【综合保障】 支队注重强化“前勤”意识，跟进任务需求，常态化开展后勤、战勤编组拉动演练，与7家单位签订应急保障协议，全面提高遂行任务伴随保障能力。推动后装训练与军事训练全面融合，采取以工代训、集中培训、岗位轮训等方式开展专业兵训练，贴近实战化要求组织后装专业比武，不断强化应急保障力量。年内，组织专业兵培训5批，培养储备一批后装专业骨干。着眼解决基层保障问题，为基层中队调配炊事机械等各类设备装备。每月到基层进行医疗巡诊，为官兵免费体检，确保官兵身心健康。加强伙食管理规范化标准化建设，每周评选优质食谱，推行“点菜册”自主点餐，官兵对伙食满意率不断提升，做法被《解放军报》和《人民武警报》头版头条报道。严格落实物资采购、经费使用、资产管理等制度，开展采购业务培训，树立依法依规办事理念；加强副食品配送监管，清退虚高款项，保证官兵利益。

（张 洁）

退役军人事务

【概况】 2022年，威海市退役军人事务系统以“推动退役军人工作高质量发展”为主题，以“让退役军人获得感成色更足”为主线，推动退役军人工作决策部署落实落地，构建退役军人思想政治“十百千”工作体系经验做法获得退役军人事务部主要负责人批示肯定，全省服务保障体系标准化建设推进会在威海市召开，文登区西洋参深加工项目获得全国退役军人创业大赛三等奖，1人入选全国退役军人创业光荣榜，2人分别获评“齐鲁最美退役军人”、山东省第十三届“十佳好军嫂”。

（王 洋）

【移交安置】 2022年，市退役军人事务局组织协调完成计划分配军队转业干部和由政府安排工作退役士兵的安置任务，其中计划分配军队转业干部安置到公务员岗位的比例为93%、由政府安排工作退役士兵安置到事业单位的比例为55.9%。做好企业军转干部解困稳定工作，全年审核发放解困经费4280万元。完成军休人员接收安置任务，相关工作经验在省委退役军人代表座谈会上交流。

（赵振禽）

【优待抚恤】 稳妥有序发放“优待证”，严格落实各项优惠优待政策，连续4年为优抚对象购买意外伤害和重大疾病保险，提高优抚对象医疗保障水平。组织“奋进·2022清明祭英烈”活动和向烈士敬献花篮仪式，倡树崇尚英雄、缅怀先烈良好风尚。整修县级及以下烈士纪念设施253处，威海市镇级烈士纪念设施管理保护经验做法在全省推广。

（范曙光）

【就业创业】 组织自主就业退役士兵适应性培训和技能培训。开展服务“省市重大项目”人力资源对接活动，组织“军岗日”退役军人专场招聘会32场，帮助退役军人达成就业意向。加大退役军人创业扶持力度，新增退役军人创业扶持贴息贷款3777万元。

（孟凡勇）

【双拥工作】 市退役军人事务局组织打造双拥主题公园、广场和路街18处，《中国退役军人》发表市委书记署名文章，威海市双拥文化建设经验做法被《全国双拥工作简报》刊发。与驻扎在新疆维吾尔自治区塔什库尔干塔吉克自治县的部队开展城连共建，助力前哨部队建设发展。筹措资金解决部队重点难点问题89件，文莱高速下初连接线、威海经济技术开发区海警工作站新营区建设等工程完工。组建威海市爱国拥军促进会，开展拥军活动235场次。扎实开展“双清单、三助力”（部队需求清单、地方需求清单；助力拓宽后路、助力巩固后院、助力扶持后代）建设活动，军政军民团结持续巩固。

（王 颖）

【服务保障体系建设】 市退役军人事务局对服务对象50人以上的退役军人服务站进行改造升级，完成退役军人建档立卡精准数据更新审核，持续夯实基层基础。印发《关于推动退役军人志愿服务工作高质量发展的实施意见》，创新实施退役军人志愿服务工作法，打造“戎耀老兵”志愿服务品牌。发布“忠诚老兵”系列微视频33篇，展示新时代退役军人良好精神风貌。24名退役军人志愿者和服务保障体系工作人员获得省级称号，11篇案例入选全国退役军人服务中心（站）服务保障工作典型案例。

附：获二等功以上奖励的2022年度退役军人

张凯　男，1987年10月生，山东文登人，2010年6月入伍，2015年12月被部队授予二等功，2022年3月退役。

（周 茜）

人民防空

【概况】 2022年，威海市人民防空办公室（简称市人防办）坚持稳中求进的主基调，聚焦创新发展、转型发展、安全发展，完成各项工作任务。

【人防工程建设与管理】 市人防办牵头编制完成的《城市地下综合管廊工程人民防空设计规范》成为山东省省级地方标准并颁布施行。编制完成《威海市草庙子片区人防控制性详细规划》《威海市羊亭片区人防控制性详细规划》初稿。开展防空专业队工程选址意见书、立项、概算审批等前期工作；完成市区口人防工程方案设计。围绕服

9月23日，市人防办在刘公岛党旗飘扬训练场进行实战化训练
（威海市人民防空办公室　提供）

务民生，改造完善人防工程，打造融方便通行、夏季纳凉、宣传教育为一体的为民服务“窗口工程”。

【精致城市建设助力】 坚持“统筹共建、融合共治、开放共享”原则，市人防办、市委政法委员会联合印发《关于推进人民防空与网格化服务管理工作紧密结合协同共治的通知》，构建“人防＋网格”工作体系，把城区社区的人防工程划分为网格单元，利用“威海网格通”手机App，确保问题线索“接呼即办”。研发人防工程精细化管理系统，将人防工程基础信息与全市2000余网格的图层相结合，展现全市人防工程和网格区域管理信息，实现人防工程“五化”（资料电子化、位置数据化、状态影像化、统计图形化、应用便利化）智能管理，相关做法被山东省政府副省长批示并在全省推广。全力做好安全生产相关工作，开展在建单建人防工程防汛演练，提高应对突发险情的能力，相关做法在全省单建人防工程安全监督会议上进行交流。

【组织指挥与信息建设】 市人防办坚持“立足现实、着眼发展、重点突出、完善规范”的原则，形成上下衔接、实用管用的人民防空方案计划体系。坚持“健全组织、建强队伍、完善制度、建用一致”的原则，组建全市人民防空专业队伍。组织全市第24次防空防灾警报试鸣，警报音响覆盖率和鸣响率均达100%。加强全市人防基本指挥所建设，专题研究论证各区人防基本指挥所建设，并启动前期准备工作。深化人民防空方案计划，创新人口疏散方式，融入人口疏散网格管理体系，实现防空方案电子化、人口疏散具体化、组织指挥扁平化、村居携手常态化。建设人防视频资源管理平台，对重要经济目标和人防工程实现省、市、区（市）重要经济目标及人防工程四级用户的监控管理。牵头组织胶东五市人民防空协同训练研讨活动，就重要经济目标防护工作进行研讨交流，研究确定某重要经济目标协同防护救援演练方案，相关经验做法被《中国国防报》报道、《胶东经济圈一体化发展报告（2022）》收录。

【人防宣传教育与依法行政】 全市利用城区2处宣传教育工作站，与人民防空教育馆、威海市中小学生实践教育中心人防体验馆、人防示范工程共同形成威海市人防宣传教育场馆新矩阵，威海火炬高技术产业开发区华田体育公园年入园人流量20余万人次；红十字生命健康安全体验馆组织培训班34次，1300余人参观学习；1.4万名学生在威海市中小学生实践教育中心参加轮训。加强“互联网＋人民防空宣传教育”体系建设，在“Hi威海”新闻客户端发布稿件30条，浏览量60余万人次；在威海广播电视台海洋频道播出“威海人防”节目20期。采取开设网络“社区人防小讲堂”、社区网格员和人防教师联动、利用网络及通信平台发布防空防灾警报试鸣信息等方式，推进人防宣传教育“互联网＋”工作深入化、精准化，全年发布短信及短视频30余万条，取得良好宣教效果。建设南山游园，并设立人防宣传教育工作站，发挥人防工程便民停车、宣传教育的阵地作用。对未按照国家规定建设程序修建人防工程依法进行处罚，解决老百姓办证难问题；推进防空地下室易地建设费清缴工作，追回易地建设费2000万元。对5个建设单位配合整改并全部履行法定义务的建设项目，不再给予行政处罚。召开协调会议商讨解决历史遗留问题，协助5个建设项目理顺人防审批手续、落实防空地下室建设义务，妥善解决多个回迁安置项目防空地下室有关问题。

（李　静）
编辑　闫拥军

经济监督与管理

发展规划与综合调控

【疫情防控和经济社会发展】 2022年，面对新阶段新冠肺炎疫情形势和国际环境不确定性，市发展和改革委员会发挥宏观管理和综合协调职能，准确把握经济走势，多措并举应对经济下行风险，市发展和改革委员会编制印发《威海市2021年国民经济和社会发展计划执行情况与2022年国民经济和社会发展计划》，统筹新冠肺炎疫情防控和经济社会发展，全力以赴稳定经济基本盘，确保全市经济社会平稳运行。创新抓好上级政策落实，按照“一账四清”（政策落实台账内容清、责任单位清、责任科室清、责任人员清）模式建立政策落实台账，编制《2022年惠企政策集成》，推出“威海市惠企政策集成卡”，实现惠企政策一“码”直达、一站集成，着力打造惠企政策“一卡通”。动态推出政策包3批、政策措施109项，用“真金白银”助力企业纾困解难、改造升级、冲击新目标。坚持应免尽免、应退尽退，落实留抵退税、减税缓税、缓缴社保费等政策，最大限度释放政策红利。完善联系帮扶企业制度，启动“威海企业家日”，采取各种形式听取企业的意见建议，帮助企业解决实际问题。通过首贷培植、“信财银保”“税银互动”等机制为企业增信，全市贷款余额4650亿元，比上年增长16.2%，其中企业贷款占新增贷款的82.8%。逆势而上全力保障经济运行，加强经济运行分析监测预警，构建全市经济运行月度分析报告制度，加强对地区生产总值、规模以上工业增加值、规模以上服务业营业收入、一般公共预算收入、固定资产投资、社会消费品零售总额、进出口总额、实际使用外资、建筑业总产值、商品房销售面积10项指标的实时监测、分析研判，推动计划目标任务顺利完成。全市实现地区生产总值3408.18亿元，按可比价格计算，增长1.5%。

【新旧动能转换】 坚持“产业为王、项目为王、企业为王”，统筹推进集群壮大、企业培育、产业转型，推动“三链”（产业链、供应链、创新链）“抱团式”协同、双循环发展，新旧动能转换根基更加坚实。持续壮大特色优势产业，新增省“雁阵形”集群2个、战略性新兴产业集群1个、领军企业3家，累计数量分别为8个、3个、9家。推进骨干企业冲击新目标，实施《威海市新一轮企业冲击新目标行动方案》，兑现17家2021年度冲击新目标企业奖励2411万元。提升现代服务业发展质效，新增省级先进制造业和现代服务业融合发展试点3个，累计省级以上试点10个；荣成石岛冷链物流产业园获评省级现代服务业集聚示范区，累计数量为5个；获评省级服务业专业人才1名。不断提升创新发展能力，威海火炬高技术产业开发区、迪尚集团有限公司获评2021年度全国大众创业万众创新示范基地优秀等级；腾森橡胶轮胎（威海）技术中心获评国家级企业技术中心；威海威高国际医疗投资控股有限公司医用植入器械国家工程实验室优化整合为医用植入器械及材料国家工程研究中心；新增省级双创示范基地4家。推动传统产业转型升级，坚持严控“两高”（高耗能、高排放）、优化其他的原则，高效完成“两高”项目梳理排查和能效水平核查，有序推动“两高”行业绿色低碳发展。

11月25日，腾森橡胶轮胎（威海）有限公司生产车间（杨 正 摄）

【重点项目建设】 深入实施“招商引资和项目建设攻坚年”行动，健全“1+6”（1个整体包含科技创新、工业、城乡建设、乡村振兴、海洋产业、基础设施及公共服务6个板块，由各行业主管部门牵头推进）市级重点项目推进体系，推进全市项目一张网管理、一个平台统筹，强化市、区（市）、镇（街道）3级帮包机制，推行项目专管员制度，建立项目策划生成协调机制，从项目签约到立项、到开工、到投产，全过程、全周期、全要素跟踪服务。加快项目谋划储备，谋划基础设施项目298个、总投资5261.3亿元，至年底，新立项投资500万元以上项目总投资5532.5亿元，增长40.7%；112个实施类省级重点项目、810个市级重点项目投资完成率分别为138.6%、124.1%。全面落实“要素跟着项目走”机制，获批中央、省预算内资金5.3亿元，其中保障性安居工程、两业融合、污染治理和节能降碳等专项获批资金额度均列全省第1位，中央预算内投资计划执行情况综合评价连续3年列全省第1位。获批发行地方政府专项债券103.3亿元，增长52%，项目开工率、资金拨付率和支付率均达100%。获批通过各类政策性贷款及贷款贴息需求超200亿元。推进刘公岛景区上报国家基础设施REITs试点项目库。总结推广“国企收购、引进战略投资者、国企参股、破产重组”等“4+N”盘活模式，累计盘活制造业停滞项目79个，盘活后项目总投资150亿元。积极发挥重大项目带动作用，莱荣高铁计划2023年建成通车，威海市莱荣高铁专班指挥部被省委、省政府授予山东省攻坚克难先进集体称号，长会口水库被列入国家“十四五”水安全保障规划。

【重大战略项目落地】 推动成立市“三个十大”（十大创新、十强产业、十大扩需求）领导小组和工作专班，印发落实“三个十大”工作方案、工作台账等文件，谋划推进1662项针对性工作举措落实。围绕黄河流域生态保护和高质量发展战略，印发《威海市推进黄河流域生态保护和高质量发展实施方案》，稳步推进15个省级黄河流域重点项目、4个省际合作事项。围绕胶东经济圈一体化发展，细化明确全市82项“十四五”一体化推进重点任务和68项2022年具体任务，协调推进14个对接青岛市事项。围绕乡村振兴战略，争取1个区、5个镇（街道）、58个村通过第二批省乡村振兴示范县乡村认定，累计签约落地省级乡村振兴重大项目45个、发放贷款167.3亿元。围绕新型城镇化战略，促成市政府与5家银行签署城镇化建设战略合作协议，8个特色小镇纳入省政府名单，80个项目入选2023年省新型城镇化重点项目名单。围绕绿色低碳高质量发展，牵头推进省建设绿色低碳高质量发展先行区三年计划落实，抓紧推进市三年行动计划、年度重点任务编制，谋划储备457个绿色低碳高质量发展项目，争取106个项目纳入省项目库。

【重点领域改革】 深化信用体系建设，获批创建全省社会信用管理标准化创新试点，4家企业获评省级信用管理典型企业，创新推出40万元信用消费券，拉动消费近500万元。规范公共资源交易，建立全领域招标计划提前发布制度，争取全省首批招标计划提前发布试点，建立招标投标“全口径”制度体系，该做法被《营商环境参考》推广，招投标全流程电子化率、电子监管率均达100%。优化金融风险防控，印发《威海市企业债券风险防控工作指南》，建立“红黄绿”三色风险预警机制，确保全市企业债券兑付“零”风险。优化价格管理机制，实施“亩产效益”评价企业差别化用电用水价格政策，暂停市区煤炭热汽价格联动，累计减轻企业用汽负担1.1亿元。完善社会救助和保障标准与物价上涨挂钩联动机制，为全市约7.1万名群众发放价格临时补贴202.5万元。提升电力保障服务，开展电力保障服务质量大提升活动，对10家冲击百亿新目标企业“一对一”制定走访方案，累计走访企业1973家，帮助企业消除涉电安全隐患91个。强化各类试点创建，入选国家骨干冷链物流基地建设名单，获批创建全国积极应对人口老龄化重点联系城市、全国涉税房地产价格认定数字化转型试点、第一批省级产教融合试点城市，争取环翠区获评山东省综合评价高质量发展先进县。

【能源事业发展】 做好碳达峰工作方案编制，能耗“双控”考核获得省考满分，争取省奖励84万吨能耗增量指标，获得2021年全省绿色发展综合评价一等等次。争取荣成市获批省级生态产品价值实现机制试点市。精准发力新能源及关联产业培育，建立能源建设及新能源发展工作专班，争取9个装备制造项目通过省级窗口指导、7个项目豁免省级窗口指导。按照“东核西风”新能源布局，加速推进电力源网荷储一体化和多能互补发展，构建清洁低碳、安全高效的现代能源体系。核电方面，华能高温气冷堆示范工程、“国和一号”示范工程1号机组进入全面调试

6月7日，文登抽水蓄能电站工作人员进行倒送电作业

（威海日报社　提供）

阶段；水电方面，文登抽水蓄能电站1号、2号机组成功并网发电，剩余4台机组按照工程进度要求稳步推进；风电方面，乳山半岛南150万千瓦海上风电项目核准开工；电网方面，加快推进国和示范电站500千伏送出工程、文登抽水蓄能电站500千伏送出工程等重大电网项目建设。

【社会民生福祉提升】 全力打造共同富裕先行区，印发《威海市打造共同富裕先行区实施方案（2022—2025年）》，协调成立市共同富裕先行区创建工作指挥部，形成以系统集成改革为方向、“四张清单”（重点工作清单、改革任务清单、示范案例清单、典型经验引领清单）为引领的“1+4+N”改革创新成果体系，争取“支持威海市探索建设共同富裕先行区”纳入省政府工作报告。全面建设全龄友好型城市，推动全省家庭托育试点、国家儿童友好城市、全国青年发展友好型城市、全国积极应对人口老龄化重点联系城市等创建任务落实，逐步构建覆盖儿童、青年、老年等各年龄层的创建梯次格局。切实兜住兜牢民生底线，强化地方储备小麦、成品储备粮、食用油储备管理，推动地方政策性储备粮库绿色仓储升级改造和粮食应急供应网点建设项目。投放3批次300吨储备猪肉，保障居民消费需求。建立地方公用燃煤电厂电煤进耗存报表“日、周、月”调度机制，确保供暖季全市电煤储备。全力做好对口支援工作，协调各级财政援助资金1.34亿元，建设青海省门源回族自治县冷水鱼繁育和育苗基地、重庆市云阳县巴阳镇蛋鸡养殖加工等38个项目，引导总投资12亿元的PCBA集成电路板研发制造项目落地云阳县。

【调查研究】 坚持为市委、市政府科学决策服务、为经济社会发展服务的原则，持续加大跟踪调研力度，力求准确把握经济发展走势，充分发挥参谋助手作用，认真做好信息和调研各项工作。全年编发各类发展和改革工作简报、共同富裕简报100余期，向市委、市政府报送政务信息、意见建议200余篇，被上级部门采用90余篇，在2022年市政府办公室信息考核中列第1位。加强对事关经济社会发展全局的重大问题的研究，围绕现代化产业体系、共同富裕、新能源产业、新旧动能转换、营商环境等形成调研报告20余篇，提出具有针对性的政策建议，为市委、市政府决策和经济社会发展提供科学依据。接待上级领导或学术机构检查、督导和调研活动15批次，及时反映全市关于重大项目支持政策、资金扶持、精致城市建设、共同富裕建设的诉求及意见建议。加强对特色园区发展研究，印发《关于推动特色产业园区发展的若干政策（试行）》，按照“项目必须集聚、聚焦形成园区、园区要有特色”的目标要求，依据各区（市）优势产业，分类培育打造一批资源配置效率高、专业分工明确、产业链条完善的特色园区，完善产业生态，促进产业集群集聚膨胀和产业链优化。

固定资产投资管理

【概况】 2022年，全市坚决贯彻省委、省政府“三个十大”行动（《“十大创新”2022年行动计划》《“十强产业”2022年行动计划》《“十大扩需求”2022年行动计划》），全力推进“招商引资和项目建设攻坚年”行动，加大重点项目建设推进和谋划储备力度，持续强化项目资金保障，积极扩大有效投资，投资结构不断优化，全市固定资产投资运行稳定在合理区间。

【投资增速】 全市投资增速开局平稳，4月达到全年最高值9.6%，受国际、国内经济形势动荡及新冠肺炎疫情影响，投资增速自5月开始持续放缓，9月后增速进入下行区间，全年呈现先扬后抑态势，固定投资增速-18.9%。

【投资结构】 全市投资结构进一步优化，民间投资占全部投资的比重为66.5%，高于全省4.3个百分点，列全省第8位；民间投资占比提高1.5个百分点，高于全省4.5个百分点，列全省第1位。高技术产业投资占比19.8%，高于全省9.4个百分点，列全省第1位。

【三次产业结构】 受全市固定资产投资增速放缓影响，全市第一产业比上年下降36.4%，下降57.8个百分点；第二产业投资比上年下降9.3%，下降24.3个百分点；第三产业投资比上年下降25%，下降25个百分点。三次产业投资占比调整为1.8∶45.2∶53，第二产业占比提高4.8个百分点。

【房地产开发投资】 全年全市房地产开发完成投资256.12亿元，比上年下降33%，降幅扩大30.2个百分点。新建商品房施工面积2842.1万平方米，下降20.5%，降幅扩大15.7个百分点；竣工面积158.9万平方米，下降78.4%；销售面积381.8万平方米，下降26.4%，降幅扩大19.9个百分点。房地产开发市场明显收紧。

【项目建设要素保障机制落实】 为10个省重大项目争取用地指标107.67公顷，完成40个批次建设用地报批，总面积440.2公顷，其中新增建设用地面积361.73公顷。争取能耗增量指标84万吨，统筹用于重点项目建设。在交通、水利、城乡建设等重大基础设施领域争取获批政府专项债103.3亿元、企业债34亿元、政策性开发性金融工具基金7.9亿元、无偿资金5.3亿元，有效满足项目建设的资金需求。

【重点项目投资】 构建“1+6”重点项目管理体系，把重点项目分为科技创新、工业、城乡建设、乡村振兴、海洋产业、基础设施及公共服务6个板块，由各行业主管部门牵头推进，避免多头调度、重复调度。通过强化市、区（市）、镇（街道）三级帮包机制，形成凝聚合力、齐抓共管的重点项目推进态势。2022年，810个市级重点项目全部开工建设，完成投资1097.7亿元，投资完成率达124.1%。其中，112个实施类省级重点项目当年完成投资339.3亿元，投资完成率达138.6%。

【新立项项目投资】 全年全市立项投资500万元以上投资项目2041个，比上年增加239个；项目总投资5532.5亿元，增长40.7%。其中，审批项目206个，增加54个，总投资330.2亿元，增长121.5%；核准项目48个，增加6个，总投资163.5亿元，增长32.7%；备案项目1787个，增加179个，总投资5038.8亿元，增长37.7%。

【新开工项目投资】 全市组织3批次重大项目集中开工活动，累计310个项目集中开工，总投资超过1000亿元。全年新开工投资500万元以上项目1490个，比上年增加302个；项目总投资1921.5亿元，增长17.6%。其中，制造业新开工663个，增加177个；总投资694.6亿元，增长43.1%。基础设施新开工603个，增加137个；总投资918.3亿元，增长33.1%。

（姜富井）

国有资产监督管理

【概况】 2022年，威海市国有资产监督管理委员会（简称市国资委）统筹新冠肺炎疫情防控和国有经济发展，统筹发展和安全，强化改革攻坚突破，优化国资监督管理，不断增强国有经济竞争力、创新力、控制力、影响力和抗风险能力，获评2022年度招商引资先进单位。至年底，19家市属国企资产总额924.79亿元，所有者权益487.12亿元，实现营业收入87.61亿元，为中小企业、服务业企业和个体工商户等各类市场主体减免房租5017万元，惠及租户2026家。

【国有资本布局优化】 推动国企改革三年行动各项重点任务落实落地，扎实做好国企改革三年行动方案落实情况“回头看”工作，持续加大改革攻坚力度，威海市被省国企改革领导小组评估为A级。强化战略指引，印发《关于做好新时代推进国有经济布局优化和结构调整工作的实施意见》，全面提升威海市国有经济骨干引领作用，威海城市投资集团有限公司、威海热电集团有限公司参股国核示范电站有限责任公司，威海热电集团有限公司与国家电力投资集团有限公司合资设立威海清洁能源公司等重点工作取得阶段性进展。积极扩大有效投资，强化国有资本投资方向调控，推动国有投资向基础性、公益性领域和战略性新兴产业集聚，全年投资项目75个，投资金额38.13亿元，融资246.1亿元。健全国资国企全员招商机制，推动招商引资，先后开展外出招商活动12次，推动在谈项目64个，与国家电力投资集团有限公司、国家电网有限公司等合作的12个项目签约，3个项目落地开工，引入内资7080万元。

【现代企业制度完善】 开展“合规管理提升年”活动，指导企业不断完善合规义务识别和风险预警机制，通过信息化、大数据等手段对重要领域和关键节点开展精准管理，提升企业合规管理水平。健全完善外部董事监督管理制度，强化对企业投融资、股权和资产处置、改革改制等重大事项的决策和监督，提出合理化意见建议并被企业采纳138条。完善财务总监对企业财务状况的分析报告制度，完成每季度企业财务状况分析，组成专家组参与国有企业审计报告会审，深入揭示整改企业存在的问题。优化全面预算管理，以提档升级、降本增效、风险控制为重点，指导企业依据上年度预算执行情况及行业标准值，调整预算指标，提升预算管理水平。召开国有企业改革发展述职评议工作部署会议，由市委、市政府主要领导及相关单位主要负责人对各企业改革发展情况进行书面述评，对评议结果进行通报，压紧压实国有企业领导班子抓改革促发展的主体责任。

【市场化经营机制建设】 稳妥有序推进“三项制度”（人事、劳动、分配制度）改革，部署和推动落实改革目标任务。强化企业领导班子业绩考核管理，实现绩效考核全覆盖。制定市属国企专业人才市场化选聘及薪酬指导意见，建立专业人才引进绿色通道，简化招聘程序，实行市场化薪酬，对专业人才薪酬单列，解决企业专业人才“引不进、留不住”等问题。做好高校毕业生招聘，组织企业面向应届高校毕业生提供高质量岗位，开展“青鸟计划 汇聚威海”2022云招聘活动，设立市属国有企业高校毕业生招聘专场，面向社会面提供岗位305个，其中应届毕业生岗位252个，占比82.6%。

【国资监管体制改革】 健全完善国资监管制度，印发市属国企混合所有制改革操作指引、加强市属国企参股管理的指导意见等文件，进一步完善威海市国资监管制度体系。加强出资人审计监管，面向社会公开择优选聘10家中介机构对19家市属国有企业及各级子企业开展全面审计，强化对问题的发现和整改，累计发现问题180个、整改144个。推进国企“阳光采购”，推动“阳光采购”网上商城建设，开展3批供应商入驻征集工作。建立供应商动态入驻机制，对符合条件的供应商实行随时入驻，合计征集商品品目279个。开展债务风险排查，对企业银行借款、发债、担保等方面的债务风险进行全面排查，加强监测预警，确保不发生违约问题。开展国有企业工资总额预决算审核备案，根据上年度经营情况，完成15家企业工资总额决算方案的审核清算工作，清算总额为11.97亿元，增长5892.46万元，增幅为5.18%。持续推进安全生产专项整治“三年行动”“百日攻坚行动”“部门大诊断行动”等，发现各类问题6814项，整改问题6416项。

·市属国有企业简介·

【威海国有资产经营（集团）有限公司】 2022年，公司有各类出资企业10家，职工总数400余人，资产总额12亿元，净资产7.9亿元。

公司持续巩固提升投资、金融主业，深度融入全市产业发展，不断拓宽项目目源。借助参股哈尔滨工业大学（威海）创新创业园平台优势，聚焦有潜质项目，重点关注对接拟上市企业，投资的荣成康派斯新能源车辆股份有限公司入选省级绿色工厂。利用国有类金融服务平台优势，发挥股权投资杠杆作用，引导金融资本和社会资本投向战略性新兴产业、高新技术产业，确定投资企业3家，投资金额2000万元。持续拓展传统业务，运营社区食堂5家，逐步实现品牌化、连锁化经营。推进酒店业开展美食外卖及家政服务，积极开拓高端视频会议市场。加大企业家培训基地营销力度，发展会员企业87家，培训2万余人次。不良资产清收和闲置盘活取得突破性进展，收回清收款3000万元。持续加大市场化招租、置换式盘活、合作式开发力度，推进资产盘活处置和有效利用，实现出租收入900万元，增长20%。扎实推进国有企业改革三年行动，实施全员绩效考核，建立全员全周期、分层分类、差异化的绩效管理体系，实现考核全覆盖。不断强化内控管理，有效防范经营风险，加强资金管理，有效节约资金成本，公司贷款综合利率为5.19%，比上年降低0.2个百分点。积极推进“阳光采购”工作实施，制定《阳光采购实施细则》，推动采购制度化、规范化。强化内部审计，健全内部审计体系，形成内部审计全覆盖。

【威海城市投资集团有限公司】 2022年，公司资产总额约360亿元，有下属分公司1家，全资、控股子公司25家，职工700人；实现营业收入约21.5亿元，利润总额约4.3亿元，当年纳税1.48亿元，获评威海市纳税50强企业第10名。

公司立足城市开发、城市服务、资产运营三大定位方向，商业房地产开发面积约127万平方米，实现房地产上下游商砼生产、物业管理、市政配套施工、资产管理等产业的全面贯通。先后承担重点工程20余项和威海东部滨海新城土地一级开发任务，图书馆、群众艺术馆、游泳馆等16项重点工程建成投入使用，涉及城市交通、文化、艺术、体育、环保、医疗等多个领域，有力提升城市承载力。完成东部滨海新城道路工程31千米，整治河道、海岸线15千米，绿化养护面积235万余平方米。与中央企业和行业头部企业在医养健康、文化休闲、新能源新材料等领域开展深度合作，优化产业结构，推动商业模式和消费业态升级扩容，培育新的经济增长点。

【威海城建集团有限公司】 2022年，公司清理劣势企业3家，处理历史遗留问题10个，挽回直接经济损失1880万元；实现营业收入1.9亿元，盈利568.35万元。

公司先后改扩建新威路、统一路等城市主干道10余条，实施政府广场建设项目，建设国贸大厦等多功能大厦10余座，开发建设望海园、凤凰城、城建华庭、新苑壹号、新苑阳光等生活小区20余个，累计竣工工程400余万平方米。

【威海城市燃气集团有限公司】 2022年，公司实现天然气采购2.15亿立方米，其中管道气采购2.1亿立方米；新建中压管线26千米，低压管线61.7千米；完成民用安装2万户，公共福利用户及工业户安装130户；更新改造民用客户燃气附属设施，全年完成30万户的波纹钢管更换；新开发民用户1.9万户、商业户230户、工业户25户、分布式能源项目1个，供热供暖项目装机规模71兆瓦；完成15家原蒸汽管网用户企业“汽改气”改造签约计35蒸吨；推动威海临港经济技术开发区零碳园区项目持续运作，将化工产业园和中日合作产业园打造为示范区。

公司强化安全管理，推动双重预防机制建设，全面开展安全生产隐患排查治理，在规划、设计、施工等环节严格把关，在管网运行、风险管理、保障客户安全等方面细微管控，安全生产形势不断向好。加强信息化建设，搭建“燃气流、信息流、业务流”高效协同的智慧燃气运作系统，通过VCC智慧云平台，将后台监控到的燃气异常情况，推送给客户进行应急处置，确保运行安全；通过ADS系统，实现调压器的安全监视、故障诊断及低压管网的突发泄漏预警，提升智能化安全管理水平。通过应用RPA机器人，对卡表稽核、气量统计、工单审核、报表数据提取等实行24小时不间断工作，提高工作效率。持续优化营商环境，建设“水电气暖通信广电共享”营业厅，用户可在营业厅办理多家市政公用服务企业的基础业务；升级改造营业网点，通过数据共享平台实现电子证照办理报装、开户、过户等，提升用户便利度；优化专员制，打造“市务专员制2.0版”，全方位把控报建工程项目，在项目整体能源使用规划方面为用户提供解决方案；整合人员，结合RPA机器人应用，开展24小时不间断咨询服务。

【威海产业投资集团有限公司】 2022年，公司总资产350亿元，存续子基金和产业基金13只，基金规模近100亿元，实现营业收入9.06亿元。新增基金4只，基金规模27亿元，其中规模10亿元的产投股权投资母基金由公司直属基金管理公司担任管理人，实现由参股基金投资、共同管理投资向自主管理投资转变；开展小贷业务45笔，投放金额5.7亿元；为政策类贷款提供担保694笔，金额24.72亿元；完成贸易额7.75亿元；深入推进与山东壳牌石油有限公司战略合作，完成10座“壳牌·大威”加油站改造并投入运营；新增“威海市民卡”App注册人数28.9万人，总注册人数达121.7万人。

【威海市交通发展投资有限公司】 2022年，公司资产总额41.04亿元，所有者权益34.44亿元，实现营业收入4.12亿元、净利润2115.84万元，上缴国有资本收益342.41万元。

公司立足全市重点交通项目建设需要，全力打造以公司本部为依托的项目投资、以工程公司为基础的建设施工、以物资公司为基础的材料供应、以交通科创公司为基础的智慧交通、以资管公司为基础的交通运营5个产业板块，全面提升服务全市交通基础设施建设能力。深入开展投资拉动型物资贸易，与中铁十四局集团有限公司联合开展莱芜方下片区开发和商河安置房项目，投资3.5亿元绑定17亿元的物资供应规模，项目资金综合收益率15%以上；推进实施源头采购，业务源头直采比例达61.4%以上，实现毛利率6.32%，全年物资供应规模达3.47亿元，实现净利润1031.51万元。积极承揽市场化工程施工项目，组建威海交投工程建设有限公司，先后承接中铁十八局神华大准铁路信号灯安装项目、中铁十四局济南先行区安置房、西安草堂健康营地施工等项目，实现营收6320万元、净利润400余万元。助力智慧交通产业发展，与山东高速集团有限公司、山东省科创集团有限公司达成合作意向，共同设立智慧交通建设服务类企业。

【威海市东山宾馆有限公司】 2022年，公司资产总额2.36亿元，增加0.5%；负债总额3563万元，减少28%；所有者权益总额2.01亿元，增加8.3%；资产负债率15.1%，下降5.7个百分点；实现营业总收入4960.83万元，利润总额减亏201.2万元，减亏20.5%。

公司坚持聚焦主业抓发展，深化“一对一”服务品牌。不断细化会前、会中和会后接待服务流程，向主办方提供专业化建议，全年接待各类型会议1900余次，擦亮“管家式”会议品牌。深化菜品精品意识，充分利用当地当季食材研发健康养生菜品，在菜品原料、色彩搭配、口味形态、摆盘设计上下功夫，全力打造“绿色、健康”的餐饮品牌。在接待服务和经营管理上不断创新，努力形成独有的餐饮、住宿和会务服务特色，致力打造服务精心、管理精细、环境精美的精致宾馆。年内，公司承接省驻威海市“四进”工作总队和新冠肺炎疫情防控办公、渔船管控等工作专班常驻保障任务，完成多次重要会议接待服务。

【威海粮油发展有限公司】 2022年，公司实现营业收入5581.03万元、政策性补贴收入1329.60万元。落实国家粮食收购政策，完成夏粮收购任务，开展粮食多种经营，购销大米、玉米，实现利润40万元。开展地方政策性储备粮库绿色仓储升级改造项目，实现准低温绿色储粮。维修改造仓储设施，推进储粮设备设施更新换代。市军粮供应站践行“以兵为本”的服务理念，高标准改造军人休息室，全年供应当地部队军粮无问题发生。完善现代企业治理，加强合规管理，通过“阳光采购”平台和竞争性磋商招标采购15次，节约金额3.9万元。引入市场竞争机制，出租闲置门市、仓库，实现收益156.6万元。落实房租减免政策，减免租金168.4万元。落实涉粮问题专项巡察整改责任，自查自纠和专项巡察反馈问题49个，制定整改措施99条，全部整改完成。坚决守牢“一排底线”，投入安全生产资金20余万元，修订安全制度和预案16项，开展演练5次，参加安全学习培训人次500余人次，保障企业安全稳定运行。

（王海兰）

市场监督管理

【概况】 2022年，威海市市场监督管理局（简称市市场监管局）坚持“守底线、谋创新、抓落实、争一流”总体思路，统筹发展与安全，各项工作创新突破、成效显著。威海市蝉联国家食品安全示范城市，质量强国工作获得国务院督查激励，环翠区、荣成市获评山东省质量强县。市市场监管局获评全省深化“放管服”改革优化营商环境工作先进集体、山东省首届行政执法标兵集体等省级以上称号12项，新争取国家级、省级试点示范22项，29项工作经验获得国家市场监督管理总局、省委办公厅、省市场监督管理局等推广，在省级以上会议进行典型交流22次；先后获得市委、市政府主要负责人肯定性批示13项。

【食品安全监管】 深入推进食品安全示范城市创建，文登区通过省级食品安全县抽查，威海市保持食品安全示范城市（县）全域“一片红”，在全省食品安全评议中继续列全省首位。扎实推进“两个责任”（食品安全属地管理责任和企业主体责任）落实，“三清单一承诺书”（责任清单、任务清单、督查清单，食品安全责任与任务承诺书）建立率、食品安全总监及安全员配备率、首轮包保督导覆盖率均为100%。

全链条风险防控 严格落实“守底线、查隐患、保安全”专项行动，检查各类食品生产经营主体4.5万余家次，发现并处置风险隐患6708个，检查覆盖率、问题处置率均达100%。分析梳理高风险抽检品种清单，提升抽检靶向性，组织完成抽检2.4万批次，问题发现率2.32%，不合格食品立案率、处置率、按时完成率持续保持100%，食品安全评价抽检合格率持续保持99%以上。深化“食安小智”追溯系统应用，上传食用农产品追溯信息8.3万条；全面推广应用“山东食链”食品安全信息化追溯平台，实现全过程追溯管理，全市食品生产经营企业激活率达100%，10类重点食品生产企业和3类餐饮服务单位上链率达100%。

专项行动推进 开展保健食品行业专项整治，检查相关企业134家，下达责令整改、查办案件13起。全市学校、养老机构食堂“互联网+明厨亮灶”基础建设覆盖率、数据汇聚率均为100%。开展校园食品安全守护行动，组织对全市567家学校（幼儿园）食堂每季度开展全覆盖检查，组织学校食品安全知识培训7期，加强校外供餐单位监管，全力做好中考、高考食品安全保障。开展网络订餐监管，监测入网经营商家9.7万家次，检查入网餐饮服务单位8196家次，责令改正359家次，督促平台下线违规商家259家次，立案66件，罚没款13.44万元，吊销许可证件2家。开展农村集市食品摊点、食品经营店规范化建设，打造食品摊点样板63个，食品经营店样板113家。

【药品医疗器械安全监管】 药品零售综合治理 聚力药品安全监管，印发《威海市党政领导干部药品安全责任制规定》《全面加强药品监管能力建设若干措施的通知》《威海市疫苗质量安全应急预案》等文件。完善药品远程处方审方一体化平台，印发远程处方审方地方标准，审方量达48万份。实施药品贮存条件提升、标准化药房创建和过期药品整治工程，药品零售使用单位阴凉区（柜）改造率达99.72%，315家药品使用单位完成标准化建设，全年销毁过期药品5.16吨。实施药品自助销售模式，全市设置自助售药机30台。检查零售药店2856家次、药品使用单位3086家次、化妆品经营单位1388家次、疾病预防控制中心12家次、疫苗接种单位516家次，立案查处426起，罚没款123.06万元。完成752批次药品、化妆品监督抽检工作任务，上报化妆品国抽异常情况9条、药品不良反应监测报告3016例、化妆品不良反应报告649份。

医疗器械监管能力提升 完善预警联动机制，开展医疗器械信用风险分类管理省级试点，建成药品、医疗器械风险预警系统。建成省级医疗器械不良事件专业评价平台，检查医疗器械经营企业2575家，责令整改994

家，立案11起，罚没款20.42万元，列入异常经营名录40家，注销医疗器械经营许可证和备案凭证279张；检查使用单位1819家，责令整改355家，立案29起，罚没款26.52万元。开展医疗器械监督抽检，完成各类医疗器械抽检29批次。组织开展第一类医疗器械生产备案合规检查13家，对全市14家采样拭子生产企业进行全覆盖检查。

【特种设备安全监管】 全市9.9万台套特种设备保持"应登尽登、应检尽检"率100%，特种设备运行总体保持安全平稳态势。开展老旧电梯、无档案起重设备评估整治工作，工作经验做法获得省市场监督管理局推广。加强气瓶安全排查整治，制定《威海市气瓶安全管理条例》，气瓶合格比例提高至99.7%，气瓶全链条监管经验获得市委主要负责人批示肯定，被省委办公厅、省市场监督管理局向全省推广。创建电梯使用、维保、检验检测、监管"四位一体"的安全模式，每100台电梯困人率由2018年的2.5次下降到0.83次，工作经验做法被省市场监督管理局向全省推广。全面推广应用山东省特种设备监管企业端，全市法人登录率达100%，信息完备率达97.44%。完成特种设备三年整治行动任务，开展城镇燃气安全专项整治、鼓式制动器电梯等专项整治行动，全年全市出动检查人员8874人次，检查单位4283家，督导整改问题2084处，立案138起。

【消费环境治理】 消费维权共治模式打造　布设消费维权服务站173处、消费环境共治社区25处，受理消费投诉4567件，和解率为96.7%。培育线下无理由退货承诺单位1.11万家，实现全市商场全覆盖。建立放心消费示范单位动态管理机制，全市放心消费示范单位达4393家。加强线上消费维权，与携程网建立数据交互、案件协查、联合惩戒等机制，探索建设线上消费维权服务站。查处侵害消费者合法权益案件6起，完成8起格式合同条款违法行为的包容审慎监管。打造"威海预付保"平台，入驻企业商户2900家，资金流水达847万元，消费者自主退款30万元，工作经验做法被国家市场监督管理总局推广。推行"2小时分转、24小时回应"投诉办理机制，受理投诉举报咨询6.21万件。加强市消费者协会组织建设，完成协会换届工作。

价格监管　开展专项价格监督检查，全市检查各类市场主体7003家次，查办案件91起，退还多收用户价款187.14万元，罚没款178.59万元。发布《商品和服务明码标价规范第4部分：物业服务》《商品和服务明码标价规范第5部分：停车场服务》《商品和服务明码标价规范第6部分：房地产销售服务》威海市地方标准，规范物业、停车场、房地产销售收费服务。依托"大数据+市场监管"平台，建设"阳光价格在线"创新突破项目，梳理医疗、教育等15类与群众生活密切相关的6000余条收费政策，并向社会公示。

反不正当竞争　市市场监管局、司法局联合印发《关于建立合法性审查与公平竞争审查联动机制的意见》，首创双审查联动机制，对全市涉及市场经济主体的172件政府文件进行公平竞争审查。开展保健品、文物等领域不正当竞争行为整治，摸排79家单位，立案查处案件5件。起草的《企业商业秘密管理规范》入选2022年威海市地方标准制定项目，建设商业秘密保护基地2家。严厉打击野生动物违规交易行为，检查农贸市场、农村大集31次。强化保健品展销会虚假宣传监管，摸排巡查保健食品生产企业等经营场所26家，开展旅游市场联合检查2次，立案查处案件1件，罚款20万元。5月，威海市被省市场监督管理局确立为山东省重大政策措施公平竞争审查会审试点城市。

非法传销打击　深入推进"无传销"村（社区）创建，加大非法传销打击力度，全市查处传销窝点388个，遣散传销人员1301人，立案查办传销案件233起，罚没款405.48万元。实施传销人员教育转化精细工作法，挽救传销人员128人次，教育转化成功率70%。

广告行业监管　开展违法违规使用奥林匹克标志等广告整治行动，全年立案查处5起，曝光典型案例11件。市市场监管局印发《威海市市场监管系统医疗美容行业突出问题专项治理工作方案》，摸排检查医疗美容经营主体81家，立案查处4起，罚没金额1.14万元，查补税款31.2万元。全年累计监测各类广告50.9万条次，处置率达100%。

信用监管　市政府办公室印发《威海市企业分级分类监管办法》，市市场监管局、司法局印发《关于贯彻落实〈威海市企业分级分类监管办法〉的实施意见》，创建市域一体化差异化监管体系，开发差异化监管风险预警系统，企业检查量减少27.79%。加大信用修复力度，为920户企业、134户农民专业合作社移出经营异常名录，为1141户个体工商户恢复经营异常状态、41户严重违法失信名单企业实现信用修复。积极推进企业年报工作，全市年

5月25日，威海市消费者协会第五届理事会第一次会议召开

（威海市市场监督管理局　提供）

报公示率96.14%；分期、分批清理全市“僵尸”企业1335户。

【质量提升推进】 质量品牌建设 市市场监管局印发《威海市质量提升2022年行动计划》，实施质量提升“九项提质工程”，打造绿色低碳“精致质量”发展模式，威海市质量强国工作获得国务院督查激励。建设企业高质量发展服务平台，提供“一揽子”质量服务16.21万次，环翠区、荣成市获评省级质量强县，威海市在全省质量工作评议考核中获得A级。13家企业、2个区域类产品入选首批“好品山东”品牌名单，威海威高国际医疗投资控股有限公司参加“好客山东 好品山东”宣传推介活动。18家企业入选山东省高端品牌培育企业，以威海市泓淋电力技术股份有限公司为龙头骨干企业的电源线组件生产基地被认定为山东省优质产品创建基地。

计量监管和服务 开展计量器具强制检定、加油机计量监管等省级改革创新试点工作。在高频民生计量器具信息查询平台增设“一店一码”内容，可扫码查询全市291家大型商超3325台电子秤检定信息。国家碳纤维产业计量测试中心通过国家市场监督管理总局线上验收。建立市级公用计量标准24项。

质量认证体系建设 开展小微企业质量管理体系认证提升行动，推进“三同”（同线、同标、同质）工程建设，全市“三同”企业达64家，组织“三同”企业参加第二届韩国（山东）进口商品博览会。加强机动车等检测机构监管和认证活动监管，检查检验检测机构53家，查办违法案件9起。开展3C免办自我承诺省级试点工作。积极参与高端认证，8家企业获得“泰山品质”认证。

产品质量安全监管 市市场监管局印发威海市生产领域、流通领域重点工业产品质量安全监管目录，抽检生产领域工业企业699家次990批次产品，不合格检出率0.10%，抽检流通领域日用纺织品、建筑材料等9类3403批次产品，不合格检出率6.14%，依法处置全部不合格产品。督导94家工业产品获证企业提交自查报告并向社会公示，公示率达100%。持续开展重点产品专项整治行动，检查重点产品生产经营者3148家，发现问题62起，开展风险会商研判3次、行政约谈3次，持续净化市场环境，工作经验做法被《山东市场监管》刊发。开展中央环保督察“回头看”第33个问题整改销号工作，指导成员单位分包8个区（市），督导建立长效机制5项，通过销号验收。做好渔船管控工作，检查全市水产品批发零售市场主体4900余家次，未发现非法渔获物。

【知识产权发展与保护】 专利质量提升 全市授权发明专利1485件，累计有效发明专利5354件，万人发明专利拥有量18.42件，每万人口高价值发明专利拥有量增长率和非正常专利申请撤回率居省内第1位。获得山东新旧动能转换高价值专利培育大赛奖项4项、山东省专利奖4项，中国专利奖4项。新建国家知识产权局审查员实践点7家。

专利转化运用 全市专利权质押登记457项，质押金额达54.5亿元，质押发明378件。促成“版权＋专利”质押融资，知识产权质押融资做法被国家发展和改革委员会推广。获得省高价值专利培育奖补资金1610万元。

试点示范争创 文登区、荣成市获评国家知识产权强县建设试点县，威海火炬高技术产业开发区获评国家级知识产权强国建设试点园区。培育国家知识产权示范企业2家、优势企业11家、省优势企业39家，新增贯标初次认证企业59家。

知识产权协同保护 获批设立首批国家海外知识产权纠纷应对指导中心山东分中心地方工作站。设立“专精特新”企业知识产权保护“直通车”79个、维权援助服务站17家，实现24小时“快报快处”。1个案例入选国家知识产权局知识产权行政执法指导案例。与青岛市中级人民法院建立专利侵权纠纷行政调解、人民调解司法确认机制，办理行政裁决案件36起。威海市知识产权纠纷人民调解委员会作为示例案例被录入国家知识产权局发布的《知识产权纠纷调解工作手册》。

【标准化战略实施】 成立威海市实施标准化战略领导小组，印发《关于全面推进标准化创新发展的实施意见》，谋划推动标准化工作。获批社会信用管理标准化创新城市试点，建设国家西洋参标准化区域服务与推广平台，新增省级标准化项目9个（总量121个），国家级标准化项目达40个，获批立项国家级标准化试点1个，6个国家级服务业标准化试点项目通过国家标准化管理委员会考核评估，4个省级标准化试点通过评估验收。落实标准化激励政策，审核发放奖补资金457.35万元。加快推动标准创新工作，全年全市企业参与制修订各类标准141项，立项威海市地方标准33项。完成制修订国际标准3项、国家标准73项、行业标准19项。

（鞠新红）

政府审计

【概况】 2022年，威海市审计局聚焦主责主业，做好常态化“经济体检”工作，全力服务全市发展大局。全年完成审计项目54个，查出主要问题金额199.76亿元，促进整改落实有关问题资金3.06亿元，审计提出建议132条（被采纳94条），推动被审计单位制定整改措施320项，建立、健全规章制度60项。

【政策跟踪审计】 推进党和国家重大政策措施落实情况跟踪审计，强化重大专项资金和民生工程审计力度，对政府专项债券管理使用情况、城市品质提升情况、海域资源管理保护及利用情况、地方重点商业银行风险管控情况等8个项目进行跟踪审计，推动各项政策发挥积极成效。

【预算执行审计】 强化财政资金提质增效审计，融合开展资产管理情况审计，以预算管理改革、预算执行、绩效管理和决算草案4个方面为主要内容，设置审计专题14个，组织对市直220个预算单位进行全面数据分析，查出14类206项问题，召开预算执行审计新闻发布会，推进预算执行审计全覆盖。

6月24日，“投资审计转型看威海”审计开放日活动举办

（威海市审计局　提供）

【经济责任审计】 秉持“审管理、审制度、审决策、审绩效”的原则，深挖经责审计内涵，印发《经济责任优秀审计项目评选办法》《经济责任审计责任认定操作参考》，提升经济责任审计质效。坚持上下联动，持续推进授权交叉审计、行业系统审计，围绕减税降费、消费者权益保护等政策的贯彻执行，开展市场监督系统经济责任审计，助力优化营商环境。建立重点问题和风险隐患提示单制度，印发《威海市审计局关于做好审计提示清单切实发挥预警功效的实施方案》，持续做好预警预防，规范领导干部履职行为。

【自然资源资产审计】 融合开展市海洋发展局局长任期经济责任和自然资源资产审计等7个涉及海洋资源的审计项目，对全市海洋管理职能、海洋资源保护及海洋资金运用情况等进行全面体检，促进海域资源使用管理政策落实到位和资源集约节约利用。与高校合作开展自然资源审计专题培训，融合多种新技术新方法，提升审计效率近70%，1个案例入选《省审计厅审计工作案例库典型案例选编》。

【公共投资审计】 高质量完成全国投资审计转型发展试点工作，市审计局被确定为全国投资审计转型发展试点单位，探索形成的“323”（三全精审、两核驱动、三化支撑）转型路径得到省审计厅主要负责人批示，被审计署确定为可复制、可推广的示范模式并在全国投资审计培训班上进行交流。组织对56个市级重点项目实施竣工决算、绩效审计或跟踪审计，节约工程投资4.09亿元，完成4个项目竣工决算及绩效审计，4份审计结果报告均获得市政府主要负责人批示，投资审计大数据及新技术应用模式探索经验做法在省审计厅进行典型交流。

【国有企业审计】 建立国企审计大数据分析长效机制，初步完成市属国有企业“四库”（对象库、数据库、模型库、法规库）建设。树立全市企业审计“一盘棋”理念，召开全市企业审计工作会议，为各区（市）配备企业审计业务顾问，首次将威海综合保税区、威海南海新区审计工作纳入指导范围。创新国有企业日常审计监督模式，通过“结构分析＋趋势分析”，针对72项指标全面评价19家企业营运、盈利、偿债等能力。实施年度定期审计分析，通过“以审代训”方式培训国有企业内审人员22人，监督关口不断前移。

【审计信息化建设】 市审计局印发《威海市审计局2022年推进智慧审计工作提升方案》《威海市审计局新进人员大数据审计实习培训办法》，全面践行“四新智慧”（聚焦新领域、攻坚新技术、探索新手段、汇聚新智慧）审计新模式，以30个市级攻关选题和3个省级攻关选题为着力点，统筹推进5大项24小项任务，打造贯通区（市）、覆盖全域的大数据审计监督体系，在数据采集、技术突破、人才培育等方面成效明显，数据分析发现问题占比达72%，相关经验在全省智慧审计推进会上进行交流。

【内部审计指导】 市审计局印发《威海市内部审计人员能力提升工作方案》《威海市内部审计人员以审代训规程》，健全完善内审工作指导体系、制度体系。聚焦内审工作规范化、信息化、专业化，组织开展全市优秀内部审计项目评选工作，对市教育局及14家下属事业单位内部审计工作开展专项检查，发挥内部审计在促进单位完善治理、实现目标中的作用。

【审计整改】 市审计局印发《威海市审计整改约谈办法（试行）》《威海市审计局审计整改认定标准（试行）》等，综合实施对账销号、现场督查、专项检查、动态跟踪等方法，审计发现问题整改率达95%。印发《关于建立纪检监察监督、巡察监督与审计监督贯通协同机制的实施流程》，强化与纪检监察机关的协作配合，打破监督壁垒、提高监督效率。

（王宇航）

自然资源和规划管理

【概况】 2022年，全市自然资源和规划管理系统发挥自然资源要素基础支撑服务作用，精准配置资源，全力服务经济社会高质量发展。坚决扛牢自然资源“守护者”责任，完成2600公顷耕地净流出整改任务，守住耕地保护红线底线；发挥要素保障“参谋者”作用，完成56个批次和2个省重大基础设施建设用地报批，实现项目建设用地应保尽保；聚焦精致城市建设“引领者”定位，合理划定“三区三线”（城镇空间、农业空间、生态空间，生态保护红线、永久基本农田、城镇开发边界），持续推进《威海市国土空间规划管理技术规定》修编；精准履行土地价值显化“操盘者”职能，全面开展低效用地、闲置工业厂房摸底调查及效益评价，做好盘活利用，2项低效用地再开发典型案例在全省推广；准确把握数据资源“融合者”角色，深入推进自然资源数字赋能，2个“数字赋能”项目分别获得省“数遥杯”自然资源数字赋能创新应用大赛一等奖和三等奖，2个案例入选全国优秀国土空间规划第一批推荐案例名单。

【国土空间规划管理】 科学划定“三区三线”，持续完善国土空间规划体系，统筹指导各区（市）推进市（县）级国土空间总体规划和镇级国土空间总体规划编制，开展《市域海岸带保护专项规划》编制。加强国土空间规划“一张图”建设，为国土空间规划的编制、审查、实施、监督的全过程规划管理工作提供信息化支撑，统筹交通、能源等重大基础设施建设需求，建设国土空间规划市级重点项目库，纳入国土空间规划“一张图”管理。

【规划引领强化】 加强顶层设计，强化“规划引领精致”理念，完成《威海市中心城区滨海景观风貌研究》，探索近海视角下、视觉层面的景观风貌控制；推进《威海市国土空间规划管理技术规定》修编，增加城市设计、城市更新、规划批后管理等内容，体现城市新发展需求，实现国土空间规划“管理标准化、决策科学化”；围绕市区既有建筑外立面更新管理、城市更新等主题，分类型、分领域制定设计导引5项。强化设计审查，深入开展栖霞街、老港区等重点区域设计方案研究及金线顶区域等重点项目规划研究，确保出精品、显特色。根据不同类型村庄发展需求，科学有序推进规划编制，全年编制村庄规划26个，涉及行政村30个。

【耕地保护】 全市完成2600公顷耕地净流出整改任务和补充耕地项目核查，守住耕地保护红线，乳山市获评2021年度省级耕地保护激励县（市、区）。全面推行“田长制”，为全市2853名田长发放《致全市各级田长的一封信》，建立“1+N”耕地保护宣讲体系，召开全市严格耕地用途管制政策宣讲视频会议，组织各区（市）通过多种形式开展严格耕地用途管制政策宣讲41场次，参与人员4000余人。健全完善耕地保护制度，落实耕地用途管制政策，印发《威海市严格耕地用途管制实施方案》，指导各区（市）编制完成2022年度耕地“进出平衡”总体方案；印发《关于加强设施农业用地管理的通知》，规范设施农用地管理，开展全市设施农业用地备案及上图入库情况督导工作。加大各类土地执法专项行动力度，压茬推进卫星像片图执法、农村乱占耕地建房整治等专项行动，推动巡查工作与“空天地”执法场景应用工作相结合，构建“早发现、早制止、早预警、早查处”的执法工作新机制，全市组织开展巡查3100余次，及时发现、制止和查处违法问题300余个，2022年度土地卫星像片图违法比例降至1.49%，比上年下降55%。

9月20日，市政府调研组调研中心城区城市规划管理工作

（威海市自然资源和规划局　提供）

【建设用地管理】 加大土地要素保障力度，落实省级统筹保障新增用地指标107.67公顷，完成56个批次和2个省重大基础设施建设用地报批，总面积623.73公顷，使用新增计划指标529.93公顷，实现用地应保尽保。开展土地要素支撑“一对一”“面对面”沟通对接活动，建立全市招商引资项目土地要素保障服务联席会议机制和“三送一服一联”（送政策、送要素、送理念、开通服务企业绿色通道、建立联系制度）工作机制，对市级重点项目库实行动态管理，聚焦重点项目用地报批工作，强化土地要素保障前置服务，设立企业服务专员，先后开展5轮次专题对接工作，确保810个市级重点项目和2次招商引资集中签约项目用地需求和难题得到及时有效解决。

【土地供应管理】 加强建设用地准入管理，对59个地块的土壤污染状况调查报告进行评审，重点建设用地安全利用率达100%。深化“标准地”改革，提高土地节约集约利用，全市重点区域内出让工业用地100宗，面积360.61公顷，重点区域内工业用地按照“标准地”制度出让率达100%。印发《关于威海市社会投资类项目实施“用地清单制”的通知（试行）》，针对社会投资类项目推行“用地清单制”改革，最大限度缩短审批时限、降低企业用地成本，助力项目“拿地即开工”。全年供应国有建设用地使用权543宗，面积1760公顷。

【土地开发利用】 落实“增存挂钩”机制，推进批而未供和闲置土地处置，全年处置2009—2018年批而未供土地480.93公顷、闲置土地217.2公顷。组织实施城镇低效用地再开发，完成整治低效用地601.38公顷，其中政府收储451.58公顷、用于环境改善149.8公顷，威海经济技术开发区智慧谷产业园项目、文登区化工产业园项目入选《山东省城镇低效用地再开发典型案例汇编》。深入开展农村集体经营性建设用地入市试点工作，推荐荣成市申报农村集体经营性建设用地入市试点县（区、市）。

【地质矿产管理】 深入贯彻落实中共中央总书记习近平给山东省地质矿产勘查开发局第六地质大队全体地质工作者回信精神，市自然资源和规划局与山东省地质矿产勘查开发局第六地质大队达成“九个一”（创建一个研究院、建设一个地质博物馆、打造一个科研平台、发展一系列创新理论、实施一批重点工程、转化一批科研成果、创新一系列模式、引育一批人才、总结一套经验）具体落实举措。全面加强矿政管理，持续推进绿色矿山建设，3家矿山企业入选山东省省级绿色矿山名录（第四批），至年底，威海市有持证矿山22家，建成绿色矿山11家。开展打击“洗洞”盗采金矿专项整治行动，建立全链条监管体系，夯实人防体系和技防能力建设，“一类一策”做好废弃矿井整改工作，326处废弃矿井全部整改到位。

【测绘管理】 统筹整合遥感卫星的各类信息化资源，建立高效的卫星遥感数据获取、处理和解译链路，强化卫星影像处理和解译能力，研发遥感智能解译系统，实现智能模型训练与管理、遥感专题产品生产及生产任务管理。持续拓展应用场景，完成冬小麦种植分布监测、西洋参种植分布监测、海上养殖网箱与海筏监测、填海造地监测、补充耕地监测、“批而未供”土地监测、环翠区土地利用变化监测7个专题应用，全面提升遥感资源共享和服务水平。基于卫星应用技术体系建设新模式、新做法、新经验，高标准制定《西洋参卫星遥感监测技术规范》和《养殖海筏卫星遥感监测技术规范》2个市级地方标准，实现威海市测绘行业地方标准从无到有的突破。在全省率先建立地理空间框架“市县一体化”更新机制，数据首次实现全市城镇开发边界范围内全覆盖，威海市成为全省第一个新一代地理信息公共服务平台省级试点。深入开展测绘成果质量监督检查工作，稳步推进测绘资质管理和行业监管，组织开展国家版图意识宣传教育“进媒体”活动，切实维护国家主权、安全和发展利益。

【数字赋能与调查监测】 推进自然资源数字赋能工作，编制《威海市时空大数据建设方案》，开展实景三维、时空大数据平台、土地全生命周期系统建设，谋划统一空间定位、共享时空信息，打造权威、标准的数字底板、共享平台和一体化应用场景，支撑城市建设各个领域应用；印发《威海市自然资源和规划“一码管空间”工作方案》，推动全领域、全要素、全流程、全生命周期数字化转型，实现国土空间管理的全链条追溯、信息互联共享集成的应用机制。以“三调”（第三次全国土地调查）成果为统一底版，整合、集成和规范34类数据库，初步建立自然资源“一张图”，实现“一图知全市”。完成年度国土变更调查和林草生态综合监测，保持“三调”成果动态更新，为经济社会高质量发展提供底图底数。

【不动产登记】 深化不动产登记集成办理，建立不动产登记民生事项综合信息库，实现存量房、新建房不动产转移登记与水、电、气、热等民生事项过户由协同办理向“无感过户”跨越，全年办理相关事项集成业务5.6万笔，水、电、气、热企业线下转移过户业务缩减98%以上，工作经验做法入选全省不动产登记典型经验对标对表案例。探索二手房“带押过户”新模式，破解二手房过户流程长、搭桥资金负担重等难题。推行不动产单元代码“一码关联”应用，构建自然资源“码上管理”新机制，探索实施不动产登记遗产管理人制度、土地使用权转让预告登记等措施，推动不动产登记“减环节”“减时限”“减跑动”，在全省登记财产营商环境“揭榜挂帅”活动中，全市7个项目揭榜成功，其中2项首创经验在全省宣传推广，威海市被自然资源部确定为不动产单元代码“一码关联”应用推广联系点。全力满足企业、群众需求，实行导办帮办、绿色通道、上门服务等涵盖不动产登记事前、事中、事后的全方位服务举措。推行“集成定制包办”服务新模式，对企业实行“提前介入、全程跟踪、一对一帮扶、事后回访”的“一条龙”服务，推进不动产登记服务由“帮办代办”向“全程包办”升级。设立企业服务驿站3个，走访企业150余家，通过向企业推行集成定制包办服务，为294家企业（项目）解决问题1074件，答复企业疑难问题1330件。年内，办理各类不动产登记业务23.6万笔，不动产登记“互联网+”经验做法入选2021年度全省大数据创新应用成果，在2021年度全省营商环境评价中，威海市登记财产指标列全省第3位。省委全面深化改革委员会对全省行政审批质量效率和不动产登记为代表的政务服务进行第三方评估，威海市总分列全省第1位。

（梁珍玮）

统计管理

【概况】 2022年，威海市统计局扎实开展统计普查调查，强化经济分析研判和监测预警，认真履行统计“信息、咨询、监督”职能，不断提升统计工作效能，被省人力资源和社会保障厅、统计局评为山东省统计系统先进集体。

【普查调查】 立足早谋划、早着手、早部署的原则，成立第五次全国经济普查筹备领导小组，制定实施方案，建立任务清单，明确责任分工，做好各项筹备工作。聚焦核算数据年度、季度差异，以增加值率审核为中心，以提升增加值总量为目标，深入开展数据分析；聚焦针对性、代表性数据，扎实推进荣成市寻山街道、环翠区威高购物广场商业综合体等9个重点清查区域领域清查摸底；聚焦新工作、新任务、新指标、新内容、新方法、新路径，开展农林牧渔专业及辅助性活动、规模以上交通运输业能源消费、投入产出调查等省级试点工作；聚焦源头数据质量，组织制定30个特殊行业的数据模板，3个调查模板获评省“第五次全国经济普查”优秀推广模板。组

5 月 17 日，市统计局调研组到企业走访调研　（威海市统计局　提供）

织编写人口普查工具书——《迈向新时代的威海人口》，开展重点课题研究 5 个，为党委政府科学决策提供参考依据。

【监测预警】　落实《全市经济运行月度分析报告制度工作方案》，探索“1+1+X”分析研判模式，每月开展综合分析和专题研究，编印《经济运行重要指标数据表》《全市经济运行情况分析汇编》，深入解读经济结构、效益、质量的变化。建立服务高质量发展工作机制，从省级、市级、区（市）、企业 4 个维度扩充完善《全市重点监测指标数据表》，持续增强统计监测预警和解读研判能力，助力党委政府决策参考，2 篇《服务高质量发展综合绩效考核情况汇报》均获得市委主要负责人批示。强化数据匹配性和准确性审核，高质量完成月报、季报、年报等常规统计，扎实开展经济及产业核算、研发和劳动工资电子统计台账试点、工业企业电子台账使用模板推广应用等工作，不断提升数据质量。

【法治建设】　市统计局印发《威海市关于落实山东省防范和惩治统计造假专项督察反馈意见整改工作方案》，对照 8 个方面的具体问题，列出 20 项具体整改措施，细化责任分工，压实整改责任，完成各项统计督察整改工作，并建立长效机制。印发《关于深入学习贯彻〈关于更加有效发挥统计监督职能作用的意见〉的通知》《关于做好领导干部“底线红线”宣讲工作实施方案》《威海市统计造假不收手不收敛问题专项纠治实施方案》，认真学法普法执法，开展统计造假不收手不收敛问题专项纠治、全面清理纠正违反统计法律法规文件做法、统计法律法规进党校等工作。年内，“双随机”（随机抽取检查对象、随机选派执法检查人员）执法检查企业 196 家、部门联合抽查企业 15 家，清理违反《中华人民共和国统计法》文件 1 件，营造良好统计法治环境。

【统计改革】　市统计局印发《关于建立分类培育高质量纳统工作机制的通知》，建立由信息共享机制、动态监测机制、分类培育服务机制、分类培训指导机制、联席会议机制和考核督导机制 6 部分组成的分类培育高质量“纳统”（纳入规模企业统计申报）工作机制，营造各司其职、共同发力的“纳统”工作格局。利用威海市广播电视台等媒体广泛宣传《威海市推动“四上”企业纳统奖励政策措施》，详细解读“升规纳统”政策，梳理符合奖励政策单位 614 家，协调各行业主管部门落实奖励资金 1082 万元。加大“准四上”（规模以上工业企业、资质等级建筑业企业、限额以上批零住餐企业、规模以上服务业企业达到纳统标准 80% 及以上）企业监测力度，筛选上半年“种子”“准四上”企业 900 余家，整理 3 年内“纳统企业”1278 家、分季度梳理“退库风险企业”167 家，反馈至各行业主管部门重点关注。

【统计基层基础建设】　市政府办公室印发《关于进一步加强统计基层基础建设的通知》，着力在配齐配强基层统计力量、提升基层统计队伍素质、严格管控基层数据质量、依法开展部门统计工作、建立健全基层基础保障体系等方面下功夫。实施第二届基层统计人才培育工程，培育市级基层人才 40 名。打造威海市统计干部培训基地，自主研发威海市统计系统职业技能学习平台，全面加强学习培训与岗位练兵，举办第一届威海市统计系统职业技能竞赛。市统计系统职业技能学习平台经验做法被省统计局向全省推广。

【统计服务】　扎实做好新冠肺炎疫情防控期间各项统计工作，增加服务指导频次，帮助 1415 家工业企业、331 家贸易单位、549 家服务业企业完成报表上报工作。做好《统计公报》《统计手册》《统计年鉴》等统计产品，开展新闻发布会、统计开放日、政府开放日等系列活动，及时满足社会各界对统计数据的需求。推进统计“数库”+“智库”建设，开展高质量发展系列调研，组织撰写统计分析 182 篇、统计信息 89 篇、政务信息 220 篇，完成市委、市政府各类约稿 287 篇，获得市政府主要负责人批示 11 篇、省市优秀调研成果奖项 14 篇。积极配合做好省市高质量发展综合绩效考核工作的数据保障工作。

（吴　斌）

编辑　闫拥军

农村·农业

综　述

【概况】 2022年，全市粮食播种面积187.1万亩，总产量73.6万吨，单产393.3千克／亩。蔬菜总产量102万吨。苹果、西洋参、无花果、花生、茶叶、甘薯、大姜等12个特色产业优势明显。其中，苹果栽培面积38.98万亩，产量108.16万吨；西洋参面积7万亩，鲜参产量7500吨，占全国总产量的70%以上；无花果面积4万亩，产量7万吨，是全国最大的青皮无花果产区；甘薯面积13万亩，产量36万吨；大姜面积5.3万亩，产量21.8万吨；葡萄面积2.28万亩，产量3.46万吨；樱桃面积1.4万亩，产量1.17万吨；草莓面积1.5万亩，产量3.9万吨；蓝莓面积1.13万亩，产量1.03万吨；食用菌产量6500吨。全市有现代农业产业园9个，其中省级5个、市级4个；有农业产业强镇26个，其中国家级5个、省级21个；有"一村一品"示范村镇30个，其中国家级11个、省级19个；有农业产业化龙头企业193家，其中国家级11家、省级66家、市级116家；有农民合作社5739家，其中党组织领办合作社1783家、国家级示范社13家、省级示范社44家、市级示范社106家；有家庭农场2554家，其中省级示范场34家、市级示范场77家；有镇级农业社会化服务中心42个，服务组织1706个，实现涉农镇（街道）全覆盖；有知名农产品品牌178个，其中省级区域公用品牌6个、省级企业产品品牌43个、市级区域公用品牌13个、市级企业产品品牌116个。

（岑昱尧）

11月8日，农场数字化苹果分拣线　　（朱春晓　摄）

【优势特色产业链发展】 围绕苹果、西洋参等12个优势特色产业，充分挖掘特色产业发展潜力，聚集资源要素，打造集种养生产、精深加工、品牌打造、休闲观光和文化创意等于一体的农业全产业链条。落实乡村振兴十条激励政策，发放精致农业、农产品加工等补贴资金3500万元。新发展省级农业产业化龙头企业9家，评选农业特色产业"链主"企业28家，新培育省级知名农产品企业产品品牌6个。建成市级种质资源库，创建省级区域性良种繁育基地1处，新培育无花果"锦青"、花生"文花7号"新品种2个。发挥中日韩精致农业研究院作用，组织日本、韩国专家开展学术交流活动2次，引进农作物新品种150个、新技术12项。创建一批乡村产业振兴载体平台，荣成市获评山东省现代农业强县，乳山市获评全国农业现代化示范区、全省省级农业绿色发展先行县，文登区获评国家级产业强镇、省级畜牧业高质量发展先行县，威海经济技术开发区获评省级现代农业产业园。

（于燕波）

【政策性农业保险】 全市开展小麦、玉米、花生等政策性农业保险15种，财政补贴资金6421.5万元，受益农户47.8万户。在文登区、荣成市、乳山市推广实施主粮作物完全成本险政策，小麦、玉米投保覆盖率达90%以上，进一步提高风险保障水平。

（王军委）

【新型经营主体培育】 2022年，全市农民合作社增加815家，农民合作社合计5739家；家庭农场增加973家，家庭农场合计2554家。推进示范创建工作，新增省级示范社15家、市级示范社13家，市级以上示范社合计162家；新增省级示范家庭农场2个、市级示范家庭农场22个，市级以上示范家庭农场合计111个；通过示范引领，带动全市农业生产高质量发展，乳山市南黄富昌家庭农场“绿色种养促发展，多元服务谱新篇”经验做法入选中国农村合作经济管理学会典型案例。

【农业社会化服务】 规范农业社会化服务体系建设，发挥政府主导作用，依托镇域农业社会化综合服务中心，吸引村集体和社会化服务组织广泛参与，打造小农户与现代农业有机联接的便捷通道，开展农业生产全过程、全领域、全链条服务。2022年，全市服务小农户40余万户，服务面积500万余亩次，联农带农、为农服务能力不断增强。

（邹　涛）

【农产品品牌建设】 加强品牌宣传，在威海客运中心威海北站进站口通道、威青高速公路威海收费站、公交车、刘公岛客轮等人流密集场所设立威海农产品广告，并利用“Hi威海”，观威海、大众网等新媒体平台开展农产品品牌宣传，进一步提升“威海农产　品味自然”“威海苹果　甜蜜诱惑”品牌影响力和知名度。举办威海市农民丰收节暨2022年相约乡村振兴路活动，吸引游客沿途品味威海市农产品，游览美丽乡村，传承红色文化，促进农业与旅游资源深度融合，打造富有地方特色的乡村振兴之路。加强品牌培育，开展威海市第六批市级知名农产品品牌评选活动，新认定知名农产品企业产品品牌12个。积极争创省级知名农产品品牌，6个品牌获评山东省第七批知名农产品企业产品品牌。促进产销对接，举办“威海农产珠江行”专题推介活动，组织企业参加大型博览会，推动威海市知名农产品“走出去”，开拓国内市场，拓宽销售渠道，提高产品附加值。

【产业融合】 落实农产品加工补助政策，支持农产品分拣、冷藏、加工等设备投入，对年度设备投入50万元以上按照不高于40%的标准进行补助，最高补助300万元，补齐农产品加工短板。认定2021年农产品加工补助申报主体24个，发放补助资金2218万元。加快产业融合发展，文登区宋村镇获批2022年国家级农业产业强镇建设项目，获得中央补助资金1000万元；文登区西铺头村获评2022年中国美丽休闲乡村；文登区葛家镇获评国家级“一村一品”示范村镇。全市9家企业获评省级农业产业化重点龙头企业。

（乔其彬）

【“齐鲁乡村之星”评选】 进一步挖掘培育本土优秀人才，激励优秀人才投身乡村振兴，36人获评“齐鲁乡村之星”，40人获评威海市“乡村之星”。

（陈浪波）

【农民教育培训】 推进新型农业经营和服务主体能力提升、种养加能手技能培训、农村创新创业者培养、乡村治理及社会事业发展带头人培育等工作，大力培养高素质农民队伍。2022年，全市培育高素质农民2262人。

（唐兆飞）

11月23日，2022年威海农产珠江行深圳站专题推介活动举办

（威海市农业农村局　提供）

【高标准农田建设】 2022年，全市投资2.47亿元，完成2021年高标准农田建设项目12个，建设高标准农田面积10万亩。投资4.3亿元，完成2022年高标准农田建设项目8个，建设高标准农田面积22万亩。

（姜宏浩）

【农产品质量安全】 推进涉农镇（街道）网格化管理工作，以镇（街道）为单位划分确定农产品质量安全管理网格，全市划分农产品质量安全网格2569个，确定网格协管员2605人。3人获评全省第一批农产品质量安全骨干监管人员，26人获评“过硬监管人员”。推进食用农产品承诺达标合格证制度，对带证农产品加大巡查检查力度，压实生产主体责任，严厉打击虚假开具合格证等行为。全市建立食用农产品生产主体名录库800余家，开具合格证50万余张。开展“治违禁　控药残　促提升”行动，全市各级出动监管执法人员8900余人次，检查主体4300余家次，发放宣传资料5800余份，指导培训100余场、1700余人次，开展风险监测700余批次，监督抽查1500余批次，立案36个。建立健全农产品质量安全信用体系，市农业农村局印发《威海市食用农产品信用分级分类管理办法（试行）》，开展第3次农产品质量安全信用评价。

【农药包装废弃物管理】 扎实推进农药包装废弃物回收工作，全市设置农业包装废弃物回收站点3989个，回收农药包装废弃物105.48吨。其中，环翠区设置农业包装废弃物回收站点174个，回收农药包装废弃物3.33吨；文登区设置农业包装废弃物回收站点1023个，回收农药包装废弃物20.16吨；荣成市设置农业包装废弃物回收站点1264个，回收农药包装废弃物30.59吨；乳山市设置农业包装废弃物回收站点1171个，回收农药包装废弃物42.8吨；威海火炬高技术产业开发区设置农业包装废弃物回收站点39个，回收农药包装废弃物0.8吨；威海经济技术开发区设置农业包装废弃物回收站点47个，回收农药包装废弃物1吨；威海临港经济技术开发区设置农业包装废弃物回收站点216个，回收农药包装废弃物4.8吨；威海南海新区设置农业包装废弃物回收站点55个，回收农药包装废弃物2吨。

（隋军锋）

【种质资源保存】 2022年，依托山东省农业科学院中日韩精致农业产业技术研究院，威海市建成市级种质资源库1处，占地面积1900余平方米。至年底，收集保存果蔬、中草药、花卉、昆虫等品种资源729个。

【农作物品种选育】 年内，无花果新品种“锦青”获得农业农村部植物新品种权授权。尝试“威海金”苹果与其他品种杂交，引入优良性状，培育“威金2号”。推进西洋参辐射育种，开展西洋参单株提纯复壮研究，启动西洋参杂交育种工作，播种人参—西洋参、西洋参—人参杂交育种试验材料120份。实施山东省农业良种工程项目，播种甘薯杂交种子，留存优良株系88个；建设春季鉴定圃，留存优良株系108个。鉴定玉米育种杂交组合585个，8个组合入选威海市23个夏玉米区域预备试验组合，杂交新组合“威玉216”参加山东省夏玉米早熟5500组夏玉米区域试验。入选山东省花生互助区域试验花生新品种2个，拟进行花生新品种登记。种苗脱毒方面，引进生姜脱毒试管苗品种12个，培育生姜试管苗1400余瓶，繁育生姜原种7000组。对“甜宝”“水晶”等优良草莓品种进行脱毒及扩繁，更新薯类脱毒种质资源库，以试管薯形式保存甘薯品种59个、马铃薯品种61个，培育扩繁5个马铃薯新品种试管苗3000株；开展微型薯大棚快繁高产栽培技术研究，收获微型薯8000株。

【农业科技创新】 针对无花果黑点病等病害开展基础性研究和绿色防控技术研究，明确无花果黑点病、锈病、枝枯病3种主要病害的病原及有效的防控药剂；制订田间综合防控方案，在威海经济技术开发区崮山镇邵家庄村等基地试验示范，综合防控效果达95%以上。经鉴定，该研究在无花果病害病原与病害防控研究领域达到国内领先水平。加快果园智能化配套机械装备研究，与中颐现代农装科技有限公司联合研发苹果整形修剪机，并获得国家专利授权，举办威海市现代果园机械观摩培训班，现代苹果园配套农机装备及农艺等研发集成与推广技术获得2022年山东省农业技术推广成果优选计划三等奖。山东大宗根茎类中药材生态生产关键技术创新与应用获得2021年山东省农业科学院科学技术奖一等奖，“鲁丽苹果的转化与推广”获得2021年省农业科学院推广奖一等奖。

（丁 荔）

【农业行政执法】 严格贯彻落实行政执法“三项制度”（公示制度、执法全过程记录制度、重大执法决定法治审核制度），实现执法全过程留痕和可追溯管理。开展“双随机、一公开”检查、日常执法检查和专项整治行动，查处各类违法行为37起，立案处罚3起，罚没款14.8万元。创新行政执法监督模式，提升柔性监管频率，加强执法培训力度。市农业农村局印发《威海市农产品质量安全信用分级分类管理办法（试行）》，开展本部门信用分级分类监管工作。

（梁丽君）

【农产品抽检】 统筹推进市、区（市）两级农产品监测，印发威海市种植业产品质量安全监测工作方案，根据全市当季农产品生产特点，定期开展韭菜、苹果、大姜等农产品质量专项抽检，全年抽检样品307个，合格率100%。2022年，完成省级蔬菜水果例行监测4次、重点产品专项2次、粮食作物专项2次、监督抽查4次、重点时段2次、重点产品专项监督抽查2次，抽检样品1035个，合格率98.6%。

（于 妮）

农村工作

【概况】 2022年，全市有涉农镇（街道）62个、村2373个。威海市坚持农业农村优先发展，着力打造山海相映、宜居宜业的精致乡村，不断提升农民群众的幸福感和满意度。2022年，农村居民人均可支配收入27027元，列全省第2位。

（彭 贝）

【农村人居环境整治】 中共威海市委农业农村委员会印发《威海市农村人居环境整治提升五年行动方案（2021—2025年）》，并展村庄清洁行动，获批省级清洁村庄861个，覆盖率达36%，市级清洁村庄保持全覆盖；播出《农村人居环境整治曝光台》15期，曝光并督促整改问题的村庄240个；“三线”（电力线、通信线、广播电视线）整治工作启动率达100%，拆除破旧房屋3000余处，重建房屋400余处，线路杂乱问题得到初步整治。

【美丽乡村建设】 按照示范带动、连片打造的原则，围绕“生产美”，打造富民强村“美丽产业”；围绕“生活美”，提升美丽乡村人文内涵；围绕“生态美”，打造绿水青山人居环境，多管齐下着力推动美丽乡村建设。年内，拨付中央、省级补贴资金1735万元、市级配套资金6875万元，获评省级美丽乡村示范村130个，评选市级美丽乡村示范村300个。

【乡村治理】 把农村信用体系建设作为推进乡村治理的重要着力点，深入开展“信用进农村”工作。细化制度体系建设，以《村规民约》为“蓝本”，把人居环境、村风民风等纳入信用指标管理，制订村庄信用管理办法。强化“信用阵地”建设，将信用治理与乡村建设重点任务相结合，镇村主推的工作变成全民共建工作。

（古志龙）

【农村综合改革】 深化农村产权制度改革，积极提升管理效能，组织开展“回头看”活动，对问题全面排查整改。张贴政策解读3000份，组织规范修订股份经济合作社章程1000份，认定出嫁女、外地迁入人口股东180人，完成重复股东整改156人。积极创新体制机制，全市有完成村民委员会事务和集体经济事务分离村（居）280个，股份经济合作社实行自主经营，增强发展活力。规范开展产权交易，全市开展农村集体招投标项目2288宗，金额2.1亿元，增加村集体收入4000余万元。文登区、荣成市深入推进省级农村综合改革试验区和省级乡村振兴政策集成改革试验任务，创新农业社会化服务体系建设、信用建设助推乡村全领域综合治理、农村闲置宅基地流转、省级海洋牧场建设等经验做法获得省农业农村厅和专家肯定。

【农村土地“三权分置”】 深化农村土地改革，文登区获批农业农村部2022年度第二轮土地延包三十年试点县，对土地承包到期的2个村稳妥有序开展土地延包试点，依法维护农民土地承包权。稳步推进农村土地“三权分置”（所有权、承包权、经营权三权分置），引导农村土地规范流转，组织流转双方签订规范的书面流转合同，要求流入方要在每个经营周期前支付租金，有效防范流转风险。全市农村土地流转面积122.6万亩，占农村家庭承包面积的61%。

【农村财务与集体资产管理】 规范开展农村集体资产清产核资，逐村对村集体所有的固定资产和资源性资产进行盘点清查、界定权属、核实存量，实现“家底清”、账目实，为规范农村集体“三资”（资金、资产、资源）管理打下基础。开展农村集体“三资”管理问题专项整治工作，全市72个涉农镇（街道）2713个农村集体经济组织梳理问题147件，排查清理不规范合同346份，补签经济合同121份，收回被侵占土地资源面积38.5亩，清收资产资源发包费252.02万元，收回虚报冒领、截留挪用、贪污侵占集体资金2.13万元，移交纪律检查、监察机关涉嫌违法违纪案件1件。加强农村财务公开工作，对村级事务涉及的强农惠农政策落实、集体“三资”管理等专项工作及群众关心的热点问题，进行全面公开，切实保障农村集体经济组织成员知情权、参与权、监督权。

【农村集体经济发展】 全市落实中央财政扶持资金2750万元，扶持环翠区、威海临港经济技术发区55个村投建产业项目，资金年收益率达8%以上。规范推进村党组织领办合作社工作，文登区镇级领办联合社和荣成市“探索规模种粮新模式·端好粮食安全铁饭碗”获得中共山东省委领导批示肯定。开展农村宅基地有偿使用、有偿退出试点，乳山市558个村累计排查本集体经济组织成员有偿使用宅基地2.47万户，占地面积2609.82亩；非集体经济组织成员有偿使用宅基地4053宗，占地面积950.59亩，收取2.39万户有偿使用费388.04万元；实现自愿退出宅基地134宗，占地面积24.11亩。提升股份经济合作社管理效能，开展农村集体“三资”清理整治，有效盘活闲置资产资源，立足农村实际实行多元发展，全市农村集体经济收入10万元以下村全部清“零”。

（邹　涛）

乡村振兴

【概况】 2022年，全市以建设精致化城乡融合发展先行区为统领，以实施“11222”（第一个“1”是坚决扛牢粮食安全；第二个“1”是依托千里山海自驾旅游公路，打造1条乡村振兴致富路；第一个“2”是坚持陆海统筹，突出山、海两大特色；第二个“2”是重点发展20个优势特色产业；第三个“2”是持续打造20个乡村振兴样板片区）工程为重点，聚焦农业稳产增产、农民稳步增收、农村稳定安宁，推进实施乡村振兴战略不断取得新成效。

【产业振兴】 推动传统农业向精致化方向发展，重点培育农业特色产业链条20个，其中现代果园面积34万亩；西洋参种植面积7万亩，年产量7500吨；“乳山牡蛎”知名度不断提高，年产量50万吨，占全省产量的56%、全国产量的10%。加快补齐农产品加工短板，新培育农业“链主”企业28家。以20个市级样板片区为重点，统筹推进87个市、区（市）、镇三级片区发展，谋划实施市级重点项目59个，完成投资24.4亿元。威海临港经济技术开发区麓源果乡片区和文登区西洋参小镇片区入选首批山东省乡村振兴齐鲁样板省级示范区。打造“千里山海乡村振兴路”，沿路设计精品观光线路11条，串联全市674个美丽乡村、产业园区等高品质乡村资源，促进“人流”“物流”“信息流”便利流通。

【人才振兴】 创新乡村人才集聚新模式，新聘任乡村振兴首席专家810人，累计1638人，覆盖全市69%的村。开展“新村民”下乡工程，鼓励首席专家等“新村民”以特邀村委委员身份参与村级治理、集体决策，为村庄发展出谋划策，发挥人才带动作用。

【文化振兴】 大力弘扬和践行社会主义核心价值观，深化文明实践，围绕“五为”（为老、小、困难群体、需要

西部环山路　　（孙大伟　摄）

心理疏导和情感慰藉人群、社会公共需要）服务，发布实施志愿服务项目1000余个。开展文化惠民工程，实施公共文化服务公益创投项目45个，举办送戏下乡活动2374场。

【生态振兴】 深入实施农村人居环境整治提升五年行动，加快农村基础设施和公共服务水平提档升级，获批省级清洁村庄861个；建成“精致农家 美丽庭院”示范户14.78万户，建成率48.3%；“四好农村路”“户户通”、公交、自来水、卫生厕所、垃圾处理、黑臭水体治理、有线电视等10个项目实现全覆盖。

【组织振兴】 强化农村基层党组织建设，以乡村共富党建联盟为载体，探索村村联盟、产业联盟等党建联盟形式，推动村庄“抱团”发展。深入推进村干部“赋能计划”，首批培育村干部1068人，打造“赋能”实践站50处，推动“学历＋能力”双提升。

【脱贫攻坚成果巩固同乡村振兴衔接】 按照“守底线、促提升、抓衔接”的工作思路，投入各级财政资金1.76亿元，持续巩固拓展脱贫攻坚成果，扎实推进同乡村振兴有效衔接。全市脱贫人口人均纯收入13194.9元，比上年增长14.3%，超过全省农村居民人均可支配收入增速，民生福祉大幅提升，群众获得感显著增强。强化动态监测帮扶，牢牢守住不发生规模性返贫底线。累计认定监测帮扶对象149户、287人。聚焦脱贫成果巩固，持续提升基本民生保障水平。将10类特殊困难学生作为重点资助对象，发放各类补助金89.87万元，惠及学生658人次，义务教育入学率保持100%。稳步推进基本医保、大病保险和医疗救助“一站式”结算，累计住院救治脱贫人口3674人次。推动脱贫人口高质量就业3282人，其中开发公益性岗位安置就业798人。优化金融服务，新增脱贫人口小额信贷41.8万元、富民生产贷2075万元，向513户农户发放“齐鲁富民贷”1.67亿元，支持农民群众创业增收。坚持产业发展优先，扎实推进农民农村共同富裕。因地制宜培育特色优势产业，投资1.44亿元，发展产业项目68个，建设完成64个。开展“万企兴万村”活动，18家企业投资13亿元结对帮扶24个村发展产业项目，19家企业捐助27个村76万元。拓展省内协作层次水平，向枣庄市拨付协作帮扶资金2460万元，实施翼云湖省级衔接推进区等一批重点产业民生项目，推动两地协同发展、互利共赢。高质量推进衔接乡村振兴集中推进区建设，投入财政衔接资金6500万元，全力支持文登区高村镇—张家产镇、环翠区桥头镇—温泉镇省市两级衔接乡村振兴集中推进区建设，文登省级集中推进区形成“一核一轴三组团四多点”整体布局，“文登西洋参”品牌价值达116.43亿元；环翠区通过全产业链提级发展，建设中小学生综合实践基地、蓝天生态教育实践基地、国家冷凉植物示范推广基地，引流城乡优势互补。

（彭　贝）

种植业

【概况】 2022年，威海市农业农村事务服务中心根据山东省农技推广中心确定的年度主推技术，结合威海市的生产实际，通过强化技术培训与指导，主要推行冬小麦水肥高效利用技术、冬小麦一次性施肥技术、夏玉米抗逆防灾减损稳产栽培技术、花生单粒精播节本增效高产栽培技术、早春设施马铃薯高效栽培技术等新技术20项，推广普及率达80%以上，为全市农业增产和农民增收发挥积极作用。

（姜　勇）

【粮食生产】 2022年，全市粮食播种面积187.1万亩，总产量73.6万吨，单产393.3千克／亩。其中，小麦播种面积73.7万亩，产量26.9万吨；玉米种面积95.8万亩，产量39.2万吨；大豆播种面积7.28万亩，产量1.19万吨；花生播种面积73.8万亩，产量20.2万吨。

（岑昱尧）

【病虫草鼠害防控】 2022年，全市病虫害呈中等发生程度，病虫草鼠防控面积101.54万公顷，挽回粮食作物1.35亿千克，挽回油料作物3410.35万千克，挽回果品损失2.36亿千克，挽回蔬菜损失1.16亿千克，挽回茶叶损失2.06万千克。小麦条锈病于4月28日始见发病中心，较常年早24天，较上年晚39天；发病点多处，涉及区（市）3个、镇（街道）25个。8月14日，首次发现草地贪夜蛾幼虫为害夏玉米，在草地贪夜蛾入侵初期和零星发生时得到防控和处置。

【植物检疫】 2022年，全市设置重大植物疫情监测点15个，开展重大植物疫情监测和防控。实施农作物种苗产地检疫面积148.67公顷，检疫合格种子及植物产品90.20万千克、苗木15万株，签发产地检疫合格证4份；调运检疫签证10批次。

【植保专业化防治】 全市建档立卡规范化专业防治组织25个、从业人员351人，日作业能力达5619.33公顷。有可使用的植保无人机95架，总防治面积3.63万公顷次。2022年，实施小麦、玉米防治总面积达26.52万公顷次，统防统治面积14.22万公顷次，统防统治覆盖率53.6%。

（董向丽）

【测土配方施肥】 2022年，全市采集化验土壤300份，开展小麦、花生、玉米、苹果和茶叶等田间试验30项。在春播秋种时，及时发布玉米、花生、小麦和果树大配方20份。组织科学施肥培训4次。全年全市配方肥应用面积144.3万亩。

【有机肥替代化肥推广应用】 依托耕地保护与质量提升项目，在文登区和乳山市建设酸化改良示范区5万亩，推广商品有机肥和堆肥，增加有机肥资源利用，减少不合理化肥投入，提升耕地质量，全年全市商品有机肥施用量达17万吨。举办培训班4期，培训300人次，引导和带动全市有机肥替代化肥技术的推广应用，提升全市耕地土壤有机质含量，促进全市农业绿色发展。

（孙洪助）

果茶业

【概况】　2022年，威海市有水果园面积50.51万亩，比上年下降0.5%；水果总产量122.46万吨，增长2.1%。在主要树种中，苹果面积38.98万亩，下降1.9%，产量108.16万吨，增长1.8%；梨面积1.99万亩，产量3.46万吨，分别增长1.9%和1.5%。全市有茶园面积8804亩，下降3.5%，其中采摘园面积6997亩，增长4.5%；茶叶产量683.33吨，下降0.4%。年内，“现代矮砧苹果配套农机农艺等集成研发与推广”项目获得山东省农业农村厅优选计划三等奖，“苹果矮砧轻减集约栽培关键技术研究与示范推广”等2个项目获得山东省优秀农技推广成果竞赛二等奖和三等奖，“鲁丽苹果的推广与应用”获得山东省农业科学院科技进步一等奖，“北方茶优质抗逆生产关键技术创新及应用”获得山东省科技进步奖二等奖，“基于茶树逆境调控的茶叶品质提升关键技术及产业化应用”获得全国商业科技进步二等奖。举办威海无花果评选大赛与中国农民丰收节庆祝活动暨2022年崮山镇无花果文化旅游月活动，评选出特等奖1个、一等奖2个、二等奖2个、三等奖3个。

【苹果产业发展】　持续推进栽培制度改革，加大项目建设。在文登区和环翠区实施2021年度省高效特色农业发展项目，获得省级以上财政资金1000万元；在文登区和荣成市继续实施国家苹果产业集群项目，获得国家财政支持资金1.2亿元。在新元果业（山东）集团有限公司、文登区强强农场和荣成市正宇农场实施省农业重大技术协同推广项目“现代苹果园提质增效关键技术示范推广”，在新元果业（山东）集团有限公司实施国家农业技术集成创新中心渤海湾产区苹果轻简高效生产技术集成创新示范，集成优新品种、矮砧大苗建园、宽行密株、设立支架、行间生草等现代矮砧集约栽培模式及配套技术，加快推进苹果产业新旧动能转化，继续引领国内现代苹果产业发展。年内，山东省苹果产业协会第二届会员代表大会在威海市召开；在威海市通过网络方式举办第七届中国苹果产业科技发展论坛。

【“威海金”品牌提升】　市农业农村局按照“北上、南下、西进”的思路，开展“威海农产珠江行”等专题推介活动，组织企业参加第十五届亚洲果蔬产业博览会等国际知名展会，中国网、人民网等媒体对活动进行报道，提升“威海金”特色苹果的品牌知名度和影响力，逐步构建贯通南北、联通内外的市场营销体系。通过山东省广播电台《舜耕科技一键帮》节目，进一步宣传“威海金”苹果品牌，推广现代苹果栽培技术。威海市技术人员系统性研发推出配套苗木繁育技术，满足各地对矮化自根砧带分枝大苗的需求，并在《中国果业信息》发表《“威海金”苹果矮化自根砧带分枝苗木繁育关键技术》。

【茶园大豆带状间作全季栽培关键技术推广】　研发推出北方茶园大豆带状间作全季栽培关键技术，总结“优选茶园豆籽、简易土肥管理、择时合理播种、粗放田间管理、秸秆还田培肥、顶茬连作复种”技术要点6项。威海市农业技术专家先后通过网络方式为青岛农业大学园艺学院研究生讲授，在“全省丘陵山区幼龄茶树与大豆、玉米带状间作压草增肥技术”网络会议上作技术报告，赴诸城市进行实地指导。7月22日，省茶叶技术体系全体人员到威海临港经济技术开发区上善堂茶叶基地进行实地观摩。《北方茶园大豆带状间作全季栽培关键技术》《幼龄茶园间作中草药黄芪、半夏等关键性栽培技术》等创新技术文章在《中国农技推广》等杂志上发表。

【茶产业发展】　对环翠区桥头镇、文登区界石镇昆嵛山等地的南茶北引老茶园进行调研。4月29日，在乳山市南黄镇举办“谷雨工程”示范基地启动仪式暨2022年乳山绿茶开园仪式，“谷雨工程”示范基地落户威海市。7月22日—23日，山东省茶叶产业技术体系到环翠区里口山清怡生态茶园观摩，举办山东省茶叶产业技术体系专家工作站揭牌仪式暨环翠区清怡茶园品牌发展研讨会，为专家工作站授牌；举办北方茶园生态工程学术研讨培训班，研讨北方茶园生态工程的内涵及实施路径、山东省生态茶园技术体系集成创新与示范推广、省生态茶园建设技术规范等技术。8月16日，省气候中心、威海市农业农村局、气象局、省茶叶产业技术体系威海综合试验站联合在乳山市举办2022年乳山茶叶气候品质评

4月29日，山东省茶叶学会“谷雨工程”示范基地启动仪式暨2022年乳山绿茶开园仪式举行　（朱春晓　摄）

价标识发布仪式，为10家茶叶企业颁发气候品质评价标识牌。经省气候中心数据评价，乳山茶叶4月—5月的气候品质指数为优等以上，其中4月29日至5月5日为特优等级。

【北方茶种质资源保存圃建设】 年内，省茶叶产业技术体系威海综合试验站在荣成市俚岛镇凉水泉村、威海威茗茶叶有限公司、威海临港经济技术开发区上善堂茶叶基地等地建成茶树种质资源保存圃4处，引进“鲁茶31号”“龙井长叶”“蒙山9号”“信阳10号”“槠叶齐”等46个茶树品种进行适地性观察，筛选适合北方立地条件的抗逆性优良品种以及特异化品种，为全省茶叶产业高质量发展提供品种支撑。7月22日，在威海临港经济技术开发区上善堂茶叶基地举行“北方茶树种质资源收集与适应性筛选保存圃”授牌仪式。

【标准化生产】 年内，威海市农业农村局牵头制定并发布《苹果叶片营养诊断技术规范》《山东省生态茶园建设技术规程》山东省团体标准2项；发布《地理标准证明商标 乳山苹果》《地理标准证明商标 乳山草莓》《地理标准证明商标 乳山茶》《地理标准证明商标 乳山蓝莓》威海地方标准4项，至年底，制订发布的现代苹果省、市地方（团体）标准达38项，包括苗木繁育、园地选择与规划、土地整理、防灾减灾等技术标准，形成全产业链的苹果矮砧轻减集约化高效生产栽培的标准化体系。与青岛农业大学合作成立农业农村部果品质量安全风险评估实验室（青岛）新元果业示范基地，对采摘后的果实进行安全风险评估，根据评估结果及时调整栽培管理方案。加大水果农药残留的抽检力度，从源头上保障果品的食用安全。荣成市郑州商品交易所苹果期货交割库投入运营，在多家水果企业陆续建成并投入使用集着色度识别、可溶性固形物无损测定、果实内部腐烂探测等功能于一体的水果现代化分拣流水线，为消费者提供稳定高质量商品。全年全市新增水果绿色生产基地面积4448亩、水果绿色认证品牌22个，“水雲春”牌茶叶获评山东省第七批知名农产品企业产品品牌。

【茶园机械设备推广】 针对产业发展需求，山东省茶叶产业技术体系威海综合实验站联合威海科润综合实验站编制《山东省茶园通用栽培机械与装备一览表（第一期）》，刊发18家生产企业的机械装备15类57种，为茶农和机械生产企业搭建全新信息交流平台。市农业农村局举办威海市现代果园机械修剪观摩培训班，在文登区、乳山市等地开展果园智能机械助力威海市苹果高质量发展等活动。

【知识产权申请】 针对茶园鲜叶采摘等劳动用工成本不断升高的问题，威海市农业部门与农业农村部南京机械研究所合作，联合研发推出乘骑式采茶机样机、轨道式采茶机样机以及作业平台回转装置等多台（套）机械设备，并对各类具体组件等进行优化，其中“茶园综合作业平台”获得发明专利授权。年内，“一种新型果园多功能网”“一种磁吸开合式多功能防护网”等设备获得国家知识产权实用新型专利14项；获得“锦青”无花果授权新品种。在*Frontiers in Microbiology*杂志上发表*The application of enzymatic fermented soybean effectively regulates associated microbial communities in tea soil and positively affects lipid metabolites in tea new shoots*，在《中国茶叶》等杂志上发表《山东数字茶园建设现状与展望》等。

【柞蚕产业发展】 10月9日，山东省唯一的柞蚕蚕种生产基地——乳山在强柞蚕良种繁育专业合作社通过省级蚕种管理部门组织的经营许可核查并发证。年内，组织技术人员系统地梳理蚕种制作与放养等配套技术，推进蚕产业标准化生产。

附：“威海金”苹果　“威海金”苹果为“金帅”苹果的自然杂交种，曾用名“维纳斯黄金”，英文名Gold venus apple、Venus golden apple或Harlikar，是2011年由威海市果树茶叶工作站在国内最早引进并筛选推出的一个优质、耐贮、黄皮、晚熟苹果新品种。果实长圆形，果形指数平均0.94。果顶与“金帅”相似、呈平滑状，部分果顶有明显的五棱突起。果面较平滑，无袋栽培下果面为黄色或黄绿色。平均单果重226克（高接）、247克（幼树）。果肉淡黄色，口感甜脆味美，果实硬度7.6千克／平方厘米。果汁丰富，可溶性固形物15.0%左右，最高22%。早果性和丰产性极强，一般栽后当年成花、第二年结果，在威海市栽植规模面积达4万余亩。果实采收期在10月底至11月上中旬，耐贮藏。“威海金”苹果2015年获得威海苹果擂台赛一等奖，2016年起连续获得特等奖。该品种陆续辐射到山西省、陕西省、甘肃省、云南省等国内主要苹果产区。每千克售价14～30元不等，亩产收益一般超过4万元，甚至高达10万元。

威海柞蚕　威海市境内柞蚕放养始于汉代，并以柞蚕茧制成丝绵，据西晋崔豹著的《古今注》记载，“汉元帝永光四年，东莱郡东牟山，有野蚕为茧，收得万余石，民以为絮”。东莱郡东牟山为乳山市、烟台市牟平区、威海市文登区交界地带。威海市拥有山东省唯一的柞蚕制种基地，先后筛选培育出“客岭庄”“艾山庄”等柞蚕品种。

柞蚕放养是威海市的传统特色产业，各区（市）均有分布，蚕缫丝业以乳山市、文登区为主，蚕茧产量约占山东省的三分之一。柞树叶是柞蚕的主要食物，境内分布有天然野生柞树山峦面积超过63.7万亩，其中90%以上为麻栎，非常适合柞蚕养殖。威海柞蚕蛹野外自然生长，营养丰富，每100克可食鲜柞蚕蛹，含热能217千卡、水分55.8克、蛋白质17.9克、脂肪17.8克、碳水化合物9.9克，维生素A、维生素B和微量元素钙、磷、硒等含量丰富。威海柞蚕蚕茧外观呈长椭圆形，蚕丝中含丝素85%左右。1972年，以威海蚕丝为原料的“宁海绸”作为国礼赠送给美国总统尼克松。1983年，威海乳山丝针织厂生产的真丝坯布获得国家经济贸易委员会优秀新产品“金龙奖”。全市产出的90余种丝织产品、600余个花色品种（其中35/40D水丝获得国家最高质量奖银质奖，金钱牌捻线丝、“11210”电力纺等5种产品获得部优称号），畅销14个国家和地区。

（王林军　王梓清）

畜牧业

【概况】 2022年，威海市围绕打造现代畜牧业齐鲁样板，聚焦推动畜牧业高质量发展，不断提升畜产品供应能力，切实抓好安全保障，深入推进绿色发展，持续强化科技创新，畜牧业质量效益和竞争力显著提升。至年底，全市生猪存栏72.36万头，其中能繁母猪存栏5.60万头，出栏117.15万头；牛存栏2.27万头，出栏0.77万头；羊存栏4.67万只，出栏4.29万只；家禽存栏2045.41万只，出栏6218.08万只。肉、蛋、奶产量分别达18.47万吨、13.19万吨、3.52万吨。年内，“牧语飘香”志愿服务队先后获评全国巾帼建功先进集体、全国文化科技卫生“三下乡”活动优秀团队等。威海市连续3届获评山东省“技能兴鲁”职业技能大赛（兽医化验员）竞赛优秀组织奖，2名选手分别获得省疫病防治员职业技能竞赛一等奖、二等奖。

【畜牧产业发展】 聚焦推进畜牧业高质量发展，培强培优绿色、智慧、创新、融合发展新动能，文登区获评山东省畜牧业高质量发展先行县，获得奖励资金500万元。强化病死畜禽无害化处理体系建设，文登区获批国家级病死猪无害化处理与保险联动机制建设试点县。加强畜禽规模生产，重点推进家禽养殖提档升级，大力推广立体养殖新模式，90%以上的家禽养殖实现全程机械化。提高标准化程度，发展规模养殖，对精致牧场创建标准进行重新修订，新增精致牧场20个。强化饲料兽药全产业链监管，开展全市饲料兽药生产企业质量安全信用分级评价，指导2家有意愿且具备条件的企业创建高质量发展齐鲁样板企业。在全市选取1个“减抗”试点县和8家试点养殖场推行兽用抗菌药使用减量化行动。

【稳产保供】 全力稳定生猪产能，建立完善生猪产能调控机制，市农业农村局印发《关于生猪产能调控实施方案（暂行）》，加强监测预警，召开全市生猪产能调控推进暨金融助力畜牧业高质量发展座谈会，协同推进金融、保险、用地、环保等各项政策落地见效。至年底，全市有国家级生猪产能调控基地6个、省级7个、市级13个，规模猪场1156家，能繁母猪存栏5.6万头，完成省定考核目标，获得生猪考核奖励资金110万元。持续强化主要畜禽生产动态监测，做好月度生产形势分析，高标准完成畜禽品种价格监测日报，文登区居2021—2022年度全国畜牧业统计监测工作综合评估优秀市场监测县第16位。

7月26日，工作人员在实验室进行疫病防控检测

（威海市畜牧业发展中心　提供）

【疫病防控】 坚持全链条防控，全面落实非洲猪瘟常态化防控措施，对养殖场点、屠宰企业等进行监测，排查生猪2289.73万头次，实验室对7571份样品进行非洲猪瘟病毒核酸检测，结果均为阴性。全面推行强制免疫“先打后补”，调拨疫苗711.22万毫升，免疫畜禽2691.64万头（只），应免畜禽免疫密度100%，免疫抗体合格率99.3%。全年完成15个病种的28个实验室检测项目，检测样品10.16万份，病原学监测均为阴性。全面提升动物疫病防控水平，推进山东省免疫无口蹄疫区和无高致病性禽流感区创建工作，全市7个集体和16人获得通报表彰，威海市畜牧业发展中心记集体记三等功，市动物疫病预防与控制中心获得事业单位集体嘉奖。

【畜产品安全监管】 开展畜产品质量安全专项整治行动，检查生产经营主体1.09万家次，出动检查人员3130人次，查处各类问题227个。积极推行承诺达标合格证制度，全市养殖主体名录达695个，开具合格证55万余张，带证上市产品达7万吨。加大畜产品质量安全监测力度，开展畜产品风险监测1607批次，合格率100%；监督抽检262批次，合格率99.6%；“瘦肉精”快检4.57万批次，合格率100%；禽蛋快检550批次，合格率99.8%。扎实履行监管责任，主动发现解决畜产品质量安全问题。

【动物检疫监督】 开展“动物卫生工作规范年”活动，促进兽医人员依法履职、防疫主体责任落实、检疫监管规范实施，全市申报牲畜耳标327.1万枚，产地检疫畜禽3.97亿头（只），屠宰检疫畜禽203.8万头（只）。强化无害化处理监管，全面实施病死畜禽无害化处理体系提档升级建设，养殖环节病死畜禽专业无害化处理厂集中无害化处理率达90%以上。加强信息化监管，各项流程全部通过智慧畜牧病死畜禽监管信息模块办理。全年全市无害化处理病死猪16.73万头，无害化处理其他病死畜禽5676.1吨。

【粪污治理】 巩固规模养殖场配建成效，加大对规模以下养殖主体的技术指导服务力度，建立畜禽粪污资源化利用台账，启动市级畜禽养殖污染防治规划编制工作，完成档案材料的整理提报工作，规模场粪污处理设施配建率保持100%，畜禽粪污综合利用率稳定在90%以上。深化种养结合，因地制宜引导种植主体、养殖主体双向联动发展，促进粪肥就地就近还田利用。继续推进“粮改饲”，发展青贮玉米面积0.7万亩，增加优质饲草供给。推动畜牧业减排降碳，继续推广资源利用先进典型，依托畜禽粪污资源化利用、绿色种养循环农业试点等项目，打造农牧循环一体化企业5家。

【智慧畜牧】 推广使用山东智慧畜牧业平台，接入各类市场主体5300余家，出具电子动物检疫证明34.6万份，汇聚融通数据信息10万余条，促进畜牧兽医智慧化管理服务全环节覆盖、全链条可溯、全过程管控。鼓励保险、信贷等企业以多种形式投资畜牧业，提升生猪政策性保险覆盖率，在文登区试点性开展肉鸡政策性保险，投保量约750万只。全面优化威海畜牧政保银企联动监管服务平台，增加检疫、疫情预警机制等功能，全年发放畜牧业贷款1026万元。创建智慧畜牧业应用基地3个、智能牧场1个，建设科普基地2个。

（邢莉莉）

林　业

【概况】 2022年，威海市林业局深入践行“林草兴则生态兴、森林是水库钱库粮库碳库”等重要理念，统筹推进山水、林田、湖草沙一体化保护和系统治理，持续推动林业工作高质量发展，先后获评全国绿化先进集体、山东省生态环境保护先进集体等。

【林长制建设】 全面推行林长制改革，持续完善林长制工作机制。设立市、区（市）、镇、村四级林长2769人，印发林长制绩效考核评价管理细则、民间林长管理办法等，试行市级林长“挂牌”巡林制度，积极推广“鲁地云”巡林App，全面构建全市林地资源管理“一长两员”（林长、森林资源监管员和专职护林员）管护信息矢量化架构，实现林木林地“鱼鳞图”管理。深化林长制改革新路径，发布威海市第1号总林长令，市、区（市）、镇、村四级林长开展巡林督导检查6.2万余次。建立“林长＋检察长＋警长”“林长＋河湖长＋湾长”工作机制，着力构建“三长”协作的湿地保护管理新体系。组建“民间林长”队伍，成立“民间小林长”，创建“片区林长”队伍等，形成全民参与林业治理的新格局。探索推行“保险林长”模式，以荣成市为试点推广“镇办特色林场”模式，协同推进林业重点工作。引导2家涉林企业办理碳排放权质抵押贷款，完成“森林碳汇遥感指数”保险。

【植树造林】 按照“科学绿化试点示范省”建设的工作部署，持续推进“绿满威海·四季多彩”国土绿化行动。科学开展造林绿化，坚持山水、林田、湖草沙一体化保护和系统治理，科学开展修复森林弱生态、建设森林新生态、保护森林原生态等工程建设，统筹推进荒山绿化、水系绿化、绿色通道建设、村镇绿化美化等攻坚行动，重点实施“四山一带”（昆嵛山、伟德山、里口山、正棋山和沿海防护林基干林带）重点区域生态修复，完成修复造林面积4.5万亩。科学开展规划造林绿化空间适宜性评估工作，采取县级自查、市级抽查的方式，对全市10个地类、8.31万个图斑、面积73.44万亩的林地进行适宜性评估，为科学绿化奠定基础。利用国家森林资源智慧管理平台，落实造林绿化落地上图面积3.5万亩。

【森林防火】 坚持以防为主、防灭结合、积极消灭的方针策略，全面提升森林防灭火能力。健全防范预警体系，建成高点红外热感自动报警高清监控193处、低点无人值守卡口1455处、森林防火视频监控中心12个，基本实现重点林区监控的全覆盖。全面推行“进山二维码登记”系统，创新森林防火宣传新形式，有效提升进山人员的森林防火意识。健全机动巡防体系，组建81支、1939名队员的森林管护队伍，推行摩托车带装巡逻机制，全天候开展带装巡逻。开发森林防火可视化对讲系统，购置视频对讲机1900余台，建设宽窄带融合大小基站44处，实现管护队员在岗在位、巡逻路线、实时位置的“可视化”“全过程”管理。健全应急救援体系，“一山一策”制定森林灭火应急预案。新建防火通道274千米，维修保养受损防火通道1083千米。新建储水设施115个，完成槎山、伟德山引水上山工程。清理林下可燃物8.4万吨，完成墓地和防火通道两侧林下可燃物清理，有力提升森林防火应急处突能力。

【松材线虫病防控】 开展科学防治工作，制定松材线虫病防治技术规范地方标准，从普查监测、检疫检验、疫木除治、药剂防治、成效检查、档案管理6个环节规定程序、方法和要求，为防治工作提供技术支撑。高标准完成疫木“清零”，集中开展松材线虫病防治专项行动，对全市松林完全枯死的松木进行全面砍伐清除，对1厘米以上的枝桠进行彻底清理，对不超过5厘米伐桩进行剥皮处理并清理粉碎，对下山疫木送到指定粉碎厂或无害化处理厂进行处理。精密开展全域飞机施药防治，采取直升机和无人机飞防作业模式，引入“互联网＋航空施药”技术创新监理模式，高质量完成3轮全域飞机施药防控松材线虫病活动，累计作业面积174.09万亩。

【生物多样性保护】 全力守住森林、湿地、自然保护地、古树名木和野生动植物5条生态保护红线，有效维护生物多样性。有序推进自然保护地生态修复工程，开展里口山省级风景名胜区勘界立标、乳山河功能区调整、赤山风景名胜区规划编制，实施林业科普园项目建设，积极推进大天鹅保护区、昆嵛山、五垒岛湾生态修复工程，自然保护地生态环境得到有效改善。在全国9省黄河流域国家级自然保护区管理评估中，威海市昆嵛山国家级自然保护区居82个国家级自然保护区第2位，大天鹅保护区居全国陆生野生动物类型第7位。全面加强生物多样性保护，开展陆生野生动植物资源调查评估

利用野生动物资源调查远红外线相机拍摄的国家一级保护动物黄嘴白鹭

（威海市林业局　提供）

专项活动和古树名木补充调查工作，对全市5个区域78个样区6类物种进行普查。建立健全日常巡查管护机制，完善监测系统和监管设备，市政府发布《关于设立陆生野生动物禁猎区和禁猎期的通告》，不断提升野生动物栖息地的管理水平。全面加强依法治林能力，实行“全员执法”方式，建立“联审案件”制度，修订完善行政执法全过程记录具体办法，绘制行政执法流程图，全面开展森林资源督查，实施打击毁林专项行动、“清风行动”及人类活动变化遥感监测疑似问题点位核查等，全面加强森林、湿地及野生动植物资源管理。

【自然资源要素保障】　印发全市林业系统“严真细实快”作风能力提升行动实施方案，开展“严真细实快”作风能力提升行动，深入基层了解群众、企业所需，成功解决威海综保跨境电子商务产业园有限公司因个别商品涉及濒危成分导致化妆品无法通关的问题。助推全市经济发展，主动跟进威海LNG外输天然气管道、长会口水库工程、国道18线荣乌高速等重点项目涉林手续办理，全力保障重大项目落地实施。

（戚俊杰）

水　利

【概况】　2022年，全市水利水务系统践行“节水优先、空间均衡、系统治理、两手发力”的治水思路，统筹推进“六水共治”（广蓄水、引客水、淡海水、用中水、治污水、节约水共治）、“五化提升”（水资源治理系统化、水系连通网络化、河湖管护规范化、城乡用水同质化、供水排水一体化提升），多项工作位居全省乃至全国前列。威海市河湖长制工作获得国务院督查激励，威海市水务局牵头负责的4项工作获得省级督查激励。重点工程建设、河湖治理、水资源管理、防洪蓄水等经验在省级会议上被表扬或推广。

【水利规划计划】　市水务局按照“谋划大工程、有效工程、打长远工程”的原则，编制完成市级现代水网规划并经市政府批复实施，谋划建立市级水网总体布局，规划实施5类230项工程，总投资436亿元，其中“十四五”期间推进实施194项、计划投资206亿元。年内，实施供水保障、防洪提升、水生态保护与修复、数字水利4类54项重点水利工程，累计完成投资23亿元，投资计划完成率达115%。

【河流治理】　完成黄垒河、乳山河等河流治理工程10项，治理河长63.7千米。推进荣成市全国水系连通及水美乡村建设试点，完成沽河治理工程、小落河治理工程、水土保持生态小流域综合治理项目及崖头河水系治理工程等建设任务，完成投资2.97亿元。前期设计阶段，邀请水利部淮河水利委员会专家参与项目总体方案编制、初步设计阶段评审，高标准完成前期工作并通过省级批复；项目实施过程中，统筹兼顾河道治理、河道拦蓄、水系连通、生态修复等工程建设，水利部以简报形式向全国推广威海市经验成果。

【水库闸站建设】　2022年，黄垒河、母猪河地下水库完工并正式下闸蓄水，新增蓄水能力6600万立方米。威海市河库水系连通工程基本完工，市域中线水资源调配体系初步形成，新增区域水资源调配能力5000万立方米。泊于水库完成竣工验收。

【农村水利建设】　选取能够反映全市灌溉整体特点的样点灌区11个、典型地块35个，完成农田灌溉水有效利用系数测算，测算工作和分析报告通过省级审核。

【水生态建设】　先后开展黑臭水体排查整治、入河排污口规范化综合整治等10个专项行动，利用无人机对全市504条河道、3000千米河湖岸线进行全域系统监测、巡查、暗访，结合威海市河湖暗访监管平台，发现并整治问题300余个。打造水生态监测实验室，每月对13处重点河流水质监测断面、47条重点河道、141个点位开展水质监测，发现问题及时溯源处理，确保全域黑臭水体动态清“零”。组织实施环翠区教里河、乳山市赤家口锯齿山2个省级生态文明小流域建设示范项目，治理水土流失面积22平方千米。市水务局印发《威海市水土保持标准化建设实施方案（2022—2025年）》，从水土流失综合治理、水土保持工程建设、生产建设项目水土保持监管、智慧水保等9个方面，对全市水土保持工作提出阶段性目标和方向。文登区获批省水土保持高质量发展三年强基行动试点。

【水旱灾害防御】　强化“四预”（预报、预警、预演、预案）措施，落实水库度汛“三个责任人”（行政责任人、技术责任人、巡查责任人）633人、市级河湖防汛抗旱责任人8人，开展防汛隐患排查，整治问题118个。修订完善16座大中型水库、31条流域面积50平方千米以上河道防御洪水方案和超标准洪水预案，小型水库大坝安全管理（防汛）应急预案及51个镇级、517个村级山洪灾害防御应急预案。开展水利防汛抢险应急演练、防汛物资调运、溢洪闸及放水洞启闭演练。完成17座病险水库除险加固和10座小型水库的安全鉴定，补齐防洪薄弱短板。2022年，针对汛期降水总量多、持续时间长的情况，全市水利系统科学组织各类水利工程预泄、预排、拦洪、分洪，下达调度指令100余次，削减洪峰5.5亿立方米，减淹城镇14个、耕地面积3.1万亩，避免8万人口转移，实现“人员不伤亡、水库不垮坝、重要堤防不决口、重大基础设施不受冲击”的工作目标。

【水资源管理与保护】 加强取用水管理，印发威海市取用水管理专项整治行动“回头看”工作方案，全面复核取水口登记水量，登记水量由71.4%提高到85.8%；针对整改类取水口确保整治1个、核查1个、登记1个，2733个整改类取水口整改完成率100%。对全市纳入平台管理的用水户全面摸底，采取“新老划断、分步实施”的方式推动水资源税远程在线监控改革，纳入改革的计量设施完成率100%。完善用水统计调查名录库，建立公共供水、自备水、灌区等取用水户名录888个，涉及重点取用水户77个、典型取用水户55个，实名注册率100%。推进节水型社会建设，全年下达用水计划1205份，自备水源及管网内年用水量1万立方米以上的非居民用水户计划用水下达率100%。完成哈尔滨工业大学（威海）、山东药品食品职业学院2所省级节水高校，米山水库1个省级节水教育基地创建工作；获批省级节水型单位、小区10个。通过省级节水型城市复查，在省级现场复查中获得98分。

【河湖管理】 推动河湖长制规范发展，梳理政策性文件形成《威海市河湖长制规范性文件汇编》。加大河湖空间管控力度，编制完成《威海市河湖长制发展规划》。强化河湖长履职尽责，根据河湖长制工作需要和换届变动情况，及时对2576名河长、932名湖长进行调整，向各级河湖长推送工作明白纸和履职手册，组织各级河湖长完成巡河巡湖任务14.2万次，协调解决各类问题305个。开展涉河建设项目排查整治，对行洪任务的河道开展排查摸底，排查出涉及阻水建筑物、阻水片林等各类问题85个，全部超前完成整治。开展美丽幸福示范河湖创建工作，杜营河获评水利部淮河流域幸福河，黄垒河、五渚河等7条河流通过省级美丽幸福示范河湖创建验收，完成165条省级美丽幸福河湖达标计划。

【工程建设管理】 以赛促建打造精品工程，2个项目获得“泰山杯”，1个项目获得华东地区优质工程奖，9个集体、30人、4个工地分别获评省级重点水利工程劳动竞赛先进集体、优秀个人、文明工地。组织各区（市）水行政主管部门对在建水利工程进行全覆盖、拉网式、穿透式监督检查，累计发现并整改风险隐患56处，确保全市在建水利工程安全有序推进。市水务局联合市人力资源和社会保障局完成迎接国务院农民工工资支付考核水利行业资料审查，利用威海市农民工工资支付监管平台及时处理各类预警信息，确保水利行业无欠薪案件发生。

6月22日，2022年威海市水利防汛抢险应急演练举行

（威海市水务局　提供）

【工程运行管理】 2022年，威海市小型水库加固工作获得省级补助资金2636万元，在主汛期前完成17座小型水库除险加固任务。郭格庄水库、纸坊水库获评山东省标准化管理水利工程，乳山市获评山东省深化小型水库管理体制改革样板县。“创新思路 积极探索小型水库管理体制改革新模式”典型经验入选山东水利改革典型案例。

【水务改革创新】 创新推行集中管理、新型经营主体管理、分散管理3种农业水价改革管理模式，将原定于2025年完成的目标任务，提前至2022年完成，累计完成改革面积146万亩。4个区（市）建立县级农业水价综合改革信息平台，集成远程监控、超定额累进加价管理、数据汇总分析等功能，实现灌溉全过程自动控制、用水自动监测。“精打细算 探索水资源精细化管理新路径”“坚持‘三网合一’构建现代水网新格局”等典型经验入选山东省水利改革创新典型案例。“不弃小微”河湖管护经验入选全省河湖管理十大创新优秀案例。《在用水指标持续收紧背景下的水资源管理路径研究》获得威海市优秀调研成果一等奖。

【水行政执法】 强化日常巡查监管，对14条城郊河道2500余千米河岸线进行全面巡查，维护河道秩序安全，督查26家市级立项生产建设项目的水土保持手续办理进度及方案实际落实情况。全年实地巡查398次，出动人员1100人次，整理巡查记录398份。严格规范行政执法，市水务局印发《威海市水务局依申请政务服务事项工作制度》《威海市跨区域水事纠纷预防和调处办法》，全年下达各类法律文书73份，处理非法取水、采砂等案件6起，行政处罚10.5万元。开展非法开采地下水专项整治行动，对辖区内在线管理121家企业、管网覆盖范围外142家企业及报停报废118眼水井开展全面清查，制定地下水资源监管“三张清单”，实现地下水资源动态监管。

【城乡供水】 2022年，编制威海市“十四五”农村供水保障工作方案和农村供水水质提升三年行动方案，其中“十四五”工作方案经市政府第9次常务会议研究通过，确定投资10.89亿元开展各类工程建设。投资1247万元，完成744个村庄供水工程改造，超额完成工程建设任务。对“千吨万人”农村水厂和1807个村庄开展水质巡检，建立农村水利“红黑榜”，开展4期农村供水工作经验推广和问题通报；邀请专家实地授课、在线培训，完成全市2359名水管员的全覆盖培训。建立《威海市农村供水村庄服务名录》《全市农村供水保障建设管理情况汇编》《全市供水薄弱村庄饮水情况动态监测台账》，省、市、区（市）三级统一农村供水管理范围，实时关注偏远山村及脱贫人口饮水情况，及时完成问题整改，实现农村供水问题动态清“零”。

【城市供排水】 启动实施“两个清零、一个提标”工程，全市完成市政雨污合流管网改造149.28千米，省定任务完成率达231%；污水管网内窥式排查年度任务完成率达122.4%；城市黑臭水体实现动态清“零”；完成提标改造污水处理厂3座，提标总规模达16万立方米/日，省定任务完成率达200%；再生水利用率达40%以上。威海市中心城区通过雨污合流管网整县制清零省级抽检验收。工作经验先后2次被省住房和城乡建设厅在全省推广，并在全省河湖长培训会上作为典型案例获得表扬。实施市级重点工程，崮山净水厂深度处理、文登城区污水管网改造、荣成市区污水处理厂提标改造及配套管网建设等10项工程全部完成年度任务，完成投资10.08亿元。实施城市居民总表供水改造工程，改造小区52个、用户3.71万户。对全市城市公共供水单位、二次供水单位开展现场检查6次，反馈各类问题50余个，全部完成整改。对全市4处污泥处置中心抽查2次，未发现污泥堆积隐患。现场督导检查环保督查交办件23件，完成市级销号。持续强化建制镇生活污水处理工作，组织排查镇驻地污水处理设施46座、污水管网906千米，改造污水管网27.3千米，累计核查发现污水处理能力重复计算、设施规模不准确等问题13个，均整改到位。

（张　超）

农业机械

【概况】 2022年，威海市农机总动力达510.18万千瓦，农用拖拉机25.21万台，各种配套机具52.58万台（套）。全市农作物耕种收综合机械化率91.3%，其中小麦综合机械化率99.98%、玉米综合机械化率97.35%。威海市获评全省“两全两高”农机化示范市、全省“平安农机”示范市。山东省农业农村厅组织的“农机安全咨询日”启动仪式在威海市举行。

【农机惠农政策落实】 2022年，威海市落实中央财政农机购置补贴资金1660万元，通过手机App申请受益农户和生产经营组织达100%，补贴各类农机具1187台（套）。全年实施农机深松整地作业面积10万亩，其中中央补贴面积4.8万亩，享受资金补贴资金达144万元。实施粮食烘干作业补助资金60万元（每吨补助60元），带动粮食烘干作业10万吨。

【农机化推广】 威海市农机发展中心围绕大豆玉米带状播种、机收减损、补短板强弱项、转型升级等，全力提升全市生产机械化发展质量，大力推广大豆玉米复合种植技术、机收减损、粮食烘干等技术，推动农机农艺深度融合，促进农村各业机械化的协调发展，实现农业机械化转型升级，保障粮食的丰产丰收和节本增效。通过举办春耕备耕和深松整地作业现场演示会、“三夏”“三秋”生产全程机械化作业暨大豆玉米带状复合种植现场观摩会等方式，大力推广农机化“一条龙”作业新模式，巩固完善全程机械化作业技术体系，提升主要农作物全程机械化水平，促进全市农机化转型升级。以苹果、茶叶、中药材、大姜等大宗经济作物和特色经济作物及畜禽水产养殖为重点，开展“补短板强弱项”行动，推动苹果、中药材特色产业向全程机械化、智能化发展。以禽畜养殖机械化与病死禽畜无害化处理、牡蛎机械采摘和清洗为重点，推进饲料加工、禽畜水产养殖等装备应用，加快推进畜牧水产养殖业关键环节机械化突破和机艺融合发展。

【农机安全保障】 2022年，全年办理农机车辆业务4749次、驾驶证业务5425次，完成新增车辆挂牌办证、到期农机审车换证及农机驾驶员的培训工作。选派优秀机手参加山东省“技能兴鲁”职业技能大赛——首届高素质农民（农机驾驶操作员）技能大赛，1人获得优秀奖，1个团体获得优秀组织奖。荣成市宝丰农机专业合作社工作实践纳入全省“全程机械化+综合农事服务中心”典型案例。

（刘新兵）

编辑　李传强

海洋与渔业

综　述

【概况】　2022年，市海洋发展局聚焦主责主业，强化改革创新，稳步推进海洋强市建设，各项工作取得新成效。全市实现海洋生产总值1249亿元，比上年增长2.8%，占地区生产总值比重36.6%；水产品总产量317.05万吨，增长3.2%。其中，养殖产量207.35万吨，增长4.9%，远洋渔业产量45.89万吨，增长0.4%；有涉海规模以上企业991家，渔业船舶9993艘。

【威海市蓝碳交易工作专题推进会】　1月14日，市海洋发展局组织召开威海市蓝碳交易工作推进会。会议采取线上线下相结合的方式，重点围绕蓝碳交易合作机制建设及蓝碳期货、海洋碳权交易、碳交易方法学认定方面等进行探讨，并就共建蓝碳交易合作机制达成初步共识。市发展和改革委员会、市地方金融监督管理局、山东大学（威海）、山东海洋产权交易中心等部门机构负责人、代表参加会议。

【海藻提取生物全生命周期营养液促进盐生植物种质繁育科学工程实践基地成立】　2月18日，由威海市蓝色经济研究院与威海市世代海洋生物科技股份有限公司共同建立的海藻提取生物全生命周期营养液促进盐生植物种质繁育科学工程实践基地在威海南海新区揭牌成立。基地将在盐生植物种质繁育的基础上，探索盐生植物种质繁育新模式，探究性地使用海藻提取生物全生命周期营养液，促进盐生经济作物增收，助力海水农业产业再发展。

【企业复工复产助力】　3月25日，市海洋发展局成立4个工作组分赴14家重点涉海企业，落实新冠肺炎疫情防控政策和产业扶持政策，指导复工复产企业做好新冠肺炎疫情防控工作，了解企业复工复产遇到的困难问题，征求企业对全市海洋发展工作的意见和建议。针对海参、大菱鲆、海胆等水产品种育苗关键时期，采取“保姆式”服务，帮助企业办理“点对点”通行证，解决水产物资和苗种运输问题。

【整治修复项目通过验收】　5月19日，市海洋发展局组织开展荣成市桑沟湾西岸南段综合整治修复项目竣工验收工作，评审专家组查验项目建设完成情况后，同意项目通过评审验收。6月14日，开展成山岸线修复及综合整治工程、成山头省级自然保护区管控能力建设项目竣工验收工作，2个项目均通过评审专家验收。

【养殖渔船“双编”管理】　强化加强海上养殖安全管理，市政府办公室印发《关于实施养殖渔船“双编”管理的意见》，对全市在册养殖渔船和纳入区（市）编号管理的养殖渔船实施“双编”（编组管理、编队生产）管理，明确4项管理原则（以人为本、安全发展，问题导向、综合治理，属地为主、部门配合，狠抓主体、完善机制）和5项管理制度（编组管理制度、编队生产制度、出海通报制度、集中停靠制度、定期核对制度），采取因地制宜方式，把零散养殖渔船纳入组织化管理，消除殖渔船安全管理“盲区”。

【中国威海·国际英才创新创业大会】　8月25日—26日，以“聚智汇能·逐梦深蓝”为主题的2022中国威海·国际英才创新创业大会召开。会议围绕全市海洋产业发展实际和企业人才技术需求，举办院士主旨演讲、海洋产业“双招双引”环境推介、项目签约、海洋产业重点技术“揭榜挂帅”仪式、“引才大使”聘任仪式、海洋科技人才创新成果展、博士后创新创业大赛、专业研讨交流等活动，聘任威海市“引才大使”8名，签约海洋领域合作项目9个，“揭榜挂帅”海洋产业重点技术项目10个，举办智慧海洋与科技湾区融合发展推进会、海洋产业新技术变革交流会等研讨交流活动5场，中国科学院院士江桂斌，中国工程院院士李华军、陈松林等150余名专家学者、重点企业代表参加会议。

【海洋碳汇与绿色金融融合发展专题调研座谈会】　9月7日，海洋碳汇与绿色金融融合发展专题调研座谈会召开。会议系统介绍威海市在海洋碳汇、海洋生物多样性保护、渔船减船转产等领域取得的系列阶段性成果，围绕绿色金融支持“碳达峰碳中和”，加快推进国家绿色金融改革创新试验区争创工作进行交流。市地方金融监督管理局、中国人民银行威海市中心支行、市海洋发展局、市海洋发展研究院等部门负责人参加座谈。

【海洋合作座谈会】　10月9日，中国科学院烟台海岸带研究所和市海洋发展局海洋合作座谈会召开。会议针对海洋环境变化对水产养殖的影响进行研讨，建议建立应对机制，助推养殖企业转型升级，并就海洋牧场建设、海洋碳汇、水产加工、远洋渔业转型升级和绿色发展进行交流。

海洋经济

【概况】 2022年，全市准确把握海洋经济、海洋科技、海洋生态、海洋对外开放合作及海上安全等方面的内在联系，坚持科学用海、科技兴海、产业强海、生态护海、开放活海、安全靖海的原则，以陆海统筹、科技创新驱动海洋绿色低碳高质量发展。全市实现海洋生产总值1249亿元，比上年增长2.8%，占全市地区生产总值比重36.6%。

【海洋第一产业发展】 海洋种业方面，加快建设国家级遗传育种中心2个，打造现代化种业园区5个，聚集专业化育苗企业126家，年优质苗种供应能力550亿单位，养殖良种覆盖率达70%以上。海水养殖方面，推进30米深海域开发，推广桑沟湾多营养层次综合养殖模式，建设国家级海洋牧场示范区16处、省级海洋牧场示范项目34个，海洋牧场突破9万公顷。全年全市水产品产量317.05万吨，其中海带、牡蛎产量列全国第1位；远洋渔业方面，获批建设国家级远洋渔业基地，开工建造南极磷虾捕捞加工船，建成远洋渔业辅助运输船、冷桥结构万吨级冷藏运输船，远洋水产品运输船队年运载能力24万吨以上。全市远洋渔业产量45.6万吨，远洋产业链规模突破100亿元。

【海洋第二产业发展】 海产品加工业方面，持续延伸海带、海参、牡蛎、鲍鱼、鱿鱼、金枪鱼、低值鱼7个优势品种产业链，研制开发高附加值海洋食品、海洋保健品和海洋生物制品，聚集海产品加工企业913家，年加工量365万吨。船舶修造业方面，大力发展高端客滚船、多用途集装箱、远洋渔船等，高端客滚船、重吊船分别占全国市场份额的70%和80%；海洋新能源产业方面，规划建设600公顷专业园区，集中发展海上风电产业，开工建设总投资6亿元的明阳高端海洋装备智能制造产业园项目和远景乳山零碳产业园项目，豪迈科技、大金重工、上玻院新能源科技等重点配套产业项目落地，加速形成海上风电全产业格局；海洋新材料产业方面，成立碳纤维、石墨烯产业园区，国家碳纤维产业计量测试中心、碳纤维制备及工程化国家工程实验室等投入运行，加速碳纤维等新材料在海洋休闲装备、海上风电装备、深海探测装备等领域的应用，威海拓展纤维有限公司高强度碳纤维高效制备技术产业化项目入选山东省新材料创新应用示范项目，威海光威复合材料股份有限公司舰船用复合材料螺旋桨项目获得全国交通运输领域复合材料技术创新一等奖；海水综合利用产业方面，加快建设国家海水利用工程技术（威海）中心，聚焦船用海水淡化装置关键技术开发与成果转化，形成多型号系列化产品，并向船用、岛用、海洋牧场等领域进行应用示范和场景开拓。稳步推进各项海水淡化与综合利用项目，全市海水淡化日生产规模3万吨。

【海洋第三产业发展】 滨海旅游业方面，打造国家A级以上旅游景区49处，开发推出“千公里山海自驾旅游公路”和200千米沿海步道绿道，创建全国休闲渔业示范基地21处、省级休闲海钓示范基地8处、省级休闲海钓场23处，打造“中国休闲渔业之都”，形成集游艇钓具、休闲垂钓、观光旅游、文化体验、住宿餐饮等于一体的滨海旅游产业带；港口运输业方面，启动建设总投资128.08亿元的山东港口集团港产城融合发展重点项目14个，开通威海—土耳其远洋航线，全市开通国际国内集装箱航线13条，完成1200吨保税油加注业务；海洋金融服务业方面，威海国际海洋商品交易中心大宗海洋商品贸易额稳步增加，3家银行机构成立海洋特色支行，22家银行机构开办“海域使用权抵质押贷款”业务，推出“养殖户承贷＋省农担担保＋银行提供授信”金融支持方案，创新打造“海带鲍鱼贷”、牡蛎“供应链融资贷”等信贷产品，支持企业融资150亿余元。

2022年威海市海洋及相关产业增加值情况表

表3

产业名称	海洋渔业	海洋水产品加工业	海洋矿业	海洋盐业	海洋船舶工业	海洋工程装备制造业	海洋化工业	海洋药物和生物制品业	海洋工程建筑业	海洋可再生能源利用业	海洋交通运输业	海洋旅游业	海洋科研教育管理服务业	海洋相关产业	海洋生产总值	涉海规模以上企业（家）
增加值（亿元）	262.97	168.55	5.14	0.38	35.36	34.73	2.90	25.15	13.97	10.24	40.95	278.89	66.62	299.15	1249.29	
增幅（%）	2.8	2.3	5.7	5.7	2.3	5.0	2.3	5.6	-6.8	12.0	13.4	4.5	0.5	0.5	2.8	991
比重（%）	21.0	13.5	0.4	0.0	2.8	2.8	0.2	2.0	1.1	0.8	3.3	22.3	5.3	24.2	100.0	

海洋渔业转型升级

【概况】 2022年，市海洋发展局围绕水产种业振兴、海洋牧场创建、远洋渔业提升、渔业增殖放流、水产绿色发展等工作开拓创新，持续推动海洋渔业转型升级，全市实现水产品总产量317.05万吨，比上年增长3.2%。水产养殖面积11.51万公顷，增长4.8%。养殖产量207.35万吨，增长4.9%。

【威海市海洋产业转型升级开放课题对接会】 11月3日，威海市海洋产业转型升级开放课题对接会召开。会议围绕全市海洋经济关注重点，针对海洋渔业、海洋生物、海洋电子信息与智能装备、海洋装备、海事服务、海洋碳汇6个领域，分析相关产业转型升级路径，提出切实可行的研究思路和产业发展建议。山东大学（威海）、哈尔滨工业大学（威海）、武汉理工大学、山东交通学院、山东省海洋科学研究院、威海市蓝色经济研究院6家高校院所的专家学者与市海洋发展局、海洋发展研究院相关负责人参加会议。

·海洋捕捞·

【概况】 2022年，全市加快远洋渔业扩规提档，冷桥结构CCS级万吨级冷藏运输船投入使用，分段建造投资5.28亿元的南极磷虾捕捞加工船，全市企业实际经营的远洋渔船489艘，远洋产业链规模突破100亿元，实现海洋捕捞产量63.8万吨，远洋渔业产量45.89万吨。

【远洋渔业基地建设】 以沙窝岛中心渔港为核心区的荣成国家级沿海渔港经济区建设实施方案通过专家评审。荣成市与上海海洋大学联合成立沙窝岛国家远洋渔业基地培训中心，并获得远洋渔业人才培训资质，将实现远洋船员招聘、培训、办证、派遣“一条龙”服务。稳步推进华夏金融10万吨冷链物流园项目建设。

【远洋船队建设】 推进山东蓝越远洋渔业有限公司购置大型拖网渔船2艘，增强全市远洋渔业实力。加强渔船智能化改造，申请远洋渔船更新改造中央补助资金5600万元，更新改造16艘远洋渔船。冷桥结构CCS级万吨级冷藏运输船“鲁荣远渔运898”（长136.8米，8081总吨位，载重量9846.8吨）投入使用，全市有远洋渔业辅助运输船19艘（其中万吨级辅助运输船2艘），回运远洋自捕水产品超过20万吨。

【国际履约能力提升】 开展远洋渔业监管提升年行动，印发《威海市远洋渔业监管提升年行动实施方案》，对全市25家远洋渔业企业进行3次督导，进一步提升远洋渔业企业履约能力。

【威海市远洋渔业管理工作会议】 9月19日，威海市远洋渔业管理工作会议召开。会议要求，远洋渔业管理工作要坚持“管理出效益、规范提质量”总体目标，强化协调联动，全力抓好远洋渔业安全生产、履约提升和新冠肺炎疫情防控等重点工作，助推全市远洋渔业高质量发展。全市海洋发展系统及25家远洋渔业企业相关负责人参加会议。

·水产养殖·

【概况】 2022年，全市实施水产养殖“深蓝行动”，推进养殖活动由近浅海走向深远海。推动水产养殖绿色发展，文登区获评2022年国家级水产健康养殖和生态养殖示范区。全市海水养殖面积11.25万公顷，实现海水养殖产量205.14万吨。

【海洋牧场建设】 加强海洋牧场建设，新建周长40～90米深水养殖网箱40个。持续扩大海洋牧场示范规模，石岛桃园渔家民俗旅游服务有限公司和威海富泽水产养殖有限公司分别申报第八批国家级海洋牧场示范区、省级海洋牧场示范区，全市海洋牧场面积超过10万公顷。

【水产种业发展】 推进水产种业振兴行动，市海洋发展局印发《威海市海洋种业发展规划（2021—2035年）》，以促进威海市水产养殖业绿色低碳高质量发展为出发点，明确发展定位、规划布局、重点任务、阶段目标，全面提升威海海洋种业发展水平。实施水产种业建设项目18个，完成验收5个，新建、扩建10.6万平方米标准化生产车间，推广应用工厂化循环水、尾水处理、热能循环利用、实验仪器等设备设施系统239台（套）。1家企业获评中国水产种业育繁推一体化优势企业，3家企业入选国家种业阵型企业，5家企业获评山东省水产种业领军企业，栉孔扇贝“蓬莱红3号”、刺参“鲁海2号”、大菱鲆“多宝2号”、长牡蛎“前沿1号”4个水产新品种通过全国水产原种和良种审定委员会审定，新增省级水产原种场1处，优质苗种产能提高到550亿单位。

【深远海养殖发展】 加快推进深远海养殖发展，争取中央资金592万元，建设国家重力式深水网箱80个。争取中央资金1200万元，建设国家桁架类大型养殖网箱2个。推进山东安海投资有限公司1365平方米海洋牧场深远海

2022年威海市渔业生产基本情况表

表4

水产品总产量（万吨）					养殖面积（万公顷）			渔业船舶拥有量		
合计	海洋捕捞	远洋渔业	海水养殖	淡水养殖	合计	海水养殖	淡水养殖	艘数（艘）	总吨位（万总吨）	功率（万千瓦）
317.05	63.80	45.89	205.14	2.22	11.51	11.25	0.26	9993	66.29	103.22

2022年威海市海水养殖主要产品产量情况表

表 5　　单位：万吨

合计	鱼类	甲壳类	贝类	藻类	其他类	
					合计	其中海参
205.14	1.13	2.07	133.36	63.42	5.15	3.96

养殖服务平台项目建设，重点解决双岛湾附近海上养殖产品上岸造成的污染问题。威海艾格生物发展有限公司完成总投资8000万元的三文鱼、黑鳕鱼育苗养殖车间主体建设。

·水产品市场与品牌建设·

【概况】 2022年，威海市海洋发展局深入实施渔业品牌战略，巩固提升“1+3+N”渔业品牌体系（一个整体区域品牌、3个特色区域品牌和N个企业产品品牌），开展威海海鲜品牌提升行动，积极引导水产企业融入双循环发展新格局，从全国、山东省和威海市3个维度、“线上＋线下”2个方向布局，借助媒体和平台渠道，依托线下城市巡展和线上电商平台全方位宣传推介威海海鲜品牌及产品，增强全市海洋食品的市场竞争力。

【水产品进出口贸易】 2022年，全市有353家企业发生水产品进出口实绩，出口业务涵盖89个国家和地区，完成水产品进出口总额137.6亿元，其中出口额99亿元、进口额38.6亿元，分别增长14.8%、33.3%；出口量35.9万吨、进口量18.8万吨，分别下降0.1%、增长7.9%。

【品牌建设】 7月15日，“好品山东”渔业品牌全国推广活动在河南省郑州市举办，3家企业参加活动并展示“荣成海带”“荣成裙带”“乳山牡蛎”“胶东鲅鱼”“鱿鱼圈”等产品，宣传推广“威海海鲜”特色。9月2日，“鲜从海上来·第四届威海海鲜节”在济南市、威海市、北京市、青岛市等地举行，家家悦集团股份有限公司近1000家直营连锁超市同步举办海鲜节系列活动。其间，家家悦集团股份有限公司与山东广播电视台签订战略协议，为威海海鲜的产品销售和品牌赋能提供“融媒传播＋线上电商＋线下渠道”全覆盖整合传播。11月，“千里海岸线　最美威海鲜”品鲜季活动在济南市、泰安市、临沂市等地举办，邀请市民品鉴威海海鲜。其间，发布新闻报道17篇，超过42万人次观看现场直播。4家远洋渔业企业携带5类700余种海产品参加2022年中国（海南）国际海洋产业博览会“山东远洋渔业展团”，并举办沙窝岛国家远洋渔业基地推介会，集中展示全市远洋渔业发展成果。年内，中国渔业协会与荣成市共创“中国鱿鱼之乡”特色渔业品牌，“乳山牡蛎”入选全国名特优新农产品名录、2022年农业品牌精品培育计划名单、农业品牌创新发展典型案例、好品山东区域公用品牌名单，“荣成海带”获批山东省第五批特色农产品优势区，新增“荣成刺参”“荣成鲍鱼”“荣成蚝子虾酱”3件地理标志证明商标，鑫发远洋牌鱿鱼系列产品、西霞口牌海参、润聚仙牌鱿鱼系列产品获得第七批山东省知名农产品品牌认证，“好当家”海参系列产品入选山东省好品山东企业产品品牌，“好当家”入选2022年农业品牌创新发展典型案例。

·海洋科技创新·

【概况】 2022年，全市强化海洋科技创新，全面提升国家海洋综合试验场（威海）服务保障能力，推动2个海洋新型研发机构加速成果落地转化，实施海洋产业重点技术“揭榜挂帅”征集与遴选，举办威海海洋科技人才创新成果展，引领海洋产业转型发展。

【涉海创新平台建设】 争取省级支持资金1000万元，全面提升国家海洋综合试验场（威海）安全保障系统、环境监测系统、试验场配套设施等服务能力，试验场累计承接试验任务100余项。国家海水利用工程技术（威海）中心完成便携式海水淡化设备性能评价系统等平台建设，促进特种反渗透膜元件制备、应用技术研究与产业化，推动海水综合利用扩链延链。威海海洋生物产业技术研究院申报省级新型研发机构，引进海尔卡奥斯、海信数字体验中心等项目团队，开展工业化水产养殖诊断技术、疫苗临床项目研究。

【产学研协同创新】 启动海洋产业重点技术“揭榜挂帅”项目征集，发动45家企业发布49项海洋产业关键技术需求榜单，遴选10个项目给予重点支持，推动技术攻关。年内，全市获得山东省海洋科技创新奖一等奖3项、二等奖4项。

【渔业技术推广】 推进水产养殖业绿色高质量发展，12家企业获批全国水产绿色健康养殖技术推广“五大行动”基地，主要开展技术集成模式创新、典型培育、示范推广和信息汇总等工作，实现水产养殖兽药使用量比上年减少5%以上、抗生素类兽药使用量减少10%以上。深入开展配合饲料替代幼杂鱼试验示范和交流学习活动，研究制定适应全市产业发展需求的技术标准和操作规范，打造威海水产绿色健康养殖示范样板。围绕病害防治、病原微生物耐药性普查、海水鱼虾工厂化养殖等领域，组织开展培训1500人次。引进科技创新团队8支，围绕绿鳍马面鲀、牡蛎、刺参等品种，开展种质创制、模式创新、设施设备研发等产学研合作。聚焦海洋技术人才培育，联合高校院所开展教学科研，4项教育成果获得省级教学成果奖，1人获评全国最美渔技员，1人获得“大国农匠”全国农民技能大赛三等奖。

海洋综合治理

【概况】 2022年，全市海洋综合管理工作以自然岸线监管、海洋生态保护修复、互花米草治理、海洋监测预警等工作为重点，着力强化依法管海用海，推动海洋资源节约集约利用，大力推进海洋生态文明建设，形成海洋资源高效利用、空间格局逐步优化、生态环境持续改善的海洋综合管理事业新格局。

·海域海岛管理·

【概况】 2022年，市海洋发展局推进围填海历史遗留问题处置，加快盘活围填海存量资源。加强自然岸线动态监管，落实自然岸线占补制度，完成围海养殖圈围海岸线调查。加快实施海洋生态保护修复项目，提高全市海域海岛管理规范化、科学化水平，促进海域海岛资源的合理利用。

【自然岸线监管】 开展自然岸线现场监测，实现全市自然岸线监测全覆盖，收集汇总178段自然岸线变化情况，摸清全市自然岸线实际情况，为开展卫星遥感监测提供经验依据。

【海域动态监管】 开展建设用海项目跟踪监测，每季度监测双岛湾海域9宗已批准未完成围填海项目，全年监测30余次，编制季度监测专报4份、《2022年威海市用海项目动态监视监测报告汇编》1册。依托威海市卫星应用技术中心获取全市沿海高分辨率卫星遥感影像，覆盖面积近1万平方千米，重点对350余千米自然岸线和海域使用疑点疑区等要素开展卫星遥感监测，编制疑点疑区遥感监测专报1期。持续做好自然资源部海域海岛动态监管系统和全市28个海域视频监控的运维工作，完成市级节点至7个区（市）的海洋专网线路切换，确保动态监管系统和专网视频会议稳定运行。完成10余宗项目的用海合规性审查和100余个“未批已填”围填海项目的材料检查工作，进一步规范审查内容。

【海洋生态保护修复】 以实施海洋生态保护修复项目作为践行海洋生态文明建设的主要发力点，加快推进双岛湾蓝色海湾整治行动项目建设，完成乳山浪暖口至和尚洞、朝阳港、石岛湾海岸带保护修复工程项目建设，修复岸线超过30千米，获得2023年中央财政支持海洋生态保护修复项目资金3亿元。

【互花米草治理】 坚持科学治理、精准施策，通过刈割、掩埋、喷洒环境友好型试剂等方式治理互花米草面积1000公顷，加强监视监测，随时清除复生和新增的互花米草，有效遏制互花米草入侵趋势。

【绿潮（浒苔）处置】 按照“早关注、早部署、早准备、快处置”的原则，开展浒苔前置打捞和灾害应急处置，筑牢浒苔近海防御打捞线、重点海域拦截线、岸边清理线“三道防线”，全年全市布设海上拦截网64千米，出动人员6187人次、车辆4298车次、船舶26艘次、大型机械919台（班）次，打捞、清理浒苔3.4万吨，完成无害化处置总量1.4万吨。

·海洋监察·

【概况】 2022年，市海洋发展局严格落实岸线巡查制度，对全市管辖海域持续开展常态化执法巡查，对违法用海行为做到“早发现”“早制止”，依法查处破坏海域、海岛、岸线资源的违法违规行为，累计出动人员2139人次，巡查844次共2.49万千米5860海里，检查涉海工程建设项目129个次、涉海自然保护地37个次、海岛252个次，全市未发生重大违规用海行为。

【海域海岛专项执法行动】 市海洋发展局印发《威海市2022年海域海岛专项执法行动实施方案》，重点围绕海洋生态整治修复、临时海域使用、围填海疑点疑区、无居民海岛4个方面开展执法检查。6月—8月，全市出动人员628人次、车辆224车次，行程7474千米，出海检查112航次，航程2754海里，检查海岛169个、用海项目59个。

【海岛建档】 开展海岛建档工作，按照“一岛一档、一岛一表”的方式对全市185个海岛开展登岛检查，建立海岛信息档案，对领海基点标志进行重新粉刷上漆，全面掌握海岛数据资料。

·海洋预报减灾·

【概况】 2022年，市海洋发展局以能力建设为主线，持续拓展海洋观测覆盖范围，进一步规范海洋预报预警业务，强化风暴潮、海浪等海洋灾害预警，为全市海洋经济高质量发展服务。

【海洋预报】 完善预报业务体系，完成海洋预报制作平台政务云资源迁移，实现海洋预报周、月、季、年、节假日形势预测分析流程规范化运行，累计发布常规海洋预报、专项预报1800余期，编制各类形势分析报告80余期。

【海洋观测运维】 拓展离岸海洋观测点，完成荣成东部、市区北部波浪观测浮标布放。保障小石岛、逍遥港海洋观测台站稳定运行，开展设备巡检和校准检定20余次，实现入网海洋台站数据平均获取率达98%以上。

【海洋防灾减灾】 做好台风“梅花”“轩岚诺”和强冷空气等重点天气过程的风险分析和灾害预警，全年编制年度威海市灾害状况报告、季度灾害状况专报、过程分析报告近20期，发布风暴潮、海浪灾害预警信息90余期，预警短信40余万条。完成《威海市风暴潮、海浪、海啸和海冰灾害部门应急预案》的编制和评审，为全市防汛抗旱、应急管理、海洋防灾提供技术支撑。

【海洋灾害风险普查】 全面完成市、区（市）两级海洋灾害风险普查，形成海洋灾害致灾孕灾要素调查数据、重点隐患数据、危险性评估图、重点隐患分布图等图件成果，系统掌握全市海洋致灾孕灾因素、承灾体脆弱性水平、灾害风险水平，科学研判下一个阶段变化趋势和特点，为有效开展海洋灾害防治工作、保障海洋经济可持续发展提供灾害风险信息和科学决策依据。

【海洋灾害应急预案完善】 市海洋发展局印发《威海市风暴潮、海浪、海啸和海冰灾害部门应急预案》《威海市赤潮灾害部门应急预案》，梳理完善相关单位、科室的责任和分工，明确海洋灾害预警工作措施和流程，为海洋灾害应急响应提供科学指导。

【海洋公益服务】 以海洋观测管理为着力点，为市政府部门、科研机构等提供服务，助力海洋经济发展。与高校合作，实现基于GNSS观测点的试运行。结合世界海洋日、全国防灾减灾日等时间节点，为社区、学校提供海洋公益宣传、海洋防灾减灾服务3期次。

·海洋生态预警监测·

【概况】 2022年，市海洋发展局着力开展近海生态趋势性监测，强化赤潮灾害、水母灾害等海洋生态灾害预警监测，完善海洋生态预警监测内容，提升海洋生态预警监测能力。

【近海生态趋势性监测】 市海洋发展局印发《2022年威海市海洋生态预警监测工作实施方案》，在全市近岸海域布设近海生态趋势性监测站位32个，开展水环境、沉积环境和海洋生物监测。全年出海14个航次，航行600余海里，采集各类样品1500余个，获取监测数据1万余个。

【赤潮灾害应急监测】 针对4月—6月市区北部海域出现的局部夜光藻赤潮灾害，市海洋发展局及时启动赤潮应急监测程序，通过海上巡视、陆地无人机航拍等方式，结合海洋卫星遥感影像资料开展现场调查，并开展水质、生物样品采集和实验室分析，全面掌握近岸海域水色异常情况分布范围及变化趋势，累计开展4个航次外业监测，采集各类样品100余个，编写水色异常通报5期。

【水母灾害早期预警监测】 5月—8月，市海洋发展局在近岸海域开展水母灾害早期预警监测，通过肉眼观察及拖网监测的方式，对海水浴场、增养殖区、华能威海发电有限责任公司取排水口等敏感区域进行监视监测。年内，全市近岸海域未发生水母大规模爆发灾害。

【大型藻类监视监测】 市海洋发展局根据市区及南部海域大型藻类发展规律，依照“早预测、早跟踪、早防范”的原则，通过卫星遥感解译、无人机监测、海域监控系统监视以及志愿服务等手段，打造“岸—海—空—天”四位一体监测体系，对荣成市东部目标海域大型藻类聚集情况开展监视监测，发布大型藻类监视监测专报，为及时掌握灾害情况和精准处置提供技术支撑。

【海水入侵及土壤盐渍化监测】 在枯水期（3月—4月）和丰水期（7月—8月）分别开展海水入侵和土壤盐渍化监测与评价工作。在双岛湾两侧及乳山市区域布设断面3个、站位12个，采集海水样品28份、土壤样品26份，完成相关项目实验室分析工作，并形成海水入侵监测评价报告、土壤盐渍化监测评价报告。

·渔业生态监测·

【概况】 2022年，市海洋发展局强化重点海水增养殖区监测，探索开展海洋生态灾害预警可行性研究、全市重点养殖品种环境调查，渔业生态环境监测与评价工作取得新进展。

【重点海水增养殖区监测】 在烟威近岸养殖区、荣成片区及乳山文登片区分别选取36个、33个和41个监测站位，开展海水增养殖区和海洋牧场区生态状况评价，编制季度养殖海域环境状况专报和海洋牧场区状况专报各4期，掌握全市重点海水增养殖区环境现状。

【海洋生态灾害预警可行性研究】 与高校及科研院所合作，开展浮游生物幼体生长对全市近岸海域海星等海洋生态灾害预警的可行性研究，累计完成23个站位、85个水质和浮游生物样品采集和实验室分析工作，为海洋生态灾害预防与预警提供数据支撑。

【重点养殖品种环境调查】 针对荣成海带出现腐烂、白化等灾害现象，开展荣成海带养殖区环境现状调查监测，实施现场调查监测14个航次，采集样品164个，并结合历年监测数据，进行相关海域环境综合分析，编制荣成海带养殖异常环境调查报告。

渔业管理

【概况】 2022年，市海洋发展局围绕渔政管理、渔业安全生产管理、水产品质量安全监管和渔业资源修复等方面开展工作，确保渔业生产秩序稳定。

·渔政管理·

【概况】 2022年，市海洋发展局深入开展中国渔政“亮剑”系列专项执法行动，强化北斗卫星定位终端与卫星示位仪“双斗同显”、渔船与船员“双脸同验”、禁渔区线内线外“双线同管”，加强部门联动，完善依港管船等机制，精准打击渔业违法行为，实现渔船非法越界捕捞事件全年“零发生”。全年妥善处理渔民薪资纠纷24起、12345政务服务便民热线转办事项近100件。

【渔政管理体系创新】 树立“管理·护渔”执法理念，以“渔船航行到哪里，管理触角就延伸到哪里”为方向，坚持禁渔区线内线外“双线同管”，突破线外执法监管困境，有效化解线外违法违规渔船管理难题。推行“清网”模式，在休渔期抽调15艘大马力渔船作为“护渔船”，在全市周边海域开展全方位“清网”行动，收缴违禁网具8125套，销毁6726套。加强船舶管控，市委海洋发展委员会办公室印发《威海市规范“三无”休闲船舶管理工作指导意见》，对“三无”（无船名号、无船籍港、无船舶证书）休闲船舶规范化管理进行总体规划布局。提升执法协作效能，与辽宁省大连市、葫芦岛市、锦州市、营口市，浙江省舟山市签订《渔政执法协作备忘录》，强化双方执法配合，联合核查渔船200余艘。强化与海警机构执法协作，持续开展清理整治外省籍渔船联合执法行动，查处外省籍渔船123艘。

【渔业专项执法行动】 坚持以“中国渔政亮剑2022”为主线，开展系列专项执法行动，保持海陆执法高压态势。开展打击私拆北斗定位设备专项行动，通过对渔船北斗定位设备实时监控、比对轨迹、分析研判，排查私拆北斗定位设备违法违规线索，严惩私拆北斗定位设备、故意关闭AIS设备、“一船多码”“一码多船”等违法违规行为，全年查处违规渔船16艘。开展打击擅自改变作业类型专项行动，对辖区渔船开展自查、整改，排查安全隐患，重点打击“刺网改拖网”“围网改拖网”等违法违规行为。开展打击快艇非法捕捞专项执法行动，对辖区快艇进行摸排登记、统一监管。发动群众举报快艇违规线索，加大对小型码头、自然港湾等岸线执法检查力度，查获涉渔快艇18艘。严打涉渔“三无”船舶，强化海陆执法检查，严查渔船证书证件，对身份不明渔船一查到底、严格处置，查获涉渔“三无”船舶108艘。开展清理整治违禁渔具的“清网”行动，针对大型流网“清网难”等问题，抽调大马力渔船作为“护渔船”协助清网，执法船艇伴航监管，没收违禁渔具8125套。开展违禁渔具集中销毁行动，集中销毁违禁渔具6726套。

【山东省海洋涉渔“三无”船舶集中拆解活动】 10月27日，山东省海洋涉渔“三无”船舶集中拆解活动在乳山市、环翠区、文登区、荣成市同步举行。活动旨在公开拆解近期查处的涉渔非法船舶，严厉打击涉海涉渔领域违法违规行为，维护海洋经济发展秩序。

【涉外渔船管控】 全年有353艘渔船获得涉韩国入渔指标，入渔渔船329艘，通报入渔数量3425艘次，通报准确率达100%，完成2023年度352艘渔船涉韩国入渔指标分配工作。分12批次开展涉韩国入渔教育培训，培训入渔人员725人，增强渔民合法守规生产意识，年内未发生严重涉外违规事件。

【水生野生动物保护】 成立威海市水生野生保护动物“清风行动”专项执法行动领导小组，加大对全市水生野生动物保护的执法力度，开展以“关爱水生动物、共建和谐家园”为主题的2022年水生野生动物保护科普宣传活动和“进四区”（进学区、社区、渔区、景区）科普宣传活动，在刘公岛设立水生野生保护动物警示教育专区，全面宣传和普及水生野生动物保护科普知识及法律法规。全年检查水生野生动物人工繁育、经营利用和水产品批发市场等场所165处，悬挂横幅标语35条，发放保护宣传手册2000余份。

【渔港规范化管理】 制作《人工渔港（自然港湾）基础信息表》，督导各区（市）建立辖区人工渔港和自然港湾信息档案；印发《关于规范开展渔业港口经营许可工作的通知》，通过逐步实施渔港经营许可，规范全市渔港的经营管理，至年底，受理并发放渔港经营许可证书7本。持续推进“平安渔港”创建工作，定期调度各区（市）创建工作开展情况，形成威海市“平安渔港”创建工作开展情况报告12期。强化渔港管理督导检查，印发《威海市海洋发展局关于开展渔港管理专项督导检查的通知》，对各区（市）渔港进出港登记、疫情防控、渔港环境综合整治、渔业航标管理等工作开展专项督导检查。

【渔政核查核录系统建设】 借助现代信息技术加强渔船渔港综合管理，完成渔政核查核录系统项目建设立项、招标工作。组织系统开发单位编写培训教材和课件，举办全市渔政核查核录系统操作培训班。利用伏季休渔渔船集中停港的时机，对全市44.1千瓦以上渔船进行全覆盖测试，根据测试结果专题研究测试应用中的问题，进一步优化系统。编制完成渔船管控系统平台建设方案，渔船管控信息化建设有序推进。

【渔船包保责任制实施】 提高渔船包保责任人业务能力，市海洋发展局印发《2022年威海市渔船包保责任人培训工作方案》，对全市一级、二级渔船包保责任人进行全覆盖培训，培训渔船包保责任人1857人。印发《全市渔船包保责任制度落实情况监督抽查实施方案》，每月按比例对渔船包保责任制度落实情况进行监督抽查，累计抽查渔船包保责任人1085人次，印发问题通报9期，督促各区（市）落实整改。

【惠渔政策落实】 实施鱿鱼专项捕捞项目，135艘鱿鱼专项捕捞渔船完成总产量2000余吨，实现经济效益1710.31万元。做好2021年度、2022年度渔业资源养护补贴、渔船更新改造、渔民减船转产3个惠渔资金项目实施和资金落实，2022年度分别落实资金6046.18万元、5826万元、7475万元。利用渔业资源养护补贴结余资金，解决渔船更新改造资金欠缺问题。

【渔船过户及事故调查】 规范跨市县购置渔船审批程序，确保渔船过户便利化，着力根治“船证分离”“异地挂靠”顽疾，全年办理跨市县过户渔船207艘，其中省内跨市过户192艘、市内跨县过户15艘。开展威海乳山市“3·31”“鲁乳渔养65730”船失联事故调查，形成调查报告报送省农业农村厅。参加“2·18”“鲁荣远渔278”船与“新吉利15”船碰撞事故调查组，协助开展远洋渔船事故调查处理。参加“辽盘渔15025”船倾覆事故调查组，协助开展渔船重大事故调查处理。

·渔业安全生产管理·

【概况】 2022年，市海洋发展局强化渔业安全风险研判，加强渔业安全监督检查，细化完善各类应急预案，全面提升应急处置能力，着力解决渔业安全生产责任落实“最后一米”问题，坚决防范海上渔业安全事故发生。

【渔业安全检查】 开展渔业安全生产专项整治三年、百日攻坚、渔业安全生产大检查、包区（市）督查、安全生产月度评估等行动，加大对渔业生产经营单位主体责任不落实，渔港安全管理不规范，渔船消防救生、通信导航设施配备不齐，船员证书证件不齐、临水作业不穿救生衣等问题的整治力度，深入排查渔业安全风险隐患，全年检查渔业生产经营单位5.35万艘（次），整改问题隐患1797处。

【渔业安全宣传教育培训】 开展“大学习、大培训、大考试”“百名船长进课堂”“安全生产月”“防范商渔船碰撞安全警示教育”“常态化渔业安全宣教”和海上安全定向大培训等活动，通过举办安全生产培训班、开展典型事故警示教育、发放各类宣传材料、签订主体责任清单等方式，增强渔业从业人员安全意识和求生技能，全年组织宣传教育活动178场，受教育人员5571人，发放宣传材料3.1万份。

【渔业安全值守与应急处置】 严格落实24小时人工值班盯守制度，实时掌握海上安全生产动态，对涉朝鲜、韩国敏感海域及全市渔船北斗卫星定位终端进行不间断监控，发现短暂越过敏感海域边界渔船89艘，印发北斗终端异常通报596期，及时发现移交渔船私拆定位终端线索。伏季休渔期间，发现疑似作业渔船、海上“网位仪”目标56艘（个），以技术手段强化渔船安全管理。积极妥善开展险情事故救援，全力保障渔民生命财产安全。年内，组织渔船返港避风19次，开展各类救援行动43次，救助渔民57人、渔船8艘。

【渔业安全监管水平提升】 市海洋发展局印发《威海市渔船“插卡式AIS”项目实施方案》，投入资金1700万元，为全市4000余艘渔船配装新式“插卡式AIS”海上船舶避碰预警系统，开发设置电子围栏，解决商船渔船碰撞率居高不下难题，保障船舶安全航行。投入资金100万元，升级改善船舶安全保障集中监控管理平台和北斗监控手机App稳定性，研发台风路径显示和预报、渔区分区预报等功能，实现动态渔船安全定位数据实时共享、创新监管。市政府办公室印发《关于实施养殖渔船“双编”管理的意见》，实施养殖渔船“双编”（编组管理、编队生产）管理模式，弥补养殖渔船安全管理空白。依托气象海洋监测预报预警联动工作机制，实施6个海洋渔区“点穴式”精准预报，发布渔区分区预报124期，提高海上气象预警的准确率和针对性。

【“6·16”渔业安全宣传咨询日活动】 6月16日，市海洋发展局举办“渔业安全宣传咨询日”活动。活动以“强化安全责任落实，细化隐患排查治理，深化培训教育警示，优化渔民素质意识”为主题，通过发放宣传材料、解答群众咨询等6种方式，集中宣传普及渔业安全生产政策法规、渔船防碰撞、渔民应急避险及自救互救知识，现场发放《渔业安全生产手册》《渔民海上安全建议书》等1000余份。

【“百日攻坚”行动】 5月，市海洋发展局以遏制渔业安全生产事故为目标，开展渔业安全生产“百日攻坚”行动，确保全市渔业安全生产形势总体稳定。全市派出检查组211个，出动检查人员2308人次，检查渔业生产经营单位6634家，排查整改隐患214处，行政处罚3起，罚款6万元，约谈警示1人。

·水产品质量监管·

【概况】 2022年，市海洋发展局严防、严管、严控水产品质量安全风险，坚持源头治理、标本兼治，不断完善监管体制机制、丰富监管措施手段、加大产品检验检测，水产品质量安全水平显著提升，水产品质量安全监督抽检合格率达99%以上。

【水产品质量监管体系建设】 市海洋发展局推动建立“横到边、纵到底”的市、区（市）、镇（街道）三级水产品质量监管体系，印发《关于进一步加强涉渔镇街水产品质量安全监管机构建设及网格化管理的通知》，推进涉渔镇（街道）建立水产品质量安全监管机构，完成水产品质量安全监管网格化体系建设。文登区水产品质量“网格化监管”经验做法被省农业农村厅宣传推广。

【水生动物疫病防控体系健全】 市海洋发展局印发《威海市水生动物疫病应急预案》，健全水生动物疫病应对机制，规范水生动物疫病突发事件的处置流程。市海洋生物健康促进中心获得2023年国家及省级水生动物疫病监测计划相应疫病检测实验室备选资格，7个项目获得2022年水生动物防疫系统实验室检测能力验证。全面推进环翠、文登、荣成、乳山4个县级海洋生物健康促进分中心建设，巩固拓展水生动物疫病防控体系。

【水产品质量安全监测】 全年全市完成各级水产品抽检任务1113批次，其中完成产地监督抽检任务693批次、风险监测任务420批次。按照科学分配、合理采样的要求，分阶段完成国家级水产品监督抽检样品21批次、投入品风险监测1批次，省级水产苗种监督抽检样品47批次、水产品监督抽检样品179批次、产地水产品风险监测83批次、投入品风险监测27批次、捕捞水产品风险监测90批次、贝类卫生与风险监测128批次，市级水产苗种监督抽检样品103个、水产品监督抽检样品97个，县级监督抽检246批次、县级风险监测91批次。抽检品种以海参、大菱鲆、贝类、对虾、蟹类等大宗养殖品种为主，总体合格率达99.6%。

【水产品质量安全整治】 开展“治违禁、控药残、促提升”专项整治行动和水产养殖用投入品专项整治三年行动，重点加强大菱鲆、海参等主要养殖品种及渔业投入品监管，聚焦渔药隐性添加等风险隐患，开展渔资隐患排查工作，出动执法人员670人次，检查企业467家次，处置群众举报问题1起和不合格样品3批次，查办省级苗种监督抽检不合格案件2起，行政处罚养殖主体2家，无害化处理涉案苗种1.75千克。开展水产品质量安全专项执法行动，检查养殖、育苗企业和个体养殖户441个次，完成各级监督抽检任务818批次，行政处罚企业2家。开展水产品质量安全宣传教育4次，组织专题培训2期，培训人员200余人次。

·渔业资源修复·

【概况】 2022年，市海洋发展局通过加大增殖放流规模、渔业养殖灾害防治等方式，有效保护涵养海洋生物资源，改善海洋生态环境，提升全市渔业资源种群结构和质量。

【增殖放流】 举办以“养护水生生物 建设美丽中国”为主题的2022中国·威海第三届海洋放鱼节活动，组织公众放流大泷六线鱼、圆斑星鲽、黑鲪等鱼类苗种10万余尾。全年放流中国对虾、海蜇、三疣梭子蟹等水产苗种超过22亿单位，有效补充全市近海渔业资源。

【渔业养殖灾害防治】 制定渔业养殖灾害应急预案，对203家养殖单位和个人开展海带受灾调查，争取灾后恢复专项资金3000万元，科学指导荣成市海带养殖企业恢复生产。

（崔维程）

编辑　于鹏飞

工　业

综　述

【概况】 2022年年底，全市有规模以上工业企业1283家、从业人员27万人，总资产达4584.9亿元；有33个工业行业大类、124个工业行业中类、277个工业行业小类，工业产品种类达3000余种。全年全市规模以上工业实现营业收入2806.5亿元、利润226亿元、营业收入利润率8.1%。威海市列2022年全国先进制造业百强市第42位，环翠区获评山东省首批工业十强县。

【产业结构】 2022年，全市三次产业比重为10.4∶38.5∶51.1，制造业占地区生产总值比重达31.6%。全市重点培育新一代信息技术、新医药与医疗器械、先进装备与智能制造、碳纤维等复合材料、海洋生物与健康食品、时尚与休闲运动产品、康养旅游、新能源8个产业集群，初步形成医药医疗器械、船舶与海工装备等优势产业链10条。

【企业培育】 2022年年底，全市工业领域营业收入过10亿元企业有47家、过50亿元有10家、过100亿元有5家。其中，威海威高国际医疗投资控股有限公司营业收入515.6亿元、迪尚集团有限公司营业收入185亿元、荣成歌尔科技有限公司营业收入116.8亿元、金猴集团有限公司营业收入110亿元、成山集团有限公司营业收入102.6亿元。累计培育国家级制造业单项冠军企业（产品）11家、省级43家，国家级专精特新“小巨人”企业39家、省级专精特新中小企业305家、省级瞪羚企业55家。年内，山东威高血液净化制品股份有限公司获评山东省独角兽企业。

【创新平台建设】 依托“1+4+N”高端平台体系，初步形成1个研究院牵头、4个优势平台支撑、25个专业平台协同的产业创新体系，基本实现重点产业链公共创新平台全覆盖。至年底，全市有省级制造业创新中心4家，国家级工业设计中心5家、省级40家，国家级技术创新示范企业9家、省级30家，省级“一企一技术”研发中心111家。

【数字化转型】 至年底，全市建成5G基站5106个，实现市、区（市）核心区域、重点区域室外连续覆盖。工业互联网标识解析二级节点接入企业达152家，威海市获评国家“千兆城市”。加快建设“1+10+N”工业互联网平台体系，蓝海工业互联网平台获评国家级跨行业跨领域工业互联网平台，省级以上工业互联网试点示范达50个，省级数字经济园区达6个。累计创建省级智能工厂和数字化车间27家、市级84家。

【绿色制造】 至年底，全市有国家级绿色工厂9家、绿色供应链管理企业6家、绿色设计示范企业3家，威海火炬高技术产业开发区获评国家级绿色园区；14家企业获评省级绿色工厂；累计认定市级绿色工厂46家、绿色供应链管理企业13家，威海南海经济开发区获评市级绿色园区。建成文登化工产业园、南海化工产业园、临港塑料助剂产业园3个省级化工园区，三角（威海）华盛轮胎有限公司、浦林成山（山东）轮胎有限公司等5个化工重点监控点通过省级认定，全市化工企业入园率达38%。

【重点产业集群发展】 新一代信息技术产业　全市有规模以上新一代信息技术产业企业161家，资产总额541.8亿元，从业人员5万人。主要产品有计算机外设产品、电子元器件、电子信息机电产品、电子测量仪器、通信设备等。2022年，规模以上企业实现营业收入484.1亿元，利润18.8亿元。该产业入选首批山东省“十强”产业“雁阵形”集群名单，威海火炬高技术产业开发区办公自动化设备产业获评山东省特色产业集群。

新医药与医疗器械产业　全市有规模以上新医药与医疗器械产业企业42家，资产总额1255.9亿元，从业人员近5万人。主要产品有医疗器械、医用耗材、化学原料药及制剂、新型中成药及植物药、生物药物及基因工程药物等10个系列2000余个品种规格。2022年，规模以上企业实现营业收入708.4亿元，利润102.7亿元。该产业入选首批山东省“十强”产业“雁阵形”集群名单，威海火炬高技术产业开发区医疗器械产业获评山东省特色产业集群。

先进装备与智能制造产业　全市有规模以上先进装备与智能制造产业企业325家，资产总额1115.8亿元，从业人员7.2万人。主要产品有大型数控机床、压力容器、电机、风机、航空地面设备、特种船舶、房车、各类子午胎、曲轴、钻夹头等。2022年，规模以上企业实现营业收入658.5亿元，利润41.2亿元。该产业入选第二批山东省“十强”产业“雁阵形”集群名单，文登汽车及零部件产业获评山东省特色产业集群。

碳纤维等复合材料产业　全市有规模以上碳纤维等复合材料产业企业

151家，资产总额495.9亿元，从业人员2.8万人。主要产品有碳纤维及复合材料、稀土功能材料、高性能复合材料、镁铝合金材料、新型化工材料、新型节能环保建筑材料、光电光热材料、耐磨材料、高性能钨钼材料、纳米材料等。2022年，规模以上企业实现营业收入291亿元，利润46.6亿元。该产业入选第三批山东省“十强”产业“雁阵形”集群名单。

海洋生物与健康食品产业　全市有规模以上海洋生物与健康食品产业企业245家，资产总额581.5亿元，从业人员3.9万人。主要产品有海洋生物医药、海洋保健品、冷冻调理食品、即食休闲食品等，其中冷冻调理食品、浓缩果汁产量位居全国前列。2022年，规模以上企业实现营业收入400.5亿元，利润24.6亿元。该产业入选首批山东省“十强”产业“雁阵形”集群名单，荣成海洋生物食品产业获评山东省特色产业集群。

时尚与休闲运动产品产业　全市有规模以上时尚与休闲运动产品产业企业243家，资产总额264.8亿元，从业人员3.6万人。主要产品有服装、纺织、钓具、房车、游艇等。2022年，规模以上企业实现营业收入238.5亿元，利润11.2亿元。该产业入选第四批山东省“十强”产业“雁阵形”集群名单。

【优势产业链发展】　医药医疗器械产业链　全市有规模以上医药医疗器械产业链企业42家，以威海威高国际医疗投资控股有限公司为龙头，形成医药与医疗器械较为齐全的产业链条。威海威高国际医疗投资控股有限公司开发10个系列2000余个品种规格主导产品，其中医疗器械进入全球15大细分市场中的11个，空心纤维透析器市场占有率居全球前5位、全国第1位。

碳纤维及复合材料产业链　全市有规模以上碳纤维及复合材料产业链企业55家，以威海光威复合材料有限公司为代表，碳纤维生产企业搭建涵盖“装备制造—原丝—碳纤维—织物—预浸料—碳纤维制品—检测分析”的全产业链研发生产能力。

轻纺服装产业链　全市有规模以上轻纺服装产业链企业147家，龙头企业有迪尚集团有限公司、金猴集团有限公司、威海市联桥国际合作集团有限公司、威海海马地毯集团有限公司、威海市山花地毯集团有限公司等，产品涵盖服装服饰、家用纺织、地毯、皮革制品、产业用纺织等。迪尚智慧时尚生活方式集成创新平台入选全国首批纺织服装创意设计示范园区（平台）。

打印设备及智能服务终端产业链　全市有规模以上打印设备及智能服务终端产业链企业37家，龙头企业有捷普电子（威海）有限公司、联想图像（山东）科技有限公司、山东新北洋信息技术股份有限公司、荣成歌尔科技有限公司等，配套企业包括山东华菱电子股份有限公司、亿和精密工业（威海）有限公司等，激光打印机年产能达1700万台，智能终端产品年产能达1200万台，80%以上的零部件实现本地化生产。

海洋食品产业链　全市有规模以上海洋食品产业链企业215家，龙头企业有好当家集团有限公司、荣成泰祥食品股份有限公司、威海市宇王集团有限公司等，构建生物遗传育种、养殖、精深加工、冷链物流、品牌培育等于一体的产业链条，2022年水产品产量达317万吨。

轮胎产业链　全市有规模以上轮胎产业链企业20家，龙头企业有三角集团有限公司、成山集团有限公司等，配套企业包括贝卡尔特（山东）钢帘线有限公司、腾森橡胶轮胎（威海）有限公司、威海市润通橡胶有限公司等，拥有6类5000余个品种产品，涵盖乘用、商用等多个领域，远销全球180余个国家和地区。三角集团有限公司、成山集团有限公司分列世界轮胎百强排行榜第22位、第28位。

船舶与海工装备产业链　全市有规模以上船舶与海工装备产业链企业51家，其中修船、造船企业16家。龙头企业有招商局金陵船舶（威海）有限公司、黄海造船有限公司等，产品涉及多用途集装箱船、客滚船、重吊船、科考船、豪华邮轮、半潜船等15类40余个品种。威海市成为国内重要的游艇出口生产基地和玻璃钢船艇生产基地，被认定为首批国家级船舶出口基地。

汽车产业链　全市有规模以上汽车产业链企业85家，其中17家企业被列入工业和信息化部汽车生产企业公告目录。龙头企业有威海广泰空港设备股份有限公司、荣成康派斯新能源车辆股份有限公司、山东汽车（威海）制造有限公司等，拥有天润工业技术股份有限公司、威海伯特利汽车安全系统有限公司、山东双连制动材料股份有限公司、明池玻璃股份有限公司等一批关联配套企业，优势产品涉及曲轴、转向节、刹车片、玻璃等。威海市是全国房车生产集聚区、空港地面设备生产基地，荣成市获评中国房车产业出口基地。

钓具产业链　全市有规模以上钓具产业链企业46家，龙头型企业有威海光威户外装备有限公司、山东环球渔具股份有限公司等，形成碳素及复合材料、竿、导环、轮、饵、线、专用设备研发制造、会展贸易等全产业链条，钓竿销售量占全球市场份额60%，当地配套率达80%以上。威海市是全国重要的钓具生产加工和出口基地，先后获评中国钓具之都、中国钓竿之城等。

电机产业链　全市有规模以上电机产业链企业31家，龙头企业包括有研稀土（荣成）有限公司、山东华力电机集团股份有限公司、文登奥文电机有限公司、山东力久特种电机有限公司等，产品涵盖船用民用三相异步电动机、高效电动机等1500余个品种，形成产品研发、整机装配、分工协作相对完整的产业链条。威海市是国内重要的电机制造基地。

（陶　珺）

2022年威海市主要工业产品产量一览表

表6

产品名称	计量单位	产量
饲料	万吨	46.96
精制食用植物油	万吨	1.64
冷冻水产品	万吨	67.03
焙烤松脆食品	吨	3483.23
乳制品	万吨	3.90
罐头	万吨	2.37
味精（谷氨酸钠）	万吨	1.05
酱油	吨	3200.14
营养、保健食品	吨	8565.61
饮料	万吨	3.31
纱	万吨	1.11
布	万米	2357.38
口罩	亿个（只）	4.96
服装	亿件	1.13
轻革	万平方米	271.59
鞋	万双	432.62
家具	万件	9.60
纸制品	万吨	46.45
硫酸（折100%）	万吨	6.81
烧碱（折100%）	万吨	4.89
农用氮、磷、钾化学肥料（折纯）	万吨	1.47
涂料	吨	4237.84
化学试剂	万吨	4.38
中成药	吨	532.13
化学纤维	万吨	1.84
橡胶轮胎外胎	万条	3728.02
塑料制品	万吨	5.79
水泥	万吨	176.58
商品混凝土	万立方米	431.29
平板玻璃	万重量箱	799.00
日用玻璃制品	万吨	4.01
生铁	万吨	22.31
钢材	万吨	12.79
黄金	千克	2481.72
钢结构	万吨	4.88
钢丝绳	万吨	14.52
铸钢件	万吨	1.65
金属切削机床	台	2395.00

续表 6

产品名称	计量单位	产量
起重机	吨	412.00
泵	万台	8.85
液压元件	万件	20.08
工商用制冷、空调设备	万台（套）	39.02
改装汽车	辆	2364.00
民用钢质船舶	万载重吨	33.74
电动机	万千瓦	1079.30
电力电缆	万千米	7.74
光缆	万芯千米	900.78
显示器	万台	90.59
打印机	万台	1114.83
电子元件	亿只	12.12
印制电路板	万平方米	2.32
工业仪表	万台（个）	438.12
船舶修理	万载重吨	840.58

（刘伟浩）

企业选介

【山东金洲矿业集团有限公司】 2022年，公司有金青顶、宋家庄、英格庄3个生产矿区，资产总额13亿元，职工860余人，生产黄金1130千克，实现营业收入4.55亿元、利润总额1.65亿元，上缴税费7200万元，获评省级健康企业、威海市地方纳税50强企业、山东黄金集团首批治理示范企业和2022年度功勋单位。

公司通过开展“采充平衡再优化”专项行动，提高采矿能力，释放采场潜能。推进宋家庄矿区采矿工程建设，按期完成基建期工程施工并通过设备安装验收，取得安全生产许可证。持续加大金青顶矿区、宋家庄矿区等重点靶区探矿力度，年内累计探获矿石量68万吨、黄金金属量6843千克。深入开展安全生产大整治大提升行动，加快推进采掘顶帮全支护、“机械化换人、自动化减人”等项目实施，确保公司安全发展。组建成立生产矿区3个，对选矿、充填、运输等业务实行集中归口管理，有效整合管理资源，提高专业运营管理水平。强化科技赋能，成立公司科技研发中心，加强对科技工作的组织领导，7项成果获得国家发明和实用新型专利。

（张岩峰）

【三角轮胎股份有限公司】 2022年，公司以科技创新、国际营销、智能制造为支撑，致力产品研发，实施精细化管理，较好地完成生产经营任务。公司为50余家汽车制造商和20余家工程机械制造商提供配套服务，全年实现营业收入约92.2亿元，归属股东净利润7.4亿元，分别比上年增长3%、22.9%，获评2022民营企业研发投入500家、2022民营企业发明专利500家、山东省科技领军企业、2022年度山东省“绿色工厂”、全省资源综合利用先进单位，位列2022山东省重点行业品牌价

5月，三角轮胎股份有限公司生产车间　（杨　正　摄）

值榜，“基于大数据、AI智能、物联网等信息技术的智能绿色制造技术的研究和应用”项目获得中国工业大奖表彰奖，三角轮胎入选第一批“好品山东”品牌名单。

公司坚持科技创新，开发航空子午线轮胎技术，承担的“航空子午胎关键技术攻关及产业化”项目通过山东省新旧动能转换重大课题验收，航空子午线轮胎项目获得第四届“省长杯”工业设计大赛金奖。加大研发投入力度，依托国家级技术开发中心、国家级工业设计中心、国家工程实验室及美国阿克隆研发中心等研发平台，形成基础研究、产品研发、场景应用、系统开发管理协同运行，驱动技术创新。年内，公司新增授权专利188项（其中发明专利5项、外观设计专利34项、实用新型专利149项），主持和参与制订行业标准多项。

公司围绕“绿色制造、绿色产品、绿色营销”的生态理念，持续推进各产品线生态设计工作，推出电动汽车专用轮胎、自修复静音轮胎、高性能节油轮胎；进一步改进直压硫化技术，有效降低能耗，具备产业化的技术条件；更新治理设备，使用环保新工艺、节能降耗新技术实施空气保洁提标治理，进一步改善生产作业环境。

公司以“满天星”的战略布局，持续开展品牌推广系列活动，冠名全国高铁干线上的56组列车，开行三角冬季轮胎京张高铁品牌专列，全方位开展宣传。参加国际轮胎展及汽车配件展会，展示优势产品，提升品牌影响力。

（端木晨明）

【威海中玻镀膜玻璃股份有限公司】2022年，公司强化技术创新，科学提高产品质量，Sun-E® 水晶灰60系列、水晶蓝系列最长镀膜周期分别达85.5小时、92小时，Sun-E® 水晶灰60系列、70系列全年产量122.36万重量箱，累计总成品率97.26%。注重降本增效，加大当地石英砂采购量，并通过竞争机制降低采购价格，全年采购近10万吨，节约成本799.59万元。研判石油焦价格趋势，节约采购成本约464万元。深入开展合理化建议活动，全年收集跟踪合理化建议48项，节省和创造效益超过1100万元。扎实开展安全生产，四线烧石油焦粉窑炉安全运行6年。不断提升企业竞争力，公司获得威海临港经济技术开发区制造业高质量发展“两化融合”企业认证奖励、工业三年发展专项资金——机器换人奖励，获评山东省诚信建设示范企业、2022年度山东省绿色工厂、山东省专精特新中小企业、威海市专精特新中小企业、威海市“绿色供应链”中小企业，1人获评山东省诚信建设示范企业领军人物。

（马 骁）

【招商局金陵船舶（威海）有限公司】2022年，公司占有陆域面积140万平方米，可使用海域面积165万平方米，码头岸线2841米；有3万吨级船台1座，10万吨级造船坞和修船坞各1座，分别配套800吨、400吨龙门吊等设施，主要从事大中型船舶和海洋工程装备设计、制造和维修改装业务，重点聚焦高端客滚船、汽车滚装船建造和海洋工程装备维保服务。

公司坚持“精造强修”发展战略，稳步开发新造船市场、小型海工平台市场，拓展修改装业务优质客户，全年新签造船订单9艘、小型海工平台4座，承接中海油服系列沙特阿美平台改造项目、中油海平台维保项目、中石化平台维保项目，交付高端客滚船3艘，完工船舶及海工平台维保项目112个，实现收入27亿余元。推动绿色制造体系建设，投入运营“双碳”分布式光伏电站项目，通过工业和信息化部“绿色供应链管理企业”评估，获批省级绿色工厂。持续深化内部改革管理，加大科技创新力度，授权国家发明专利8项、实用新型专利14项，有3项国家标准被采用，被认定为山东省工程研究中心、山东省企业技术中心，获评国家制造业单项冠军示范企业、山东省科技领军企业和威海市全员创新企业，获得招商局集团创新团队一等奖、山东省装备制造业科技创新二等奖。

（宫本旭）

【威海市山花地毯集团有限公司】2022年，公司下辖控股子公司5家和温泉、桥头2个工业园，占地面积100余公顷，有员工1400余人，其中技术研发人员200余人，实现营业务收入10.2亿元。企业主要生产阿克斯明斯特地毯、威尔顿地毯、单面威尔顿地毯、彩印地毯、方块地毯、簇绒地毯、手工地毯等高端地毯及汽车地毯等产品，有地毯毛纱、尼龙及丙纶长丝、纱线及地毯染整、地毯PP纬纱等原材料配套产品，年综合生产能力1800万平方米。通过2个国际贸易部门、19个驻外分公司、数百家经销商及合作伙伴，建立覆盖全球主要地毯消费地区的销售网络。

公司坚持“迎难而上、逆势上扬、稳中求进、进中求好”的工作总基调，稳定生产经营秩序，实施数字化转型，确保长远稳健发展。年内，为2022年卡塔尔世界杯提供优质服务，通过AS 9100D航空体系认证，成为波音公司在亚洲唯一的合格供应商，并进

5月，威海海马地毯集团有限公司生产车间　　（杨 正 摄）

一步开拓俄罗斯航空地毯领域。

（江雨薇）

【威海海马地毯集团有限公司】 2022年，公司占地面积53.33公顷，有员工2300人，主要生产阿克明斯特地毯、尼龙印花地毯、尼龙方块和羊毛手工地毯等品种，产品广泛应用于宾馆、酒店、写字楼、影院、航空、邮轮等领域。

公司强化重大项目配套建设，完善智能立体仓库建设，购置簇绒织机等配套设施，尼龙长丝和PE方块地毯2个项目达产。加强生产过程管控，MES（生产执行系统）一期工程平稳运行。全力开发方块地毯产品，加大推介力度，方块产品订单比上年增长33%。积极开拓国内外市场，通过优化内部激励机制、提供全方位优质服务、参加国外展销会、开展跨境电子商务等方式促进产品销售，全年实现销售收入22.5亿元，增长24.2%。

（褚志伟）

【迪尚集团有限公司】 2022年，公司通过外贸、工装和品牌新零售协同发展的市场部署，不断开拓新商业模式和渠道布局，取得良好效果，获评2022年山东省两化融合优秀企业。

作为省、市、区三级防疫物资储备基地，公司全力应对新冠肺炎疫情，3月9日—31日，向全市抗疫人员供应防护服18万套、医用隔离鞋套16万双、防护面罩10万个。自3月14日开始，平均每天向中国香港地区输送隔离服16万件。捐赠志愿者和医疗队衣物总价值超过500万元。

公司以数字变革创新为着力点，通过数字化赋能全产业链，着力打造纺织服装垂直生态供应链平台，将云设计中心、面辅料平台、柔性制造基地和智能消费应用平台连接，打通从服装设计、面辅料资源协同、成衣生产到销售的各个节点，与上下游企业融通，引领传统纺织服装行业的数字化转型升级。公司发力工装细分领域，打造差异化竞争优势。公司与中国妇幼保健协会、北京服装学院共同签署《妇幼医护服装团体标准制定战略合作协议》，参与妇幼医护服装团体标准制定，填补国内专门妇幼医护服装的团体标准空白。创新性推出“城市形象综合体”概念，以城市整体形象设计政府职业装、工装、校服、医护服等，为客户提供职业工装全场景一站式解决方案，该项目在山东省青岛市、淄博市，内蒙古自治区包头市，河南省安阳市等城市启动。在包头市九原区建立迪尚西北总部，并规划建设迪尚集团包头医疗及职业工装项目，建成辐射中西部的医疗产品、职业装、城市形象服务和新零售基地。

公司不断健全高技能人才培养、使用、评价、激励制度体系，强化专业人才深度培育。开展企业技能人才自主评价和职称评审提报工作，评出服装制版师高级技师10人和工程技术、工艺美术等领域中级技术职称43人、初级职称88人。举办首届版师、样衣师实操考核，评出最佳制版师和最佳样衣师3人。举行迪尚学院2021级毕业典礼，毕业学员90余人。

（丛　一）

2月，中国体育代表团在北京冬季奥林匹克运动会上身着迪尚集团有限公司制造的“中国红”礼服　　（威海日报社　提供）

【威海威高国际医疗投资控股有限公司】 2022年，公司占地面积600余万平方米，有产业集团13个、子公司100余家（其中上市公司3家、海外公司8家），员工3万余人，全年实现销售收入515亿元、利税72亿元。公司获评全国和谐劳动关系创建示范企业、2022山东省综合百强企业、2022山东省工业百强企业、山东省2022年度第一批总部企业（机构）。威海威高采血耗材有限公司、威海威高生物科技有限公司、山东威瑞外科医用制品有限公司、山东威高新生医疗器械有限公司获评2022年度山东省科技小巨人企业。山东威瑞外科医用制品有限公司获评2022年山东省“一企一技术”研发中心。“以守护健康与尊严为己任的WEGO五携手”管理模式入选山东省首批质量管理模式推广名单。预灌封注射器组合件产品获得“泰山品质”认证证书。董事局原主席陈学利获评山东省杰出企业家。

公司加快项目建设，总投资55亿元的山东威高利彤生物疫苗（二期）mRNA核酸疫苗项目开工，重点在多价新冠疫苗、艾滋病疫苗、新型狂犬疫苗方面开展研究和产业化。成立海外事业部，拓展海外布局。

公司着力打造系统化研发平台，丰富产品结构。成立长三角（上海）管理总部，着力打造材料、数字科技、国际贸易、资本等平台。年内，新增知识产权343件，其中发明专利92件，取得注册证36张。含银藻酸盐敷料、去白细胞血小板保存袋、中性腹膜透析液等产品获得国内首张注册证，血液透析设备DBB-27C凭入选优秀国产医疗设备产品目录，XINSORB生物可吸收冠脉雷帕霉素洗脱支架系统在印度尼西亚取得进口医疗设备许可证。

公司强化对外战略合作，与万华化学集团股份有限公司签订战略合作协议，重点解决基础医用材料研发及“卡脖子”材料难题。与中国通用技术（集团）控股有限责任公司、飞利浦（中国）投资有限公司达成高端医疗装备产

5 月，迪沙药业集团有限公司实验室　　（杨　正　摄）

业战略合作，推动大型高端医疗影像诊断设备发展，建成国际医疗合作平台。完成威高血液净化制品有限公司股权融资 14.4 亿元。

公司积极推动数字化转型，联合华为技术有限公司进行全集团数字化转型顶层规划，建立全集团制造系统运营管理全面评价指标体系，全年生产成本下降 4.5%。

（王保明）

【迪沙药业集团有限公司】 2022 年，公司全力发展医药主业，实现安全稳定运营，缴纳税金 1.1 亿余元。

公司坚持“研发主宰未来，创新决定成败”理念，3 个品种 4 个规格的制剂产品通过一致性评价，5 个品种的原料药获批“A”状态；完成发明专利申请 17 件，获得专利授权 24 件。高质量完成各项制剂生产计划，全力保证一致性评价开展，确保各项工艺验证尽快实施。加强绿色制造体系建设，公司及下属子公司迪嘉药业集团股份有限公司均获评威海市绿色工厂。推进多个新零售电商平台运营，加快建设采购、开发、运营团队，强化商业生态系统建设。年内，公司入选 2022 年度泰山产业技能领军人才项目，“基于沙坦类药物先进制造体系构建与产业化”项目获评 2022 年山东省重大科技创新工程，迪嘉药业集团股份有限公司获评 2022 年山东省技术创新示范企业和山东省专精特新中小企业。

（于丽丽）

【威海北洋电气集团股份有限公司】 2022 年，公司有事业部 3 个、分公司 3 家和子公司 20 余家，包括上市公司 1 家（山东新北洋信息技术股份有限公司），业务涵盖物联网、智慧城市、云计算、电子制造等领域，是集研发、服务、投资、制造于一体的大型高新技术企业。公司有国家级、省级、海外技术中心和企业博士后、院士工作站 13 个，在专用打印和扫描、光纤传感、射频识别（RFID）、专用电源等专业技术领域进行重点研究，承担或参与国家“863”计划、科技支撑计划和产业振兴计划等国家级重大科研项目 30 余项，主持或参与起草国家标准、行业标准 80 余项，授权专利 2200 余项，研发成果先后获得国家技术发明奖二等奖、国家科学技术进步奖二等奖、国家科技兴检一等奖等。

公司始终坚持以业务发展为先导，实现业务布局由研发制造向科技创新和信息服务转型发展。在物联网领域，智能档案图书、光纤传感、智能安防等自主研发产品成为行业标杆。在云计算领域，设立云计算中心，搭载威海市电子政务云、公共服务云和企业服务云 3 个云平台，为全市 500 余家单位提供网络服务。在数字城市领域，以数字经济中国建设为目标，以打造“北洋版亚马逊”交易和物联网数字化管理平台为核心，着力建设具有北洋特色的地方政府数字经济共享发展平台。在智能制造领域，业务覆盖基础加工、核心部件、整机产品全链条，基本实现上下游产业全覆盖。公司承担跨部门涉案财物与执法办案管理中心建设和运营工作，打造涉案财物集中管理“威海样板”。

（范立波）

【国核示范电站有限责任公司】 2022 年，公司聚焦项目攻关，联合核能行业上下游、产学研力量，组建体系化、任务型的攻坚力量，打造中国三代核电自主化“国家队”。

安全质量建设　精心打造核电工程 HSE 国际标杆项目，全面加强现场安全风险分级管控和隐患排查治理，“国和一号”示范工程在 2022 年年中 HSE 国际标杆评估中被评定为 8.0 级（示范标杆水平）。积极推行“大质保”监督，启动“啄木鸟”行动，针对大宗材料物项开展“啄木鸟”进制造厂、进验收、进仓库等系列行动，提升制造环节质量；在示范工程现场建成安全质量责任书镌刻墙，将安全质量责任纳入项目建设和运行全寿期管理。推动智慧核电建设，加大“国和一号”“智慧工地”建设力度，提升现场施工管理智能化、信息化水平。7 月，核能智慧工地建设经验交流会在荣成市召开，发布《核电工程建设质量提升指导手册（智慧建造篇）》，启动核电智慧工地建设标准编制工作。

科技创新　扎实开展人才培养、科研课题研究、知识产权保护、科技奖励申报等工作，全年公司获得发明专利 2 项、实用新型专利 18 项、软件著作权 15 项；申请发明专利 27 项、实用新型专利 22 项。牵头创立山东省先进核能技术创新中心，围绕核安全、核材料、核装备、核电运维、核能综合利用、综合智慧能源等领域，协同开展关键技术研发，推进装备产业化研发和制造攻关，打造先进核能原创技术策源地。

综合智慧能源利用　打造集核能供热、海水淡化、核风光等综合智慧能源于一体的“国和一号 +”智慧核能综合利用示范工程。年内，采用光伏建筑一体化的绿色零碳景观工程——“国和一号 +”光伏连廊正式发电；开工建设核能供热厂内工程；投产海水淡化子项目，并成立荣成战略水源地，缓解区域淡水紧缺现状；启动“国和一号 +”荣成零碳谷综合智慧能源示范工程，建成投用刘公岛智慧零碳岛示范项目。

（宋倩怡）

【华能威海发电有限责任公司】 2022年，公司全力完成能源保供、生产经营、转型发展、新冠肺炎疫情防控等工作，获评山东省电力行业安全生产工作先进单位、山东省电力安全生产标准化建设先进单位、山东省电力营销服务先进单位等。

公司加强煤炭稳量控价和提质工作，强化补库提量，优化保供措施，确保迎峰度夏、防疫保电、迎峰度冬等重要时期煤炭储购持续充足和机组多发稳供。全年完成发电量92.34亿千瓦时，供热量、供热面积分别比上年增长62.05%、51.72%。

公司夯实安全基础，压实各级安全生产责任制，有效防范化解各类风险隐患，全年未发生人身伤害及一般以上设备事故，5号机组实现修后连续安全生产超过190天，安全绩效目标均低于承包目标，6号机组在全国火电机组能效对标中获评AAAAA级机组。

公司推进绿色转型，华能山东发电有限公司与威海市人民政府签署战略合作协议，围绕海上风电等一系列新能源项目展开合作。注册新能源公司2家，备案新能源项目3个（容量51万千瓦），储备一批可行性较高的新能源项目。初步确定威海半岛北（N-1场址）海上风电项目登陆点，签订威海临港经济技术开发区武林抽水蓄能项目合作协议，荣成市工商企业分布式光伏项目合作方注资112万美元。

公司强化科技创新，深入开展“创新突破年”活动，4项华能集团级重大科技项目落户公司，其中1项纳入国务院国有资产监督管理委员会LHT项目；5项科技项目通过中国华能集团有限公司验收；17项成果获得省部级及全国性行业学会协会以上科技奖励。全年申请实用新型专利106项、发明专利37项，授权实用新型专利91项、发明专利2项、国际专利3项。出版并发布行业标准1项，被中国电机工程学会立项1项，被电力行业电厂化学标准化技术委员会批准1项。

（祖金川）

11月，威海热电集团有限公司调度指挥中心 （朱春晓 摄）

【威海热电集团有限公司】 2022年，公司统筹保暖保供和企业可持续发展，生产经营保持平稳，重点项目建设有序推进，热源结构转换逐步改善，风险防范扎实有力。全年售电14亿千瓦时，售汽265.7万吨，在网供热用户约80.8万户，实际供暖约6400万平方米。

安全生产　开展“安全生产专项整治三年行动”“安全生产宣传五进”等活动，狠抓现场行为性违章和装置性违章，缺陷、隐患比上年均有下降。推进安全生产管理体系建设，公司及下属单位全部委派安全总监，重新修订安全管理制度36项。严格做好职业健康管理工作，威海热电集团有限公司市区热电分公司通过省级健康企业评审。全年连续安全运行365天。

工程建设　实施城乡一体化供热改造提升工程和环翠区华能（威海）电厂余热利用工程，完成望海街至竹岛站管网施工和博通供热站基础施工。实施老旧小区供热配套设施改造工程，全年完成升级改造42个片区。实施华能海水淡化输水工程，工程处于整体联合调试阶段。全年新建、改造供热站房125座，新增、改造供热管网190余千米。

供热服务　加强智慧供热改造力度，对344座换热站房进行自控改造，加装电动单元控制装置3.27万套；挂牌启用“水电气暖信”共享营业厅；安排供热服务人员进入业主和网格员联络群，实现服务群众零距离。主动对接市大数据平台，完成50余万用户的信息核对、维护工作，办理线上过户业务4500余件，互联网业务非营业厅渠道收费率为79.2%。

节能降耗　积极开展节能降耗优化改进工作，2021年—2022年供暖期间，公司热耗下降9%，水耗下降21%，电耗下降8.1%，合计节约资金约1.8亿元。2022年，威海博通热电股份有限公司中水产水率提高16%；威海市南郊热电有限公司非供暖期汽轮机凝汽器最低排汽量由35吨/小时降低至25吨/小时；威海市文登区恒源供热有限公司实施定排扩容器余热回收利用项目；物资管理部加强库存物资利用，横向调拨库存物资836批次，库存物资金额下降8%，盘活存量资产约1665万元。

清洁能源产业发展　统筹调整热源结构布局，因地制宜实施清洁能源供暖项目，华能威海发电有限责任公司余热利用项目供暖能力达650万吉焦，空气源热泵机组、天然气锅炉等项目供暖能力达80兆瓦。与国家电力投资集团有限公司注册成立威海清洁能源公司，合作推进23兆瓦光伏发电等清洁能源产业项目。建成电动汽车充电站并投入使用，完成新能源乘用车换电站、新能源重卡换电站项目规划和集团中水处理车间、威海中玻镀膜玻璃股份有限公司、威海垃圾焚烧厂等工业余热回收项目论证；与协鑫能源科技股份有限公司合资成立威海金贸协鑫能源公司，推动新能源乘用车换电站项目合作开发。

（高　阳）

编辑　于鹏飞

信息产业

综　述

【概况】　2022年，全市加快新型基础设施建设，累计建成5G基站5106座，实现市、区（市）核心区域和重点应用区域信号连续覆盖，主城区居民社区地下停车场和电梯信号覆盖率达30%。工业互联网标识解析二级节点实现规模应用，接入企业152家，标识注册解析量突破3412万条。威海市获评国家级“千兆城市”，“千兆光网为‘国和一号’智慧核电建设项目赋能”项目获得首届全国“光华杯”千兆光网应用创新大赛二等奖，“刘公岛5G智慧应用”项目获得第五届“绽放杯”全国赛三等奖。

【工业互联网发展】　加快推进工业互联网创新发展，助力产业数字化转型，全市初步建成“1+10+N”工业互联网平台体系，蓝海工业互联网平台获评工业和信息化部2022年跨行业跨领域工业互联网平台，省级以上工业互联网类示范标杆数量达50个。“食品·山东荣成”海洋食品行业工业互联网平台获评国家新型工业化产业示范基地工业互联网平台赋能数字化转型提升试点项目；威海天力电源科技有限公司“离散型智造工业互联网数字化运营平台”等3个企业项目获评工业和信息化部2022年工业互联网试点示范项目；威海克莱特菲尔风机股份有限公司“通风冷却系统数字化设计制造能力”项目获评工业和信息化部2022年新一代信息技术与制造业融合发展试点示范项目；威海光威户外装备有限公司“国家钓具行业服务共享平台”等6个平台获评省级工业互联网平台；文登经济开发区工业互联网园区获评省级工业互联网园区。

【大数据产业发展】　加快推进数字产业化、产业数字化进程，发挥大数据创新体系的支撑和带动作用，促进大数据产业高质量发展，山东观海数据技术有限公司的“ODPF云端数据安全防护方案”获评工业领域数据安全管理试点典型案例；荣成服务外包产业园、威海创新园通过省级数字经济园区评定；威海海洋职业学院等3个单位（企业）获评2022年省级大数据发展创新平台；威海宝威新材料科技有限公司等5家企业获评2022年省级总数据师制度试点企业；山东渔翁信息技术股份有限公司的“数据库安全加密网关产品”等3类产品（服务）获评省级优秀数据安全防护类产品（服务）；山东同域信息技术有限公司的“基于AI大数据的智慧城市安全运营管理平台解决方案”等2个项目获评2022年省级大数据“三优两重”项目。

（曲小康）

智慧威海建设

【概况】　2022年，全市围绕新型智慧城市主线、聚焦精致城市关键领域、立足民生福祉核心问题，坚持全域化布局、智慧化发展、一体化推进，充分发挥大数据、云计算、物联网等新技术的创新驱动作用，加快完善基础设施，深化数据创新应用，不断提升城市建设管理智慧化水平和群众生活品质。在四星级新型智慧城市建设试点终期评估中顺利通过专家组验收，达到四星级新型智慧城市标准。威海市、荣成市、乳山市完成省级新型智慧城市创建，威海市获评2022中国领军智慧城市，在2022全国数字城市百强榜中列第24位，在2022年度中国新型智慧城市建设与发展综合影响力百强城市榜中列第28位。

【智慧城市支撑体系建设】　以千兆城市建设为契机，加快推进5G建设与应用，先后在智慧电网、远程医疗、智慧港口等领域打造“5G+”应用场景30余个。加快推进数据中心建设，7个数据中心获评省级新型数据中心。蓝海工业互联网平台获评工业和信息化部2022年跨行业跨领域工业互联网平台，形成“1+10+N”工业互联网三级平台体系。以威海市城市运行指挥平台为中枢，持续推进数联、物联、智联体系建设，完善视频共享平台，整合接入视频资源10万个，实现重点区域、重点领域全覆盖；完成数十万个物联终端建设，涵盖城市运行、安全生产、城市防汛、生态环境等领域；承担全国数字孪生流域建设先行先试任务，搭建天空地一体水利感知网，实现水利设施感知全覆盖。

【智慧城市管理体系完善】　以智能、精准、协同、高效为目标，持续提升城市管理、社会治理、辅助决策智慧化水平。依托威海市城市运行指挥平台，搭建物联网平台、视频AI分析平台，构建城市运行体征指标174项，全域全时感知城市运行，结合优化升级城市运行管理服务平台，整合各类城市管

8月18日，威海市网络安全事件应急处置演练举行
（中共威海市委网络安全和信息化办公室　提供）

理资源，开发城市防汛、执法监督、供热燃气监管等应用系统，全年完成城市管理事件处置14.53万件。通过视频AI分析，完成对餐饮服务违规行为的智能识别和食品安全的智慧监管，实现对出港渔船的自动识别和进山人员的自动报警，用智慧化手段保障重点领域安全。深入推进社会“智治”体系建设，推行“六治融合、一网联动”[强化政治（党建）引领、自治基础、法治保障、德治教化、智治支撑、信治激励作用，大力实施城乡网格化治理提升工程]，通过全程可察、智能分派、精准处置，实现“小事网格解决、大事全网联动”。发挥信用治理效能，出台66项激励措施，拓展信用应用场景，打造信用银行、信用超市、信用商业联盟、积分存折等2000余个“信用+”应用场景。完善经济运行大数据平台，整合70个部门200余个业务系统，归集各类经济数据21.8亿条，搭建数据分析、信用评价、政策模拟等分析模型，利用卫星遥感数据规范冬小麦直补资金发放，升级重点项目管理系统，将项目进展、现场视频、红黄预警等整合到“山东通”手机端，为领导决策提供数据支撑。

【智慧城市生活体系推进】　以新型智慧城市建设指标为遵循，聚焦群众日常生活和急难愁盼问题，深化各领域创新应用，推进数据惠民、智慧便民。智慧应用平台方面，投运智慧共享中药房，开展“互联网+”中药集中配送，累计服务35万人次。建成市域一体的智慧养老服务云平台，健全一键呼救、消防用电监管、智能照护终端感知等安全防护体系。建成一体化居民码平台，实现公交乘车、酒店入住、景区出入、食堂就餐等场景“一码通用”。完成市域公交一卡通改造，实现公交运行线上线下实时查询。智慧社区建设方面，升级智慧社区平台，完善社区智慧设施，加大自助服务终端设置力度，丰富政务服务、生活服务、信用超市等应用场景，让群众在家门口就能享受智慧生活。政务服务方面，加快“无证明城市”建设，实现法律公证、人员招聘等领域“免证办事”，市、区（市）两级4.4万个事项全部上网运行。依托“爱山东”App，创新打造异地就医备案、手机问诊、公积金还款等移动端便民应用，推出公共资源交易、企业开办、涉企政策一点通等涉企线上服务；建成《我的数据》栏目，汇聚40余个部门152类个人数据和202类企业数据，广泛应用于水电气暖、普惠金融、智能填报等业务场景。

（徐榕蔚）

无线电管理

【概况】　2022年，威海市无线电监测中心（简称监测中心）依法规范开展各项业务活动，不断加强监测技术设施建设，持续提升无线电台站管理服务水平，切实做好重大活动和各类考试无线电安全保障，深入开展打击“黑广播”、伪基站专项行动，及时查处无线电干扰，全市电磁环境不断优化，空中电波秩序保持良好态势，连续15年保持省级文明单位称号，在全省无线电监测技术竞赛中获得团体三等奖、个人单项一等奖。

【频率台站管理】　至年底，全市有设台单位165个、各类无线电台（站）1.55万部（个）（其中广播电视台32部，甚高频、特高频电台1875部，卫星地球站4个，公众移动通信基站1.36万个，微波接力站22个，无线接入基站11个，其他台站16个），分布在航空、广电、海事、通信、气象、交通、燃气、建筑、宾馆酒店、洗浴娱乐、小区物业等行业和领域。年内，监测中心受理台站设置变更等行政许可83项，全部按时实现“一网通办”，提供行政审批咨询服务200余次；将自主研发的业余无线电学习平台与国家业余电台协会考试系统对接，为43名考试合格人员核发操作资格证书。开展打击非法进口销售无线电发射设备专项行动，加大无线电发射设备销售备案管理力度，加强对移动通信终端设备销售管理。强化源头管控，全年新增备案销售主体490家，备案设备数量5700个。保持打击“黑广播”、伪基站高压态势，发现并查处“黑广播”案件4起。

【监测保障】　强化重要频率监测，监测中心与市民用航空管理局、威海海事局等部门建立长效保护机制，加大对航空导航、广播电视、水上通信等重要频段的重点监测监听，保障相关业务正常进行。出动人员145人次、监

10月25日，开展无线电发射设备检测活动

（威海市无线电监测中心　提供）

测车27辆次、监测设备135台次，完成全国高考、律师职业资格考试等16类重要考试无线电安全保障任务。高效排查无线电干扰事件4起，均妥善处置。

【技术设施建设】 加强技术设施建设，对21个监测站、32台套监测检测设备进行定期维护和保养，保障各类设备的正常运行。购置考试保障系统2套，提升考试期间无线电安全保障覆盖面。提升无线电技术支撑水平，拆除搬迁威海经济技术开发区双城电气站，新建伴山伴岛小型监测站，升级改造威海临港经济技术开发区昀卓大厦固定站、机场固定站、DDF550移动站和三菱移动站车载天线。提升课题创新水平，开展“黑广播”自动监测系统分析软件课题研究并通过专家评审。

【法律法规宣传】 开展“世界无线电日”“无线电宣传月”等宣传活动，宣传无线电频谱资源在服务经济社会发展、服务国防建设、服务党政机关等方面的作用。发送公益短信370万条，利用电子屏滚动播放宣传标语，在电视台、公交车、机场等媒体屏播放无线电管理宣传片近1万条次。组织宣传“五进”（进社区、进高校、进考场、进机关、进企业）活动，受众500余人。

（蔡媛媛）

电　信

【概况】 2022年，全市加快5G网络建设及应用，推进宽带网络升级改造，统筹提高城乡宽带网络普及水平和接入能力，提升服务质效，严厉打击治理电信网络诈骗及其关联违法行为，保障网络信息安全。

【中国联合网络通信有限公司威海市分公司】 2022年，公司围绕网络强国建设目标，切实提升信息通信服务供给能力，助推威海通信行业高质量发展。

基础设施建设　移动网络方面，建成开通5G基站2152个，城区行政村5G网络通达率100%。新增远海2.1G站点21个、近海3.5G站点39个，实现远海5G深度覆盖。宽带网络方面，加大千兆光网发展力度，宽带网络核心出口总带宽超过1.1太字节，全网实现IPv6改造。宽带接入网万兆端口占比超过50%，千兆小区覆盖率超过70%。打造行业领先政企精品网络，城域网带宽达到100G，具有毫秒级超低时延、高可靠高安全属性，具备可实现业务“天数级”开通、故障“秒级”恢复能力。算力网络方面，构建智算中心体系，打造省级新型智算中心1处，配备网络安全审计、防病毒、入侵防御等安全设备，保证网络和数据安全。

数字赋能　围绕构建“以建促用、以用促建”的5G发展方式，成立专业化支撑团队，开展5G融合应用新产品、新业态、新模式的推广，为政务、医疗、金融、旅游等行业提供综合信息化解决方案，全年交付5G专网项目20余个。在首届“光华杯”千兆光网应用大赛中获得全国总决赛二等奖，在第五届“绽放杯”5G应用征集大赛中获得一等奖2项、二等奖1项、三等奖3项。

网络安全责任落实　聚焦技术与管理，强化防骗宣传、黑名单管理、警企联动3项措施，严守入网、静默卡复活、关联号、职工安全4条防线，严厉打击治理电信网络新型违法犯罪。向市公安局提供可疑涉诈信息，并配合案件侦破工作，获得威海市打击治理电信网络新型违法犯罪工作联席会议办公室表彰。

（宋怡范）

【中国移动通信集团山东有限公司威海分公司】 2022年，公司持续加快双千兆、算网等基础设施建设，推动宽带入海等重点项目落地，较好地服务全市经济社会发展。

网络服务能力提升　加快新型信息基础设施建设，累计建成5G基站近3000个，实现市区、各区（市）城区5G网络的连续覆盖、60%以上农村的广覆盖；提升千兆光网服务能力，新入网千兆OLT网超130台，实现全市千兆家宽网络全覆盖；开展家宽网络“补盲”建设，新覆盖楼宇超2100栋；开展“宽带义诊”活动，免费为客户优化智慧家庭组网方案，累计服务社区超1500个。

算网创新发展　立足算力网络前瞻布局，前置规划建设算力基础设施，完善数据中心、边缘云节点、ECSO（全栈专属云）等算力服务布局，做优算力供给结构，满足社会发展的多样化、多层算网服务需求。建成中国移动（威海）数据中心，有效满足企业计算、存储、网络服务需求。面向教育、交通、公安等高算力需求行业及客户ICT业务“云化”需求，打造具备“超低时延、超大带宽”等优势的边缘云节点，在当地处理网络转发、存储、计算、智能化数据分析等工作，有效降低响应时延、减轻云端压力、降低带宽成本。

宽带入海工程建设　依托自身网络优势，创新网络覆盖方案，开展科技攻关，应用新型信号增强技术，建立“700M+2.6GHz”双频组网，解决中近海网络覆盖问题，实现海岸线5G网络连续覆盖。持续探索“5G+”高通量卫星技术应用，推动宽带入海项目落地，满足渔业行业的语音通话、广播、海上视频监管等需求，实测海面5G最远覆盖距离突破100千米。

标识解析二级节点运营　主动融入山东半岛工业互联网发展示范区建设，加快推进全市“1+10+N”工业互联网平台体系建设战略规划落地，帮助企业探索工业互联网应用场景，为“上云用数赋智”夯实基础。助力海洋食品加工、钓具等优势产业企业打造一批标杆亮点案例。助力海洋食品产业提升生产效率，打通线上、线下及餐饮直销等多元化的营销模式，通过产品追溯、数据管理，实现捕捞、运输、仓储、加工、销售等环节透明化管理。助力渔具企业实现产能最大化，打通渔具企业原料、订单、生产、销售多系统数据壁垒，实现企业从生产到销售全流程的数据统一管理。基于工业互联网标识解析综合性二级节点（威海）平台服务企业150余家，标识注册量超3000万次。“客户为根　服务为本”服务理念践行聚焦客户感知提升，完善“全方位、全过程、全员服务能力”的“三全”服务体系，聘请社会监督员，接受社会监督，定期开展总经理驻厅活动，收集客户意见建议、解决客户问题，累计收集意见建议200余条，解决率100%。推进“适老化”服务，适时开展“惊喜化”服务，优化残疾人、老年人等群体服务流程，开通上门办理绿色通道，提高服务便捷度；打造高质量装维服务队伍，践行宽带8小时装机、4小时排障服务标准，提供快速优质体验。

电信网络诈骗防范治理　持续开展“断卡”“打猫”专项工作，完善技术防控手段，累计关停号卡7000余张；开展电信反诈进社区、进校园、进集团、进商圈活动，对易受骗人群加强风险提示，提升易骗人员的防骗意识；与市公安局反电诈中心建立常态化沟通机制，先后打掉“猫池”窝点14处，缴获涉案“猫池”、GOIP等设备20余台。

通信服务保障　打造“机构完善、装备精良、手段智能、响应及时”的重大活动网络保障体系，完成重大活动的应急通信保障任务。助力新冠肺炎疫情防控工作，发送公益短信超1.5亿条，提供门磁超2.3万台，为近2.3万名防疫人员提供通信服务专项保障，为2300余部防疫工作电话提供高频免拦截功能。整合多技术优势，形成疫情防控融合解决方案，打造5G便民核酸采集工作站等多项应用。

（徐　涛）

【中国电信股份有限公司威海分公司】2022年，公司以建设网络强国、维护网信安全为使命，聚焦高质量发展，实施数字化转型和“云改数转”战略，各方面工作实现长足发展。

5G网络和宽带网络建设　推进千兆光宽网络覆盖、LTE 4G和5G网络建设，打造双精品网络。与中国联合网络通信有限公司威海市分公司共建5G基站2600余个，新建4G室外站165个、室内分布系统40套。建设5G海域超远基站11个，初步建成5G海上精品网。城区机房全部具备10G PON能力，建成10G PON端口7968个，977个小区达到千兆标准，覆盖全市83.57万个家庭客户。发布FAST千兆宽带品牌，为用户提供高品质宽带上网服务。

“十分满意”客户服务品牌打造　坚持“用户至上，用心服务”的服务理念，开展满意服务升级行动，成立专项组6个，将专项满意度纳入各专业考核。各部门深入服务一线，抓好各服务“触点”工作落实。年内，客户综合满意度评价列行业第1位，工单满意率和集团工单一次性解决率在全省电信系统均排第1位。

智慧社区和数字乡村建设　积极参与老旧小区改造项目，全力提供智慧社区服务平台，打造精品小区128个。推进社区治理创新，实现人、车、房、物联网感知设备的统一可视化管理和服务，推动社区治理现代化。争取数字乡村平台试点名额和农村扶贫专项资金，定向投入数字乡村建设，提供云电脑、天翼大喇叭、智慧翼屏等服务项目，为农村百姓提供数字化服务，全年打造数字乡镇18个，完成数字乡村建设68个。

数字化转型　强化科技创新与产品自研，着力打造“网定制、边智能、云协同、X随选”的差异化5G定制网解决方案和云、网、边、端一体化的安全能力，助力智慧城市建设。在渔业、林业等行业领域开发和推广“云”、物联网、大数据等新产品和新技术，为客户提高运营管理效率、降低运营成本提供通信保障。

用户权益保障　推进互联网应用“适老化”改造进程，推出“智慧助老电信相伴”等适老化改造举措，持续拓宽“爱心翼站”服务功能，方便老年人办理业务。积极推进携号转网工作，实现和保障携号转网工作常态化规范化。做好防范打击通信信息诈骗工作，建立防诈骗防骚扰问责机制和管理办法，严把入网规范关，严格实名制管理；开展异常话务分析，对疑似诈骗号码进行回访，及时处置涉诈号码，全年延伸关停涉诈号码1406个、拦截关停疑似骚扰电话1.13万例。

（孙连钊）

编辑　闫拥军

交通·邮政

综　述

【概况】　2022年，全市交通运输系统聚焦构建现代化综合立体交通网，全面创树“精致交通·开路先锋”行业品牌，打造交通强国山东示范区威海样板，开创交通运输高质量发展新局面。年底公路通车里程7235.29千米（含农村公路、国省道）。地方铁路完成客运量47.8万人次、货运量93.0万吨，分别比上年减少58.8%、10.3%。民航运输完成旅客吞吐量110.86万人次、货邮吞吐量1.52万吨，分别减少44.71%、20.89%。水路运输完成客运量234.11万人次、货运量1578.43万吨，分别减少17.64%、11.99%，完成港口货物吞吐量4520.12万吨、集装箱吞吐量139.65万标准箱，分别增长5.77%、3.87%。道路客运完成客运量449.42万人次，减少23.41%。邮政行业完成业务收入20.93亿元、寄递业务量1.69亿件，分别增长0.46%、0.96%。

【项目建设】　强化规划的引领带动功能，启动威海港总体规划修订前期工作，编制完成《威海市轨道交通网规划》初稿，制定《威海市综合立体交通网行动方案》《加快建设交通强国山东示范区威海市行动方案》。“十四五”期间，谋划实施53个交通重点项目建设，总投资1305亿元，全面构建“三网三圈多枢纽”（发达的快速网、完善的干线网、广泛的基础网，市域一体、国内通达、联通海外，机场枢纽、物流枢纽、客运枢纽）的综合立体大交通格局。围绕提高城市承载力，加快总投资459亿元的年度18个重点项目建设，年内完成投资68.3亿元。威海市滨海旅游公路九龙湾至西霞口段示范工程获评全国交旅融合创新项目。加强前期项目谋划，围绕城市长远发展，谋划实施省道201威东线科技路至望岛段新改建工程，争取将原环山路市政段性质调整为省道，并纳入山东省“十四五”综合交通运输发展规划（中期调整）；谋划实施省道204初张线羊亭至岗山段改建工程，加快推进中心城区与威海临港经济技术开发区、文登区城区同城化进程。

【物流运输】　围绕深化“四港联动”（威海海港、空港与仁川海港、空港互联互通、联动发展），完成中韩整车试运行谅解备忘录签署协议预签署；开通威海至土耳其点对点海上直航航线；开通威海至朝鲜南浦航线，威海港成为朝鲜民生物资通道指定口岸；稳定运营国际货运航班，周货运航班量达30班（仁川每周18班、大阪每周6班、东京每周6班）；推动欧亚班列稳定运营，全年发运班列箱量1.36万标准箱，增长35.08%；积极创建国家级多式联运示范工程，“日韩—威海—欧亚”“四线四品”海陆空联动国际多式联运示范工程入选国家多式联运示范工程。开通威海至京唐内贸航线，进一步优化威海港的内贸航线网络布局。推动成立威海海上交旅融合联盟，开通“海上看威海”刘公岛至鸡鸣岛旅游航线，小石岛—刘公岛—鸡鸣岛—海驴岛航线入选国内水路旅游客运精品航线试点单位。积极探索开展船用保税燃料油业务，完成全市首单保税船供油作业415吨。推动智慧港口建设，在威海港建成4.5万平方米、最大存箱量7200标准箱的自动化堆场，实现全自动化作业。定向降低引航费收费，对国际航线船舶引航基准费率降低10%，非基本港附加费不列入节假日夜班计收范围，每月可为航运企业节省30万元。

【城乡交通建设】　实施“四好农村路”提质增效行动，全年投资3亿元，完成新改建工程70.18千米、路面状况改善工程453.22千米、危桥改造工程42座、重要或三级以上村道安保工程461.36千米。建成农村公路“路长制”信息系统，提高农村公路信息化管理水平。文登区和乳山市获评“四好农村路”全国示范县创建单位，威海市成为“四好农村路”全省示范市创建单位。推进城乡客运、邮政快递、农村物流在节点网络共建、农村线路共用、运力资源共享上深度融合发展，文登区获得省级补助资金100万元。组织开展公交都市和绿色出行“双城联创”，进一步提升公交运营实力、服务供给、智能水平、绿色出行质量等，两项创建工作均通过交通运输部实地验收，威海市获评全国绿色出行创建达标城市。

【行业管理】　常态化抓好交通领域新型冠状病毒肺炎疫情防控，建立市、区（市）两级物流保障工作机制和货车司乘人员服务专班，先后调用应急客运包车、公交车708车次，疏运高铁、机场到站旅客2560人，疏运常规治愈出院病人1590余人，转运重点人员和解除隔离人员4635人。守好安全底线，扎实开展各类专项治理行动，整改问题269项。开展安全生产“大学习、大培训、大考试”活动，坚持安全生产“晨会”制度，组织全系统1.2万余人参与专题专项学习考试。加强新业态监管，“威海市网约车行业综合监管一件事”获评全省重点民生领域“综合监管一件事”“揭榜挂帅”改革创新成果。扎实开展信用交通市（县）试点建设，威海市及荣成市获评第二批信用交通市暨第一批信用交通县（市、区）创建典型单位。构建“3331”铁路沿线环境综合治理防控体系，持续推进铁路沿线环境综合整治，工作经验做法在《全省铁路沿线环境综合治理工作动态》上刊发。在公路、港航领域实施委托执法，查处违法违规案件634件。创新说理式执法新模式，2个单位获评全省说理式执法试点单位。建成威海道路运输两客一危外检便民系统、驾培考一体化平台、小微型客车租赁线上登记备案系统，提高群众办事便捷度。扎实开展公务员平时考核与绩效管理深度融合试点工作，梳理共性任务目标25项、差异化工作任务目标49项，推动形成想干事、能干事、干成事的鲜明导向。围绕文明城市、卫生城市、精致城市建设创建和新冠肺炎疫情防控，发动11支志愿队500名志愿者，常态化开展文明创建活动，威海市交通运输事务服务中心获评全国交通运输行业文明示范窗口，威海市港航事务服务中心获评省级文明单位。积极参与山东省城市客运“最美”系列创建活动，培育省级最美公交驾驶员5名、最美出租车驾驶员6名、最美公交线路4条、最美敬老爱老公交线路2条、优秀城市客运企业3家。1人获评山东交通工匠。

（夏国栋）

【威海交通场站管理有限公司】 2022年，公司围绕“疫情防控保民生，管理提升促发展”，聚焦“客运中心＋公务用车调度中心”双主业，实现平稳运行，获评省级文明单位、山东省抗击新冠肺炎疫情先进集体等，社会满意度达99.49%，连续6年居市属国有企业第1位。

威海客运中心　2022年，旅客到发量581.17万人次（其中到达量308.13万人次、发送量273.04万人次），单日最高到发列车115列次，疏导进站私家车、出租车232.30万辆次。公司参与卡口防疫人员累计1.64万人次，检测、核验、登记到站旅客268.12万人次，妥善处置红黄健康码、高体温、境外返威海以及中高风险区旅客近5万人次。聚焦精致服务，以建设“三优”（服务优、环境优、秩序优）客运枢纽为着力点，提升服务技能，深化服务内涵，发挥省级青年志愿服务站、退役军人服务站、“小海豚”志愿者服务队、“WE先锋”党员志愿服务队等志愿服务平台优势，全年开展公益服务4000余小时、帮扶重点旅客近1万人次。

威海市级公务用车调度中心　以打造“管家式”贴心服务为着力点，丰富服务内容，扩大服务外延，创新实施“用车＋接送站”贵宾式服务模式，优化公务用车保障“威海模式”。全年完成用车服务保障任务3.85万辆次（其中完成隔离人员转运、核酸检测样本运送、防疫物资运输等新冠肺炎疫情防控出车任务8667辆次），服务全市党政机关、企事业单位321家，保障大中型会议及活动7场，最高日出车185辆次，安全行车369万千米。

（周郝钧）

交通运输综合执法

【概况】 2022年，威海市交通运输综合执法支队以打造交通运输执法理念体系建设为着力点，以强化“执法在路上　党建在车上”党建品牌建设为引领，统筹做好新冠肺炎疫情防控和执法检查，不断创新执法模式，加强队伍规范化建设，群众投诉率明显下降，社会满意率不断提高。全市交通运输综合执法机构查处违章车辆1810辆次，收缴罚款391.5万元（其中支队查处违法违规案件694件，收缴罚款169.36万元）。

【运政专项执法】 围绕行业管理重点难点，以“打非治违”常态化为着力点，组织开展专项整治行动，严厉打击违法违规行为，净化交通运输秩序和市场环境。全年重点围绕特殊时期安保维稳的有关要求，结合各种涉嫌违法违规车辆信息，组织加大对非法营运车辆的打击力度。通过采取专项整治、联合执法、跨地市同步执法等方式，对从事非法营运的车辆实施精准打击。加大对网约车非法营运及平台违规派单等行为的打击力度，督促网约车平台企业加快合规化进程，查处非法营运“黑车”121辆次。紧盯“两客一危”（从事旅游的包车、三类以上班线客车和运输危险化学品、烟花爆竹、民用爆炸物品的道路专用车辆）重点领域，对无证危险品运输、违规包车客运、不按许可路线运行班车进行重点查处，防范和遏制各类风险发生。

【路政专项执法】 围绕公路路产路权保护，以营造畅安舒美的路域环境为目标，强化路政执法检查。持续开展公路非法超限运输治理，与市公安局交警支队有针对性地开展联合检查，查处非法超限运输车辆343辆次。加大对建筑工地、砂石企业、装载企业车辆超限超载的源头治理，加大宣传力度，并对违章率较高的源头企业和货运企业进行约谈，督促各企业落实主体责任，加强对驾驶员的安全监管和培训教育，规范装载行为，做到合法运输。对威海港等重点货运场站实行派驻值守，杜绝超限超载车辆进出场站。常态化开展国省干线公路路政检查，清理摆摊设点160余处，制止未经许可的涉路工程10余个。深化高速公路“一路三方”联勤联动机制，现场勘验大件运输近100次，处置高速公路路产损坏案件50余起。

【港航专项执法】 针对海上执法装备不足的现状，加强与威海海事局的联合检查，加大对船舶无证无照、证照不全、过期或超越许可范围从事运输经营、未经审批使用港口岸线等违法行为的检查力度，保障港口、航道通行安全。结合全市海岸线长、夏季海上旅游项目多的特点，强化对沿海自然滩点的检查，对沿海分布的水上项目经营业户开展执法预警，严防非法运输工具参与海上运输项目，确保海上运输安全稳定。

【执法规范化长效机制建设】 扎实开展执法规范化长效机制建设活动，印发工作方案和任务落实通知，对工作任务分工和工作措施进行细化分解，保障各项工作责任落实到位。健全完善多渠道监督机制、打击非法与市场共建并重机制、教育与处罚相结合机制、执法理念引导机制、处罚与信用管理相结合机制、问题导向机制6个执法长效机制，有效规范执法人员的执法程序和执法行为。每周不定期组织对执法检查中执法程序、执法用语、执法人员形象、执法全过程记录等执法规范情况进行明察暗访，及时发现纠正执法问题，重点对2021年交通运输执法领域突出问题专项整治行动中已查摆整改的问题进行复检，巩固提升专项整治成效，促进规范文明执法。加强廉政警示教育和岗位廉政风险防控，开展“清廉交通”“聚焦三类‘四风’问题开展靶向纠治”等活动，突出做好重点人员、关键岗位的警示教育，常态化开展谈心谈话，从源头上加强监督和预防，严明纪律规矩，保持队伍清正廉洁。

【说理式执法推行】 加强对高频违章企业的约谈提醒，通过梳理日常检查和群众投诉反映的情况，将执法关口前移，不定期对部分违章高发企业和网约车平台主要负责人进行集中约谈，提醒劝诫企业加强内部管理和行业自律，规范经营行为。加大法规宣传，组织开展“平安出行·拒乘‘黑车’”主题宣传活动，通过发送短信、发放宣传材料、悬挂宣传横幅等形式开展宣传，引导广大群众自觉抵制乘坐“黑车”，营造群防群治的社会氛围。加强安全管理领域违法行为的警示教育，积极开展安全生产企业驻点工作，驻点执法人员广泛宣传安全生产相关法律法规，开展以案释法、以案普法活动，组织人员对事故典型案例进行学习，督促企业树牢红线意识和底线思维，从源头上减少违法违规行为产生。加强特殊群体的说服教育，对在公路沿线摆摊设点农户推行柔性执法，以“讲政策、搞普法、动之以情晓之以理”的执法方式，引导摊主自觉认识危险行为，主动搬离公路。采取疏堵结合的方式，在部分重点路段附近增设免费季节性惠民摊点，给农户提供经营场地，并保障公路路域环境整洁有序。

（张　鹏）

港　口

【概况】 全市港口统称为威海港，是《全国沿海港口布局规划》确定的全国沿海地区性重要港口，由威海湾港区、南海港区、石岛港区、龙眼湾港区和乳山口港区组成。全市有港口经营企业29家（含修造船企业10家和陆岛运输企业5家），有经营性泊位94个，其中商用泊位52个（含万吨级以上泊位33个，泊位最大靠泊等级为7万吨级）、修造船等专用装卸泊位22个、陆岛及旅游泊位20个，有船舶港口服务类企业42家。2022年，全市港口完成货物吞吐量4520.2万吨（外贸1257.3万吨）、集装箱吞吐量139.7万标准箱、旅客吞吐量30.4万人，分别比上年增长5.8%、3.9%、83.9%。港航安全生产形势持续稳定，实现“零安全生产责任事故”目标。

【威海港引航站】 2022年，引航站引领船舶5666艘次、9802.4万总吨、5088.3万净吨，分别增长2.9%、2.5%、2.3%，其中引领250米以上船舶118艘次（成功引领长340米的散货船“环球和谐”轮、长294.05米的集装箱船“海岭莫阿娜”轮）、钻井平台34艘次（成功引领长120.78米的“国电投001”轮），保障海上物流畅通和港口船厂高效运转。

【威海湾港区】 威海港集团码头作业区　东邻华能威海发电有限责任公司，西邻杨家湾，南邻海埠村、沟北村，北邻威海湾，码头岸线总长3340米，陆域面积为210万平方米，水域面积为471万平方米，有泊位14个、各种主要港口装卸作业设备186台（套）。开通每月200余个班次的至韩国、日本和中国青岛、大连等港口的国际国内集装箱班轮航线和至韩国仁川、平泽以及至中国大连等港口的国际国内客滚班轮航线，被列为中韩陆海联运试点口岸；开通多条至潍坊、东营、莱州等环渤海港口的散杂货和集装箱中转航线。2022年，完成货物吞吐量2982.4万吨、集装箱吞吐量115.0万标准箱、国际国内旅客吞吐量30.4万人次，分别增长10.4%、4.4%、83.9%。

华能威海发电有限责任公司煤码头作业区　位于威海湾港区东南端，是华能威海发电有限责任公司投资建设的企业自用煤炭专用码头。码头全长375米，有泊位2个，防波堤长180米，设计年吞吐能力560万吨。码头配备卸船机及输煤系统5台。2022年，完成货物吞吐量398.0万吨。

威洋石油有限公司码头作业区　位于威海湾港区东南端，西邻华能威海发电有限责任公司煤码头，是威洋石油有限公司投资建设的石油专用码头、国家一类开放作业区，主要接卸成品油、液化石油气、燃料油、液体化工品，有经营性泊位2个，配置输油、输气设备和配套的消防、污水处理等辅助设施，设计年吞吐能力200万吨。码头成品油罐区容积18.2万立方米。2022年，完成成品油吞吐量45.3万吨。

【石岛港区】 石岛港作业区　位于荣成市石岛湾西侧，是集客货、集装箱、散杂货等功能于一体的现代化港口和国家一类开放口岸，有经营性泊位15个，港口装卸作业设备39台（辆），先后获批中韩陆海联运试点口岸、进口冰鲜水产品指定口岸、进口食用活水生动物指定口岸、荣成海关跨境电商监管场所、进口肉类指定口岸、进口澳大利亚屠宰用肉牛指定海运口岸。2022年，完成货物吞吐量375.1万吨、集装箱吞吐量19.1万标准箱。

荣喜港作业区　位于荣成市人和镇山西头村靖海湾畔，是国家一类开放作业区，主要从事鱼、货、石油类产品的装卸、储存，有泊位2个、门座式起重机1台。2022年，完成货物吞吐量2.4万吨。

好当家港（凤凰尾）作业区　位于荣成市西南端、靖海湾畔，港区面积3.5万平方米，水域面积12万平方米，有经营性泊位2个、16吨汽车轮胎式起重机1台。2022年，无货物吞吐量。

【龙眼湾港区】 龙眼港作业区　位于荣成市成山镇西霞口龙眼湾港区内，是全国第一家村办国家一类开放港口，以石油、煤炭、木材、水产品等散杂货运输为主，有经营性泊位8个、舾装泊位1个、主要港口装卸设备6台（辆），经营龙眼港至韩国平泽客滚班轮航线，先后获批中韩陆海联运试点口岸、进口冰鲜水产品指定口岸、进口食用活水生动物指定口岸。2022年，完成港口货物吞吐量98.8万吨、集装箱吞吐量5.5万标准箱。

【南海港区】 南海港作业区　位于文登区靖海湾港区西岸、泽库镇前岛村南，是新建港口作业区。一期工程建有码头岸线305米、杂货泊位2个，年设计吞吐量107万吨。2022年，完成货物吞吐量9.9万吨。

张家埠老港作业区　位于文登区靖海湾港区北岸，码头岸线总长220米，有泊位3个。港口装卸设备最大起重能力16吨，主要经营柴油、液碱、稀盐酸、煤炭、砂石等，2022年，无货物吞吐量。

【乳山口港区】 位于乳山市乳山湾南端，码头岸线长460米，有泊位3个，设计年吞吐能力209万吨，配备16～25吨散杂货装卸门机4台、装载机6台、叉车2台和清扫机1台，最大起重能力25吨，主要以矿物建材、煤炭、矿石等散杂货为主。2022年，完成货物吞吐量552.4万吨。

海　运

【概况】 2022年，全市有航运企业41家，经营船舶122艘。省际水路运输企业方面，有省际水运企业25家、省际运输船舶63艘（34.4万总吨、2160客位、99车位、381标准箱），其中6家企业从事国内沿海各港间成品油船运输业务（2家兼营国内沿海普通货船运输业务）、18家企业从事国内沿海及长江中下游普通货船运输业务（1家兼营外贸集装箱内支线班轮运输业务）、1家企业从事威海至大连客滚运输业务。中韩客货班轮企业方面，有注册地在威海市的中韩客货班轮企业4家、注册地在韩国的中韩客货班轮企业1家，有中韩客货班轮航线5条、营运船舶6艘(7004客位、1947箱位)。市内水路旅客运输企业方面，有市内水路客运企业9家、营运船舶54艘（4810客位），开辟陆岛交通旅游客运航线4条、环岛观光旅游客运航线3条、近海海域观光游览航线8条。国内船舶管理企业方面，有管理企业5家、受委托管理船舶32艘。无船承运人方面，有无船承运人备案企业88家。国际船舶代理企业方面，有备案企业49家。全年全市水运企业完成客运量234.2万人、旅客运输周转量2771万人千米、货运量1578.5万吨、货运周转量133.64亿吨千米，分别比上年减少17.6%、64.6%、11.99%、4.9%。

【威海市海大客运有限公司】 注册资本6000万元，固定资产4.39亿元，船舶总客位4422个，车道线长度3700米，有员工150人，主营威海—大连航线的滚装客船运输，是交通运输系统安全生产标准化建设一级达标企业。2022年，公司运营439航次，运送旅客13.68万人次，运输车辆1.89万辆。

【威海胶东国际集装箱海运有限公司】 主营威海—韩国平泽的客货班轮运输业务，兼营进出口货物的国内、国外运输代理业务。2022年，公司运营145航次，运送集装箱7.19万标准箱。

【荣成大龙海运有限公司】 主营中国龙眼港至韩国平泽港的客货运输业务，是与韩国平泽港航程距离最短且最早通航的航运公司，是交通运输系统安全生产标准化建设二级达标企业。2022年，公司运营145航次，运送集装箱5.5万标准箱。

【威海市升安海运有限责任公司】 注册资本2540万元人民币，主营国际、国内海上运输及长江中下游普通货船运输。2022年，公司完成货运量80.9万吨，货物周转量5.04亿吨千米。

【威海市旅游码头有限责任公司】 有各类船艇17艘（其中威刘航线营运船舶13艘、环岛航线营运船舶1艘、游艇2艘、登陆艇1艘）、客位2738个，主营威海至刘公岛、环刘公岛观光游等旅游客运业务，是交通运输系统安全生产标准化水路旅客运输二级、港口客运二级达标企业，并通过威海海事局NSM体系审核。2022年，公司运送旅客170余万人次。

【荣成市鸡鸣岛旅游开发有限公司】 有客渡船5艘454客位，主营鸡鸣岛码头至朝阳角码头间陆岛客渡运输、环鸡鸣岛指定航线海上观光业务，是交通运输系统安全生产标准化建设二级达标企业。公司码头位于荣成市港西镇虎头角港，总长150米，占地总面积3000平方米，有泊位3个。2022年，公司完成客运量约23万人次。

【荣成新锦成海上旅游有限公司】 位于荣成市成山镇龙眼湾，主营范围为海上旅客运输、海上休闲观光服务、码头经营等，有船舶14艘516客位。2022年，公司完成客运量约23万人次。

道路运输与管理

【概况】 2022年，全市有客运车辆899辆（含客运包车572辆），二级以上汽车客运站6个，公交线路385条、公交车2245辆，巡游出租汽车2490辆、网络预约出租汽车合规车辆数3508辆，营运货车2.26万辆，危险货物运输车辆430辆，教练车1048辆。全市完成货运量6269万吨，周转量196.57亿吨千米；客运量373万人次，周转量5.62亿人千米。

【行业管理】 严格落实行业治理长效机制，组织开展道路客运、普通货物、危险货物、出租车、维修、机动车驾驶员培训等全行业年度质量信誉考核，加强问题隐患整改落实和考核结果应用，全面提升行业治理效能。严格落实出租汽车驾驶员背景核查、货运车辆超限超载“一超四罚”实施细则等行业管理制度，公告撤销背景核查未通过的97名出租汽车驾驶员从业资格证，实现421部货运车辆超限超载违法信息接收、抄送和反馈的闭环管理。积极开展“综合监管一件事”“揭榜挂帅”活动,以网约车行业“综合监管一件事”为突破点，坚持依法监管、包容审慎、协同发力，统筹采取各种监管手段，推动事前、事中、事后全链条监管，实现交通运输新业态规范健康发展，威海市网约车行业“综合监管一件事”被列入全省网约车行业“综合监管一件事”改革试点。推动实施小微型客车租赁登记备案业务，梳理完善登记备案流程和标准，组织研发线上登记备案系统，引导规范小微型客车租赁经营服务行为，促进行业健康有序发展。

【行业改革】 协调推进道路运输“两客一危”（从事旅游的包车、三类以上班线客车和运输危险化学品、烟花爆竹、民用爆炸物品的道路专用车辆）外检便民系统建设，扩大便民服务站业务事项和建设范围，提升交通运输服务事项便民惠民水平。统筹实施威海市驾培一体化服务平台建设，科学确定驾培学费第三方监管服务方，完成部门数据联网、平台信息完善等工作，打通部门信息壁垒，加强数据共享融合，实现机动车驾驶培训学员培训报名、缴费、预约、评价等各环节“一平台、一站式”办理。加大县际客运升级改造力度，牵头起草《关于县际客运升级改造的实施意见》，推动县际客运集约化经营，加快实现全域客运一体化。

【行业发展】 围绕深化“四港联动”，推动中韩整车试运行谅解备忘录签署取得突破。强化国家级多式联运示范工程创建，“日韩—威海—欧亚”“四线四品”海陆空联动国际多式联运示范工程入选国家多式联运示范工程。组织创建农村客货邮融合发展样板县，文登区获评全省客货邮融合发展样板县。组织做好公交都市暨绿色出行创建验收工作，公交都市和绿色出行“双城联创”通过交通运输部实地验收。

【安全生产】 健全完善安全生产责任体系，持续推进安全生产专项整治三年行动，开展安全生产强化年活动和安全生产大检查，强化安全隐患排查整治，在危货运输重点领域全面推进“智能视频监控报警装置”“鲁运通行码”“罐车罐体管理系统”3种技术手段应用，实现运输过程信息化管控。完善客货运输应急保障体系，组成由客运、公交、货运车辆组成的防汛应急车队，强化应急演练和物资储备，确保突发状况第一时间保障到位。完成重点营运车辆动态监控平台升级改造，增加数据分析、主动预防等6项功能，强化日常抽查、现场抽查和差异化抽查，加强精准管控，严防中途上下客等情况发生。依托重点营运车辆、巡游车、网约车等智能管理系统，全天候做好恶劣天气、新冠肺炎疫情防控信息预警，引导企业和驾驶员安全运营。

（孙佳鑫）

【威海交通运输集团有限公司】 2022年，公司全力做好新冠肺炎疫情防控工作，严格落实各项防控措施，做好班次营运、场所消毒、车辆消杀、人员测温、职工防护、应急值守等工作，并为民生企业提供车辆运输服务。公司经营层多次分组带队深入各单位调研，推进企业转型升级。各客运分公司、汽车站不断强化运营管理，完善网络及自助售票程序，调整超市和餐饮业务，提升服务，降本增效；旅游汽车分公司多渠道拓宽通勤班车、旅游包车业务；交运公交公司以服务为中心，提升智能化服务水平；校车管理服务有限公司强化校车管理，普惠更多中小学；石油分公司、金鸽保险代理、驾培中心等多种经营单位通过加大网络营销力度，维持业务稳定。

（陈 莹）

【威海市联运有限公司】 2022年，公司及时调整经营策略，以增产节约为重点，实现稳定运营。强化内部管理，对营销、资源的开发与利用加强统管，对成本费用的控制加大责任落实与考核，实现降本增效。积极开展“甩挂运输”业务，提高整体运输能力。全力做好出租车续标工作，稳定出租车人员队伍。加强货运市场现场管理，严把安全关，提高资源利用率。

（傅 俊）

城市公共交通

【概况】 2022年，全市公交运营线路385条，运营线路总长度1.01万千米，公交车辆2245辆（更新投放新能源公交车辆88辆），完成客运总量1.26亿人次。全市有巡游出租汽车企业15家，巡游出租汽车2490辆；有取得资质网约车平台公司84家，网络预约出租汽车合规车辆3508辆。组织开展公交都市和绿色出行“双城联创”，提升公交运营实力、服务供给、智能水平、绿色出行质量，两项创建工作均通过交通运输部实地验收。

【出租行业运营管理】 市交通运输局印发《威海市客流集散地出租汽车运营服务管理规定》，规范全市客流集散地出租汽车运营服务行为，强化出租汽车经营秩序管理，维护城市窗口形象。市交通运输局印发《威海市巡游出租汽车车载运营设备配备及技术要求》，明确新一轮巡游出租车车载设备的技术标准，推动车载设备更新。推动威海“95128”巡游出租汽车电召约车服务平台上线运行，市民可通过“威海市民卡”微信公众号、“95128交通服务”微信小程序、“95128”叫车热线等方式选择约车服务。规范网约出租行业发展，市交通运输局、公安局、市场监督管理局等10个部门联合印发《威海市交通运输新业态“综合监管一件事”工作方案》，结合网约车行业特点和部门职责分工，制定监管事项清单，建立健全监管对象名录库，明确监管目标、工作任务、服务对象等，全面开展跨部门综合监管试点工作。

【小微型客车租赁经营备案】 进一步规范全市小微型客车租赁经营服务行为，市交通运输局印发《关于开展中心城区小微型客车租赁行业备案工作的通告》，明确中心城区小微型客车租赁经营备案依据、备案对象、备案时间、备案条件、备案方式及地址等内容，印发《威海市中心城区小微型客车租赁经营备案业务服务指南》，梳理完善中心城区小微型客车租赁行业登记备案流程，指导企业按照规定要求进行备案。

（李慧霞）

【威海公共交通集团有限公司】 2022年，公司以“建设人民群众满意、党和政府放心的特色精致公交”为目标，开展“标准建设年”活动，狠抓“服务、安全、经营、队伍”管理，开创城市公交高质量发展新局面，获评山东省优秀城市客运企业。全年完成客运量8005.4万人次，营运里程4082.6万千米。公司利用大数据系统优化和开通常规线路14条、学区定制公交3条，填补环海路、益海路、天津路等路段服务空白。推出“优惠换乘”惠民政策，合理规划线路层级，市民换乘不同层级线路，40分钟内可享受优惠或免费乘车1次。推进新旧动能转换，购置新能源公交车73辆，每年可减少二氧化碳排放量约1684吨；与国网山东省电力公司合作建设充电站4处。持续完善基础设施，新建港湾站35个、候车亭33个（其中新式候车亭19座），增设站点25处。加快智慧公交建设，启用一体化云调度系统，不断提升调度指挥效率；科学动态调整线网架构，结合实际客流量及时增减班次；推广二维码虚拟电子站牌，在932处公交站点张贴二维码，乘客扫码即可查询线路实时信息；加强安全数据应用，利用GPS（全球定位系统）实时监控查纠行车隐患问题，营造安全有序的公交出行环境。

（张　黎）

公路建设与管理

【概况】 2022年，全市公路系统围绕疫情要防住、经济要稳住、发展要安全的目标，全力打造“精致公路”，完成各项任务目标。全市实施普通国省道项目12个，总投资23.61亿元，年度完成投资5.67亿元。承办12345政务服务便民热线转办工单446件，比上年减少34.3%。

【政策研究利用】 通过强化政策研究、精准谋划项目、对上级对接争取，破解公路项目建设瓶颈，推进基础设施建设，9个新改建项目纳入全省“七网”（综合立体交通网、现代物流网、能源保障网、城市市政公用设施网、现代水网、新型基础设施网和农村基础设施网）综合立体交通建设项目，总投资97.25亿元，国道206威汕线威青线交叉口至泊子桥大中修等6个新开工项目纳入省投资计划，乳山口大桥等4个续建项目补助资金全部下达。年内，全市落实中央和省级补助资金5.98亿元，增长34.34%。

【重点项目建设】 2022年，乳山口大桥工程威海侧索塔成功封顶，完成施工关键节点目标任务。国道228丹东线滨海旅游路示范工程获评2022年度全国交旅融合创新项目，推动公路交通与旅游融合发展。省道201威东线五渚河桥等3座危桥改造工程全部完工，全市普通国省道三级以下危桥实现“清零”。国道206威汕线大中修工程完成主体施工，全幅开放通行。

【公路养护管理】 加快养护工程建设，探索建立共建共养新模式，年内新开工养护工程23项、养护里程91千米，完成17项、养护里程61千米。加强日常养护管理，完成标线施划8.4万平方米、路面挖补2.5万平方米、绿化补植9.1万平方米，处置路面裂缝1.1万延米，更换维修护栏8629.9延米，修补坑槽2310平方米、破损桥梁墩台131立方米。强化应急管理，全力应对台风、暴雪天气，在重要路段和关键地点定人、定岗，加强养护巡查，确保路段排水保畅；成立除雪防滑应急队伍4支、500余人，建立统一指挥、调度及时、保障有力的应急体系，累计出动清雪车、撒布机等各类车辆设备187台、作业人员200余人，撒布融雪剂6114吨、防滑砂100余立方米。

【安全管理】 扎实开展安全生产大检查、强化年、百日攻坚等活动，排查整改各类安全隐患27处。精准实施风险管控，梳理易起雾路段26处、易结冰路段82处及临水临崖、急弯陡坡等风险点位65处，强化日常巡查，及时整改安全隐患。对香水河大桥、长会口大桥等重点桥梁路段，完善视频监控系统，修缮可变限速设备，增添雾区警示提醒标志。开展重点领域专项精准治理，全市“三必上”路段以及“五必上”交叉路口改造完成率达100%。

（任晓宇）

【“四好农村路”建设】 以构建市域互联互通农村公路网络为目标，实施“四好农村路”提质增效工程，全年完成路网延伸通达工程21.13千米、路网改造提升工程49.05千米、路面状况改善工程453.22千米、重要或三级以上村道安保工程461.36千米，消除存量危桥42座，交（竣）工项目合格率100%，村级物流网点覆盖率100%，威海市入选2022年度“四好农村路”省级示范市创建单位名单，文登区、乳山市入选“四好农村路”全国示范县创建名单。结合乡村振兴、美丽乡村建设，将自然生态、风土人情、乡村特色、传统文化、红色基因等融入农村公路规划设计和建设中，探索交通文旅融合模式，以千里山海自驾旅游公路为着力点，完善公路周边特色旅游板块建设，实现农村公路高质量建设。

（谷　旻）

铁路建设与运输

【概况】 2022年，威海桃威铁路有限公司坚持强基达标、提质增效，着力节支降耗、改革创新，统筹新冠肺炎疫情防控和改革发展稳定，全面完成各项工作任务。全年完成客运量47.8万人次、货运量93.0万吨。

【安全生产】 严把铁路安全关，开展全员安全生产“大学习、大培训、大考试”，提高安全生产科学化管理能力。印发《安全生产风险考核办法》，发挥部门负责人的“关键少数”作用，调动全员保安全的积极性。通过周抽查、月度添乘检查、季度全面排查，年度考核评比相结合的方式，对铁路运输关键环节和重要设备设施加大安全检查力度，防范化解重大安全风险。开展“打好安全生产攻坚战，实现安全生产一万天”活动，至7月，桃威铁路实现安全生产1万天。加大培训力度，提升应急处置水平，全年开展内部培训74期、培训6929人次，外部培训29期、培训404人次，应急演练140次、覆盖4881人次。建立三级薪酬安全联挂考核制度，明确安全生产一票否决制，对发生的1起一般D3类事故，对事故相关责任人、负责人给予处分，对责任单位、科室给予经济处罚。

【运输市场发展】 市政府成立支持桃威铁路和物流业发展工作专班，给予桃威铁路货运业务专项补贴政策，财政补贴增至每年2500万元。优化激励机制，威海桃威铁路有限公司印发《全员货运营销奖励办法（试行）》《货运专职营销员业绩提成考核办法（试行）》，实施全员营销。落实以货补客运输经营策略，建立路港企货运联盟，通过推行量价捆绑政策，打好“公转铁”攻坚战，拓展矿石、焦炭、钢材运输市场。开展货代业务，延伸产业链条，增强发展后劲。丰富货运产品，新开行威海—莫斯科冷链专列和新疆海铁联运班列，将口岸服务链条延伸到西部地区，打通威海—俄罗斯国际冷链运输通道。强化战略合作，承揽铝矾土疏港运输业务，可实现年运输170万吨。积极推动普速列车“绿巨人”动车组升级计划，该项目获得中国国家铁路集团有限公司批准。加强市场开拓力度，威海威铁建设工程有限公司参与承揽福州路铁路桥梁建设工程。

【组织体系优化】 构建“小机关大工区”，将职能科室缩为8个，生产部门增至15个，增设威海威铁建设工程有限公司、威海桃威国际货运代理有限公司和威海桃威物流有限公司；印发《威海桃威铁路有限公司全资子公司监督管理办法》，规范子公司管理；开展“合规管理提升年”活动，制定《公司合规行为准则》《公司合规管理手册》，提升依法合规经营管理水平。适时推行“瘦身”计划，减少员工总数，压缩幅度16%。优化薪酬考核体系，推进以岗定薪、同岗同酬，推行机辆段乘务人员、市场营销人员量化取酬试点，形成以业绩定薪酬、多劳多得分配模式。

民用航空

【概况】 2022年，山东省机场管理集团威海国际机场有限公司（简称威海机场）统筹安全生产和新冠肺炎疫情防控，优化航线布局，强化硬件设施建设，增强发展后劲。全年完成运输起降1.43万架次、旅客吞吐量110.85万人次、货邮吞吐量1.52万吨（其中国际货邮吞吐量1.37万吨），获得2021年度中国商用飞机机场保障突出贡献奖，获评2021年度航空服务最佳机场，研发的智慧运行平台获得山东省交通运输行业职工优秀技术创新成果二等奖。

【安全管理】 强化机制建设，制作年度安全任务清单，建立全员安全生产责任制、安全责任清单、履职记录，优化安全绩效监督考核机制，深入开展“学习规章、敬畏规章、遵守规章”等专项活动，对各级手册、规章进行全面修订更新。注重事前防范，建立安全生产“晨会”制度和风险警示单制度，全面推行安全风险可视化管理，开展安全生产交叉检查和“我是吹哨人＋安全随手拍”等活动，提高风险管控能力。健全应急救援体系，修订大面积航班延误等应急预案13个，完成防汛防台风等各层级演练70余次和应急救援综合演练，提升决策指挥能力和应急救援水平。

【航线开发】 客运方面，引进成都航空有限公司第5架驻场飞机，新增菏泽、松原等航点5个，新开通威海—达州—成都等航线14条，加密大兴、浦东等热点航线13条，与省内济南、济宁、东营、菏泽4个城市通航，上海、哈尔滨、北京等优质干线日高峰航班量均达5班以上，加密威海—仁川客运航班。货运方面，开通威海—东京货运航班，加密威海—仁川货运航班，日本、韩国货运航班量加密到每周30班。发挥水生动物指定口岸优势，日本、韩国入境海产品种类由夏夷贝拓展到梭子蟹、鮟鱇鱼肝等；协调顺丰航空有限公司开通第2季“樱桃航班”。加强与山东辉煌国际物流发展有限公司威海分公司合作，推动航空物流发展。

【基础设施建设】 航管设施设备升级改造工程通过竣工验收，投入使用后可大幅提高空管设备运行保障能力及空中交通管制、空中交通服务能力。机务场务及特种车库工程主体完工，投入使用后可有效解决特种车辆常年室外停放的问题；结合ARJ21飞机保障，实施廊桥适应性改造，增设系留机位，运行保障效率及旅客乘机体验进一步提升。

【服务保障】 创建“无威不至”服务品牌，联合济南国际机场股份有限公司开设跨航司中转联程项目，增设汽车充电桩、便民服务站等设施，推出“特殊旅客线上预约服务”“首次乘机旅客服务”等服务项目，满足旅客出行需求。提升运行效率和品质，全年航班放行正常率91.6%。开展ARJ21机型维修保障能力培训，5人考取ARJ21机型执照。

（祝旦帅）

邮　政

【概况】 2022年，全市邮政行业完成业务收入（不包括邮政储蓄银行直接营业收入）20.93亿元、寄递业务量1.69亿件，分别比上年增长0.46%、0.96%。完成邮政寄递服务业务量3863.33万件、业务收入0.68亿元，分别下降5.63%、11.56%。快递服务企业完成业务量1.30亿件，增长3.11%。其中，完成同城业务量1661.79万件，下降2.41%；完成异地业务量1.11亿件，增长2.74%；完成国际及中国港澳台业务量269.68万件，下降14.44%。全市快递服务企业完成业务收入15.09亿元，下降3.26%。其中，完成同城业务收入0.93亿元，增长16.30%；完成异地业务收入8.56亿元，下降3.19%；完成国际及中国港澳台业务收入2.96亿元，增长5.15%。

【“两进一出”工程建设】 全力推进“两进一出”工程建设（快递进村、快递进厂、快递出海）工程建设，提升快递业服务水平。快递进村方面，市政府办公室印发《关于加快农村寄递物流体系建设的实施方案》，建立推进农村寄递物流体系建设工作机制；市邮政管理局印发《威海市“快递进村”巩固提升工作方案》，部署开展快递进村“巩固提升”工作；市邮政管理局、财政局联合印发《威海市落实“快递进村”奖补政策实施细则》，市、区（市）财政安排预算资金280万元，对新建和升级村级寄递物流综合服务站给予奖补，对快递进村业务服务进行补贴；加强区（市）、乡、村三级物流网络节点建设，全市创建县级快递园区3个，配设乡镇级快递中心29个。快递进厂方面，引导寄递企业依托行业优势，创新服务模式，形成覆盖相关制造业采购、生产、销售和售后等环节的供应链服务能力，实现互利共赢。推动快递企业为山东安然纳米实业发展有公司实现仓管配送环节的深入对接，全年发件4.06万件。快递出海方面，全力发展中韩“海运邮路”业务，助力跨境电商发展。全年经邮路出口501航次、出口邮件36.43万件，出口额1020.08万美元；进口55航次、进口邮件8810件，进口额26.75万美元。推动顺丰控股股份有限公司开通“中国—韩国”海运电商专递，为跨境电商企业提供双向直航的海运干线物流服务。

【邮政绿色发展】 参与市“无废城市”细胞创建行动，打造“无废快递”网点2家。加快推进快递包装减量化、标准化和循环化绿色转型，减少使用不可降解的塑料包装袋、塑料胶带和一次性塑料编织袋，推广电商快件原装直发，大幅减少商品在寄递环节的二次包装，至年底，电商快件不再二次包装比例90%，采购使用符合标准的包装材料比例90%，规范包装操作比例90%，可循环快递箱达1.3万个，回收复用瓦楞纸箱达137.5万个，新能源或清洁能源车辆总保有量156辆。开展生态环保专项监督检查，对全市重点行业生活垃圾分类源头减量工作开展情况进行执法检查，下发责令改正4份。

【寄递安全监管】 市邮政管理局印发《2022年威海市邮政快递业安全生产工作要点暨大检查工作方案》，运用视频监控、现场巡查、回班快件检查等方式，加强对网点、揽收人员依法收寄验视工作的执法检查。通过抽查、部门联合检查等方式，坚持全面检查与严格执法相结合，加大执法力度，全年全局出检人数176人次，检查企业63家，纠正和查处违法违规行为45起，处理违法案件14起，约谈企业16家，下达整改通知书15份。创新监管手段，联合市公安局利用警犬对快件进行藏毒检查，堵截毒品寄递渠道。

【行业管理】 市邮政管理局定期召开政企联席会议，落实普遍服务各项重点工作。强化监督检查，先后开展纪特邮票发行专项监督检查，乡镇邮政服务专项检查，高校录取通知书寄递服务督导，荣成市、文登区机要网点检查，重点时期“扫黄打非”、机要通信工作专项检查，推进邮政快递行业高质量发展；细化工作方案，加强业务指导，扎实做好城市邮政普遍服务情况调查专项调查。

【服务质量提升】 规范开展快递业务经营许可指导、审批、年审工作，落实审批时限承诺制度，压缩审批时限，推动许可企业信息公开。依程序完成5家企业的许可申请指导和41家企业的变更申请，增设分支机构53家、变更分支机构13家、撤销分支机构4家，在线登记备案末端网点452家、智能快件箱365个，审校30家快递企业的年度报告。参加阳光问政热线活动，现场处理问题。建立快速回应机制、一线调处机制和多渠道响应机制，高效办理申诉，挽回消费者经济损失。

【顺丰威海创新中转场投产】 顺丰威海创新中转场位于威海临港经济技术开发区顺丰丰泰电商产业园内，总投资1.8亿元，建筑面积2万平方米，是全自动化智能分拨中转项目，可将快递单票成本降低40%，日处理快件由10万单升至40万单，年内，项目竣工投产。

（周冬喜）

【中国邮政集团有限公司威海市分公司】 2022年，公司坚持“人民邮政为人民”的原则，统筹做好经营发展和新冠肺炎疫情防控，满足人民群众普遍服务需求，取得良好成效。

普遍服务能力提升　投资442万元，规划装修普遍服务网点5处，全市104处邮政普服网点、258条普遍服务投递段道保障全市所有行政村通邮100%。推进党报党刊发行工作，年内发行党报党刊4.2万份。开展系列“绿色邮政”宣传活动，推进邮政包装绿色化、减量化和可循环，邮政网点100%出售绿色包装箱，全面使用45毫米以下窄胶带，电子面单使用率达98%。以“红色蜂巢 暖‘新’行动”为主题，建成邮政户外劳动者驿站35处，为户外劳动者提供饮水、休息、热饭等服务。设立活动室、书屋、健身房，为快递从业人员提供日常活动场地。

国际业务发展　提升国际业务发展能力，扩大业务规模，国际业务全年完成9072万元，增长44.3%。拓展国际邮路，新开办鲁韩专线业务，全年发运13.2万件，与海运EMS业务共同为客户提供对韩国寄递的综合解决方案。

乡村振兴助力　联合市农业农村局，整合金融、渠道、寄递等专业资源，制定惠农助农服务方案，为农民合作社提供“融资＋农资＋金融＋寄递”一体化综合服务。成立邮政惠农工作专班，年内打造中邮惠农综合服务示范社3个，培育邮政协同服务农业产业化龙头企业1家。创新农村金融服务，提升“融资E”等惠农经营贷产品客户服务体验，实现“融资E”贷款净增3994万元；推动农产品“出村进城”，打造特色农产品电商平台，实现农产品交易额6229万元。采用专机＋冷链直达方式，对乳山牡蛎等海产品提供生鲜极速递服务，助力产品销售。

（荣　茜）

编辑　于鹏飞

城乡建设与生态环境保护

综　述

【概况】　2022年，市住房和城乡建设系统注重精当规划、精美设计、精心建设、精细管理、精准服务、精明增长，全领域、全要素、全环节推进精致城市建设。威海市连续3年获评中国最具幸福感城市（地级市），精致城市建设案例入选2022版《上海手册：21世纪城市可持续发展指南》，“精致城市·幸福威海”获评山东省改革品牌。荣成市获评国家传统村落集中连片保护利用示范县，市物业管理协会获评全国先进社会组织，红色物业、保障性租赁住房、安全监管执法等工作经验被住房和城乡建设部推广。

【全域精致城市建设】　调整市精致城市建设工作领导小组，制定小组办公室工作办法，并组织召开指挥部第一次会议，完善议事、管理和协作平台机制。修改发布城市建设档案管理办法，建立中心城区工程项目事前会商机制，印发清理规范城镇供水供电供气供暖行业收费的意见、城市道路挖掘管理保障地下管线设施运行安全10条举措、违法建设查处工作指引等，进一步优化工作流程、提升管理效能。排查整治城市建设不精致、管理不到位、群众不满意问题619个，整治各类遮丑型围挡94处，整治小区停车、私搭乱建等问题3.2万个，征集“全域精致·金点子”1534条，大量不精致问题得到解决。

【城市有机更新】　市住房和城乡建设局（简称市住建局）补充完善《威海市城市更新规划》，明确社区焕新行动、特色街区（片区）行动、蓝绿网络行动等7个特色行动，并对各区（市）提出更新指引和重点突破方向。以城市更新为主线，在城镇开展智慧化、绿色化、均衡化、双向化4类行动。实施居住环境提升等134项市级城建重点工程，完成投资166.09亿元。与中国建设银行股份有限公司威海分行、中国农业发展银行威海市分行、恒丰银行股份有限公司威海分行签订战略合作协议，为城市更新提供资金保障。启动2022年城市体检工作，增加区级和小区级2个体检层级，建立“市—区—小区”三级城市体检联动机制，推进城市体检与城市更新协同联动。威海市入选省级城市更新试点城市，环翠区卫城片区、威海经济技术开发区西苑片区入选省级城市更新试点片区。

【经济增长大盘稳住】　坚持“房住不炒”定位，研究推出公积金贷款提标、调整土地供应节奏、优化房屋限转政策等“一揽子”政策，开展人才安居节系列活动，通过供需两端发力，稳住房地产市场回暖态势。制定住宅设计规范、装配式混凝土建筑应用技术导则，印发促进建筑业高质量发展的若干意见，修订建筑市场主体信用评价办法，通过差异化监管为企业释放资金2亿元。上线运行威海市全过程数字化图纸监管系统，实现工程图纸数字化归档，为企业节约成本1500万元。年内，为65家房地产开发企业计提监管资金8.81亿元，为物业企业申请新冠肺炎疫情

星乐园　　（朱春晓　摄）

防控奖励资金400万元，减免市直管公房个体经营户租金160余万元。

【重大风险防范化解】 分别用18天、11天和13天，完成东浦湾项目一期600套、松涧路项目987套、国际经贸交流中心项目589套隔离及配套用房建设交付工作。修订商品房预售资金监管办法，印发存量房交易资金监管办法，开展矛盾纠纷排查化解整治，从源头上预防和处置风险。深入开展城市房屋“两违”（违法建设和违法违规审批）清查、自然灾害综合风险普查房屋建筑和市政设施调查、建筑施工安全隐患排查整治、自建房安全专项整治，全面消除房屋安全隐患。调整新建住宅工程质量保修期，印发既有建筑装饰装修实施方案，推行新建商品住宅“先验房后收房”制度，推动工程质量全面提升。

【民生保障】 把小区封闭管理、电动车充电桩、快递设施等列为8类必改内容，改造老旧小区89个。按照全龄友好理念，在公园、广场增加智惠易购柜、储物柜等便民设施1600余个。完成“海绵城市”建设面积4.1平方千米，整治背街小巷60条，设置季节性惠民摊点1887个，建成公共停车场3处、过街天桥1座、绿道33.4千米、公厕11处，建设公园12处，加装电梯40部。更换燃气不锈钢波纹管83.44万户，更新改造老旧管线24.29千米。制定垃圾分类工作方案、任务清单、分类收集设施配置标准等，生活垃圾分类经验做法被省委办公厅、《中国建设报》等推广。塑优势、创品牌——“齐鲁红色物业”建设调研活动在威海启动，挂牌“齐鲁新媒体党建智库红色物业研究基地”，推动红色物业全域均衡发展。

精致城市建设

【概况】 2022年，市精致城市建设办公室以推进全域精致城市建设为统领，坚持“常规工作抓落实，难点工作抓攻坚，创新工作抓突破，干部队伍抓作风”，各项重点工作稳步推进。威海市连续3年获评中国最具幸福感城市（地级市），入选省级城市更新、公园城市建设、建筑工程区域质量评价试点城市名单，精致城市建设案例获得联合国认可并向全球推广，“精致城市·幸福威海”获评山东省改革品牌，市精致城市建设办公室获评全省人民满意的公务员集体，10个小区入选国家级、省级典型案例。

【入选《上海手册》】 10月31日，由住房和城乡建设部、上海市人民政府和联合国人居署共同举办的2022年世界城市日全球主场活动暨第二届城市可持续发展全球大会在上海市召开。大会重点交流和展示中外各地在落实联合国2030年可持续发展议程、全球发展倡议、推动城市可持续发展和改善人居环境方面的政策、经验和做法，发布2022版《上海手册：21世纪城市可持续发展指南》，威海“用绿色和温情来打造精致城市”案例入选该手册。

【上榜中国最具幸福感城市】 12月21日，2022中国幸福城市论坛在浙江省杭州市举行。论坛以“非凡十年，致敬奋斗”为主题，以奋进新征程、建功新时代为主线，对中国城市的幸福感进行调查，发布2022中国最具幸福感城市榜单。威海市连续第3年获评中国最具幸福感城市（地级市），荣成市获评企业家幸福感最强市（区）。

【精致城市体制机制健全】 加大精致城市建设市级统筹和区（市）落实力度，市精致城市建设办公室提请调整市精致城市建设工作领导小组，建立领导小组办公室常态化例会机制、中心城区工程项目事前会商机制。5月，市精致城市建设工作领导小组成员单位第一次工作例会召开，印发《2022年精致城市建设重点工作》等台账4份（其中重点任务229项）。10月，市委、市政府组建“精致城市”建设工作指挥部并召开会议，解决精致城市建设市级统揽力度偏弱的问题。

【精致城市品牌塑造】 持续打造精致城市品牌，建立全域精致城市建设专家智库，举办“精致威海召唤你——全国主流媒体摄影大咖威海融媒采访活动”，赴浙江省嘉兴市举办全域精致城市建设培训班，制定《精致城市沙龙角论坛管理办法》并举办沙龙角论坛2期，发布精致城市简报27期。威海市精致城市建设经验做法被中央电视台、山东卫视、《瞭望东方周刊》《大众日报》等媒体报道，并被省委办公厅以信息专报形式刊发。

【城市更新】 2022年，威海市入选省级城市更新试点城市，环翠区卫城片区、威海经济技术开发区西苑片区入选省级城市更新试点片区。市住建局从全域角度定位中心城区城市更新工作，补充完善《威海市城市更新规划》，明确社区焕新行动、特色街区（片区）行动、蓝绿网络行动、畅达交通行动、韧性基建行动、用地提效行动、智慧管理行动7个特色行动。编制《威海市新型城镇化规划（2021—2035年）》，明确智慧化、绿色化、均衡化、双向化4个行动路径。紧扣城市更新主线，实施居住环境提升等4类城建重点工程，利用年中调整机制，项目数量从105个增至134个，计划总投资由99.53亿元提高到140.22亿元，年度完成投资166.09亿元。推进城市体检与城市更新协同联动，开展2021年度城市体检数据分析，找准城市更新工作短板；增加区级和小区级2个体检层级，建立“市—区—小区”三级城市体检联动机制。

【城市温情底色擦亮】 按照全龄友好理念，在公园、广场增加智惠易购柜、储物柜等便民设施1600余个；坚持柔性执法、高效管理，设置季节性惠民摊点1887个，增加城市“烟火气”；把小区封闭、垃圾分类、充电桩设置等列为8类必改内容，改造老旧小区89个。实施城建重点工程134项，查改不精致问题619个，整治遮丑型围挡94处、背街小巷60条，创建精致道路114条，建设公园12处，为83.44万户家庭更换燃气不锈钢波纹管。

【不精致问题整治】 坚持问题导向，健全区（市）自查、集中排查、数字巡查相结合的机制，排查整治城市建设不精致、管理不到位、群众不满意问题，组织各区（市）自查自纠问题405个，并集中开展不精致问题暗访排查行动，将发现的214个不精致问题分解落实、整改完成。

【精致城市建设铁军打造】 培育“全域精致·共富共美”党建品牌，健全完善行业党委4个，建立精致城市党建联盟，开展全域精致大家谈、“做城市建设管理的有心人”等活动，征集“全域精致·金点子”1534条。严格落实“严真细实快”要求，弘扬“唯干唯实唯先、善谋善攻善成”的价值导向和工作作风，成立工作委员会12个，市住建局相关负责人带头常态化到一线走访，推动各项工作提速提质。

城市管理

【概况】 2022年，全市深入推进生活垃圾分类，制定行业管理方面的规范性文件50余个，建立生活垃圾分类投放、分类收集、密闭清运、规范处置等一整套政策标准，发放宣传材料12万余份，群众知晓率达72.4%。完成威海市智慧化城市综合管理平台拓展升级，处理城市管理案件14.53万件。入选全省公园城市建设试点及城市公园绿地开放共享试点名单，开放共享公园绿地25处，草坪面积39公顷。开展物业小区大走访活动，走访业主3.5万户，通过红色物业治理平台，滚动整治小区停车、私搭乱建等问题4.1万件。威海市被省住房和城乡建设厅确定为齐鲁红色物业调研首发站，齐鲁新媒体党建智库红色物业研究基地落户威海市。

【红色物业高质量发展】 威海市以启动全省“塑优势、创品牌——‘齐鲁红色物业’建设调研活动”为契机，推进行业党建和文明服务提质增效，红色物业实现均衡化、长效化、品牌化，成为带动精致城市建设全域突破的重要力量。齐鲁新媒体党建智库红色物业研究基地落实威海市，威海市物业管理协会被民政部评为全国先进社会组织，威高花园小区、东北村小区入选全国“加强物业管理 共建美好家园”典型案例，红色物业经验被住房和城乡建设部专报推广。

【《威海市物业管理办法》修订】 为使《威海市物业管理办法》（简称“办法”）符合《中华人民共和国民法典》等上位法对物业管理、服务提出的新标准和新要求，更好地服务经济社会发展，市政府对“办法”进行修订。新的“办法”优化物业管理委员会制度，强化业主大会、业主委员会的产生和履职，细化业主与物业服务企业的权利义务，推动威海市物业行业高质量发展。

【拆围建绿行动开展】 市精致城市建设办公室印发《威海市拆围建绿工作实施方案》，全面开展拆围建绿工作，重点拆除遮丑型围挡、到期临建项目等，同步实施绿化、美化工程，提升环境品质。9月，印发《关于中心城区拆围建绿工作开展情况的通报》，对拆围建绿工作进展情况、存在问题等进行总结，督促各区（市）持续推进工作，加大整治力度。至年底，完成整治94处，完成率95%。

【精致道路创建】 市住建局印发《威海市精致道路创建工作方案》，开展精致道路创建工作，在全市创建精致道路114条（其中环翠区、文登区、荣成市、乳山市、威海经济技术开发区、威海火炬高技术产业开发区各15条，威海临港经济技术开发区、威海南海新区各12条）。10月，完成预检工作并印发通报。11月，组织完成第一轮考核工作。

【户外广告和招牌设施安全整治】 市住建局采取拉网式、全覆盖的巡查检查方式，开展户外广告和招牌设施安全整治行动，全市排查户外广告和招牌设施3.4万余处，发现并整改安全隐患991个，并对中心城区176处户外广告进行集中清理整治。各区（市）积极开展城市品质提升审计问题整改工作，整治门头招牌标识设置不规范问题219个，拆除户外广告189个，补办手续100个，追缴14家产权单位户外广告使用费2.51万元。

【生活垃圾分类工作推进】 市委印发《中共威海市委 威海市人民政府关于成立威海市生活垃圾分类工作领导小组的通知》，成立威海市生活垃圾分类工作领导小组，建立书记、市长双组长制，并配套印发《威海市生活垃圾分类工作实施方案》《威海市城乡生活垃圾分类收集设施配置标准》《威海市城市生活垃圾投放分类指南》等文件50余份，建立健全生活垃圾分类工作机制体制。加大城区居民小区生活垃圾“四分类”设施建设力度，建成生活垃圾智能分类箱442组、分类房460座、分类亭252座、分类垃圾桶8.1万余个，升级改造城市居民小区收集点3417个，建成垃圾分类宣教基地7座，生活垃圾

5月，统一南路拆围建绿施工现场 （孙大伟 摄）

9月，小学生在进行垃圾分类　　（纪　哲　摄）

分类投放设施居民小区覆盖率100%。

【山东省生活垃圾分类观摩现场会议】9月7日—8日，由中国城市环境卫生协会、山东省住房和城乡建设厅、山东省城乡环境卫生协会主办的山东省生活垃圾分类现场观摩会议在威海市召开，相关地市、县（市、区）、功能区城乡生活垃圾分类主管部门分管负责人员等近100人参加会议。生活垃圾分类“精、全、智、融”的“威海路径”被省住房和城乡建设厅在全省推广。

【数字城管系统运转】扩大数据采集范围，加大对卫生死角、垃圾乱堆放等严重影响城市容貌问题的采集力度，并将巡查范围向背街小巷、老旧小区、城中村、城乡结合部及海岸带等区域延伸，做到巡查无盲区、卫生无死角。拓展案件应用类型，减少案件返工情况，提高案件处置效率。用好“重点案件”指向性指标，印发《2022年威海市数字城管案件考核细则》，强化数字城管案件考核督导。年内，城市综合管理服务平台受理、派遣案件14.53万件，结案率99.83%，自行处置案件7.36万件，专项普查集中整治和相关重大活动问题1.11万件。

【城乡环卫一体化水平提升】理顺城乡环卫一体化工作机制，将各区（市）城乡环卫一体化工作纳入目标绩效管理考核范围，明确工作成员单位、职责分工，建立健全收运处置设施建设、运行管护等工作机制。定期开展农村环境综合整治，采取暗访方式每季度对全市农村生活垃圾管理情况进行检查，全年排查整治农村环境卫生问题4278个。

村镇建设

【概况】2022年，省住房和城乡建设厅先后对威海市危房改造、传统村落集中连片保护利用示范和农村改厕等工作进行调研指导，全市排查农房64.85万户、整治隐患农房3800户，完成农村房屋安全隐患排查整治任务。健全农村改厕后续管护机制，改造户厕60户。荣成市获评2022年传统村落集中连片保护利用示范县（市、区），获拨中央财政奖补资金3750万元，乳山市焉家村入选第六批中国传统村落名录。

【农村危房改造和房屋安全隐患排查整治】市住建局、财政局、民政局、乡村振兴局联合印发《2022年威海市农村低收入群体等重点对象住房安全保障工作实施方案》，组织各区（市）对农村低收入群体等重点对象房屋进行摸排，加强对B级房屋的动态监测，全年发现和完成危房改造78户。开展农村房屋安全隐患排查整治工作，全市排查农房64.85万户。其中，用作经营的自建房2.15万户，初判存在风险的5816户，鉴定为C级、D级的危房30户完成整治；其他农房62.70万户，初判存在风险的5860户，鉴定为C级、D级的危房3800户完成整治。

【传统民居保护利用试点建设】省住房和城乡建设厅、财政厅联合印发《关于做好传统民居保护利用试点工作的通知》，荣成市宁津街道渠隔村张氏祠堂等民居13处被列入2022年度山东省传统民居保护利用试点名单，获拨省级财政补助资金210万元。11月10日，省住建厅专家组对全市传统民居保护利用试点建设工作进行实地核查并给予肯定。

【农村改厕后续管护】市住建局、农业农村局等部门联合印发《威海市推进“十四五”农村厕所革命的实施方案》，指导各区（市）规范提升改厕质量、健全管护服务体系、加强厕所粪污治理，进一步巩固厕所革命工作成果。市住建局印发《农村改厕绩效评估实施细则》，全面客观评估各区（市）农村改厕相关工作开展情况，督促做好农村改厕有关工作。市住建局印发《进一步做好农村户厕问题摸排整改“回头看”工作的实施方案》，开展农村厕所革命问题摸排整改，发现问题1.07万个，整改完成0.8万个。各区（市）通过增设改厕服务站数量、增配管护服务人员的方式，提升改厕服务站服务效率和扩大服务范围，至年底，全市建设改厕服务站183个、配备管护服务人员413人、配置抽粪车辆231辆。乳山市完成户厕改造60户。按照每户600元的标准对新改厕农户进行奖补，全年落实上级奖补资金1555万元。

房地产开发与管理

【概况】2022年，全市坚持“房子是用来住的，不是用来炒的”的定位，加强政策调控和市场营销，稳控化解风险，稳定市场预期，提振市场信心，激活市场活力，推动房地产市场平稳健康发展。优化资金监管政策，出台水电暖配套设施建设市场化机制、流程及标准，支持房地产企业发展。全市房地产市场逐步回暖，住房价格总体平稳，新建商品房销售面积441万平方米，销售均价7171.38元/平方米，外地人购房比例45.21%。其中，新建商品住宅销售面积347.49万平方米，销售均价7057.98元/平方米，外地人购房比例46.19%。

【房地产市场调控】 聚焦房地产市场呈现下行态势等情况，全市出台土地、住房公积金、房屋限转、商业贷款利息补贴、存量房“带押过户”等系列惠民调控政策，加大对房地产市场的调控力度。开展“人才安居节”等购房活动，组织房地产开发企业推出优惠促销方案，吸引社会各界人才实地探盘，助力房地产市场回暖。至年底，全市商品住房库存903万平方米，比上年下降17%；外销比例46%，增长2.57%；商品住房去化周期下降至30个月内。二手房交易连续5个月实现增长。

【房地产市场监管】 市住建局、财政局、自然资源和规划局等部门联合印发《威海市存量房交易资金监管办法》，加强存量房交易资金监管，减少买卖双方及经纪机构因房屋权属转移、购房款交付、佣金支付产生的矛盾纠纷，降低房产、资金交易风险。市住建局、中国人民银行威海市中心支行等部门联合印发《威海市商品房预售资金监管办法》，加强商品房预售资金监管，保障房屋交易安全，维护交易当事人的合法权益。市住建局、公安局、自然资源和规划局等部门联合印发《关于加强预售商品房建设资金管理的通知》，加强在建工程抵押贷款资金管理、商品房项目预售资金监管账户管理和商品房项目普通账户的监管，确保项目资金安全和贷款资金用于项目建设。市住建局印发《关于规范房地产经纪机构经营场所信息公示管理的通知》，规范房地产经纪机构经营场所信息公示管理，维护房地产经纪市场秩序。市住房保障公共服务中心印发《关于销售抵押商品房的工作提示》，要求开发企业、中介机构销售抵押状态商品房时应充分告知购房者，保障购房者的合法权益。

【城建领域历史遗留问题解决】 市住建局召开矛盾纠纷工作领导小组工作协调会16次，率先把解决难度大但又符合相关条件的办证难项目纳入历史遗留问题清单进行解决，全年解决新增办证难项目10个2744套、历史遗留办证难项目2个1093套。稳步推进恒大房地产项目处置，全市7个恒大房地产项目实现100%销号，全年交付房屋1005套，办理不动产登记证1500套。

【保交楼专项借款落实】 全市成立保交楼专项借款专班，负责落实上级政策和审核上报保交楼项目工作，市住建局、财政局等部门联合印发《关于通过专项借款支持已售逾期难交付住宅项目建设交付的工作方案》《保交楼专项借款工作流程》，确定市级借款主体、运作主体以及还款主体，压实项目承建、风险管控和“保交楼”责任。年内，全市8个保交楼项目全面复工，交付房屋789套。

【房地产开发企业信用评价】 开展2021年度房地产开发企业信用评价工作，推进房地产行业信用体系建设。全市545家房地产开发企业申报参加，经过自评、初审、复核、评审等环节，评出“信用AAA级”企业56家、“信用AA级”企业108家、“信用A级”企业162家。

【老旧小区改造】 2022年，全市落实上级财政资金3.81亿元（包括中央财政补助资金1.09亿元、省级财政补助资金3007万元、国家发展和改革委员会保障性安居工程补助资金2.42亿元），实施老旧小区改造项目58个，改造老旧小区89个、建筑面积381.22万平方米，惠及群众4.08万户，完成投资8.50亿元。完成道路更新面积76万平方米、供水管网改造7.3万米、排水管网改造16万米、供电管线改造8.8万米。

【保障性租赁住房建设】 市住建局结合保障性租赁住房需求和存量土地、房屋资源的情况，编制《威海市区“十四五”保障性租赁住房发展规划》，明确保障性租赁住房建设目标，增加保障性租赁住房供给，推动建立多主体供给、多渠道保障、租购并举的住房制度。市政府办公室印发《关于加快发展保障性租赁住房的实施意见》，市住建局、发展和改革委员会等部门联合印发《威海市保障性租赁住房项目认定书管理细则（试行）》《威海市保障性租赁住房工作领导小组成员单位职责分工》，明确保障性租赁住房发展目标、对象标准、支持政策，优化项目认定审批流程，构建联合审查、快速审批的工作机制。至年底，全市开工建设保障性租赁住房2472套，威海临港经济技术开发区获批保障性租赁住房专项贷款8.8亿元，落实中央专项奖补资金3770万元。

市政基础设施建设和园林绿化

【概况】 2022年，全市不断完善路网结构，加强公园、绿道建设，提高交通便捷度，美化城市环境。统一南路全线贯通，青岛路（平度路—珠海路）、海滨南路（仙姑顶路—华夏路）改造完工，建成威海湾暨刘公岛景观照明三期工程、口袋公园9处、儿童友好型公园1处、绿道34.7千米。

【统一南路全线贯通】 2022年，统一南路（华夏路—齐鲁大道）、统一南路（海峰路—华夏路）建成通车，实现统一南路全线贯通。统一南路（华夏路—齐鲁大道）、统一南路（海峰路—华夏路）道路长度分别为4064米、893米，红线宽度25米，设计标准为城市次干道、双向四车道，行车道宽18米，为沥青混凝土路面，两侧各设2米宽人行道和1.5米宽绿化带，设跨河桥2座。

【青岛路、海滨南路路段改造】 强化路段通行条件和服务能力提升，改造完工青岛路（平度路—珠海路）、海滨南路（仙姑顶路—华夏路）。青岛路（平度路—珠海路）道路长3987米，行车

利川游园　（朱春晓　摄）

道宽31米，两侧人行道宽4～7米；海滨南路（仙姑顶路—华夏路）道路长2300米，行车道宽28米，两侧人行道宽3米。大修改造内容包括路面病害处理、沥青罩面、雨水管网改造、部分路口优化、破损人行道及路缘石整修、左转车道加宽、掉头车道及二次过街设施增加、公交港湾改造、非机动车道彩色防滑路面铺筑等。

【景观照明工程建设】 威海湾暨刘公岛景观照明三期工程于2021年11月开工建设，2022年6月竣工验收。该工程对地标建筑进行媒体立面建设，对次重点打造建筑进行建筑型体塑造，对其余建筑打造天际线，累计完成市政府至会展中心段新威路、青岛路周边约98栋建（构）筑物景观照明施工。

【公园建设】 强化公园建设，坚持“推窗见绿、出门见园”原则，关注居住区周边裸露土地，开展“拆围建绿”“退硬还绿”行动，为市民提供便捷的绿色活动空间。全年建成口袋公园9处（其中荣成市2处、乳山市1处、威海火炬高技术产业开发区3处、威海经济技术开发区1处、威海临港经济技术开发区1处、威海南海新区1处），儿童友好型公园1处（威海火炬高技术产业开发区天空乐园）。

【绿道建设】 加大绿道建设力度，完善绿道服务设施，稳步构建具有休闲、运动、旅游、文化、科普、交通等单项或多项功能的绿道系统，全年全市建成绿道9条，总长度为34.7千米。

（隋　伟）

公用事业

【概况】 2022年，全市完成全社会用电量154.61亿千瓦时，城市公共供水总量1.29亿立方米，天然气供应量3.67亿立方米，集中供热入网面积1.24亿平方米，中心城区焚烧处理生活垃圾46.7万吨。

【城乡供电】 2022年，全市完成全社会用电量154.61亿千瓦时，比上年增长1.58%。其中，工业用电量89.65亿千瓦时，减少0.11%。

“精致电网”建设　树立电网与城市发展“网城融合”理念，推进福河山体融合、韩乐坊城市品质提升、赋能海洋牧场乡村振兴等示范区建设，建成配电及客户侧能源互联网示范，打造国家电网示范级海绵台区，签订碳资产全链条托管服务合同，供电可靠性持续提升。“精致电网”获得山东省管理创新和电力创新一等奖、入选世界一流型城市配电网示范名单，2项成果纳入国家电网公司企业标准、能源行业标准。

能源保供　坚持“宁让电等发展，不让发展等电”原则，加大电网项目投资力度，全年完成电网投资8.59亿元，建设重大电网项目14项，全力保障莱荣高铁等民生工程、中韩自贸区地方经济合作示范区等重点区域用电。强化迎峰度夏电力保供，坚持“缺口小点、影响小点”原则，通过“政府引导、电网组织、客户主动”方式，启动需求响应4轮次，227家企业按市场化规则安排错峰生产并领取经济补偿，成功应对电网负荷创历史新高的局面。

供电服务品牌打造　聚焦全周期服务需求，紧扣“用上电、用好电、不停电”3个关键环节，打造“威您办·电好办”供电服务品牌。坚持“企业感受第一评价，群众满意第一标准”，出台10千伏客户政企联合延伸投资到红线政策，至年底全市有25家企业累计

4月，威海大庄110千伏变电站工程建设现场　（刘志鹏　摄）

节省办电成本1600余万元。构建供电服务与政府网格化服务管理协同共治机制，先后推出“一链办理”“零证办电”和“水电气暖”一站办理、“房产+用电”联合过户、企业“注册即来电”等措施，提高服务便捷度。开展“喜迎二十大，四进送服务”市场化专项走访活动，了解企业用电需求、意见建议及惠民惠企政策落地情况，全力做好配套供电服务保障工作。

“电力数据”价值挖掘　发挥电力大数据“晴雨表”作用，挖掘海量电力数据价值，每月编报《电力运行情况分析报告》。建成投运市级能源大数据中心，承建企业用能监测分析平台，每日向城市指挥运行平台推送电力数据服务，打造“电力商圈”“精准扫毒”等大数据产品，为城市能源管理、智慧运行等提供高效数字支撑。专题开展“电力看疫情”数据分析，实现“一键生成全社会用电量”，为辅助政府准确把握宏观经济运行、打赢“蓝天保卫战”、建设“信用威海”等提供电力支撑。

绿色发展助力　推进文登抽水蓄能电站、国核示范配套电网和半岛海上风电、分布式光伏建设，助力华能石岛湾高温气冷堆核电站示范工程并网发电，加快构建胶东半岛清洁能源大范围配置格局。加大“双碳”（碳达峰与碳中和）技术创新力度，打造新型电力系统实证基地，启动蜂巢电网示范区建设。推广港口岸电、工业生产、商业综合体、“集中式”电采暖等电能替代，出台新建小区充电设施建设验收政策，建成多个有序充电小区，加快全市5千米充电圈建设，实现高速服务区、公共交通枢纽充电设施全覆盖。

（李鹏飞）

【城市供排水】　2022年，全市城市公共供水总量1.29亿立方米；生产运营用水量3724.63万立方米，占城市公共供水总量的28.8%；居民家庭用水量5534.84万立方米，占城市公共供水总量的42.8%；人均日生活用水量111.34升。其中，市区公共供水总量8294.62万立方米；生产运营用水量2303.63万立方米，占市区公共供水总量的27.8%；居民家庭用水量3262.84万立方米，占市区公共供水总量的39.3%；人均日生活用水量116.78升。

威海市水务集团有限公司　2022年，公司完成供水总量1.12亿立方米，比上年增长1.8%。处理污水9092万立方米，增长0.05%，污水处理率98.4%。处置污泥17.5万吨，增长6.1%，污泥处置率100%。中水回用量3035万立方米，增长22.3%，中水回用率33.4%。实施供排水重点工程29项，完成投资2.48亿元，铺设供排水管道335千米。

饮用水深度处理全覆盖。供水能力为10万立方米/日的柳林净水厂深度处理项目、供水能力为5万立方米/日的龙山净水厂项目投产运行，推进供水能力为5万立方米/日的崮山净水厂深度处理项目，提前达到通水条件，公司饮用水深度处理总能力达40万立方米/日，中心城区实现饮用水深度处理全覆盖。

老旧管网设施改造。实施海滨南路（仙姑顶路—华夏路段）供水、污水、中水等管道升级改造工程，完成崮山水库原水管道改造工程，实施沧口路小区等6个总表小区改造工程。完成43个老旧片区给排水设施改造，累计更新管道29.56千米，受益居民2.24万余户。完成水表周转“三年攻坚”收官战，累计周转水表13.5万块。

城市排水事业发展。全面启动城市排水“两个清零、一个提标”（城市建成区雨污合流管网清零行动、城市建成区黑臭水体清零行动、城市生活污水处理厂提标行动）工作，巩固和改善水生态环境质量。针对雨污合流问题，采取内窥式检测等方法开展市政污水管网普查，同步完善污水管网地理信息系统，累计排查684千米，发现雨污合流、管道破损、私接等问题2390处。对排污体系加强巡检维护，检修泵站设备2510台（次），清淤、疏通管道723处，保养管线31千米，确保排污畅通。强化河道日常巡查和维护，对九龙河、天东河、望岛河等河道实施清淤整治，完成涝台河、冢里河等河道的中水补水工程。开展污水处理厂提标工作，完成初村污水处理厂扩建工程前期手续。

营商环境优化。坚持用户满意度导向，全力打造全链条、全周期、闭环式的惠民亲商优质服务。将共享营业厅的业务范围拓展到水、电、气、暖、通信、广电等方面的69项业务；对小型接水项目实行简易工程管理，实现“零申请、零材料、零环节、零费用、零跑腿、零等待”的“无感报装”“无感过户”。持续完善一门受理、闭环运行的服务体系，受理解决各类咨询、诉求10万余件，按期处结率99.10%。坚持服务前移、问需于民，加大用户走访力度，及时了解、解决用户问题。

（乔灵敏　刘　英）

【城市供气】　2022年，全市完成天然气供应量3.67亿立方米，比上年增长13.7%。各类燃气管网总长度为8929.1千米（其中低压管网5188.21千米，中压管网3327.19千米，次高压以上管网413.7千米），有各类燃气用户100余万户。

供气安全管理　市住建局印发《威海市城镇燃气安全排查整治工作实施方案》《威海市城镇燃气安全排查整治百日行动方案》，牵头成立燃气安全排查整治工作专班，围绕燃气企业、餐饮场所、居民用户等7个重点领域开展燃气排查整治，排查整改燃气企业一般隐患392处、居民用户燃气安全隐患3.08万处、燃气工程安全隐患6处、燃气厂站安全隐患161处、餐饮等公共场所燃气安全隐患3008处、瓶装液化石油气安全隐患218处，确保燃气行业安全形势稳定。

供气安全宣传　市住建局印发《威海市液化石油气安全宣传教育工作方案》，发送瓶装液化石油气安全使用公益短信280万余条；制作播出瓶装液化石油气安全使用公益短片，强化居民的安全用气意识；组织液化石油气经营单位发放安全用气明白纸，实现市域范围全覆盖。

【城市供热】　完善城市供热设施，敷设华能余热利用供热管网管线3.7千米，新增热水管网65.6千米，改造热水管网239.02千米，改造楼内立管39千米、蒸汽管网3千米、供热站125座，完成供热管网“汽改水”311户。推进核电供热利用工程建设，完成荣成市、乳山市核能利用供热工程项目立项、环评、地方专项债等手续工作，中心城区核能利用供热工程进入前期准备阶段。实施供热服务网格化建设，建立微信供热管家群1588个、网格联络群203个、社区负责人供热联络群32个，实现服务群众“零距离”。主动处理供热温度不足、新建小区入住率、新建小区供暖开户、供暖设施更新改造等问题9844件，供热问题量比上年下降15.63%。年内，全市集中供热入网面积1.24亿平方米，其中市区集中供热入网面积1.01亿平方米。

【城市环境卫生】 强化生活垃圾处置全闭环管理，实施艾山垃圾处理场（二区）改造工程。该工程占地面积约2.1万平方米，设计库容22.4万立方米，采用卫生填埋工艺，处理能力达45吨/日，12月建成并投入使用。进一步规范生活垃圾收运处置全流程作业，市住建局印发《威海市生活垃圾收集运输管理制度》，对全市生活垃圾收集桶及废物箱外观颜色、样式及使用材质进行统一规定，细化生活垃圾收集运输全过程的规范操作、收集点桶体及周边地面的清擦维护、环卫作业车辆车容车貌等工作要求，提升环境卫生行业精细化管理水平。开展生活垃圾收集点专项整治行动，落实环境卫生车辆“红黄牌”管理制度，对全市生活垃圾桶桶体完好清洁度、周边整洁度进行全面整治，解决102辆环境卫生车辆标识脱色模糊、车身破损、锈蚀掉漆等问题。有序开展生活垃圾处理工作，中心城区全年焚烧处理生活垃圾46.7万吨（其中市垃圾焚烧厂处理43.3万吨，文登区生活垃圾焚烧厂处理3.4万吨），生活垃圾焚烧率及无害化处理率均为100%。加大公共厕所新建、改建投资力度，推进城区公厕提档升级，实现城区公厕布局合理、因地制宜、规范管理。全市新建、改建城市公厕11座，均达到二类及以上标准。推进环卫工人休息点建设，中心城区128座环卫直管公厕实现环卫工人休息驿站配备建设全覆盖，并增设社会单位环卫工人爱心休息驿站75处。

建筑业

【概况】 2022年，全市有规模以上建筑业企业750家、具有建筑工程类别资质的施工总承包企业331家（其中特级资质企业1家，一级资质企业15家），建筑业总产值为350.9亿元。

【建筑业高质量发展推动】 市住建局印发《关于促进我市建筑业高质量发展的若干意见》，从产业政策引导、资金信贷扶持、鼓励企业提档升级等方面为建筑业高质量发展提供政策支持。印发《关于印发〈威海市高质量发展建筑业企业评选条件及量化标准〉的通知》《关于加快推进我市房屋建筑和市政工程项目工程总承包和全过程工程咨询服务发展的通知》《关于进一步加强建设工程监理管理的通知》《威海市推进建筑业高质量发展三年行动方案》等系列配套文件，全力推进建筑业高质量发展扶持政策实施。9月，威海市建筑业高质量发展会议召开，强调要准确把握建筑业发展的形势和方向，全面提升建筑业发展水平，加快推动全市建筑业做大做强，实现高质量发展。

【建筑市场主体信用评价】 开展2022年度威海市建筑市场主体信用等级评价工作，对在威海市从事房屋建筑和市政工程建设活动的建筑市场主体（包括勘察、设计、施工图审查、建筑业、监理、招标代理、造价咨询和质量检测等企业）进行信用综合量化评分及信用评级，评价结果作为各级建设主管部门差别化管理的参考依据，评选AAA级企业122家、AA级企业121家、A级企业323家、B级企业295家、C级企业2家。根据信用评价结果，对不同等级企业实行差异化管理，对信用评价等级高的企业减少抽查检查次数、减免各类保证金，每年可为全市建筑业企业释放流动资金约2亿元。

【建筑领域农民工工资治欠保支】 市住建局、人力资源和社会保障局联合印发《关于深化工程建设领域欠薪问题源头治理有关问题的通知》，从持续开展建筑市场秩序专项整治、细化施工过程结算要求、严格人工费按月足额拨付监管、推进工程项目平台监管全覆盖、建立完善欠薪案件倒查工作机制等方面解决建筑领域农民工欠薪问题。全面推行工程款支付担保制度，有效防止因工程款拨付不及时等问题而引发欠薪案件。全年全市建设领域农民工工资支付形势平稳可控。

威海国际经贸交流中心 （纪 哲 摄）

【装配式建筑提质扩面】 加快推进装配式建筑发展，明确全市规划区范围内新建住宅项目全面推行预制楼梯、叠合楼板、非砌筑内隔墙，推广应用单面复合墙板、空调板、预制烟道、预制管道井等成熟装配式部件。加强装配式通用部品部件标准化建设，编制发布威海市地方标准《装配式混凝土建筑应用技术导则》，提高装配式混凝土建筑建设的环境效益、社会效益和经济效益。组织专家完成威海国际经贸交流中心、城源商厦、威海市群众艺术馆验收工作。年内，全市新开工装配式建筑面积104.16万平方米，占城镇新建民用建筑的42.77%。

【建筑工程施工管理】 市市场监督管理局发布《建筑施工企业全员教育培训规程》《建筑工程施工围挡与大门设置规范》2项威海市地方标准。2项标准对建筑工程施工围挡与大门设置、建筑施工企业全员教育培训提出明确要求，有效规范建筑工地大门、围挡设置，提高企业全员安全教育水平和本质安全水平。组织开展建筑施工领域复工复产安全检查、安全生产百日攻坚行动、安全生产大检查、预防高处坠落专项整治百日行动、岁末年初安全生产百日攻坚行动等安全隐患排查整治行动数10次，全市成立检查组677个，出动人员1980人次，检查企业和项目2007个次，排查整治安全隐患5518处，立案处罚217起，行政罚款704.18万元。

【住宅品质提升】 聚焦住宅工程交付质量问题，优化商品住宅“交付验收”流程，在全市新建商品住宅中推行“先验房后收房”制度，探索“边建房边查验”模式，提前创造条件让业主全面了解、现场查验房屋质量状况，维护购房群众合法权益。市住建局印发《关于全面调整新建住宅工程质量保修期的实施意见》，对全市新建住宅工程的屋面防水、供热与供冷系统等部位的质量保修最低期限进行调整，并对地下室外墙回填土、室外入口台阶、无障碍通道和散水等部位质量保修新增最低期限要求，威海市扩面调整新建住宅工程质量保修期典型做法被省住建厅推广。

（隋　伟）

生态环境保护

【概况】 2022年，全市坚持生态立市、环境优先、绿色发展，实施环保工作和环境质量“双领先”战略，深入打好污染防治攻坚战，主动融入全省绿色低碳高质量发展先行区建设，以生态环境高水平保护推动高质量发展、创造高品质生活，打造绿色发展示范区、共同富裕先行区。环境空气质量继续居全省第1位，$PM_{2.5}$浓度为21微克／立方米，绝对值和改善率均居全省第1位，连续2年稳定达到世卫组织空气质量过渡时期第二阶段目标；PM_{10}浓度为36微克／立方米，达到国家一级标准；优良天数比例为91.2%。重点河流、集中式饮用水水源地水质达标率100%，国控断面优良水体比例提前完成“十四五”目标。近岸海域水质优良比例100%，受污染耕地安全利用率和重点建设用地安全利用率均达100%。生态质量指数全省最优。好运角旅游度假区获评国家“绿水青山就是金山银山”实践创新基地，荣成市获评省级生态文明强县、省“整县域推进乡村生态振兴”重点县，乳山市滨海新区、文登区界石镇获评省级“绿水青山就是金山银山”实践创新基地，乳山经济开发区、威海南海经济开发区获评省级生态工业园区，市生态环境局获评山东省人民满意的公务员集体。

【高质量发展推动】 积极应对气候变化，成立应对气候变化领导小组，编制“十四五”应对气候变化规划和温室气体排放清单。统筹推动减污降碳，强化碳排放管理，推进碳排放权交易，完成15家碳排放重点单位数据质量现场帮扶检查，确定温室气体重点排放单位22家。狠抓单位地区生产总值二氧化碳排放降低指标调度，定期调度测算能耗和地区生产总值数据，完成省考核目标任务。强化环评审批服务保障，健全要素跟着项目走机制，统筹使用好污染物排放和碳排放总量替代指标，对重点项目、重点企业、重点

乳山市滨海新区　　（辛　戈　摄）

工程开辟环评审批绿色通道，全年审批项目509个；强化“三线一单”（生态保护红线、环境质量底线、资源利用上线，生态环境准入清单）生态环境分区管控，坚决遏制“两高”项目（高耗能、高排放建设项目）盲目发展，“威海市推动‘三线一单’制度与国土空间规划管理制度有效衔接”成果应用典型案例获得省生态环境厅通报表扬。全面落实排污许可制，强化排污许可与环境影响评估、监测、执法有机衔接，全年复核排污许可证736张、执行报告152家、现场核查637家，完成排污许可证质量复核任务。提升环境执法效能，坚持热情服务与依法监管并重，制定并实施执法正面清单实施细则，对环境信用等级高的160家企业纳入正面清单动态管理，落实11种轻微环境违法不予处罚行为，开展非现场检查，做到“无事不扰”；对违规违法、排放不达标企业，统筹开展专项执法、综合执法，全年办理环境违法行政处罚案件148件，处罚金额730余万元。1个案例获评全省行政执法优秀案卷。

【蓝天保卫战】 狠抓挥发性有机物、扬尘、移动源和重污染天气应对“四个关键问题”。狠抓挥发性有机物治理，以有机化工、表面涂装、包装印刷以及加油站为重点行业，建立406家涉挥发性有机物企业排放源清单，采取卫星遥感、飞航走航监测等科技手段科学治污，用好412家企业用电量监控、53家企业设施工况监控系统，在81家废气排放重点单位设置联网自动监控点位188个，“点对点”实时监控，倒逼企业提高废气处理效率。强化扬尘整治，首次将降尘量纳入对区（市）高质量发展考核，强化区（市）属地责任、行业部门主管责任，实施分类治尘；每季度实施扬尘整治无人机航空巡查，350余处问题点位实现动态清“零”；在102辆公交车、55辆出租车上搭载监测设备，快速精准治理市区道路$PM_{2.5}$、PM_{10}污染。加强移动源监管，划定禁止使用高排放非道路移动机械区域，实现对6440台重型柴油车远程在线监控、1.1万台非道路移动机械精准定位，引导100余家非道路移动机械较多企业与加油站签订购油合同。紧盯轻污染天气，提前采取强化督导检查、企业自主减排等措施，降低污染峰值、缩短污染时长。持续落实专项督查、问题曝光、销号管理、预警约谈、考核问责、生态补偿“六项机制”，严格执行预警、通报、约谈制度，对连续不达标的5个镇（街道）实施预警约谈。调整优化生态环保专班工作机制，组织8名驻区督查专员开展实地督导检查，推进解决生态环境问题。

【碧水保卫战】 坚持陆海统筹、河海共治，严格落实河长制、湖长制、湾长制，加强重点河流水质超标预警、通报、督办，开展汛前河湖水质超标隐患排查整治，完成384个入河排污口整治。加强集中式饮用水水源地保护，城市集中式饮用水水源环境状况评估结果为全部优秀，新建182个农村集中式饮用水水源地保护区标志牌。加强海洋生态环境保护，召开湾长制工作会议，按照“查测溯治”要求完成4855个入海排污口整治，强化入海河流总氮控制，做好重点海域综合治理。

【净土保卫战】 加强土壤污染源头防控，严把用地准入关、报告质量关，将65家企业纳入重点监管单位名录，组织专家评审83宗地块调查报告，强化监督审查和监督采样抽测，确保重点建设用地得到有效保障。加强地下水污染防治，制定水质达标方案，确保地下水考核结果为满分。加强危险废物环境监管，开展“千企万人”警示教育，紧抓医疗废物产生、处置单位“两个重点”和收集、运输、贮存、处置“四个环节”，确保医疗机构及设施环境监管与服务100%全覆盖，医疗废水、医疗废物及时有效收集、转运、处置100%全落实。强化核与辐射安全监管，安全监管工作受到生态环境部华东核与辐射安全监督站书面表扬。推进“无废城市”建设，编制“十四五”时期“无废城市”建设实施方案，承办全省“无废城市”建设现场观摩会并作典型发言，获得国家奖励资金1000万元。

【乡村生态振兴】 狠抓农村生活污水治理，建立检查、通报、帮扶机制，完成137个村治理任务，荣成市农村生活污水治理经验在全国农村环境管理会议和生态文明论坛南昌年会上进行交流，被生态环境部发文推广。常态化开展农村黑臭水体排查整治，巩固全域动态“清零”成果。实现秸秆禁烧连续“零”火点。

【环保督察问题整改】 开展第二轮中央生态环保督察整改方案编制工作。针对2项个性问题、15项共性问题，组织督导单位逐项明确整改目标、整改时限和具体整改措施，制定上报《威海市贯彻落实中央生态环境保护督察报告整改方案》。统筹推进中央和省级历次环保督察整改，组织各区（市）和市直部门制定各区域、各领域整改细化落实方案，并对已办结反馈问题和交办件开展“回头看”。严格落实整改台账、督导和销号机制，加强对突出问题预警提醒和跟踪督办。强化现场督导检查，对第二轮中央和省级督察重点交办件、重复举报件及反馈问题开展现场检查，把环保督察整改纳入生态环保专班督查内容，合力推动整改落实。年内，整改完成历次环保督察反馈问题110项，整改完成交办信访件2405件。

（王厚海）

编辑　于鹏飞

商 贸

综 述

【概况】 2022年，威海市社会消费品零售总额1287.8亿元，比上年下降4.4%；网络零售额198.9亿元，增长21.5%。完成货物进出口总额2095.6亿元，增长3.1%。全市服务进出口额13.1亿美元，增长11.39%。全市重点在建内资项目392个，总投资1174亿元。实际使用外资及中国港澳台资10.8亿美元，下降25.7%。全市备案设立境外企业25家，威海市协议投资额1.43亿美元,威海市实际投资额4.07亿美元。

【市场秩序建设】 市商务局印发《威海市商务领域信用管理办法》，发布成品油、家政、对外劳务合作、参加境内外展会企业分类分级清单，实施差异化监管；办理并公示行政许可60余次，开展信用核实880余次、联合奖惩20例、信用承诺60余家次。开展成品油零售经营企业经营资格年度检查和“双随机、一公开”抽查，累计检查398家次，督促成品油经营企业建立购销台账制度，完善油品来源、销售去向、油品测报告等凭证材料档案。牵头市成品油监管领导小组成员单位开展成品油市场整治行动，排查处置自备油罐12处，查处非法流动加油车12辆，取缔黑加油站点1处。

【市场体系建设】 开展汽车促消费活动，市商务局、发展和改革委员会、公安局等部门联合发布《2022年威海市拉动汽车消费实施方案》，发放汽车消费券用于支持个人消费者在威海市内购买7座及以下家庭乘用车辆，至年底，全市发放汽车消费券4314.9万元，拉动汽车消费45亿元。其中，6月实现汽车销售5296辆、社会商品零售总额7.95亿元，获得省级奖励资金500万元。加强农产品流通基础设施建设，引导大型商贸企业投资1100万元，新建、改建加工配送中心3处；按照城市社区综合超市标准新建、改造社区便利店（或生鲜超市）33处，惠及城乡居民逾60万人。强化报废机动车回收拆解行业管理，全市报废机动车回收拆解企业增至5家，年回收拆解报废机动车产能20万辆。全面开展农产品供应体系建设，打造鲍鱼养殖加工销售一体化、牡蛎养殖加工销售一体化以及苹果种植加工销售一体化3条威海特色业供应链链条，完成威海市农产品供应链试点任务。

【消费促进】 强化消费券政策工具支撑作用，营造消费氛围。市商务局、财政局印发《2022年威海惠民电子消费券实施方案》，市商务局财政局、统计局印发《2022年威海市促进家电消费实施方案》，在受新冠肺炎疫情影响较为严重的零售、住宿和餐饮领域发放1090万元惠民电子消费券，累计核销1022.8万元，带动消费交易金额5736万元，撬动杠杆比例为1∶5.7；发放3230万元家电消费券，吸引240家企业359家门店参与活动，带动家电成交量逾7.3万台，实现销售额超3.4亿元，获得省级300万元奖励资金。发动商贸流通企业参与“2022惠享山东消费年”系列消费促进活动，强化省、市、区（市）三级联动，着力扩大内需消费，激发商贸流通领域经济活力。开展“家电消费月”“山东健康净水消费节”和家电公益补贴活动，不断促进家电消费升级。启动威海市“仲夏惠民消费季”活动，聚焦重点领域、旺季节点，鼓励企业结合政府消费券发放推出让利促销活动，致力实现政企优惠让利叠加效应，提振公众消费意愿。市委统一战线工作部、市商务局、文化和旅游局等部门加强合作，筹

11月，韩乐坊商圈一角 （刘志鹏 摄）

划开展半月湾国际沙滩音乐节、万达广场“六月城市万货节”及“金街夜市开市”活动、华发新天地盛夏嘉年华、韩乐坊商圈一月一主题活动、夜go海滨都市节、“社组联·双惠月”等系列消费促进活动，将美食、音乐、娱乐、网红打卡等“吃喝玩乐购”活动融合，充分挖掘市场消费潜力。

【开发区建设】 深入开展开发区东西合作共建，推动威海火炬高技术产业开发区与山东临邑经济开发区、威海南海新区与山东岱岳经济开发区分别签订合作共建协议，加快推进各项共建任务。威海火炬高技术产业开发区、威海经济技术开发区、威海南海新区3家开发区获评中国（山东）自由贸易试验区联动创新区，威海火炬高技术产业开发区、威海南海新区入选省级国际合作特色园区培育名单，威海综合保税区入选省级外贸新业态特色园区培育名单，威海经济技术开发区获得全省实际利用外资前10名开发区奖励资金。

对外及对中国港澳台地区贸易

【概况】 2022年，全市4815家企业与216个国家（地区）有贸易往来，合计进出口总额2095.65亿元，比上年增长3.1%。其中，出口额1567.49亿元，增长4.9%；进口额528.16亿元，下降1.9%。加大新兴市场开拓力度，对“一带一路”国家进出口总额494.4亿元，增长9.4%，占全市进出口总额的23.6%；对《区域全面经济伙伴关系协定》（RCEP）成员国进出口总额1083.3亿元，增长0.1%，占全市进出口总额的51.7%；对中国台湾、中国香港、中国澳门进出口总额分别为36.1亿元、32亿元、1113万元，增长69.6%、29.1%、9.0%。

【外贸固稳提质】 完善外贸政策体系，培育外贸经营主体，提升外贸主体活跃度。优化市级外贸扶持政策，在外贸进出口增量、跨境电商发展、外综服务平台项目引进、出口信保、市场开拓等方面给予企业重点支持。聚焦

2022年威海市进出口综合情况表

表7

项目	进出口（亿元）			出口（亿元）			进口（亿元）		
	金额	比上年增长（%）	比重（%）	金额	比上年增长（%）	比重（%）	金额	比上年增长（%）	比重（%）
合计	2095.65	3.1	100.0	1567.49	4.9	100.0	528.16	−1.9	100.0
按企业性质划分									
内资企业	1553.13	2.4	74.1	1234.73	4.4	78.8	318.40	−4.6	60.3
其中：民营企业	1332.92	0.0	63.6	1049.65	0.7	67.0	283.27	−2.3	53.6
外商投资企业	542.52	5.1	25.9	332.76	6.8	21.2	209.76	2.5	39.7
按贸易方式划分									
一般贸易	1290.07	−11.8	61.6	1019.79	−10.0	65.1	270.28	−18.0	51.2
加工贸易	735.68	47.3	35.1	503.80	57.6	32.1	231.88	28.9	43.9
其他贸易	69.90	0.1	3.3	43.90	8.0	2.8	26.00	−11.0	4.9
按商品构成划分									
初级产品	189.72	20.3	9.1	137.60	19.0	8.8	52.12	23.7	9.9
工业品	1901.33	1.5	90.7	1425.29	3.6	90.9	476.04	−4.1	90.1
按大类商品划分									
纺织服装	299.39	−7.5	14.3	293.61	−7.6	18.7	5.78	−4.8	1.1
农产品	193.09	20.7	9.2	137.71	19.1	8.8	55.38	24.7	10.5
轮胎	90.88	12.9	4.3	90.87	12.9	5.8	0.01	30.9	0.0
渔具	43.70	−10.2	2.1	43.08	−9.9	2.7	0.62	−27.5	0.1
机电产品	881.53	20.0	42.1	681.76	16.4	43.5	199.77	34.1	37.8
高新技术产品（包含部分机电产品）	228.11	30.1	10.9	89.32	4.6	5.7	138.79	54.3	26.3

重点项目建设，荣成歌尔产业园智能硬件项目、富士康威海科技工业园项目投产。推动环翠区加快进口贸易创新发展，创建国家进口贸易创新示范区。培育特色产品出口集聚区，乳山市获评第二批山东省农产品出口产业集聚区。促进货物进出口运行稳定，全年进出口总额2095.65亿元，增长3.1%。年内，环翠区获评全省对外开放强县，并获得1000万元专项资金。

【跨境电子商务发展】 举办第四届中韩跨境电商大会，提升威海跨境电商知名度。开展跨境电商操作、税收优惠政策、知名电商平台对接等系列宣传推介及培训活动30余次，宣传威海跨境电子商务发展资源和优势，推动跨境电子商务平台与贸易企业对接洽谈。赴深圳市、杭州市、北京市等地对接跨境电商平台企业，菜鸟优选仓成为其在全国最大的出口集货仓库，韩国coupang电商平台联合三星数据系统（中国）有限公司在威海市设立优选仓。培育跨境电商主体，完善跨境电商生态圈，获评2022年省外贸新业态主体7个、山东省品牌商品展示中心1个、省级跨境电商孵化机构试点单位1个。

【国际市场多元开拓】 创新组展参展模式，推动开展线上"云展会"及远程代参展活动，引导企业多元化开拓国际市场。组织121家企业参加山东省商务厅线上"云展会"活动45场，开展威海出口商品（纺织服装、体育休闲）系列展会活动、"抢抓RCEP深耕日本市场"系列展会活动等主题活动3场。组织68家企业参加境外线下展会活动13场，覆盖美国、欧洲、加拿大、日本等主要市场。组织201家企业参加第131届、132届中国进出口商品交易会，组织5家企业参加美国奥兰多全球宠物用品博览会、2022第12届中国（南京）国际食品饮料展览会等涉外类展会。

【内外贸融合发展】 开展"三同"（内外贸产品"同线同标同质"）工程建设，推广"三同"备案标识，在展会、宣传、产品展示等活动中进行展示，提高"三同"宣传效果。举办"外贸优品开仓购"活动，推动构建外贸优品内销联动机制。鼓励企业开展境内、外品牌培育，坚持内外贸一体化发展，11家企业获评全省重点培育的贸易双循环试点企业。

【外贸营商环境优化】 通过线上线下结合方式开展外贸政策培训10次，培训人员2000人次，提高政策知晓度，引导企业申报AEO高级认证企业。开展外贸企业订单转移、《区域全面经济伙伴关系协定》(RCEP)实施、增值税留抵退税、汇率波动等新情况、新政策研究分析30余次。依托山东省稳外贸外资平台，帮助企业解决难题30余个。

中韩自贸区建设

【概况】 2022年，全市抢抓中韩建交30周年、《区域全面经济伙伴关系协定》(RCEP)生效为契机，积极开展对韩国交流合作，推进中韩自贸区地方经济合作示范区建设，取得良好成效。

【地方经济合作深化】 深化对韩合作工作机制，参加《中国—韩国自贸协定》第四次联合委员会及经济合作联委会，汇报中韩自贸区地方经济合作示范区建设情况，争取支持与指导。召开威海—仁川地方经济合作联合委员会第五次工作会议，中国、韩国双方围绕产业及地方合作、贸易、知识产权、医疗、人才、交通等领域议题进行对话交流。强化对韩国招商引资，推进中韩自贸区地方经济合作示范区产业园中韩重点项目开工建设。搭建国际化活动平台，举办第二届韩国（山东）进口商品博览会及中韩（威海）跨境电商大会、中韩（威海）服务贸易创新发展大会、第三届中韩（威海）人才交流合作大会暨韩国留学人才云上对接会等配套活动20余场，推进威海市与韩国的深度合作。加强国家跨境电商综合试验区建设，创新"跨境电商保税备货仓+线下体验展示店"销售模式，建成跨境电商展示体验中心3处，开通韩国Coupang电子商务平台威海仓，1个跨境电商平台、3个跨境电商产业园和3个公共海外仓被认定为山东省重点培育的跨境电子商务主体。

【"四港联动"物流一体化】 推动中韩整车运输业务试运行谅解备忘录签署事宜，取得实质性进展。开展整车运输试运行业务模拟测试，对车辆通关、货物查验、边防检查等流程环节进行实景模拟测试，保障物流运输安全顺畅。稳定开行威海至仁川、大阪、东京国际货运航线，畅通对日本、韩国货运通道，中欧、中亚、中蒙、中俄班列实现常态化运行。优化口岸营商环境，威海海关印发促进威海市外贸保稳提质12条措施，实施入境交通工具"无接触式检疫"、进境邮件"一点清关"等创新模式，推进"即决式布控""国际航班检疫流程优化"等改革试点，保障产

6月，中韩（威海）城市国际客厅启动仪式举行 （刘志鹏 摄）

业链、供应链循环畅通。加大“四港联动”宣传力度，通过录制“四港联动”宣讲视频、制作推介 PPT 课件等方式向企业、机构宣传推介。

【对韩多领域交流】 举办 2022 中韩（威海）经济文化周活动，围绕“韩食·蕴染文化”体验展、韩韵梦幻游等主题开展文化经贸交流。文登区、乳山市分别与韩国天安市、河南市举办友好城市交流推介会，深化合作交流。在韩国媒体进行城市专题推介报道，推出“一寺连三国”“精致威海 康养文登”等线上城市推介展览主题活动。启用中韩（威海）城市国际客厅，打造集展示推介、路演发布、商务服务、综合办公等功能于一体的综合性国际交流服务平台，举办中韩地方经济合作主题展，展示威海与韩国在友好城市、经贸交流、通商通航、四港联动、高层峰会等方面的开放合作。参加第五届中国留韩经济管理年会中韩产业园圆桌对话活动，与烟台市、盐城市、惠州市等地市的中韩产业园进行对话交流。举办第五届中韩创新大赛、“临港杯”中国威海国际棒球邀请赛、“中韩建交 30 周年——中韩国际书画名家邀请展”等活动，推动双方人文交流合作深入发展。

服务贸易创新发展

【概况】 2022 年，威海市全面深化服务贸易创新发展试点工作进展顺利，完成服务进出口总额 13.1 亿美元，比上年增长 11.39%。其中，完成服务出口额 8.8 亿美元、进口额 4.3 亿美元，分别增长 11.61%、13.10%。威海市“创新服务贸易国际合作机制”典型案例被国务院服务贸易部际联席会议办公室在全国宣传推广。

【深化服务贸易创新发展试点推进】 完善管理体制，召开服务贸易创新发展试点工作联席会议，推进试点工作顺利开展；优化服务贸易考核指标体系，将区（市）、重点产业部门工作完成情况作为全市考核的重点指标，至年底，试点方案和行动计划完成率达 94.5%。强化“四港联动”物流一体化建设，实现国际海运与公路的无缝对接。举办威海—仁川地方经济合作联合委员会第五次工作会议、中韩（威海）跨境电商大会、中韩（威海）服务贸易创新发展大会、第五届中韩创新大赛等专题活动，助力中韩两国服务贸易发展。加强专业园区载体建设，推动产业协作、协同发展，威海服务贸易产业园吸引 400 余个项目入驻运营，荣成服务外包产业园、中韩自贸区地方经济合作示范区实体园区等重点园区产业集聚效应逐步显现。优化服务贸易政策环境，加强国家级专项资金及市级配套资金管理，重点用于公共服务平台建设及企业承接国际服务外包业务、品牌建设等；市商务局、科技局等部门联合开展“政策送千企”宣讲活动 70 余次，鼓励引导企业充分利用服务贸易政策红利。健全服务贸易统计体系，市、区（市）两级建立专业服务贸易统计队伍，定期发布威海市服务贸易情况通报，有近 1000 家企业在威海“服务贸易直报系统地方板块”注册，基本实现全覆盖。

【服务贸易便利水平提升】 优化服务贸易发展环境，稳步推进政务服务无差别“一窗受理”，建立“前台综合受理、后台分类审批、统一窗口出件”模式，加快“政务服务 + 互联网”建设，政务服务事项可全程网办率 100%；做好外商投资旅行社业务许可的承接工作，简化办事流程，缩短办理时限；市委组织部、市司法局、市商务局等部门联合印发《关于进一步加强涉外律师法律服务工作的通知》，鼓励全市律师事务所探索创新与港澳律师事务所业务合作的方式机制。加强外籍人才流动服务。建设外国专家驿站，推出“一站式”服务举措，构建和完善外国专家管理服务体系；市社会保险服务中心办公室印发《关于做好在威海就业的外国人参加社会保险经办服务工作的通知》，保障外籍人才的社保权益；开辟外国人办理工作许可业务“绿色通道”。促进专利技术流动。构建重点企业、行业协会知识产权保护便捷响应通道，遴选 33 家企业建立市级知识产权保护重点联系单位库；建立知识产权侵权判定专家顾问制度，遴选 8 名专家，为企业提供专利侵权判定、维权、诉讼等方面的专业支撑；成立威海市专利权“政银保”融资服务联盟，面向科技型中小微企业开展服务；在威海市信财银保企业融资服务平台开通“知识产权质押融资”模块，探索线上办理知识产权质押融资业务；威海市市场监督管理局、财政局、地方金融监督管理局等部门联合印发《威海市知识产权质押融资风险补偿实施办法》，制定风险补偿机制，在省级补偿基础上，市级再补偿 20%。打造一流通关服务环境，不断深化“三互”（监管互认、执法互助、信息互换）大通关建设，推动通关一体化改革落地生效，积极创新口岸通关模式，流程

8 月，2022 中韩（威海）服务贸易创新发展大会召开　（威海市商务局　提供）

再造、查验基础设施整合共享、口岸整体通关速度提升40%；持续推进“单一窗口”申报、自报自缴、汇总征税、关税保证保险等新型模式，主要功能覆盖率达100%。

（张明悦）

粮食购销与加工

【概况】 威海市发展和改革委员会（简称市发改委）及所辖文登区、荣成市、乳山市发展和改革局，履行管理和服务全社会粮食流通职能。市发改委内设粮食职能科室2个，辖直属事业单位1个。2022年，全市累计收购粮食11.47万吨，完成加工总量44.2万吨，实现销售收入49.5亿元，完成省级储备粮布局威海任务。

【粮食宏观调控】 强化粮食收购，科学研判产购形势，统筹市内、市外两种资源，指导各类收购主体入市收购，全年收购粮食11.47万吨。统筹做好新冠肺炎疫情防控期间粮油保供稳市，强化储备粮油管理，加强粮情监测预警、风险研判，合理引导市场预期；协调面粉加工和粮食仓储企业，打通从原粮到成品粮的“内循环”；加大对商超粮油供应的调度力度，指导做好市外粮源购进和市区粮油配送，确保满足35家城区保供网点销售量。推进粮食应急保障体系建设，完成《威海市突发粮食事件应急预案》编修，组织实施粮食应急供应网点建设项目，对108处网点进行升级改造，提高突发事件应对能力。

【储备粮规范管理】 优化地方储备区域布局和品种结构，在落实省核定的地方储备规模基础上，指导各区（市）新增县级储备计划，进一步充实全市储备粮规模；强化食用油储备管理，在保持总量不变的前提下，调整大米、面粉的储备。做好储备粮轮换，组织下达地方储备粮轮换计划，指导承储企业按时保质保量完成轮换任务。推进储备粮精细化、科学化、信息化建设，开展市级储备粮油承储企业现场核查，实施地方政策性储备粮库绿色仓储升级改造项目，完成准低温仓房改造，安装仓储专用空调及各类设备，地方储备粮实现库存数据互联互通、视频动态监管。

【粮食产业高质量发展】 加强威海“胶东花饽饽”品牌建设，开展“胶东花饽饽”行业状况调研3次，完成“胶东花饽饽”商标注册，指导文登花饽饽产业园投入运营，并组织花饽饽生产企业参加“齐鲁粮油”中国行推介会，持续提升“胶东花饽饽”品牌知名度和市场竞争力。盘活粮食产业项目，针对威海三威面粉有限公司基本停产的情况，促成发达面粉集团有限公司完成并购并于9月开始运营。

胶东花饽饽 （王彦博 摄）

【粮食行业监管】 推进粮食安全党政同责责任落实，市委办公室、市政府办公室分别印发《中共威海市委常委会及其成员粮食安全工作职责清单》《威海市政府领导班子及其成员粮食安全工作职责清单》，市发改委印发《2022年度粮食安全重点职责清单》，分解细化目标任务，压实各区（市）、部门粮食安全主体责任。加强粮食流通监督检查，制定年度“双随机、一公开”监管抽查计划和涉企检查计划，落实粮食收购许可改备案等“证照分离”改革工作，备案管理粮食收购企业25家；开展夏粮、秋粮收购和统计制度等执行情况监督检查，累计开展各类检查27次，出动执法人员82人次，检查各类经营主体26家次，维护粮食市场正常秩序。组织政策性粮油库存检查，制定政策性粮油库存检查和新入库政策性小麦检查工作方案，开展业务培训，完成对青岛市粮食、食用油抽查，配合济南市检查组对全市粮食、食用油抽查和江苏省南通市检查组对全市新入库政策性小麦检查。提升粮食质量监管能力，印发《威海市超标粮食收购处置和监管工作方案》，明确超标粮食处置流程，对超标粮食的收购、储存、销售和运输等各环节进行全程监管；指导威海职业学院（威海市技术学院）加快资质认定进度，粮食质量检测中心通过山东省计量认证并开展库存、新收获粮食质量调查和政策性粮食出库质量监管4批次，累计扦取检验样品181个。压实压紧粮食行业部门监管责任和企业主体责任，印发《关于印发全市粮食行业安全生产大检查工作方案的通知》等文件，组织开展安全生产百日攻坚行动、大排查大整治和春季、秋季库存粮油安全普查等活动，通过企业自查、区（市）集中检查、市级重点督查和聘请安全专家诊断检查等形式，加强粮食出入库作业现场、消防安全、粉尘防爆等重点环节和部位的安全检查，排查整治安全隐患，督导企业落实安全生产、安全储粮制度措施。

（姜富升）

供销合作

【概况】 2022年，威海市供销合作社联合社聚焦乡村振兴，统筹推进供销综合改革，努力打造服务农民生产生活的综合平台，各项工作取得新成效。

【农业社会化服务能力提升】 构建农业社会化服务网络，采取“纵横联合”的方式，与山东省供销合作社联合社签订战略合作协议；通过自建或与农业大户联结方式，共同出资设立农业服务公司，打造县级服务平台；强化镇级为农服务中心服务功能，注重发挥村“两委”（村党支部委员会、村民委员会）组织优势，合作共建土地股份合作社，至年底，培育农业社会化服务骨干主体6个，对接村集体或其领办的合作社140余个，构建区（市）、镇、村三级农业社会化服务网络。探索灵活合作模式，采取全程托管、约定提成，环节托管、订单服务，固定收益、自主经营等方式，为农民提供耕、种、管、收、烘、储、售等环节的服务。实行适度规模化经营，引导村集体或合作社将土地相对集中，发挥供销服务主体农资联采直供、智能配肥等优势，亩均降低成本100元以上。强化农业科技支撑，针对山坡地力差、灌溉难、投入产出比低等情况，广泛应用良种良技良法，精选小麦、玉米等抗旱品种，通过引进推广种子包衣、施用保水剂和植物生长调节剂、秸秆还田等措施，促进粮食稳产增收。全年累计完成农业社会化服务土地面积6.4万公顷，土地托管面积2.53万公顷，全托管面积1333.33公顷，承接政府购买服务项目土地面积1.8万公顷。

【县域流通服务网络建设】 依托商贸流通龙头企业，建设完善农产品云服务中心、农产品云仓、文旅特产馆等县域供销综合集配中心，通过聚合各类资源，实施统仓共配、联采分销，打造县域内综合、集约、高效的综合配送服务平台。通过改造提升基层社、为农服务中心等设施，建设完善乡镇供销综合服务站，承担县级综合集配中心在当地的商品周转存储及农村网点配送功能。整合小卖部、代销点、农资店等经营网点，赋能形成供销农村综合服务社，承接镇级综合服务站的服务功能，开展便民服务。打造网络营销平台，开发应用“佰年荣供”“荣美青成”“供销一亩田”社群营销小程序，建立网上下单、统一备货、分拣、配送、售后服务体系，方便农民生产生活。年内，建设完善县域供销综合集配中心3处、乡镇供销综合服务站6个、村级综合服务社25个，开展电商培训400余人次，发展社区微信群120余个。

【基层组织服务能力提升】 发挥农业服务和商贸企业的带动作用，按照集中优势、因社制宜、分类施策的原则，对基层社进行改造升级，增强综合服务能力。推动企业、基层社与三农工作结合，引导带动基层社开展土地托管、农资经营、农村电子商务等业务。至年底，培育基层社示范社2个，改造提升薄弱基层社8个，恢复重建“服务空白”基层社2个。

【农业生产保障】 面对农资价格高、现货储备不充分等问题，与大品牌供应商对接，加大订购农资的调运力度，及时充实库存，做到总量平衡、结构合理、不脱销、不断档，保持价格相对稳定。针对农业生产节点，开展形式多样的农资惠农活动，引导广大农民科学施肥用药。面对新冠肺炎疫情防控期间无法进行农资配送的问题，采取电话沟通、收集订单信息的方式，组织专业队伍开展配送服务。强化农资监管，对农资从进货、入库、配送、运输、销售全过程实施监管，杜绝违禁和假冒伪劣商品通过供销社经营渠道进入市场。

【合作发展基金设立】 市供销合作社联合社印发《威海市供销合作社联合社合作发展基金管理办法（试行）》，设立市本级合作发展基金，指导荣成市供销社依法探索设立合作发展基金，并规范运作和管理，提升为农服务能力，至年底，合作发展基金支持社有企业2个、总金额90万元。积极推进融资服务，争取贷款额3278万元，有效解决农业项目融资难、融资贵的难题。

（梁志鹏）

烟草专卖

【概况】 2022年，威海市烟草专卖局（公司）坚持稳中求进工作总基调，统筹推进“抓基层、打基础、强管理、重创新”战略，严格落实“抓重点、补短板、树亮点、促提升”策略，实现行业高质量发展。全年实现税利8.05亿元，比上年增长5.5%；上缴地方税金1.7亿元，增长40%。

【卷烟营销】 践行“总量控制、稍紧平衡，增速合理、贵在持续”方针，构建“六保”（靠前部署保预期，张弛节奏保低需，标签约束保规范，稍紧调控保状态，滚动预测保均衡，档位投放保公平）货源供应模式，实施精准投放，确保市场供需总量、销量结构和销售节奏的动态匹配。开展两级班子市场大走访活动3轮次，精准把脉市场，动态调整策略，较好实现“为消费者服务、为地方财政增收服务、为满足社会需求服务”目标任务。聚力一类烟市场拓展，深化蓝色海洋、红色旅游、绿色乡村、金色商务“四色”市场开发，一类烟单箱值增幅居全省第1位。完善品牌发展规划，实施品牌活力评价体系和“红黄牌”预警进退机制，提高品牌集中度，重点品牌销量占比95.6%，居全省第1位。发挥“工商零”合力，助力零售户终端建设，打造“五福临门”农网示范店121个、“泰山尊客”品牌店192个。推进诚信互助小组和零售户信用体系建设，诚信互助小组“自运行”比例达78.4%。开展“我与客户共成长”活动，1350名客户加入“成长计划”，全市零售户户均卷烟年收入5.1万元。

【专卖监管】 聚焦情报导侦、精准打击，融入胶东经济圈一体化监管格局，实施多部门联合执法，建设铁路公安和烟草专卖联合执法办公室，强化情报网络建设，全链条打击各类涉烟违法行为，查获5万元以上大要案69起，破获符合公安部、国家烟草专卖局标准的案件4起；涉案人员刑事拘留8人、逮捕4人、判刑31人。扎实开展电子烟政策宣传、依法许可、日常监管等工作，查处违法经营案件7起，办理许可证64户，清理劝退无证户80户，电子烟监管进入法治化、规范化轨道。持续优化零售点合理布局，建立网点数量测算模型，科学确定容量，全面动态纠偏，持续提升行政许可管理水平。全面推动法治烟草建设，加大执法审核力度，严控企业法律风险，开展普法活动50余场，提供法律服务360余次。全年查办各类涉烟案件677起，查获各类非法卷烟1683万支、涉案案值1529万元，专卖人员人均、社会人口每万人、卷烟销量每万箱平均查获假烟走私烟数量3项指标均居全省第1位。

【企业管理】 牵头推进胶东片区一体化科技创新与标准化建设，联合开展关键技术攻关11项、联袂促进创新成果转化221项，获得省级精益课题、QC成果等创新奖项17项。推进智慧物流建设，实施卷烟全品规自动码垛，实现多层货架智慧盘点，创建绿色物流评价体系。开展"制度落实年"活动，推进"大规范"建设，新建修订制度38项、优化流程143个、防控规范风险点476个。

（李传鹏）

石油供应

【概况】 2022年年底，全市在营成品油仓储企业1家（威海威洋石油有限公司）、批发企业5家、在营加油站381座（含高速加油站，其中中国石化销售股份有限公司山东威海石油分公司107座、中国石油天然气股份有限公司山东威海销售分公司31座、其他社会加油站243座）。年内，全市车用汽柴油机出量（加油机销售量）约41.6万吨。全市成品油日供应量约1139.7吨，其中汽油807.1吨、柴油332.6吨。

【中国石化销售有限公司山东威海石油分公司】 2022年，公司严格落实安全生产主体责任，坚持做好新冠肺炎疫情防控常态化工作，全面提升本质安全水平。坚持开展"四不两直"检查，加强现场安全监管。强化员工安全教育培训，定期开展法律法规、相关制度教育培训和各类逃生应急预案演练，提升职工的安全意识和自救能力。推进安全生产分级管控隐患排查治理双体系和标准化建设，以"识别大风险、消除大隐患、杜绝大事故"为主线，全面识别安全环保风险，依法依规做好安全环保工作。

公司按照"以最严格的管理、最严格的执行、最严格的追责来强化数质量管理"的要求加强油品、非油商品质量管理，形成全员、全天候、全方位抓数质量安全的局面，确保油品质量合格。开展质量检测、宣传等系列活动，获得群众好评。公司全年实现销售收入29亿元，销售成品油32.04万吨（机出总量21.15万吨）。

【中国石油天然气股份有限公司山东威海销售分公司】 2022年，公司着力销售网络开发建设，探索推进社会站资源融合，进一步平稳区域油品价格，面对柴油供应紧张等不利局面，积极协调油品资源配置，保障社会资源供应。探索新能源业务转型布局，完成部分站点光伏发电及充换电项目前期考察。全年成品油销量达5万吨。深入落实QHSE政企融合要求，积极开展安全培训及隐患治理，严格管控油品计质量各环节，实现安全生产零事故。

投资促进与经济技术合作

【概况】 2022年，全市重点在建内资项目392个，总投资1174亿元。其中，总投资10亿元以上的项目27个，实物工作量3000万元以上的项目71个，属于七大千亿级产业集群项目345个。全市新备案设立境外企业25家，威海市协议投资额1.43亿美元，威海市实际投资额4.07亿美元；新签境外承包工程合同额4.6亿美元，完成营业额5.43亿美元，派出各类劳务人员3705人。

【招商引资优化提升】 市委、市政府印发《威海市招商引资攻坚突破工作行动方案》，重点解决招商引资"氛围不浓、专业性不强、实效不高"3个问题，推动全市招商引资力量一体化、目标精准化、工作常态化、手段多元化、保障制度化。

优化顶层设计，形成一体化招商格局。组建市对外开放及双招双引工作指挥部，完善议事、管理和协作平台机制，进一步强化招商工作市级统筹。开展招商引资竞赛活动，以"目标企业、招商活动、新增项目"3本台账为着力点，全方位强化招商引资过程化管理，对各区（市）、15个精准招商部门、67个招商服务部门相关工作

5月，威海市2022年第1期专业化精准化招商引资专题培训班举办

（威海市商务局 提供）

每月进行通报、每季度召开专题会议评议，实施“红黄旗”管理，初步形成全市一体化招商合力。

搭建活动平台，推动重点项目梯次推进。市委、市政府主要负责人带队先后赴北京市、上海市、重庆市等地招商6次，各区（市）、市精准招商部门主要负责人外出招商272人次，推进项目合作。举办新能源产业专题推介会、威海海洋产业合作沙龙、第五届威海市市长国际经济咨询委员会年会、2022首届威海国际周系列活动等，全方位推介威海投资机会。全年组织12个外资项目参加省级重点项目签约活动，组织全市招商引资项目集中签约仪式4次，累计签约项目187个，签约金额约1300亿元。

加强产业研究，提升专业化招商水平。组织开展商务大讲堂活动5次，围绕经略海洋、用地保障、先进制造业等主题，培训约2000人次。组织专业化、精准化招商引资专题培训3场，培训人数逾1500人次。完善威海投资热力图，编制全市“双招双引”政策条目清单，详细介绍闲置厂房、楼宇等招商引资载体，包装完成招商载体和项目173个，其中制造业项目84个。

强化保障机制，破解项目要素制约。统筹全市重大招商引资项目扶持政策，优化要素保障小组工作机制，与市自然资源和规划局等要素保障部门建立常态化会商机制，先后召开专题会议5次，为碳基新材等30余个项目议定要素保障事项，推动威高—通用技术集团—飞利浦高端医疗装备产业基地项目签约。

【外商投资管理服务水平提升】 加强《中华人民共和国外商投资法》宣讲，落实外资准入前国民待遇加负面清单管理制度，积极推动落实外商投资信息报告制度，夯实外商投资信息报告数据质量；落实外商投诉机制，保障外商及外资企业合法权益。举办招商“服务大使”送政策线上讲堂活动3期，外资外贸企业350余家参会。开展“以商招商”投资促进活动，举办外资企业专题恳谈会、外资企业专场银企对接会、外汇避险及政策解读会等，强化对外开放营商环境建设。组织外商投资企业开展年度投资经营信息联合年报，开展外商投资初始报告、变更报告和年度报告的“双随机、一公开”监督检查，做好服务和监督，全年有1908家外资企业参加年报申报。

【企业“走出去”发展推动】 推动境外经贸园区建设，提升华坦供应链东非商贸物流产业园综合服务合作区的功能定位，以“一园多区”的形式，扩建海外仓、机场物流园，提升合作区承载功能。承办中国（山东）—坦桑尼亚云对话活动，推动项目线上签约，组织企业参加对外投资合作业务及风险防控政策培训会、“走出去”企业境外危机管理和企业人员健康管理等安全防范培训活动10次。加快培育本土跨国公司，引导企业围绕市场、资源、技术等要素开展跨国并购，5家企业入选第一批山东省本土跨国公司培育名单。

【威海国际物流多式联运中心建设】 开拓班列运营渠道，增开中俄班列10列，新开中俄冷链班列6列，拓展青岛—沈阳—莫斯科的包列运输新通道，完成威海—万象南和威海—泰国的班列测试。深挖客户资源，加强与天润工业技术股份有限公司、威海伯特利汽车安全系统有限公司、韩国LG集团等国内外企业合作，承接货物的班列发运业务，推进班列业务的持续发展。年内，中欧、中亚班列累计发运集装箱1.36万标准箱，比上年增长35.1%，“日韩—威海—欧亚”“四线四品”海陆空联动国际多式联运示范工程入选第四批多式联运示范工程创建项目名单。

（张明悦）

8月，高端医疗装备产业战略合作签约仪式举行　　（王彦博　摄）

会　展

【概况】 2022年，因新冠肺炎疫情持续影响，全市除第二届韩国（山东）进口商品博览会等少数会议、展览外，绝大多数会展活动采取线上方式举办，全年举办线上、线下会展活动109场次。

【第二届韩国（山东）进口商品博览会】 8月5日—7日，由威海市人民政府、山东省商务厅、韩国驻青岛总领馆主办的第二届韩国（山东）进口商品博览会在威海市举办。博览会以“行稳致远·共创未来”为主题，威海国际经贸交流中心，设置中韩建交30周年、知名品牌、RCEP区域等展区，内陈国际标准展位1300余个，全球20余个国家和地区的786家参展商和2000余家采购商参展，吸引观众近10万人次，重点签约项目30余个。同期举办中韩（威海）跨境电商大会、威海—仁川地方经济合作联合委员会第五次会议、中韩（威海）服务贸易创新发展大会等配套活动20余场。山东省政府，商务部，中国驻韩国大使馆，韩国产业通商资源部，韩国、俄罗斯、白俄罗斯等国驻华大使馆，黄河流域部分地市嘉宾线上线下出席活动。中央电视台、韩国SBS、日本NHK、俄罗斯塔斯社等50余家国内外媒体对韩博会进行报道。

（邹清晓）

编辑　于鹏飞

口　岸

综　述

【概况】 2022年，全市海港口岸外贸货物吞吐量1298.9万吨，比上年增长2.7%；外贸集装箱量75.4万标准箱，下降1.7%；出入境船舶4060艘次，下降9.2%。威海空港口岸出入境人员2.16万人次，增长4%；国际货邮运量1.37万吨，下降13.7%；出入境飞机1816架次，下降1%。

【口岸开放】 推进海港口岸涉外作业点对外启用，石岛港口岸好当家港区沙窝岛中心渔港1号～7号泊位和山东人和集团有限公司渔港码头1号泊位获批临时对外启用，切实解决国际远洋渔船靠泊接卸作业难题，进一步规范和优化远洋渔船、人员、货物的监管和服务。有序推进修造船企业专用码头泊位对外启用，石岛港口岸荣通船业有限公司舾装码头、黄海造船有限公司码头3号泊位延长临时对外启用期限，助力全市修造船产业发展。提升航空口岸开放能级，威海国际机场于2020年11月启动国际航站楼改扩建工程，2022年3月通过行业验收，5月申请并获批临时对外启用。该工程包括新建连廊及入境查验区3395平方米，改造出境旅客候机区1796平方米，国际航站楼面积由1.2万平方米增至1.5万平方米。升级配备旅客快捷通道（6条）、智能验证台（6条）、测温采样、负压隔离室（178平方米）等口岸查验监管设施，优化国际航班旅客通关流程。项目临时对外启用后，威海机场通关单日可保障国际和地区客运航班7～8个，出入境旅客年通关能力从50万人次提高到100万人次。完善海关指定监管场地建设，威海港口岸进口食用水生动物、牛皮查验检验场地建成启用，石岛港口岸进口冰鲜水产品、食用水生动物指定监管场地高效运营。

【口岸服务】 威海市口岸办公室印发威海市深化跨境贸易便利化改革优化口岸营商环境实施方案，实施持续提升措施30条。持续巩固通关效率优势，推进两步申报、提前申报等口岸通关改革举措全面落实。优化港口作业流程，出口货物“抵港直装”和进口货物“船边直提”比率明显提升，集装箱在港作业时间压缩90%。加快推动传统码头自动化改造，威海港自动化堆场建成启用，集装箱作业效率提高39%。全市口岸整体通关时间分别为进口19.63小时、出口1.19小时，为全省平均时间的50%。全面规范口岸收费秩序，严格实行口岸收费公示制度，推动港口、航运、场站等90家口岸企业“单一窗口”线上和口岸现场线下同步公开收费项目及标准，实行动态更新管理，切实做到公开透明。加强口岸收费监督检查，严格落实减费降费政策，全年免除查验无问题集装箱吊装移位仓储费用1238.7万元，减收国际航线船舶引航费175万元，降低外贸企业通关成本。优化口岸通关服务，细化进出口货物通关作业环节、操作步骤、办理时限，海运口岸明确7个环节15项流程、航空口岸7个环节流程，在口岸作业现场和“单一窗口”同步公开，促进口岸经营单位严格履行服务承诺，不断提升作业规范化水平。推广使用“通关与物流状态查询”系统，方便企业查询港口作业、押箱换单、通关申报等环节通关时效，实现口岸通关状态与时效可视化。

【口岸安全防控】 市口岸办公室印发关于建立健全口岸安全联合防控工作制度的通知，明确目标任务，细化责任分工，健全协调落实机制，进一步织密国门安全防护网。落实口岸新冠肺炎疫情防控责任，加强督导检查，推动隐患问题整改，统筹推进“人防、物防、技防”建设，精准实施入境旅客、船员、机组人员及进口冷链食品、高风险非冷链货物采样排查，构建进出境全链条防控闭环，确保口岸防控全覆盖、无死角。

【国际贸易“单一窗口”建设】 推进国际贸易“单一窗口”建设应用，进一步优化系统功能，服务范围涵盖口岸执法服务、税费办理、金融保险、口岸物流等国际贸易全链条，口岸通关申报实现“全程网办”“一窗通办”。强化业务推广，通过线上线下相结合的方式，进行专题业务培训，注册使用“单一窗口”企业4285家，基本涵盖各类进出口企业，主要业务使用率保持100%。完成航空口岸物流信息系统与国际贸易“单一窗口”的系统对接。创新当地特色应用，推动财政“信财银保”系统与“单一窗口”开展合作，发挥口岸大数据汇聚效能，创新“外贸＋信用＋金融”服务模式，有效解决中小外贸企业融资难题。

【口岸运行管理】 探索开展综合绩效评估，根据全市口岸实际，研究制定硬件设施、通关便利、运行效益等方面的口岸综合绩效评估指标，建立对外开放启用、查验配套设施等口岸基础信息库，每月统计分析全市口岸进出口货物、集装箱、人员等业务数据，加强口岸运行情况动态监测，持续推动口岸健康运行。

（张朝明）

海　关

·威海海关·

【概况】　2022年，中华人民共和国威海海关监管进出口货运量406.7万吨，比上年增长8.8%；监管进出口总值1599.8亿元，增长1.3%；审核进出口报关单48.8万票，下降5.6%；征收税款26.8亿元，增长14.8%；备案加工贸易合同3177份，下降11.2%；监管进出境飞机1838架次，增长0.1%；监管进出境船舶1255艘次，下降6.8%；监管集装箱45.9万标准箱，下降3.7%；监管进出境人员5.3万人次，增长34.1%；累计签发原产地证书9.8万份。开展“国门绿盾2022”专项行动，检出进境有害生物81种类、342种次。威海海关新冠肺炎疫情防控指挥部下设工作组8个、工作专班职责12个。组织相关部门深度参与口岸新冠肺炎疫情防控、冷链、非冷链等5个属地专班工作，派员长期进驻海上防控小组。全年累计监管进出境人员5.7万人次、运输工具3320架（艘）次，货物采样284批次，检出阳性病例96例。年内，威海海关获评海关系统第二批节约型机关、青岛关区进出口食品安全专项工作表现突出单位，威海海关缉私局获评青岛海关2022年度工作优秀集体，威海海关技术中心获评青岛海关“三八红旗集体”；1人获评山东省“七五普法”依法治理工作先进个人，1人获评青岛海关“三八红旗手”，2人获得直属机关团委关于关区青年“勇担使命开新局　青春献礼二十大”主题演讲比赛优秀奖、1人获得三等奖；3人因打击进口夹藏非法医美及高档消费品工作成效突出获得奖励；7人获得青岛海关工作表现突出奖励，1人获评优秀消防安全管理人，威海海关缉私局21人获得集体三等功。

【查缉走私】　查发进境濒危野生西洋参、红珊瑚手链等涉濒危物种制品走私情事，查获含濒危动植物成分化妆品29起。开展“蓝天2022”专项行动，查获固废7批2272.13吨。查获国家管制的一二类精神药品1812粒、“三无”（无生产许可证、无标准的保健食品批准文号和无药品批准文号）减肥药2.4万粒，查扣气枪枪管1支。查发不合格危险品、重点敏感商品72批次。开展稽核查作业201起，追补税款9968万元。全年立案的刑事案件23起、行政案件44起，案值5.9亿元，立案侦办一级挂牌督办案件1起。“扫黄打非”查获淫秽书籍15本。查获出境至日本的新冠病毒抗原检测试剂10.7万个、价值53.77万元。开展非贸渠道打击侵犯知识产权专项执法行动，采取知识产权保护扣留措施218批次，货运渠道查获4起。向市商务局等部门通报涉嫌不实贸易企业信息157家。

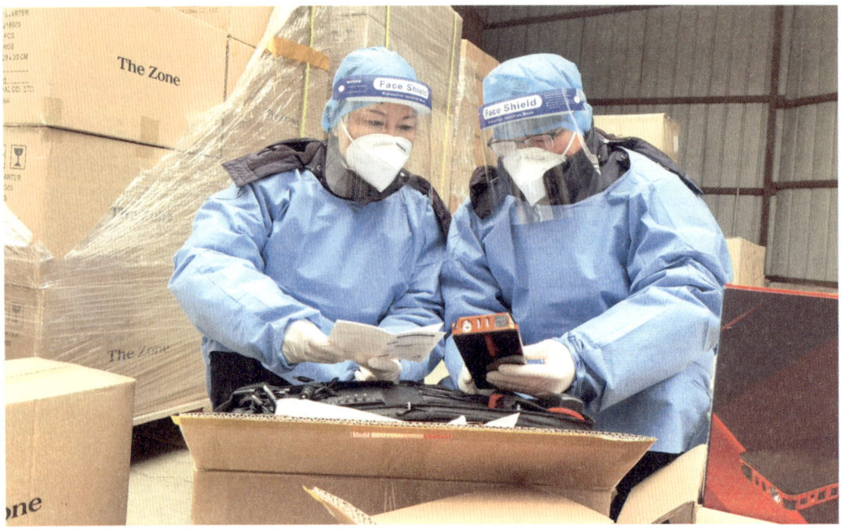

1月12日，威海海关工作人员查获危险品锂电池　　（威海海关　提供）

【企业发展服务】　妥善解决企业货物滞港、通关受阻等问题200余个；践行枫桥经验“专班＋实体工作室＋13个现场调处岗”三级工作体系，调处化解执法纠纷40余起。发布促进外贸保稳提质12条和助力外贸经济高质量发展举措6条，获批对韩国技贸基地。“四港联动”进入实质化运作阶段，指导乳山口港、威海南海新港泊位升级改造，支持开通直航欧洲、俄罗斯海运航线以及中俄冷链专列、中蒙班列，增设监管作业场所2处。威海综合保税区发展绩效评估继续保持全国A类，支持跨境电商综试区做大做强，吸引进驻企业超200家；中国、韩国海运邮件“一点清关”作业模式在青岛关区复制推广。推进“放管服”改革，长期保持受理行政许可“零超时”“零差评”。持续压缩整体通关时间，推行“提前申报”“两步申报”，实行“船边直提”“抵港直装”无感通关模式，进出口整体通关时间分别为19.63小时、1.19小时。与荣成海关、中国国际贸易促进委员会威海市委员会签署“RCEP实施攻坚年”活动合作备忘录，联合开展惠企政策宣讲8次，落实RCEP（《区域全面经济伙伴关系协定》）区域或缔约方“快运货物‘6小时放行’”要求，深化原产地签证智能审核、自主打印等改革措施，全年签发RCEP原产地证1.5万份。深化“AEO示范市”建设，新培育高级认证企业4家。推介应用主动披露制度，组织“线上＋线下”政策宣讲15次，办结主动披露事项18起，补缴税款42.28万元。

（赵　莎）

·荣成海关·

【概况】　2022年，中华人民共和国荣成海关监管进出口货物257.2万吨、货值835亿元；监管进出口集装箱20.5万标准箱、进出境船舶3721艘次、进出境人员5.9万人次、跨境电子商务出口货物价值60.5亿元；审核报关单22.4万份；入库税收14.0亿元；签发各类原产地证书3.8万份，货值21.2

亿美元。荣成市有出口食品生产企业备案433家。加强口岸进出境交通工具、人员卫生检疫，监管进出境（港）船舶3721艘次，检疫监管入出境船员5.9万人次，检出阳性病例147人次。规范做好进口冷链高风险货物检疫，完成进口冷链食品核酸采样1698票、集装箱2689个，预防性消毒监督349票、集装箱545个。首创运行无接触式入境卫生检疫平台，港口卫生检疫工作效率提升80%。更新自动化设备提升PCR实验室检测能力，完成人体样本核酸检测61.5万人次、冷链商品核酸检测6.77万管。

【打击走私】 巩固打击洋垃圾和象牙等濒危物种及其制品走私成效，立案侦查赵某走私象牙案，查获象牙制品1.18千克，为辖区首起走私象牙案。与威海海警局联合侦办陶某伟走私废物案，查获走私废物1500吨；查获以“人造毛帽子边条”等品名申报的固体废物2批7.4吨，均做退运处理；查获4批进口电子产品外包装违背“一个中国”原则情事。开展“国门利剑2022”“护卫2022”“清风”等打击走私专项行动，全年立案侦办刑事案件20起、案值1.92亿元、涉税2531万元，抓获犯罪嫌疑人3人；移送起诉案件2起、案值394万元、涉税42万元。立案调查行政案件14起、案值3250.21万元、涉税98.2万元。

【口岸监管】 开展知识产权保护“龙腾行动2022”行动、“口岸危险品综合治理”百日攻坚行动，严格落实进出口食品监管要求，做好各项监管工作。提升口岸监管效能，组成关警联合检查小组，对辖区内监管场所进行不定期巡查。加强过境货物实际监管，办理过境业务389票、货值3714.3万美元。加强知识产权海关保护，查获鞋包、服装等侵权物品132件。强化进出口动植物检疫，加强风险分析，构建非洲猪瘟、红火蚁、松材线虫、高致病性禽流感等重大动植物疫情防控链条。监管放行种牛2999头、哈伯德种鸡7万只，检出动物疫病3类8头次，在货运和船管渠道截获进境植物有害生物58批67种次，其中检疫性有害生物5种23种次、一般性有害生物15种44种次。严格对进出口食品、商品检验监管，检出出口食品微生物超标5批次、出口危险化学品不合格1批次、出口危险货物包装不合格1批次、进口热水器标识不合格5批次、进口医疗器械电气及标识不合格1批次。

【外贸发展服务】 推动关税减让、原产地规则等政策覆盖中小微企业，促进辖区跨境电商新业态发展。稳定市场主体，联合荣成市商务局开展线上政策宣讲会，覆盖外贸进出口企业200余家。签发RCEP原产地证书2205份，享惠货值5396万美元，企业享受RCEP其他成员国关税减让超500万元，工作实践案例获评山东省RCEP优秀实践案例。推荐辖区食品加工企业国外注册28厂次，帮扶2家企业获得海关高级认证，荣成市高级认证企业数量达17家。为辖区19家远洋渔业企业审批减免税580份，减免税款6.4亿元。

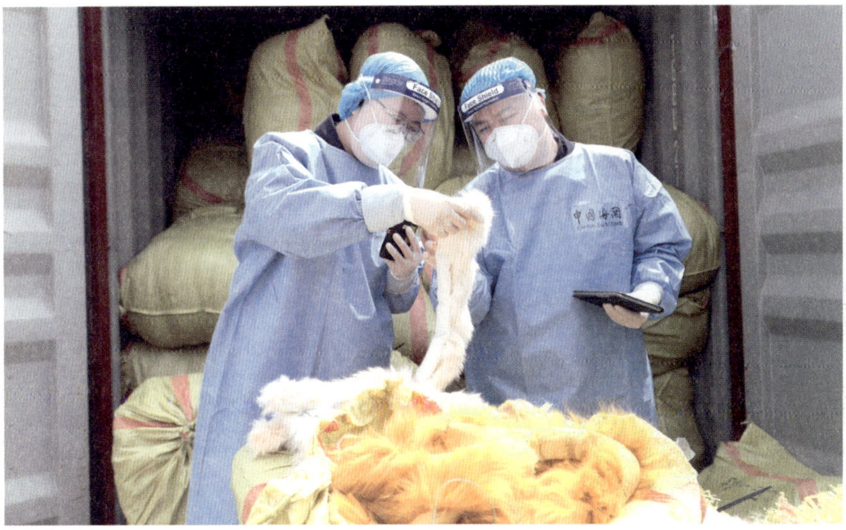

4月22日，荣成海关工作人员查获固体废物　　（荣成海关　提供）

【口岸营商环境优化】 集成推进“两步申报”应用、进口提前申报、原产地证书自助打印等便利化业务改革，进口、出口货物整体通关时间分别为13.39小时、0.87小时，分别列青岛关区海运口岸现场第2名、第1名。提报的冻蓝鳕鱼新增进口暂定关税税率建议被国务院税则委员会采纳实施，每年为辖区水产企业降低进口成本超500万元。支持打造综合性跨境电商创新发展集聚区，落实“简化申报、清单核放”等监管便利化措施，推动构建“跨境电商+海外仓”模式，跨境电商进出口总值增长55%。促进跨境贸易便利化3项实践案例获评全国海关示范案例或山东省示范案例。围绕“突破发展海洋经济”主题，深入“5+2”7个产业链27家重点企业现场办公，答疑解惑问题78个。构建“海关专家+联合研判+综合施策”精准服务平台，解决企业问题诉求170个。牵头《乌克兰危机对全球粮食安全影响》署级研究课题，相关研究成果被省政府领导批示3次。

【海关检验检测能力提升】 荣成海关综合技术服务中心提升检验检测能力和口岸通关效率，通过CNAS、CMA“二合一”评审，通过24个检测领域、700个检测项目；投入采购资金500万元、维修升级检测设备11台（套）；设备使用率和法定检验业务量分列青岛关区第1位、第2位。保健中心完成常规实验室升级改造，完善猴痘病毒、流感病毒等试剂和检测技术的储备，提升口岸“多病同检”能力。强化PCR实验室管理，在各级组织的能力验证活动中均取得合格评定。

（张　斌）

海　事

【概况】 2022年，中华人民共和国威海海事局服务保障船舶进出港10.8万艘次，其中客运船舶7.8万艘次；货物到达发送量4159.4万吨，运送旅客528.6万人次。VTS（船舶交通服务系统）跟踪船舶12.8万艘次，提供信息服务11.4万次，监控重点船舶4.8万艘次。发布各类预警信息60期，处置海上险情27起，救助遇险人员104名。累计发生水上交通安全事故4起，死亡失踪13人，沉船3艘，直接经济损失740万元。开展FSC（船旗国监督检查）初查407艘次，滞留船舶65艘次；开展船检质量检查141艘次，追究船检质量责任6艘次。针对各类违法违章行为实施处罚236起，罚款382.51万元；实施船员违法记分21人次，记94分。新增注册船员2994人，签发船员证书1.91万本，组织各类培训考试5.36万人次，政务受理9.5万件次，涉海重要工程审批35件次。因时应势优化调整疫情防控措施，攻坚巩固新冠肺炎疫情防控工作。落实其他支持资金809.5万元，指导经济实体合法合规签订经济合同10项，累计金额421万元。威海海事局先后获评全国五四红旗团支部、交通运输部系统建设模范机关先进集体、全国海事一流政务服务优秀窗口等，获得国家级奖励1项、省部级奖励7项。3篇政务信息被中共中央办公厅、山东省委办公厅采用，9篇新媒体稿件被人民日报客户端、新华社等媒体平台采用。

【监管履职体系建设】 完成海上安全整治“三年行动”，围绕“问安”系列议题定期研判海上交通安全风险，动态更新问题隐患和制度措施，创新实施公司审核措施，持续强化“两员”（船舶载运危险货物申报人员和集装箱现场检查员）管理，实施“两员”记分38人次。加强客船安全监管，党委会专题研判客船风险，深化客船监管治理格局。完成保障涉客船舶航行安全“百日行动”，稳妥推进“驻点”执法、货物清单制、游艇停泊水域划定等客船监管新机制，全年实现客船安全“零”事故。深入落实全要素水上“大交管”建设，探索构建海上执法联动体系。推动属地政府印发“三无”（无船名船号、无船舶证书、无船籍港）休闲船管理指导意见和编号管理办法，注销登记游艇19艘，纳入渔业辅助船进行编号管理“三无”船2艘。制订安全包保责任制实施方案和配套工作指南，全面落实以港管船和包保责任，全市纳入属地包保管理县域休闲船舶12艘。

【公共服务体系建设】 实体化运行海上安全与搜救应急协调机制，成立海上安全工作专班，聚焦海上安全和应急搜救突出问题稳步实现海上安全共商共治新格局，全面建成全市“统一指挥，海上主战，属地善后”的海上搜救体系，并实施远海救助渔民11人。推进成山头海上高速服务区建设，向市政协会议递交建设成山头南北大通道海上高速服务区的提案并被采纳，推动地方政府成立工作专班研究探索船舶供油、补给、维保等相关海上综合服务区产业布局，聚焦锚地船舶容量着力构建“船岸协同、两极共管”的锚泊船动态信息化管理机制。助力现代化海洋强市建设，“动态执法＋静态建档”把控威海港二突堤围堰工程、海上风电等重点涉水工程项目建设“准入关”，全程绿色通道保障电煤等重点民生物资海上运输高效畅通，科学划定第1批2个海上通航密集区并纳入海洋发展部门北斗系统。助力航运企业船舶融资8.7亿元，“WE！海员”考试工作室高效运行，举办威海市第三届船员技能大赛，保障船员换班2461人、下船救治船员44人。

【职业保障体系建设】 构建“陆海空天”一体化保障体系，无人机建设项目通过交工验收并试运行，完全自主研发的“无人机智能管控平台”获得国家级计算机软件著作权登记证书。优化干部队伍结构配置，通过“选任、优化、补充”的方式加快青年干部培养，通过“兼任、转任、分任”的方式逐步优化职级晋升通道。推进法治建设高质量发展，修订《威海市海上交通安全条例》，高效运行行政执法规范化建设长效机制。

（石立磊）

1月21日，威海海事局工作人员对集装箱开箱检查（威海海事局　提供）

船舶检验

【概况】 2022年，山东省威海船舶技术服务中心完成船舶检验373艘次（其中建造检验155艘次、营运检验218艘次），审查船舶图纸28套，船用产品检验4批次27件；检验船舶总吨位36.67万吨，主机总功率20.01万千瓦，船舶检验到位率、顾客满意率、船舶证书发放合格率均为100%。

【船舶安全质量监管】 注重加强船舶关键环节的重点监控，严格执行船舶检验过程控序，及时发现问题并督促整改。对辖区的老旧船舶、油船及工程船、客渡船进行重点检验，全面排查安全隐患，确保船舶具备安全航行技术状态。山东省威海船舶技术服务中心印发《关于进一步提高船舶检验质量的通知》，对加强船舶检验质量提出明确要求，对威海辖区游艇建造企业进行系统治理。印发采运砂船舶安全专项整治行动实施方案的通知，船东按要求进行整改并通过现场检验。推进辖区船舶隐患治理和风险防控，对属于检查范围的辖区船舶，做好非法改装、救生设备缺陷等的排查和分析研判，及时组织船东进行自查自纠并整改，确保船舶质量符合法规要求。

【船检质量管理体系建设】 充分发挥船检质量管理体系作用，加大对6.0版质量管理体系文件的学习和宣传贯彻力度，提高全体验船师的质量意识，严格按照体系要求，强化产品实现过程的监视和测量，确保体系有效运行。开展船舶检验质量监控和船舶检验资料自查活动，认真核查船检归档资料，中心班子成员及质量管理部门人员定期参与现场船舶检验工作，及时发现问题并督促改正。对船舶检验中图纸审查、建造检验、营运检验以及船舶档案管理等方面存在的问题，严格按照体系文件要求进行整改。

【船检能力提升】 贯彻落实《中华人民共和国船舶和海上设施检验条例》《船舶检验管理规定》等法律法规，严格执行上级及主管部门有关船舶检验工作的规定，制定船舶检验工作要点和验船师培训计划，组织验船师参加国家、省级船舶检验培训25人。强化内部管理，坚持抓制度建设和队伍建设，不断完善内部管理机制和工作程序，提高船检工作能力。建立激励机制，设立中心专项考核创新奖励资金，激发职工创新创造激情。制定实施创新办法3个，在省级以上刊物发表论文3篇。《中国水运报》对中心全力推动船检创新发展进行专题报道。制定《船舶建造企业报检指南》《营运船舶自检指南》，明确企业报检过程中所需提供的文件资料以及船舶建造检验工作程序和工作要求，提升船舶检验服务质量和检验效率。修订完善《船舶远程检验办法》，利用移动互联网技术、智能技术等科技电子技术平台，对因新冠肺炎疫情无法到达现场检验的船舶进行远程视频检验。

【企业发展服务】 强化服务理念，不断增强服务的主动性、自觉性。对辖区5家船厂及配套产品厂和7家航运企业进行走访，征求意见并解决实际困难。坚持服务承诺制度，严格落实岗位负责制、服务承诺制、限时办结制，遵循便民原则，提高办事效率，为客户提供优质服务。发挥专业优势，积极宣传贯彻讲解船舶法规规范，帮助企业建立质量自检制度，引导企业加大技术投入，加快技术设备更新换代，加强对技术工人的培训。

（陈迪波）

出入境边防检查

·威海出入境边防检查站·

【概况】 2022年，中华人民共和国威海出入境边防检查站检查出入境人员5.32万人次，与上年基本持平。其中，入境人员2.72万人次，比上年下降1.7%；出境人员2.60万人次，增长2%。检查出入境交通运输工具3083艘（架）次，下降13.8%。其中，出入境飞机1816架次，下降0.03%；出入境船舶1267艘次，下降6.1%。查获违法交通工具2艘（架）次，在控在逃人员3人，办理违法违规案件14起。建立新冠肺炎疫情应对处置平急转换机制，海港推行“小单元+应急增援”警力编成，空港搭建“预警筛查、研判分析、比对核查、联合处置”协作平台，防疫物资实现居民、企业“双保障”。主动向市委、市政府推送涉疫数据2.6万余条，精准预警境外确诊病例81例，妥善处置换班船员709人次。

【平安“国门”建设】 排查发现的68家公司涉嫌协助152名外籍人员骗取中国签证线索被推动立案为国家移民管理局督办案件。与市公安局等部门联合建立协作机制12项，推动立案3起，“9·3”组织他人偷越国（边）境案被石家庄市公安局立案侦查，“7·2”组织他人偷越国（边）境案被列为国家移民管理局督办案件。

【口岸经济发展助力】 保障乳山口港新增泊位开放、海港货运航线增开项目及威海国际机场入境执勤转场对外启用，推进货机专用查验场地全面建设。投入资金200余万元，高标准完成中韩陆海联运“四港联动”省级战略项目边检查验场地及查验设施建设，落地“合作查验、一次放行”车辆一站式通关模式，服务发展成果先后4次被中共威海市委、市政府主要负责人批示肯定。

（张泽中）

3月14日，中韩陆海联运边检查验场地实现“合作查验、一次放行”车辆一站式通关　　（威海出入境边防检查支队　提供）

·石岛出入境边防检查站·

【概况】 2022年，中华人民共和国石岛出入境边防检查站统筹新冠肺炎疫情防控、口岸管控“两条战线”，全警投入外防输入、保障产业发展、口岸安全管控、重大安保维稳，助力全市经济社会发展。全年检查入出境（港）船舶2500余艘次（其中检查固定航线班轮700余艘次、远洋渔船550余艘次），维修船舶950余艘次。检查监管固定航线班轮数量、修造船舶数量、远洋渔船数量3项指标均居全省第1位。全年检查出入境（港）人员近5万人次。累计办理船员换班5400余人次，签发各类行政许可2.4万余份，服务外籍技术人员登轮7批次，开通绿色通道9次，保障26名危重病船员快速通关入境。开展口岸普法宣传、法制培训、送法进企业7场次，培训代理、作业工人1800余人次，发放各类宣传资料3000余份，接受群众法律咨询60批次，为群众解决涉边检法律法规问题15个。各项业务企业和群众好评率均为100%。制定远洋渔船、冷链运输、船员换班等7类检查工作指引；深化与海关等部门高风险染疫船舶通报和“四联单”审批机制，强化对入境船舶和船员的“全链条、无缝隙”监管。推送疫情防控数据相关信息80余条，处置染疫入境船舶4艘次。

【口岸风险管控】 以“亮剑国门2022”系列专项行动为主线，建立健全应急指挥机制，完成全国两会、中共二十大等边检安保任务。落实“国门铸盾－2022”专项行动要求，完善5类应急处突预案库，先后开展口岸处突演练20余次，锚地联合执法10余次，联合处置海上突发事件3起，有效提升口岸综合管控效能。抓实要素管控、风险隐患排查工作，紧盯重点码头、关键区域、高风险船舶，落实视频巡查、港区巡查、随机抽查制度，查找整改梯口监管不严等突出问题隐患9个。部署开放泊位监管设施大清查，整改监控设置不合理、参数不达标问题40余个，实现监控100%高清改造、100%全域覆盖。建立健全口岸基础数据库，实地踏查码头岸线20余处，动态采集口岸涉外企业40余家、荣成籍远洋渔船300余条、2600余名备案船员资料信息。

【经济社会发展服务】 落实边检服务承诺，在石岛新港、沙窝岛渔港2个指定的远洋渔船出入口岸设立24小时值守便民服务岗亭，开通边检服务热线，及时为群众解答渔业船员出入境政策、群众反映的问题，全年提供咨询答疑300余人次。配合完成4个码头临时对外启用，服务近20艘新建国际航行船舶出境，为200余艘外轮提供一次性办结边检手续服务。优化外籍船员登陆换班机制，配合驻地疫情防控指挥部完成7批外籍船员登轮、17批外籍船员登陆就医和出境事宜。服务沙窝岛中心渔港、人和渔港临时对外开放，指导完善边检查验设施，优化远洋渔船出入境勤务，相关工作得到荣成市政府和企业高度认可。

【口岸通关保障】 针对远洋渔业公司现实需求，依托远通码头警务室，抽调精干力量组建专门远洋渔船服务分队，公开并严格落实“24小时随到随检”“一次办好”等承诺，从根本上解决企业报检不便等难题。先后20余次为100余艘远洋渔船提供紧急出境服务，“零延时、零差错、零距离”的“三零”标准受到渔业公司认可。建立提前预报、资料核查、预检预查、现场核查标准化查验模式，对远洋渔船出入境备案等环节进行简化，实现远洋渔船平均手续办理缩短30分钟。优化网络智能辅助，依托国际贸易“单一窗口”、港口边检综合管理系统等平台，推进边检手续和行政许可“网上办”“掌上办”，为企业节约时间、成本。

（郝振波）

·龙眼港出入境边防检查站·

【概况】 2022年，中华人民共和国龙眼港出入境边防检查站检查出入境船舶822艘次、出入境人员1.20万人次，查办各类案件22起。1人获评“十佳边检卫士”，1名警属获评“十佳边检警嫂”，1人立个人二等功，5人立个人三等功。

【口岸管控】 以中共二十大安保维稳工作为主线，建立“一体化”安保战时指挥架构，高标准建成海防监控站，开展“国门铸盾”应急演练。深化“边检＋出入境”联合办案模式，多部门联合开展海上联合巡查，维护口岸安全稳定。深入推进“獴猎”行动、“三非”（非法就业、非法入境、非法居留）外国人治理等专项行动，搭建科技和人力“两张网”，始终保持严查严控严打高压态势。整理上报“清网”信息27万余条、案件线索125条、国家移民管理局督办线索6条，立案6起，先后参与查办“三非”案件30余起，涉案500余人次，总结提炼的“搜关筛查联锁”六字工作法被国家移民管理局推广应用。

【勤务改革深化】 全面贯彻落实国家移民管理局便民利企服务举措，纵深推进边检“放管服”改革，建立警企“点对点”联络机制，实现边检行政许可网上办理、出入境船舶无纸化申报、中国边检登轮码注册使用率3个100%。创新建立“全链条闭环式”勤务模式，依托单一窗口、梅沙系统、国家移民管理局综合数据应用平台、“港口通”小程序打造“全程核查链”，实现“船舶靠港、移泊零待时”，每条船舶通关时间平均减少1小时。办理港口间移泊船舶120艘次，线上签发上下外国船舶许可8277份、船舶搭靠许可144份，完成737名船员换班勤务，开通绿色通道救助受伤船员9名，获赠锦旗2面。

【边检队伍建设】 深入推进队伍正规化建设，打造“铸魂、塑形、提质、正风、强基、惠警”6个工程，持续固化“一人一事”经常性思想工作体系，创新建立“三联互动”精准监督模式，配套建立常态督察、责任倒查、综合分析机制，全力维护队伍高度集中统一和安全稳定，保持建站22年安全无事故的良好态势。推进全警实战大练兵，建立专业培训、支部自训、以考检训、奖惩励训“四项机制”，全面开展全警政治轮训、检查员专业能力等级评定攻坚冲刺月，分层分类提升队伍能力素质。年内，1名民警获评国家移民管理局全警实战大练兵标兵个人。

（常　亮）

编辑　李传强

旅　　游

综　述

【概况】　2022年，威海市加强文化和旅游项目招商引资工作，积极落实各级扶持政策，不断优化文旅行业营商环境，提高行业服务质量，强化全媒体矩阵营销，推进千里山海自驾旅游公路品牌打造，进一步提升旅游景区示范创建工作，推动全市文旅产业发展。全年接待旅游总人数3541.99万人次，实现旅游总收入388.89亿元。全市重点文旅项目完成投资44.07亿元，完成投资率107.8%。全市有国家A级以上旅游景区49家、旅行社162家、星级饭店37家、民宿195家、国家级工业旅游示范点7家、省级以上农业旅游示范点78家、精品采摘园32个、星级农家乐60个。

（王　园）

千里山海自驾旅游公路　　（威海日报社　提供）

【威海文旅发展集团有限公司】　公司是中共威海市委、市政府重点打造的唯一市属国有文旅产业专业化运营平台，2019年8月16日成立，注册资本5亿元，有直属单位14家，主营景区运营、酒店餐饮、节庆会展、体育赛事、教育研学5个业务板块。2022年，公司聚焦主责主业加快发展。景区旅游板块，刘公岛风景区获评山东省优秀旅游景区，中央电视台、新华社等国家级媒体报道10余次；推出大环岛生态观光线路，串联起岛内的红色历史印记与自然风光，受到中央电视台《晚间新闻》《老兵你好》，山东卫视《晚间新闻》等栏目报道。酒店餐饮板块，运营威海湾音乐广场（原名威海海鲜美食广场），推动夏季夜间经济发展，举办千里山海·威海海鲜美食啤酒节，开展各类文艺演出活动47场，配套热气球及“千里山海”杯城市巅峰篮球赛等，吸引访客约3万人。抱海大酒店、塔山宾馆获评2022年度山东省放心消费示范单位。节庆会展板块，承办第二届韩国（山东）进口商品博览会，邀请韩国仁川广域市作为“主宾城市”，场馆设施对标国家级展会，展出面积近5万平方米，展位1300余个，全场展位特装率达100%。打造“同质·同线·同标”主题展区，推广山东省首个“三同”备案标识，“三同”工程成为威海高质量发展的新名片。展会期间，吸引20余个国家和地区品牌参展商786家、2000余家采购商洽谈交流，到场嘉宾3000余人，现场观众10万人次、网络观众逾50万人，实现投资额约60亿元，带动采购意向额近40亿元。教育研学板块，持续深化提升刘公岛爱国主义教育、党性教育、总体国家安全观教育、国防教育、廉政教育基地，打造培育“五位一体”的教育基地新格局。聚焦岛陆联动，与金线顶区域联合开发，接收退役海军装备“771”号导弹艇，与退役“110”号驱逐舰实施一舰一艇一体规划，打造军事主题公园，丰富教育资源，实现教育资源岛内岛外全面布局，接待教育研学班次实现全国34个省级行政区划和“党政军民学”各个群体全覆盖。坚持“千里山海　双线贯通”的工作思路，从陆上、海上和线上3点持续发力，实践全市全域旅游发展。陆上深度一体化运营千里山海自驾旅游公路，优化资源配置，持续完善主题驿站建设，开通千里山海旅游直通车，打通游客自由行“最后一公里”。突出大天鹅元素，塑造“飞跃千里山海，驾游自在威海”品牌，策划推出冬游威海系列活动，推动全市从夏季游向冬季游，以一季游向四季游转变。海上联合成立威海海上交旅融合联盟，开通刘公岛至鸡鸣岛海上旅游观光航线。联合周边地市与省属国有企业发起成立山东沿海城市旅游联盟，策划推出的小石岛—刘公岛—鸡鸣岛—海驴岛航线，获评交通运输部国内水路旅游客运精品航线。线上围绕文

7月19日，威海海上交旅融合联盟成立暨“海上看威海”刘公岛至鸡鸣岛首航仪式举行　　（威海文旅发展集团有限公司　提供）

旅产业数字化转型，完成威海文旅产业互联网平台三期建设，持续迭代“自在威海”智慧旅游平台功能。优选322家国家AAAAA级、AAAA级旅游景区景点对接平台“景区”板块，平台总访问量2093.4万人次，累计会员24.6万人、供应商597家，上线景区门票、线路产品、特产产品560个。

（吕文豪）

旅游规划与项目建设

【概况】　2022年，全市开工建设重点文旅项目100个，完成投资44.07亿元，完成投资率107.8%。至年底，全市有国家级文化产业基地2家，数量居全省第2位；有省级文化产业示范园区2家、文化产业示范基地8家。有省级以上文化出口重点企业和项目10个、国家特色文化产业项目2个、全国文化产业园区100强1个、山东省文化企业30强2个。

（王　园）

【文旅项目招商引资】　威海市文化和旅游局（简称市文旅局）立足全员招商、资源整合和区（市）联动，推动招商引资工作发展。印发招商引资攻坚突破方案，策划包装文旅产业招商项目47个，制作《威海市2022年文旅产业招商手册》，线上对接目标企业11家。先后赴青岛、深圳、广州等地市开展招商活动16次，对接企业36家，邀请15家企业到威海市实地考察，实现在谈项目31个，签约项目2个，新开工项目2个，在省旅游发展大会上签约项目1个。

【旅游景区示范创建】　按照“储备一批、培育一批、推荐一批”的总体思路，推动旅游景区各类创建提升工作。年内，好运角旅游度假区被列入国家级旅游度假区公示，威海卫城片区获评国家级夜间文化和旅游消费集聚区。刘公岛爱国主义教育基地红色旅游发展典型案例入选文化和旅游部《红色旅游发展典型案例汇编》，“威海‘红色情　古风行’乳山市红色文化之旅”入选全国乡村旅游精品线路。荣成市获评首批文旅康养强县，威海市全域旅游产业集群获评省级十强产业雁阵型集群，获评省级民宿集聚片区2个、乡村旅游重点村7个、景区化村庄20个，石岛生态旅游区入选省级生态旅游示范区创建单位名单，那香海景区获评省级夜间文旅消费集聚区，好当家海参博物馆获评省级工业旅游示范基地。

【文旅产业发展助力】　助力企业发展，落实资金2655万元，其中文旅康养强县资金1000万元、乡村旅游资金825万元、精品旅游攻坚项目资金300万元、国家级夜间文旅消费集聚区资金300万元、国有景区免门票补贴230万元。对接市总工会，落实鼓励基层工会为单位职工办理国家A级旅游景区通卡政策。举办文旅产业专场银企对接会，银行机构推出文旅信贷产品30余项，全市文旅产业贷款余额高于全部贷款增速4.8个百分点。举办第六届文化和旅游惠民消费季活动，策划推出A级景区惠享券、千里山海畅游券、乡村好时节·昆嵛山樱桃节定向券、无花果采摘体验券等，发放消费券342.44万元，直接拉动消费1228万元。

（赛序浩）

旅游宣传与促销

【概况】　2022年，威海市以全时、全域、全要素旅游理念为引领，高标准推进千里山海自驾旅游公路品牌打造，强化全媒体矩阵营销，全力推进“国际滨海休闲度假旅游目的地”建设。威海市入选马蜂窝长线旅游目的地瞬时访问量热度涨幅最高的全国十座城市名单，成为全国暑期租车自驾热门目的地前十名中唯一的东部城市，居马蜂窝中秋小长假全国热门城市排行榜前十位。1个案例入选2021年山东省旅游宣传推广优秀案例，1个案例入选2022年度全省思想文化工作守正创新典型案例，1个线路获评2022全省“十佳网红自驾线路”。

【全媒体矩阵宣传】　打造营销热点，实现热点事件“现象级”传播。市领导以汉语、英语、俄语推介威海市的视频，获得100余家媒体平台热转，实现点击量1.35亿人次；录制山东电视文旅频道《文旅局长话文旅》节目，有效宣传威海自驾路；中央电视台《晚间新闻》播出《以路为媒，让市场暖起来》，新华社推出纪录片《山东威海：千里自驾公路拉动暑期旅游》，实现首播2小时内观看量突破100万人次。国庆节假期期间，中央电视台《晚间新闻》《消费主张》《新闻直播间》等栏目多次报道威海市。采取多视角、多手段、多媒体集中发力，构建全媒体宣传矩阵。在中央电视台《朝闻天下》《东方时空》等栏目时段投放城市旅游宣传广告，在《新华每日电讯》《中国旅游报》《大众日报》等发表专题报道，全面展示自驾路标准化建设、品牌体系构筑、“+ 旅游”联动等发展新成果。依托山东卫视文旅频道、全市媒体联盟单位等媒体平台，对“千里山海　自在威海”自驾路宣传片和 7 首组歌进行展播；在山东卫视《山东新闻联播》栏目前连续播出自驾路宣传视频；推出《“千里山海　自在威海”旅游攻略》《俄罗斯游客 in 威海》等体验类、攻略类短视频，强化自驾路专属品牌形象。

【营销渠道拓展】　凸显城市国际化特色，在北京市天安门地铁站开设“辉煌的中国——威海市文旅主题长廊”，覆盖受众突破 4 亿人次；邀请中国国际新闻交流中心亚太非洲记者团 23 个国家的记者到威海市采风拍摄自驾路，在印尼、喀麦隆、巴基斯坦等国家主流媒体发布报道 30 余篇；《中国日报》海外版两度报道威海自驾路，刊登《Highway shows off Shandong charm》《The route to nature》。在全媒体平台开设“跟着韩博会游威海”话题，发布三天两夜主题攻略短视频，全方位展示威海市优质文旅资源。

【营销方式创新】　营造持续不断的流量热度，策划“听见山海·云创音乐荟”直播活动，演出 20 场，收看人数突破 800 万人次。开展“遇见威海的海”景区慢直播活动，观看量超 850 万人次。在新华网推出“暑期网红打卡地”系列直播，《打卡精致威海　奔赴自在山海》单场直播观看量突破 50 万人次；新华网客户端发布《叮！来自威海的夏日限定海报请查收》，定制专属网红打卡地海报 16 张，实现单日阅读量 100 余万人次。开展“达人自驾打卡直播”活动，邀请“网红达人”主播实地体验，对“千里山海　自在威海”旅游攻略进行沉浸式直播推广。开展“相约醉美金秋　畅游千里山海”大型融媒直播，9 小时直播观看量近 27 万人次。

【文旅品牌打造】　以自驾路串联资源，优化提升“爱在威海”四季文旅品牌产品。春季发布“千里山海　自在威海”旅游攻略 8 个精品自驾游线路，丰富旅游市场“微度假”产品供给。在威海传统旅游旺季的关键节点，针对“毕业季”“消暑季”“亲海季”等“三季”叠加的需求，创意策划“蓝色热恋　激情威海”主题线路产品 6 个，推出网红打卡点，打造特色鲜明的“亲海 + 自驾”品牌产品；围绕采摘游、康养游、天鹅游等需求旺盛的特点，整合牧海耕渔、田园采摘、温泉养生、天鹅科普等特色体验资源，策划“金秋重逢　相知威海”“表白圣地　情暖威海”精品旅游攻略。全年发布 36 条线路产品和打卡点 100 余个。联合市文旅发展集团有限公司推进“海上看威海”线路建设，打造海上休闲旅游线路，推进海上休闲与陆上自驾有机结合，开通“刘公岛——鸡鸣岛”海上旅游航线，主打“跳岛游”一日游，在海岛观光中体验红色文化、自然景色和人文风光，实现“一日二岛三体验”。

“网红打卡地”威海火炬八街　　（威海日报社　提供）

【品牌活动推广】　举办 2022 年“中国旅游日”（威海）宣传月暨第六届文化和旅游惠民消费季活动，推出主题活动 12 项和微度假产品 151 个，激活旅游市场消费潜力。联合各区（市）推出“千里山海”威海海鲜美食啤酒节、那香海第十届旅游文化节音等重点文旅活动，推出品牌节庆活动 40 余场。东方甄选“齐鲁山海行”山东好物专场直播活动将刘公岛、成山头、那香海等景区纳入先导片拍摄，乳山牡蛎、文登花饽饽、荣成手打虾饼等特色产品亮相直播间，短视频《胶东花饽饽》《渔民号子》获得阅读量 470 万人次，点赞量 10 万人次。利用韩国（山东）进口商品博览会等展会平台，加快品牌对外推介，创意策划“千里山海　自在威海”手绘地图，摆放范围覆盖全市星级饭店、国家 A 级旅游景区、会务酒店等，便于参展客商获取威海市旅游资讯。推出“跟着韩博会游威海”专题攻略短视频和主题线路，聚焦“吃、住、游、购、娱”等特色休闲娱乐要素。参加“一次山东行　一生山东情”2022 好客山东文化旅游推介会、2022 中国国际旅游交易会等活动；赴澳门参加“孔子家乡　好客山东”文化旅游推广周活动，举办威海文化和旅游专场推介会，推介“精致城市　幸福威海”城市品牌和“千里山海　自在威海”自驾游品牌；赴长三角地区推介威海市优质文旅资源。主动融入胶东经济圈文旅一体化推介，全面提升威海自驾旅游目的地的品牌知名度和吸引力。

（陶慧铭）

旅游行业管理

【概况】　2022 年，威海市不断优化文旅行业营商环境，提高行业服务质量，提升行业队伍素质，推动文旅行业高质量发展。全年出动执法人员1336人次，检查、勘验旅行社、分社、营业部、国家A级旅游景区等522家次。处理涉旅游举报投诉39件，接办、协办旅游线索10条。办理旅游案件11件，吊销旅行社业务经营许可2个。其中，简易程序案件4件，一般程序案件7件，4起案件被列为全省文化和旅游行业重大案件。

【文旅领域安全生产管理】 市文旅局印发全市文旅领域4个“百日攻坚”行动工作方案、安全生产大检查方案等文件100余个。召开安全生产和假日市场专题部署推进会议9次、安全生产专题研究会议22次。建立威海市文化和旅游安全生产工作制度和领导成员安全生产责任制，形成纵到底、横到边的安全监管网络。督导文旅企业强化主体责任意识，梳理文化单位消防安全、国家A级旅游景区流量管控、森林防火等关键环节风险点8个，加强督导检查。委派2名驻点人员对8家重点企业进行流动驻点。全员参与“大学习 大培训 大考试”活动，组织文旅系统81名领导干部、134家文旅企业424名员工参加应急知识答题考试，通过率100%。各级文旅行政管理部门及执法机构检查文旅企业6434家次，发现隐患337处，全部整改到位。开展新冠肺炎疫情防控督导检查，检查文旅经营单位7126家次，对存在的问题及时督导整改。市文化市场综合执法支队对全市旅行社包车使用情况开展专项检查，出动执法人员366人次，检查旅行社172家次。联合相关部门对旅行社、旅游包车公司旅游包车使用情况执法检查9家次。全市文旅领域整体平稳有序，未发生安全责任事故。

（曲晓琳 范丽萍）

【文旅行业政务服务水平提升】 市文旅局市级80项依申请政务服务事项全部纳入市政务服务大厅文旅局窗口集中办理，依申请事项进驻率、一次办好率、可全程网办率均为100%。优化网上办理事项要素，提供贴心帮办服务，提高群众的满意度。梳理市、县级行政许可事项30项、市文旅局电子证照证明“用证”事项清单57项、中介服务事项2项。2022年，受理各类业务242件，办结242件，按时办结率100%。

【文旅市场环境优化】 将市场监管关口前移，开展养老诈骗、旅游市场、市管社会团体分支机构等专项整治行动，维护良好市场秩序。通过“互联网＋监管”“双随机、一公开”，建立“平台监管＋非现场执法监管＋信用监管”的多元化监管方式。荣成市获批全国文化和旅游市场信用经济发展示范城市，经验做法入选全省推广典型案例。为118家旅行社暂退保证金3274.5万元；按照“双减”（减轻义务教育阶段学生作业负担和校外培训负担）政策要求，审核登记中小学生艺术类校外培训机构218家。加强对新型文化娱乐方面的监管，联合市公安局、住房和城乡建设局等部门印发《关于加强剧本娱乐经营场所管理的通知》，建立剧本经营场所联合监管机制，实行“无纸化”备案，推动剧本娱乐行业规范发展。

【行业服务质量提升】 结合全市文明典范城市创建和“无废城市”建设，巩固提升“双减双升”（减少宴会菜品数量、菜品分量，提升菜品质量、餐饮服务质量）餐饮节约品牌，召开全市旅游饭店品质提升工作会议、星级民宿培训会议，为全市旅游饭店和星级民宿搭建开拓思路和学习交流平台。探索“酒店＋”转型升级新路径，打造“酒店＋外卖”“酒店＋酒吧”“酒店＋亲子”等体验方式，并推出“品质外卖”行动，通过开发线上商城等形式，推出外卖菜品。开展省级民宿星级评定工作，14家四星级以上民宿（五星级6家、四星级8家）通过实地验收。1名导游获评全国“金牌导游”，4名选手参加全省旅游饭店服务技能大赛，荣成石岛宾馆有限公司获评省级文明旅游示范单位。

（曲晓琳）

8月11日，相关部门联合对旅游大巴进行检查 （威海日报社 提供）

景区景点

【概况】 2022年，全市有国家A级以上旅游景区49家，其中AAAAA级2家、AAAA级12家、AAA级31家、AA级4家。全市拥有近1000千米海岸线，沿线沙滩细腻绵延，海水碧蓝纯净，有国际海水浴场、文登金海滩、乳山银滩等天然海水浴场10余处，有威海湾、半月湾、九龙湾等海湾16个，有刘公岛、海驴岛等大小海岛168个，有优质地下温泉9处。人文资源以秦汉文化、民俗文化、道教文化、甲午文化、英租文化为代表。全市有各级文物保护单位217处，其中国家级4处（刘公岛甲午战争纪念地、威海英式建筑、文登圣经山摩崖、荣成留村石墓群）、省级78处、市级41处、县级94处，一般不可移动文物502处；有省级水下文物保护区1处（威海湾北洋海军定远沉舰遗址）。

（赛序浩）

2022年威海市国家AA级以上旅游景区一览表

表8

景区名称	级　别	地　址	获得时间
刘公岛风景区	AAAAA	威海市刘公岛	2010年8月
华夏城景区	AAAAA	威海市环翠区华夏路1号	2017年2月
成山头景区	AAAA	荣成市成山镇	2002年10月
赤山景区	AAAA	威海海高园（石岛管理区）	2005年12月
天沐温泉度假村	AAAA	威海市文登区张家产镇	2009年11月
汤泊温泉度假区	AAAA	文登经济开发区大连路2号	2010年5月
银滩旅游度假区	AAAA	乳山市银滩	2009年11月
仙姑顶景区	AAAA	威海市环翠区望岛村西	2010年5月
林海湾旅游区	AAAA	威海火炬高技术产业开发区北环海路178号	2014年6月
环翠楼公园	AAAA	威海市公园路13号	2014年6月
威海海滨生态公园风景带 •“侨乡”号游轮（包括幸福公园、威海公园、悦海公园和海上公园、“侨乡”号游轮）	AAAA	威海海滨沿线	2014年6月
乳山福如东海文化园	AAAA	乳山银滩旅游度假区	2017年2月
那香海景区	AAAA	荣成市那香海国际旅游度假区	2017年12月
里口山风景名胜区	AAAA	威海市环翠区张村镇	2021年12月
槎山风景区	AAA	荣成市人和镇	2007年10月
圣水观景区	AAA	荣成市崖西镇朱埠村	2002年7月
岠嵎山景区	AAA	乳山市乳山寨镇	2009年11月
老虎山生态园	AAA	威海经济技术开发区城子村	2011年12月
荣成市博物馆	AAA	荣成市成山大道东段28号	2012年8月
圣水宫景区	AAA	乳山市冯家镇孔家村	2012年8月
多福山景区	AAA	乳山市白沙滩镇	2012年8月
毛泽东像章珍藏馆	AAA	威海临港经济技术开发区蔄山镇正气路	2012年8月
小石岛旅游景区	AAA	威海火炬高技术产业开发区大连路2-8号	2012年12月
石佛山休闲观光园	AAA	乳山市乳山寨镇赤家口村	2013年12月
小汤温泉	AAA	乳山市冯家镇汤上村	2013年12月
康博尔海洋健康博览园	AAA	威海火炬高技术产业开发区初村镇兴山路115号	2013年12月
山泰生态园	AAA	威海市文登区宋村镇下徐村	2015年11月
伴月湾风景区	AAA	威海市环翠区孙家疃街道	2015年11月
台依湖国际酒庄生态文化区	AAA	乳山市夏村镇台依湖西岸零零柒酒庄	2015年11月
乳山益天生态旅游观光园	AAA	乳山市白沙滩镇玉前庄村北	2016年12月
荣成成山森林公园景区	AAA	荣成市成山镇驻地	2016年12月
荣成东楮岛风景区	AAA	威海海高园（石岛管理区）宁津街道东楮岛村	2016年12月
威海韩乐坊景区	AAA	威海经济技术开发区乐天世纪城5号	2016年12月
樱花湖体育公园	AAA	荣成市悦湖中路	2017年12月
文登栗景新天地景区	AAA	威海市文登区米山镇西铺头村北	2018年9月
威海羊亭河湿地公园	AAA	威海市环翠区羊亭镇	2020年1月
荣成甲子山庄	AAA	威海海高园（石岛管理区）宁津街道北场村北	2020年6月
海螺湾休闲驿区	AAA	威海经济技术开发区滨海大道1688号	2020年6月
威海市裕红祥丝绸文化馆	AAA	威海市环翠区鲸园街道戚谷疃社区2号楼101室	2020年9月
天福山红色旅游景区	AAA	威海市文登区文登营镇天福山	2020年10月
回龙山李龙文化民俗园	AAA	威海市文登区宋村镇寺前村	2020年10月
国家电投新能源科技馆	AAA	荣成市八河水库东侧	2021年12月

续表 8

景区名称	级 别	地 址	获得时间
好当家海参博物馆	AAA	荣成市虎山镇好当家大健康产业园	2021年12月
东浦湾景区	AAA	威海经济技术开发区崮山镇五渚河入海口东侧	2021年12月
威海昆嵛山景区	AAA	威海市文登区界石镇	2022年11月
花斑彩石景区	AA	荣成市俚岛镇	2001年12月
马石山风景区	AA	乳山市诸往镇马石山	2015年7月
胶东育儿所	AA	乳山市崖子镇田家村	2017年12月
文山公园	AA	文登区文山东路	2018年9月

（曲茜茜）

【刘公岛风景区】 刘公岛位于山东半岛最东端的威海湾内，东西长4.08千米，南北最宽处1.5千米，面积3.15平方千米，最高点旗顶山海拔153.5米，距威海市区2.1海里，是国家AAAAA级旅游景区。刘公岛自然风光优美，素有“海上仙山”和“世外桃源”的美誉。岛上地势北高南低，北部直立陡峭，南部平缓绵延。岛内植被茂密，森林覆盖率达87%，有植物100余种、动物20余种，其中银杏、水杉、鹅掌楸为国家重点保护野生植物，岛内栖息的200余只野生梅花鹿为国家一级保护动物。国宝大熊猫、国家一级保护动物麋鹿、台湾梅花鹿和长鬃山羊相继在岛内安家落户。受海洋调节作用，岛内冬暖夏凉海洋性气候特点明显，全年平均气温在12℃左右，是避暑、度假、疗养的理想之地。刘公岛人文景观丰富，有上溯千年的战国遗址、汉代刘公刘母的美丽传说，有清朝北洋海军提督署、水师学堂、古炮台等甲午战争遗址，有众多英租时期遗留下来的欧式建筑，素有“东隅屏藩”和“不沉的战舰”之称。2022年，按照“建设中华民族警醒之岛”发展定位，持续深化提升刘公岛爱国主义教育、党性教育、总体国家安全观教育、国防教育、廉政教育基地，培育“五位一体”的教育基地新格局。中共山东省委党校（山东行政学院）现场教学基地、山东省保密教育培训基地（威海）暨山东保密学院教育实践基地在刘公岛内挂牌设点。

中国甲午战争博物院　为国家一级博物馆，其前身为成立于1985年的威海市北洋海军提督署文物管理所，是全国重点文物保护单位刘公岛甲午战争纪念地的专门管理保护机构，负责管理和保护威海湾南北两岸与刘公岛上28处北洋海军和甲午战争遗址。馆址位于刘公岛北洋海军提督署及其附属建筑内。1992年，经国家文物局批准备案，更名为中国甲午战争博物馆。2009年9月11日，经中共威海市委研究，由威海市机构编制委员会批准更名为中国甲午战争博物院。

中国甲午战争博物院陈列馆　由中国科学院院士彭一刚主持设计，于2008年建成开放，建筑面积7622平方米。该馆以“国殇·1894—1895——甲午战争史实展”为基本陈列，分“甲午战前的中国和日本”“日本打开战争魔盒”“民族屈辱与抗争”“警钟长鸣”4个部分进行展示，展陈面积4500余平方米，展出历史照片500余幅、珍贵文物300余件，辅助展品100余件套，以及大量油画、雕塑等艺术展品，是一座全面展示中日甲午战争历史的综合性展馆。

北洋海军提督署　又称水师衙门，建成于清光绪十七年（1891），位于刘公岛西部南坡傍海高地，坐北朝南，背山面海，占地面积1.7万平方米，是中国近代第一支正规化海军的指挥机构。作为刘公岛甲午战争纪念地的代表性文物遗址，是国内保存最完整的军事衙门之一。因是海军提督丁汝昌的驻节之地，故民间又称此为“丁公府”。2010年4月，对北洋海军提督署进行原状复原，2014年7月25日完工向游客开放。本着遵照历史、严格考证的原则，先后对提督署16个厅室按照原有功能进行原貌复原，总计陈列仿制古典家具300件、历史塑像18尊、各类文物200余件以及瓷器、字画、楹联、枪械等辅助展品1500余件，真实再现北洋海军鼎盛时期的历史风貌。

龙王庙　位于北洋海军提督署西100米处，始建于明朝末年，清末筹建海防，刘公岛成为北洋海军基地，驻岛北洋海军和北洋护军筹资重修。龙王庙为砖木举架结构，四合院布局，由山门（倒厅）、东西厢房和正殿组成，前后两院，房屋14间，连同庙前戏楼占地面积1700平方米，属道教庙观。正殿内正中供奉东海龙王塑像，两侧设有夜叉、龟相塑像，东西两侧内山墙上分别绘有《三国演义》和《封神演义》故事壁画。

丁汝昌纪念馆　原为丁汝昌寓所。建于光绪十五年（1889），位于刘公岛西端，东距北洋海军提督署约200米，坐北朝南，属砖木举架结构。寓所占地面积7000平方米，布局与原安徽巢县汪郎中村丁汝昌故居相似，分三组，左、中、右三跨院落，西院为内寓，东院为侍从住房，中院为丁汝昌办公、住宿和会客的场所，大门两侧为门房和书房。院内有1株百年紫藤，系丁汝昌亲手栽植，老干已枯死，发出的新枝虬曲，生长茂盛，每年5月花团锦簇，清香四溢。光绪十四年（1888），北洋海军成军后，丁汝昌携眷在此居住6年多，又称“小丁公府”。

威海水师学堂　位于丁汝昌寓所西150米处。北洋海军提督丁汝昌奉北洋大臣李鸿章之命，在刘公岛西端择购民地，兴建水师学堂，光绪十五年（1889）开工，次年建成，当年即招收46名驾驶学生授课。花费购地银、工料银合计近1万两，建筑房屋63间，占地面积1.8万平方米。光绪二十年（1894）中日甲午战争爆发时，学堂第一届学生毕业，派登各舰参战。次年2

月刘公岛失陷，学堂许多建筑毁于战火，学堂停办。该学堂是清末继福州船政学堂、天津水师学堂、广东水陆师学堂之后的第4所海军学堂，因校址在刘公岛上，故又称刘公岛水师学堂，是全国唯一有迹可循的近代水师学堂。

铁码头　位于刘公岛西端南面海中，呈“丁”字形，系北洋海军成军后，为其舰船提供停泊，补给煤炭、弹药、军械之所。刘公岛铁码头由道员龚照玙主持设计建造，光绪十五年（1889）施工，光绪十七年（1891）竣工，工料总造价白银15.15万两。民国4年（1915），上部被改接成长205米，宽6.9米的铁架；民国24年（1935），因铁板锈蚀进行修建，涨潮时可停靠万吨轮船。中华人民共和国成立后，1953年，将锈蚀的铁板、墩柱和铁框等更新；1971年，增建“丁”字形引桥。

北洋海防炮台　刘公岛上有清代北洋海军时期海防炮台6座，分别为黄岛炮台、麻井子（又称“公所后”）炮台、旗顶山炮台、迎门洞炮台、南嘴炮台、东泓炮台，与威海湾南北两岸炮台遥相呼应，控扼威海湾南北2个海口，均由德国人汉纳根设计。与炮台配套建有地下通道、兵舍、弹药库等，并相互贯通。炮台及配套建筑使用花岗岩砌筑、水泥灌浆，设计合理，工艺讲究，施工严谨，坚固实用。

刘公岛博览园　占地面积5万平方米，有展区6个、展厅19个，采用高新科技与传统工艺相结合的展示手法，全方位、立体化地讲述刘公岛刘公文化、甲午战争和英租历史3个主题文化。海圣殿内，精选30余吨、上千种天然彩色玉石，由江南玉雕艺人精雕细琢而成的彩玉壁画，讲述汉代皇太子刘民历尽艰辛漂泊至刘公岛的传奇经历，集中展现刘民在刘公岛上扶危济困、乐善好施的故事。望海楼，始建于唐代，系登州刺史为迎候武则天东巡所建，后毁于战乱。复建的望海楼，高约30米，为博览园最高点，分为春福厅、夏禄厅、秋寿厅、冬禧厅4层，楼内汇集国内20余位顶尖工艺美术大师的精品杰作，堪称“艺术宝库”。中华海坛，为纪念中日甲午战争110周年而建，与天坛、地坛并称的中华海坛，是国内唯一的祭海神坛，坛中高16.8米的定海神针巍然耸立，古代宝鼎雄浑大气，56条巨龙盘踞坛座，整体架构气势磅礴。英租威海卫历史博物馆，展厅面积1290平方米，通过场景复原、影视蜡像、雕塑等先进展示手段，真实再现作为“七子”之一的威海卫被英国强租32年、刘公岛被英国强租42年的屈辱历史。鲸馆，建筑面积1600平方米，存放世界上岸最大抹香鲸（长约19.6米，重50.1吨）的表皮、骨骼以及重要器官的标本，通过模拟海洋生态环境，以展示标本为主体，综合运用图片、展板、多媒体等高科技手段，全面展示抹香鲸及相关鲸类知识，是国内规模、特色和档次最高的鲸豚科普教育基地之一。钓鱼岛主权馆，于2015年9月7日在刘公岛开放。该馆是全国第一个全面展示钓鱼岛历史与主权的专业场馆，通过近100幅真实的历史图片、翔实的历史资料和珍贵的文物实物，从享有主权、宣示主权、捍卫主权3个角度，深入阐述钓鱼岛的沧桑命运，用历史事实和法理道义阐明钓鱼岛是中国固有领土，中国对其拥有无可争辩的主权。

刘公岛国家森林公园　占地面积266.67公顷，有树木19个科目80余种，野生花草50余种，鸟类50余种，树木以黑松为主，梅花鹿等数十种野生动物栖息园中，听涛崖、五花石、刘公泉、板疆石、贝草嘴等自然景观遍布园中。其中，为纪念北洋海军成军100周年而建的北洋海军忠魂碑，位于刘公岛国家森林公园西部山顶，碑身为白色、六棱形，高28.5米，上书“北洋海军忠魂碑”7个金黄大字。碑文下部两侧是表现北洋海军将士英勇杀敌、浴血奋战的群像浮雕。

刘公岛珍稀动物园　位于刘公岛国家森林公园西部避风朝阳、草木繁茂区域，占地面积3万余平方米。国宝大熊猫馆，于2010年9月30日落成，同年11月5日开馆，中国大熊猫保护中心四川雅安碧峰峡基地的一对名为“竹灵”（雌性，2007年生）、“宁宁”（雄性，2008年生）的国宝大熊猫在馆内安居。台湾梅花鹿和长鬃山羊馆，于2011年5月28日开馆。台湾梅花鹿和长鬃山羊纪念馆，于2012年6月9日建成开放，全程记录台湾梅花鹿和长鬃山羊从台湾迁居刘公岛国家森林公园的全过程。麋鹿馆，于2011年8月2日开馆，国内最大的麋鹿饲养区江苏大丰国家级麋鹿自然保护区的国宝级珍稀动物——麋鹿在馆内安居。

刘公岛艺术馆　利用修复后的英租时期蒸馏塔改造筹建，展陈面积600余平方米。在北洋海军成军130周年和改革开放40周年之际，举办《今昔刘公岛，光影130年》影像展，遴选130幅具有代表性的刘公岛历史老照片及部分摄影家、景区职工的摄影作品，涵盖北洋海军、英租历史、景区发展面貌等影像，诠释刘公岛130年历史变迁，记录“铭记历史教训，传承红色基因，不忘初心使命”的历史情怀和责任担当。

唐长沙窑瓷器博物馆　2012年，投资230万元修复英租时期英利商行，展陈面积500余平方米。2018年12月1日，辟建唐长沙窑瓷器博物馆，作为威海市公益文化空间项目之一，免费对外开放。展出不同器型唐代瓷器106件，瓷器多为青釉，工艺为贴模烧制，具有西域和波斯域外特色，具有较高艺术价值。

“定远”号纪念舰　2003年投资建成，舰船主体依据素有“亚洲第一巨舰”之称的北洋海军“定远”号旗舰，按照长94.5米、宽18米尺寸1∶1复制，真实再现历史场景。作为展示甲午历史，弘扬海权文化，普及舰船知识的综合景区，定远舰是唯一的19世纪铁甲舰复制舰。“定远”号纪念舰于2014年与刘公岛景区实施一体化经营，于2015年12月11日迁至刘公岛客运中心，实现资源共享、优势互补。2018年，定远舰景区完成展陈布局升级改造工程，全舰可供参观的地方分为上下5层，其中甲板上3层为武器装备，舰内2层为历史展厅。经过大量历史资料考证，复原蒸汽机、锅炉舱、煤舱、弹药舱以及官兵生活舱等，填补舰船复制史的空白。2019年12月，纪念舰迁址刘公岛，与刘公岛景区联票运营。

历史选择展馆　系修复利用的北洋海军机械局和屯煤所等历史文物建筑，展馆室内面积3000平方米，展陈面积2.2万平方米。作为胶东（威海）党性教育基地的核心部分，该馆分民族救亡道路的艰难探索、历史在国共两党身上聚焦、历尽苦难的中国共产党、万众归心迈向新中国和书写辉煌的历史答卷5个部分，运用大量历史文献资料图片、展板和油画，以声光电半壁画、LED视频等技术，运用对比、写实的手法，从中华民族复兴历史的大视野，全方位观察中日甲午战争后中国政治舞台上的各种政治力量，回答历史和人民为什么会选择中国共产党。2017年6月，通过中共山东省委组织部统筹推进胶东党性教育基地建设专题研讨会专家验收并正式启用。

东泓炮台展馆　修复利用东泓炮台陈设布展，布设“北洋海军威海卫基地防务掠影”主题展览，分为“北洋海军基地威海卫”“刘公岛炮台防务体系”“威海湾炮台防务体系”“甲午国殇，警钟长鸣”4个部分，通过遗址复原和图文形式系统展示北洋海军威海卫基地的建设背景、过程、设防及历史事件。2019年6月12日，展馆免费向公众正式开放。

总体国家安全观教育展馆　通过修复利用刘公岛北洋海军基地后勤保障设施机器局、鱼雷修理厂等历史文物建筑打造而成，由“警钟长鸣，国家安全的历史警示”“安国之路，捍卫国家安全的辉煌历程”“思危图强，国家安全的时代呼唤”“安国基石，国家安全的根本遵循”4个部分组成，展示总体国家安全观形成与发展的历史渊源、思想基础、时代背景、丰富内涵、践行要求、重大意义。2020年9月27日，该馆试运营。

隐蔽战线·特殊力量展馆　通过修复利用刘公岛北洋海军基地后勤保障设施工程局等历史文物建筑打造而成，由“为了民族独立、人民解放”“为了国家富强、人民幸福”“为了民族振兴、人民向往”3个部分组成，展示隐蔽战线和保密战线在国家安全中的特殊贡献。2020年9月27日，该馆试运营。

黄岛炮台——国帜主题公园　黄岛炮台位于刘公岛最西端，原为一座孤悬海上的小岛，距离刘公岛200余米。围绕“祖国在我心中”，深入挖掘“国帜三易”历史故事和题材，对黄岛炮台历史遗址进行修复利用，改造提升周边环境，打造国帜主题公园，是总体国家安全观刘公岛教育培训基地的二期工程，于2021年6月建成并开放运营。公园以1条景观轴线，串联公园入口标识、国家安全主题雕塑、国旗宣誓广场、“国歌”主题墙、国家安全主题景观、“国帜三易”遗址、兵营工事等重要景点。通过讲解“国帜三易”历史，举行升国旗仪式，引导人们增强国家意识、爱国意识和国家安全意识。

公所后炮台体验馆　坐落在刘公岛西端岬角处，西与黄岛炮台相望，北面隔威海湾与北帮炮台相对峙，南与刘公岛水师学堂相接，毗邻麻井子船坞。公所后炮台因位于海军公所后而得名，又因西临麻井子船坞，亦称麻井子炮台。该馆依托北洋海军所后炮台遗址遗迹，修复利用炮台兵舍、弹药库、炮位等历史文物建筑设施，完善周边环境配套设施，打造军事项目体验馆。结合炮台防御工事构成，体验馆划分为序厅、炮台环境体验区、兵舍武器体验区、尾厅4个组成部分。序厅位于西坑道入口处，以图文展板、数字化沙盘等形式，展示刘公岛保卫战相关历史背景。炮台环境体验区由坑道、弹药库、炮台等空间组成，分为西、中、东3个坑道，通过数字投影形式，呈现刘公岛保卫战期间炮台作战风貌和战争氛围。西炮台利用原有环境，在炮位安装地陷炮仿真模型，修复避难坑、零件库、弹药库、运弹坑道等空间环境，以“实物+数字”展示的方式，营造炮台战争氛围。东炮台保持历史原貌，用于遗址参观。兵舍武器体验区，主要位于中兵舍和东兵舍，东兵舍主要采用“墙面微调+数字投影”方式，呈现战争场景体验，中兵舍侧重于武器互动体验，设置有重炮互动、速射炮体验、策略游戏、榴弹炮模型阵列等。尾厅位于中兵舍西侧，采用“投影+玻璃造景”、光子膜成像方式，展示结语、刘公岛英魂展示、刘公岛战后遗迹等内容。作为总体国家安全观刘公岛教育培训基地的二期工程，于2021年6月建成并开放运营。

“110”号退役驱逐舰　是中国自主设计建造的第1代国产导弹驱逐舰，在中国军舰建造史上具有里程碑式意义。该舰于1979年6月在中华造船厂开工制造，1981年8月正式下水，1984年12月正式编入北海舰队服役，2019年5月退役。服役36年间，该舰在各种演习、护航中获得多项殊荣，为人民海军的发展壮大、捍卫祖国领海安全做出重要贡献。2020年9月，“110”号退役驱逐舰驻泊于刘公岛码头，打造军事博览新品牌、国防教育新阵地、威海文旅新地标，开展国防、海防和爱国主义教育，2021年4月23日向社会开放。

“771”号退役导弹艇　“771”号导弹艇于1993年12月在广州黄埔造船厂铺设龙骨开工，1994年5月正式下水，1995年2月正式编入海军服役，命名为“顺德”号，舷号“771”。1997年7月1日，根据中央军委命令，“顺德”号进驻香港履行海上防务。1997—2021年，该艇进驻香港履行海上防务，完成上级首长视察检阅、海军编队访问香港、海空联合搜救演习等重大任务，先后立集体二等功1次、集体三等功4次，15次被驻军评为基层建设标兵单位和全面建设先进单位。该艇于2021年10月15日退役，2022年7月，驻泊于威海刘公岛岛外客运中心

“771”号退役导弹艇　　（李传强　摄）

西码头。

威海湾音乐广场　原名威海海鲜美食广场，涵盖舞台演艺区、高档就餐区、海鲜烧烤区、停车场区域，位于刘公岛旅游码头东侧，场地南北最长处150米，东西最宽处190米，占地面积约2.53万平方米。与“幸福门”景点、刘公岛隔海相望。广场以推进威海文旅行业新旧动能转换为立足点，旨在打造具有“威海味道”的特色文旅品牌，助力威海夜经济发展。

（吕文豪）

【华夏城景区】　位于环翠区华夏路1号，占地面积20平方千米，是一座集旅游、大型演艺及餐饮、住宿等服务设施于一体的现代化旅游新城，是国家AAAAA级旅游景区。景区内有全面展示尧舜禹时期历史文化的禹王宫，集中展示胶东民俗特色的夏园，有威海人民防空教育馆，有依照矿坑地势而建的华夏第一牌楼以及杂技、马术等丰富多彩的传统演出，有集海洋观光旅游与科普教育于一体的威海神游海洋世界。其中在矿坑里打造的实景演艺——《神游传奇》秀实现自然景观与人文景观相结合，观众乘坐移动式看台可以欣赏到水、陆、空全方位的跨时空精彩演艺，2017年，被中国演艺联盟评为中国十大实景演艺之一。2019年，景区实施提档升级项目，总投资约25.5亿元，利用3年时间，重点实施生态修复提升9个项目，打造集生态培训、休闲度假、商务会议于一体的国际生态度假区。2021年6月，华夏生态文明馆、服务中心及生态文明培训中心对外开放。

【环翠楼公园】　位于威海市区中心地带，包括环翠楼公园和环翠楼广场两部分，是国家AAAA级旅游景区。环翠楼始建于明弘治二年（1489），楼台建在威海卫城的西北角，登楼可见碧波浩渺于城东，绿翠掩映于四周，因兼沧海山川之胜、水光山色之美，遂得名“环翠楼”。后因年久失修逐渐倒塌，经过多次重建重修。民国33年（1944）12月，环翠楼被日伪军焚毁。中华人民共和国成立后，于1977年重新修建，1980年竣工。重建的环翠楼，建筑面积800平方米，高16.8米，登上环翠楼放眼远眺，市区景色尽收眼底。园内有动物区、花卉区、游乐区等。2009年，市政府投资5.22亿元对环翠楼公园进行改造，将环翠楼公园面积由14公顷扩建至53.8公顷。2013年1月6日，新环翠楼落成开放。新环翠楼由清华大学教授郭黛姮主持设计，坐落于始建环翠楼旧址之上，建筑主体为明清风格，总建筑面积约7500平方米，建筑主体高度为57.7米。建筑外部均采用黄铜材质装饰，总用铜量达700余吨。建筑功能集观光游览、历史陈列、展览展示、文化交流于一体，以历史文脉贯穿全园，分为一轴（刘公岛—环翠楼—山顶会所组成一条景观轴线）、两脉（山脉和文脉）、三核（入口广场、环翠楼、山顶会所）、四区（民俗风情街区、娱乐活动健身区、历史文化展示区、自然体验游赏区）。

【威海海滨生态公园风景带·“侨乡”号游轮】　位于威海市区海滨沿线，包括幸福公园、威海公园、悦海公园、海上公园、“侨乡”号游轮5个部分，是国家AAAA级旅游景区。

幸福公园　北起体育路，南至金线顶，东与刘公岛隔海相望，西接中心商业区，全长1465米，平均宽度137米，占地面积20公顷，是集旅游、休闲、商业、餐饮、娱乐为一体的综合性开放式公园，由北向南沿海岸线依次分为海韵、海阅、海赋、海情、海翔5个景区。

威海公园　位于市中心南部，面向威海湾，总面积67.6公顷。公园以碧海蓝天为背景，以海洋文化为主题，由北向南，沿海岸线的带状区域依次布局为海伢景区、海恋景区、中心文化广场、海颂景区和海慧景区。公园由护岸、道路、绿化、灯光等部分组成。其中，护岸全长3265.3米，采用以斜坡为主，圆筒、台阶与之结合的3种结构形式，兼具防护与观光双重功能；绿地面积36.1万平方米；铺装面积7.74万平方米；采用多种光源和高新技术产品，形成交相辉映、五彩斑斓的海滨夜景。以威海公园为主体的海滨南路环境绿化美化工程获得2001年中国建筑工程鲁班奖。

悦海公园　位于威海公园南，海上公园北，海滨路以东，东与刘公岛隔海相望，地块形状呈陆地向海面延伸的一个半岛状，南北长1.3千米，东西向最宽处150米，占地面积15.4公顷，绿化面积8.84万平方米。公园以休闲、健身、家园为设计主题，体现以人为本、生态环境、节能环保、突出特色的理念和休憩功能。公园分为休闲运动区、主广场中心区、科普游憩区及海上游乐区。休闲运动区在公园最北侧，设逻辑乐园、娱乐空间、休闲广场；主广场中心区设置整个公园的中心——悦海广场，富有“归航”主题意义的灯塔位于中心位置；科普游憩区以增加科普知识及参与趣味活动为主，设有潮汐广场，展现与海洋有关的潮汐现象，以趣味形式提示生物进化过程；海上游乐区位于公园最南端，结合避风港设置游艇码头，在靠近避风港处设计观鸟平台。

海上公园　位于威海经济技术开发区皇冠小区东侧，北与悦海公园相接，总规划面积217公顷，包括游乐园、人工湖、奇石苑、九龙湾旅游度假区等6个部分。其中，游乐园、人工湖两个景区占地面积13.4公顷，绿化面积6万平方米，硬化面积2万平方米，湖面面积5.4万平方米。公园规划设计博采国内外众家所长，兼具中国江南水乡特色和日韩海岛风光、中西合璧的独特风格。游乐园区北部绿草鲜花，小径迂回，一派田园风光；中部欧式风格的“创业门”气势宏伟；南部湖区拱桥流水，碧波荡漾，如临江南水乡，是集游人休闲、儿童娱乐、生态观光等多功能于一体的大型海上游乐园区。公园被《山东园林》杂志列为1999年全省新建3个优秀公园之一。

“侨乡”号游轮　停泊于威海湾区域。游轮汇集海上观光、高端娱乐、休闲度假等多种功能，推出刘公岛环岛游、公海看日出、青烟威城际游等特色航线，以国内外中高端游客和商务时尚群体为目标游客，打造中国滨海旅游的旗舰品牌。游轮总长95.8米，垂线间长83.8米，宽15.8米，型深（主甲板）5.4米，服务航速不少于15海里，续航力1000海里，载客量500人。游轮有4层游客活动区，包括露天观景甲板、餐饮甲板、娱乐甲板和酒店客房主甲板；设有多功能演艺大厅、观景酒吧、咖啡吧、西餐厅等配套设施。

【仙姑顶景区】 是一座集自然风光、神话传说、道家文化于一体的国家AAAA级旅游景区。仙姑顶是巍峰山脉的主峰，海拔375米，位于威海市环翠区望岛村西北部，距威海市中心约5千米。仙姑庙始建于宋朝建德年间，1992年重修，并根据传说中的仙姑生日，恢复每年农历三月十五的庙会。庙会持续7天，秧歌、锣鼓、耍狮、舞龙等相互竞技，热闹非凡。2010年4月28日，经过3年重新设计和精心打造，景区以“仙姑顶玉文化旅游区”的新形象对外开放，以仙姑文化、玉文化和福文化作为景区主题。从辽宁鞍山引进2000余吨优质岫玉，依托道家文化和民间传说，制作近千件大型玉雕艺术品，品相丰润，富有文化底蕴和传奇色彩，是全国玉石总量最多、单体玉雕最大的旅游风景区。景区内分布有参悟五行哲理的五行门、天人合一的通灵元玉、品茗养生的如意湖及万寿广场、仙禄广场、乾坤玉道、通灵玉道等景观。

【里口山风景名胜区】 是威海“山、海、城”格局的核心，是城市的“绿核”，2004年被省政府批准为省级旅游风景区，2012年被列为威海市6个重点开发区域之一，是环翠区园区、景区、城区“三区”共融发展战略的重要板块之一，是国家AAAA级旅游景区。景区定位为城市中心区的郊野公园，本着“服务市民、多元休闲”的理念，依托里口山优美的自然风光和地处城区中央的区位优势，打造成为广大市民闲暇之余享受慢生活的首选目的地及集休闲养生、旅游度假、体育健身于一体的综合性旅游景区。景区有广福寺、里口山登山健身步道、国际山地自行车赛道、里口山农业休闲观光园、里口山书院、里口山写生基地等景点。

【伴月湾风景区】 位于威海市环翠区孙家疃街道环海路，是国家AAA级旅游景区。景区礁奇岛多，山拥水裹，林秀海碧，滩平沙细，森林覆盖率68%，负氧离子含量每立方厘米5万个，空气纯净清新，环境优美宜人。景区建有1条总投资10亿元、长10千米的环海景观大道，可欣赏森林、大海、沙滩和奇岩。梭鱼台、铃铛石、蟒眼滩、猫头山、靖子头、龙王庙等传统民俗旅游景点，展示风景区的独特魅力和深厚的文化底蕴。服务驿站、观景台、停车场等配套设施齐全，有帆船基地、游艇等健身项目，绿色骑行、环海健步走、“渔家乐”等娱乐活动丰富多彩，是休闲、旅游、度假的风景胜地。景区内建有威海市半月湾铁人三项专用赛场，中国铁人三项运动协会将威海铁人三项赛道命名为中国铁人三项运动协会专用赛道，吸引国内外游客游览观光。

【威海羊亭河湿地公园】 位于威海市环翠区羊亭镇，总长度约为6.8千米，总面积85.22公顷，湿地面积36.81公顷，湿地率43.2%，是国家AAA级旅游景区。分为湿地入口形象区、湿地科普体验区、运动休闲区等5个区域。公园地理位置优越，生态环境宜人，野生动植物资源丰富，是集生态保护、旅游观光、休闲娱乐为一体的生态型公园。

【威海市裕红祥丝绸文化馆】 位于威海市环翠区鲸园街道戚谷疃社区2号楼1层，面积860平方米，是国家AAA级旅游景区。馆内设游客中心、丝绸与文化展区、柞蚕放养过程展区、威海老纺车展区等展区11个，展示威海的山蚕文化。裕红祥丝绸文化馆先后获评山东老字号、中国传统工艺示范基地、山东省工业旅游示范点、山东省金牌旅游店、省级非物质文化遗产保护单位、“丝绸中国”四星级示范店等。

【天沐温泉度假村】 由珠海天沐集团投资兴建，是国家AAAA级旅游景区，位于威海市文登区张家产镇。度假村温泉区包括室外森林养生温泉和室内温泉SPA馆，可同时容纳1500人沐浴温泉，日最高接待量可达上万人。室外温泉区包括鼍山五福泉、鼍水六德汤、美芦荟温泉区等，设有室外特色功能温泉浴池66个。室内温泉水疗区（含功能池9个）通过一系列的机械功能，利用高压作用使温泉水呈现各种放射性的水柱，高强压地冲击人体各处穴位，促进血液循环，加速毛细血管展开，有效吸收温泉矿物质，同时具有按摩的功效，利于皮肤润滑、解除疲劳等。

【汤泊温泉度假区】 位于文登经济开发区，是一处集天然温泉、休闲娱乐、会务接待、健身养生为一体的综合性休闲度假区，是国家AAAA级旅游景区。汤泊温泉水质清新甘美，出水温度高达78℃，水质澄明清澈，具有祛病、保健等功能，被誉为“温泉中的极品”。其中有极深泉水1眼，采出的泉水可以直接饮用，口感甚佳。区内建有各种温泉泡池60余处，室内、室外、深水、浅水、高温、低温皆有，设施完备，品种齐全，适合不同游客不同季节避暑畏寒的需求。建有28幢温泉湖景别墅，小门独院的温泉泡池，推门可一览水光山色，关门可尽情放松浸泡。

【山泰生态园】 位于威海市文登区宋村镇下徐村，是借鉴国际先进生态理念打造的现代化农业产业园区，是国家AAA级旅游景区。园区占地面积160公顷，坐拥李龙故里美名，尽享回龙山下灵气，拥有将军墓、神仙脚等多处文化古迹。景区青山绿水、鸟语花香，以生态循环为核心，重点打造5000平方米的园林化酒店、66.67公顷的油桃和草莓采摘园、威海市规模最大的户外滑雪场等主题景观，涵盖绿色种植、生态养殖、餐饮旅游、休闲养生等特色项目，融合四季采摘、特色餐饮、主题婚庆、农家乐园、冬季滑雪等综合服务。2015年，成功举办全国冬季户外登山挑战赛暨威海首届滑雪文化节。

【文登栗景新天地景区】 位于威海市文登区米山镇西铺头村北，是国家AAA级旅游景区。景区以“全年长青、四季有花、月月有景、景景宜人”为宗旨，打造威海城郊集休闲旅游、民俗体验、生态采摘等多功能为一体的综合性示范园区，先后获评山东省精品采摘园、山东省旅游特色村。在不破坏生态环境的原则下，打造石榴园、月季园等观赏园区，园区内种植的草莓、蓝莓、树莓、苹果、葡萄等交替上市。

【天福山红色旅游景区】 位于威海市文登区城区东20千米的文登营镇天福山，占地面积7万平方米，先后获评国家级抗战纪念遗址、全国爱国主义教育示范基地、山东省重点文物保护单位等，是国家AAA级旅游景区。1937

年12月24日，中共胶东特委在此举行抗日武装起义，成立胶东第一支人民抗日武装——山东人民抗日救国军第三军。景区拥有天福山起义纪念馆、天福山起义纪念塔、起义会址、中共胶东特委临时会址、竖旗地址、红旗亭等景点。其中，天福山起义纪念馆建筑面积1020平方米，陈列有关天福山起义的文物与史料140余件。纪念馆通过“唤醒民众求解放”“天福山上举义旗”“浴血抗日战敌顽”“天福铁军展雄风”“党群同心奠根基”5个部分，利用视频、展板、实物、资料等形式，展示胶东党组织从创建到发展壮大的历程、胶东根据地军民抗战的经典战例和第27军、31军、32军、41军的发展历程等内容。

【回龙山李龙文化民俗园】　位于威海市文登区宋村镇寺前村，依托国家级非物质文化遗产“秃尾巴李龙王的传说”，聚合发扬李龙文化，传承弘扬“仁孝”文化，是国家AAA级旅游景区。民俗园所在地原为一处闲置学校，2017年，威海李龙文化发展有限公司对面积6000平方米的原有校舍进行仿古改建，建有李龙文化博物馆、民俗博物馆、龙王殿、儒家学堂、文登将军馆等。

【威海昆嵛山景区】　位于威海市文登区界石镇，涵盖梧桐庵、三瓣石、六度寺等村落，坐拥昆嵛山得天独厚的自然资源，方圆百里，山势绵延，谷深林密，是不可多得的自然生态博物馆和珍贵物种基因库。2022年11月，昆嵛山景区获评国家AAA级旅游景区。昆嵛山古为“尧命曦仲宾日处”，景区内有六度寺、金水庵、三瓣石、姑子冢等多处遗址。昆嵛山是胶东著名的革命根据地，是胶东的“井冈山”、红色革命的“摇篮”。得益于优良的天然环境，景区范围内盛产优质红樱桃，大小樱桃种植面积近666.67公顷，每年5月，景区举办中国·威海（文登）昆嵛山樱桃节。

【文山公园】　又名召文台公园，是国家AA级景区，因秦始皇召集文人登山而闻名。位于文登城区，公园正门门额所书“文山公园”为中国书法家启功手迹。园门三门四柱的巨大石坊，由花岗岩雕刻而成，阳面对联系文学家、书法家于植元撰书。园内曲径通幽，花木扶疏，美不胜收。主要有召文台、文登学陈列馆、钟楼、文星石亭、哈哈镜等景点。

【成山头景区】　位于荣成市成山镇东端，因地处成山山脉最东端而得名，是国家AAAA级旅游景区。景区内最高点海拔200米，东西宽0.75千米，南北长1千米，占地面积2.5平方千米。景区群峰苍翠连绵，大海浩瀚碧蓝，峭壁陡峻，巨浪滔天，气势恢宏，是理想的避暑胜地。1988年被国务院批准为国家级风景名胜区。2005年10月，在由《中国国家地理》杂志社主办并与全国多家媒体联合评选“中国最美的地方”活动中，成山头风景区获评中国最美的八大海岸。区内有海驴岛、花斑彩石、俚岛海滨、成山林场、始皇庙、秦代立石、秦桥遗迹、观涛阁和镇龙石等景点。

【赤山景区】　位于荣成市石岛港西北，山海相连，占地面积12.8平方千米，因山石颜色发红而得名，以“东方神山”“佛教圣地”“海岛民俗”“森林公园”而著称，是国家AAAA级旅游景区。景区有赤山法华院、赤山禅院、荣成民俗馆、张保皋传记馆等景观区，另有摩崖石刻、无字天碑、仰天大佛、坐佛石等系列景观，与凤凰湖滨海旅游度假区、海水浴场、天后宫、花村、画村、渔村等连点成线。法华院是威海市最早的开放式佛教寺院，是中国唯一传承中、日、韩三国友谊的佛教圣地，被誉为“一寺连三国”。

【那香海景区】　位于威海好运角旅游度假区内，是国家AAAA级旅游景区。2012年开工建设，计划总投资100亿元，以10年为周期，建设以旅游度假、健康养生为主，集休闲、养老、娱乐、体育等功能为一体的大型旅游目的地。景区资源丰富，汇集大海、沙滩、黑松林、温泉、港湾、岛屿、河流等多种自然资源，依托全地理型资源开发建设健康医疗中心、水上运动中心、文化艺术中心等10个中心和香海假日酒店、香海尼斯假日酒店等5座酒店，打造旅游服务产业链，承载10余种旅游度假生活方式，打造以休闲型旅游度假为主的旅游景区。

【槎山风景区】　槎山是国家级森林公园、山东最具代表性的省级地质公园、中国原始地迹遗产保护区，1992年被山东省政府批准为省级风景名胜区，是国家AAA级旅游景区。风景区位于荣成市南部黄海之滨，总面积45平方千米，海岸线86千米，主峰清凉顶海拔539.8米。槎山的“槎”字，古代作“筏”字解，船的意思。春夏季节，时有海雾随风漫上岸来，翻卷升腾，形成雾海。时有槎山的部分峰顶浮于茫茫雾海之上，宛如叶叶扁舟，“山如海上槎”，故名槎山。因槎山有9座俊美的峰顶，满山的岩石其色似铁，又称铁槎山或九顶铁槎山。槎山雄伟壮美，道教遗迹众多，自古被称为“大东胜境”。主要景点有云光洞、龙泉井、仙人桥、千真洞、九龙池等。

【圣水观景区】　位于荣成市崖西镇朱埠村，是国家级森林公园、国家AAA级旅游景区，是道教全真派发祥地之一，因观内有一泓“圣水”而得名。圣水观山势坐北朝南，宛如一把太师交椅，30余处自然景观鬼斧神工，有气势磅礴的荣成伟德将军碑廊，记载着150余位荣成籍将军的手迹、生平。景区是山东省爱国主义教育基地、国防教育基地。

【荣成市博物馆】　位于荣成市成山大道东段28号，是国家AAA级旅游景区、山东省农业旅游示范点。展馆面积2100平方米，以荣成的历史变迁为主线，围绕荣成人与海洋的关系，挖掘荣成人与海的深厚文化底蕴，书写荣成人与海共生的历史，彰显荣成儿女创造的历史奇迹。展馆分家园、史事、古港、民俗、海魂等展示板块8个，陈列文物1000余件，展示老照片1500余幅，复原古场景3处，运用视频及投影技术8处，有各种鱼类标本50余件。运用文物、图片、场景复原、多媒体等，展示渔家文化及荣成厚重的文化积淀。

【荣成成山森林公园景区】　位于荣成市好运角旅游度假区成山镇国营成山林场驻地，是集餐饮、住宿、会议、娱乐、休闲养生为一体的综合性森林旅游度假公园，是国家AAA级景区。园区有客房55间，可接待120人住宿及用餐、150人会议及聚会，设有素质拓展、真人CS野战、射箭、赶海、垂钓等娱乐项目。公园内保存有全国最为完整的“五七”干校旧址，建有沈秀芹纪念馆、非物质文化遗产展示馆等场馆，免费对游客开放。

【荣成东楮岛风景区】 位于荣成市石岛管理区最东端，是国家AAA级旅游景区。优美的自然环境、丰富的海产资源、浓郁的渔家文化、众多的民间传说、别具特色的海草房民居、悠久的地方特色文化，使东楮岛成为中国最美渔村之一。风景区主要以滨海休闲类、民族风情类、历史文化类为主，景区有海草房观赏园、唐乡主题酒店、乡村记忆馆、海钓采摘体验区、“渔家乐”特色餐饮区、海草房住宿体验等特色体验项目和人文历史资源。

【樱花湖体育公园】 位于荣成市崖头街道绿岛北湖，是国家AAA级旅游景区。景区以绿岛北湖水域为中心，投资总额1.7亿元，占地面积253.33公顷（水面面积220公顷、绿化面积33.33公顷），将绿岛湖周边自然风光、人文景观与体育竞技紧密结合，打造全民参与型休闲运动主题公园兼生态体验区。建设长6000米、宽8米的环湖健身路，配套可承办国际赛事的环湖自行车赛道、马拉松比赛和皮划艇训练设施。沿湖周边栽植染井吉野、关山樱、早晚樱等20余个品种的樱花1万余株，打造樱花特色景观。设计制作“樱花湖之恋”大型灯光雕塑，配套建设地上和地下停车场、公共自行车车道、观景平台、水循环系统等，为群众提供高品位、舒适的休闲健身场所。每年冬天有300余只大天鹅在此过冬，设置观鸟平台，游人可近距离观赏大天鹅。

【荣成甲子山庄】 依托荣成市朝阳洞山山脉的主峰甲子山建设，总面积86.6万平方米，是国家AAA级旅游景区。山庄将海滨特色旅游、海洋文化和茶文化连接，打造以生态餐饮、度假休闲为主，融娱乐、观光、养生、度假、户外拓展为一体的度假休闲旅游胜地。

【国家电投新能源科技馆】 位于荣成市八河水库东侧，是国家AAA级旅游景区。该馆以核能及新能源科学普及为主题，由企业馆、生活馆、书吧影院、临展和会议论坛4个部分组成。其中，企业馆讲述世界核能发展史，中国核能与科技发展历程，以及国家电力投资集团公司在光伏、风电、水电、核电等清洁能源和智慧能源产业等新能源领域行业内的领军地位；生活馆以“核能生活”“核能未来”为主线，展现核能科技和核能能源的科普知识，以及其作为安全可靠和成熟的技术与能源形式，在日常生活中得到广泛应用的场景与实例。

【好当家海参博物馆】 于2018年11月18日开馆，由好当家集团有限公司总投资1亿元建设，建筑面积6000余平方米，是国家AAA级旅游景区。博物馆是全国第1家展示海参生物研究、科普教育、历史文化的专业化博物馆，是集物产资源与人文资源于一体的旅游景点。通过信息技术，全息实景展示海参小镇渔民的传统生活，收集全球上百种海参标本，演绎海参传统加工的“非遗”工艺；展示数十种活海参、水母、观赏鱼等海洋生物，普及海参营养保健、食物搭配、食用加工、海参鉴别、海参存储等知识。

【花斑彩石景区】 位于荣成市东北海岸，离岸50余米，是一座长方形海蚀柱，长约35米，宽约20米，高约9米，总体积7000立方米，是国家AA级旅游景区。因体积巨大，造型奇特，色彩艳丽，花纹多变，被誉为大东胜景，清道光年间被列为荣成八大景之一，被誉为“中华海上第一奇石”。

【银滩旅游度假区】 位于乳山市东南海滨，在沿海岸线20余千米的带状规划区内，林秀海碧，礁奇滩曲，集山、海、岛、湖、泉、河、林为一体，绵延20余千米长的沙滩，坡缓滩平，沙质细腻松软，洁白如银，“银滩”因此而得名，被誉为“天下第一滩”，是国家AAAA级旅游景区。区内有全国最早的潮汐发电站，拥有蓄水量3000万立方米的潮汐湖，以及珍珠湾、白浪湾、宫家岛、三观亭、仙人桥、万亩海防松林带等自然景观，是天然的旅游度假胜地。

【乳山福如东海文化园】 位于乳山银滩旅游度假区的中部北斗湾地区，是国家AAAA级旅游景区。景区由威海广澳旅游投资有限公司投资开发建设，投资总金额20亿元，规划用地面积113.33公顷，使用海域面积100公顷，以千年厚重的“福文化”“东渡文化”和“东夷文化”为主题，按照国家AAAAA级旅游景区标准规划建设，主要包括一轴（福如东海文化旅游主轴）、二带（滨海景观带和长江路绿化景观带）、四区（福如东海书画院区、度假酒店区、游艇俱乐部区和旅游商业区），旨在打造具有浓厚滨海特色的、集旅游观光和文化体验于一体的精品文化景区。建成对外营业的项目和子景点包括福海龙珠、游客中心、宁海广场、三观亭、文化美术馆等。园区先后获评山东省重点文化产业园区，入选全国优选旅游项目名录。

【岠嵎山景区】 位于乳山市区西约18千米处，西面山脉南北走向，分水岭为乳山、海阳两市边界，是国家AAA级旅游景区。景区四周众山险立，区内相对高度极大，2条宽阔幽深的沟夼分别自西北、西南宛然向东，汇成人字形而至于东面山口。特殊的地质条件造就岠嵎山特异的自然风光，山上奇石林立，千姿百态，如禽似兽，似人如物，堪称一座天然石雕园。主峰玉皇山海拔589米。

【圣水宫景区】 圣水宫，又名玉虚观，位于乳山市冯家镇孔家村，是国家AAA级旅游景区、省级重点文物保护单位，名列《中国名胜辞典》之中。景区群山绵亘，峰奇谷幽、林岚深邃、清泉奔涌，素有“小昆嵛”之美誉，自然人文景观丰富。唐贞观年间在此建庙曰“圣水宫”。其鼎盛时期在金元时期，曾是全真教三大圣地之一。景区总投资1.2亿元，规划面积1.6平方千米，是以道教养生为主题的养生文化名山。

【多福山景区】 位于乳山市蹭崮山，面积10余平方千米，主峰神仙顶海拔395.95米，是《山海经》所述《列姑射日》中的一座海上仙山，是国家AAA级旅游景区。景区以古刹、庙会、圣水、奇石而闻名，山巅天然形成的“负阴抱阳”

独特景观令人称绝。山上建有1000余年历史的碧霞宫及近700年历史的青龙禅寺等古庙名刹，有玉液天池、圣水泉、长寿泉等名泉圣水6个和玄武献寿、青龙飞天、招财金蟾等奇石景观72处，山顶有一"寿星石"栩栩如生，神仙顶因之得名。传统庙会始于明万历年（1573—1620），每年农历四月十五前后举行盛大庙会。

【石佛山休闲观光园】 位于乳山市乳山寨镇赤家口村西，是国家AAA级旅游景区。景区建有正华茶场、正华山庄（三星级酒店），茶园面积10余公顷、果园面积20公顷，温室大棚13座、特色动物园1处、垂钓场1处、原生态山谷（情人谷）1处，特色观光园内栽种各种热带植物、沙漠植物、珍奇植物等。正华山庄可同时供100余人住宿，300余人就餐。动物养殖区有梅花鹿、马鹿、孔雀、珍珠鸡、火鸡、野猪等多种观赏及食用动物。

【小汤温泉】 位于乳山市汤上村，总面积3公顷，规划建设热带雨林区、星级酒店、特色餐厅3个区域，是国家AAA级旅游景区。热带雨林区内种植热带植物种类数百种，区内配套设施可供1000人同时沐浴，配有先进的按摩冲浪泡池、电脉冲池、煮蛋池、牛奶池等，有康体理疗中心、水吧、自助餐及购物超市等各种休闲养生娱乐设施。星级酒店客房可容纳约300人住宿；综合楼内设有20～150人的会议室，多功能厅可容纳200余人，配有现代化的会议设施设备，有可供500余人就餐的生态餐厅。

【台依湖国际酒庄生态文化区】 位于乳山市夏村镇台依湖西岸，是国家AAA级旅游景区。景区由台依湖集团有限公司投资开发建设，以台依湖水域为中心，投资总额30亿元，规划用地面积6666.67公顷，拟建设300座大小风格各异的酒庄，打造集葡萄种植与酿造、现代农业、科普文化、采摘体验、休闲旅游与度假为一体的综合项目。建成对外营业的项目包括007酒庄、私家葡萄园种植区、房车营地、天鹅湖、养殖场—鹿苑—孔雀园区、薰衣草花海、希望沙滩（儿童游乐沙滩）、海盗船餐厅、水上高尔夫、婚庆礼堂等子景点，打造万亩葡萄园、千亩水景、千亩公园、百亩湿地生态景观4个。

【乳山益天生态旅游观光园】 位于乳山市白沙滩镇玉前庄村北，是国家AAA级景区。园区规划占地面积65.33公顷，计划总投资2.12亿元，坚持生态优先的原则，将现代特色农业与生态旅游相结合，规划道观人文区、生态采摘区、商务餐饮区等功能区5个，是一座集体育休闲、采摘体验、宗教养生、旅游观光、商务活动等为一体的现代旅游景区，先后获评山东省农业旅游示范点、山东省精品采摘园。

【马石山风景区】 位于乳山市西北部马石山上，主峰海拔467米，占地面积53公顷，是国家AA级旅游景区，系"马石山十勇士"诞生地、马石山惨案遗址。1943年1月25日，胶东区行政主任公署在陵墓前侧立马石山殉难军民之墓；2月18日，立马石山殉难军民纪念碑。1971年始建烈士陵园，修建烈士纪念堂。1972年在马石山主峰修建抗日烈士纪念塔。1985年，上将许世友、少将林浩为陵园题词。景区先后被省政府批准为省级烈士纪念建筑物重点保护单位、山东省爱国主义教育基地、省级文物保护单位，2014年8月，被国务院列入首批国家级抗战纪念设施、遗址名录，2015年11月，被列为国家级爱国主义教育基地。作为5个抗日英雄群体之一，"马石山十勇士"入选民政部公布的首批300名著名抗日英烈和英雄群体名录。2013年起，乳山市投资5000余万元对马石山风景区整体进行改造，景区占地面积1.69公顷，建筑面积2927.5平方米。主要包括重建马石山十勇士纪念馆、乳山革命纪念馆和宣传教育中心，成立威海马石山红色教育基地。

【胶东育儿所】 位于乳山市崖子镇田家村，是国家AA级旅游景区。景区由胶东育儿所纪念馆、胶东育儿所旧址2部分组成，建筑面积7520平方米，展室10处，展陈面积1030平方米。2016年，对原胶东育儿所旧址进行保护性修复，列入乳山市级重点文物保护单位，进行挂牌保护。胶东育儿所教育基地展出看板222幅、实物427件，反映在生死考验面前，乳娘挺身而出用朴实无私的行动谱写大爱篇章的感人事迹，集中展现"忠心向党、大爱无疆"的乳娘精神。

【林海湾旅游区】 位于威海火炬高技术产业开发区北海岸，冬暖夏凉，四季分明，属于典型的海洋性气候，是国家AAAA级旅游景区。环海旅游路浴场景区与刘公岛、中央电视台威海影视城连在一起，形成一道独特的滨海风光。景区陆地面积80.7公顷，海域面积200公顷，由国际海水浴场、林海公园和国际休闲帆船基地3个部分

胶东育儿所纪念馆展厅一角　　（李传强　摄）

组成。

国际海水浴场　东起玛珈山、西至烟墩山，海岸线长2800米，是一个自然天成的半月形海湾。景区景观层次丰富，以沙滩、海水为主要基调，突出蓝天、阳光、沙滩、大海、绿树、青草的和谐统一。各项设施精心设置，游人可到海中畅游，可进行运动、休闲、娱乐。浴场内更衣、冲洗等配套服务设施齐全，快艇、摩托艇、海盗船等游乐项目丰富，海上救护、环境保护等管理措施健全。

林海公园　依托环绕国际海水浴场的千亩防护林带，在充分保护松林原始风貌的前提下，利用林间原有的地势地貌，建设以休闲、文化、娱乐、健身等功能于一体的综合性休闲区。公园总占地面积32.7公顷，有幸福大道、儿童乐园、婚庆广场、健身广场等景点。

国际休闲帆船基地　有各种帆船100余艘，利用国际海水浴场自然优势，以海陆一体、协同发展的“蓝色经济”为创新发展模式，打造亚洲最大、最具影响力的休闲帆船基地。基地主要开展帆船帆板驾驶培训、海上运动休闲娱乐、组织各类海上赛事、航海设备特色展览。基地取得国际帆联认证，是国际帆联指定中国培训基地、国际航海组织重点关注发展联动协会成员、国际帆联NOCSP活动指定训练基地。

【小石岛旅游景区】　位于威海火炬高技术产业开发区大连路，由威海西港小石岛旅游服务有限公司开发建设，是国家AAA级旅游景区。景区陆地面积1000平方米，海域面积186.67公顷，是国家级刺海参种苗培育基地，胶东半岛最大最优质的刺海参养殖基地，省级休闲渔业游示范点，2009年5月投入运营，投资1500余万元。景区内有乘船出海观光、垂钓、特色餐饮3个旅游项目，有游艇码头1个，旅游客船7艘。

【康博尔海洋健康博览园】　位于威海火炬高技术产业开发区初村镇兴山路115号，占地面积9.07公顷，是威海康博尔生物药业有限公司投资开发建设和管理的集海洋健康文化展示、海洋健康品研发加工、旅游观光、休闲健身娱乐于一体的海洋健康主题综合旅游景区，是国家AAA级旅游景区。景区主要有海洋健康博物馆（规划在建）、海洋健康品研发加工展厅、海洋微生态药浴疗养中心、3000米海岸线观光体验等功能区，设有海洋健康产品超市、游客接待中心、停车场、健身器材等配套设施。

【老虎山生态园】　坐落于威海市区东南，南枕老虎山，北望威海湾，规划面积266公顷，是威海经济技术开发区金城实业发展公司打造的现代农业生态旅游园区，是国家AAA级旅游景区。园区融地域文化与生态绿色为一体，有以生态为主题的原生态森林、农业采摘园等景点16个，在挖掘丛氏姓氏文化历史的基础上，新增丛氏大宗祠等仿古建筑。

【威海韩乐坊景区】　位于威海经济技术开发区乐天世纪城。占地面积5.6公顷，总建筑面积约10万平方米，是国家AAA级旅游景区，是国内首家韩文化主题商业景区。景区有韩国商业步行街、丽水门、庆会楼、韩国民俗体验馆、韩国茶艺体验馆、精品夜市、各种主题的韩国文化休闲广场及风情街等，是中韩友谊、文化、艺术、商品、旅游、信息沟通交流中心，韩国品牌、商品在中国的展示中心及贸易集散地，建筑、民俗、旅游、饮食、非物质文化遗产等韩国文化在中国的体验中心。

【海螺湾休闲驿区】　位于威海经济技术开发区滨海大道1688号滨海旅游景观公路新城服务区，与大海仅一路之隔，地理位置优越，自然环境优美，是国家AAA级旅游景区。项目一期占地面积32.4公顷，总投资约1亿元，根据功能划分为公路服务区、休闲娱乐区和民宿餐饮区，分别建有加油站、生态停车场、汽车充电桩、海螺展馆、骑行驿站、特色餐饮等，打造“服务+休闲+旅游”模式。景区建筑参照省级非物质文化遗产“海草房”进行建设，主体均为框架结构，外墙选用特色石材砌筑而成，以威海渔家独有的海草、虎皮石为特色技艺进行表现，内部装修采用现代简约格调。景区内的奇遇小螺号成长乐园目标定位3～12岁儿童，围绕“欢乐休闲、亲子互动、研学旅行”为主题进行开发，打造全国首家以儿童为主题的户外成长乐园及研学旅行目的地，是合家欢聚、寓教于乐的亲子体验空间。

【东浦湾景区】　位于威海经济技术开发区崮山镇五渚河入海口东侧，紧邻五渚河公园，是国家AAA级旅游景区。景区包括东浦湾房车营地、东浦湾自助餐厅、儿童乐园、东浦湾海水浴场和在建的东浦湾景区二期，占地面积98.6万平方米。其中，东浦湾房车营地由休闲服务区和房车营地区构成，设计独院、二合院、三合院3种主要房车单元形式，并设计帐篷营地和适量自行式房车车位，各单元及组合有独立的休闲活动空间。房车有商务间、情侣间和亲子间多类型，满足游客不同的入住需求。东浦湾景区二期以“海洋奇遇·花海探险”为设计理念，打造集卡丁车赛道、房车宿营、滨海商街、儿童游乐等为一体的多功能国际海滨景区。

【毛泽东像章珍藏馆】　位于威海临港经济技术开发区苘山镇正气路22-1号，建筑面积约3000平方米，是国家AAA级旅游景区。馆内收藏各个时期的毛泽东像章、军功章、奖章、勋章、纪念章150余万枚，收藏20世纪60年代毛泽东的塑像及相关的瓷器、书籍、宣传画等藏品。

（曲茜茜）

编辑　李传强

财政·税务

财　政

【概况】　2022年，全市一般公共预算收入225.16亿元，加地方政府一般债务转贷收入、返还性收入、转移支付收入和上年结转收入等345.23亿元，收入共计570.4亿元。全市一般公共预算支出401.15亿元，加地方政府一般债务还本支出、上解省级支出和结转下年支出等169.24亿元，支出共计570.4亿元。

市本级一般公共预算收入12亿元，加地方政府一般债务转贷收入、返还性收入、转移支付收入、各区（市）上解收入和上年结转收入等273.45亿元，收入共计285.45亿元。市本级一般公共预算支出89.12亿元，加地方政府一般债务还本支出、上解省级支出、返还性支出、补助各区（市）支出和结转下年支出等196.33亿元，支出共计285.45亿元。

【市场活力激发】　出台应对新型冠状病毒肺炎疫情影响助力企业发展的政策，全力落实中央、省各项政策，通过房租减免、社保费缓缴等措施，促进市场主体恢复发展。出台促消费政策，发放惠民电子消费券及汽车、家电消费券8600余万元，拉动消费额约36亿元。落实稳外资外贸政策，支持第二届韩国（山东）进口商品博览会等活动举办，助力企业开拓市场；对小微企业办理出口信用保险给予全额补助，创新开发“汇率避险”业务，帮助企业抵御外贸出口和汇率波动风险；支持跨境电商平台、企业海外仓建设，鼓励加密日韩货运包机，支持欧亚班列常态化运营，助力推进“四港”联动，不断畅通对外物流通道。

【营商环境优化】　全面落实新的组合式税费支持政策，通过编印《减税降费主要政策文件汇编》、开展“送政策上门服务企业”活动、强化退税资金库款保障等措施，全力保证政策兑现，实现应免尽免、应退尽退，全年落实退税减税缓税降费102.1亿元。围绕企业融资难题，加快推动政府性融资担保体系建设，发挥“信财银保”全程在线办理、免费担保增信的优势，为中小微企业发放担保贷款约60亿元。升级完善“威商e达”惠企“一站式”服务平台，将企业上市补贴、高新技术企业认定奖励等64项政策纳入“免申即享”试点范围，搭建高速惠企服务通道。深入推进政府采购流程再造，实施政府采购诚信体系建设等5个方面的“揭榜挂帅”改革攻坚行动，推行公务用车定点服务框架协议方式采购，并通过预留采购份额、降低采购门槛等方式，更好发挥政府采购惠企作用。

【企业发展助力】　实施政策扩容，出台支持产业高质量发展政策清单，提升扶持政策含金量，精准助力百亿企业培育和优势产业集群发展。提高涉企政策兑现效率，为18家企业兑现企业冲击新目标奖励，为736个企业技术改造、工业互联网等项目提供支持，扶持新旧动能转换重点项目建设。加大科技创新投入力度，为近1000家企业开展创新平台建设、技术自主研发、高新技术企业认定等提供补助，加快推进“1+4+N”科技创新平台体系建设，保障高等级实验室建设、产学研深度融合和产业关键技术攻关等，全市企业创新指数居全省第1位。大幅增加人才资金投入，支持“产业工程特聘专家”等21项重点人才工程实施及“人才安居工程”等13项配套政策落实，保障“人才兴威”战略顺利实施。用好用活金融杠杆，加快产业投资基金运作，推动设立时尚产业、先进制造业和康养旅游产业基金，建成覆盖七大产业的产业基金体系。

【城乡发展促进】　扎实推动乡村建设和农业发展，落实土地出让收入支持农业农村政策，保证乡村振兴投入逐年稳步增长，全市累计投入统筹整合乡村振兴资金38.7亿元，为农业产业高质量发展、美丽乡村建设、集体经济发展、村级组织运行等提供有力保障。统筹资金支持巩固脱贫攻坚成果与乡村振兴有效衔接，大力支持省、市衔接集中推进区建设，支持123个重点帮扶村发展农业特色产业，保障开发乡村公益性岗位1.3万余个，增强帮扶村“造血”功能，提高困难群众收入水平。支持开展新一轮精致城市建设行动，通过强化经费保障、统筹预算资金，支持精致城市建设重大事项、重点任务攻坚突破，保障实施老旧小区改造、背街小巷整治、公共停车场建设等工程，着力打造“精致城市”威海样板。强化生态文明建设资金保障，出台财政涉企资金绿色门槛制度，健全海洋、森林生态补偿机制，支持污染防治、耕地保护、海洋生态修复等项目开展，保证全市环境质量继续保持全省领先。

【公共服务提升】　贯彻以人民为中心的发展思想，把保障改善民生作为财政支出的优先方向，围绕打造共同富裕先行区，在公共服务均等化、优质化上持续用力。多措并举筹集资金，有序调拨应急储备物资，有效满足新冠疫情防控中人员救治、核酸检测、疫苗接种、方舱医院建设、物资设备购置等方面的需求。持续提高民生政策保障水平，加大对特殊困难群体的救助保障力度，进一步提高城乡低保人员、城乡特困人员等9类困难群众救助保障标准和部分优抚对象等人员抚恤和生活补助标准，启动价格补贴联动机制，加大对困难群体物价补贴力度。进一步提高居民基本养老保险、居民基本医疗保险、基本公共卫生服务等政策保障标准，为群众养老、就医创造良好条件。着力稳定和扩大就业，扶持自主创业和灵活就业，支持开发公益性岗位，用好创业担保贷款等政策工具，保证就业形势总体稳定。打造高质量教育体系，保障威海艺术学校维修改造等教育重点项目建设，改善办学条件，夯实教育根基。支持深化文明城市创建，健全完善市、区（市）、镇、村四级公共文化服务体系，通过加强旅游宣传、发放消费券等方式，推动旅游市场回暖，提升城市文化软实力。出台新一轮城乡公交运营补贴政策，支持公交车辆更新和公交基础设施提档升级，推进公交都市和绿色出行“双城联创”。

【财源建设】　积极应对多重因素对财政收入的影响，建立定期调度分析机制，围绕财源建设开展深入研究，制定盘活资产资源、挖掘增收潜力的具体措施。把握国家加大地方政府专项债券发行力度的机遇，充分利用债券资金保障全市重大基础设施和重点项目建设，累计获批新增专项债券额度103.3亿元，支持推进莱荣高铁、东浦湾健康驿站、母猪河地下水库等65个重点项目建设。积极争取政策性开发金融工具、设备更新改造贷款贴息、“保交楼”专项借款等政策资金，助力相关重点项目建设加快推进。以省出台“稳中求进”高质量发展系列政策为契机，全力做好“向上争取”，获得上级转移支付资金103.2亿元，工业强县、现代农业强县等财政激励政策落户威海市。严格落实政府过紧日子的要求，继续大力压减一般性支出和非急需非刚性支出，从严管控新的支出审批。加强存量资金清理盘活，将结转超过1年的资金、本年度无需使用的上年结转资金及年度内难以实施的项目资金，全部收回财政统筹安排，累计盘活、收回资金6.8亿元。加快全市一般公共预算及中央直达资金支出进度，提高资金使用效率，确保财政资金早投入、早见效。

【预算管理改革】　推进预算管理改革，预算管理一体化系统上线运行，实现从预算编制、预算执行到预算监督、预算公开的全链条管理，威海市连续6年获评全省财政预算管理工作先进市。强化综合预算理念，加强财政资金统筹，将国有资本经营预算纳入一般公共预算统一管理。深化预算绩效管理，新增项目全部实施事前绩效评估，加大事中绩效监控和事后绩效评价力度，对各区（市）全面开展财政运行综合绩效评价，积极推进成本预算绩效管理试点，以绩效为导向不断提高财政资金使用效益。组织开展专项整治行动，围绕减税降费、基层“三保”（保基本民生、保工资、保运转）、资产管理等重点领域开展全面排查，分领域解决制约财政发展的突出问题，严肃财经纪律、规范财经秩序。强化风险管控，密切关注减收增支因素对基层“三保”的影响，加大对财力薄弱区（市）的补助力度，优先保障好工资发放、民生政策兑付及新冠肺炎疫情防控等支出需求。加强地方政府债务管理，严格规范债券资金使用，加快资金拨付进度，提高债券项目绩效；加大存量债务化解力度，严格新增债务管理，强化债务风险监控评估，开展国有平台治理整顿行动，坚决守住不发生系统性风险的底线。

（林钰栋）

税　务

【概况】　2022年，国家税务总局威海市税务局（简称市税务局）按照“党建引领、依法治税、规范管理、监督问效”四线并进要求，统筹做好组织收入、政策落实、纳税服务、税费监管工作，实现税费收入量稳质优，税收治理效能进一步提升，获得省部级荣誉称号10个、地厅级荣誉称号16个，1人获评2022年齐鲁最美税务人。全年全市组织税费收入733.1亿元。分项目看，组织税收收入257亿元，其中一般公共预算收入中税收158.5亿元，税收占比73.7%；组织社会保险费182.8亿元，比上年增收23.7亿元，增速14.9%；组织非税及其他收入293.3亿元。

【组织收入】　完善质量监控机制，坚持对单笔入库超过500万元的“五小税”（土地增值税、房产税、印花税、土地使用税、车船税）、超过1000万元的其他税种纳入监控，按照“分局审核—县局业务审核—县局主要负责人确认—市局业务核对”流程，全部实行提级审核，依靠完善的执法流程、完备的执法文书和完整的税收数据，确保业务真实规范。固化监控指标16个，按照“每月25日前每5天一次，25日后每天一次”的扫描频率进行扫描监控，降低税收风险。加大挖潜增收力度，完成土地增值税清算项目133个，增长315.63%，清算应补税款8.28亿元，增长110.69%。利用5年财政拆迁补偿的数据治税，补缴企业所得税及滞纳金2.52亿元，全年企税收入61亿元，增长2.1亿元。年内，通过各种方式和渠道累计挖潜增收34.2亿元。强化财源建设，成立税收服务招商引资专家顾问团队，对核电、风电、抽水蓄能、储能电站、光伏发电5个项目开展税收测算，形成报告服务党委政府决策。对32个重点产业项目实施税收效益评价，为开展观摩和评估重点项目建设提供支持。围绕七大产业集群和十条优势产业链，开展工业税源、医疗器械等行业税收分析，形成分析报告43篇，获得市委、市政府主要负责人批示16次。

【退税减税】　强化留抵退税全量复核，细化留抵退税审核的流程、方法，确保退税政策“直达快享”，大规模留抵退税政策实施后，累计为4534户纳税人落实留抵退税54.63亿元。加强退税风险防范，通过健全指标矩阵、明确工作清单、建强复核团队、严筛退税风险，事后缴回673户企业留抵退税5.93亿元，缴回金额占退税金额10.75%。提升留抵退税案件查办质效，对骗取留抵退税的案件，坚持快立案、快分工、快推进、快曝光，破获全省首例骗取留抵退税案件，查实30户企业涉嫌骗取和违规留抵退税，追回税款1.33亿元，查实率、查结率均居全省第1位。强化留抵退税宣传推介，先后在央视新闻联播、《人民日报》、新华网等中央级媒体发表留抵退税宣传稿件45篇，有关经验做法被《人民日报》头版刊发。年内，全市新增减税降费及退税缓税缓费102.1亿元。

【税费管理】 加强税费协同，将14个议事协调机构涉及的综合事项纳入税费征管协同联席会议，建立定期通报机制，全市5C征管质量年度评价结果位列全省第一梯队，企税汇算清缴、多缴退税进度居全省第1位。强化行业监管，推行税源行业化、模板化管理，打造水产品加工、建筑业、时尚产品、康养旅游等重点行业管理模板13项，全市水产品加工行业出口收入增长18.34%、免抵税额增长30.4%，增值税行业税负增长0.25个百分点。全面应用板材、棉纺、小规模纳税人政策性虚开等行业监管模板，农产品收购发票金额下降10.37%，开展建筑业“链条式”监管促收1.21亿元。创建“综治+税治”双网联动机制，在推送税收政策、采集海量税源信息、调解税收执法争议、协助辅导群众完成社保缴纳等方面取得良好效果，相关经验做法获得国家税务总局主要负责人批示，并被中共山东省委全面深化改革领导小组办公室进行专题推介。

【风险防控】 锚定留抵退税、小规模纳税人政策性虚开等高风险事项，以及商贸企业、农产品收购企业等高风险对象，依托留抵退税风险防控操作指引，推进留抵退税风险“溯源式”治理。结合出口退税规模大而退税审核时间短、风险高的特点，推进出口退税“预防式”管理，将函调、评估、疑点交接等管理关口前移，对160户次企业出口退税风险核查，查补346万元。梳理风险监控指标675个，以数据指标共建、一户式任务归并、任务扎口推送为着力点，强化风险联动识别，按照税种、指标、场景关联归并“一户式”任务，分阶段统筹风险监管6个主题，提升集约效能。年内，统筹推进风险任务3537户次，实现风险应对收入6.3亿元，问题率67.43%。提升稽查质效，查办“5·10”生物质燃料发票虚开案，获得全省税务稽查案例竞赛一等奖；对农产品、医美等高风险行业开展“双随机”（随机抽取检查对象、随机选派执法检查人员）检查，查补入库1.87亿元。

【纳税服务】 实施智慧办税服务，搭建“智税·家”税费服务中枢，实行服务、咨询、监管一站受理，线上办理、问题处理和运维响应速度分别提升67%、80%和60%。升级“非接触式”办税缴费服务，发票、备案等8类69项业务实现手机一键提交，非接触式办税比例达95%以上。搭建出口退税“高速路”，推广无纸化申报、电子化备案，压缩退税时间比例达60%，全年出口退税89.6亿元。树牢“以纳税人缴费人为中心”服务理念，全面开展深入服务一线“走流程”“蹲点”等工作，市、区（市）两级发现、解决问题66个，推进流程优化3项，化解纳税人投诉事项6项。深入企业开展“听您说·威您办”问需走访活动，走访纳税人9.5万户，收集、解决问题810个。优化税收执法服务，以非强制性执法试点为契机，对一般纳税人实行登记提醒和纳税辅导，对292户临界纳税人进行短信提醒，对189户达标纳税人进行专项辅导。应用“首违不罚”清单，筛选疑点714条，核实整改率100%。整治税代“黑中介”，惩治违法中介机构8家，清理人员近200人，起诉28人。推进社会共治服务，加大“银税互动”力度，帮助2375户小微企业贷款8.2亿元。开展“三员”（企业法人、财务负责人、办税人员）纳税信用社会化应用，以荣成市为试点，以守信激励为主导，将1.06万名“三员”纳税信用纳入社会信用评价，对5433名诚信“三员”兑现信用加分，经验做法被市发展和改革委员会在全市推广。在全国纳税人满意度调查中，国家税务总局威海市环翠区税务局居全省第1位、全国第33位。

【政务管理】 优化工作流程，理清岗位职责，完善工作流程图343个，使一类业务向最少部门流转，派发基层任务下降40.45%。改进落实方法，倡导“六步工作法”（目标任务明确、目标分解合理、部署要求细化、责任分工压实、过程监控跟上、总结提升及时），把握工作时度效；将制度转变为可落实、可评价的具体事项，明确任务清单，完成信息宣传、舆情应对等7类模板，做到“市局有方法、县局有抓手、分局有遵循”。提升督办成效，每月召开工作讲评会，对各单位工作开展差异化评价，列明整改举措；每周召开局领导工作例会，对接细化工作部署，调度重点工作，全年制发督办单101件，督办193项重点任务和330项批示事项。

（孟新华）

编辑　于鹏飞

2022年度威海市地方纳税50强企业

威高集团有限公司
威海市商业银行股份有限公司
三角集团有限公司
迪尚集团有限公司
山东达因海洋生物制药股份有限公司
山东威海烟草有限公司
国网山东省电力公司威海供电公司
威海建设集团股份有限公司
威海光威集团有限责任公司
威海城市投资集团有限公司
豪顿华工程有限公司
山东亘元新材料股份有限公司
天润联合集团有限公司
惠普打印机（山东）有限公司
家家悦集团股份有限公司
威海华发房地产开发有限公司
华润置地（威海）有限公司
威海北洋电气集团股份有限公司
成山集团有限公司
威海国兴置业有限公司
山东威达集团有限公司
金猴集团有限公司
石岛集团有限公司
赤山集团有限公司
山东港口威海港有限公司
威海市水务集团有限公司
迪沙药业集团有限公司
威海广泰空港设备股份有限公司
威海市西郊建设集团公司
山东安然纳米实业发展有限公司
山东文登农村商业银行股份有限公司
威海魏桥科技工业园有限公司
威海火炬高技术产业开发区盛德实业有限公司
中国工商银行股份有限公司威海分行
山东鑫发控股有限公司
中国建设银行股份有限公司威海分行
华夏文化旅游集团股份有限公司
山东荣成农村商业银行股份有限公司
山东荣城建筑集团有限公司
山东乳山农村商业银行股份有限公司
乳山金鼎房地产开发有限公司
海泰和信集团有限公司
华能威海发电有限责任公司
山东金洲矿业集团有限公司
黄海造船有限公司
威海昊阳集团有限责任公司
威海君和置业有限公司
威海威东航运有限公司
中国银行股份有限公司威海分行
中国农业银行股份有限公司威海分行

金　　融

综　述

【概况】　2022年，威海市金融系统为全市稳住经济大盘和高质量发展营造良好经济金融环境，全市金融业运行稳中有进、稳中提质。至年底，全市有银行业金融机构31家，本外币存款余额5886亿元，比上年增长12.2%；本外币贷款余额4655亿元，增长15%，居全省第2位。银行业总资产7962.9亿元，总负债7579.9亿元，分别增长12.2%和12.5%；实现利润50.9亿元，增加10.4亿元。全市有证券、期货机构20家，设有分支机构30家。有保险业机构53家，地方金融组织51家。全年实现金融业增加值195.7亿元，增长8.7%，提高0.4个百分点，占地区生产总值的比重为5.3%，成为地区支柱产业之一，为经济高质量发展提供有力支撑。金融业全年实现税收39.6亿元，增加7.7亿元，占全行业税收的15.4%，居行业第2名。

【资本市场发展】　2022年，全市有境内外上市公司18家，总股本达205.93亿股，总市值约2954.52亿元，通过首发、增发、配股等方式累计从股票市场融资390亿元。新三板挂牌企业累计32家，区域股权交易市场挂牌企业累计370家。2010年—2022年，全市累计发行非金融企业债券185只，融资1447.43亿元。2022年，新发行非金融企业债券31只，金额216.78亿元；存续债券101只，金额685亿元。威海国际海洋商品交易中心获得省地方金融监督管理局颁发的介于现货与期货之间交易业务许可证。

7月，全市“专精特新”企业新三板挂牌和北交所上市专题培训会举办

（威海市地方金融监督管理局　提供）

【地方金融组织发展】　2022年，全市有各类地方金融组织51家，涵盖小额贷款公司、民间资本管理公司、融资担保公司、典当行、融资租赁公司等各领域。全市有小额贷款公司14家，注册资本22.1亿元，贷款余额24.78亿元，全年实现营业收入1.35亿元。有民间资本管理公司4家，注册资本1.4亿元，投资余额1.68亿元，全年累计营业收入340.91万元。有融资担保公司8家，注册资本21亿元，在保责任余额32.2亿元，在保户数2915户。有持证典当行15家，注册资本3.54亿元，典当余额3.85亿元。有融资租赁公司10家，全部为外商独资或中外合资公司。

（翟琳琳）

宏观调控

【概况】　2022年年底，全市社会融资规模存量5970.1亿元，比年初增加735.9亿元，比上年增长13.8%。本外币贷款余额4655.1亿元，增加606.8亿元，增长15.0%，分别比全省和全国高3.3个百分点和4.6个百分点，居全省第2位。

【金融支持经济发展】　畅通稳健货币政策传导机制，充分发挥货币政策工具的总量和结构双重功能。持续加大再贷款再贴现等结构性货币政策工具支持力度，积极引导金融机构为企业提供融资支持，全年发放支农支小再贷款139.3亿元，办理再贴现64.4亿元。落地实施稳经济一揽子政策和接续措施，政策性开发性金融工具、设备更新改造专项再贷款、制造业中长期贷款重大项目实现100%对接全覆盖。积极引导贷款利率下行，降低市场主体融资成本。2022年，威海市累计新发放一般性贷款的加权平均利率4.7%，下降约0.26个百分点。

【金融服务实体经济】　把金融资源向重点领域和薄弱环节倾斜，加快补齐小微企业、科创企业等金融服务短板。畅通银企交流对接渠道，开展“齐心鲁力·助企惠商”“百亿惠千企”等金融支持专项行动，向银行机构推荐小微市场主体4.37万户，普惠小微贷款全年增加128亿元，增长27%。强化金融支持乡村振兴，涉农贷款全年增加226.6亿元，增长16.9%。积极推进科创金融发展，利用再贷款再贴现向科技创新领域投放资金33.1亿元，引导科技支行发放优惠利率贷款54.6亿元。全市专利权质押登记457项，增长82%；质押金额达54.5亿元，增长66.2%。

【绿色金融发展】　探索绿色金融发展路径，加大金融对绿色低碳领域的支持力度。推进绿色金融改革创新试验区申创工作，持续健全绿色标准体系，实现辖区法人金融机构环境信息披露100%全覆盖。对6个高碳行业10个子行业、54家企业65.5亿元贷款开展气候压力测试，辖区银行机构测试结果良好，资产质量保持稳定。至年底，威海市绿色贷款余额552.9亿元，增加190.2亿元，增长50.5%，比全部贷款增速高35.51个百分点。

【金融风险防范化解】　健全风险防控机制，强化监管统筹协调，建立金融工作会商机制，针对苗头性、倾向性风险开展金融工作会商，推动金融风险早发现、早纠正、早处置。对辖区10家法人金融机构的资产质量真实性开展全覆盖评估，摸清真实风险底数。按季度对开展央行评级工作，密切跟踪监测重点机构和重点领域风险。至年底，不良贷款余额40.9亿元，不良贷款率0.88%；辖区连续12个季度无评级结果为8级及以下的高风险机构。

【外汇管理】　坚持优服务和防风险协调并进，为涉外市场主体提供高效便捷的外汇服务，推进跨境金融区块链服务平台试点工作，运用出口应收账款融资、出口信保保单融资等应用场景，办理各类信贷业务1279笔、金额4.41亿美元。深化落实贸易外汇收支便利化试点，办理便利化试点业务4.62亿美元，增长302.7%。拓展跨国公司跨境资金集中运营业务，全年通过跨国公司政策运作资金6.79亿美元，为企业节约成本约2376万元。扩大人民币跨境使用规模，全年全市跨境人民币收付额为206.63亿元，增长20.6%。持续加大对外汇违法违规行为的打击力度，建设国家外汇管理局模型算法实验室，优化警汇合作机制，创设外汇局与公安局数据整合模式，自主研发非现场监测模型、算法，实现1秒读取和清洗10万条境内人民币交易流水数据的精准筛查锁定，实现外汇违法犯罪的关口前移、精准防控和一体打击。

（于宛宁）

1月6日，警汇数据合成实验室在国家外汇管理局威海市中心支局成立

（中国人民银行威海市中心支行　提供）

金融监管

【概况】　2022年，中国银行保险监督管理委员会威海监管分局（简称威海银保监分局）紧跟政策导向，对标发展需求，全力支持实体经济建设，牢牢守住不发生系统性风险底线，持续引领银行保险业规范有序发展。

【宏观经济政策落实】　持续提升金融服务质效，贯彻执行稳定经济的政策措施。稳步推动金融纾困，做好延期还本付息和信用贷款支持政策的接续转换，累计对3443笔、贷款125.94亿元办理延期还本付息，减费让利8935万元；小微企业信用贷款162.66亿元，比年初增加31.6亿元。联合地方部门印发金融纾困政策，在金融支持海洋经济、高技术企业等领域制订具体方案，编制融资纾困金融产品汇编，发布产品126个，落实上级支持政策措施直通企业、直达实体。开展金融惠企政策基层行暨高管走进区（市）活动、金融点子送春风活动，按照一行业一区（市）一专场的方式，实现精准对接；信财银保平台整合各方资源及信息，实现精准服务；在保处联动的基础上，拓展政保银企融资平台，实现耦合效应。推动信贷增长，引导机构扩大有效需求，合理增加融资供给，调整优化信贷结构。各项贷款增长节奏较为平衡，全年月均增长51亿元左右，日净增贷款近1.7亿元，没有出现贷款增长大起大落以及突击投放引发风险隐患。贷款结构优化调整成效明显，新增贷款投放结构重点多聚焦制造业、小微企业等符合国家政策导向领域。辖区各项贷款主要集中于制造业、建筑业、批发和零售业、水利环境和公共设施管理等行业，合计占各项贷款的43.9%，行业信贷结构基本保持稳定。

【金融环境优化】 年内，威海市获批全国民营小微金融服务改革试点城市，荣成市获批全国金融服务乡村振兴创新示范区与省级绿色金融试验区。支持荣成市金融服务乡村振兴创新示范区创建，积极联动市政府，印发工作联席会议制度，初步构建“信用信息支撑、财政优先保障、金融重点倾斜、社会积极参与”的建设路径。金融服务乡村振兴等工作作法先后被《人民日报》、新华社、《大众日报》等媒体报道。威海银保监分局联合12个部门印发威海市关于加强新市民金融服务的行动方案，从就业、住房、教育、医疗、养老5个领域11个方面，提出政策措施22条，构建“一条龙”金融服务体系。引导各机构因地制宜创新金融产品64个，形成汇编并通过媒体发布，提升金融服务的均等性和便利度。金融支持新市民贷款余额170亿元，保险保障24.47亿元。支持蓝碳经济探索创新，打造全国首个“海洋碳汇保险+信贷”模式，指导机构发放全国首笔“海洋碳汇贷”，全国首款海草床碳汇指数保险、全国首批渔业碳汇指数保险在辖区落地。大力发展科技金融，印发专门实施意见，指导机构成立科技支行21家，走访对接辖区省级专精特新中小企业305家，发放贷款余额73.22亿元，增长132.8%。推进知识产权质押融资，贷款累放额居全省第1位。

【金融风险管理】 守稳守牢风险底线，加强对重点领域金融风险的监测预警和分析研判，着力压降存量风险、严控增量风险。威海银保监分局逐类别约谈银行机构，督促加大不良处置力度。加强真实风险汇报反映，协同政府建立不良贷款区（市）考核机制，压实地方属地责任，用好金融工作会商机制，加强分析研讨。“一行一策”“一企一策”制定落实风险缓释化解措施。全面开展保险行业清虚治乱，开展交强险投保难、车险理赔纠纷专项整治，开展中介机构分类监管，清退“三无”（无人员、无场所、无业务）和无资质机构。对法人机构开展穿透性、全景式风险排查和评估，开展风险大起底、案件大起底活动，完善风险预案，全面彻底排查，推动健康发展。深入推进内控合规建设，通过现场检查纠正问题乱象，实现场检查5年100%全覆盖。

【保险市场秩序规范整顿】 鼓励保险机构分类创新发展模式，通过多元化发展，避免车险市场恶意竞争。强化监管引领，推动辖区保险业积极履行社会责任，持续做好“4·19中华富强号爆燃事故”理赔工作，累计赔付超2亿元。辖区保险机构积极参与社会治理，在安全生产、海洋经济、农业保险等方面创新品种，大力发展农业保险、安全生产责任保险、灾害民生综合保险等重要险种，相继推出海温指数保险、海洋和渔业碳汇指数保险、高层次人才创新创业保险等特色项目，推广玉米和苹果“保险+期货”、小麦和玉米完全成本保险与收入保险等险种，为乡村振兴、绿色环保、科技创新等重点领域提供风险保障，农业风险保障达43.29亿元，灾害民生综合保险提供风险保障约2亿元。辖区保险机构主动对接“健康中国”和应对人口老龄化等重大战略，满足群众日益差异化、多样化的保险需求。辖区保险机构承办的大病保险、“威你保”城市定制型保险等普惠险种，累计提供医疗养老保障近352.93万人次。其中大病保险保障金额5999.2亿元、银龄安康工程保险保障金额1685.36亿元、“威你保”城市定制型保险保障金额8614.58亿元。

（王 晔）

7月7日，荣成市产业链政金企对接暨金融服务乡村振兴座谈会召开
（中国银行保险监督管理委员会威海监管分局 提供）

【地方金融组织监管】 落实支持企业复工复产政策，全市小额贷公司为企业降息18.7万元，对3.54亿元贷款进行展期或续贷。全市融资担保机构在保责任余额32.2亿元，在保户数2915户，放大倍数1.96倍，其中小微企业担保和涉农担保22.6亿元，在保户数460家。加快“僵尸”机构和风险机构出清，健全定期沟通会商机制，合力做好不同民间登记平台间交叉业务风险化解及查封的资产统一处置工作。规范地方金融组织运营，最大限度保护群众利益，各类地方金融组织分类评级良好率（Ⅲ级以上）达80%以上。探索监管执法新机制，依托全省“互联网+监管”平台，通过全面梳理形成监管事项目录清单，对各类监管业务信息系统和数据加强整合归集，逐步形成纵向到底、横向到边的非现场监管体系。至年底，开展“互联网+监管”非现场检查50余次，促进金融组织运营规范。

【重大金融风险防范化解】 协同中共威海市纪律检查委员会建立防范化解金融风险专项监督协调机制，建立全市金融工作会商制度，加强金融风险监测预警和分析研判，坚持打早打小、源头管控，对7个重点领域开展常态化风险摸排，建立风险隐患台账，摸清底数、精准“拆弹”、逐个销号。持续压降金融机构不良资产，对单户1000万元以上的不良贷款实行台账动态管理，分解到区（市）、精准到企业、落实到机构，全年处置不良贷款36.46亿元，增长13.5%。至年底，全市不良贷款余额40.95亿元，不良贷款率0.88%。市地方金融监督管理局、中级人民法院等部门联合印发《威海市非法集资举报奖励办法》，发动全市网格员6000余名，及时发现非法集资案件线索，有效化解金融风险隐患。开通个人投资理财公益咨询服务热线，开展“守住钱袋子，护好幸福家”宣传月和无非法集资社区（村居）创建活动，开展防范非法集资宣传教育300余场，推送公益短信800万条次。举办“恒丰银行杯”防范非法集资有奖知识竞答，参与人数20万人次。涉案人数和涉案金额两项指标分别下降50.9%和89.5%，威海市连续7年获得防范和处置非法集资工作考核“优秀”等次。建立涉金融类机构设立、变更及注销联合评估机制，从源头上遏制非法金融活动滋生。推进互联网金融违法犯罪、养老领域涉嫌非法集资风险、第三方财富管理等专项整治，持续保持对非法金融活动高压严打态势。

（翟琳琳）

金融服务

【概况】 2022年，全市金融系统围绕服务实体经济、深化金融改革、防控金融风险等重点任务，着力促进经济与金融良性循环、互动发展，全市金融业运行稳中有进、稳中提质，为全市经济高质量发展提供有力支撑。

【金融政策落实和金融辅导服务】 9条金融措施纳入威海市两批应对新冠肺炎疫情影响助力市场主体恢复发展政策，建立贷款贴息、风险补偿、首贷培植、应急转贷等政策“工具箱”，引导更多金融“活水”流向实体经济。健全落实“1+N”常态化银企对接机制，分行业、分领域开展精准银企对接活动。建立政府金融政策、银行信贷产品、企业融资需求“三张清单”，在银行与企业之间双向推送，打通融资“最后一公里”。开展银行行长走基层活动，组织24家市级分行负责人走进各市（区）一线考察企业和项目。聚焦专精特新、外资外贸、文化旅游等领域，开展各类银企对接活动22场次，对接融资需求430亿元。优化金融辅导服务，依托金融辅导队76支、辅导员246名，实施辅导倍增扩容计划，辅导企业数量拓展到3476家，增长144.8%，“一企一策”解决融资需求2221条；省级“金融管家”试点拓展到4家。创新“产业链+供应链”双链融合辅导模式，以碳纤维及复合材料产业链为试点，一体化纳入辅导链上企业53家，提供专属融资服务，实现全市10条优势产业链全覆盖，经验做法在全省推广。至年底，企业贷款余额2821.9亿元，增长20.4%，高于全省6.2个百分点。

【企业直接融资发展】 大力推动企业上市挂牌，召开全市企业上市暨投资对接大会，制定“26+N”重点企业上市路线图，坚持因企施策、挂图作战。年内，成功上市企业3家，过会待发企业1家，递交上市申请企业2家，在中国证券监督管理委员会山东监管局辅导企业4家。至年底，全市境内外上市公司发展到18家，累计从股票市场融资390亿元，新三板挂牌企业32家，区域股权交易市场挂牌企业370家。加强后备资源培育，搭建“一个路线图、两张问题清单、一个专项工作机制”的上市服务体系，着力培育区域上市公司集群，以科技型企业为重点，优选纳入后备资源库企业201家，其中入选省级重点后备企业26家。邀请证券交易所、中国证券监督管理委员会山东监管局等举办线上线下培训活动8次，对接全市企业需求，推动企业加快挂牌上市进程。推进合格境外有限合伙人（QFLP）试点，印发试点工作指引，成立全市首支外商投资股权投资基金——威海鲲翔创业投资合伙企业（有限合伙），注册资本2亿元。积极培育发债主体，加大债券融资力度，全年新发行非金融企业债券31只，金额216.78亿元；有存续债券101只，金额685亿元。对接投资公司到威海市走访调研企业，签订战略合作协议和投资意向协议，拓宽企业股权投融资渠道。

【地方金融改革】 打造“威才融”服务品牌，对科技支行政策进行修订完善，降低合作银行准入限制，明确企业享受贴息的上限额度和贷款利率标准，调整对合作银行补贴方式，累计为科技型企业发放优惠利率贷款206.8亿元。深入推进“人才贷”业务，累计发放“人才贷”3.58亿元。办理专利权质押登记457项、质押金额54.5亿元，质押金额和项数分列全省第1位和第2位；累计为12名省级以上高层次人才提供风险保障9.34亿元。积极争创国家绿色金融改革创新试验区，完成方案的中国人民银行辅导和内部司局征求意见环节。“海洋碳汇贷”获评2021年山东省支持经济高质量发展优秀金融创新产品。引入联合国绿色气候基金，在威海市设立绿色平行基金，首期规模达5亿元。深化地方法人银行机构改革，支持法人金融机构通过增

9月28日，威海市企业上市暨投资对接大会召开

（威海市地方金融监督管理局　提供）

资扩股、引进战略投资者、发行新型资本工具等方式多渠道补充资本，推动荣成农村商业银行股份有限公司引进战略投资4.7亿元。依托金融工作会商机制对银行经营风险进行研判，提升抗风险能力，威海市连续12个季度无央行口径的高风险机构。

（翟琳琳）

银 行

【概况】 2022年年底，威海市有银行业金融机构31家，其中政策性银行1家、国有银行6家、股份制银行8家、城市商业银行6家、农村中小金融机构8家、外资银行1家、民营银行1家。本外币存款余额5886亿元，本外币贷款余额4655亿元，银行业总资产7962.9亿元，总负债7579.9亿元；实现利润50.9亿元，比上年增加10.4亿元。

2022年年底威海市银行业金融机构本外币存、贷款情况表

表9

单位：亿元

机构名称	存款余额	贷款余额	机构名称	存款余额	贷款余额
中国工商银行股份有限公司威海分行	471.41	345.02	中国光大银行威海分行	89.40	142.70
中国农业银行股份有限公司威海分行	464.83	323.13	平安银行股份有限公司威海分行	22.90	23.69
中国银行股份有限公司威海分行	339.20	286.34	威海市商业银行股份有限公司	1008.57	543.36
中国建设银行股份有限公司威海分行	368.99	345.45	齐鲁银行股份有限公司威海分行	58.50	85.35
交通银行股份有限公司威海分行	201.17	178.97	齐商银行股份有限公司威海分行	35.02	41.60
中国邮政储蓄银行股份有限公司威海市分行	432.92	171.53	青岛银行股份有限公司威海分行	212.97	171.82
中国农业发展银行威海市分行	61.25	346.94	日照银行股份有限公司威海分行	54.54	38.06
中信银行股份有限公司威海分行	139.06	91.37	烟台银行股份有限公司威海分行	65.95	73.76
招商银行股份有限公司威海分行	120.72	97.44	农村商业银行	965.40	599.98
上海浦东发展银行股份有限公司威海分行	107.84	112.72	村镇银行	30.49	27.27
中国民生银行威海分行	78.42	95.78	韩国友利银行威海分行	7.55	9.76
兴业银行股份有限公司威海分行	88.20	92.95	威海蓝海银行股份有限公司	372.46	374.13
恒丰银行股份有限公司威海分行	75.79	111.51			

说明：农村商业银行、村镇银行为系统合计数

（于宛宁）

【中国农业发展银行威海市分行】 2022年年底，中国农业发展银行威海市分行各项存款余额61.25亿元，日均存款73.9亿元，比上年增加13.4亿元；各项贷款余额346.94亿元，增加57.5亿元，居全省第6位；累计发放各类贷款87.3亿元，审批各类贷款109.9亿元；实现内部资金定向转移定价（FTP）利润5.5亿元，增加1.2亿元，完成省行下达计划目标183.6%。分行先后开展“春季全面起势开门红”“服务稳住经济大盘百日攻坚”等活动，累计营销项目25个、贷款金额176.5亿元。运用政策性开发性金融工具支持重大项目建设战略部署，落地基金项目5个、金额5.4亿元。加入“保交楼”工作专班，完成审批投放专项借款余额13.1亿元，全部支付用于32个住宅项目。对威海临港经济技术开发区金沙岭和苘山2个青年中心项目审批金额8.8亿元、投放金额5亿元，完成全市保障性租赁住房2472套任务。守好“粮食银行”主责主业，发放粮油贷款支持增储市级储备油、区（市）级储备粮。支持企业使用粮食收购贷款信用保证基金，累计营销企业4家，缴纳基金额度400万元，发放信保基金贷款1000万元。报送第四批乡村振兴重大项目12个、贷款金额64.3亿元，投放金额43.4亿元，涵盖农田水利、乡村宜居、农村交通等领域。审批威海经济技术开发区无花果产业样板片区项目5.4亿元，西洋参产业融合发展项目4.3亿元，推动特色产业发展。支持普惠型小微企业7家，发放贷款5900万元，贷款余额5100万元。围绕山东省黄河流域生态保护和高质量发展相关规划涉农内容，突出服务生态环保、节水控水等领域，全年支持项目8个、贷款金额57.6亿元。支持污染防治、生态修复、清洁能源等项目，总行支持山东绿色低碳高质量发展的举措在威海市落地，年底绿色贷款余额80亿元，增加20.4亿元。探索“土地+”融资新模式，先后获批土地流转和规模经营贷款14.4亿元、农业科技贷款5.4亿元。新型抵押担保方式先后获批农村流转土地经营权抵押贷款1.6亿元、林权抵押贷款1.3亿元。创新业务营销机制，与市政府、有关部门及平台公司签订战略合作协议，开展政策宣讲，围

绕重大基础设施项目增进合作。优化办贷效率，缩短企业办贷时间。加大支农资金筹集力度，全年新营销有效客户54户，合计存款余额20.6亿元。开展农民工工资专户营销，营销账户39户，累计存入金额3.7亿元。累计营销住房维修资金8.4亿元，年底余额5.8亿元。积极协调财政部门、平台公司，落实发债信息，累计营销资金38.4亿元。严控风险，提升合规案防管理水平。开展“合规+信贷”专题讲座等活动，夯实信贷基础管理水平。深化放款支付环节专项治理，对授权执行、资金支付等开展检查。开展多轮新一代信贷管理系统和新核心系统数据清理，邀请第三方资产评估机构对存量中长期贷款项目抵押物进行现场勘查评估，提出潜在风险对策建议。开展发票收集活动，累计收集发票172笔、金额152.9亿元。威海市分行计划财务部获评全国金融工会“五一巾帼示范岗”，乳山支行获得全国金融五一劳动奖状，威海市分行先后获评山东省地方金融监督管理局服务实体经济表现突出基层单位、第七届山东分行文明单位。

（徐洪伟　许　茜）

【中国工商银行股份有限公司威海分行】 2022年年底，中国工商银行股份有限公司威海分行各项存款余额471.41亿元，比年初增加68亿元，增长17%；各项贷款余额345.02亿元，增长13.8%，增量是上年的2.34倍，其中发放公司贷款107亿元，增加36亿元。持续强化金融服务，抓好金融惠民政策实施，大力推动“人民满意银行”建设，对地方税收贡献持续提升，分行居2022年度地方纳税50强榜单第34位。践行以人民为中心的金融服务理念，为客户提供专业、优质、贴心的高效金融服务。持续完善“暖心工行 智惠服务”体系，落地3家企业全链条政银服务专区和慈善“云”平台，为客户提供更加高效便捷的金融服务，全力打造“您身边的银行、可信赖的银行”。持续加大信贷投放力度，科技成果转化贷款、知识产权质押贷款发放金额列全市同业首位。加大重点领域和薄弱环节支持力度，为12个省、市重点项目发放贷款，涵盖制造业、教育、农业、核电、热电、水电等领域。支持乡村旅游发展，服务乡村振兴情况被《中国经济周刊》《金融时报》等媒体报道。统筹推进新冠肺炎疫情防控和经营管理，资产质量平稳向好，拨备前利润、营业收入保持稳定增长，人民银行外管合规、反洗钱等评价均为“A级”，内控评价结果居系统内排名第2位。

（王泽林）

【中国农业银行股份有限公司威海分行】 2022年年底，中国农业银行股份有限公司威海分行各项存款余额464.83亿元，各项贷款余额323.13亿元，缴纳税金6619万元。威海分行大力支持地方经济发展，不断优化金融服务，实现社会效益、自身效益“双丰收”。全力赋能实体经济，围绕乡村振兴、制造业、绿色信贷、战略新兴等重点领域，发放可再生能源确权贷款，全年投放法人贷款146.46亿元，比上年增加25.1亿元；绿色信贷、普惠贷款、“惠农e贷”分别增加13.31亿元、7.28亿元、2.89亿元，县域、涉农贷款等监管指标全面达标。数字转型助力民生，为威海城区市民缴纳取暖费提供线上渠道支撑，开展掌银缴费立减等惠民活动；为文登师范学院等32所学校上线智慧校园场景，为全市17家二级以上医院提供移动支付支持，为全市687家基层医疗机构提供医保门诊共济支持。全面深化网点转型，通过新员工导师制、岗位资格考试等方式，提升员工服务能力，畅通“银龄安康”服务通道，打造“浓情暖域”服务品牌。持续加强风险管控，全年实现信息系统安全生产，无案防风险、安全事故及违规事件发生，贷款不良率低于同业、全省系统平均水平；加大防范金融诈骗宣传力度，全年管控涉案、可疑账户3260户，连续6年获评反洗钱工作“A”级单位。威海分行先后获评普惠金融突出贡献奖、创新发展贡献企业、创建全国文明城市工作先进单位、山东银行业良好银行、省级文明单位等。

（鞠玲玲）

【中国银行股份有限公司威海分行】 2022年年底，中国银行股份有限公司威海分行各项存款余额339.20亿元，各项贷款余额286.34亿元；不良贷款余额1.13亿元，不良率0.39%；实现营业净收入9.06亿元，拨备前利润6.66亿元；税后净利润4.22亿元，缴纳税金0.72亿元，连续2年入选威海市地方纳税50强名单。支持市热电集团有限公司、公交集团有限公司等重点企业，投放民生领域贷款39.01亿元；支持国核示范电站有限公司等企业，投放绿色金融贷款16.91亿元；新冠肺炎疫情防控期间，分行成为全市“唯一”财政支付通道。支持区域产业链及产业集群，聚焦新一代信息技术、新医药与医疗器械、先进装备与智能制造等产业集群发展，投放科技贷款16.47亿元。支持海洋经济提质增效，支持黄海造船有限公司等企业，创新推出“海域使用群抵押”等贷款业务，累计投放海洋经济贷款19.16亿元。全力落实“稳企、助企、暖企”惠企行动，创新推出全省首例“著作权+专利”知识产权质押贷款业务，投放普惠金融贷款36.56亿元。支持外向型经济发展，优化金融供给，国际结算、跨境人民币、结售汇业务量分别比年初增长2.0%、3.8%和6.2%，连续11年被市外汇管理局评为银行外汇业务合规与审慎经营评估“A”级银行。支持乡村振兴，聚焦乳山牡蛎、石岛鱿鱼、文登西洋参等特色产业，提供“牡蛎贷”“鱿鱼贷”等特色产品，涉农贷款增加8.82亿元，乡村振兴贷款增加4.51亿元。推动消费金融数字化、信息化和线上化转型，全口径消费贷款增加7936万元。年内，分行与26家“政银校企”单位打造“百舸”党建同盟，构建“大党建、助管理、巧融合、促发展”的工作格局，新增企业贷款47.21亿元，增长37.5%。分行先后获评总行级内控与法律合规、工会工作优秀集体；辖内多家单位获评总行级巾帼文明示范岗、交易银行业务中银优秀集体、红旗党支部、综合服务工作中银优秀奖、省行级先进基层党组织、五四红旗团支部、家庭工作先进集体、中银先锋号、青年五四奖章集体等。

（刘　倩）

【中国建设银行股份有限公司威海分行】 2022年年底，中国建设银行股份有限公司威海分行各项存款余额368.99亿元，比年初增加28.96亿元；各项贷款余额345.45亿元，增加47.94亿元；全年累计投放表内外综合融资233.81亿元，增加42.9亿元；缴纳税金0.86亿元。全面支持地方经济建设，加大制造业、基础设施等重点领域信贷支持，年底制造业贷款余额44.3亿元，增加4.33亿元；基础设施贷款余额85.39亿元，增加28.99亿元。全力支持外贸企业发展，办理跨境融资性风险参与业务、“跨境易支付——国际运费通”业务；全年发放表内外贸易融资业务39.39亿元，增加13.02亿元。大力支持乡村振兴，年底全口径涉农贷款余额76.03亿元，增加21.76亿元；建设西洋参特色产业集群生态场景平台，以大数据精准服务产业发展，实现产业链对接全覆盖；上线“牡蛎通”商贷项目，“数字牡蛎”创新案例获得国家知识产权局创新发展认定，入选农业农村部农业品牌创新发展推动品牌增效典型案例。优化信贷结构，基础设施贷款增长51.4%、绿色贷款增长149.8%。深入推进普惠金融战略，年底监管考核口径普惠贷款余额40.4亿元，增加6.52亿元，增长19.2%，超过各项贷款增速3.5个百分点；投放“齐鲁专精特新贷”“善营贷”;有效化解全市科技型中小企业“融资难”，发放科技成果转化贷款2.4亿元。持续推进住房租赁，实现公租房线上代收付全覆盖；协助市住房和城乡建设局上线保租房系统，威海市成为保租房业务管理系统试点城市。加强金融科技赋能，全年上线开发社保卡、校外培训机构资金监管、农民工工资监管、供暖收费等金融科技开发项目13个。持续提升服务质效，培植“劳动者港湾＋老年客群服务”模式网点8个，辖内威海经济技术开发区支行营业室被北京国家金融科技认证中心认证为适老服务示范网点，获评山东银行业协会适老化服务特色网点。全面强化风险防控，全年处置不良资产1.27亿元，计划完成率103%;实现核销现金回收3226万元，计划完成率172%；至年底，不良贷款余额9578.80万元。积极履行社会责任，入选威海市地方纳税50强名单，获得服务经济大盘突出贡献奖。全年无监管处罚、无案件事故及严重违规事件。

（王晗莹）

【交通银行股份有限公司威海分行】 2022年年底，交通银行股份有限公司威海分行各项存款余额201.17亿元，比年初增加24.04亿元；各项贷款余额178.97亿元，增加24.97亿元。助力区域经济发展，主动为经略海洋、乡村振兴、制造业升级等领域提供全方位金融服务。全年累计在威海市投放各类资金220.05亿元，其中直接信贷投放164.25亿元；通过境内外债券承销、融资租赁等方式帮助企业获取市场化资金32.2亿元；借助交行国际化优势帮助企业引入境外融资折合人民币23.6亿元。先后为国家威海创新中心、国际经贸交流中心、电子信息产业园项目等20余个省、市重点项目投放建设资金28亿元。围绕产业集群扩大信贷投放，先后为市重点企业提供支持资金38亿元。发展绿色金融，助力绿色低碳转型，提升服务产业结构绿色转型的能力，绿色信贷新增10.15亿元，增速高于各项贷款增速16.61个百分点。全力支持乡村振兴战略实施，持续做好涉农金融服务，涉农贷款增加8.46亿元。持续加大小微企业金融供给，继续为企业减费让利，普惠两增口径贷款增加4.87亿元，增长26.2%，超过分行各项贷款增幅9.94个百分点，进一步减轻小微业主和小企业的融资成本。在2022年度交通银行股份有限公司山东省分行经营管理考核中，威海分行获评经营管理优胜单位。

（刘楠楠）

【中国邮政储蓄银行股份有限公司威海市分行】 2022年年底，中国邮政储蓄银行股份有限公司威海市分行总资产达466.02亿元；各项存款余额432.92亿元，比上年增加31.77亿元；各项贷款余额171.53亿元。其中，零售贷款96.51亿元，增加0.19亿元；公司贷款余额66.51亿元，增加7.02亿元。落实服务实体经济、推进乡村振兴、发展绿色金融、支持国家重大区域发展战略等重点工作，普惠涉农贷款余额22.11亿元，增加3.3亿元，增长17.5%；普惠小微贷款增加824户4.38亿元，增速高于各项贷款增速8.5个百分点，投放贷款近42亿元，服务客户4830户，利率下降25个BP(基点)。推进农村信用体系建设，实施差异化利率管控，增加贷款4.09亿元。搭建政银合作平台，与市市场监督管理局联合印发开展2022年“政银携手 共助小微”活动的通知，召开“政银携手 百亿助小微”推进会，重点开发产业集群和专精特新企业客户，全年组织召开银企对接会10次，走访客户5565户，投放贷款283户9.3亿元。深耕产业集群，加快新产品储备及落地，拓宽融资渠道，增加专精特新企业用户21户、余额1.16亿元;发放小微易贷388笔5.07亿元，增加96户、余额3.16亿元。立足绿色金融，助力实现“碳达峰、碳中和”目标,绿色信贷余额23.62亿元，增加8.15亿元，增长52.7%。支持稳大盘重点领域，落地一批重点项目，储备设备更新改造项目5个，审批通过3笔，发放贷款1.01亿元；授信智慧谷项目配套贷款4.5亿元，发放制造业贷款4.61亿元，增长53.7%。通过加大重点领域信贷支持、合理延后还款期限、简化授信业务服务手续等方式，突出加强新冠肺炎疫情防控领域金融支持,为17户办理展期贷款1.4亿元。加强内控风险管理，在人民银行反洗钱评价中连续5年获评“A”级，获评反洗钱集中宣传优秀组织奖。

（曲 萍）

【山东省农村信用社联合社威海审计中心】 2022年年底，全市农商银行各项资产总额1155.67亿元；各项存款余额970.28亿元，比年初增加90.72亿元，增长10.3%；各项贷款余额603.32亿元，增加32.11亿元，增长5.6%；实现账面利润5亿元，缴纳税金3.26亿元。威海审计中心扎实开展助企纾困，实施提质攻坚和金融支持市场主体专项行动，全力服务区域经济社会发展大局，辖内农商银行先后获评服务发展突出贡献单位、山东省模范职工之家等。辖内农商银行实施“党建＋服务”赋能工程，打造独具特色、政银互动的金融服务模式，实现农商银行的网点、资金等优势深度融合。选树省、市、区（市）三级金融服务样板村162个，选派金融指导员26人、金融挂职干部118人，开展共建活动、金融夜校、便民服务等活动710余次，发放各类创业类贷款3626户12.16亿元、普惠性涉农贷款9.73亿元。坚持回归本源主业，通过整村授信、驻点办公等举措，提供“零距离”、一揽子“现场办”金融服务，加大涉农贷款投放力度，强力支持乡村振兴。至年底，涉农贷款余额251.67亿元，增加10.08亿元。以农业主导产业和优势农业产业等为扶持重点，实施产业金融扶贫，持续巩固脱贫成果，累计发放涉农龙头企业贷款73户21.54亿元，发放“新市民安居贷”“新市民创业贷”4221户18.17亿元，发放“鲁担惠农贷”1426户15.32亿元。落实稳住经济大盘相关政策举措，聚焦中小微企业发展需求，落实延期还本付息、无还本续贷、减费让利等金融优惠政策，推进“便捷获得信贷”“金融支持市场主体”专项行动，全面提升服务实体经济质效。小微企业贷款余额192.5亿元，增加22.52亿元，服务各类市场主体1.09万户，累计办理延期还本付息、无还本续贷1351笔140.93亿元，减费让利2700余万元。围绕普惠金融供给、产品创新和服务保障，拓宽金融服务渠道，创新金融政策措施，不断提升服务便捷度，增强城乡居民金融服务可得性和便利性。打造智慧社区226个，建设普惠金融服务站2493个，布设ATM自助设备265台、POS终端1380台，发放“社保e贷”511户3315万元。

（丛朝日　刘明超）

【山东威海农村商业银行股份有限公司】 2022年年底，山东威海农村商业银行股份有限公司各项存款余额228.07亿元，比年初增加26.93亿元，增长13.4%；各项贷款余额159.31亿元，增加9.78亿元，增长7.3%；全行资产总额287.64亿元，增加36.85亿元，增长14.7%。年内，围绕服务乡村振兴，专列信贷资金，发放涉农贷款13.3亿元；建设省市县级金融样板村22个，设立客户经理驻点办公295个，定期开展贷款咨询、金融宣传等，全力满足“三农”客户不同金融需求，提升“三农”服务质效。聚焦专精特新企业，实行小微企业“名单制”服务，开展首贷培植、科创企业大走访等活动，发挥科技支行专营优势，依托“知识产权质押贷”“人才贷”“科技成果转化贷”等一揽子政策性贷款，为企业解决融资难，提升服务小微企业能力。聚焦服务新市民，依托“四张清单”对接1.7万户、发放贷款8.5亿元；创新推广“创业担保贷”“鲁担惠农贷”等产品，持续扩大“社保e贷”“公积金e贷”“信e贷”等线上产品覆盖范围，全力满足居民创业、住房、消费需求，累计服务客户超84万户。聚焦纾难解困，对700余户受疫情影响的小微企业和个体工商户贷款予以延期还本付息；主动申请人民银行再贷款28.7亿元，推行1000万元以下贷款免评估制度，大力推广“小微企业循环贷”“无还本续贷”等业务，持续降低企业融资成本。

（王　群）

【威海市商业银行股份有限公司】 2022年年底，威海市商业银行股份有限公司资产总额达3437.03亿元，比年初增加391.82亿元，增长12.9%；各项存款余额增加256.60亿元，增长12.6%；各项贷款余额增加210.05亿元，增长14.7%。信贷质量稳中加固，不良贷款比例1.5%，下降0.01个百分点；资本充足率13.8%，各项监管指标持续全面达标。全年实现净利润20.79亿元，比上年增加1.87亿元，增长9.9%。公司不断创新服务模式，持续加大信贷供给，积极融入全市经济社会建设，各项业务实现平稳健康发展。围绕全行数字化发展战略，推进数字化转型三年规划高效实施，通过数字转型全力打造“客户体验一流，创收创利一流”的“智慧数字银行”。全面对标优秀同行业，深化体制机制改革，推进管控模式转型，强化总行管控能力。通过垂直化的条线管控、专业化的风险管理和市场化的团队建设，确保实现有效管控、有效增长。坚持业务“向零售转，向普惠转，向特色转”，零售业务以客户为中心，普惠业务以平台为中心，特色业务以供应链等为中心，优化业务结构，加快业务转型，不断培育新的核心竞争力。落实落细各项经济金融政策、服务保障和业务发展等，服务实体经济。

（谭芳芳）

保　险

【概况】 2022年年底，全市有市级保险公司53家，其中财产险公司28家、人身险公司25家。有各类专业中介法人机构3家，各类专业中介分支机构74家。全市保险业持续稳步发展，保险功能作用日益发挥，全市保险业实现保费收入126.76亿元，比上年增长3.6%。其中，财产险公司实现保费收入29.97亿元，增长7.5%；寿险公司实现保费收入96.79亿元，增长2.4%。全年为社会承担各类风险责任8.07万亿元，支付各项赔款和给付保险金37.83亿元，其中财产险公司支出18.95亿元、人身险公司支出18.88亿元。全市保险业缴纳各类税金4.82亿元，提供就业岗位近2万个。

【保险责任履行】 做好高风险车型承保，针对出租车投保难、捆绑销售等问题，威海市保险行业协会联合市交通运输局多次组织相关保险公司、出租公司、出租车司机代表召开专题会议、座谈会，听取了解相关问题和建议，依据相关法律法规，形成出租车商业险完全投保自愿的承保方案，解决全市出租车险投保难题。积极配合市政府专班做好“4·19中华富强号爆燃事故”后期处置工作，沟通协调剩余货运险理赔处置，协助完成赔付保险公司参与事故基金分配；至10月底，车险赔付102笔，赔款金额2309.75万元；货运险赔付26笔，赔款金额1330.47万元，合计赔款金额3640.22万元。围绕监管要求，与部分财险公司就全市车险赔付率高原因等问题进行座谈，对全市新能源汽车市场、新能源汽车保险现状和促进新能源汽车保险发展进行调研。市保险行业协会致力于辖区保险精准扶贫工作，组织行业开展“慈心一日捐”活动，募集善款9万余元，全部划入威海保险业公益基金。年内，威海保险业公益基金支取9万元，帮助因病致贫的家庭及改造贫困村。

【消费维权保障】 2022年，市保险行业协会受理有效投诉案件78件。其中，财产险31件，投诉中主要涉及车险承保、车险理赔、家庭财产险理赔、意外险理赔等；人身险47件，投诉中主要涉及给付纠纷、承保纠纷、保全纠纷等。处理威海银保监分局转办的中介机构消费者投诉案件8起，投诉案件全部在办理期限内完毕。不断完善保险纠纷诉讼调解对接机制，充分利用人民法院保险纠纷调解平台、山东司法智慧山东调解平台等，快速解决各渠道各层保险纠纷。威海市保险纠纷人民调解委员会全年受理保险纠纷案件49起，涉案金额670万元。调解达成书面协议29件，挽回消费者经济损失50.5万元。与市市场监督管理局、消费者协会联合成立威海市消费维权服务站（与市保险纠纷人民调解委员会合署办公），服务站受理调解纠纷案件3件。

（林玮玮）

2022年威海市财产险公司情况表

表10 单位：万元

机构名称	保费收入	赔款支出	机构名称	保费收入	赔款支出
中国人民财产保险股份有限公司威海市分公司	90599.60	55927.28	渤海财产保险股份有限公司威海中心支公司	1583.05	1060.64
中国太平洋财产保险股份有限公司威海中心支公司	27618.25	17134.70	长安责任保险股份有限公司威海中心支公司	2040.42	1020.71
中国平安财产保险股份有限公司威海中心支公司	48665.47	28087.21	中国人寿财产保险股份有限公司威海市中心支公司	16403.01	9152.57
华泰财产保险有限公司威海中心支公司	2660.48	1303.10	安盛天平财产保险股份有限公司威海中心支公司	2143.79	1684.01
天安财产保险股份有限公司威海中心支公司	2115.87	1373.73	泰山财产保险股份有限公司威海中心支公司	3406.16	1707.19
太平财产保险有限公司威海中心支公司	14480.53	9417.70	浙商财产保险股份有限公司威海中心支公司	1391.97	1234.48
永安财产保险股份有限公司威海中心支公司	2796.84	1574.49	紫金财产保险股份有限公司威海中心支公司	1028.05	722.16
中国大地财产保险股份有限公司威海中心支公司	12935.45	9710.11	英大泰和财产保险股份有限公司威海中心支公司	2078.76	921.82
阳光财产保险股份有限公司威海中心支公司	22790.89	15500.17	国任财产保险股份有限公司威海中心支公司	3004.25	2233.88
华安财产保险股份有限公司威海中心支公司	1484.25	1580.38	华海财产保险股份有限公司威海中心支公司	5111.20	5142.71
中华联合财产保险股份有限公司威海中心支公司	21369.56	13153.06	安诚财产保险股份有限公司威海中心支公司	4273.83	3721.37
大家财产保险有限责任公司威海中心支公司	1708.70	1174.05	亚太财产保险有限公司威海中心支公司	2590.47	1543.39
都邦财产保险股份有限公司威海中心支公司	922.17	535.41	中煤财产保险股份有限公司威海中心支公司	1007.39	286.65
安华农业保险股份有限公司威海中心支公司	2004.51	2232.95	中路财产保险股份有限公司威海中心支公司	862.05	336.36
永诚财产保险股份有限公司威海中心支公司	664.85	82.13			

2022年威海市人身险公司情况表

表11　　单位：万元

机构名称	保费收入	赔款支出	机构名称	保费收入	赔款支出
中国人寿保险股份有限公司威海分公司	276585.84	67706.31	恒安标准人寿保险有限公司威海中心支公司	1702.48	542.10
中国太平洋人寿保险股份有限公司威海中心支公司	36672.86	7940.28	富德生命人寿保险股份有限公司威海中心支公司	23757.87	1883.76
中国平安人寿保险股份有限公司威海中心支公司	90318.75	13996.00	阳光人寿保险股份有限公司威海中心支公司	13847.03	1044.34
新华人寿保险股份有限公司威海中心支公司	88970.47	18681.87	中信保诚人寿保险有限公司威海中心支公司	4545.82	468.45
泰康人寿保险有限责任公司山东威海中心支公司	45518.48	11609.69	中宏人寿保险有限公司山东分公司威海营销服务部	5982.70	861.80
太平人寿保险有限公司威海中心支公司	141941.39	21344.15	华泰人寿保险股份有限公司威海中心支公司	4924.56	378.78
长城人寿保险股份有限公司威海中心支公司	9360.34	1456.02	国华人寿保险股份有限公司威海中心支公司	24541.15	738.31
民生人寿保险股份有限公司威海中心支公司	7591.74	2485.08	建信人寿保险有限公司威海中心支公司	26871.88	2671.10
平安养老保险股份有限公司威海中心支公司	1042.38	484.61	百年人寿保险股份有限公司威海中心支公司	7928.79	1003.56
农银人寿保险股份有限公司威海中心支公司	24001.52	7323.56	天安人寿保险股份有限公司威海中心支公司	57896.85	2458.66
中国人民人寿保险股份有限公司威海中心支公司	15458.92	10315.26	同方全球人寿保险有限公司威海中心支公司	1520.52	164.28
中国人民健康保险股份有限公司威海中心支公司	1374.67	286.57	德华安顾人寿保险有限公司威海中心支公司	2648.37	307.13
华夏人寿保险股份有限公司威海中心支公司	52910.61	12632.90			

（林玮玮）

【中国人民财产保险股份有限公司威海市分公司】 2022年，中国人民财产保险股份有限公司威海市分公司实现保费收入9.06亿元；累计处理各类赔案6.67万件，支付赔款5.6亿元；为全市机动车42万辆次、大中型企业670家、船舶470余艘以及进出口贸易行业、工业生产行业、交通运输业、建筑业等提供风险保障12108亿元；缴纳税金1.16亿元（含代收代缴车船使用税）；风险保障规模、赔付规模及税收贡献持续居威海市保险行业首位。公司恪守“根植威海，服务人民”的宗旨，充分发挥风险管理的核心职能，服务实体经济，促进全市经济发展。年内，公司为全市14家企业提供新材料产品质量安全责任风险保障和首台（套）重大技术设备责任保险16.64亿元，为“威海制造”和高新技术研发提供保障。针对高层次人才创新创业项目开办高层次人才创业保险，分散和化解人才创新创业风险，承保全市11家企业和11位高层次人才，保障额度近5亿元。开办安全生产责任保险，发挥保险事故预防和风险补偿的社会化管理作用，打造数字化、科技化风控平台，实现安责险保单事故预防技术服务的全过程管理和监控，化解高危企业面临的生产安全风险，为全市近400家高危行业企业提供安全生产风险保障100余亿元。全力支持乡村振兴工作，开办玉米和小麦完全成本保险，提升农业保险保障水平，为全市近3.33万公顷小麦和4万公顷玉米提供风险保障。开办“乡村振兴保”和“社区安全保”业务，助力基层化解各类风险。积极开展多项社会公益活动，联系帮扶贫困村，慰问困难农户，在“慈心一日捐”活动中筹集善款2万余元。年内，公司获评山东省放心消费示范单位。

（王　永）

【中国人寿保险股份有限公司威海分公司】 2022年，中国人寿保险股份有限公司威海分公司实现保费收入27.66亿元，占威海市寿险市场份额28.6%；受理各类赔（给）付案件近14万件，赔（给）付金额达6.77亿元，缴纳税金

2800万元。公司内设职能部门12个，下辖环翠区、文登区、荣成市、乳山市区(市)支公司4个和营销服务部56个。至年底，公司有内勤员工366人、销售渠道保险代理人2624人。公司秉承“员富司强、永争第一”的公司发展理念，面向个人及团体提供人寿、年金、健康和意外伤害保险产品，涵盖生存、养老、疾病、医疗、身故、残疾等保障范围，全面满足客户在人身保险领域的保险保障和投资理财需求。至年底，公司各类长短险累计承保有效客户数252.2万人，公司累计为全市客户提供各类风险保障金额超过5600亿元。不断加强服务地方建设能力，履行社会管理职责、发挥保险保障功能。年内，威海分公司获评优质服务先进集体、“党员示范柜面”。

（赵 林）

【中国太平洋财产保险股份有限公司威海中心支公司】 2022年，中国太平洋财产保险股份有限公司威海中心支公司实现保费收入2.76亿元，赔（给）付金额1.71亿元，缴纳税金3550.35万元，市场份额居威海市保险市场第3位。深化合规经营理念，优化内部业务结构，提高金融服务水平，助力辖区经济新发展，履行保险企业社会职责。新冠肺炎疫情防控期间，免费为113个客运企业和生产企业提供保险延期服务，涉及保险金额38.5亿元。创新承保专利执行保险和专利侵权损失保险，提供保险保障2400万元。针对特定行业的风险隐患，先后开展安全生产责任险、食品安全责任险等险种，为企业提供适合自身风险特点的专属保险产品，全年办理业务115笔，提供保险保障29亿元。针对高风险行业，通过与专业三方安全技术机构合作，为企业提供“安责险＋双重预防体系建设”技术保障和培训辅导服务，推动企业构建以风险分级管控、隐患排查治理与安全生产标准化高度融合的安全保障体系。聚焦乡村经济发展，在荣成市8个街道开展小麦、玉米完全成本保险业务。承保农户（专业合作社）户次均达1万余户，小麦、玉米投保覆盖率分别达92.4%和95.5%。以科技赋能增强服务质效，通过利用卫星遥感，结合监测农作物特性特征，根据地面调查数据分析受灾分布及面积，实现对小麦、玉米作物的灾害监测。

（王居正）

【中国太平洋人寿保险股份有限公司威海中心支公司】 2022年，中国太平洋人寿保险股份有限公司威海中心支公司实现保费收入3.67亿元，比上年增长43.9%；赔（给）付案件5.18万件，赔（给）付金额7940万元；缴纳税金91.63万元。威海中心支公司下设分支机构5家，有合同制员工76人和代理制销售人员454人，并与众多经纪公司建立良好的业务合作关系，为客户提供全方位的保险保障服务。坚守保障本源，加大产品创新供给，聚焦长期健康保障，推出“蓝医保·长期医疗险”；填补带病人群保障缺口，打造首款非标体百万医疗“家安芯”；助力构建多层次医疗保障体系。积极布局康养生态高品质养老社区“太保家园”，推出“芯”活力服务品牌，致力于打造“保险＋健康＋养老”一体化生活服务解决方案。公司连续多年开展帮扶送温暖活动，树立良好的企业品牌形象。

（于骄骄）

【中国平安财产保险股份有限公司威海中心支公司】 2022年，中国平安财产保险股份有限公司威海中心支公司实现保费收入4.87亿元，累计提供风险保障超1.97万亿元，支付赔款2.81亿元，缴纳税金7538万元。公司下辖机构7个，有内勤、外勤员工120余人。公司践行“科技引领金融，金融服务生活”的理念，坚持“专业创造价值”品牌定位，以客户为导向，利用科技创新提升服务体验，服务地方经济发展。经营主险超1000种，经营业务范围涵盖所有法定产险业务及国际再保险业务。创新科技保险，提升服务知识经济能力。年内，实现首台套、新材料、首版次综合险业务保费249万元和知识产权保险业务保费10万元。服务专精特新企业72家，提供支持保额16.3亿元。支持工业经济重点领域发展，全年为940家企业提供风险保障超98.3亿元。结合小微企业生产经营特点、风险特性以及风险保障需求，为1.29万家小微企业、个体工商户提供风险保障。为139家制造业企业提供风险保障超26亿元。推进招投标保证金责任保险业务，通过保证金一纸化，降低企业资金占用成本，为全市39家企业提供风险保障超1662万元。助力经济发展绿色转型，承保10条船舶的油污险，为6家企业提供风险保障4亿元。针对森林的环保价值创新开展森林碳汇遥感指数保险，为客户提供风险保额36万元。针对乳山市特色养殖及特色农产品重点推进“收入保险”项目，承保苹果、蓝莓、桃子、茶叶、牡蛎、公益林等地方特色农产品保险，累计为4.28万公顷农作物提供风险保障7.5亿元。开展“乡风文明100行动”，在乳山市南黄镇院后村开展试点，向院后村党支部捐赠基层党建资金5万元，协助院后社区基层党组织升级数字党建设施，推进数字乡村建设。

（曹丽欣）

【中国平安人寿保险股份有限公司威海中心支公司】 2022年，中国平安人寿保险股份有限公司威海中心支公司实现保费收入9.03亿元，比上年增长0.11%；全年理赔案件1.86万件，赔（给）付金额1.40亿元，增长5.5%；缴纳税金616.97万元（其中个人所得税307.97万元）。公司内设人事行政合规室、财务室、队伍发展部、销售推动部等，下辖支公司4个、营销服务部4个，有内勤、外勤员工1428人。公司产品设计以客户为中心，符合客户需求和购买力。持续推进“智慧客服”“金管家”“闪赔”等在线保全、理赔项目，为客户提供快速、便捷的保全、理赔服务。切实把消费者权益保护工作的理念贯穿至公司经营管理全流程，维护消费者的知情权及公平交易权，规范销售行为。持续升级完善保单服务项目，实现以手机App为入口完成的大部分保全类业务，新增远程预约服务，实现客户自主自助操作完成。智慧客服作为线上平台，通过远程视频连线方式为客户服务。优化产品服务，公司对平安客户提供在线问诊、就医绿通和急难援助等服务，实现就医国内大型医院免排队、优先就诊等。积极践行企业的社会责任，参与扶贫产业，采购扶贫物资5.09万元。

（高 森）

【泰康人寿保险有限责任公司山东威海中心支公司】 2022年，泰康人寿保险有限责任公司山东威海中心支公司保费收入4.55亿元；理赔案件2600余件，赔（给）付金额1.16亿元。山东威海中心支公司有机构11个，其中支公司4个、营销服务部7个。“健保通”是泰康人寿为方便客户理赔，创新性推出的商保一站式结算服务，通过保险公司与医院合作对接，实现客户快速理赔，为客户打造极致医疗服务体验。

（王 民）

【新华人寿保险股份有限公司威海中心支公司】 2022年，新华人寿保险股份有限公司威海中心支公司实现保险收入8.90亿元，比上年增长3.5%；理赔案件9198件，赔款支出1.87亿元。威海中心支公司辖支公司5个和营业部1个，形成基本覆盖全市的机构网络，有内勤、外勤员工1350人。通过智慧服务、科技赋能，提升公司理赔时效，客户的理赔申请从立案受理到审批结束平均0.7天，最快6秒可以完成。投保服务关键环节实现即时提醒、远程互动实时查询；保全服务支持客户自助App办理通道，提供客户信息变更等服务60余项。设置线上智能客服“智多新”、线下智慧柜员机，打造“人工＋智能”双在线的服务新模式，推出“银发驿站”老年人专项关爱服务。综合运用法规普及、案例教育等形式，强化全员依法合规和风险防控意识。2017年7月至2022年年底，累计为威海市7000余名环卫工人免费提供每人意外伤害保险保障保额10余万元，总保额7亿余元；新冠肺炎疫情防控期间，推动复产复工，向1800名公交司机每人捐赠风险保障20万元。为保障客户的健康需求，扩展产品的保险责任，将新冠肺炎纳入其中。公司广泛参与捐资助学、关爱残疾人等公益慈善项目。

（周明玉）

证　券

【概况】 2022年，全市有证券机构19家、期货机构1家，设有证券分公司2家、证券营业部27家、期货营业部1家。全市有证券、期货从业人员（不包括证券经纪人）452人。

（翟琳琳）

【中泰证券股份有限公司威海分公司】 主要负责管理中泰证券威海地区的证券营业部，并经营证券投资咨询、与证券投资活动有关的财务顾问、证券承销与保荐等业务；充分发挥业内领先优势，为威海市各类企业提供全方位、多层次资本市场服务，推动企业通过境内外上市、发债、资产证券化、并购重组等方式拓宽融资渠道。公司下设部门5个、证券网点8个。2022年年底，公司有员工147人，投资者开户人数19万余人，托管客户资产140余亿元，全年实现证券交易3582亿元，为辖区企业实现融资30余亿元，缴纳税金1300余万元。

（王 斌）

【海通证券股份有限公司威海高山街证券营业部】 营业部始终遵循“务实、开拓、稳健、卓越”的海通经营理念，坚持“稳健乃至保守”的风控品牌，不断地开拓和创新，多次被山东省证券业协会评选为优秀证券营业部。营业部着力打造以客户为中心的服务理念和服务体系，凭借互联网金融大数据应用平台，基于数据深度挖掘与智能应用，为客户提供场景化、智能化、精细化的金融服务，利用营业面积优势，大力发展现场服务，着重提升客户体验，结合行业特点，开展多种多样的投资者保护、金融消费者保护活动。2022年，营业部新增客户7177户，全年实现交易量1232.4亿元。

（王 丁）

【中国中金财富证券有限公司威海青岛北路营业部】 营业部经营业务范围涵盖证券经纪、证券投资咨询、证券交易、证券承销与保荐等业务，致力于帮助客户制定财富规划，为客户提供专业的投资解决方案。2022年年底，营业部有员工16人，完成交易总额（A股＋基金）573亿余元。

（梁 琰）

【中信证券（山东）有限责任公司威海文化东路营业部】 营业部经营业务范围涵盖证券经纪、证券投资咨询、融资融券、证券投资基金代销、代销金融产品、为期货公司提供中间介绍业务、中国银行保险监督管理委员会批准的财产险和人身险等。2022年年底，营业部有员工27人，客户总数2.8万户；营业部沪深A股、基金交易总额278亿元，营业收入746.16万元，缴纳税金298.54万元。

（王彤彤）

编辑　李传强

科学技术

综　述

【概况】　2022年，全市科学技术工作坚持“一切科技工作围绕产业干、围绕企业转”，围绕国家创新型城市建设，发挥科技部门创新组织者作用，聚焦科技自立自强，在投入、人才和创新组织模式上探索突破，工作经验在全省科技工作会议上交流。召开全市科技创新大会，加快建设高水平国家创新型城市，威海市获批国家创新型城市，在全国创新型城市百强中居第33位。山东省科学技术厅与威海市政府签订《战略合作框架协议》《关于支持威海高新区创新发展战略合作框架协议》，从7个方面对威海市给予支持。全社会研发投入83.27亿元，占地区生产总值比重达2.5%，规模以上工业企业中有研发活动的占比60.96%，每1万名就业人员中研发人员数118.38人年。国家科技型中小企业2325家，国家高新技术企业1376家，企业创新指数居全省第1位；高新技术产业产值占比69.1%，高新技术产业固定资产投资占比62.0%。

【科技计划】　全年落实到位上级无偿资金超过4亿元，一系列重大创新项目获批实施。国核示范电站有限责任公司承担实施山东省“核动未来”科技示范工程，哈尔滨工业大学（威海）“海空天立体化观测项目”获批。获批省重大科技创新工程6项、省乡村振兴科技创新提振行动项目4项、省农业良种工程种业企业创新能力提升项目1项、省科技型中小企业创新能力提升工程项目63项。立项实施冷冻鱿鱼食品包装机、扇贝生开壳取柱、路亚仿真饵自动化涂装流水线3个第二批海洋领域“揭榜挂帅”项目，加快“机器代人”应用。突出“大创新”布局，重点围绕技术、产品、平台、模式等一体化创新，遴选新产品新技术创新项目、重大平台创新项目，以及工艺、管理、品牌、模式创新项目，实施市级重点科技创新项目140个，完成年度投资28.59亿元，投资完成率109.5%，授权专利306件、申请专利578件，引进人才427人，形成新产品497个，实现经济效益10.5亿元。

6月22日，全市科技创新大会召开　　（威海日报社　提供）

【高新技术及其产业】　实施“科技型中小企业—高新技术企业—科技领军企业”梯次培育工程，国家科技型中小企业、国家高新技术企业保持快速增长，国家科技型中小企业2325家，比上年增长24.3%；国家高新技术企业1376家，增长31.2%；获评省科技小巨人企业35家、省科技领军企业15家。参加第十一届中国创新创业大赛（山东赛区），获评优胜企业（团队）31家、科创之星11家，获得6个竞赛领域的冠军3个、亚军3个，居全省第1位。获评第十一届中国创新创业大赛优秀企业4家。新增国家级科技企业孵化器1家，总数9家；入选省品牌科技企业孵化器5家，华田智能装备科技企业孵化链条入选首批山东省科技企业孵化链条试点。获批省文化和科技融合示范基地(领军企业类)1家。全年高新技术产业产值占规模以上工业总产值比重69.1%，居全省第1位，比全省平均水平高20.79个百分点；高新技术产业固定资产投资占工业固定资产投资比重62.0%，居全省第2位，比全省平均水平高12.1个百分点。

（修鹏远）

【威海市产业技术研究院（郭永怀高等技术研究院）】　威海市产业技术研究

威海市产业技术研究院（郭永怀高等技术研究院）
（威海市产业技术研究院　提供）

院（郭永怀高等技术研究院）为市政府举办的不纳入机构编制管理的事业单位，2019年3月注册登记，5月揭牌成立。市产业技术研究院作为集聚高端创新资源、统筹全市高端创新机构的平台载体，牵头构建“1+4+N”（1个研究院引领、4个优势平台支撑、N个特色平台协同）创新平台体系，以“事业单位＋公司制”的运作模式，创新引领平台全域协同、产研精准对接、服务全链覆盖，促进产业链与创新链深度融合，打造支撑产业现代化的核心引擎，为威海市加快建设高水平区域创新中心、实现经济高质量发展提供强劲支撑。2022年，研究院以推动“1+4+N”创新平台体系能级提升为目标，进一步创新思路、创活模式，有效实现体系竞合再深化、成果产出再突破、产业赋能再提升。

体系建设　创新平台体系成员达25家，延伸设立各类创新机构157家，其中17家入选省级新型研发机构，占全市新型研发机构总数的57%。研究院连续2年在省新型研发机构绩效评价中获评优秀等次，新型研发机构9家获评优秀等次，每家获得奖励100万元。强化绩效评价牵引，突出成果转化、人才引进、企业孵化等关键性指标，全年新实施产业化项目38项，总数增至192家；新孵化企业59家，总数增至212家，累计获批国家高新技术企业34家、国家科技型中小企业95家、规模以上企业3家、省级专精特新企业6家。建立健全“技术需求、平台成果、人才专家、共享仪器”4个数据库，汇集企业技术需求166项、平台科技成果400余项，共享设备仪器115台，为企业科技创新做好服务支撑。

人才培引　做优平台人才梯队，累计集聚院士25人，国家级、省级领军人才87人，博士424人，青年人才占比接近50%。做好人才政策服务，推动获评山东省泰山产业领军人才8人、泰山学者1人、市产业紧缺人才3人。推广“人才—团队—项目—企业”一体化引育、研究生联合培养、“科技副总”挂职等多种模式，全市20余家企业研发中心新设在“1+4+N”创新平台，联合开展技术攻关。与哈尔滨理工大学共建研究生联合培养基地，首批13名研究生加入威海市企业联合培养。山东大学威海工业技术研究院实行“校内培养＋基地培养”的双培养模式，招收研究生20人，开设同等学历硕士研究生培训班（威海班），为企业定向培养应用型人才。

产业赋能　深化融通创新，开展平台走进企业、企业走进平台“双走进”活动600余次，推动近100家企业精准对接，促成合作项目35项。策划实施“融链”行动6次，推动平台与企业达成合作项目16项。发动平台参与“揭榜挂帅”项目，在全市首批3项“揭榜制”项目中，体系内平台中榜2项。强化资源聚合，深化打造省高端医疗器械创新创业共同体，落实省级专项扶持资金800万元，重点支持21个优质项目开展关键技术攻关，累计吸纳企业99家，汇聚公共创新服务平台12个，孵化企业22家，梳理制约产业发展关键技术77项，开展关键核心技术攻关63项，其中实现产业化项目21个、打破国外垄断产品10余种。强化多链融合，聚焦全市重点产业，遴选43家科技型企业纳入“黑马威海产业加速器”一期工程开展培育。其中，获批科技型中小企业32家、“一企一技术”认证5家、省级专精特新企业10家、国家级专精特新“小巨人”企业4家、瞪羚企业2家，14家获得资本重点关注。与市工业和信息化局等共建专精特新企业加速中心，重点推进创新合作、人才支撑，为企业提供全周期服务和梯次化成长通道。与威海火炬高技术产业开发区管理委员会合作成立产业“专

6月13日，哈尔滨理工大学2022年首批专业学位硕士研究生到威海实习见面会召开
（威海市产业技术研究院　提供）

利池”，助力开发区及“1+4+N”创新平台体系企业创新发展。

金融助力 积极稳妥推进专项基金直投及子基金设立，完成对威海西立电子股份有限公司股权投资1000万元，对山东同域网络安全技术有限公司股权投资100万元；出资3000万元参与鲁信财欣先进智造基金设立，支持全市重点产业发展，更好服务体系内平台成果转化和产业化。与威海产业投资集团有限公司、浦发银行股份有限公司威海分行分别签订战略合作协议，重点为“1+4+N”创新平台孵化企业及科技型中小企业提供金融服务。

项目招引 发挥“1+4+N”创新平台支撑作用，紧密链接“创业黑马”总部资源，通过产业链招商、以商招商等方式，新招引落地新材料、先进装备与智能制造等领域项目7个，总投资近3亿元。举办“郭永怀之星”医疗器械创新创业大赛，全国范围内参赛优质项目90余个，“以赛促引”推动项目在威海市落地。

（刘宁宁）

科技创新服务体系建设

【创新载体建设】 2022年，威海海洋高新技术产业园争创国家农业高新技术产业示范区取得突破性进展，规划和方案上报省政府。荣成市通过国家创新型县验收，环翠区获评山东省科技创新强县，积极支持创建省海洋高新区，加快形成“一城、两区、两县”创新格局。抢抓重点产业未来发展方向，整合创新资源，谋划设计布局国家、省级高能级创新平台，打造引领发展的核心支撑力量。积极争创医用材料、碳纤维、核能3个领域国家级重大创新平台并获得省科学技术厅支持。威海先进医用材料与高端医疗器械山东省实验室获得省政府批复建设，年内召开第一届理事会第一次会议，完成事业法人注册、建设团队入驻，初步确定研发团队67人，部署重大研究课题和关键技术项目7项，其中“基于DNA步行纳米机器的肿瘤标志物蛋白核酸一体化分析系统”等3个项目获得省科学技术厅资金支持。获批建设山东省海洋养殖创新创业共同体，打造支撑全市海洋产业向养殖生态化、生产智能化、产品高值化方向转型升级的核心平台。获批先进核能、儿童药物省级技术创新中心2家，海洋电子信息与智能无人系统省级重点实验室、省级新型研发机构5家，全市各类创新平台总数达1237家，其中国家级27家、省级380家。

【“1+4+N”创新体系】 以威海市产业技术研究院（郭永怀高等技术研究院）为龙头的“1+4+N”创新平台体系进一步创新思路、创活模式，有效实现体系竞合再深化、成果产出再突破、产业赋能再提升。各平台围绕专业特色及人才优势，新孵化企业59家，累计获批国家高新技术企业34家、国家科技型中小企业95家、规模以上企业3家、省级专精特新企业6家。平台体系有院士25人，国家级、省级领军人才87人，博士424人，青年人才占比接近50%。

2022年威海市新建市级重点实验室一览表

表12

实验室名称	依托单位	所在区（市）
威海市海洋功能性脂质重点实验室	威海博宇食品有限公司	环翠区
威海市智慧城市网络运营安全重点实验室	山东同域网络安全技术有限公司	环翠区
威海市反应釜流体混合搅拌技术重点实验室	威海化工机械有限公司	环翠区
威海市海产品活性因子重点实验室	威海海洋生物医药产业技术研究院有限公司 哈尔滨工业大学（威海）	文登区
威海市水性环保工业涂料制备及应用技术重点实验室	威海科力化工材料有限公司	文登区
威海市绿色化学制药技术重点实验室	诚弘制药（威海）有限责任公司	文登区
威海市功率半导体器件智能检测技术与装备重点实验室	山东阅芯电子科技有限公司	荣成市
威海市特种纸重点实验室	山东凯丽特种纸股份有限公司	荣成市
威海市合成生物学重点实验室	荣成市慧海创达生物科技有限公司	荣成市
威海市船舶污染物减排技术重点实验室	山东佩森环保科技有限公司	荣成市
威海市海洋贝藻及精深加工重点实验室	华信食品（山东）集团有限公司	乳山市
威海市海洋无人系统自主控制与协同技术重点实验室	威海天帆智能科技有限公司 哈尔滨工业大学（威海）	威海火炬高技术产业开发区
威海市医用灭菌包装材料与制备技术重点实验室	威海恒瑞新型包装材料有限公司	威海火炬高技术产业开发区
威海市高性能合金纤维与特种复合材料重点实验室	山东兰海新材料科技有限公司	威海火炬高技术产业开发区

续表 12

实验室名称	依托单位	所在区（市）
威海市特种车辆智能技术与应用重点实验室	威海天特智能科技有限公司 哈尔滨工业大学（威海）	威海火炬高技术产业开发区
威海市深海机器人技术重点实验室	山东未来机器人有限公司	威海火炬高技术产业开发区
威海市石墨深加工重点实验室	威海云山科技有限公司 哈尔滨工业大学（威海）	威海火炬高技术产业开发区
威海市光通信工程仪器重点实验室	一诺仪器（中国）有限公司	威海火炬高技术产业开发区
威海市无花果加工技术重点实验室	威海紫光科技园有限公司	威海经济技术开发区
威海市激光气体检测技术重点实验室	埃尔法（山东）仪器有限公司	威海经济技术开发区
威海市纳米功能纤维应用技术重点实验室	山东安然纳米实业发展有限公司	威海经济技术开发区
威海市工业旋转编码器研发重点实验室	威海艾迪科电子科技股份有限公司	威海经济技术开发区
威海市防腐功能涂料重点实验室	威海佳美化工有限公司	威海临港经济技术开发区
威海市工程塑料增韧剂制备及应用技术重点实验室	威海金合思化工有限公司	威海临港经济技术开发区
威海市海产调味料制备技术重点实验室	山东味正品康食品科技股份有限公司	威海临港经济技术开发区
威海市微纳结构材料重点实验室	威海蓝谷材料分析研究院有限公司	威海南海新区
威海市车辆尾气监测与治理重点实验室	山东鸣川汽车集团有限公司	威海南海新区
威海市海上光伏结构技术重点实验室	哈尔滨工业大学（威海）	市直
威海市新能源汽车振动噪声重点实验室	哈尔滨工业大学（威海）	市直
威海市海洋传感器重点实验室	哈尔滨工业大学（威海）	市直
威海市复杂装备智能运维技术重点实验室	哈尔滨工业大学（威海）	市直
威海市现代海洋牧场技术重点实验室	山东大学（威海）	市直
威海市光谱信息技术重点实验室	山东大学（威海）	市直
威海市小型化卫星载荷研制与近地空间环境探测重点实验室	山东大学（威海）	市直
威海市制药过程分析技术重点实验室	山东药品食品职业学院	市直
威海市肿瘤学精准诊疗重点实验室	威海市立医院	市直
威海市医用材料与细胞工程转化重点实验室	威海市立医院	市直
威海市高性能混凝土与水泥制品重点实验室	威海职业学院（威海市技术学院）	市直
威海市海洋功能性多糖重点实验室	威海职业学院（威海市技术学院）	市直
威海市纳米陶瓷涂层技术重点实验室	山东交通学院威海校区	市直
威海市医用调理功能食品加工技术重点实验室	威海海洋职业学院	市直
威海市能源资源调查评价重点实验室	山东省地质矿产勘查开发局第六地质大队	威海火炬高技术产业开发区
威海市碳纤维产业计量重点实验室	威海市产品质量标准计量检验研究院	市直

2022年威海市新建市级工程技术研究中心一览表

表 13

中心名称	依托单位	所在区（市）
威海市泛屏智能软终端工程技术研究中心	山东百盟信息技术有限公司	环翠区
威海市港口供应保障装备工程技术研究中心	山东新翰驰防务科技有限公司	环翠区
威海市中药提取物工程技术研究中心	威海松龄诺可佳中药饮片股份有限公司	环翠区
威海市海洋微生物污水处理工程技术研究中心	威海科尼利合环保科技有限公司	环翠区

续表 13

中心名称	依托单位	所在区（市）
威海市锂电池电解液工程技术研究中心	山东亘元新材料股份有限公司	文登区
威海市扳手和钳类工业级检修装备工程技术研究中心	威海市力钰实业有限公司	文登区
威海市重复性医用防护面料工程技术研究中心	威海云龙复合纺织材料股份有限公司	文登区
威海市氢压缩及储存工程技术研究中心	天德（威海）工业装备股份有限公司	文登区
威海市新型永磁同步电机工程技术研究中心	威海全新电机有限公司	文登区
威海市石油机械专用电动装备工程技术研究中心	山东富智大兴电机有限公司	荣成市
威海市水陆两栖应急救援车工程技术研究中心	荣成龙河车业有限公司	荣成市
威海市防爆电机工程技术研究中心	山东众泰防爆电机股份有限公司	荣成市
威海市电子辐照工程技术研究中心	荣成海维科技有限公司	荣成市
威海市有机硅密封材料工程技术研究中心	威海成景科技有限公司	乳山市
威海市珍稀食用菌液体发酵及繁育工程技术研究中心	威海鑫宝食品有限公司	乳山市
威海市车载电能变换与管理工程技术研究中心	威海天凡电源科技有限公司	威海火炬高技术产业开发区
威海市特种纤维及复合材料工程技术研究中心	山东大学威海工业技术研究院	威海火炬高技术产业开发区
威海市激光打印机控制系统工程技术研究中心	恒科科技产业有限公司	威海火炬高技术产业开发区
威海市高端消杀医疗设备工程技术研究中心	威海艾佳医用设备有限公司	威海火炬高技术产业开发区
威海市医用雾化器工程技术研究中心	威海盛洁医疗科技有限公司	威海火炬高技术产业开发区
威海市矿山筛分机械工程技术研究中心	威海尚品机械设备科技有限公司	威海火炬高技术产业开发区
威海市仿生医用耗材工程技术研究中心	山东千舒达医疗科技有限公司	威海火炬高技术产业开发区
威海市光伏发电变电技术应用工程技术研究中心	威都能源科技有限公司	威海火炬高技术产业开发区
威海市智能预装箱式变电站工程技术研究中心	山东广瑞电力科技有限公司	威海经济技术开发区
威海市聚酯熔体过滤器工程技术研究中心	威海旭日过滤器股份有限公司	威海经济技术开发区
威海市实时分区操作系统工程技术研究中心	腾云创威信息科技（威海）有限公司	威海经济技术开发区
威海市新型高分子医用耗材工程技术研究中心	威海鸿宇医疗器械有限公司	威海经济技术开发区
威海市增材制造金属粉末工程技术研究中心	中科轻量（山东）增材制造有限公司	威海经济技术开发区
威海市缠绕成型复合材料构件工程技术研究中心	威海光晟航天航空科技有限公司	威海临港经济技术开发区
威海市毛纺织染整工程技术研究中心	威海迪尚华绮毛纺织有限公司	威海临港经济技术开发区
威海市特种高空作业车辆工程技术研究中心	威海高丽亚专用汽车制造有限公司	威海临港经济技术开发区
威海市高性能混凝土与水泥制品工程技术研究中心	威海利东建筑科技有限公司	威海临港经济技术开发区
威海市新能源汽车生产用设备研发工程技术研究中心	威海德尔自动化设备有限公司	威海南海新区
威海市碳化硼制备工程技术研究中心	中硼科技（威海）有限公司	威海南海新区
威海市药食两用资源开发与利用工程技术研究中心	山东药品食品职业学院	市直
威海市船舶总装建造智能装备工程技术研究中心	威海职业学院（威海市技术学院）	市直
威海市服装数字化设计与智能制造工程技术研究中心	威海职业学院（威海市技术学院）	市直
威海市海洋大数据智能应用工程技术研究中心	威海海洋职业学院	市直

创新链体系建设

【概况】 2022 年，全市聚焦重点产业集群和优势产业链，体系化布局建设医药医疗器械、碳纤维复合材料、船舶与海工装备、专用汽车等创新链 8 个，形成与企业的“4 个共同”（共同凝练科技需求、共同设计研发任务、共同组织科技攻关、共同推动科技成果转化）新模式，支撑产业现代化和高质量发展。组织模式由虚变实，通过设立 8 个创新链，将原本虚化、泛化的创新链，变为有专班负责的实体化创新链。威海市科学技术局按干部所学专业、擅长领域进行双向选择，突破科室局限，优选 43 名干部跨科室（单位）组建创新链工作专班 8 个，实现科室与专班“优势互补”。创新资源由分散变集聚，梳理挖掘 11 所驻威海高校研发团队 153 个、高校教师 1319 名（包括 186 名博士生导师），并优选聘任首席科学家 25

5 月 17 日，威海光威复合材料有限公司技术人员对碳纤维产品进行质量检查

（孙大伟　摄）

人匹配到创新链上，团队与企业开展产学研协同技术攻关合作 153 项。按照“4 个共同”工作思路进行科研攻关，组织专家团队与企业共同凝练出重大关键技术 4 类 107 项（包括卡脖子技术 49 项、链条式技术 22 项、体系化技术 21 项、有裂变前景的颠覆性技术 15 项），为每类技术制定推进策略，提供个性化跟踪服务，其中获得国家立项支持 7 项、省级重大项目立项支持 10 项。主动服务企业，为 300 余家骨干创新企业提供个性化服务 400 余次。在智能快递物流、碳纤维及复合材料等领域，布局由龙头骨干企业牵头、高校院所支撑，产业链上下游企业参与的“体系化、任务型”创新联合体 10 家，实现一体化研发。顶层设计、谋划产业布局，对颠覆性和有裂变潜质的技术项目，进行专题研究、专项论证、重点推进，加速技术成果落地并产业化，推动传统产业升级、新兴产业发展。

【“拨投贷保”联动专项政策】 市科学技术局、财政局、地方金融监督管理局、中国银行保险监督管理委员会威海监管分局及金融机构，联合开展政策创新，设计“拨投贷保”联动支持科技创新专项政策。市科学技术局建立“卡脖子”攻关项目库，对入库企业提供专属支持。财政资金引导性的“拨”一部分资金，政府基金带头“投”一部分资金，对基金运行单位按考评时实际投资额的 1.5 ～ 2 倍金额予以确认。银行机构设计“卡脖子攻关贷”专属信贷产品，提供额度不超过 2000 万元、无需抵质押物、期限不超过 3 年、利率不超过基准利率的专项贷款，对新增贷款余额给予不超过 0.6% 的风险补助资金。保险机构设计“卡脖子研发损失险”，对投保企业给予不超过保费总额 50% 的财政补贴。通过政策设计，全面调动各方积极性，实现骨干企业“研发有钱投”“意外有保险”，加快突破一批核心技术，产出一批硬核产品，更好支撑产业现代化。全力扩大金融支持，运用科技成果转化贷款风险补偿和贴息政策，持续引导金融机构发放科技成果转化贷款，为 274 家企业发放科技成果转化贷款 17.83 亿元，增长 98%。全年为科技企业落实股权投资 5000 余万元。

【创新人才引进】 紧扣重点产业和优势领域，以高端创新平台为载体，以科技攻关项目为依托，引进培育高层次领军人才和高水平创新创业团队，增强对产业发展的引领支撑，43 人（项）获评省级以上人才项目，16 人在第四届“创业齐鲁　共赢未来”高层次人才创业大赛上获奖，居全省第 1 位。发挥驻威海高校“动力源”“主阵地”作用，鼓励高校科研人员在威海市创（领）办企业或者与企业开展产学研合作、推动成果落地转化，全年支持校地合作人才 21 人，累计培养校地合作人才 111 人，人才团队累计获评国家、省级项目 113 项，获得知识产权 267 项，为企业破解技术难题 134 项。主动引进服务海外高层次人才，加快山东省外国专家驿站建设，建成分站 6 家；启动海外联络站建设计划，加快形成统筹兼顾的驿站工作体系，有针对性地征集匹配外国人才资源，组织线上对接交流活动 32 场，促成合作 11 项，帮助专家解决各类问题 120 余项，优化外国人才在威海市创新创业服务。8 月 31 日，由山东省科学技术厅、威海市人民政府主办的 2022 年高层次外国专家齐鲁行暨山东省海外工程师创新合作大会在威海市举行，线上线下 200 余人参加会议，在线同步收看人数达 10.4 万人次，签署技术、项目合作协议 11 个。年内，15 名外国专家获得威海友谊奖，1 名外国专家获得齐鲁友谊奖。

【创新服务】 积极推动科学普及，以“走进科技　你我同行”为主题的 2022 年山东科技活动周启动仪式在威海市举行，广泛宣传展示重大科技创新发展成果，举办科技创新综合展和实物展、海洋智能装备现场表演等系列活动，展示海洋与空天环境相结合的创新应用类产品近 40 项。全市开展科技活动周系列科普宣传活动 30 余场，惠及公众 3000 余人次。完善成果转化服务体系，获批开展省科技成果评价改革试点，起草制定科技成果分类评价规范地方标准，参与全省科技成果评价第三方机构行业联盟建设，规范引导第三方机构开展评价。支持建设成果转化中试基地，破解成果转移转化难题，获评省海洋功能食品中试示范基地 1 家。深化科创资源开放共享，加强科技云平台服务，发布研究开发、知识产权、技术交易等服务事项 500 余项，形成各类科技服务订单 1500 余笔。加大文献、科研仪器共享力度，整合共享中外科技论文、专利、标准等科技文献资源超 3 亿篇，推进科研仪器资源共享，入网会员单位 1900 余家，入网仪器 1700 余台（套），原值 12 亿元。

【科技成果】 2022 年，全市获评山东省科学技术奖励 5 项，其中省科学技术进步奖一等奖 1 项、省科学技术进步奖二等奖 3 项、省国际科学技术合作奖 1 项。迈世腾科技（山东）有限公司外国专家尹晃锡获得山东省国际科学技术合作奖。

威海市获得2022年度山东省科学技术奖项目情况表

表 14

奖项	项目名称	完成单位
山东省科学技术进步奖一等奖	智能化医养融合服务平台关键技术及应用	山东众阳健康科技集团有限公司 哈尔滨工业大学（威海） 河南理工大学 威海天鑫现代服务技术研究院有限公司
山东省科学技术进步奖二等奖	智慧物流分拣流程关键技术研发及应用	山东建筑大学 山东新北洋信息技术股份有限公司
	面向智能电网的工业网络安全防护管控关键技术与应用	山东省计算中心(国家超级计算济南中心) 国网山东省电力公司电力科学研究院 哈尔滨工业大学（威海） 北京邮电大学
	海洋高值化工程酶的开发及功能食品的生物制造	中国海洋大学 尚好科技有限公司 威海迪普森生物科技有限公司 好当家集团有限公司 南京益纤生物科技有限公司 蓬莱京鲁渔业有限公司
山东省国际科学技术合作奖	尹晃锡	迈世腾科技(山东)有限公司

科技合作与交流

【国内科技合作与交流】 加强国内科技交流合作，以需求为导向，推动产学研合作不断走深走实。梳理“企业技术需求”“高校可产业化成果”两张清单，调研梳理技术需求170项，在线开展科技成果发布活动65场，发布成果1500余项，组织专家与企业“云端互动”“面对面”对接洽谈。主动融入黄河流域生态保护和高质量发展国家战略，加强与黄河流域、胶东经济圈科技创新资源的对接，组织参加第六届陕西国际科技创新创业博览会，赴西安市、兰州市等地的高校院所开展对接交流。举办名校直通车走进哈尔滨工业大学暨威海科技创新合作大会，邀请10余所高校院所近100位专家参加，现场签约合作项目12项。推进中科院威高计划、齐鲁工业大学（山东省科学院）产学研协同创新基金项目实施，支持企业与高校院所联合开展协同创新，全年达成产学研合作100项。推动技术成果转移转化，新备案省级技术转移服务机构2家，全年完成技术合同登记2529项，技术合同成交额169.62亿元。

【国际科技合作与交流】 强化国际科技交流合作，打造国际创新特色品牌，持续引进海外创新资源。6月14日，举办第十九届中欧膜技术创新合作大会，邀请欧洲膜学会名誉主席德里奥利、中国工程院院士马军等10余位国内外知名专家线上线下参会，1000余人次通过全球直播方式在线收看，现场签约项目4个、推介项目6个，同步开展膜产业招商对接平行会议。加强对韩国交流合作，吸引更多高端人才和优质项目，举行第五届中韩创新大赛，韩国赛区评出一等奖1名、二等奖2名、三等奖3名、优秀奖24名，中国赛区评出一等奖1名、二等奖2名、三等奖3名。开展中韩科技创新合作对接活动11场次、中韩高端人才线上对接会16次，6家韩国大学、科研机构与威海市相关单位达成合作意向，3家韩国企业与威海市相关企业开展技术合作，3名韩国技术专家与威海市相关单位达成合作意向。积极参与第二届韩国(山东)进口商品博览会，遴选中韩优质科创企业参展，打造创新孵化展区。

（修鹏远）

气 象

【概况】 2022年，全市气象部门各项工作呈现良好势头，威海市气象局获评全省气象部门优秀达标单位、全省重大气象服务先进集体、全省海洋气象服务高质量发展试点单位，工作成果获评全省气象部门创新工作。

【气象现代化建设】 全面落实国务院《气象高质量发展纲要（2022—2035年）》，市政府印发《关于推进气象事业高质量发展的意见》，市气象局1项工作获评省气象局“质量提升年”优秀典型案例，2项工作获评省气象局高质量发展优秀创新实践工作，气象现代化建设工作居全省前5名。升级完成全市9个“补短板”项目自动站，新建山林气象站2个，完成4个台站冻土自动观测设备的调试和评估。完成雨量计量检定实验室建设和高空自动放球系统升级，做好雷达技术升级及技术标准统一和双偏振升级前期准备。数字化升级石岛海洋广播电台，实现360度信号输出全覆盖，预警信号发射稳定率提升15%。落实中国气象局资金改善业务平台和办公环境。

【气象服务】 服务保障海洋强市建设，制定气象和海洋预报预警联动机制，开展渔区分区精细化预报，威海市气象局获批山东省气象局第二批专项类先行试点。服务保障乡村振兴战略，为全市1000余户种粮大户开展“直通式”气象服务，发布各类为农气象服务材料140期；开展茶叶气候品质认证，助力茶业企业提升市场竞争力；3项工作在全省农林水牧气象系统有关创新竞赛中获奖。服务保障生态文明建设，荣成市、乳山市获评中国气候宜居城市；实施人工增雨作业5轮次，发射火箭弹154枚，有效降低森林火险。服务保障重大活动，联合市生态环境局做好北京冬季奥运会期间空气质量气象影响预报服务；派出移动气象台助力日照市完成山东省第二十五届运动会保障服务；做好春运、市两会等重要时间节点气象保障服务。提升科技服务能力，开发专业服务平台，为港口作业、核电建设、供热等领域提供专项气象服务，开展储油基地雷电预警服务。

8月16日，2022年乳山茶叶气候品质评价标识发布仪式举行

（威海市气象局　提供）

【防灾减灾】 开展“人民至上、生命至上”主题实践活动，实施重大灾害性天气“叫应”60轮次，重要天气预报得到市委、市政府主要负责人批示92次。精准预报汛期暴雨8次和冬季暴雪3次天气过程，发布各类预警信号521次；预警信号精细到镇（街道），平均提前量超12个小时，强对流预警信号提前量提前至80分钟，暴雨预警信号准确率100%；灾害性大风预报评分居全省第1位，台风“梅花”过程服务获得全国优秀预报案例一等奖。完成气象灾害风险普查，9个应用案例纳入省气象局案例汇编。

【气象科技创新】 组建5个创新团队形成创新成果8项，1个创新团队在全省第十三届气象行业职业技能竞赛中获得团体第4名。获得软件著作权2项和实用新型专利授权1项。加大科技人才培养力度，入选中国局气象高层次人才计划1人、省气象局气象高层次科技创新人才计划2人。

【社会管理】 推行防雷安全监管“3+2”模式，对全市370余家重点单位开展防雷检查，加强驻点企业监管。威海市气象局和文登区气象局获评全省防雷安全监管工作先进集体。年内，完成行政许可审批50件。

【气象科普宣传】 建立重大天气过程科普联动机制，强化公众气象科普，“揭秘空间天气”直播活动在全网播放量500余万人次。威海市第一中学开展校园气象科普，获评全国第三批气象教育特色学校和山东省气象科普示范站。

【气候概况】 2022年，全市气温比常年偏高0.4℃，属偏高；降水比常年偏多38.5%，属偏多；日照时数偏少3.8%，属正常。

气温　2022年，全市平均气温为12.9℃，比常年偏高0.4℃，比上年偏低0.4℃。年平均气温市区最高，为13.6℃；文登区最低，为12.5℃。

降水量　2022年，全市年平均降水量1017.2毫米，比常年偏多282.6毫米，比上年偏少57.0毫米。年平均降水量市区最少，为946.6毫米；荣成市最多，为1108.9毫米。

日照　2022年，全市日照时数平均为2326.6小时，比常年偏少91.3小时，比上年偏多183.9小时。日照时数市区最多，为2401.6小时；文登区最少，为2267.1小时。

（周　宇）

编辑　李传强

教　　育

综　述

【概况】 2022年，全市有幼儿园352所，义务教育阶段学校198所，普通高中18所，中等职业学校（不含技工学校）17所，特殊教育学校4所，高等教育学校11所。幼儿园在园幼儿7.49万人，小学教育在校生13.44万人，初中教育在校生9.62万人，普通高中教育在校生3.53万人，中等职业教育在校生2.30万人，高等教育在校生13.58万人。

【教育资源扩增】 新建、改扩建中小学项目8个、幼儿园12所，其中7所中小学、2所新建幼儿园主体完工，10所幼儿园投入使用。8所学校抗震加固项目完成改造。完成"十四五"期间义务教育薄弱环节改善和能力提升项目年度内计划。聚焦中小学校配餐（食堂）管理，开展群众身边腐败和不正之风专项整治，做好中小学校校舍隐患排查、自建房专项整治等工作，有效推进办学条件的提升。

【教育经费保障】 协调落实上级专项资金3.55亿元，实现全市教育经费投入始终处于全省上游水平。累计发放春季学期学生资助资金2708.64万元，资助家庭经济困难学生1.65万人次。提前拨付生均公用经费和补助经费近3600余万元，发放新冠肺炎疫情专项补贴750余万元，减免51所租用国有资产的普惠性民办幼儿园房租，全力帮扶民办幼儿园渡过难关。

【招生考试】 全年组织国家级和省级考试21次，约26.3万人参加。其中，夏季高考1.06万人，春季高考1615人，夏季高考外语听力考试1.07万人，美术类及文学编导类统考报名1078人，市直高中美术特长生专业统考1455人，高中学业水平考试3.45万人。专升本考试2505人，成人高考1.54万人，研究生考试1.13万人，高等教育自学考试5407人，大学英语四、六级考试3.08万人。初中学业考试7.24万人，初中信息技术考试2.50万人。中小学教师资格面试4265人，计算机等级考试5433人。

【思政育人实效提升】 常态化长效化抓好党史学习教育，传承红色基因。开展"同城大课堂"主题宣讲59次，推动党的相关重大理论创新成果和实践经验进课堂、进"头脑"。以冬奥元素、奥运精神为主题，上好"开学思政第一课"，组织全市大中小学40余万名师生集体观看、交流研讨，相关做法被《人民日报》、中央电视台等媒体报道。成立思政课教学指导委员会，举办思政课教学比赛，开展思政课教学改革项目评选，以赛促研、以评促学，提升全市思政育人水平。

【教师队伍建设】 分期分批选派优秀教师参加"国培""省培"项目，完成全市中小学班主任、普通高中校长和局属学校中层以上干部全员培训。实施中小学教师学历提升工作，拉网式摸底全市中小学专任教师学历，实现教师学历提升报考"应报尽报"，全市城乡义务教育专任教师本科及以上学历比例为99.3%，其中农村专任教师本科及以上学历比例为100%，列全省第1位。完成第二期威海教育名家工作室年度建设任务和第三期"四名工程"届终考核，启动第四期"四名工程"

9月1日，威海市望岛小学举行思政课"开学第一课"　（王彦博　摄）

人选选拔培养工作，立项国家级课题2项，获得省级教学成果特等奖1项，出版专著、发表论文84项，举行教研培训活动200余次，培训教师约4万人次。

【校园安全防控】 坚持将师生健康安全放在第一要位，抓实抓细校园安全建设和新冠肺炎疫情防控，全年未发生较大以上责任事故及各类安全事件。及时调整教育系统新冠肺炎疫情应对处置工作领导小组构成，印发处置手册、指导意见等文件，开展疫情防控知识和应急处置培训，抓实抓牢常态化防控措施。开展全市中小学幼儿园安防建设“4个100%”达标情况“回头看”，实现校园安防建设从“有形覆盖”到“有效覆盖”。先后组织“平安寒假”“预防溺水”等安全专题教育活动，增强师生安全防范意识。聚焦防溺水、燃气、消防等校园安全重点领域，开展校园安全风险隐患排查整治行动，全年开展部门联合督查2次、区（市）交叉检查2次、专项督查4轮次，检查中小学、幼儿园349所次，排查整改各类安全隐患问题1009项，实现“零溺亡”，威海市获评全省预防未成年学生溺水工作突出的市。

【体卫艺教育】 学生体质健康水平大幅提升，健康抽测优良率、合格率、平均分分别为36.1%、94.1%、75.95分。稳步推进学校卫生健康工作，市教育局被省教育厅、省禁毒委员会办公室评为禁毒预防教育先进集体。联合市卫生健康委员会等部门创建首批市级营养健康学校24所。4所学校获评山东省首批高水平学生艺术团，市教育局获评山东省第七届中小学生艺术展演活动优秀组织奖，8所学校获评全国国防教育示范学校。

【教育督导改革】 健全完善市、区（市）两级教育督导机构设置，全部按规定将教育督导经费纳入本级财政预算保障，全面配齐专业督导人员。按照“区（市）交叉、互促共进”的原则建成市级教育督导责任区5个，组建由622人构成的市、区（市）两级督学、教育督导员专业队伍，实现各级各类中小学、幼儿园督学责任全覆盖。先后组织义务教育质量监测、政府教育履行职责评价指标解读等专业培训，提升教育督导质量和水平。

基础教育

【学前教育】 2022年，全市有幼儿园352所，教学班2702个，在园幼儿7.49万人，全市学前教育三年幼儿入园率达99%以上。全市有幼儿教职工1.07万人，其中园长519人、专任幼儿教师6145人，专任教师中具有高中以上学历的6142人，占幼儿教师总数的99.95%。

5月12日，小学生进行防震减灾演练　　（孙大伟　摄）

【义务教育】 全市有义务教育阶段学校198所，其中普通初中98所（含九年一贯制学校39所）、普通小学100所。全市义务教育阶段有在校生23.06万人，有教职工1.87万人，其中专任教师1.73万人。

【特殊教育】 全市有独立设置的特殊教育学校4所，招收特殊教育学生31人，在校生458人。全市特殊教育学校有教职工247人，其中专任教师220人，专任教师中受过特教专业培训196人，占总数的89.1%。

【普通高中教育】 全市有普通高中学校18所（包含十二年一贯制学校1所），招生1.30万人，在校生3.53万人。全市普通高中有教职工4025人，其中专任教师3670人，生师比为9.63∶1。专任教师学历合格率为99.6%，具有研究生学历的比例8.6%。

【全国“双减”试点】 严格落实校内减负增效，落实义务教育阶段12个学科作业设计与实施指导意见。义务教育学校课后服务实现全面覆盖，实现有需求的学生“应托尽托”。探索建立非学科类校外培训机构遴选退出机制，遴选57家非学科类校外培训机构入校，丰富课后服务课程体系。推进校外培训治理，学科类机构压减率达97.9%。协同市文化和旅游局、体育局等部门完成非学科类校外培训机构重新审核登记，推进校外培训机构入驻全国校外教育培训与监管服务综合平台，资金账户核验、支付渠道开通、平台授课等综合指标排名全省前列。《威海凝聚部门合力扎实推进非学科类校外培训治理》经验做法被教育部通报为全国“双减”工作优秀案例。

【基础教育国家级优秀教学成果推广应用示范区建设】 搭建优秀教学成果资源服务平台，组建成果推广研究共同体，开展“研修一体”专题培训学习活动130余次、成果展示交流30余次。立项市级“优秀教学成果推广应用”专项课150余项、全国教育科学规划课题2项，获得2022年基础教育省级教学成果特等奖2个，教学成果获奖率超过83%。召开国家级优秀教学成果推广应用威

高新区山大实验学校　　（孙大伟　摄）

海专场展示会，全国60个推广应用示范区、74项成果持有方代表等1000余人以线上方式参会，威海市经验做法获得教育部成果推广应用项目组认可。

【学前教育普及普惠发展】　市教育局联合14部门印发《威海市“十四五”学前教育发展提升行动计划》，项目化推进5个提升行动。全域创建国家学前教育普及普惠县，环翠区、荣成市通过国家材料评估。持续开展市、区（市）、镇（街道）、幼儿园4级结对帮扶工作，薄弱园帮扶覆盖率保持100%。出版“幼小衔接课程”丛书，结题幼小衔接实验成果报告76个，获得省级以上优秀案例15个，开展优秀实验成果推广培训活动3期，培训2.3万人次，相关经验入选山东省“献礼二十大教育品牌”，被中国教育电视台、山东教育电视台专题报道。

【义务教育优质均衡发展】　全市4个区（市）义务教育均衡发展系数等指标基本达到国家评估认定标准。建成“以优质学校为龙头、辐射带动周边”的城乡学校发展共同体66个、结对协作学校47对，不断扩大优质教学资源覆盖面。入选省级教育强镇筑基试点镇（街道）9个，城乡一体化水平明显提升。聚焦教育教学改革各环节、诸要素，落实重点任务9个，评选市级优课1399节、市级优质课737节。进一步打通义务教育招生入学平台数据关口，受理2022年秋季学期新生入学报名申请5万余人，实现入学报名“零跑腿”“零证明”。完善义务教育阶段随迁子女就学政策，保障7万余名随迁子女100%在威海市就读。印发“十四五”特殊教育发展提升行动计划，推动特殊教育加快优质融合发展。

【普通高中多元特色发展】　开展强科培优行动，科学制订普通高中特色多样发展实施方案，以特色学科建设为重点，提升育人质量。全市高中获评省级学科基地3所，认定市级学科基地11所、市级特色学校6所，特色学科涵盖人文、科技、艺术、体育等类别，初步形成特色多样的发展格局。5个学科竞赛实现“零”的突破，威海市教师团队独立培养的学生在全国青少年信息学奥林匹克竞赛中，以全国第1名的成绩获得金牌。

职业教育

【概况】　2022年，全市有中等职业学校17所，其中普通中等专业学校11所、职业高中学校6所。中等职业学校招生8060人，在校生2.30万人。全市中等职业学校有教职工2539人，其中专任教师2037人，生师比为11.31∶1，专任教师学历合格率96.4%，具有研究生学历的比例8.6%。专任教师中专业课、实习指导课教师1287人，其中“双师型”教师比例73.3%。

【现代化职业教育体系建设】　全面完成职业教育创新发展高地40项重点建设任务并通过省政府督导验收，按期完成4所省级示范（特色）中职学校和5个省级品牌专业建设任务并通过终期验收；1所特色化中职学校和2个省级品牌专业通过中期验收。举办市级职业技能大赛，承办国家级中职组“现代物流综合作业”大赛，威海市职业中等专业学校、文登区职业中等专业学校获得现代物流综合作业、焊接技术赛项国赛金牌。持续深化校企合作，威海市入选山东省产教融合试点城市名单，9家企业入选山东省第二批产教融

6月22日，“技能兴威”2022年度威海市职业技能竞赛开幕式举行
（王　斌　摄）

合型企业建设培育入库名单。启动“威海工匠后备人才”培养工程，遴选500名职业院校学生为培养对象，职业院校参与社会培训4万余人次。

民办教育

【概况】 2022年，全市有民办教育学校、幼儿园178所，招生8778人，在校生4.12万人。其中，幼儿园163所，招生4714人，在园幼儿2.83万人。有小学1所，招生212人，在校生1505人。有九年一贯制学校2所，招生55人（小学18人、初中37人），在校生228人（小学79人、初中149人）。有高级中学2所、附设高中班1处，招生448人，在校生794人。有完全中学1所，招生641人（初中6人、高中635人），在校生1691人（初中132人、高中1559人）。有十二年一贯制学校1所，招生865人（小学160人、初中180人、高中525人），在校生3142人（小学999人、初中783人、高中1360人）。有普通中等专业学校3所、职业高中5所、附设班1处，招生1852人，在校生5486人。

【民办义务教育监管机制建设】 健全民办义务教育常态化监管机制，完成威海市环翠中学转公工作，全面压缩民办义务教育学校办学规模，在校生占比压至1.6%，进一步规范教育秩序。

（刘　凯　曲燕飞）

技工教育

【招生培养】 2022年，威海市技工院校招生2514人，毕业2614人，就业率99%，留威海市就业率93%，为全市企业输送一批车工、电工、烹饪工等技能人才。

【技工教育水平提升】 落实职普融通政策，建立健全技工教育与普通教育沟通衔接机制，深化人才培养模式改革，加大招生力度。通过校内外共建一体化课程、共建校内外实训基地、定向冠名培养、对口实习实训等形式，深化技工教育产教融合发展。年内，全市技工院校校企合作企业达40余家，涉及专业30余个；共建校内外实训基地30个，提供实习岗位700个，参与实习学生2800人，订向培养在校生1240人，为全市企业输送急需的技能人才，为毕业生提供稳定的就业途径。

【学生资助】 严格落实技工院校免学费助学金补助资金政策，全年拨付上级免学费补助资金523万元、国家助学金29万元、国家奖学金5.4万元。对就读威海市技工院校的全日制建档立卡贫困家庭适龄学生实行“五免一享”（免学费、免住宿费、免教材费、免费提供勤工俭学岗位、免费推荐就业岗位，享受国家助学金）政策，年内享受政策149人次，免除学费28.4万元、住宿费2.5万元、教材费1.1万元，发放助学金5.3万元，免费为困难学生提供勤工俭学岗位、推荐就业岗位。

【安全管理】 常态化开展驻点监管安全隐患排查整治工作，派出驻点监管人员12人，对全市8所技工院校和95家民办职业培训机构进行2轮全面摸排和“回头看”工作，整改问题隐患200余个。抽调业务专家组成市级督导组，开展安全生产专项检查2次，整改问题隐患140余个。

（丛海平　王　蕾）

高等教育

【概况】 2022年，全市有山东大学（威海）、哈尔滨工业大学（威海）、威海职业学院（威海市技术学院）、山东药品食品职业学院、山东交通学院威海校区、山东外事职业大学、哈尔滨理工大学荣成校区、威海海洋职业学院、北京交通大学（威海）、山东铝业职业学院威海校区、威海技师学院11所高等院校。年内，在校全日制本专科招生4.37万人，在校生13.58万人（其中普通本专科12.80万人、研究生3748人）。其中，山东大学（威海）招生3160人，在校生1.64万人；哈尔滨工业大学（威海）招生2710人，在校生1.21万人；北京交通大学（威海）招生600人，在校生2705人；山东交通学院威海校区招生1269人，在校生4560人；哈尔滨理工大学荣成校区招生1983人，在校生7174人；山东外事职业大学招生9980人，在校生2.46万人；山东药品食品职业学院招生5418人，在校生1.50万人；山东铝业职业学院威海校区招生5477人，在校生1.60万人；威海职业学院招生8141人，在校生2.20万人；威海海洋职业学院招生4556人，在校生1.32万人；威海技师学院高级工和预备技师招生358人，在校生2049人。

（刘　凯　曲燕飞）

【山东大学（威海）】 创建于1984年，是山东大学与威海市政府联合共建的多学科、开放式、综合性大学校区。设有学院12个和教学部1个，涵盖文学、艺术学、理学、工学和医学等学科门类8个，设置本科招生专业37个，可在24个一级学科招收硕士研究生、18个一级学科招收博士研究生，同时可在17个一级学科招收博士后。2022年，学校有全日制统招本科生1.35万人，博士、硕士研究生2385人；教职工1286人，其中专任教师850人，专任教师中具备正高级专业技术职务160人、副高级专业技术职务308人，博士、硕士生导师446人。年内，完善安全稳定工作体系，夯实4个层级13个网格职责分工，动态调整疫情防控措施，守护师生身体健康和校园安全。学校获评省级标杆学院1个、省“创新榜样”1人、全省高校“精品党课”一等奖1项；获评山东大学“两优一先”表彰4项、五星级党支部30个、党组织活动立项45项。

教育教学与人才培养　深化教育教学改革，环境设计和海洋科学获批省级一流专业建设点，成立国家安全教育、遗传学虚拟教研室，增设通识教育核心课程和“双创”（创新创业）课程49门，与企业共建“未来网络”实验班。获评省级教学成果奖6项、教改项目4项、研究生优质课程1项、优秀博硕士论文2篇。强化创新人才培养，学生学科赛事获评国家级奖项51个、省部级奖项323个。其中，在全国大学生数学建模竞赛中获得国家一等奖4项、二等奖6项；智能车大赛连续3年总成绩列全国第1位；在第十七届“挑战杯”竞赛中获得国家特等奖2项，总成绩居山东省第1位；获评国家级大学生创新创业训练计划项目17个。构建“多点、错时、全过程”招生拓展体系，提高生源质量。普通类专业录取位次在山东省所有本科招生院校中列第3位，中外合作办学专业录取位次在山东省开设中外合作办学专业的高校中列第1位。启动“访企拓岗”专项行动，结合“互联网+”大数据积极开展线上就业工作，组织大型线上双选会2场，参会企业855家，提供优质岗位6万余个，促进毕业生高质量充分就业。

学科建设与科学研究 绘制完成1：250万月球全月岩石类型分布图，揭示天问一号探测器火星着陆区水岩作用特征，获批海洋物质活性评价与开发、蓝色经济与绿色发展、数字人文等省级研究平台。深度参与山东大学新一轮“双一流”建设，启动首批交叉学科培育重点项目6个；持续加大学科建设投入，为学科发展创造坚实条件。年内，学校获批国家社科基金各类项目14个、教育部人文社科研究项目8个、省社科规划年度项目10个，其中国家社科基金重大项目2个；获批国家自然科学基金项目29个、国家重点研发计划课题3个、省自然科学基金项目30个。新增山东省高等学校实验室4个、威海市重点实验室3个。

教师队伍建设与人才引育 加强高素质专业化干部队伍建设，严格干部监督管理，举办青年骨干能力提升班，选派8人到地方挂职。加强师德师风建设，制订教师思政和师德师风建设工作方案，严格师德师风综合考查把关。新增国家杰出青年科学基金获得者2人、国家优秀青年科学基金获得者1人，山东省“泰山学者”青年专家2人，全职入选杰出人才体系13人（其中讲席教授1人、特聘教授5人）。招收博士后30人，获评学校特别资助类和重点资助类博士后13人，获评省“博新岗位”2个，承办全国空天科技博士后论坛。开展能力提升项目5个，开设讲座及课程近60次。下放非事业编制岗位招聘权限，结合属地人才政策，全面激发人才资源效能。

合作交流与地方经济服务 拓展国际合作交流网络，开展“海外云课堂”，参加海外经历项目以及毕业赴海外深造774人次，首批61名学生赴澳大利亚攻读本硕连读项目。获批海外师资课程61门，选课学生3720人次。获批科学技术部引智项目3个、2022年度威海友谊奖1项；举办高端国际学术会议8场次；与加拿大高校共建科研联合平台，与德国慕尼黑工业大学（亚洲）等签署校际国际合作协议16项，合作院校增至15个国家和地区，数量达120所。推进校地合作，全面融入“山大系”社会服务体系，打造“一区一策”“一院一企”合作品牌，与威海市文登区、山东省第六地质矿产勘查院等签署校地校企合作协议10余项。发挥平台优势，成立威海市智能制造学会，打造碳纤维及复合材料等协同创新平台9个，先后孵化创新企业16家，提交智库报告20余篇。举办首届“聚创威海、一起向未来”校友经济发展论坛，探索建立区县校友联络机构和服务平台，赋能地方经济社会发展。

（李 松 赵林林）

【哈尔滨工业大学（威海）】 1985年，哈尔滨工业大学威海分校经航天工业部批准成立，2002年更名为哈尔滨工业大学（威海）。校区设有学院11个、教学部1个、本科专业42个，其中新工科专业9个和中外合作办学项目1个。共享哈尔滨工业大学博士点27个、硕士点39个，单独设有船舶与海洋工程、海洋科学一级学科硕士点2个。有山东省重点学科8个、特色专业6个，海洋科学一级学科获批山东省高水平学科建设，船舶与海洋工程和海洋科学是哈尔滨工业大学“985工程”重点建设学科。有国家级、省部级和市级以上科研平台、重点实验室或研究中心30余个，其中先进焊接与连接国家重点实验室在威海校区建立分支机构；对海监测与信息处理工业和信息化部重点实验室、海洋工程材料及深加工技术国际联合研究中心获批国家级科研平台；新一代海空天对海观测技术综合试验平台获批国家“双一流”建设项目支持。2022年，学校有教职工954人，其中专任教师612人（其中教授112人、副教授267人），全日制在校研究生1181人。

教育教学改革 推进教育教学改革，启动培养方案修订、课堂教学改革活动，将校区一流课程、一流专业核心课程等作为首批试点课程，获得山东省本科教学成果特等奖1项、一等奖2项、二等奖2项，获评校本部示范课程4门，“微积分”获评省级课程思政示范课程。加强项目学习计划，强化校企协同育人，“大一年度项目”结题548项，结题率89.4%；大学生科技创新立项结题481项，结题率75.3%。召开校区“智能基座”项目推进会，签订项目协议，新增校企共建课程8门。探索专业学位硕士校企联合培养模式，与企业共建数据通信创新实践基地暨“未来网络”研究生实验班。加强校企合作，培养学生实践能力，遴选外聘行业导师60人。加强基地建设，基于“1+1+N”新材料创新链模式的产教融合研究生培养基地通过山东省产教融合研究生联合培养示范基地校内评审验收。开展博士全过程培养，获批首个博士点海洋科学一级学科博士点。获得山东省研究生教学成果奖二等奖2项，推荐山东省研究生教育课程思政示范课程1门。

科学研究 获批国家重点研发项目8项，授权发明专利246件，高被引论文58篇，获得国家自然科学基金资助27项，获得省级科技进步奖一等奖1项、二等奖1项，获得国家一级学会奖1项。深化校企、校地合作，创新创业园入园企业合同额超11亿元，4家科研机构在2022年度省级新型研发机构绩效评价中获评“优秀”等次；新成立产业技术研究院1家，新培育省级研发平台1家、市级研发平台5家；新成立高科技企业2家，新引进创客企业14家。

师资队伍建设 实施人才强校战略行动计划，首次设置教学科研特聘岗位，遴选管理拔尖和管理骨干，入选全球顶尖科学家科学影响力排行榜教师5

人，获评山东省“泰山学者”青年专家6人、山东海洋强省建设突出贡献奖先进个人1人、2022年度山东省“齐鲁最美教师”1人，先进材料与特种加工创新团队获评山东青年创新突击队。

学生培养　加强大学生思想政治教育，优化思政实践课教学方案，实现大一新生小班思政实践课100%覆盖。获评中国大学生自强之星1人，山东省优秀团员1人、优秀辅导员1人，获得首届全省高校大学生讲思政课公开课一等奖团队1个。开展社会实践和志愿服务，获评国家级重点实践团队2个，3个团队入选共青团中央大学生志愿宣讲团、1个团队入选“七彩假期”志愿服务示范团队、1个团队入选全国大学生科技志愿服务示范团队。组织大学生参加科技创新活动，发表SCI、EI论文67篇，获得专利21项，获得省部级以上奖励860项，首次参加7项赛事，10项赛事获得最高奖项，在第八届中国国际“互联网+”大学生创新创业大赛中获得国赛银牌、铜牌各1枚。推进“一站式”学生社区建设，完善“三全育人”体系，获得山东省第九届省级教学成果奖（高等教育类）一等奖1项，1个课程获评山东省金课，学生社区综合管理案例获评山东省十佳典型案例。2022年本科招生全国高校录取分数综合排名上升到第29位，研究生推免生“双一流”高校生源占比98%；入选教育部第一期供需对接就业育人项目库项目23个。

对外合作与交流　拓展优化国际合作伙伴网络，同国外高校联合成立本研贯通实验班，推进“韩语＋专业”联合培养项目。调整留学策略，重点发展赴英国、法国、德国等国家留学项目，学生出国（境）人数占当年录取率的20.1%，本科毕业生出国深造率9.3%。推进大学生国际化竞争力提升计划，举办第五届国际文化交流月等系列活动，开设牛津大学等多所世界名校的“线上留学”项目，推进“2+2”“3+1”等联合培养项目。1名外籍教授获得威海友谊奖，获批山东省“外专双百计划”项目1项、海外科技人才项目2项，获批校本部中外国际联合实验室建设项目7项，申报教育部“春晖计划”合作科研项目1项。

（谷　静）

【威海职业学院（威海市技术学院）】位于威海火炬高技术产业开发区科技新城，占地面积193.08万平方米，校舍建筑面积49.87万平方米，固定资产总值12.68亿元，其中教学、科研仪器设备资产总值2.71亿元。图书馆建筑面积2.3万平方米，有纸质图书174.10万册、电子图书103万册。有计算机7626台，多媒体教室285个，网络信息点数1.82万个。开设高职教育专业56个，涵盖装备制造、交通运输等专业大类13个。2022年，学院有教职工1230人，其中专任教师932人，具有高级技术职称的286人。有国家级教学团队3个，全国模范教师1人、全国技术能手3人；有省级教学团队15个，省级教学名师10人、省首席技师5人、省技术能手8人、省级技术技能大师2名、省级青年技能名师3人。学院通过“双高计划”中期绩效评价，被教育部认定为“优”等级，在全省高等职业院校办学质量年度考核中获评A等，居全省第4位。获得省级职业教育教学成果奖4项，获评山东省乡村振兴示范校、山东省红色文化传承示范校、第三批全国党建工作样板支部培育创建单位、山东教育融媒体建设试点单位、山东教育政务新媒体综合力二十强等。官方微信居2021—2022年度全国高职高专院校“官微”排行榜第1位，宣传案例入选省教育厅“致敬品牌·献礼二十大”大型展示传播活动。承办山东省第十三届“挑战杯”大学生创业计划竞赛职教赛道决赛；在“互联网＋”“挑战杯”“省科创”3项竞赛中，获得国家级奖项1项、省级奖项33项。

专业课程建设　立项建设智慧物联专业群为山东省高水平专业群。增加大数据与会计等专业3个，撤销专业6个。新认定国家级在线精品课程4门、省级在线精品课程11门。教师参与省级教学类竞赛获奖6项，学生参加技能大赛国赛获奖4项、省赛获奖34项。

产教融合　与中国工业互联网研究院等共建威海蓝海工业互联网产业学院，获批新一代信息技术（工业互联网）人才实训试点。以威海市唯智应用技术研究院为载体，深度融入威海市“1+4+N”科技创新体系，绩效评价为“良好”，学院获得威海市产业技术研究院资金支持。

校企合作　与威海升安海运有限责任公司续签海大学院合作协议，与威海建设集团有限公司依托共建的威建建筑学院获评山东省第四批校企一体化合作办学示范院校和企业，与山东文旅集团有限公司、宝威教育集团有限公司分别共建智慧文旅产教融合实训基地、融园人才培养示范基地。

科研平台建设　成立威海职业学院行知研究院，山东省中华职业教育社职业教育研究（威海）基地、中国陶行知研究会职业教育实践基地落户学校。获批立项山东省新技术研发中心4个、威海市市级重点实验室2个、市级工程技术研究中心2个。立项建设海洋生物制品功能实验室等校级创新实验室5个。

国际交流　申报与芬兰坦佩雷应用科学大学合作举办建筑装饰工程技术专业专科教育项目，获得山东省教育厅批准并报教育部备案。获批教育部“中文＋职业技能”“汉语桥”项目3个和“中文＋职业技能”资源开发项目2个。

（刘金玉）

【山东药品食品职业学院】　始建于1958年，隶属山东省市场监督管理局。学院坚持“为药品食品事业服务，为人民群众健康服务”的办学宗旨，主要为全省药品食品生产加工企业、批发零售企业、医院药房、药物研究机构、药品食品检测监督部门等培养高素质技能型人才，开设药品生产技术、食品营养与检测等专业37个。学院总占地面积69.53公顷，校舍面积24万余平方米，有教职工722人、高职在校生1.5万人。2022年，新生报到5418人，生源质量显著提高；积极推进“政校企”就业合作对接，提高学院就业服务质量及毕业生就业质量。稳步推进基本建设项目，统筹做好新冠肺炎疫情防控和教育教学工作，确保教育教学工作平稳有序。不断加强思政课程建设，建设省级思政名师工作室1个、培育辅导员名师工作室2个，获评2021—2022年度山东教育政务新媒体工作先进单位、山东教育融媒体建设重点培育单位、省级文明校园。

内涵建设　逐步推进教育教学改革，对接国家智慧教育平台课程18

门，获批省级精品在线课程11门，开发省职教高考烹饪类题库。获批省第四批学分制管理试点，获评省高等教育学籍学历管理先进集体，工作实践案例入选山东省职业院校教学诊断与改进典型案例并推报教育部。制定人事政策制度汇编，建立人事联络员队伍，积极开展送政策上门等活动。强化师德师风建设，建立师德师风监察队伍，畅通师德师风投诉渠道，强化典型选树。年内，获评省级青年技能名师1人、山东省技术能手1人，省级访学研修3人、访问学者22人。

科研和社会服务 获批省教育厅绿色医药原料与制剂新技术研发中心和医疗器械新技术研发中心、山东省新旧动能转换公共实训基地，新增省级科普基地1个，市级科普基地3个。承办省科学大讲堂1项，入选"'科创筑梦'助力'双减'科普行动"全国试点单位，获评省科普专家工作室3个。获评教育部人文社会科学项目1项、省级教学成果特等奖2项、省自然科学基金1项、其他省部级科研项目3项，获批省市级科技创新平台7个。完成线下各类培训班近10个班次，开展执业药师培训9000余人，完成函授教育500余人，遴选社区教育优秀课程15门。

创新创业教育 打造面积400平方米的学院电商孵化基地，申报"互联网+"大赛项目5416项，筛选种子项目18个，获评全国高职院校创新创业30强，在"互联网+"创新创业大赛中，获得金牌1枚、银牌3枚、铜牌8枚，成绩居全省高职院校第6位。

国际交流合作 实现2个中外合作办学项目招生194人，与印度尼西亚、马来西亚开展境外办学项目2个，开展中医药传统文化交流等项目，培训近400人次。组织280余名教师参加德国职教4.0培训，在职攻读海外高校博士10人。

（谷 群）

【山东交通学院威海校区】 位于威海市双岛湾科技城和兴路1508号，占地面积66.67公顷，建有包括山东省"十二五"高等学校科研创新平台建设工程重点实验室——船舶与海洋运输实验室在内的大型重点专业实验室30余个，是以培养涉海类和涉外类专业人才为重点的大学校区。2022年，校区有教职工333人，其中教授14人、副教授5人；泰山产业领军人物1人、博士后8人、博士67人、硕士145人。设有学院3个和基础教学部1个，开设本专科专业15个和硕士培养方向4个。

教学科研 船舶与海洋工程专业通过IMarEST国际工程教育专业认证，《学英语讲中国故事》上线智慧树教育公共服务平台；获批省级研究生联合培养专项1项。校区教师获批2022年航海技术教学指导分委会教育教学改革立项研究项目5项，获批山东省教育科学规划创新素养专项课题、教育改革项目各2项；获得山东省教学成果奖二等奖1项、第二届全国高校教师教学创新大赛二等奖1项、B类赛事全国复赛一等奖3项、华东区三等奖1项、山东省首届本科高等学校课程思政教学比赛一等奖1项、山东省第九届"超星杯"高校青年教师教学比赛一等奖1项、第二届智慧树杯课程思政示范案例教学大赛二等奖1项、山东省2022年度普通高等学校教师教学创新大赛三等奖2项。获批国家自然科学基金项目1项、山东省自然科学基金项目4项、教育部人文社会科学研究项目1项，山东省统计科研重点研究课题、重点研发计划重大项目各1项，其他省部级项目4项、市厅级项目4项。签订横向课题108项，合同经费1655万元，比上年增长84%。获得中国航海学会科技进步奖1项、第一届中国科技青年论坛二等奖1项，入选2022年度交通运输重大科技创新成果库1项。发表论文47篇，其中SCI论文一区1篇、二区7篇；SSCI论文一区1篇、二区2篇；EI论文13篇；中文核心论文10篇，入选中国知网2011—2022年高影响力论文（学科Top 1%）1篇。出版专著10部，专利授权114项（发明专利67项、实用新型和外观专利47项）。获批山东省高等学校重点实验室1个、威海市科研平台1个，成立现代海洋产业学院、威海市船舶与海洋工程装备协会等，完成威海市船舶修造企业安全生产标准化体系和信息化平台、电商直播实训室等建设，通过省级研究生联合培养基地考核验收。举办2022年先进智能海事安全与技术会议，航运学院教师作为中国代表团成员参加国际航标协会VTS委员会第52次会议并提交国际指南草案。全职引进泰山产业领军人才1人、博士后2人、博士1人、硕士7人，船长／轮机长3人；入选国家级重点人才工程1人。

学生工作 举办"青马工程"培训班，开展主题教育5次。"红色海螺号"党史宣讲团入选共青团中央"强国有我'核'你一起"千支大学生志愿宣讲团，开展宣讲17次。承办"互联网+"大学生创新创业大赛训练营，开展项目申报培训、主题沙龙等6期，研究生发表E类及以上论文7篇，其中SCI二区2篇；获得第八届山东省"互联网+"大学生创新创业大赛获奖9项，打造校史文化长廊等校园文化阵地3个。开展心理咨询101人次，累计时长8200分钟；举办心理健康教育四级网络培训14次、心理沙龙5场、线上心理培训4场。

产学研和社会培训 与市政府共建威海市海事海商法律研究中心（海事鉴定技术研究院），与威海海事局签订战略合作协议，共建VTS履约研究实习基地、船舶安检实训中心、海事航海教育论坛。承接威海市科技创新服务云平台订单7个，协助企业申报威海市四技服务类创新券，合同总金额268.2万元。编印《科研团队与科技成果推介手册》《威海科技创新政策一本通（2022）》，承接海船船员合格证考试、适任证书考试等309场次1.09万人次；举办海船船员培训班、渔船船员培训班318期8861人次，培训收入1096万元。举办威海市第三届船员技能大赛，参赛人数1121人。举办国际航标协会船舶交通管理（IALA VTS）履约研讨暨VTS文件翻译项目启动会、2022年先进智能海事安全与技术会议。正式运营"WE！海员"信息服务平台，浏览量突破1万人次。

招生就业 2022级校区普通本科新生报到率97.5%。开展新冠肺炎疫情背景下校园招聘调查，形成调查报告，举办"空中双选会"2次，参会单位1026家，提供就业岗位4221个，2022届毕业生总体就业率93.1%。

（吕 静）

【山东外事职业大学】 创建于1999年，2018年12月，经教育部批准升格为本科院校，2019 年 5 月更名为山东外事职业大学。学校设有威海、济南 2 个校区，主校区位于乳山银滩旅游度假区。校区占地总面积 178.55 公顷，校舍建筑总面积 79.4 万平方米。设有外国语学院、国际交流学院、国际商学院、管理学院等教学单位 16 个，开设本、专科专业 67 个，形成文学、经济学、工学、管理学、法学等多学科协调发展的专业建设格局。2022 年，学校基本建立适应职业本科教育的制度体系，完成《山东外事职业大学章程》修订，编印制度汇编。加强校园文化“品牌化”和“特色化”建设，利用济南市、乳山市红色资源开展好培育和践行活动。加强对外宣传，人民日报客户端、光明日报客户端、新华社、新华网、《中国教育报》等媒体报道学校新闻 176 篇。学校先后获评全省学校安全工作先进集体、新华通讯社新闻信息中心“优秀组织奖”、2022 年度山东省政务新媒体先进单位、山东最具影响力教育政务融媒体、山东省绿色学校等。

人才培养　2022 年年底，学校被山东省政府学位委员会列为学士学位授予单位，2019—2020 年招生的 12 个本科专业获批增列为学士学位授予专业。印发人才培养模式改革实施方案，特色人才培养模式落地实施。推进课堂教学改革，获得省级教学成果奖特等奖 1 项、一等奖 1 项、二等奖 1 项。在国家和省级各类专业技能大赛中，学生获得奖励 201 项（国家级 84 项、省级 117 项）。学校获批培育建设大学生创新创业就业服务基地和大学生实习实践就业服务基地、全国大学生就业创业能力提升培训基地培育单位和年度服务外包领军培训机构等。扎实做好就业工作，组织线上线下招聘会 68 场次。加强学生管理和德育教育，获评年度高等学校省级优秀学生 28 人、优秀学生干部 14 人、先进班集体班级 3 个。改善实践教学条件，升级图书馆数据库、教学等软件系统，新建、改建实验实训室 29 个。加强图书资料建设，通过订购、接受捐赠等方式入藏纸质文献资源 65.58 万册，总馆藏达 267 万余册。开通试用数据库 9 个、搜集整理 OA 学术资源 81 个；推进智慧校园建设，聚力探索元宇宙教育新路径，在世界互联网大会乌镇峰会上，进行“元宇宙全要素校园”展出。

科研工作　科研平台建设实现突破，获批山东省高等学校智能多语种人机交互新技术研发中心等省级研发中心 4 个。申报纵向科研项目 160 余项，获批立项市厅级及以上科研项目 48 项（省部级 13 项），多项重点科研项目结题。举办“2022 学术活动月”活动，组织专家报告 38 场，线下线上结合开展学术讲座 33 场，参与师生 7800 余人次。

师资队伍建设　引进全职教职工 140 名，其中具有研究生学历的 121 名（博士研究生 8 名），副高级及以上职称 11 名，具有企业工作经历的 65 名、海外留学人才 22 人。加强教职工权益保障，132 人申领威海市大学生就业生活津贴。组织 175 名教师参加岗前培训，99 名教师取得高校教师资格证，认定“双师型”教师 66 名。年内申报专业技术职务资格 93 人，晋升相应专业技术职务教师 46 名（副教授 12 名、讲师 34 名）。现代物流管理、国际经济与贸易等 5 个专业教学团队获评山东省职业教育教学创新团队。

产教融合与社会服务　年内，学校当选全国易货贸易职业教育集团理事长单位，牵头筹建中国（威海）国际数字易货贸易园区。学校所有专业实现校企合作全覆盖，校外实习实训基地达 205 个，提供岗位超过 2 万个。学校实际运行的校企合作项目 41 个，教育部产学合作协同育人项目立项 12 个。打造志愿服务品牌，发布新冠肺炎疫情防控志愿活动 600 余次，1.22 万人次参与活动。

国际交流与对外合作　加强与“一带一路”国家交流，举办和参与多场“云端”会话交流活动。加入国际合作平台，当选全球工匠联盟（亚太区）筹备委员会常务理事单位、国际管理会计教育联盟理事单位，加入“中国－埃塞俄比亚职业技能发展联盟”；开展与德国埃森经济管理应用技术大学“0.5+1”的硕士联合培养、日本上智大学“0.3（线上）+2”硕士项目、欧洲理工大学“1.5+2”专升本项目、白俄罗斯戈梅利国立大学 1 年硕士项目；获批中国香港、中国澳门、中国台湾地区招生资格。

（颜廷燕）

【哈尔滨理工大学荣成校区】　2006 年，经黑龙江省和山东省政府批准，哈尔滨理工大学与荣成市政府签订协议，组建哈尔滨理工大学荣成校区。校区占地面积 51.33 公顷，建筑面积 25 万平方米。2022 年，荣成校区坚持以工为主，理、经、管、文、艺相结合的多科性学科特点，开设本科专业 25 个，有教学系（部）12 个、教职工 643 人（其中教授 18 人、副教授 38 人、博士 35 人）、在校生 7100 余人。

教育教学　组织“互联网＋大学生创新创业大赛”、第九届山东省大学生科技创新大赛等赛事，参赛项目 900 余项。完成 2021 年 59 项大学生创新创业项目的结题验收工作，2022 年获批省级以上大学生创新创业项目 61 项、校级 62 项。组织学生参加美国大学生数学建模竞赛、全国大学生数学建模竞赛和东北三省数学建模联赛，获得国际二等奖 2 项，省一等奖 18 项、二等奖 21 项、三等奖 7 项。获得山东省大学生科创大赛省赛三等奖 1 项，“学创杯”省赛一等奖 2 项、二等奖 1 项，在全国总决赛中获得二等奖；获得黑龙江省大学生创业大赛二等奖 1 项，2022 年“外研社·国才杯”全国大学生英语挑战赛省级一等奖 2 项、优胜奖 1 项，CATTI 杯全国翻译大赛初赛大学生 A 组中韩笔译二等奖 1 项，山东省教育厅举办的第三届“相约上合”杯俄语大赛二等奖、三等奖各 1 项，国际贸易竞赛省赛一等奖 1 项、二等奖 3 项。获得国内外设计类比赛国家级 A 类二等奖 3 项，国家级二等奖、三等奖各 3 项，省级奖项 12 项。获得蓝桥杯大学生编程竞赛省级以上奖项 10 余项，黑龙江省首届“田家炳”杯大学生美育成果展演活动一等奖 2 项、二等奖 3 项、三等奖 5 项、优秀奖 7 项，3 名教师获评优秀指导教师。选派骨干教师参加教学培训会议 10 余场，组织 300 余名教师完成高校网络培训中心平台的培训课程 166 门，青年教师开展沙龙活动 10 余场。教师教学竞赛获得全国高校青年教师教学创新大赛国家级三等奖 1 项，省级一等奖、二等奖各 1 项；黑龙江省青年教师教学竞赛省级一等奖 1 项；校级教学类竞赛一等奖、二等奖各 6 项，三等奖 3 项。

科研建设 学院教师获批黑龙江省教育科学规划办公室2022年度重点课题2项、2023年度重点课题3项；课题结题4项，校级教育教学研究项目结题6项。获批山东省自然基金6项、山东省重点研发计划（软科学）和山东省人文社会科学课题各1项，山东省创新发展联合基金项目立项1项，2023年山东省自然基金推荐项目23项。获批2022年度黑龙江省艺术科学规划项目1项，黑龙江省哲学社会科学研究规划项目2项；申请专利38项，获批专利12项；发表高水平论文23篇（SCI检索16篇、A&HCI检索1篇、EI检索6篇），C类论文2篇，D类论文2篇。

学生工作 以团学组织为载体，开展党史、新中国史等学习教育实践活动；开展主题团日、报告会等活动，深化学生理想信念教育。做好大学生国防教育和应征入伍工作，入伍学生17名。推进心理健康教育教师队伍建设，组织辅导员每周学习心理知识和心理咨询技能，提升学生心理健康教育工作效果。开展“献出一片爱心，托起一片希望”捐衣活动，参与人数1093人，捐献衣物1439千克。组织学生参与暑期大学生“三下乡”社会实践活动。

服务地方经济 与地方机关、企事业单位、镇（街道）建立友好合作关系，签订“强化党建引领，深化校地合作”战略合作协议，引领学院全面加强与地方合作。学院职工书屋获批全国工会职工书屋示范点、黑龙江省工会职工书屋示范点。立项横向课题项目21项。辅助8家企业申报科技型中小企业创新能力提升工程，获批5项，经费190万元；辅助3家企业参加荣成市“揭榜挂帅”项目并全部立项，获批经费30万元。与荣成市海洋发展局成立海藻种质保藏中心，与山东众泰防爆电机股份有限公司共建威海市防爆电机工程研究中心，与荣成恒鑫动力科技股份有限公司合作共建高性能电机硅钢材料及应用联合实验室，协助企业获批2022年威海市工业企业“一企一技术”研发中心。2名教师入选威海市景区质量等级评定专家，4名教师在企业挂职。成立红色宣讲团，讲好驻地红色故事，40余名学生参加地方专业培训；与荣成市寻山街道办事处建立帮扶互助关系，11名优秀大学生担任村助理。进行校企合作洽谈，扩大实习基地数量，2022届毕业生留山东省就业570人，留威海市就业78人，留荣成市就业29人。

（王梓榕）

【威海海洋职业学院】 威海海洋职业学院是经山东省政府批准、教育部备案的国有公办全日制普通高等专科学校。2022年，有在校生1.3万余人，教职工480余人，学院1个党支部获评第二批山东党建工作样板支部培育创建单位，《非遗传统手工艺课程——彩绘葫芦》获评全省社区教育优秀课程，“三化育人”项目入选山东教育展示传播“品牌系列”，明德学院获评威海市关心下一代教育基地。全过程实施创新创业教育，获批全国大学生创新创业就业服务基地，全国高职院校产教融合、创新创业“双百强”。

教育教学改革 教学成果获得省级一等奖1项、二等奖6项，获评山东省齐鲁工匠后备人才88人。探索书证融通改革，备案X证书22项，参与专业26个。技能大赛获奖数量居全省第12位。获评省级精品资源共享课程12门、继续教育数字化共享课程2门，立项省级在线精品课程9门、省级教学改革研究项目14项。投资3.2亿元，推进建设建筑面积5.6万平方米的现代海洋协同创新公共实训基地。

师资队伍建设 打造高水平教师队伍，引进硕士研究生14人，其中具有3年以上企业工作经历9人；5名教师分别获评山东省技术技能大师、山东省青年技能名师、山东省技术能手，1名教师获得第八届威海市青年科技奖。

产教融合与合作发展 新增合作企业12家，新建家家悦连锁经营与管理产业学院和现代水产学院混合所有制二级学院2个，全国高职院校产教融合百强排名第28名。探索境内外合作办学，与9所海外院校建立联系；组织教育部“汉语桥”线上团组项目，申报中外人文交流全媒体产教融合人才培养基地，承担威海市与日本宇部市友好城市30年线上交流活动，参与山东省全球青年伙伴计划。

社会服务 参与职业教育赋能产业转型升级系列行动，获批山东省高等学校海洋食品药品资源开发新技术研发中心等平台，省、市级研究中心增至21个；申请和授权发明专利219项，登记软件著作权63项，在2022年高职发展智库和中国高等职业院校科技创新活力排行榜中并列第38位。完善职业培训体系，开展职业技能、渔业、电商服务乡村振兴等各级各类培训和科普工作，获评山东省乡村振兴示范性职业院校，入选2021—2025年第一批全国科普教育基地名单。

（张 涛）

【北京交通大学（威海）】 北京交通大学（威海）举办单位为北京交通大学，其办学实体是教育部2015年批准设立的北京交通大学威海校区。校区下设校区办公室、党群工作部、学生发展与服务部、教学事务部等部门14个。2022年，校区在校学生总数2705人，有教职工管理人员149人。

招生工作 2022年，威海校区招生录取全日制统招中外合作办学本科生600名、研究生40名和第二学士学位学生400名，中外合作办学本科生报到率95%、研究生报到率100%。下设信息管理与信息系统、通信工程、环境工程等本科专业7个、研究生专业2个、第二学士学位专业2个。

师资队伍建设 威海校区师资以北京交通大学和外方合作院校教师为主，校区任课教师219人，其中北京主校区教师135人、校区自聘教师17人、兰卡斯特大学教师45人、罗切斯特理工学院教师22人。坚持“一校多区、学院办学”的办学定位，制订专业技术职务评聘实施方案，开启校区自聘教师的职称评聘工作。

人才培养 威海校区2022届毕业生494人，整体就业率98.6%，其中81.2%的毕业生选择继续深造（国内深造率26.7%，其中考研深造率18.8%、读第二学士学位深造率7.9%；国外深造率54.5%）、21.1%的毕业生进入2023年世界高等教育研究机构QS世界大学排名前50位的院校深造、37.7%的毕业生进入2022年QS世界大学排名前100位的院校留学深造。2022年，威海校区完成首批研究生专业的招生工作，报到率100%。申报立项大学生创新训练项目95项，参与学生270人、指导教师36人。获得国家级项目10项、北京市级项目 17 项。组织学科竞赛校级 19 项、省部级 16 项、国家级 7 项；学生累计获得国家级奖励 97 人次、省部级奖励 143 人次、校级奖励 377 人次。参与学科竞赛指导教师 20 余人。通过育人力量协同、育人措施协同和育人平台协同，加强学生思政引领。以社会实践和创新创业为契机，提升学生发展力；以书院建设为平台，提高学生综合素质。

科研工作　2022 年，北京交通大学与威海南海新区管理委员会合作，成立北京交通大学威海研究院，威海市政府首期为研究院提供事业编制 50 名。发布《北京交通大学威海研究院运行管理办法（试行）》等文件，威海南海新区管理委员会拨款 300 万元，用于研究院初期的基本运转，校区专业相关的 10 个科研团队申请入驻，3 个团队开展工作。威海研究院为校区研究生、本科生创新创业能力培养和高水平科研团队提供优良的科研环境。

社会服务　北京交通大学兰卡斯特大学学院 2022 年当选中外合作办学机构联席会第三届主席单位。与荣成市政府签订战略合作协议，依托“双一流”高校人才优势，促进区域经济发展；在郭永怀事迹陈列馆挂牌北京交通大学爱国主义教育基地，加强学生爱国主义教育；共建校外实习基地，为学生实习提供更多选择。校区科普教育基地成功申报全国科普日活动、山东科学大讲堂活动、威海市学术资助活动和威海市科普研学游特色活动，并开展系列科普活动。

（丁鹏彦）

【山东铝业职业学院威海校区】　2022 年，山东铝业职业学院威海校区有商学院、智能制造与物联网学院、互联网学院等教学单位 9 个，开设有色金属智能冶金技术、机电一体化技术、药品生产技术、早期教育等专业 39 个，建成中央财政支持专业 2 个、省级特色专业 3 个，完成立项的省级高水平专业群智能生产技术专业群建设任务，打造院级高水平专业群 2 个。有在校生 2.3 万人，2021 届毕业 4760 人，就业率 95%。学校与 12 家行业领先企业开展校企直通车项目，加入直通车项目专业 20 个、学生 540 人，校企双方共同制定人才培养方案 12 个，聘请参与专业建设的高层次专家 39 名。围绕集团重点工作开设企业党建类、经营管理类、专业技术技能类等各项培训，全年组织线下培训班次 140 余个，参训 1.3 万余人次；线上网络培训班次 29 个，培训 6.6 万人次。学校获得省级及以上大赛奖项 90 项，其中包括 2022 年全国职业院校班组生产现场管理网上知识竞赛团体一等奖，山东省教学成果奖（职业教育类）二等奖，第十四届山东省大学生智能制造大赛一等奖 3 项、二等奖 8 项、三等奖 2 项；获批全国“职业院校服务全民终身学习”项目第一批实验校。商学院党支部获评山东铝业有限公司先进党支部。

（勇亚楠）

6 月 25 日，威海市职业技能竞赛数控铣赛在威海技师学院举行

（威海技师学院　提供）

【威海技师学院】　威海技师学院是经人力资源和社会保障部、山东省政府批准设立，隶属威海市政府，以培养技师和高级技工为主要目标，同时承担企业在职职工高技能人才和各类职业教育培训机构师资培训任务的公办全日制高等技工院校，先后获批山东省重点技工学校、国家重点技工学校、全国职业教育先进单位、国家级高技能人才培训基地。学院有本科预备技师专业 1 个、高职专科专业 2 个、预备技师专业 9 个、高级工专业的高等技工院校 12 个，其中国家高技能人才培训基地重点建设项目专业 5 个、山东省示范专业群项目重点建设专业 4 个、威海示范专业 2 个。

人才培养　学院师生获得第十八届山东省青年职业技能大赛铣工决赛三等奖、第三届全省技工院校教师职业能力大赛二等奖，在“技能兴威”2022 年度威海市职业技能大赛上获得数控铣赛项第 1 名、CAD 机械设计赛项第 2 名、数控车赛项第 1 名；5 名教师被省人力资源和社会保障厅表彰为先进个人。

校企合作　学院与烟台市、威海市 20 余家企业开展人才联合培养合作，围绕产教融合、人才培养、师生及企业员工培训等方面开展深入交流。召开学生就业推介会，进一步迎合企业所需所求，找准校企合作的契合点，提高服务社会、服务企业质量。

社会服务　学院开办新型学徒制培训班，为企业培训高技能人才 600 余人。加强“金蓝领”、技能提升等社会培训工作，组织完成“金蓝领”培训项目 6 个工种的第三方申报、认定工作，培训学员近 400 人。拓宽培训市场，中标荣成市退役军人职业技能培训项目。

产学研合作　与哈尔滨工业大学（威海）联合创办威海智能装备研究院，合作开展智能餐饮装备的研发制造。研发智能餐饮流水线 16 条，获得国家专利 40 项，可制作餐品 200 余种，基本涵盖中餐主要烹饪方式。

（卞程灏）

编辑　李传强

文化·传媒

综　述

【概况】　2022年，全市坚持以社会主义核心价值观为引领，聚焦满足群众更高质量的文化需求，聚力优化公共文化服务供给，推进文旅深度融合发展，提升主流媒体传播力、引导力，努力推动城市内涵气质充分彰显、城市文化软实力进一步提升，人民群众文化获得感、幸福感显著增强。

【文化“两创”推进】　组建“山东手造”威海推进工程领导小组，印发《“山东手造”威海推进工程实施方案》《关于支持“山东手造”威海推进工程高质量发展若干政策措施的通知》《关于公布市级“山东手造”非遗工坊名单的通知》。建成运营“山东手造·威海中心”，全面梳理全市手造资源，将鲁绣丝绸、工艺家纺、锡镶陶艺、胶东面艺、海洋产品非遗制作技艺等20余项可转化、发展前景好的非遗文创项目列为发展重点，入选首批山东“好品”文创产品30余个，7家手造企业产品入选“山东手造·优选100”名单。

11月22日，山东手造·威海中心启动仪式举行　　　　（刘志鹏　摄）

【文化体制改革】　建立健全市属国有文化企业双效考核机制，修订完善双效考核办法，完成2021年双效考核目标。深化国有文艺院团改革，按照国有文艺院团社会效益考核“一团一策”原则，制定考核细则，高标准完成各区（市）文艺院团自评工作。推进应急广播平台建设，构建全媒体、全平台、全天候、全覆盖“四全”型应急广播体系。

【公共文化服务效能提升】　建立健全城乡一体公共文化服务体系，印发城市书房建设和服务规范省级地方标准，威海市市场监督管理局批准发布《基本公共文化服务规范》市级地方标准。深入推进省、市、区（市）三级联合购买文化惠民演出工作，威海市文化和旅游局（简称市文旅局）印发《“我们的中国梦＋文化进万家”2022年一村一年五场（演出）工作方案》《国有文艺院团2022年度社会效益任务目标》，在文登区和乳山市演出14场。新建、改建城市书房4处、乡村书房12处和新型公共文化空间20处，4处城乡书房入选“山东省最美城乡书房”。推进公共文化数字化建设，建立以“文化志愿”＋“信用海贝分”为主要形式的文化志愿服务平台，依托威海公共文旅云平台开展线上公共文化服务，丰富群众文化生活。

【文化旅游产业发展】　推进重点文化产业项目65项，涉及艺术园区、创意设计、特色小镇、非遗传承、文化旅游、文化体育等领域，纳入省级重点文旅项目库项目2个。改造提升千里山海自驾旅游公路，市市场监督管理局发布《千里山海自驾旅游公路驿站设置及服务标准》地方标准，全年打造自驾主题驿站23个、观景平台67处和特色创意路段12处，打造“爱在威海”四季文旅品牌产品，发布精品旅游攻略和打卡点，创新推出刘公岛—鸡鸣岛“跳岛游”、海驴岛环岛游等“网红”路线，丰富四季全时旅游产品体验，相关做法入选山东省旅游宣传推广优秀案例，1个线路获评2022全省“十佳网红自驾线路”。威海旅游搜索热度排名全国第2位，威海全域旅游产业集群获评全省十强产业“雁阵型”集群。

【文艺精品创作】　长篇报告文学《烈火芳菲》出版发行，电影《村头村尾》获评2022年度电影精品项目，获批国家电影局2022年度电影精品项目专项资金资助项目；长篇报告文学《甜土地》、歌剧《甲午》、京剧《梦圆刘公岛》、纪录电影《大洋追鱼记》《呼吸·天鹅湖畔》入选山东省“十四五”重点文艺创作项目；电影《天福山起义》

在中央电视台电影频道播出，在线观看人数787万人次。电影《破障》、电视剧《落地生根》、歌曲《共同富起来》、现代京剧《昆嵛杜鹃红》、网络长篇小说《山河》被列入“齐鲁文艺高峰计划”五年规划项目。组织创作沉浸式情景小剧《城南硝烟》《昆嵛杜鹃红》等作品113部。其中，小型音乐剧《永不迷航》首演，并在山东公共文化云平台播出，入选2021年全省舞台艺术青年人才创作扶持项目；京歌《中华赤心映天红》《描绘未来更美明天》、吕歌《众志成城抗疫情》、吕腔《信仰》、戏歌《抗疫新歌》等在省级媒体播出。

【文艺文化活动】 举办2022中国（威海）国际合唱节、威海市朗诵音乐会，开展主题文艺演出、地方特色民俗展演、文化进万家、群众性文艺演出、展览展示等6个系列重点活动125项，丰富群众精神文化生活。

【主流舆论巩固】 精心做好重大主题宣传，组织市、区（市）两级全媒体开设《奋进新征程 建功新时代》《深入学习宣传贯彻党的二十大精神》等系列专栏专题，刊播稿件2600余篇。聚焦中共中央总书记习近平视察威海四周年、喜迎中共二十大以及省、市党代会、两会等重大会议，聚焦重大战略、重点工作，策划推出专题专栏60余个，《大众日报》先后用3个专版推介威海市“三个十大”行动经验做法，威海日报社、威海市广播电视台策划推出的“三个十大”行动重点稿件阅读量120余万人次。开展统筹新冠肺炎疫情防控和经济社会发展宣传，推出抗疫正能量原创视频3570条、话题总阅读量10亿人次，创作文艺作品200余部，发动志愿服务活动20余万人次。

【媒体融合发展】 2022年，建立推行“月评优稿”等激励机制，研究构建以传播力、到达率为标准的评价体系，不断拓展市级报纸、广电新媒体平台融合融通、信息共享和县级融媒体中心“新闻＋政务＋服务＋商务”范围。威海日报社形成以“Hi威海”新闻客户端为重点，由40余个中央、省级新媒体和社会头部媒体组成的新媒体外宣矩阵；威海市广播电视台重点打造“观威海”“听见威海”等融媒矩阵号，“观威海”矩阵号“粉丝”总量1150万人。威海市居全省市级媒体传播力评价排行榜第4位，环翠区居全省县级融媒体传播力评价排行榜第3位。

（谭艳华）

文学艺术

【概况】 2022年，威海市文学艺术界联合会带领全市文学艺术工作者，努力创作文艺精品，在省级以上发表、参展各类文艺作品2000余件，获得省级以上各项文艺类比赛、参展金奖或一等奖50余个，全市出版图书期刊60余种。摄影作品《我与城市共荣光》获得上海国际“郎静山摄影艺术奖”慈善摄影大赛金奖，歌曲《盼》获得“永远跟党走 献礼二十大”原创歌曲全国征集评选金奖，3人获评山东省工艺美术大师，历史歌剧《甲午》入选山东省“十四五”重点文艺创作项目，长篇小说《十二背后》在《中国作家》发表。

【民间文艺】 2022年，威海市代表团获得山东省工艺美术博览会金奖29个、银奖22个、铜奖5个。其中，于文政葫芦雕刻作品《开天辟地》，许崇岫、刘瑛璇鲁绣作品《田园风光》，李冰玻璃画作品《紫气东来》，马金霞内画作品《山水图》，李涛装裱作品《古字揭裱修复》，邢赛楠鲁绣作品《岁月鎏金》，宋蔚东、王平鲁绣作品《十里锦嫁》，田世科鲁绣作品《镇山石景》，崔丽红、王红鲁绣作品《龙飞凤舞》，鞠英波鲁绣作品《国色天香》，黄爽葫芦雕刻作品《凝聚》，寸海六银壶作品《二龙戏珠》，孙海燕花饽饽作品《龙凤呈祥 国泰民安》，孙元峰烙画作品《时和年丰》，王松丽烙画作品《秋趣》，辛浩荣银壶作品《荷叶地文旦壶》，周建顺柳编作品《爷爷的支前饭篓 篓装民心》，曹燕青面塑作品《春天的花包袱》，王军好面塑作品《领航》，杜龙池锡镶作品《玻璃锡镶茶具》，李红玉锡镶作品《生命》，林荣涛花饽饽作品《富贵吉祥》等获得金奖。在第六届中国（潍坊）民间文艺博览会上，威海市获得金奖10个。在“喜迎二十大 剪纸颂党恩”优秀剪纸作品展上，8幅作品获得优秀奖。孙元峰烙画作品入围第十六届“中国民间文艺山花奖·优秀民间工艺美术作品展”国家级评选。威海市获得首届“振兴传统工艺·鲁班杯大赛”银奖1个、铜奖1个。

【诗歌】 威海市诗歌协会发行《威海诗歌》，发表作品300余首，重点推出《抗击新冠肺炎疫情诗歌》专栏。《中华诗词》发表宋彩霞、史怀宝、王月芳、尹长山、苏军、王志伟等10余位威海诗歌作者作品。三色堇、阿华、冰岩、纪小北、王谡贞等10余位威海籍作者作品入选《特区文学》。《诗选刊》发表兆艮、卞传忠、肖遥、张翔、冷欣等作者作品。王月芳楹联作品在2022年柳州莲花山诗词征集活动、东岳熙悦里街牌坊楹联大赛等楹联征文活动中获得一等奖2个、二等奖1个、三等奖4个。阿华出版诗集《给我辽阔的》，合著《在银子闪光的年代》，组诗《低音曲：湖边，灰喜鹊在飞》获得“爱在七夕·情定仙女湖”爱情诗歌全国征集一等奖，组诗《水碎在了水里》被《新华文摘》转载。蔡新强诗词作品入编《迈向新征程——100位新时代奋斗模范（100件新时代精品力作）》30首，获得2022年传统文化与发展高峰论坛新百年文学创作杰出贡献奖，诗词《庆贺》获得“文动风华杯”全国文学原创大赛优秀奖。王志伟诗词作品《进凤山乡村访友》获得“凤山杯”全球华人诗词大赛二等奖，作品分别获得“百城杯”全国诗词大赛优秀奖和“魅力龙城、文化湘乡”全国诗词大赛优秀奖。苏军组诗《有一种力量聚沙成塔》获得山东省喜迎二十大“新时代·新辉煌·新征程”主题征文三等奖。孔凡帝诗词《庆千秋·喜迎二十大》获得山东省“喜迎二十大 诗词颂华章”诗词征文三等奖。纪小北在《全国优秀作文选（初中版）》开设《诗歌别册》专栏，诗歌《阳光普照》获得2022沿黄九省（区）“扫黄打非·护苗”诗歌大赛优秀奖。

【小说】 宋潇凌长篇小说《十二背后》在《中国作家》发表。邵珠在“七猫”

“书旗”“熊猫”等平台连载105万字长篇网络小说《万古一帝》，阅读量超4000万人次。风御九秋小说《山河》入选中国作家协会2022年网络文学重点作品扶持选题，网络小说《长生》入围第四届大湾区杯（深圳）网络文学大赛奖。刘爱玲长篇小说《寂静无声》入选2022山东省作协重点作品扶持项目，短篇小说《无解》入选《中国文学年鉴（2022）》。刘方计短篇小说《庄老二修路》获得东方作家“大爱杯”全国精短文学大赛优秀奖。于燕新短篇小说《靠山》获得山东省新时代基层党组织建设主题征文三等奖。

【报告文学和散文】 2022年，杨机臣出版纪实文学选集《迟来的报告》和图片文学集《镜头里我与威海40年(1972—2012)》，阿华出版散文集《带着你 去旅行》，周海亮出版美文集《岁月的鞋子》《鲜花盛开的菜园》，马洁出版散文集《那山这海》。刘爱玲短篇报告文学《此岸与彼岸的拯救》获得第一届“见义勇为”山东省文学作品大赛三等奖，入选《天地有正气》作品集。刘方计报告文学《三访钟家沟》获得第一届“齐艾杯”全国特色风情小镇征文优秀奖。陈强伦散文《凤鸣朝阳梧桐庵》、李传来的报告文学《闯关》，分别获得山东省文学期刊社举办的“喜迎党的二十大”主题文学征文二等奖和优秀奖；刘同喜散文《堂弟福生》获得山东省喜迎二十大“新时代·新辉煌·新征程”主题征文优秀奖；刘方计散文《莫言故乡行》获得“延安杯”《中国最美游记》第六届文学大赛优秀奖，入选《中国最美游记》2022卷。

【文学评论】 2022年，邱崇出版古籍整理专著《王懿荣书札辑释》，王冬冬出版编著《拯救的诗歌：戈麦研究集》《怀春者的信柬：昌耀研究集》等，王艳丽出版专著《香港文学与中国现代传统和世界文学的关系》，张中出版专著《直觉与审美自由》，朱新林出版古籍整理专著《玉烛宝典校理》。

【影视】 2022年，宋潇凌创作的32集电视连续剧剧本《天山颂歌》在《中国作家·影视版》发表。史怀宝编剧的国家级非物质文化遗产纪录片《医武济世》《下沙村祭祖》等7集纪录片在深圳卫视、广州卫视播出。由威海市环翠区国有资本运营有限公司、威海光语电影有限公司联合出品，本土导演孙宪执导拍摄的本土电影《村头村尾》获得第35届金鸡奖最佳中小成本故事片提名，获评2022年度电影精品项目，获得国家电影局2022年度电影精品专项资金资助项目。威海青年影视文化传媒有限公司摄制的故事片《塞上暖阳》入围首届香港紫荆花国际电影节。杨子林编剧的作品《父亲的奖章》获得第六届平安中国“三微”比赛优秀剧本奖和第四届“平安山东”“法治山东”微电影原创剧本一等奖。奥润影视（山东）有限公司摄制的纪录微电影《回老家》获得“荣耀·使命”胶东半岛微电影大赛优秀影片奖。

【音乐】 2022年，曲波、李富胜根据山东省支援威海临床医学检验专家白晓卉事迹创作的歌曲《永远的芳卉》，在山东卫视、“学习强国”学习平台、新华社等媒体播出。曲波创作的党史教育组歌《你永远是灯塔》12首，历史歌剧《甲午》入选“山东省十四五”重点文艺创作项目，民族歌剧《大胶东》入选“齐鲁文艺高峰计划”，献礼中共二十大歌曲《无限热爱》在新华社等数十家媒体播出；歌曲《流金岁月》入选中国教育电视台“诗歌中国”春晚，歌曲《人民就是江山》入选中央电视台国庆特别节目“中国梦·祖国颂”，作词的《中华全家福》入选百花迎春全国文艺工作者春节大联欢晚会；曲波担任天下担当——2021山东社会责任企业（企业家）发布暨2022山东社会责任企业推选活动启动仪式总导演暨总撰稿。戚建波作曲，车行、孔祥极作词的威海市千里山海自驾旅游系列原创组歌MV及音乐电影《在路上》《等你来》《遇见你》等10个篇章播出发行。毕可志、李光云作品《父亲的打渔船》获得全国十大金曲奖。林红作词的《盼》获得“永远跟党走 献礼二十大”原创歌曲全国征集评选金奖，作词的《追梦》入选青海省《献礼党的二十大》原创歌曲专辑。

（史怀宝）

【美术】 2022年，威海市美术家协会组织会员创作抗击新冠肺炎疫情主题绘画及相关的美术教育短视频作品895件，在多家公众号和短视频平台发布绘画作品453幅、短视频52个。举办第二届“寻找美术符号 助力乡村振兴——威海市成果展”。刘海博出版《刘海博中国画作品集》，美术作品入编《笔墨精神、时代华章——中国艺术研究院中国画创作巡回展作品集》，《大壑松风》等作品在《文艺研究》发表。李志英美术作品《胶东乳娘》获得山东省社科界第九届人文艺术作品展三等奖。于向志美术作品《秋色》《黄河古村落》分别入选中国美术馆主办的“美在致广——全国小幅美术精品展”和第七届全国画院联展。孙玉亭、于栋涛美术作品《正青春》入选中国人民解放军建军95周年全国美术作品展览暨第15届全军美术作品展。郭洪蕖国画作品《醉蝶》、李志英美术作品《母爱》入选中国美术家协会主办的全国第六届中国画线描艺术展。于丽波中国画《农闲拾景之三》入选第四届“陆俨少奖”全国中国画展。王宏伟国画《空山新雨后》入选全国新文艺群体美术作品展。宫青中国画《安·净》入选多彩2022第六节全国女画家作品展。王鹏飞油画《余阳伴锄归》入选《悲鸿·风度》首届油画双年展。崔锡玲国画《惊蛰》、董发平国画《萌春》、乔聚威国画《黄河入海流》入选山东省美术家协会主办的“喜迎二十大·山东省黄河主题美术创作大展”，董发平获得优秀奖。肖乐林油画《静静的海湾》入选第五届山东省青年美术大展，获得优秀奖。王鹏飞中国画《中国力量》、柳慧中国画《中国力量》、马端海国画作品《休渔》、李越国画作品《心象胶东》入选蓝色齐鲁首届山东省新文艺群体美术作品展。王东美术作品《家乡记忆》、孙文东作品《丰收喜悦》、杨秀敏作品《船语》、卢艳平作品《院夼拥军船》、张振吉作品《丰收》、杨红威作品《唠嗑》、李越作品《海草房》、董发平作品《海草房》、肖乐林作品《半岛乡风》入选“山东省寻找美术符号·助力乡村振兴第二届成果展”。于向志油画《秋获》入选“文脉传薪·2022中国写意油画学派作品年展”，毕建勇油画《哈尔滨老郑》《思盈》入选“创造性生长——中国艺术研究院油画院历届研修班获奖作者作品展”；于来出版美术作品集《厚土蜕变》，油画《大黄河》入选天下黄河——中国百名油画家主题作品展，刘艳丽作品《遗落》入选“觉醒时代——第二届中国青年艺术展”。于向志作品《金色的港湾》、毕建勇作品《做披萨的哈尔滨老宫》、于来作品《威海日记》、刘艳丽作品《无限小的存在》分别入选第十一届全省画院作品联展。

（史怀宝 刘 佳 王 娜）

【摄影】 2022年，宋林继摄影作品《我与城市共荣光》获得上海国际“郎静山摄影艺术奖”慈善摄影大赛金牌奖，《精彩国际啤酒节》获得“茅台杯”2022首届中国酒文化摄影大展优秀奖，《神兽圣山》获得香港第12届全国摄影艺术展览铜奖；《沙漠与藏野驴》入选大熊猫与自然摄影展，《救助藏原羚》入选“筑梦——我们的新时代美术摄影作品展”和“新时代 新女性”摄影作品展，4幅作品入选丽水国际摄影节“世界之城”全球摄影主题联展，《雪中精灵梅花鹿》入选第17届中国黄山乡村摄影大展。戚永良、孙韶宁、邹峰、王祖良、王华卫、单宝新、宋林继、商春波的作品入选“胶东经济圈摄影联盟”五地市摄影作品联展。张晓宁作品入选第十四届庆南国际摄影展。董永利作品《天鹅湖的早晨之二》获得第四届全国旅游摄影大赛百家奖。宫兆兴作品《山村春晓》获得《旅游世界》摄影月赛三等奖，《海之韵》获得国家精英奖，《渔港晨韵》获得第四届全国旅游摄影大赛百家奖。马广玉作品《乡村大集》获得全国旅游摄影大赛百佳奖。姜自立作品《编织致富梦》获得第九届全国职工摄影展优秀奖。邹峰作品入选第十四届韩国庆南国际影展、第六届深圳国际摄影大展。王华卫作品《天鹅湖晨曦》获得香港精英奖。孙韶宁作品获得“沿着邮路看中国 数智移动耀神州”大型影像征集活动优秀奖、山东省河湖主题公益摄影大赛优秀奖，入展第十四届庆南国际摄影展。卞斐、王华明作品在《大众摄影》发表。王永生作品入选第12届金鸡奖全国艺术摄影大赛，获得第四届全国旅游摄影大赛旅游景区银奖。4人获得第十三届孔子故乡中国山东网络摄影大赛二等奖，2人获得三等奖。

【艺术评论】 郭立出版油画集《香相》，姚桂丽出版论著《音乐文化发展与传承保护研究》，张纯海出版专著《新时期高校教学实验室管理研究》，张江源出版专著《现代广告设计与应用研究》，袁莉出版《袁莉钢琴独奏曲集——中国作品集》，荚立刚出版专著《从晋唐到宋元，清宫旧藏绘画个案研究》，陈国亮出版专著《钢琴演奏教学理论与实践探索》，常丽出版《常丽钢琴独奏作品集》，刘怡汝出版《刘怡汝手风琴专辑系列——不忘初心》等。

【书法】 市文学艺术界联合会、书法家协会在乳山市白沙滩镇大陶家村举办山东省新时代文明实践志愿服务第十一届“百县千村”书法惠民活动暨威海市文联文艺志愿者服务行启动仪式。年内，举办喜迎二十大“海岱俊峰”山东优秀中青年书法篆刻家作品展、“迎新春——习近平用典书法展”；举办“走向春天——威海市抗疫书法作品网络展”，展出书法作品150幅；举办“喜迎二十大·永远跟党走——威海市新人新作书法作品展”，展出作品141幅。市书法家协会组织书法家17名，创作大“福”字1000个，装裱好后送给1000个家庭。贾宏福的书法作品获得山东省教育工会举办的“喜迎二十大 永远跟党走”全省教职工书法比赛三等奖。刘永华书法作品获得山东省社科界第九届人文艺术作品大赛三等奖。

【其他艺术创作】 2022年，邵丹漫画作品《黄河在咆哮》《不问苍生》分别获得第三届全国投教动漫大赛和第三届全国廉洁文化漫画作品征集优秀奖。李强漫画作品《新牛郎织女》、于昌伟漫画作品《更睡不着了》入选“子恺缘”第十四届中国漫画大展。于昌伟漫画作品《花香飘万里》入选第六届·桐乡中国廉政漫画大展。曲笛鑫、赵鸿编导舞蹈《汉陶舞俑》和赵青、穆潇雨编导舞蹈《溟溟生息》分别获得山东省第四届“齐鲁舞韵”舞蹈大赛三等奖。王言昌出版剪纸专著《生命召唤》《剪纸——中国民间剪纸集成（胶东卷）》等。

（史怀宝）

【文艺创作活动】 音乐剧《永不迷航》在荣成市首演，并入选“厚道齐鲁地 美德山东人”主题情景小剧优秀作品名单。舞台剧《红色胶东》、大型音乐剧《彭润芝》入选“喜迎二十大 奋进新征程”全省优秀剧目展演名单。组织《寻梦威海》之建党百年版《红色胶东》演出2场。年内，全市累计送戏1.3万场，开展“寻梦威海”主题演出进基层50场。结合乡村振兴，对25个文化旅游资源丰富、自然人文环境优美、农副产品多样、地域特色鲜明、具有推介意愿的农村进行网络直播推广。

（相卫刚）

【广播电视和网络视听优秀作品创作】 2022年，开展2021年度威海市广播电视和网络视听节目奖评选，受理参评作品97件，择优推荐58件优秀作品参加省级对应奖项评选，获评一等奖1件、二等奖13件、三等奖20件。获得首届“美好山东”短视频大赛一等奖3件、二等奖3件、三等奖4件，威海市文化和旅游局（简称市文旅局）获评优秀组织单位；组织区（市）级播出机构参与山东省县（市、区）、企业台优秀广播电视和网络视听奖评选，获评一等奖3件、二等奖6件、三等奖14件。以精品创作传播工程、网络视听节目精品创作传播工程、网络视听节目推优等一系列精品扶持项目为契机，鼓励引导全市广播电视制作播出机构创作传播导向正确、积极向上的正能量原创作品。指导《村头村尾》《大洋深处追鱼人》《铁锤的春天》等影片开展摄制工作。网络剧《公子不可逑》是全省首部获得网络剧片发行许可证的剧作，电影《村头村尾》获得35届金鸡奖最佳中小成本故事片提名。

（张雅婷）

群众文化

【概况】 2022年，市文旅局以推动公共文化服务高质量发展为引领，以基层为重点，不断完善公共文化设施网络，提升公共文化服务效能，推进公共文化服务体系示范区创新发展，努力开创文旅融合新局面，为精致城市·幸福威海建设提供文化支撑。

（王　园）

【公共文化服务创新与标准体系建设】 2022年，邀请国家级专家对示范区创新发展进行指导，提升创新案例水平。《“文化公益创投”激发乡村公共文化服务社会化新活力》入选全国公共文化服务高质量发展典型案例，《以精致化理念推动公共文化服务高质量发展》入选山东省深入推动黄河流域生态保护和高质量发展竞赛活动典型案例和先进事迹。《人民日报》专题报道威海市数字化建设典型经验，《中国文化报》整版刊发威海市精致理念推进公共文化服务建设报道。市文旅局制定的《基本公共文化服务规范》市级地方标准，经市市场监督管理局批准发布，明确威海市基本公共文化服务范围和标准，强化公共文化服务保障能力。开展4个省级地方标准评估工作，加强地方标准宣传贯彻与监督管理。

【公共文化服务项目优化】 2022年，提升公共文化服务质量，按照职业多元、年龄分层的原则招募城乡公共文化服务体验师52名。以个人体验、团队体验和文化创意项目相结合的方式，开展培训、研讨、体验等活动60余次，收集有效建议100余条，完成公共文化创意项目8项，实现对公共文化服务多元化、动态化评估，创新公共文化服务评估和宣传方式，激发全民参与开发公共文化产品的内生动力。

【公共文化设施网络建设】 2022年，按照全市城乡一体化建设部署，持续推进城乡公共文化设施网络建设。威海南海新区梅兰芳大剧院内设图书馆、文化活动中心建成并投入使用。全市新建、改建城市书房4处，城市书房总数达46处；新建乡村书房12处，拓展乡村阅读空间。威海市入选“山东省最美城乡书房”4处，入选数量居全省第1位。印发推进新型公共文化空间建设的意见，创新经营模式，通过微改造、微更新方式在全市增设城乡新型公共文化空间20处。

【文化公益创投】 在全市打造传承红色文化、文化传播服务、文化挖掘保护、特色创新服务4类45个项目，引导公益性文化类社会组织和小微文化企业进入城乡，为基层群众提供高品质、高标准的公共文化服务，全年开展活动620场，直接受益3万余人次。

【群众性文艺演出】 举办“精致城市·幸福威海”广场文化活动50场，采取线上线下相结合的方式举行“5·23”歌咏会。承办山东省第二届文化馆（站）业务技能大赛舞蹈、戏剧、曲艺3个门类的决赛，威海市获得一等奖4个。围绕“喜迎二十大”主题精心打造群众活动品牌，开展“喜迎二十大　奋进新征程”广场舞、群众合唱、群众性小戏小剧展演活动，其中广场舞作品《耕海牧歌》《映山红》在全省广场舞展演中分别获得二等奖和三等奖。各文化场馆、剧团、社会组织开展小戏小剧创作演出，原创群众性小戏小剧16部，演出490场，开展文化进万家活动1300余场，原创小品《喜羊羊》在山东省群众性小戏小剧大擂台中获得三等奖。

【艺术普及】 举办群星大讲堂、蓓蕾成长计划等公益培训1720场，开展尼山书院传统文化公益培训1260场。市群众艺术馆青少年管弦乐团在2022维也纳之夏艺术节中获得金奖。开通“威图云课堂”“艺术大师课”，采用网络直播的方式，开设内容涵盖地方文史、艺术提升等课程97期，服务1万余人次。

【全民阅读活动】 中共威海市委宣传部、市文旅局印发《威海市关于统筹推进全民阅读工作的实施方案》，开展“书香威海·全民阅读”重点活动49项，推选阅读示范点26处，实施新时代文明实践文化志愿阅读推广人培育行动，举办线上线下活动7场，培育人数170余人。开展“书香满威海　七彩阅读行”主题推广活动，依托全市图书馆、城市书房、农家书屋、千里山海自驾旅游公路驿站等，引导社会组织发挥作用，推出“阅读+”系列活动，将阅读推广与红色党建、乡村振兴、企业赋能、特色旅游等相结合，开展线上线下活动1000余场，影响人数7万余人。发挥公共图书馆全民阅读主阵地的引领作用，开展以“喜迎二十大·奋进新征程”为主题的威海市第九届全市读书朗诵大赛。开展“聪聪故事汇”71场，服务2000余人次。会同市古籍保护中心对文登区图书馆古籍保护重点单位复核工作进行指导，通过省文化和旅游厅开展的古籍重点保护单位现场复核。

【公共文旅数字化建设】 提升威海公共文旅云运营水平，增设全民阅读板块，涵盖领读者、阅读空间、阅读书籍推荐等内容，丰富网页内容。“威海公共文旅云”微信公众号开通视频号功能，对各类文化活动进行直播40余场，发布视频内容100余条。策划文化与传承“二十四节气”系列报道，每个节气制作视频，邀请专家开展传统文化知识宣传，系列视频被“学习强国”学习平台采用。微信公众号、网站、视频号发布各类信息咨询4万余条，推送歌曲、绘画、艺术培训等系列线上课程，浏览量达35万余次。市群众艺术馆进行网络直播21场，观看人数69.28万人次，组织中心馆网络课堂8场。完成国家公共文化云“学才艺”全民艺术普及资源采集任务，录制大师课程9堂，合计36小节。与威海职业学院（威海市技术学院）合作，推出面向大学生和普通市民的线上全民艺术普及美育课程43课时。

（高孟峰）

【公益培训】 举办2022年“群星大讲堂”公益培训班，第一期艺术培训开设戏曲、美术、剪纸等课程36门，培训6480人次；秋季艺术培训音乐、美术、舞蹈、书法等课程96门，举办培训1536场次，培训4.43万人次。实施旨在提高全市青少年艺术素养、增强文化自信的“蓓蕾成长计划”，开展未成年人艺术普及培训活动，开设声乐、街舞、书法、长笛等课程16门，培训学员400名；开设吉他、爵士、魔方、模特等课程27门，培训学员7200人次。举办“胶东皮影戏”体验活动、“荷风度夏·古韵今声”2022暑期古风乐曲演奏活动等6场，参与人数460人次；开展“管弦室内乐体验周”2022暑期体验课艺术体验活动4场，参与人数200余人次。开展特殊群体公益培训活动，为残障群体定向开设非洲鼓班。

（王　娜）

【应急广播“村村响”工程】　充分发挥应急广播在政策宣传、应急管理、社会治理、公共服务等方面的重要作用。与上下级平台对接，完成市级应急广播平台建设任务。坚持全域推进，有效实现行政区和功能区全覆盖、行政村和自然村全覆盖的建设目标。拓展平台应用，谋划市级平台与城市“智慧大脑”互联互通，实现从“单向广播”到“可看可控”再到“融合应用”的多元功能。

【公益电影放映】　召开全市公益电影工作动员会，交流经验做法、探讨痛点难点、研究思路方向，推进全年工作提质增效。将公益电影放映工作纳入市级考核，每季度对工作情况进行综合打分并通报，推进放映工作高效实施。2022年，全市放映公益电影约2.7万场次。

（张雅婷）

文化遗产

【概况】　2022年，加强文化遗产事业宏观政策指引，市政府办公室印发《关于推进国有建设用地考古调查勘探发掘前置工作的实施意见》及相关配套文件。压实文物属地管理责任，从制度设计上明确将考古工作列入土地供应条件。将文物工作纳入区（市）政府年度考评体系，文物保护进入党校培训课程。全年实施文物保护项目9项、考古调查勘探发掘项目3项。加强革命文物保护，公布第一批市级革命文物名录，入选威海市第一批革命文物保护名录不可移动革命文物52处、可移动革命文物41件（套）。推荐第二批省级不可移动革命文物名录和第二批省级红色文化特色村，乳山市革命文物保护利用典型经验在全省推广。履行文物保护监管职责，开展系列文物行政执法、消防安全交叉检查和专项排查，指导相关部门和单位依法履行考古调查勘探和建设工程文物保护许可手续。加强博物馆行业监管，年内新增备案博物馆3家，各博物馆举办基本陈列和专题展览58个、临时展览44个，组织社会教育活动592次，接待观众320余万人次。加强博物馆藏品征集力度，全年新增藏品1608件（套）。中国甲午战争博物院被教育部、国家文物局联合公布为首批全国100家中华优秀传统文化、革命文化、社会主义先进文化专题实践教学基地。威海市博物馆、郭永怀事迹陈列馆、天福山起义纪念馆入选山东省中华优秀传统文化、革命文化、社会主义先进文化专题实践教学基地。文登区博物馆“文风一脉小志愿者服务项目”入选2022年山东省新时代文明实践社科普及“五为”志愿服务100项重点项目。荣成市以海草房保护利用为主线，推动各类资源统筹保护、科学利用，荣成海草房文物保护利用入选山东省首批文物保护利用示范区创建名单。

【威海卫所博物馆开放】　1月1日，威海市首座卫所类专题性博物馆威海卫所博物馆建成并免费对外开放。该馆位于威海市文登区博物馆四、五展厅，展示面积1200余平方米，分“云烟战海疆”“卫军镇东海”“拟制戍边防”“但愿海波平”4个板块，系统展示明代境内军事防御体系，立体呈现明代威海卫所文化及卫所制度影响下的境内600年政治、经济、文化和社会生活的变迁。

【博物馆建设】　威海市“胶东特委成立旧址”等9处不可移动文物获批山东省人民政府公布第六批省级文物保护单位，马石山抗日战斗遗址——下石硼村后勤保障机构旧址纳入第四批省级文物保护单位马石山抗日战斗遗址合并项目，威海湾一号沉舰遗址被公布为省级水下文物保护区。威海市文登区米山水库博物馆、文登区旸谷石器博物馆、乳山市牡蛎文化博物馆获得省文化和旅游厅备案。米山水库博物馆展示水库建设发展历程；文登区旸谷石器博物馆以“日出东方·旸谷文明”为展览主题，深入解读“文登学”的发展脉络；乳山市牡蛎文化博物馆以中国地理标志牡蛎为主线，展示乳山牡蛎文化、海阳所的卫所文化和民俗文化等内容。至年底，全市博物馆数量达13家。

【革命文物保护】　中国甲午战争博物院与山东大学签署《山东大学、中国甲午战争博物院合作框架协议》，就加强校馆协同融合、开展文物研究阐释与保护、优化拓展陈列展览、加强人才培养与社会教育等方面开展广泛深度合作，深化拓展革命文物教育功能，搭建馆校深度融合平台，共创国家革命文物协同研究中心，打造红色教育和实践活动品牌。

【“靖远”舰水下考古调查】　市文旅局会同省水下考古研究中心继续开展威海湾北洋水师沉舰遗址水下考古调查工作，重点对“靖远”舰沉舰舯部、舰艏和艉部约430平方米的范围进行抽沙揭露。调查基本摸清沉舰残骸的整体情况，确定沉舰锅炉舱、弹药舱、弹药舱的位置，出水船体构件、机器零件以及武器、生活用具等各类文物201件，其中两箱完整的哈乞开司37毫米炮弹为国内首次发现，为研究甲午海战历史提供重要实证材料，威海“靖远”舰遗址第一期水下考古调查项目入选2022年度山东省五大考古新发现。

【留村石墓群入选首批省级考古遗址公园】　12月28日，留村石墓群入选首批省级考古遗址公园。留村石墓群位于荣成市宁津街道留村，是以元代塔状石墓为特色的全国重点文物保护单位，具有较高的观赏价值。自2013年起，启动留村石墓群实施系列修缮保护和展示工程，形成管理服务区、石墓群展示区、景观绿化缓冲区等功能区域，通过图片、文字、实物等形式，系统展示境内墓葬群分布等学术成果，每年吸引大量观众参观研学，成为胶东地区重要的历史文化景点。

（于佳鑫）

【精品展览】　2022年，威海市博物馆举办“喜迎二十大　奋进新征程——威海百年锡镶工艺展”“故土情深——苏耕作品捐赠展”“故土情深——苏耕水墨画展”，展示锡镶工艺品100余件和胶东风情国画和水墨画作品100余幅。加强馆际交流，促进文化互通互鉴。为青岛市博物馆举办的“金虎迎新春——壬寅年胶东五市虎题材文物联展”和“烽火胶东——纪念全民族抗战爆发 85 周年展”挑选作品，完成备案以及展品交接工作。推动省内文化服务协作帮扶向更高层次、更宽领域拓展，赴枣庄市博物馆举办威海文物保护成果展，并开展文物保护交流座谈会。市博物馆承办“天涯遇海角：威海—基里巴斯文化联展”，展品从不同角度展示威海和基里巴斯人民的生活，推动文化交流互鉴。举办第九届中法环境月山东巡展威海站活动，市博物馆承办“海洋，万物生长！”“畅游珊瑚礁的世界”2项专题展览，以“蓝色星球”为主题，旨在提高人们对环境问题的认知，加强中法两国在环境保护领域的合作。

【社会教育职能发挥】 2022 年，市博物馆完成讲解任务 100 余次，开展大中小学生研学活动 20 余次，青少年和儿童参观 12 万人次。对志愿者进行讲解培训，开展志愿者讲解实践活动。开展社教活动进社区、进农村，以现场讲解和座谈交流等形式举办威海历史文化展，宣传威海市优秀传统文化并赠送书籍。组织培训讲解员参加红色故事讲解大赛。开展“5·18 国际博物馆日”集中宣传活动，举办威海百年赋税票据展，利用税收票据等实物和资料，展示境内税收发展历程。开展文物公益鉴定咨询活动，普及文物知识和文物保护法律、法规，提升文物保护和鉴赏水平，接待鉴定咨询申请人 20 人，鉴定各类藏品 40 余件。

【学术研究与文物保护】 初步完成山东省水下考古中心组织的《山东明清海防遗址调查报告》负责部分的编写工作。编制《威海湾甲午沉舰遗址重要出水文物保护修复方案》，获得山东省文化和旅游厅批复通过。为实现文物资源高质量存档、高效率管理、便捷化展示传播，申报《威海市博物馆文物数字化保护与公共服务项目建设方案》。加大文物征集力度，助力特色展馆建设，年内，新增文物资料 1081 件（套），其中征集购买 75 件（套）、接受捐赠 206 件（套）、山东博物馆拨交 800 件（套）。至年底，馆藏文物资料总数 1.40 万件（套），其中珍贵文物 169 件(套)、一般文物 4439 件(套)、未定级文物 1348 件（套）、非文物藏品 8033 件（套）。

【特色博物展馆建设】 免费开放一战华工纪念馆，实现年接待观众 20 余万人次，周末、节假日日均参观人数近 2000 人次。年内，一战华工纪念馆获评山东省外事教育基地、威海市市直机关主题党日实践活动基地和总体国家安全观刘公岛教育培新基地教学点，基本陈列获得第六届全省博物馆十大陈列展览精品奖，中央电视台《国家记忆》栏目摄制组到纪念馆实地拍摄。完成陈黎青艺术馆、史世奇艺术馆的装修设计，并通过专家评审验收。实现革命文物与新时代学校思政课教育教学融合发展，威海市博物馆获批山东省首批中华优秀传统文化、革命文化、社会主义先进文化专题实践教学基地。

（张　坤）

【非物质文化遗产保护】 开展非遗展览展示培训等活动，2022 年“文化和自然遗产日”活动期间，举办“‘我的威海’大型融媒直播——民俗里的文化”“国家公共文化云带您走进威海市非遗展示馆”等活动 18 场，直播场次 20 余场，网络直播观看量 50 余万人次，相关报道 10 余篇，浏览量 100 余万人次，参与非遗购物节线上线下销售的店铺 320 余个，参与销售产品 180 余类，销售量 3.8 万余个，销售金额 68 万元，其中网络成交额 5.1 万元。市文旅局、人力资源和社会保障局、乡村振兴局联合印发《关于加强“非遗工坊”建设的指导意见》，公布县级“非遗工坊”26 家，市级“非遗工坊”18 家，环翠区裕红祥丝绸“非遗工坊”、文登区鲁绣“非遗工坊”获评省级“非遗工坊”。环翠区吉呈轩公益文化空间、荣成市喜霞文化传媒有限公司、环翠区尹派宫式八卦拳研究会等入选省级非物质文化遗产传承教育实践基地，威海职业学院非遗学院入选山东省非物质文化遗产研究基地，荣成市文化馆工作实践入选 2021 年度全省“非遗进校园”优秀实践案例。威海市、荣成市“编制海洋特色鲜明的非遗保护发展规划纲要”获评 2021 年度山东省非遗保护十大亮点工作，威海民俗文化邨（中国海洋非遗文创基地）、荣成市宁津街道和东墩村、乳山市赤家口村分别入选全国非遗与旅游融合发展优选项目名录。

（相卫刚）

【非物质文化遗产宣传展示】 积极促进中外文化交流，先后接待国外专家团、“外国友人看威海”活动团、亚太非洲记者团参观体验，展示威海市特色非物质文化遗产项目，弘扬中华优秀传统文化。年内，威海市非物质文化遗产展示馆接待国内参观、研学团体 15 个、人员 400 余人。开展非物质文化遗产宣传展示活动，举办“非遗过大年——视频直播家乡年”直播活动 7 场；举办“‘我的威海’大型直播——民俗里的文化”，活动在“威海市群众艺术馆”微信公众号、“海韵丹青”视频号、抖音等平台进行直播，累计观看 2 万余人次；开展“寻迹·非遗”研学活动，组织 20 余名学生走进非遗展示馆，学习非遗知识、感受传统文化。组织威海市优秀非遗项目参加省市级各类线下及线上的展示、比赛等活动。开展“非遗进社区”活动，向孩子们展示和传授剪纸技艺。举行威海市第二批“非物质文化遗产保护传承基地”授牌仪式，3 个项目基地获得授牌。

（王　娜）

图　书

【概况】 2022 年，威海市图书馆发挥公益文化服务作用，不断提升智慧化、数字化办馆水平，提升服务效能，各项工作稳步推进。全年新增纸质藏书 2.14 万册、电子图书 3.02 万册，馆藏总量 190 余万册。接待读者 123 万余人次，外借文献 130 余万册次。线上、线下开展各类讲座、展览、培训、阅读推广等读者活动 1000 余场，开展基层辅导培训 420 人次。新冠肺炎疫情防控期间，市图书馆拓展线上服务，在网站上新增数字资源库 18 个；开展线上讲座、培训 120 余期。其中，“威图云课堂”90 余期，“云创客，共战疫”线上培训活动 32 场。尼山书院开办春、秋两季公益培训课程 62 门、1260

场，参与学习超7万人次。开办暑期少儿国学夏令营，开设公益培训课程12门，参加人数3000余人次；全年举办"传统文化基层公益行"活动30场。年内，市图书馆入围省级文明单位推荐名单，先后获得全省读书朗诵大赛先进集体组织奖、第五届全省少儿诗词朗诵大赛优秀组织奖、山东省图书馆学会"悦读新时代百年再出发"知识竞赛优秀组织奖，1个项目获评全省公共图书馆首届全民阅读推广品牌项目。

（王　园）

【农家书屋建设】 组织各区（市）、开发区开展2022"新时代乡村阅读季"活动，积极参加"我爱阅读100天"读书打卡活动，威海市居全国地级市排行榜第7位；荣成市、环翠区、文登区分居全国区（县）级排行榜第8位、第12位、第17位。召开"农家书屋　共建共享"众筹农家书屋建设行动经验交流会，荣成市"'农家书屋　共建共享'——众筹农家书屋建设行动"获评全省乡村阅读优秀示范活动。

（高文彧）

【阅读活动品牌推广】 组织各区（市）、开发区参加首届山东省全民阅读大会暨齐鲁书香节，举办线上、线下阅读推广活动324场。开展"齐鲁书香节"优惠活动，向群众发放惠民书券50万元。实行联动办展，举行首届山东省全民阅读大会暨齐鲁书香节威海分会场启动仪式，开展图书促销打折活动，以优惠的价格，为读者提供优质的服务。印制"书香山东·数字阅读"共享工程宣传书签10万份，在公共文化场所免费发放；在市级媒体刊发宣传文章79篇，营造浓厚氛围。打造首个"书香敲门　与爱同行"关爱特殊群体活动品牌，先后到养老院、残疾人之家等，为特殊群体赠送图书文献，开展体验式阅读活动，全年参与活动500余人次。举办威海市图书馆首届暑期嘉年华活动，推进青少年读书活动。采取线上、线下联动的方式，先后举办威海市第五届少儿诗词诵读大赛、濒危水生动物系列读书分享会等系列活动80场。实施"阅宝起航"计划，向威海市区0～3周岁低幼读者免费赠送"阅读大礼包"300份。策划以"奋力新征程·阅读再出发"为主题的"书"途之旅5个阅读主题活动，开展线上阅读活动20余项，赏美篇、读佳作等活动吸引近1万人参加。举办"喜迎二十大·奋进新征程"第九届威海市读书朗诵大赛，选拔4组优秀选手赴省参赛，分别获得二等奖、三等奖。年内，威海市14家单位和个人分别获评省级书香之乡（镇、街道）、书香之村（社区）、书香机关、书香企业、阅读推广人、阅读示范基地等第七届全民阅读先进典型。

【总分馆体系建设】 全年为城市书房调配图书18.4万册，为共享书柜配送图书9万余册，保障图书及时更新流通。新建胶东（威海）党性教育基地、武警文登中队等基层服务点8处。新增居然悦家、望岛小学流动图书馆车停靠点2处，扩大流动图书馆车的服务范围。通过总分馆服务体系为基层配送、更新图书近40万册。

（逯淑华）

威海市图书馆在公共场所设置的共享书柜　（李传强　摄）

文化产业

【概况】 2022年，市文旅局完善规划蓝图，培育重点项目，打造新型业态，推动全市文化产业平稳快速发展。

（王　园）

【电影市场】 全市影院严格按照生产经营要求，安全有序开展放映工作。至年底，全市有影院40家、银幕数227个、座位数2.41万个，实现电影票房总收入6023.51万元。

【县级融媒体中心建设】 全面推进县级融媒体中心深度融合发展，所辖融媒体中心全部按期完成7项目标任务。鼓励融媒体中心积极探寻自身"造血"及赋能经济发展的新路径，环翠区融媒体中心获评全省县级广电媒体融合先导单位，荣成市融媒体中心获评全省县级广电媒体融合成长项目。

（张雅婷）

【图书发行】 2022年，新华书店发行图书1.84亿元，比上年增长17%；实现利润590万元，增长22%。教材教辅发行稳中求进，分片划区实行网格化管理，完成全市中小学生"课前到书，人手一册"的任务，全年发行教材教辅1.4亿元，增长21%。紧跟政策导向，实施由主到次、由面到点的营销方式，不断提升服务质量。全年发行《中国共产党宣传工作简史》4850套，完成销售指标的131%；发行《百年大党面对面》7500套，完成销售指标的125%；发行《习近平谈治国理政》第四卷22.31万套，完成销售指标的472%；发行《三个走在前》3000余册，码洋11.7万元；发行《百年初心成大道》1950册，码洋13.5万元。开展四年攻坚、新华荐品爆品、店外重点图书竞销、文化惠民书展、齐鲁书香节和五项竞赛等重点工作，实现图书多元商品码洋1037万元，增长9.6%。

（刘雪峰）

文化市场管理

【概况】 2022年，威海市文化综合市场执法支队辖区内有各类文旅单位1108家，其中互联网上网营业服务场所106家、娱乐场所52家、印刷企业269家、书店323家、影院24家、县级以上文物保护单位98家、旅行社及其分支机构173家、艺术品经营单位30家、剧本娱乐场所33家。联合市公安局、市场监督管理局等部门开展网吧、校园周边、调频广播秩序治理、文物安全百日攻坚、旅游包车等联合行动18次。采取错时执法、集中执法等方式，出动执法人员1.63万人次，检查单位5198家次。其中，检查娱乐场所346家次、互联网上网服务营业场所1566家次、影剧院790家次、印刷企业600家次、书店740家次、旅行社及其分支机构637家次、网络文化经营单位334家次、文物保护单位511家次。办结行政案件124起，罚没款52.4万元。拦截非法网站3784家次，扣押非法出版物3400余册，拆除卫星地面接收设施68套，捣毁黑电台3个。受理投诉举报108件。

【群众合法权益维护】 开展“普法进社区”活动，执法人员在7个社区举办涉旅养老诈骗专题讲座。严厉打击违法行为，核查涉旅养老诈骗线索10条，对核实的2起案件实施处罚。保护未成年人成长，对市区52所中小学、文登区18所中小学校周边的157家出版物经营单位进行拉网式清查，严防各类非法出版物流入校园。整治网吧、娱乐场所违规接纳未成年人问题，对2家违法单位实施处罚。

【包容审慎执法】 落实首违不罚、首违轻罚制度，梳理文化和旅游执法领域“轻微违法行为不予处罚”及“一般违法行为减轻处罚”清单44条。对2起轻微违法案件不予处罚，减免罚金11万元。坚持案卷评查制度，实施严格审慎执法，从执法程序、法律适用、自由裁量等方面定期开展案卷评查。对新业态实施审慎执法，针对配套制度尚不完善的点播影院市场，多次召开会议制定方案、分析研判，立案查处单位3家，该项工作在山东省2022年文化市场综合执法工作会议上被通报表扬。推行信用体系建设，公正、公开、透明执法，124起行政处罚案件，全部通过全国、省、市信用平台进行公示，行政处罚结案率、公示率达100%。

（范丽萍）

报刊·网络

【概况】 2022年，全市加强意识形态管理，认真贯彻落实意识形态工作责任制。开展报纸及新媒体审读工作，把审读工作作为强化报纸导向管理、质量管理、提升报纸出版质量的重要环节，对《威海广播电视报》《威海晚报》《威海日报》及具有互联网新闻信息发布资质的“Hi威海”新闻客户端纳入审读工作范围。加强报刊出版管理，推动从业机构完善内控和自律机制，完成《威海日报》《威海晚报》《威海广播电视报》3家具有国内统一连续出版物号的报纸年度核验工作，完成新闻单位405名记者的新版记者证换发及年度核验工作。开展全市连续性内部资料核验工作，对10家省级连续性内部资料的出版情况进行初审及转报，《威海职业教育》申请注销。

【内部资料出版】 至年底，全市有省级连续性内部资料出版物9种。《哈工大（威海）》编印单位为哈尔滨工业大学（威海），4开，24期／年。《威海社会科学》编印单位为中共威海市委党校，16开，4期／年。《威海文艺》编印单位为威海市文学艺术界联合会，大16开，6期／年。《小金星》编印单位为共青团威海市文登区委员会，32开，6期／年。《威海科技参考》编印单位为威海市科学技术局，大16开，6期／年。《威海讯息》编印单位为威海市图书馆，16开，12期／年。《威海法学》编印单位为威海市法学会，大16开，4期／年。《甲午战争研究》编印单位为中国甲午战争博物院，16开，4期／年。《威海组织工作》编印单位为威海市委组织部，16开，4期／年。

（高文彧）

【威海日报社】 威海日报社严格落实“三审三校”制度，始终坚持正确的舆论导向，不断巩固壮大主流舆论；持续提升新闻舆论传播力、引导力、影响力和公信力，为开创“精致城市·幸福威海”建设新局面营造良好舆论氛围。

宣传报道　开设《在习近平新时代中国特色社会主义思想指引下》《深入学习宣传贯彻党的二十大精神》等专栏，在中共中央总书记习近平视察威海四年之际策划推出《牢记总书记嘱托　开创“‘精致城市·幸福威海’建设新局面”》特刊。推出“‘三个十大’在行动　争当强省建设排头兵”“招商引资和项目建设攻坚年”等主题报道。8部作品获得山东新闻奖，5部作品获得赵超构新闻奖。

媒体融合发展　深入推进网络媒体平台一体化建设，威海报讯融媒体有限公司整体吸收合并威海新闻网有限公司，推进内部力量分配等向“端、网、微”新媒体方向融合。拓展新媒体外宣矩阵，合作平台数量达45个。“Hi威海”新闻客户端为区（市）、开发区、40余个市直部门、20余个镇（街道）提供新闻发布频道，打造威海区域“新闻枢纽港”；入选《中国地方党媒融合发展创新项目蓝皮书》，工作经验在全国推广。“威海播报”微博在全省新媒体影响力微博排行榜中居第一方阵。年内，威海报业新媒体和外宣矩阵发布新闻报道22万篇次，总用户数1000余万个，总流量27亿人次。

统筹发展和安全保障　秉持“求真务实　合作共赢”理念，稳定存量，拓展增量，保持媒体经营的基本稳定。稳定采编骨干队伍，强化实战化学习培训，常态化开展中国新闻奖获奖作品学习研讨。开展日报社新闻奖评选4

次、新闻阅评12次、印发学习参考资料《新闻界》3期，先后评出各类先进典型139名。

（衣 学）

【《威海日报》】 《威海日报》是中共威海市委机关报，是广大读者了解威海的重要窗口。2022年，《威海日报》设新闻和专刊板块2个，每周出版6期。新闻板块常设《要闻》《综合新闻》《城事快报》《区域报道》等版面；专刊板块常设《理论与实践》《海岬》《特色小镇》等版面。

重点报道　突出做好中共中央总书记习近平重要活动和中共二十大宣传报道，对重要会议、重要活动、重要论述和中共二十大的宣传报道，及时在版面上重点安排、醒目处理，推出《在习近平新时代中国特色社会主义思想指引下》《沿着总书记的足迹》等专题专栏，推出“牢记总书记嘱托 开创‘精致城市·幸福威海新局面’四年，威海精致嬗变”特别报道，累计刊发相关稿件1000余篇。组织中共二十大重大主题宣传报道，推出《喜迎二十大》《奋进新征程 建功新时代·非凡十年看威海·跨越》《党的二十大特别报道》等系列专栏，展现威海市10年的发展成就，累计刊发相关图文报道1500余篇（幅），新媒体平台刊发稿件1400余条，阅读量2100余万人次。重点做好市委、市政府中心工作宣传报道，对全市重要会议、重大活动，提前对接策划、积极主动采访、全媒体联动发布。聚焦打造共同富裕先行区、争当强省建设排头兵，围绕招商引资、项目建设、城市建设等主题，推出《深入学习宣传贯彻市第十六次党代会精神》《走在前、开新局，‘三个十大’在行动 争当强省建设排头兵》《威海营商行》等系列专题专栏，开展不断线、全方位、多角度报道，累计刊发相关报道1800余篇。

品牌栏目　以版面建设和品牌栏目打造为契机，聚焦威海经济社会高质量发展，打造《记者蹲点报道》《记者在一线》《典型威海》等专栏10余个，讲好威海故事。

特色专刊　打造《理论与实践》《红色胶东》《海岬》《特色小镇》等特色专刊，聚焦威海红色基因、经济发展、乡村振兴和文化事业等开展报道。围绕推动党的创新理论落地落实，面向市委党校专家学者等广泛邀约稿件，推出《理论与实践》专版12期、稿件40篇。聚焦胶东红色沃土上革命先烈的故事，推出《红色胶东》专版10期，刊发文章20篇。

融媒传播　持续提升党报新媒体的影响力，“威海日报”微博在山东省微博影响力排行榜（媒体）评价中居第8位。加强平台合作，拓宽传播渠道，打造微信公众号平台、新浪微博、人民号、头条号等新媒体载体15个，“粉丝”量计115万人。在重点宣传报道中，采用图文、图表、H5、微视频、直播等方式及时播发。年内，《威海日报》新媒体平台发布稿件3万余条，阅读量2.8亿人次。

（颜 潇）

【《威海晚报》】 《威海晚报》由威海日报社主办，是威海市唯一的综合性都市生活类平面媒体。2022年，积极践行“幸福威海 贴心服务”办报理念，扎实推进传统媒体和新兴媒体融合发展，对全国两会、2022北京冬季奥运会、省党代会、市党代会、市两会、民生实事等内容进行重点报道，不断提升晚报融媒体的权威性和传播力、引导力、影响力、公信力和媒体品牌影响力。88个版面入选国内新闻界权威公众号“编前会”。

重点大事件报道　开设《书写新华章——2022全国两会特别报道》专栏，持续做好全国两会的报道，刊发版面14个。开设《冬梦飞扬 同向未来——北京冬奥会专题报道》专栏，刊发版面13个。开设《喜迎二十大》《党的二十大特别报道》《深入学习宣传贯彻党的二十大精神》专栏，对中共二十大进行全面报道，发布相关内容版面110余个。开设《聚焦省第十二次党代会》《深入学习贯彻省第十二次党代会精神》专栏，刊发版面11个。开设《喜庆党代会 奋进新征程》《聚焦市两会》专栏，刊发版面49个。做好新冠肺炎疫情防控相关报道，推出创意封面报道18个，整版重点报道180个，推送相关报道600余篇，刊发整版公益广告18个。

民生报道栏目建设　重点关注威海重点民生项目报道和栏目建设，通过开设“幸福威海大数据——2021年民生实事成绩单”系列主题报道，展示全市民生建设成绩，刊发20期、版面近40个。策划推出“幸福在身边——2022市级重点民生实事半年报”系列报道，切实反映人民群众的幸福感受，刊发18期、版面36个，受到中共山东省委宣传部《新闻阅评》的肯定。策划推出“为民办实事 点亮微心愿——二〇二二威海民生‘微实事’进展清单”系列主题报道，展示全市以“小切口”解决“大民生”的举措，刊发微实事76条。通过《帮你忙》专栏，刊发与12345政务服务便民热线相关的内容26期、版面52个，搭起市民和政府部门之间的沟通桥梁。

外宣报道活动　推动传统媒体和新兴媒体的融合发展，发挥新媒体矩阵作用，与《人民日报》客户端、新华社客户端、《大众日报》客户端及“今日头条”等国家级、省级新媒体全面建立合作关系，媒体产品丰富多样，不断提升舆论传播力、引导力、影响力、公信力。“威海晚报”微信公众号第一时间对新冠肺炎疫情相关信息进行推送，以时效性、服务性赢得读者关注。年内，“威海晚报”微信公众号发稿5500余条，阅读量850余万人次；官方微博发稿约1万条，阅读量近8000万人次；短视频平台发布视频1300余条，点击量440万人次；“今日头条”等第三方新闻发布平台发稿1.4万条，总阅读量710万人次。举办“喜迎二十大 全媒看威海”2022全国知名媒体采风行活动，邀请新华网、环球网、腾讯网等20余家媒体的总编、记者到威海市采风，省内媒体和新华网、环球网等国内新媒体平台对活动进行报道。

（邵春涛）

【《威海广播电视报》】 2022年，按照办市民喜欢的市民生活报和文化报的定位，全年安全优质出版发行报纸52期。内容编排方面，突出贴近本土，增强可读性和实用性。推出“以艺抗疫”系列宣传报道，以形式多样的文艺作品助力“抗疫”。围绕乡村振兴重大战略，开设《直通镇街》专刊，宣传全市镇（街道）工作亮点，推广先进经验，报道优秀典型。代运营“中国油画小镇”微信公众号及中国油画小镇油画双月刊《潮起威海卫》，推出《潮起威海卫》艺术专刊5本，制作宣传威海打造油画艺术原创基地的微信和视频400余条。承办《国安会客厅》和《经侦会客厅》专题节日、万达七夕相亲交友会、欧乐坊彩虹艺术节系列活动。

（楚　德）

【威海政府网】　2022年，威海政府网以建设服务型政府网站为目标，强化网站内容建设、优化网站服务功能，持续提升政府网站的引导力和公信力。在清华大学国家治理研究院发布的《2022年中国政府网站绩效评估报告》中，威海市政府网站列全国地级市政府门户网站第5位。强化网站内容建设，持续优化“威海营商行”涉企服务平台，集成各级、各部门涉企服务资源，打造集政策查询、办事服务、资金惠企、政企互动等功能于一体的全景式集成平台，在政府和企业之间搭建起政企互动“直通车”。严格落实新冠肺炎疫情防控信息公开制度，通过市政府网站《新冠肺炎疫情防控》专栏、市卫生健康委员会网站等平台，每日公布全市新增确诊及无症状病例情况、最新入威海返威海报备图文解读等各类疫情防控信息1000余条。设计上线无证明城市建设、2022年扎实办好20件民生实事、助企纾困、振兴乡村进行时等专题6个。在政务公开频道建设政府文件统一公开平台，支持按文件类型、主题等进行多维度分类展示，按多种字段进行分类检索。对错敏词和泄露个人信息问题每日实时监测，发现问题当日整改；优化信息发布前置预警功能，提高内容纠错效能；开展附件清查行动，彻底解决隐藏在附件中的错敏词和泄露个人信息问题。年内，实时监测出的367个错敏词、235个问题附件，以及“政府网站纠错”平台收到的42条留言全部按时处理答复。优化提升服务功能，建设老年“关怀版”门户和《老年专窗》栏目，汇聚各类涉老服务信息，以大字版形式提供政务公开信息、政民互动交流等服务，提升政府网站适老化水平。完成改造政府网站无障碍功能36个，方便老年人、残疾人等重点人群便捷获取政务信息与服务。完成政府网站全站手机适配工作，实现一网多端精彩展现。升级改造网站政务新媒体专栏，创新打造全市政务新媒体矩阵系统，立体展示全市政务新媒体账号二维码或链接，方便社会公众浏览查阅和主办单位对标提升，促进政府网站与政务新媒体数据同根同源、服务协同联动。协同联动转载信息，积极转载中共中央、国务院重大决策部署和省委、省政府重要政策文件，全年全市42家政府网站协同联动转载重要信息105次、4410条，弘扬主旋律，传播正能量。

（荣　笑）

【威海新闻网】　2022年，威海新闻网围绕中心工作开设新闻专题61个，完成新闻发布会的现场直播、专题发布132场，举行微访谈30场，累计完成各类发稿2.12万篇，实现网络总流量1211万人次。

（王　岚）

【威海传媒网】　2022年，加强中共中央总书记习近平重要活动、重要讲话、重要文章和重要指示的网上宣传，开设《在习近平新时代中国特色社会主义思想指引下》《沿着总书记的足迹》等专题专栏，推送稿件700余篇。围绕中共二十大做好宣传引导，先后开设《喜迎二十大》《二十大代表风采》等系列专题专栏，发布稿件1200余篇。围绕党史学习教育的常态化宣传，开设《奋进新征程　建功新时代·党史学习教育常态化长效化》《红色胶东》等专题专栏，发布稿件200余篇。服务中心工作，开设《开局2022》《奋力走在前——聚集2022山东两会》《贯彻威海市第十六次党代会精神》《建功新时代——聚焦2022全国两会》等专题栏目，编发稿件1000余篇。做好法治宣传，开设《美好生活·与法同行》《打击整治养老诈骗专项行动》《防范电信网络诈骗》等专栏专题。打造“我的威海”新闻客户端，全年进行直播近300场次，《“中国旅游日”（威海）宣传月暨第六届文旅惠民消费季启动》《行千里山海　看精致威海》等融媒体直播总观看量100万余人次，话题互动5000余条。加大舆论监督力度，《网上问政》栏目收到问题1000余条，回复率100%。

【威海电广传媒MCN机构】　隶属威海广电传媒集团有限公司，被“抖音”电商平台评为2022年度媒体MCN最具内容价值机构。旗下签约账号在抖音、微信、人民日报视频客户端、央视频等平台“粉丝”总量2000余万人（其中“观威海”平台“粉丝”815万人、“威海跟我玩”平台“粉丝”73万人、“食尚真探”平台“粉丝”63万人）。新闻号“观威海”日常采用短视频、直播、推文等形式在全网多平台分发新闻，全年发布图文新闻1.3万余篇、短视频新闻1100余条、直播100余场，累计点击量14.7亿次，获评2022年度威海市新媒体网络人气奖。“观威海”抖音号居2022年山东省新媒体影响力排行榜第2位，“观威海”快手号获评快手2022年度影响力媒体。举办“爱在威海　同心抗疫”全媒体宣传活动，全市媒体发稿累计点击量10亿次，新闻号“观威海”点击量8亿次，抖音、快手、微信3个视频号点赞量居第1位。短视频《威海手造花饽饽为山东抗疫加油》播放量3526万次，获赞71万次。承办“潮拍千里山海”短视频话题挑战赛，全网话题总播放量11亿次，工作实践入选全省文旅网络营销优秀案例。

（楚　德）

【“Hi威海”新闻客户端】　“Hi威海”新闻客户端是集新闻传播、信息发布、政民互动、便民服务等功能于一体的新媒体服务平台。2022年，“Hi威海”新闻客户端重点做好中共二十大、统筹经济发展与新冠肺炎疫情防控工作的宣传，围绕中共中央总书记习近平视察威海四周年、新冠肺炎疫情防控、为民办实事项目、招商引资和乡村振兴等重大主题，通过图文、图表、视频、H5等形式开展宣传报道，为全国、省、市重大活动、重大决策、中心工作营造良好的宣传氛围。全年发布新闻报道4.3万篇次，总用户数60.05万人，网络总流量7.4亿人次。

【“掌上威海”微信公众号】　“掌上威海”微信公众号是威海日报社的官方微信公众号之一，“粉丝”量11.4万人。2022年，发布各类微信1474条，累计流量580.6万人次；视频号发布短视频568条，累计流量1235.4万人次。推出《呈现》《寻味威海》等专题专栏报道41个，原创报道178篇次。

【“威海播报”微博】 “威海播报”微博是威海日报社的官方微博，发布威海本地新闻资讯，聚焦网民关注的热点话题。2022年，“威海播报”微博发布稿件1.82万条，获得转评赞160万余个，总阅读量突破7亿人次，创作视频681条，播放量5000余万次，微博“粉丝”量由上年底的32万人增长到51.5万人，在全省新媒体影响力微博榜单排行榜中居第4位。有21条原创作品登上全国热搜榜，被《人民日报》、新华社、央视新闻、《中国日报》等媒体转载。其中，原创发布的《孟加拉白虎产4仔1只没墨了》登上全国热搜榜第3名，话题阅读量2.8亿人次，被微博、抖音等多个平台转发。原创发布的《102岁姐姐给86岁弟弟塞红包》登上全国热搜榜第4名，话题阅读量1.3亿人次。原创发布的《一个人的升旗仪式，85岁老人坚持9年山顶升国旗》被央视新闻、光明网等媒体及几十家省级媒体转发，相关话题阅读量超过1000万人次。由该题材创作的文章被“山东宣传”微信公众号采用。

（王　岚）

广播·电视

【概况】 2022年，威海市广播电视台统筹做好舆论宣传、节目生产、媒体融合、技术保障等各项工作，事业产业发展取得成效，获得山东电视宣传先进集体奖和山东广播宣传先进集体奖，连续20年获评省级文明单位。年内，有45件作品在省级以上新闻奖评比中获奖。其中，省优秀广播电视奖和山东新闻奖一等奖3件、二等奖19件、三等奖19件，省电视文艺奖优秀奖1件，省季度创新推优节目奖3件。

【主题宣传】 紧扣中共二十大宣传主线，围绕市委、市政府中心工作，精心组织好系列专题专栏和重大活动宣传。开展“奋进新征程 建功新时代”大型主题采访活动，播发报道100余篇。重大会议报道方面，坚持会前、会中、会后有序衔接，创新表达方式、深化融合传播，开设《喜迎二十大》《二十大时光》等重点专栏，推出一系列新闻专题、融媒体报道。强化广播电视“头条”工程建设，围绕精致城市建设、海洋强市战略、招商引资和项目建设等全市重点工作，制播主题报道1300余篇。推动威海故事、威海经验在中央和省级媒体发布，在中央电视台发稿67条（其中《新闻联播》10条），在山东电视台发稿1500余条（其中《山东新闻联播》320条），在中央人民广播电台发稿16条（其中《新闻和报纸摘要》6条），在山东人民广播电台发稿579条。

【媒体融合】 顺应市民群众移动端使用习惯，推动全台优势资源向“我的威海”客户端聚拢。5月，推动各内容生产单元以“我的威海”App为主平台，常态化开展融媒体直播，围绕政务、文旅、“三农”等主题，累计直播260余场。其中，围绕中共中央总书记习近平视察威海四周年时间节点，重点策划大型融媒体直播“行千里山海 看精致威海”，全网观看总人数超过85万人次。“威海市广播电视台”微信公众号、“观威海”“听见威海”“威海头条”等融媒矩阵号，围绕新冠肺炎疫情防控、精致城市建设等宣传重点，生产推送《威海的北山街》（播放量7050万次）等新媒体作品，开展“精致城市 童享威海”短视频话题讨论，总播放量破1亿次。2022年，广电融媒矩阵全网总“粉丝”量突破2000万人，内容总点击量突破16亿次。

【节目生产】 《威海新闻》通过“内容+创意”“设计+技术”的方式，探索主题宣传的沉浸性、交互式场景表达。《直播威海》与《威海广播电视报》联合，综合多媒体多平台呈现，推出全新节目《直通镇街》。《直通12345》《阳光问政热线》等栏目对话区（市）部门主要负责人，关注部门作风改进，跟踪督促落实行动，推动热点难点问题的解决。《海洋频道》策划采制“威海海洋之重”系列专题报道22期，集中展示全市海洋经济发展的重要优势和成绩，得到市委主要负责人肯定。《典型威海》专栏全面展现全市各部门各领域探索形成的好做法、好经验及各行各业涌现出的先进典型，累计发稿80余篇，并开设新媒体账号“典型威海”，创作发布短视频45条，单条作品最高点击量30万次。打造融媒体节目《威海榜样发布厅》，完成贾长全、陈强、国网威海供电公司带电作业团队等重大典型的全媒体发布。生产推出《天福山起义》《青春威海 奋斗之城》等优质视听作品。

【内控管理】 对党建、人事、宣传、经营等8类70余项制度进行集中修订完善，形成广电特色“制度群”。全面排查整改风险隐患、制定预案、开展演练，完成中共二十大安全播出保障任务。印发新冠肺炎疫情处置和宣传两个应急预案，完成威海市广播电视台至昆嵛山广播备份信号源链路建设，探索具有较高可靠度和稳定性的融媒体直播技术解决方案，增强应对突发事件的处置能力和技术保障能力。

【活动策划】 加强与全市企事业单位的合作，策划主办、承办威海线上房博会，第51届、第52届威海广电媒体汽车展，“2022约惠威海·金秋消费季”“2022威海人才安居节”等线上线下大型活动。推进第三届中国国际文化旅游博览会组织运营、“山东手造”威海交易中心、涉农产品和服务体系化、少儿主持专业培训平台等重点项目。

（楚　德）

【广播电视行业管理】 市文旅局扎实做好迎接中共二十大安全播出大检查工作，组织安全播出责任单位开展安全播出全面自查和网上信息填报，发现问题立即制定整改方案，落实整改责任，限定整改期限。成立检查组赴所辖安全播出责任单位进行全面实地检查，迎接省督导组的实地督导，确保不留隐患。中共二十大期间，坚持24小时值班值守，保障全市广播电视安全播出。

【电视广告管理】 辖区播出机构参与2021年度广播电视优秀公益广告评选，获得一等奖1件、三等奖6件。严格规范养生类节目播出，按要求对拟播养生类节目逐级备案，重点对节目内容、资质证件、频道频率专业化进行把关，同时对播出机构未经备案播放养生类节目的行为进行督促整改。强化所辖播出机构广告播出情况的监管，重点查处违法违规的虚假医疗、药品广告和医疗养生节目，以及各种以节目形态发布和变相发布医疗、药品广告的行为。

【广播电视和网络视听统计调查】 组织辖区基层统计单位开展广播电视和网络视听统计调查工作，制订实施方案，完善组织机制，细化工作流程。召开全市统计年报数据汇审线上会议，采用单位自查、市级终审的方式，逐项逐条检查，确保数据真实，提升全市广播电视和网络视听统计工作的质量和效率。

（张雅婷）

【中国广电山东网络有限公司威海市分公司】 2022年，公司以“融合创新突破”为工作重心，重点实施6个攻坚行动，深入开展作风整顿年活动，各项工作取得较好成效。

宣传环境营造　广泛通过开机画面、广电之家、微信公众号等渠道强化宣传。加强舆情监控和分析研判，开展“僵尸号”“空壳号”清理整顿专项行动，严格执行内容发布“三审三校”制度，规范媒体平台的运营管理，有效消除网络意识形态安全隐患。开展安全生产“大学习、大培训、大考试”专项行动，对省、市、区（市）三级骨干环网线路安全隐患全面排查整改，完成全市机房标准化改造，确保网络安全、平台稳定，完成2022年北京冬季奥运会、中共二十大及重大节日期间的安全播出保障任务。

“智慧广电”建设　满足政府和行业需求，以新闻宣传、廉政监督、学习强国、科普教育和村居服务等为切入点实现“智慧广电”多元化发展。积极参与全市老旧小区改造计划，推进应急广播项目建设，并依托应急广播平台将“户户响”业务延伸至更多乡村，服务更多居民。助力新时代文明实践中心建设和美丽乡村建设，聚焦“智慧农业”“数字乡村”等领域，有效扩大“一村一屏”覆盖范围和规模，让村级事实现群众“炕头监督”“指尖监督”。联合打造公益科普平台，向全市市民普及科学知识、倡导科学方法、传播科学思想，通过电视端打通基层科普传播的“最后一公里”。利用广电5G优势围绕海洋渔业管理、数字水利建设、服务沿海镇村、渔业公司等方面，实现渔船管控智能化和数字水利平台化水平提升。

服务提升　完成营业厅标准化改造，对媒体资源、服务形象等渠道进行全面自查，严格落实错时工作制，统一展示中国广电品牌形象。开展“10099”客服系统整合、通信业务互联互通、信号覆盖测试等工作，“192”号卡业务放号运营。开展作风整顿年活动，召开专题会议动员部署，梳理问题7个方面37条、规章制度51项、业务流程63个，建立问题整改清单和整改措施，督导逐条整改、逐级落实。

（孙　玺）

档案工作

【概况】 2022年3月，根据山东省委组织部《关于同意威海市总工会机关等38个单位参照公务员法管理的批复》，威海市档案馆实行参照公务员法管理。10月，中央档案馆原馆长、国家档案局原局长杨冬权一行到市档案馆调研指导工作。年内，市档案馆获评全市首批市直机关主题党日实践活动基地，获得山东省档案系统“守正创新杯”档案修裱技术基本技能竞赛决赛一等奖和优秀组织奖。

【档案资源体系建设】 档案接收征集　规范开展档案资料接收进馆工作，接收中共威海市委办公室等8家单位文书档案1.54万件、专业档案1.58万卷。开展全市重大活动档案征集，征集党和国家领导人到威海市考察照片51张；全市重大活动视频675个366.8吉字节、照片591张；党史学习教育专题档案118卷；第二届韩国（山东）进口商品博览会归档文件132件、照片3733张、视频2877个、实物22件。开展文化传承档案征集，征集非物质文化遗产档案626件、26个姓氏家（族）谱105本、各类名人档案7429件、志类丛书近300本、一战华工主题照片6215张。

专题档案数据库建设　开展革命历史红色档案资源基本情况专项调查，指导开展收集、著录与汇总工作，收集革命历史红色档案资料目录1.65万条，建成“红色档案”专题数据库，实现区域内红色档案资源“一库查询、共建共享”。召开全市经略海洋档案资源数据库建设培训会议，对档案收集整理进行指导培训，汇总全市经略海洋文书档案目录2.36万条、照片档案目录296条、录像档案目录149条、实物档案目录32条，建成经略海洋档案资源数据库，为加强海洋强市建设提供档案支撑。

【档案培训服务】 举办全市档案修裱技术基本技能培训班和竞赛，提高全市档案工作人员基本技能水平。举办全市档案工作人员培训班，分5个班次对全市200名专兼职档案人员进行业务培训。对市行政审批服务局、威海热电集团有限公司进行专题培训，到党史学习教育专班、新冠肺炎疫情防控指挥部、渔船管控专班、涉渔安全专班等进行档案收集、整理和移交工作指导，为市市场监督管理局、财政局等23个部门单位提供有针对性的档案业务指导服务。

【档案保管】 严格落实库房安全管理制度，开展档案安全大检查，对档案库房设施设备和防盗、防火、防水等“九防”安全漏洞和安全隐患进行排查。对馆藏各门类档案进行全面清点核查，及时更新位置索引，完善档案统计台账，全面摸清档案“家底”，提高档案库房的规范化管理水平。加强破损档案修复，修复珍贵字画16幅、清朝时期地契29件、奖杯7件。

【档案利用】 档案编辑研究　精选中华人民共和国成立后威海发展史上的典型事件和经验做法，组织编印《资政参考》（第14～17期），合计7万余字。参与《威海要向精致城市方向发展》书籍编纂工作，完成大事记板块撰稿、排版审校修改等工作。继续开展外文公报(1908—1916年)近10万字的翻译工作。

档案查阅利用　依托局域网、政务网、因特网、“爱山东”App，整合档案信息资源，建立以服务社会档案利用需求为导向的综合数据中心，借助政务网搭建档案室、综合档案馆和馆际共享应用平台，建立市域馆际共享中心。全年接待查档人员440人次，提供利用文书档案9114件、专业档案151卷、图书资料42册、照片156张、实物6件。

【档案宣传教育】　提升展厅管理与开放服务水平，落实新冠肺炎疫情防控常态化工作要求，全年累计接待市直机关、中央和省属驻威海市单位、社会团体、企事业单位参观学习86批次1955人次。通过威海市爱国主义教育基地复审。开展“6·9”国际档案日活动，与威海经济技术开发区书法家协会联合举办“携手喜迎二十大·书画档案颂辉煌”书画作品捐赠活动，并接收优秀书画作品进馆。联合市住房和城乡建设局开展“国际档案日”主题灯光秀活动，在“学习强国”学习平台、“大众网威海”等新媒体平台以及市级新闻媒体上进行广泛宣传，取得良好宣传效果。提升档案工作影响力，以“喜迎二十大 档案颂辉煌”为主题，组织人员到集市、进社区开展档案宣传活动，发放宣传材料，提供档案知识咨询，提升档案工作影响力与覆盖面。

【档案信息化建设】　“数字政府”建设聚力数字赋能，基于全市档案共建共享一体化发展的理念，建立“区域化、多元化、综合化”的全域档案管理服务机制，工作案例被山东省大数据局评为2022年新型智慧城市“数字治理”领域优秀案例。突出共享集成，档案查询系统接入“山东通”平台，成为全市首批调试使用的业务系统，共享开放档案数据2.2万余条。强化服务支撑，以“全市一盘棋”的思路推进全市通用OA办公系统与档案业务系统对接，同步实现全市电子公文在线整理及归档。

数字档案馆建设　完成馆藏158万页纸质文书档案的数字化加工建设，对馆藏192盘录音、录像档案进行修复和数字转录工作，馆藏数字档案资源的门类不断丰富。完成业务系统从市政务云到省政务信创云的迁移，业务系统和门户网站通过二级等保测评，系统运行环境和数据存储环境的安全性、可靠性得到强化。年内，文登区档案馆获批国家级数字档案馆。

档案科技创新　承担的国家档案局科技项目“威海市智慧档案中心建设研究”、山东省档案科技项目“威海市域档案信息资源共享服务研究”通过专家组验收。“政务服务云平台‘一网通办’业务数据归档模式研究”获得国家档案局科技项目立项。“档案文献资源共享编研模式研究”获得2022年度山东省档案科技项目立项。8月18日，2022年泰山科技论坛暨档案科技应用创新发展论坛在威海市举办。

（纪　清）

社科联工作

【概况】　2022年，威海市社会科学界联合会认真贯彻中共中央总书记习近平对山东工作的重要指示要求和关于哲学社会科学的重要论述，积极团结凝聚广大社科工作者，推动各项工作取得较好成效。

【社科普及深化提升】　以开展“社科普及大篷车”活动为契机，依托各级社科普及示范点和新时代文明实践站（所），开展社科普及活动300余场次。印发威海市社科普及教育基地管理暂行办法，按照“建、管、用”三位一体的原则，获批省社科普及示范市（区）1个、示范镇（街道）3个、示范村（社区）28个和市级社科普及基地8个。筹办山东省暨威海市社科普及图片展，营造“喜迎二十大”的浓厚氛围。推广“信用＋志愿”模式，推动社科普及项目化、品牌化、常态化，“餐前一刻钟”“小小宣讲员”等9个项目入选省社科普及“五为”志愿服务重点项目。

【社科研究和交流】　着眼推动党史学习教育常态化和走深走实，组织社科工作者积极参与天福山起义、乳娘等为代表的胶东红色文化资源的整理、保护和传承。组织社科工作者围绕海洋、民俗、仕学等区域特色文化，推出《故事中的威海》《威海三千年》《文登学述学》等系列研究成果。按照领导点题、部门荐题、专家选题的思路，组织社科工作者开展市级社科重点课题研究36个。认真组织第25次社会科学优秀成果奖评选，评选优秀成果86项。

【社科基础工作】　从驻威海市高校和全市有关部门遴选政治素养强、理论水平高、实践经验丰富的专家学者和实务人员243人，组建威海新型社科智库。遴选宣讲队员28名，组建威海市社科联新时代文明实践社科普及志愿服务总队，按照“四有”（有活动、有效果、有影响、有标识）标准，开展社科普及活动，1名选手获得山东省社科普及基地讲解员大赛一等奖。强化意识形态主体意识，召开全市社科类社会组织规范化管理工作会议，从业务职责、注册流程、法人治理、监管制度等方面不断加强管理、指导和服务。

（邢　奎）

编辑　李传强

卫生健康

综　述

【概况】 2022年，全市卫生健康系统认真履职尽责、主动担当作为，年内有30余项工作在国家、省获得奖励或进行典型交流。坚持全员参与，精准、快速、高效处置多轮新型冠状病毒肺炎疫情，切实保障全市人民群众生命安全和身体健康。威海市医务人员抗击新冠肺炎疫情事迹被《中国日报》海外版刊发，新冠肺炎疫情防控经验得到中共山东省委领导批示，在全省进行推广。聚焦就医需求，提升医疗服务水平，全市多家公立医院在全国三级公立医院绩效考核中排名进步明显，威海市立医院、威海市中心医院考核等级均为A；文登整骨医院在全国中医类专科医院中排名第6位；威海市妇幼保健院在全国妇幼保健机构中排名第14位、在全省妇幼保健机构中排名第2位，在全国妇幼保健机构绩效考核中获评“A++”。

【医药卫生体制改革】 坚持三医联动，强化工作督导，确保医改政策落地。印发关于推动公立医院高质量发展的实施意见等医改配套政策，强化改革的系统性、整体性、协调性，医改政策体系更加完善。2022年，全市公立医院门诊量1367.6万人次，医疗收入比上年下降3.7%；药占比21.2%，下降0.3个百分点；医务性收入占比稳定在30%以上，公立医院收入结构逐步优化。深入实施药品采购“两票制”（药品从生产企业到流通企业开一次发票，流通企业到医疗机构开一次发票），组织全市各级医疗机构参与国家、省组织的88种药品、4类医用耗材的集中带量采购，扎实做好139种药品、10类药品及高值医用耗材中选结果的落地实施，年节省医疗费用支出2.05亿元。年内，在全市落地的集采药品总数达380种，高值医用耗材达18类。

【新型冠状病毒肺炎疫情防控】 2022年，全市卫生健康系统坚持人民至上、生命至上，坚定不移落实疫情防控总策略、总方针，科学精准落实防控措施，高效处置小规模聚集性疫情、输入性疫情，推动平稳有序转段，全力守护人民生命安全和身体健康。

【卫生应急】 2022年，全市报告新冠肺炎感染者1235例，网络报告及时率始终保持在98%以上，高质量完成新冠肺炎信息报告工作。威海市卫生健康委员会（简称市卫健委）下属6个单位获评2022年度全省新冠肺炎疫情信息报告工作先进集体，20人获评先进个人。全市设立急救站40处（其中依托二级以上医院设立急救站18处、依托乡镇卫生院设立农村急救站22处），有院前急救从业人员1200余人、“120”救护车110辆（其中负压救护车55辆）。全市院前急救病历书写率和资料填写率为100%，“120”调度10秒接听率、3分钟出车率分别为98%、95.8%。市“120”急救指挥中心话务量31.2万个，派出救护车9.41万次，工作量增长17%。升级“120”急救指挥中心及40家急救站调度系统，常备指挥调度坐席增至8个，设置应急坐席22个，构建快速、高效、全覆盖的院前急救救治体系。在全市人员密集的公共场所安装自动体外除颤仪（AED）100台，并联合市红十字会同步开展培训工作。落实专项资金20万元购置帐篷、睡袋、暖风机等物资，补充完善全市卫生应急物资储备。威海市卫生应急工作经验做法在全省卫生应急工作会议上进行交流。全力开展应急救援等突发事件的医疗救援行动，配合威海海事局参加海警救援5次。配合相关部门完成应急预案修订工作40余个。举办全市新冠肺炎感染控制技能竞赛，15支代表队45名选手参赛。

【卫生健康依法治理】 2022年12月15日，市政府第14次常务会议审议通过《威海市控制吸烟管理办法》，自2023年3月1日起施行。完成现制现售饮用水卫生监督管理办法的立法调研，该工作被列入威海市2023年政府规章立法完成项目。落实规范性文件“三统一”（统一制定、统一登记、统一编号）制度和有效期制度，及时报送审查备案材料。对规范性文件和政策性文件进行全面梳理，1件政府规章、13件政府规范性文件、13件部门规范性文件全部通过公众征求意见、合法性审查等程序，提升法治工作的规范化水平。强化行政决策的刚性程序要求，提报市政府常务会议的议题文件全部经过合法性审查，严格履行行政决策法定程序。合法性审查部门文件6件，对直属单位9件超过500万元的重大合同按程序审核并报市政府审批；严格落实公平竞争审查制度，对5份涉及市场主体经济活动文件进行公平竞争审查。严格落实合同管理相关制度，对市卫健委签订的33份合同全部进行合法性审核，提高行政决策的法治化水平。

【卫生健康宣传教育】 开展科普专家下基层、健康巡讲等活动，全年全市开展各类健康科普活动843场，派出专家1469人次，受益群众32.5万人次；制作科普文章、视频、材料等2674篇，威海市居民健康素养水平提升至32.0%。开展“健康献礼二十大 医心向党新征程”庆祝党的二十大主题宣传教育活动，以“奋进新征程 建功新时代”为主题，在官方网站、微信公众号开设专题专栏；与“大众网威海”合作开展“创新医路行”系列访谈活动，在《健康中国观察》专题刊发署名文章。设计开发威海市卫生健康动漫IP“健康vivi”“健康包包”，制作原创动漫科普短片10部，其中“疫情防控篇”获评山东省健康科普传播新媒体作品大赛及健康科普传播十佳品牌评选（视频类）三等奖。大力宣传全市卫生健康系统涌现出的典型人物和先进事迹，开展“威海最美健康卫士”“威海好医生”“威海好护士”系列典型推荐评议活动，举办庆祝第五个“中国医师节”先进典型发布仪式，在全市营造“尊医重卫”氛围。年内，获评2022年全国“最美医生”1人、2022年“齐鲁健康卫士”1人、山东好医生1人、山东好护士1人、山东省优秀医师4人、山东省最美护士1人、山东省优秀护士6人，评选威海好医生、威海好护士各15人，“威海最美健康卫士”50人，2人入选全省抗击新冠肺炎疫情故事宣讲团，在全省开展巡回宣讲。

【爱国卫生工作】 结合第9次复审和国家卫生城镇试评分反馈问题，中共威海市委、市政府提出卫生城市和文明城市融合创建、同步推进的工作思路。在机构建设方面，增设独立爱国卫生机构和人员编制，推动强化日常管理。在管理机制方面，建立文明城市创建工作指挥部，构建部门会商、依法创建、考核督导等7个工作机制，整合卫生城市和文明城市建设人员力量和工作事项，强化市级统筹，梳理问题台账，明确责任区（市）和主管部门，推动卫生城市建设向精细化、规范化、常态化方向发展。强化卫生创建督导，441个村获评省级卫生村，全市实现省级卫生村创建市域全覆盖。实施爱国卫生创新提升年行动，推动爱国卫生工作在推进机制、工作人员能力素质、政策研究等7个方面创新提升。年内，获评全国爱国卫生运动70周年先进个人1人，获评省级爱国运动70周年表现突出的集体4个和个人9个。在全省纪念爱国卫生运动70周年征文评选中，1篇作品获得一等奖，7篇作品获得三等奖。工作经验在全国爱国卫生运动委员会办公室“爱卫70载 健康中国行”系列活动启动会上进行交流。

【智慧医疗】 完善全民健康信息平台，开展健康体检数据、电子病历数据专项治理工作，从数据源头改善数据质量，引导公立医疗机构开展数据治理关键技术研究和应用课题申报，不断提高全民健康信息平台的数据质量，归集卫生健康数据11亿余条，为全生命周期健康管理提供有力支撑。提升“互联网+医疗健康”惠民便民平台服务能力，改进版面设计，对接医疗机构网上医疗服务，全市二级以上公立医院均与“健康威海服务号”完成对接，可实现预约挂号、门诊住院查询等功能；加强电子健康卡应用工作，支持居民使用电子健康卡在全市医疗机构享受医疗健康服务，公立医院全部完成电子健康卡适配改造工作，电子健康卡发卡量达323万余张。

8月17日，威海市庆祝第五个中国医师节先进典型发布仪式举行

（威海市卫生健康委员会　提供）

【健康城市建设】 组织10余个部门开展2021年度全国健康城市建设评价工作，威海市获评2021年度全国健康城市建设省级样板市。组织各级各单位参与全省首届健康达人评选，推荐全市健康达人候选人4名。扩大健康学校、社区、机关（单位）、企业、家庭覆盖面，2022年建设健康细胞示范单位100个以上。围绕居民小区、农贸市场等重点部位，联合市疾病预防控制中心、住房和城乡建设局等部门以及第三方专业机构结合季节特点强化指导，落实专项资金打造市级病媒生物防制示范点2个。推进无烟环境建设，威海市无烟党政机关、无烟医疗卫生机构、无烟学校基本实现全覆盖。市政府印发《威海市控制吸烟管理办法》，推动实现全市室内公共场所、室内工作场所、公共交通工具禁烟。

【健康产业发展】 加快构建中医药产业发展新格局，印发中医药产业发展规划。2022年，全市医养健康产业实现增加值461.4亿元，占地区生产总值的比重达13.5%，《大众日报》以“威海市医养健康产业风光无限”为题，对威海市健康产业典型经验进行专题报道。推进里口山医院等重点项目3个，全年计划投资8.5亿元，实际完成投资9.27亿元，占年度投资计划的109.1%。为山东达因海洋生物制药股份有限公司落实山东省“十强”产业2021年度高质量发展奖励资金200万元。开展“百味千膳进万家”活动，举办全市“中医药+”营养膳食理论与技能大赛。开展省级文旅康养强县和示范基地（单位）创建活动，荣成市获评省级文旅康养强县，获得专项奖补资金1000万元；荣成市万福苑养老有限公司获评首批山东省中医药医养结合示范基地，荣成市体质健康检测融合项目获评第二批体卫融合试点项目。

【老龄与医养结合】　健全老龄事业发展制度体系，威海市老龄工作委员会印发《威海市“十四五”老龄事业发展规划》等，健全老龄事业制度体系，优化老年友好环境。新增全国示范性老年友好型社区2处，全市有全国示范性老年友好型社区5个。威海火炬高技术产业开发区田和街道寨南社区完成2022年度全国老年人心理关爱项目。开展“老年友善医疗机构”创建工作，全市116处综合性医院、中医院（中西医结合医院）、康复医院、护理院和基层医疗机构成为“老年友善医疗机构”，占比超过80%。推进医养结合示范建设，市卫健委、民政局等5个部门联合印发《威海市医疗卫生与养老服务相结合发展规划（2022—2024年）》，提出重点任务6项和保障措施4条。至年底，全市有医养结合机构39处，医养结合床位数1.49万张，其中28处养老机构内设医务室、护理站等医疗机构，11处医疗机构取得养老执业许可（备案）；建设老年病专科医院1处，护理院6处；基层医疗机构全部与其周边养老机构签约服务，养老机构医养结合服务覆盖率达100%。国家卫生健康委员会工作专刊刊登威海市医养结合发展典型经验，中共山东省委办公厅《今日信息》刊发威海市医养结合工作典型经验材料，《中国人口报》《中国发展网》等5个国家、省级媒体对威海市医养结合工作进行报道。文登区人民医院“白求恩居家护理服务队”，荣成市万福苑老年公寓开展居家医养服务，文登区医疗巡诊车服务模式、“惠民送药　邮递到家”等案例入选省卫生健康委员会居家社区医养结合服务模式和典型案例。

【行业作风建设】　加强群众满意度工作组织领导，市卫健委联合市医疗保障局印发加强行风建设提升基本医疗领域群众满意度工作方案，成立由主要负责人任组长的行风建设专班，专班与医保部门建立部门联动机制，与驻市卫健委纪检组建立纪检联动机制，全力推进满意度提升工作。加强12345政务服务便民热线管理，整合投诉渠道，由行风专班归口受理各项投诉，全年办理政务服务热线和电话投诉6000余项，办理结果满意率达99%以上；按期办结“互联网＋督查”事项27件。开展“大走访”活动，以通过政务热线、投诉电话等途径反映问题的群众为重点，累计走访群众150余万人。市卫生健康委机关开展基层走访座谈活动，收集群众问题100余个，均妥善解决。

医疗服务

【便民惠民服务】　2022年，市卫健委印发县级综合医院能力提升工作方案，逐步实现县域医疗资源整合共享，提升县级综合医院医疗服务能力。荣成市人民医院、乳山市人民医院达到县医院医疗服务能力推荐标准。推进检查检验结果互认，52家医疗机构、21个项目纳入全市临床检验结果互认“一单通”，9家三级综合医院（含“参照三级医院管理”医院）、中医院、妇幼保健院全部纳入京津冀鲁4地区域临床检验结果互认，促进合理检查，减轻患者负担。推动医疗服务数字化转型，加强医院信息化建设，提升“互联网＋医疗健康”惠民便民服务能力。全市各医疗机构通过网络、电话、现场等多种预约方式为患者提供预约诊疗服务，全面实施门诊分时段预约，预约时段精确到20分钟内。大部分二级以上公立医疗机构支持远程会诊、远程诊断等服务，支持病历、影像、病理资料等远程共享，支持预约检查及检验结果、体检报告、住院费用等线上查询；支持通过省“互联网＋医疗健康”惠民便民平台、医院网站、移动终端或扫描影像检查回执单上的二维码，查询影像报告，调阅数字影像；支持患者通过移动终端或在诊室内使用电子健康卡、银行卡、医保卡、“微信”和“支付宝”支付平台等非现金方式现场结算费用。常态化开展下村巡诊工作，实现全市2431个村巡诊全覆盖，出动巡诊人员1.03万人次，服务群众5.53万人次。开展“救在你身边”红十字应急救护培训进机关系列公益讲座活动，提高公众自救互救能力。规范设置1家市级、4家区（市）级征兵体检站，完成应征青年体检工作。会同市财政局、公安局等部门召开联席会议，规范救助基金申报和审核工作，核实36人次，核实救助基金72.28万元。

【医疗质量管理】　专科能力建设　充分发挥临床专科能力建设对推动公立医院高质量发展的重要作用，印发威海市临床专科能力攀登计划，形成以省级以上临床重点专科为引领、市级临床重点专科为骨干的优质诊疗服务体系，保障人民群众常见病、多发病、急危重

5月15日，医生向市民介绍饮食健康知识　（杨　正　摄）

症诊疗，推进分级诊疗制度建设。对市级临床重点专科实行动态管理，对52个市级临床重点专科开展管理期满复核。威海市立医院麻醉科、医学微生物与免疫学重点实验室，威海市中心医院铁代谢临床研究重点实验室获评全省首批省级医药卫生重点学科、重点实验室。

实验室生物安全监管　全市有生物安全二级实验室334家、生物安全一级实验室2家，全部按照规定进行备案管理。2022年，全市备案病原微生物实验室48个，其中新备案实验室5个。采取实验室自查、区（市）排查、市级抽查等方式，督导各单位落实内部培训和考核制度，全面提升生物实验室管理水平。完善全市生物安全工作协调机制，建立跨部门会商、情报信息、工作协调、风险预防评估和预警等8项机制，提升全市生物安全防护能力。

【医疗服务管理】　加强全市康复医疗专业队伍建设，提升康复医疗服务能力，印发威海市康复医师转岗培训工作方案，通过康复医学科医师转岗培训项目，加强各级医疗机构康复医学科医师培养，缓解康复医学专业人才紧缺状况，提高康复医疗服务可及性，全年参加转岗培训医师250余名。印发民营医院专项巡查行动实施方案，聚焦隐患问题多发领域，对机构设置、规范执业等4个方面开展巡查，规范执业行为，强化内部管理，加强行风建设，严厉打击漠视和损害人民群众健康权益的违法违规行为。推动民营医院与公立医院共同实现高质量发展。加强“平安医院”建设，维护良好医疗秩序。全市8家三级医院每月按时上报安防系统数据，定期分析并督促医院提升安防水平。强化警医联动，健全纠纷化解机制，全市二级以上医院配备保卫负责人60人、保卫人员596人，20家公立医院安防建设全部达标。全市“平安医院”建设形势总体平稳，未发生严重涉医案事件。

【血液管理】　落实《威海市无偿献血管理办法》及配套政策，加强无偿献血组织领导，优化宣传招募措施，完善质量管理体系，保证临床用血需求和安全。开展“6·14”世界献血者日系列庆祝活动，健全应急血源调配机制，做好新冠肺炎疫情防控期间的血液保障工作。加强临床用血培训与管理，辐照血制品投入临床使用。2022年，全市无偿献血4.67万人次，每千人口献血率16‰，威海市连续9届获评全国无偿献血先进市。

【卫生教育】　推进全科医生转岗、住院医师规范化培训，全年招收140名全科医生参加培训，组织141名全科医生进行结业考核，通过率99.2%。威海市立医院、威海市中心医院2个住院医师规范化培训基地招录学员70名，参加住院医师规范化培训结业考核医师149名，通过率92%。推进落实医疗机构重点专科（学科）人才培养“122工程”，选拔36名优秀人才、学科带头人和技术骨干到国内外进行学术交流和进修培训。市政府与山东大学签订《共建山东大学附属威海市立医院协议》，助力健康山东和健康威海建设。2018—2022年，全市与山东第一医科大学等10所医学高校，完成本科117人、专科21人公费医学生的招生及协议签订。年内，市卫健委、财政局等部门联合印发《威海市公费医学就业实施办法（试行）》，完成29名公费医学生定向就业安置工作。开展继续教育工作，全科医生转岗培训合格138人，住院医师规范化培训考核通过161人。

5月1日，市卫健委志愿者指导市民填写无偿献血登记表

（威海日报社　提供）

【卫生人才引进】　探索实行积极开放有效的人才政策，印发威海市“十四五”卫生健康人才发展规划，为全市卫生健康事业发展提供人才保障和智力支撑。开展医疗卫生人才队伍数量、结构等基础调研，招聘优秀人才573人。发布高层次和急需短缺岗位招聘计划146个，采取降低开考比例、直接面试等灵活措施开展招聘，招录33人，其中引进学科带头人2名、博士5名。对基层医疗卫生机构引进的119名急需紧缺骨干人才，发放人才补助23.8万元。支持选拔优秀人才、学科带头人和技术骨干外出进修培训，发放专项资金36万元。山东大学健康医疗大数据（威海）研究院落地威海市立医院，柔性引进专家30余人次，产出SCI收录等论文成果6篇，申报省临床中心等12项和省、市级重点实验室4项；申报国家、省自然科学基金34项，省医药发展计划及省中医药项目7项。完善人才选拔机制，对9名医疗卫生首席专家、20名优秀中青年卫生骨干人才、19名知名医师开展管理期考核，发放政府津贴79.8万元。推荐申报国家有突出贡献中青年专家1人，申报泰山学者系列专家项目14人；获评省医务工会授予的创新工作室和鲁卫工匠创新工作室各1处，获评“鲁卫工匠”2人；获评山东好医生1人、山东省优秀医师4人。激励卫生人才扎根基层，667人通过2021年度卫生高级职称评审，其中落实基层“321”政策通过77人。就业安置山东省公费医学生

毕业生29名。鼓励威海籍高中毕业生报考农村免费医学生订单定向培养项目，5年内培养全科及专科临床医学生730余人。依托紧密型县域医共体和医疗保健集团建设，选派“业务院长”3名和业务骨干72名，助力基层特色专科建设。全市具备大专以上学历或执业助理医师以上资格乡村医生占比提高11个百分点，建成特色科室60余个、名医基层工作站22个，威海市相关做法在《卫生健康工作交流》刊发。

【医学科研】 提升医学科研项目质量和水平，全市13个山东省医药卫生科技发展项目按计划结题并取得结题证书，成功申报山东省医药卫生科技发展计划项目13个。威海市立医院“胃粘膜组织幽门螺杆菌选择性分离与药敏技术”项目获批山东省第十四批适宜卫生技术推广项目。开展医学科研诚信与作风学风建设专项教育整治活动，结合实际制订实施方案，实现医疗机构和科研人员专项教育整治活动全覆盖，遏制卫生健康领域医学科研不端行为频发态势，推进医学科研诚信和学风作风长效机制建设。

基层卫生服务

【基层卫生综合改革】 2022年，威海市实施村卫生室能力提升专项工程，新设立村卫生室设备配备资金2013万元。完善原乡村医生基本医疗保险、养老保险待遇保障机制，将其纳入市委、市政府印发的《关于进一步加强镇（街道）基层治理能力建设的实施意见》，基层医疗卫生机构全部纳入基本医疗保险门诊共济保障定点服务机构，其中参保居民普通门诊定点服务机构全部定在基层医疗卫生机构，助推基层机构发展。

【基层卫生服务体系建设】 提前完成基层医疗卫生服务能力三年提升行动各项工作目标任务，全市所有镇卫生院（社区卫生服务中心）均达到国家基本标准，达到省提升标准72家，达到推荐标准27家，建成县域医疗服务次中心4处，社区医院实现区（市）全覆盖，6项基层核心指标排名全省第1位。推进紧密型县域医共体建设，建立县域统一的医学影像、远程心电、远程会诊等共享中心30余处和临床医疗、院感、护理等专业医疗质量控制中心78个，开展大型检查46.7万人次、检验723.29万人次，推动上下级机构服务同质化。威海市获批县域医共体“中心药房”省级试点，打造县域医共体中心药房“1+5+X”运营模式，医共体统一用药目录基本药物品种占比最高达60%，切实保障群众基本用药需求，工作经验做法先后在全省药政工作会议和全省医共体中心药房试点工作交流推进会议上进行交流。

【基层卫生服务能力提升】 在全市推广环翠区“以业务院长为纽带，做实医共体建设、做活卫生院运行”的典型经验，威海市相关做法在山东省第二届基层卫生健康发展大会上进行交流。推进三高共管六病同防医防融合慢性病试点，荣成市、乳山市实现三高六病一体化服务模式落地。加强基层卫生人才队伍建设，全市新招聘基层医疗卫生机构在编人员125人，通报表扬基层卫生先进集体15个、先进个人100个。做好新冠病毒感染预防管理各项工作，实现重点人群57.50万人应管尽管，全市所有基层医疗卫生机构实现发热患者诊疗服务、设备配备、氧疗和氧气灌装服务全覆盖，基层诊疗人次占比提高至60%以上。基层药品储备可使用2周以上。

中医药事业

【概况】 2022年，全市有中医院（中西医结合医院）23家。其中，公立中医院（中西医结合医院）6家（其中三级甲等医院3家、二级甲等医院1家、二级医院1家、二级中西医结合医院1家），民营医院17家（其中二级医院1家、一级医院16家），社会办中医、中西医诊所（门诊部）365家。有省级区域中医医疗中心1处、中医医疗集团1个、中医县域医共体2个。至年底，全市公立中医医院实现年门诊量130.08万人次、业务收入14.55亿元，有床位2885张、中医执业类（助理）医师668人。每千人口公立中医医院床位数为1.12张，居全省第1位；每千人口卫生医疗机构中医执业类（助理）医师数0.94人，居全省第2位；公立中医医院中医师占比60.1%，居全省第1位。全市二级以上综合医院和妇幼保健院均设有中医科，100%的社区卫生服务中心和镇卫生院建有国医堂，并实现中药饮片集中配送“六统一”（统一采购、审方、煎制、配送、追溯、监管），100%的社区卫生服务中心和90%以上的村卫生室能提供中医药服务。

【中医药参与疫情防控】 发挥中医药在新冠肺炎疫情防控中的重要作用，组织中医药专家和医疗机构严格论证，辨证论治，精心调配组方，制订防疫方案。落实新冠肺炎疫情中西医协同救治，做到“一人一策”“一人一案”；为隔离点、核酸检测点、封控区、管控区等地免费发放中药防疫汤剂47.11万付、颗粒36.69万付。开设疫情居家“云”课堂，邀请知名专家为群众提供身心健康服务，发布防疫健康知识。全年中医药参与疫情防治率达100%。

【中医药管理机制建设】 完成省共性改革任务30项，威海市在省考核中获得“满分”成绩。召开市促进中医药发展工作领导小组会议，研究部署全市中医药工作。市政府办公室印发《威海市国家中医药综合改革示范区建设方案》《威海市省级区域中医医疗中心建设实施方案（2022—2024年）》，全面启动国家中医药综合改革示范区、省级区域中医医疗中心建设。市卫健委印发《威海市中医药发展“十四五”规划》，9个部门联合印发《威海市国家中医药综合改革示范区建设基层中医药服务能力提升专项行动方案》、4个部门联合印发《威海市国家中医药综合改革示范区建设中医药文化建设专项行动方案》等，优化中医药发展政策环境。

【中医药综合改革】 2022年，财政部、国家中医药管理局负责人带队到威海市开展“三医联动”专题调研。威海市参加医疗、医保、医药联动促进中医药传承创新发展试点项目研讨会。威海市中医药改革案例入选《中国医改发展报告（2022）》蓝皮书，在2022年全国深化医改经验推广会暨中国卫生发展高峰会议上进行推广；中医药改革经验在国家中医药综合改革试验区建设经验交流会上进行交流。省级区域中医医疗中心建设、国家中医药综合改革示范区建设推进情况被省卫生健康委员会通报表扬；3项改革任务纳入《山东省国家中医药综合改革示范区“揭榜挂帅”改革项目建设方案》。

【中医药服务能力提升】 环翠区成立环翠区中医医院，文登区成立中西医结合医院，全市公立中医医院绩效考核成绩较上一年度均有提升。全市首个基层中医康复中心文登区界石镇卫生院晒字中医康复中心挂牌成立并正式开诊。在环翠区建成智慧共享中药房，实现基层医疗卫生机构中药集中配送全覆盖。推行“中医日间病房”，将针灸疗效确切的21类病症纳入“中医日间病房”治疗的病种，医疗费用按普通住院结算，住院床位费、护理费比普通住院低70%，全年全市累计收治病例1.6万余例，节省患者自付金额172万元，节约医保资金支出金额710万元。

【中医药人才队伍建设】 开展市级中医药人才内培外引项目，遴选25人参加第二批中医药技术骨干外出进修，30人参加第三批中医类别全科医生转岗培训，189人参加第五批“西学中”培训，306名乡村医生参加中医药适宜技术培训。年内，全市新增全国名老中医药专家传承工作室1个、齐鲁医派中医学术流派传承项目2项、第七批全国老中医药专家学术经验继承工作指导老师及继承人6人、全国中医护理骨干人才培训项目培养对象2人，山东省名老中医1人、名中医药专家5人、基层名中医7人。

【中医药特色优势发挥】 全面推动中医“五个全科化”（中医经典、中医治未病、中医外治、中医康复和中医护理全科化服务模式）工作在各中医院落地见效。遴选产生省级中医药科研项目15项和市级中医药科研项目62项。文登整骨医院康复科完成山东省首批中医药重点学科验收；启动威海市中医药专科专病联盟建设，遴选出首批中医药专科专病联盟5个，包含牵头专科5个、成员专科（专病）25个。

【中医药文化传承和普及】 市卫健委印发中医药文化宣传活动实施方案，获评山东省中医药文化宣传教育基地1处、中医药健康文化知识角建设单位2个、山东省中医药文化进校园试点学校2处。举行国家中医药综合改革示范区建设启动仪式、威海市中医药“知食大集”暨威海市首届中医药文化节启动仪式，开展中医药系统第27个全国“爱眼日”暨第四届中医小儿推拿防控儿童青少年近视义诊系列等活动。

10月18日，文登区界石镇卫生院晒字中医康复中心成立并开诊

（威海市卫生健康委员会　提供）

疾病预防控制

【概况】 2022年，全市报告各类传染病27种1.31万例，其中法定传染病18种1.14万例，传染病疫情报告率达95%以上，整体疫情管控平稳。报告突发公共卫生事件1起、相关信息336起，发出预警信息1753条。组织处置多起新冠肺炎聚集性疫情事件、5起病毒性腹泻聚集性疫情和1起布病家庭聚集性疫情等突发公共卫生事件及相关信息，均得到有效控制。按周、月、季度撰写疫情分析、风险评估报告和专题分析报告等78期。

【艾滋病防控】 全市艾滋病防控体系日趋完善，2家艾滋病确证实验室、27家艾滋病筛查实验室、93家艾滋病检测点全年开展抗体检测41.80万人次，新发现艾滋病病毒感染者网络报告合格率、流行病学调查及时率和准确率均为100%。全市艾滋病病毒感染者随访完成率94.2%、治疗率95.4%，结核病筛查率及配偶检测率均为100%，CD4检测完成率95.9%；在治感染者病毒载量检测完成率98.4%，病毒抑制率97.3%。为受艾滋病影响家庭累计提供补助116.89万元。新冠肺炎疫情防控期间，防治工作人员采取逐个联系、上门送药等服务方式，确保艾滋病感染者得到持续规范治疗。

【结核病防控】 完善结核病综合防治服务模式，促进医防深度融合，落实结核病患者发现及治疗管理措施，提高患者发现水平，实现患者管理无缝衔接。广泛应用Gene Xpert快速检测技术，加大耐药可疑者筛查力度，规范筛查工作流程。全年发现学校肺结核病例41例，均得到及时规范处置。开展《遏制结核病行动计划（2019—2022年）》终期评估和肺结核登记报告专项调查，10项主要指标均达到或超过目标要求。强化对辖区结核病防治机构和定点医院精细化指导，结核病防治工作质量持续保持全省领先。2022年，全市发现活动性肺结核患者648例，患者发现任务完成率94.5%、病原学阳性率73.1%、耐药筛查率100%，3项核心指标均居全省首位。威海市疾病预防控制中心获评全省结核病防治工作市级先进单位，山东大学“肺部无核团队”获评国家级结核病防治知识传播活动优秀志愿团队。

【呼吸道、肠道、自然疫源性传染病防控】 落实流感监测、腹泻病门诊开诊、手足口病个案流调、发热伴血小板减少综合征诊疗、布病调查等综合防控措施。3所流感监测哨点医院监测病例54.22万例，其中流感样病例1.2万例，就诊率2.3%。全市5月—10月报告腹泻病人6159例，无霍乱病例报告。处置手足口病聚集性疫情13起、病例54例，全年无重症、死亡病例。与省疾病预防控制中心合作开展威海市致泻性弧菌监测项目，监测期内对369份标本的致泻性弧菌开展分离培养，分离出副溶血弧菌6株。开展致病菌识别网监测工作，全年完成检测标本607份，分离致病菌60株，及时上报有关结果。开展发热伴血小板减少综合征监测工作，全年报告确诊病例171例，比上年下降22.3%，个案调查率100%。对169份本地血标本开展病毒检测，其中阳性153例，阳性率90.5%；对152份密接人员标本和27份宿主标本进行检测，其中IgG阳性5人、IgM阳性1人；对12例死亡病例和2起聚集性疫情开展调查处置，及时上报有关报告。开展省级发热伴监测项目，完成152例病例的随访调查、现场采样及标本分离工作。全年报告出血热病例20例，下降31%；报告布病病例25例，上升25%。开展全市狂犬病暴露预防处置门诊督导指导、业务培训、编码维护和复核换证工作。全年全市注射狂犬疫苗2.88万人份，无狂犬病病例报告。

【公共卫生监测】 全市开展传染病、突发公共卫生事件应急及各类公共卫生检测20.8万项次。抽取学校25所（小学8所、初中8所、高中6所、职业中学2所、大学1所）和幼儿园8所开展学生常见病和健康影响因素监测工作，对学生进行健康体检，并对近视、龋齿、肥胖、脊柱弯曲异常等常见病健康影响因素进行调查，对学校生活环境卫生开展监测。完成鼠密度监测有效夹1.43万个，蚊密度监测布放诱蚊灯1160个，蝇类密度监测256次，蜚蠊密度监测有效粘蟑纸2420张，登革热媒介伊蚊调查900户及蜱虫密度监测8次。完成79家医疗机构监测任务，24家托幼机构采样783份，5家特殊行业采样114份。完成68处城市供水监测点、140个农村饮用水监测点的监测样品416份，城市监测范围覆盖所有市政供水企业，农村覆盖到所有镇。完成61个城市饮用水日常监测点的监测样品678份。

【免疫规划】 加大预防接种单位标准化建设，全市完成智慧化预防接种门诊8处，升级改造冷链监测系统设备458个，形成5G数据传输网络体系。预防接种App绑定人数达21.97万人，其中0～6岁绑定率83.5%，群众满意度97.4%，绑定率及使用率居全省首位。全市累计接种免疫规划疫苗31.52万剂次、非免疫规划疫苗37.37万剂次，0～7岁儿童全程接种率95.4%。全市报告新冠病毒AEFI 121例，组织专家诊断会议6次，调查诊断严重疑似预防接种异常反应32例。

【慢性病防控】 强化文登区、荣成市、乳山市3个国家级慢性病示范区和环翠区省级慢性病示范区引领作用，实施心血管病高危人群筛查和干预、脑卒中高危人群筛查和干预、H型高血压防治和全民健康信息化建设等项目，推动慢性病示范区建设提档升级。开展死因、肿瘤、心脑血管、伤害等监测8.39万人，增长2.5%。推进以“三减控三高”为主题的健康生活方式干预，开展“三减控三高”进校园、进社区、进超市、进单位活动，组织专题宣传讲座4期，累计受益1406人次。开展我最喜爱的“三减”健康菜征集评选活动，强化居民家庭健康饮食意识，动员社区居民和餐饮单位参与减盐、减油和减糖活动。文登区组织33支健走队参加全国第七届职业人群万步有约精英赛，获得全国优秀健走组织单位奖，获评全国优秀健走示范区。实施“三高共管 六病同防”医防融合慢性病管理项目，有序推进医防融合试点，探索早诊早治关口前移的慢性病防治机制。全年完成重点肿瘤、脑卒中、心血管疾病机会性筛查38.73万人，检出早期病人3.28万人。

【地方病防控】 巩固地方病防控、脱贫攻坚行动成果，持续保持消除和控制地方病危害。完成小学生、孕妇盐碘、

5月15日，威海市疾病预防控制中心开展预防碘缺乏病有奖问答活动

（杨正 摄）

尿碘监测1253人，小学生甲状腺B超检测421人，并科学评价防治效果。在环翠区、荣成市随机抽取餐饮服务单位121处，调查合格碘盐覆盖情况。完成水氟监测11份，小学生氟斑牙检测89人。加强地方病健康教育，对孕妇、儿童等特定人群进行精准干预。

【疟疾消除】 巩固消除疟疾成果，认真落实消除疟疾技术措施，严格执行“1–3–7”防控模式，全年完成“三热病人”（疟疾、疑似疟疾、不明发热原因者）血检2033人，发现报告输入疟疾7例，处置疫点7个，无死亡病例发生，做到预防输入性病例传播，持续保持无本地病例发生。与重点劳务输出单位进行信息沟通，随访管理非洲归国人员84名。开展疟疾传播媒介监测，完成疫点蚊媒种群调查。在乳山市开展土源性线虫感染情况调查，收回粪样1027份，检出阳性标本29份，阳性率2.8%。

【儿童龋病防控】 免费为2.7万名小学二年级学生进行口腔筛查并建立口腔健康档案，为1.52万名符合窝沟封闭适应症且自愿接受的学生实施窝沟封闭，切实保护儿童口腔健康，取得良好社会效益。

【精神卫生】 对具有威海市户籍（或持有威海市居住证）且在山东省精神障碍信息系统登记并纳入所在社区基本公共卫生服务管理的患者进行免费救治。全年救治患者2.41万人次，支出救治资金540余万元。加强严重精神障碍患者管理，规范诊疗，落实登记报告和随访管理等制度，全市严重精神障碍患者规范管理率93.7%。举办严重精神障碍管理治疗及社会心理服务体系建设相关内容培训，提高基层人员业务能力，累计培训1700余人次。加强精神卫生机构能力建设，威海市精神卫生中心、乳山康宁医院、文登精神卫生防治院获评省级精神卫生管理服务优质单位。威海市立三院报送的《“第一时间”心理援助暖人心》、文登区卫生健康局报送的《用“心”交流　真诚服务》获评山东省社会心理服务体系建设优秀案例优秀奖。

卫生健康综合监督

【概况】 2022年，全市卫生健康综合监督系统以“攻坚突破年”活动为主线，全面落实监管责任，创新监管模式，提高监管能力，切实守牢卫生健康安全底线，为推动卫生健康事业高质量发展提供有力支撑。

【疫情防控监督执法】 各级卫生健康监督执法队伍紧扣阶段性督导工作要点，以公共场所、基层医疗机构、学校等场所为重点，开展常态化新冠肺炎疫情防控专项检查和巡查，对违反防疫规定的58家医疗机构责令停业整顿。开展实验室生物安全、医疗废物处置等专项检查，加大传染病防控、消毒产品生产企业等执法力度，立案209起。全面开展卫生健康领域公共场所新冠肺炎疫情防控工作督导检查，督导各级各类医疗机构109家、托育机构8家、“四小场所”（小旅馆、小美容店、小理发点、小浴池）114家，发现问题146条。

【综合监管机制建设】 完善医疗卫生行业综合监管制度，强化政府主导责任，将综合监管督察列入市委、市政府2022年督查考核计划，同时列入医改工作对区（市）的考核内容。9月，联合市生态环境局、市场监督管理局等9个部门对各区（市）医疗卫生行业综合监管制度落实情况进行督察通报。落实部门协同监管责任，市深化医改领导小组办公室牵头召开专题会议研究部署2022综合监管工作。市卫健委联合市市场监督管理局、公安局等7个部门开展医疗乱象专项治理行动、学校饮用水专项检查等联合执法行动。印发关于加强全市现制现售饮用水监督管理工作的通知，明确现制现售饮用水监管具体要求，建立协同监管机制和信息共享机制。强化行业组织自律作用，召开市级医疗卫生行业组织座谈会，市医学会、预防医学会、民营医疗机构行业协会等行业组织积极参与医疗卫生行业综合监管工作。

【综合监管效能提升】 信用监管　注重发挥信用监管的基础性作用，全市在口腔医疗机构实施“信用＋量化分级”分级分类监管模式的基础上，开展医疗美容机构、餐（饮）具集中消毒服务单位量化分级管理省级试点工作。环翠区开展社会办中医医疗机构量化分级管理，并建设民营医疗机构“诚信＋”信用体系，将全区266家民营医疗机构全部纳入信用积分管理。

智慧监管　整合行政许可、重点专科、特许技术、行政处罚等信息，在全市推行医疗机构、医护人员“一码监管”工作，实现对全市2662家医疗机构、2.59万名医护人员的在线监管。全市餐饮具消毒服务企业与山东省餐饮具协会进行对接，推行“一企一码”管理。在餐（饮）具集中消毒服务单位、医疗机构医疗废物收集环节安装在线监控设备，将卫生执法终端与机构即时生产动态关联，实现“过程留痕、回溯责任、闭环管理”。8月，省卫生监督执法工作推进会议在威海市召开，对威海市量化分级试点及餐（饮）具集中消毒服务单位“全网监督＋一码监管＋量化分级管理”管理模式工作进行现场观摩和推广。

体验式执法　威海市卫生健康监督“情景体验式”执法模式入选全省卫生健康监督“揭榜挂帅”改革项目，开展游泳场所、现制现售饮用水情景“体验式”执法活动20余次，检查游泳场所、现制现售饮用水经营单位32家，指导整改14家，发放宣传材料2300余份，媒体宣传10余次。

【新型监管机制健全】 全面实施“双随机、一公开”监管，部门联合“双随机、一公开”抽查涉及卫生健康领域任务10项、监管对象232个，按时完成率100%。市卫健委印发威海市卫生健康随机监督抽查实施方案，抽取11个专业领域抽查任务717个，监督完成率、任务完结率均为100%，立案76起，罚款1.22万元。健全重点监管清单制度，印发卫生健康领域重点监管事项清单管理制度，把学校卫生、消毒产品、放射诊疗以及一级以上医疗机构的医疗卫生和传染病防治、日供水千吨以上集中式供水单位等 11 个专业领域纳入重点监督清单，实施全覆盖监督，其他专业领域综合利用随机抽查、信用管理、非现场执法等方式进行监管。开展“综合监管一件事”改革，荣成市卫生健康局获批全省医疗服务“综合监管一件事”改革试点单位，通过编制形成医疗服务领域“综合监管一件事”清单，制定监管实施规范，有效优化监管流程，提升监管效能，通过省级验收。推行包容审慎精准监管，推出“不予处罚、减轻处罚、从轻处罚、从重处罚”四张清单，下达《“首违不罚”卫生监督意见书》62 份、《不予行政处罚决定书》43 份，从轻处罚 1 起。

【监督执法“蓝盾行动”】 以问题为导向，在全市开展监督执法“蓝盾行动”，监督各类机构 1.73 万户次，监督覆盖率 100%，查处案件 795 件。开展医疗机构疫情防控消毒措施落实专项监督，检查各级各类医疗机构 2589 家，消毒效果采样 229 家，61 家存在空气菌落总数、消毒后医务人员手不合格的问题，立案 42 起。开展医疗机构依法执业突出问题专项整治，实现 2589 家医疗机构检查全覆盖，查处医疗机构违法违规问题 75 起。开展职业健康检查专项执法检查行动，对全市 9 家职业健康检查机构进行现场检查，监督覆盖率 100%，抽查职业健康检查档案 52 份，下达《卫生监督意见书》18 份，行政处罚 4 起。开展学校饮用水卫生专项监督，检查各级各类学校 366 家，督促 27 家自建设施供水的学校整改合格并办理卫生许可证，下达意见书 158 份，立案处罚 24 起。开展打击非法行医专项整治行动，全市立案 98 起，罚没款 226.36 万元。开展现制现售饮用水卫生监督监测工作，对现制现售饮用水经营主体监督检查覆盖率达 100%，抽检 541 台饮水机出水水质，抽检率 27.4%，水质合格率 99.1%。

妇幼健康与人口家庭

【概况】 2022 年，全市各级卫生健康部门积极实施“三孩”生育政策及配套措施，严格落实母婴安全五项制度，加强出生缺陷综合防治，提高出生人口素质，促进人口家庭发展。全市有妇幼保健机构 5 处。其中，威海市妇幼保健院为三级甲等妇幼保健机构，荣成市妇幼保健院为三级乙等，文登区妇幼保健院为二级甲等；有助产机构 16 家，妇产儿科床位数 1729 张，医护人员 1954 人。威海市妇幼保健院获评省级妇幼健康文化特色单位，在全国妇幼保健院绩效考核三级妇幼保健院中居全国第 14 位、全省第 2 位。威海市妇幼健康、人口家庭相关工作做法分别在全省妇幼健康工作会议和人口监测与家庭发展工作会议上进行交流。

【妇幼健康】 市卫健委印发关于做好新冠肺炎聚集性疫情防控期间确诊孕产妇和新生儿医疗救治工作的通知等文件，规范疫情应急处置。组建新冠肺炎疫情孕产妇和儿童健康咨询专家库，编写《威海市新冠病毒感染居家指导手册》，发布《致全市孕妇的一封信》等，对孕产妇和儿童监护人提供健康教育与咨询指导。实施母婴安全行动提升计划和健康儿童行动提升计划，做好首次就诊孕产妇的妊娠风险筛查和建档立卡，科学规范做好五色分级管理。对全市 7 处危重孕产妇救治中心建设情况进行全面评估，针对薄弱环节进行全面整改提升。与省级救治中心烟台毓璜顶医院建立高危孕产妇救治管理工作机制，畅通绿色救治通道。强化培训提升，定期开展业务培训、现场教学或远程指导等活动，提升综合救治能力。举办全市新生儿复苏技能竞赛，规范新生儿复苏流程。开展妇幼健康项目精细化服务年行动，对全市妇幼健康领域 13 个免费项目细化指标要求，每年 2 次对妇幼健康项目实施情况进行督导。全年投入婚孕前优生健康检查、产前筛查诊断等妇幼健康项目资金 2360 万元，惠及妇女儿童 11.6 万名。实施健康儿童行动提升计划和母乳喂养促进行动计划，加强婴幼儿营养喂养指导，开展儿童孤独症筛查干预服务试点，建立 0 ~ 6 岁儿童孤独症初筛、复筛、转介、随访服务等工作机制。推进 0 ~ 6 岁儿童眼保健服务规范落实，开展人员培训和技术指导，强化社会宣传和健康教育。完善辖区管理，强化基层服务，为孕产妇和儿童提供规范、全程、优质的保健指导，全市孕产妇系统管理率和 7 岁以下儿童健康管理率在 95% 以上。召开全市妇幼保健机构专科联盟会议，强化机构协同发展。威海市妇幼保健院和荣成市妇幼保健院围绕温馨环境打造、优化就诊流程等方面开展儿童友好型医院试点建设。加强妇幼保健领域中医药服务，充分发挥中医药在妇女儿童预防保健和疾病诊疗中的独特优势。围绕母婴保健技术、产科重症救治、出生缺陷防治等内容组织市级培训班 20 期，参训人数 6000 余人。加强妇幼健康信息化建设，依托市级全民健康信息平台和全省妇幼健康信息系统，提升妇幼健康信息化水平，完善全生命周期健康信息服务。发挥妇幼保健机构绩效考核作用，做好妇幼保健机构标准化建设和规范化管理，提升机构服务质量。规范出生医学证明发放管理，健全完善相关工作制度，加强日常监管。开展“出生一件事”线上服务，方便群众办事。

【计生奖励扶助救助政策落实】 严格落实计生奖励扶助救助政策，实行农村独生子女父母奖励费、城镇失业（无业）人员独生子女父母奖励费统一发放制度。将 2022 年 11 月 1 日及以后企业、社会团体、民办非企业等单位独生子女父母奖励费纳入财政保障范围，实现城乡居民等各类独生子女父母奖励全覆盖。实施计划生育困难家庭救助制度，对符合救助条件的独生子女家庭、独生子女死亡现无子女家庭、双女家庭，分别按威海市城乡最低生活保障标准 15%、35%、15% 的比例发放救助金。实行计划生育家庭特别扶助制度，动态调整扶助标准，实行一次性临时救助金制度和住院护理补贴保险制度。年内，全市确认各类计生奖励扶助对象41.8万人，涉及资金4.14亿元。

【人口家庭工作】 政策支持体系完善 成立领导小组，将婴幼儿照护服务工作纳入威海市经济社会发展“十四五”规划，将每千人口托位数目标值提高至5个，并纳入对各区（市）、开发区的考核指标体系，推动3岁以下婴幼儿照护服务健康发展。印发威海市普惠托育服务建设工作实施方案，建立普惠托育服务机构财政补助制度，对符合条件的普惠托育服务机构，给予每个机构一次性开办补助，并参照公办幼儿园生均公用经费标准给予运营补助。将发放婴幼儿科学养育照护套装和托育服务示范机构创建活动纳入政府民生实事，投入财政资金近243万元。

普惠性托育服务供给体系建设 发展多种形式的普惠托育机构，支持公办托育服务机构建设。鼓励支持用人单位以单独或联合举办的方式，为职工提供普惠性托育服务；支持有条件的幼儿园举办托育机构或开设托班；大力发展非营利性托育机构，鼓励个人、企业、社会组织，举办非营利性托育服务机构。至2022年年底，全市设置托位9965个，每千人托位3.42个。

照护服务创新融合 创新医育结合服务模式，以医育结合为核心，推进医端、育端、家庭端有效衔接。成立婴幼儿照护服务专家库，依托各级妇幼保健院、基层医疗卫生机构成立婴幼儿养育照护服务指导中心和指导站，推动婴幼儿照护服务工作专业化、规范化，全市成立指导中心5处、指导站80处。组建科普专家库，定期开展育婴技能讲座培训，通过孕妇学校、父母课堂、直播“互联网+”等多种形式，加强家庭照护科普宣传，切实提高家庭科学育儿能力。制作托育服务ViVi（微微）科普动漫宣传片，营造养育照护良好氛围。

监管体系建设 建设3岁以下婴幼儿照护服务信息管理平台，实现全市各级卫生健康行政部门、托育服务机构、指导中心（指导站）全覆盖，实行智慧化监管。强化安全服务保障，印发托育机构疫情防控工作手册、托育机构传染病防控工作应急预案等，督促托育机构落实疫情防控、卫生保健、消防安全等措施，持续规范机构执业行为。联合市公安局、市场监督管理局等部门对托育机构实施联动巡查、动态管理等综合监管，切实保障婴幼儿健康安全。加强综合服务监督，规范登记和备案流程，开展“一次办好”服务，至年底，全市登记注册的托育机构完成备案65处。对托育服务机构依法实施守信联合激励和失信联合惩戒，构建以信用为基础的监管机制，营造诚实守信的市场环境。成立威海市托育服务协会，加强行业自律，提升服务质量，助力全市托育服务行业发展。

9月2日，威海市创建全国婴幼儿照护服务示范城市汇报座谈会召开

（刘志鹏　摄）

【计划生育协会工作】 加强组织建设，市级和4个区（市）计划生育协会全部落实改革实施方案，列入群团机关序列，完成“三定”（定机构、定职责、定编制）任务，乡镇协会完成换届，全市村（居）计划生育协会“会员之家”全部整合到新时代文明实践站。2022年，2人获得省级表彰。助力常态化新冠肺炎疫情防控工作，对农村高龄、失能半失能的计生特殊家庭发放疫情防护用品和药品价值近9万元。承办中国计划生育协会青春健康高校项目管理暨同伴教育培训班，在文登区、乳山市试点家庭健康指导员队伍建设工作。开展宣传教育，在市级以上媒体刊发工作报道26件次，推进“网上计生协”系统培训和试运行工作，发表理论文章，合力推进计生家庭保险工作经验做法在省计划生育协会七届二次理事会上进行交流。开展生育关怀，建设省级“暖心家园”1处，覆盖目标人群30人；开展“暖心行动”，受益群众6352户；开展计生家庭保险工作，计生家庭参保人数11.34万人。开展“优生优育进万家”活动，全市有优生优育指导专家81人，印发优生优育和婴幼儿养护宣传明白纸和折页3.88万份。开展“发展托育机构——我们在行动”3岁以下婴幼儿照护服务宣传，举办3岁以下婴幼儿照护服务师资骨干线上培训班，打造和培植优生优育指导中心项目点2处。拓展服务职能，开展“宝贝箱——山东99公益日”项目宣传筹款活动，募集资金4.34万元。开展“幸福工程——善佑母婴”行动，宫颈病科公益项目在文登区落地。在文登区开展山东省三孩生育政策下计生特殊家庭现状及扶助关怀政策走向研究调查，在威海火炬高技术产业开发区开展全国婚育状况统计调查。

（袁珞怡）

编辑　李传强

体　育

综　述

【概况】　2022年，威海市人民政府印发《关于加快推进新时代现代体育强市建设的实施意见》，启动全民健身、竞技体育、体育产业、体育文化传播、体育社会治理的“五环”全面协调发展的新时代现代体育强市建设。全市4个单位、4人分别获评山东体育强省建设先进集体、先进个人；7个单位、9人分别获评全省群众体育工作通报表扬先进集体、先进个人。

【全民健身服务水平提升】　夯实新时代现代体育强市群众基础，威海市体育局印发《威海市加强全民健身场地设施建设 发展群众体育的实施方案》《体育设施维护更新实施方案》，与市发展和改革委员会联合印发《威海市体育公园建设方案》《关于社会足球场地对外开放和运营管理的实施方案》，落实资金415万元，支持全市9处公共体育场馆免费或低收费对外开放，投入资金455万元，更新维护健身器材1860件。全市举办各类全民健身赛事活动800余项次。其中，走进社区、面向群众广泛举办社区运动会近300场次，实现城市社区全覆盖。培训各级社会体育指导员1160人。威海体医融合智慧健身指导中心项目获评山东省体卫融合试点项目试点推广类优秀成果，荣成市体质健康检测融合项目获评山东省第二批体卫融合试点项目。

【竞技能力提升和青少年体育发展】　年内，威海市970余名运动员参加山东省第25届运动会24个大项比赛，获得综合金牌112枚，实现参赛奖牌“大满贯”。积极打造“中国乒乓胜地”，承办中国乒乓球俱乐部超级联赛、全国少年乒乓球比赛（北方赛区）等品牌赛事，威海南海乒乓球训练基地获得全国体育事业突出贡献奖、获评国家体育科普基地。威海市体育运动学校获评全国排球高水平后备人才基地，中国国家U16青少年棒球队训练基地落户威海临港经济技术开发区，鲁能乒乓球俱乐部人才培养基地落户荣成市。文登县级体校办学模式改革试点经验在全国青少年体育工作会议上进行交流。广泛开展“奔跑吧·少年”儿童青少年主题健身活动249场，参与人次突破32万人次，工作经验做法作为全省典型向国家体育总局推送。

【体育产业服务】　年内，威海市被省体育局、统计局认定为山东省体育产业统计提升年试点城市，逐步建立系统完善的体育产业统计体系，并通过统计工作摸清发展底数和制约瓶颈，精准施策促进体育产业发展。荣成市获评国家体育产业示范基地，威海市环翠区、威海西港游艇有限公司、领上运动智能健身项目分别获评省体育产业示范基地、单位、项目，威海市环翠区轻户外运动基地获评山东省体育服务综合体（其他型），荣成康派斯新能源车辆股份有限公司获评2022年山东省技术创新示范基地，荣成环山亲海体育旅游线路获评2022年国庆假期体育旅游精品线路，“近山亲海”威海冬季体育旅游线路获评山东省冬季体育旅游精品线路，双蛇智能乒乓球发球机获得2022年中国体育智能制造创新大赛优秀奖。举办2022年全国青少年棒球锦标赛U15、U18组暨中国中学生棒球锦标赛、“临港杯”中国威海国际棒球邀请赛、山东省第六届半岛蓝色经济区域健身联动活动等品牌赛事。发放省场馆服务、培训服务、渔具专项消费券，拉动消费600万元。

【体育文化传播】　成立胶东五市数字体育联盟，与俄罗斯索契市体育局建立联系机制，探讨开展冰雪、武术项目交流。拓展短视频宣传阵地，开通“威海体育”官方抖音和微信视频号，发布视频150余条，累计播放量约200万人次，获得“点赞”2万余个，抖音单条播放量最高达30万人次。参加山东体育新闻奖评选，择优选送作品19个，获得一等奖2个、二等奖3个、三等奖4个；参加山东省第三届体育影像大赛，市体育局获评优秀组织奖，获得一等奖1个、三等奖3个、优秀奖4个。威海市“坐姿太极拳健身十二法”项目入选国家体育总局全民健身志愿服务项目库。

【体育协同发展和社会治理能力提升】　健全新时代现代体育强市体制机制，市体育局印发《关于进一步压实主体责任规范体育行业安全生产工作的通知》《关于推动全市体育行业企业落实安全生产“晨会”制度的通知》《威海市体育行业常态化开展安全宣教工作实施方案》等安全防控制度规范约30项。印发《威海市体育行业信用分级分类监管办法》，实施信用分级分类监管，实现“双随机、一公开”监管和“互联网+”监管事项全覆盖，防范化解各类风险。深化“放管服”改革，发布无证明城市“发证”“用证”事项清单。

（朱　旭）

【山东省威海体育训练中心】 2022年，山东省威海体育训练中心运动员代表国家队参加国际比赛，取得优异成绩。在俄勒冈世界田径锦标赛上，山东省运动员冯彬以69.12米成绩创个人最好成绩，获得女子铁饼冠军，是山东省田径赛项目第1枚世锦赛金牌；刘诗颖以63.25米成绩获得女子标枪第4名。运动员徐晓燕、阮洪婷、赵颖、王笑、孙悦、庄程程代表国家女子橄榄球队参加亚洲七人制系列赛，获得总冠军。运动员林燕群、田秀秀、宫蕾、路畅、刘婵代表国家女子手球队参加亚洲锦标赛获得季军。山东省男队、女队参加国内橄榄球锦标赛，分别获得冠军、亚军；男子手球队获得中国手球超级联赛亚军，创参赛最好成绩。威海体育训练中心认真履行全省橄榄球、手球项目管理职能，完成省第25届运动会竞赛组织工作，全方位展示全省橄榄球、手球项目青少年业余训练发展成果。

（赵 斐）

群众体育

【概况】 2022年，威海市组队参加“中国体育彩票杯”山东省第十二届全民健身运动会门球、健美操、羽毛球、象棋等8项比赛，国家体育总局举办的全民健身线上运动会健身气功交流比赛，山东省第三届“云走齐鲁”万人线上健步走活动和“乐行春秋”2022年线上线下网络健步走比赛等省级以上群众体育赛事活动。举办威海市第十二届全民健身运动会、威海市第四届冬季全民健身运动会和2022年威海市社区运动会。开展各类体育赛事活动800余场次，直接参与人数约10万人次。年度培训各级各类社会体育指导员1160名，全市社会体育指导员达1.7万人；为500名群众免费提供体质监测服务并开具运动处方。

【2022年威海市全民健身月启动仪式】 5月22日，威海市第十二届全民健身运动会·2022年威海市全民健身月启动仪式暨“中国体育彩票杯”健康威海徒步行活动举行。仪式以“喜迎二十大·健康威海行”为主题，标志着威海市第十二届全民健身运动会、全民健身月正式开始。启动仪式后，全市陆续开展市、区（市）和镇3级全民健身运动会，并组织相关单位、部门和体育协会、俱乐部开展线上线下相结合的全民健身活动，搭建群众运动和交流平台，引导动员全民广泛参与健身活动。

【威海市第十二届全民健身运动会】 自3月开始至10月结束，历时7个月，举办市、区（市）两级全民健身运动会124场次。其中，市级第十二届全民健身运动会设篮球、足球、乒乓球、游泳、武术、体育舞蹈等10余项12场次；各区（市）举办全民健身运动会112场次，其中环翠区35次、文登区13次、荣成市31次、乳山市7次、威海火炬高技术产业开发区5次、威海经济技术开发区9次、威海临港经济技术开发区6次、威海南海新区6次。

【威海市社区运动会启动仪式】 10月11日，由市体育局、体育总会主办的“兴业银行杯”2022年威海市社区运动会启动仪式在威海欧乐坊广场举行。活动以“全民健身，你我同行”为主题，威海火炬高技术产业开发区东河北社区、华晟社区、仁柳庄等社区居民参加启动仪式，运动会设置20米托球跑、背靠背运球、夹玻璃球、套圈、跳绳5个趣味比赛项目并分组依次进行。年内，全市累计举办社区趣味运动会273场次，项目设置主要包括踢毽子、夹玻璃球、往返托球跑等趣味性、灵活性、多样性活动。

【威海市“全民健身日”启动仪式暨全省农村老年太极骨干展示交流活动】 8月7日，由市体育局、体育总会主办，市老年体协承办的威海市2022年全民健身日启动仪式暨全省农村老年太极骨干展示交流活动（威海分会场）在威海市体育场外健身广场举行。启动仪式上，100余名健身爱好者进行24式简化太极拳、吴氏太极拳、太极养生杖、柔力球等健身项目的展示。各区（市）于8月8日前后开展门球、象棋、太极拳、游泳等一系列比赛活动，全市公共体育场馆在全民健身日当天向市民群众免费开放。市体育局将新修订的《中华人民共和国体育法》普法宣传作为全民健身日系列活动的重要内容，印制宣传手册，举办宣讲活动。

【山东省第六届半岛蓝色经济区域健身联动赛事活动】 8月13日，由山东省体育局主办，威海市体育局、威海经济技术开发区社会工作部承办的山东省第六届半岛蓝色经济区域健身联动赛事活动在威海经济技术开发区东浦湾海水浴场举行。活动设置男子沙滩足球（3人制）、男女沙滩排球（3人制）、桨板（男女200米竞速赛、龙板团体、4×200米接力）、沙滩毛毛虫、沙滩拔河等项目，青岛、东营、烟台、潍坊、滨州、威海6个市的100余名运动员参加活动。

（和弋斐）

竞技体育

【概况】 2022年，全国少年乒乓球比赛（北方赛区）、威海南海·中国乒乓球俱乐部超级联赛、全国青少年棒球锦标赛U15组暨中国中学生棒球锦标赛（初中组）等赛事在威海市举办。举办威海市首届少儿冰球精英赛等赛事，组队参加山东省第25届运动会，包揽比赛金牌奖、比赛总分奖、优秀运动员组金牌总分奖、综合金牌奖、综合总分奖和体育道德风尚奖全部6个奖项，获得综合金牌112枚，总分3510.5分，均列全省第8位。举办3个项目教练员、裁判员培训班，培训学员100余人，审批二级运动员210人。

【全国少年乒乓球比赛（北方赛区）】 9月5日—9日，由中国乒乓球协会主办的2022年全国少年乒乓球比赛（北方赛区）在威海市举行。比赛设男女单打、团体赛、混双项目，全国近20支代表队140名运动员参赛。本次比赛是中国乒乓球后备力量的展示、比拼，具有赛事等级高、组织规格高、竞赛层次高、选手水平高等特点。

【威海南海·中国乒乓球俱乐部超级联赛】 12月3日—11日，威海南海·中国乒乓球俱乐部超级联赛在威海南海新区国家乒乓球训练基地举行，全国各地15支乒乓球俱乐部、80余名乒乓球选手参赛，山东鲁能俱乐部队夺得女团、男团冠军。

【全国青少年棒球锦标赛U15组暨中国中学生棒球锦标赛（初中组）】 8月19日，全国青少年棒球锦标赛U15组暨中国中学生棒球锦标赛（初中组）在威海临港经济技术开发区全民健身中心棒球场举行，全国14支队伍275名运动员参赛。

【威海市首届少儿冰球精英赛】 8月14日，2022年威海"临港杯"首届少儿冰球精英赛在威海冰球馆举行。比赛分U6、U8、U10三个年龄组，执行2014—2018赛季《国际冰球竞赛规则》和《国际冰球运动规则》，全国17支队伍近200人参赛。本次比赛是威海首次举办的冰上运动交流赛事，有力带动全市竞技、群众性冰雪运动普及和冰雪产业高质量发展。

【威海市"奔跑吧·少年"儿童青少年主题健身活动】 市体育局印发《威海市2022年"奔跑吧·少年"儿童青少年主题健身活动实施方案》，召开全市"奔跑吧·少年"儿童青少年主题健身活动工作动员会，印发活动开展情况通报7期，全年全市累计开展主题活动249场次，活动参与人数突破32万人次。

威海市参加山东省第25届运动会金牌一览表

表15

序号	项目	金牌数	运动员	教练员
1	男子排球乙组	4	高兴豪	武晓磊
			田浩楠	
			王　楠	
			高　瑞	
			倪浩斌	
			张　浩	
			林永杰	
			张孝爽	
			孙青山	
			孙梓宸	
			张国政	
			李昊润	
			王一鹏宇	
			曾渤超	
2	现代五项	1	孟　鑫	王芳
3	柔道	1	林　栋	王益华
4	小轮车泥地竞速	1	陈于诚	陈攀
5	女子手球甲组	0.5	张　蕊	姜英英
			施冬楠	
			于冰沁	
			邵　婧	
			季晓婷	
			黄梦瑶	
			姜佳音	
			勇朝辉	
			毕　玉	

续表 15

<table>
<tr><th>序号</th><th>项目</th><th>金牌数</th><th>运动员</th><th>教练员</th></tr>
<tr><td rowspan="3">5</td><td rowspan="3">女子手球甲组</td><td rowspan="3">0.5</td><td>王鲁豫</td><td rowspan="3">姜英英</td></tr>
<tr><td>李佳明</td></tr>
<tr><td>周思晨</td></tr>
<tr><td>6</td><td>国际式摔跤</td><td>1</td><td>李嘉伟</td><td>冯富强</td></tr>
<tr><td rowspan="2">7</td><td rowspan="2">空手道</td><td>1</td><td>张镱镤</td><td rowspan="2">刘伟华</td></tr>
<tr><td>0.5</td><td>刘皓然</td></tr>
<tr><td>8</td><td>铁人三项</td><td>1</td><td>苏　灿</td><td>石庆立</td></tr>
<tr><td>9</td><td>拳击</td><td>1</td><td>宋豪杰</td><td>刘立军</td></tr>
<tr><td>10</td><td>乒乓球</td><td>1</td><td>杨明坤</td><td>高磊</td></tr>
<tr><td>11</td><td>小轮车自由式</td><td>1</td><td>吕思婷</td><td>陈攀</td></tr>
<tr><td rowspan="13">12</td><td rowspan="13">女子排球甲组</td><td rowspan="13">1.5</td><td>胡春丽</td><td rowspan="13">赵瑜</td></tr>
<tr><td>李秉芸</td></tr>
<tr><td>张　帆</td></tr>
<tr><td>张雨晴</td></tr>
<tr><td>王　鑫</td></tr>
<tr><td>王煜榕</td></tr>
<tr><td>刘柏彤</td></tr>
<tr><td>王玉婷</td></tr>
<tr><td>韩如冰</td></tr>
<tr><td>王纯慧</td></tr>
<tr><td>岳星贝</td></tr>
<tr><td>刘星雨</td></tr>
<tr><td>张益菡</td></tr>
<tr><td rowspan="6">13</td><td rowspan="6">射箭</td><td>2</td><td>杨美怡</td><td rowspan="6">王雅琴</td></tr>
<tr><td rowspan="3">1</td><td>杨美怡</td></tr>
<tr><td>徐亚宁</td></tr>
<tr><td>冼荣荣</td></tr>
<tr><td rowspan="2">1</td><td>杨美怡</td></tr>
<tr><td>杨嘉炜</td></tr>
<tr><td>14</td><td>举重</td><td>1</td><td>马深奥</td><td>刘卫国</td></tr>
<tr><td rowspan="4">15</td><td rowspan="4">赛艇</td><td>1</td><td>孙俊杰</td><td rowspan="4">焦玉庆</td></tr>
<tr><td>1</td><td>宋雪怡</td></tr>
<tr><td rowspan="2">1</td><td>孙俊杰</td></tr>
<tr><td>王自祥</td></tr>
<tr><td rowspan="2">16</td><td rowspan="2">田径</td><td>2</td><td>李　武</td><td>史亮</td></tr>
<tr><td>2</td><td>张盛铭</td><td>姜大勇</td></tr>
<tr><td rowspan="2">17</td><td rowspan="2">网球</td><td rowspan="2">1</td><td>牛姝雯</td><td rowspan="2">佟吉热牧</td></tr>
<tr><td>刘皓然</td></tr>
<tr><td rowspan="4">18</td><td rowspan="4">男子橄榄球甲组</td><td rowspan="4">0.5</td><td>于景升</td><td rowspan="4">姜其龙</td></tr>
<tr><td>崔　伟</td></tr>
<tr><td>宋　闪</td></tr>
<tr><td>邵程祥</td></tr>
</table>

续表 15

序号	项目	金牌数	运动员	教练员
18	男子橄榄球甲组	0.5	宫长青	姜其龙
			丁海鹏	
			侯军辉	
			张　闰	
			吕荣春	
			孙洁池	
			宗文豪	
			胡峻瑜	
			李　琛	
			李钦杰	
			宋明哲	
			陈京州	
19	男子橄榄球乙组	0.5	林源斌	陶春涛
			刘苏元	
			刘子豪	
			倪嘉成	
			倪华阳	
			初子康	
			魏黎歌	
			赵旭楠	
			程佳骏	
			何森旭	
			吕明洁	
			栾军威	
			张波鑫	
20	女子橄榄球甲组	0.5	张子涵	刘经纬
			于　颖	
			赵一旋	
			鞠　晶	
			孙晴姿	
			龙雨儿	
			王佳楠	
			邹佳琪	
			阮静雯	
			卢思颖	
21	女子橄榄球乙组	0.5	刘宗凤	徐召军
			高晨楠	
			王志博	
			王梓宁	
			房欣凤	
			张东雪	
			靳明明	
			邱玉乾	

续表 15

序号	项目	金牌数	运动员	教练员
21	女子橄榄球乙组	0.5	韩美娟	徐召军
			靳子熙	
			蔺佳慧	
22	帆船帆板	0.5	徐英豪	徐其龙
23	女子足球乙组	2	徐子怡	王建鑫
			金紫怡	
			王　银	
			宋美贤	
			刘泽花	
			徐李晨	
			隋宇洁	
			曹梓若	
			夏　羽	
			宗芮帆	
			吴依静	
			孙一菲	
			孙小雯	
			孙雨琪	
			宋芮萱	
			张书宁	
			于佳怡	
			韩孟瞳	
			金苔美	
24	男子足球丙组	2.5	陈孜轩	王文川
			李玖泽	
			王羿涵	
			刘思成	
			尹明煦	
			丛子涵	
			董瀚文	
			刘超然	
			夏带文	
			张善民	
			慕容润峰	
			李　想	
			王桂清	
			贾云杰	
			苏中汉	
			何丛乐	
			于丰瑞	
			孙浩栋	
			李铭宇	
			王朝贺	

续表 15

序号	项目	金牌数	运动员	教练员
24	男子足球丙组	2.5	汤雨泽	王文川
			王浩然	
			张富康	
			李圣宇	
			张佳诚	
			张轩赫	
			辛昊泽	
			杨博文	
25	男子手球乙组	2	曲毅晨	于晓娜
			刘　毅	
			鞠一鸣	
			邵喆凯	
			董梦浩	
			于镇海	
			黄维东	
			杨泽鑫	
			马毅玮	
			孙珺瑞	
			李沂函	
			李明君	
			王继洋	
			于峰馗	

（孙建春）

体育产业

【概况】 2022年，威海市深入挖掘竞赛表演产业潜力，持续实施“一区市一品牌”战略，加快实施“体育+”，重点发展全民健身、体彩销售等本体产业，全面发展场馆服务、培训教育等产业类型，荣成市获评国家体育产业示范基地，成功创建省体育产业示范单位1处、省体育产业示范项目1处、省体育服务综合体1处，荣成市环山亲海休闲旅游路线入选2022年国庆假期体育旅游精品线路，中国威海HOBIE帆船公开赛获评山东省“十大”高端精品体育赛事，中国国家U16青少年棒球队训练基地落户威海临港经济技术开发区。体育产业稳步发展，2021年，威海市体育产业总产值281.43亿元，列全省第4位，增加值100.5亿元，增加值占地区生产总值的2.9%，列全省第1位，威海市被确定为2022年全省体育产业统计试点城市。先后组织24家单位分别发放冰雪、体育场馆、体育培训、体育用品零售业专项（渔具）等体育消费券，提升体育消费水平。威海市10个单位入选山东省体育消费券合作单位，参与发放2022年山东省场馆服务类和体育培训类消费券，荣成市坤鹏羽毛球俱乐部获评2021年第二届山东省体育消费券发放活动优秀合作单位。威海市山泰生态园滑雪场、威海冰球馆、逸扬轮滑冰球馆3家冰雪场馆入选山东省体育冰雪消费券合作单位，参与2022山东省体育冰雪消费券发放活动。全市11家渔具经销商参与第二届山东省体育消费券体育用品零售业专项（渔具）消费券发放活动，发放消费券50万元。成立胶东五市数字体育联盟，联合举办首届黄河流域暨胶东五市数字体育运动会。举办中国威海国际棒球邀请赛、威海桨板邀请赛等品牌赛事活动。全年体育彩票销量达6.24亿元。市体育局先后4次组织全市58家企业和单位通过网络平台参加省体育局举办的山东省体育产业助企发展政策解读系列培训班；组织全市体育主管部门、体育运动船舶从业单位通过网络平台集中参加中国帆船帆板运动协会主办的帆船安全生产培训。

【企业参与北京冬奥会服务保障】 2月4日—20日，迪尚集团有限公司、金猴集团有限公司、威海允祯未来服装有限公司等9家企业参与2022年北京冬季奥运会各方面服务保障工作，展现威海市体育产业发展成果。

【威海铁人三项自行车耐力骑行活动】 5月15日，由威海市铁人三项运动协会主办，威海好单车俱乐部、威海铁三好单车服务站承办的威海铁人三项自行车耐力骑行活动举行。活动设置100千米和60千米组2个骑行距离组，全市50人参赛。6月19日，由威海市铁人三项运动协会主办的威海铁三走进洪水岚—大东疃健康骑行活动举行，52人参加活动。

【南海新区第二届“龙腾齐鲁”龙王争霸赛】 6月3日，由威海南海新区公共服务局主办，威海南海文旅集团有限公司承办的2022年威海南海新区第二届“龙腾齐鲁”龙王争霸赛在蓝湖公园举行。赛事设200米、400米2个项目，有7支队伍参赛。

【“临港杯”中国威海国际棒球邀请赛】 6月18日—19日，由山东省小球运动联合会指导，市体育局、市人民政府外事办公室、威海临港经济技术开发区管理委员会主办的“临港杯”中国威海国际棒球邀请赛在威海临港经济技术开发区全民健身中心举行，7支代表队120余名运动员参赛。

【2022“广安·东浦海岸杯”威海桨板邀请赛】 8月21日，由威海市体育局指导、威海市游艇行业协会主办的2022“广安·东浦海岸杯”威海桨板邀请赛在东浦湾海水浴场举行。比赛设置200米男、女组竞速赛，6000米男、女组耐力赛，4×200米接力赛及团体龙板200米6个项目，全国16支代表队120名桨板运动员参赛。威海桨板邀请赛是国内第1个市场化运作的品牌赛事，已连续举办6届。

【中国国家U16青少年棒球队训练基地落户威海】 9月29日，中国国家U16青少年棒球队训练基地、威海蓝鲸棒球队、全国青少年棒球锦标赛U15组签约暨揭牌仪式在威海临港经济技术开发区举行。协议约定共建威海蓝鲸棒球队，参加全国职业棒球联赛，与中国棒球协会共同组织U16年龄组青少年棒球队集训，为U16国家集训队和中国棒球协会棒球学院培养输送优秀棒球运动员。

【体彩实体销售】 2022年，威海市有体育彩票营业网点495个，销售体育彩票7.56亿元，市场占有率70.10%，年度任务完成率117.4%。全市筹集公益金1.76亿元，其中，市级计提公益金5305万元，市体育部门公益金3243万元（市体育部门不含荣成市计提公益金1154万元），环翠区、文登区、乳山市计提公益金907万元。

（林霄燕）

体育设施

【概况】 2022年，威海市落实省级体彩公益金40万元，资助建设农村示范社区健身工程2处。落实国家、省体彩公益金415万元用于公共体育场馆免费或低收费开放，实现公共体育场馆与国家全民健身信息服务平台的客流数据对接；利用省、市体彩公益金70万元，招标采购健身器材352件，为各区（市）累计配套健身器材约400余件，用于城市社区、农村的体育场地设施建设，兜底维修、更新室外健身场地28余处、健身器材330余件。开展全市健身器材摸排和整治，全市人均体育场地面积达3.58平方米。

【镇级全民健身中心建设】 全年新建或改建镇级全民健身中心9处，其中荣成市5处、乳山市2处、威海火炬高技术产业开发区1处、威海临港经济技术开发区1处，实现镇级全民健身中心全覆盖。室外场地标准为建筑面积2000平方米以上，至少能长期开展5个体育活动项目，以球类和操舞类活动为主，且能够实现功能转换。室内场地标准为总建筑面积不少于200平方米，至少可以开展5个室内运动项目。

【威海体育场】 位于威海市文化中路90号，是威海市政府投资兴建的综合性体育场，总建筑面积3.8万平方米，可容纳观众3.1万人。工程于1999年10月1日动工建设，2003年7月8日通过综合验收。体育场的主体结构为桩基础现浇框架结构，看台罩棚采用全张拉空间索膜结构。体育场工程设计被评为山东省“泰山杯”奖；塑胶场地是国际标准的400米环形跑道，被国家体育总局评为国家一类比赛场地。

【威海体育馆】 位于威海市文化中路92号，建于1997年9月，建筑面积1.75万平方米，可容纳观众4600人。馆内设有中央空调、音响、电子屏幕等设备，是集体育活动、贸易洽谈、商贸展销等为一体的多功能综合性场馆。

【威海市全民健身中心】 位于威海市花园中路139号（市体育场北门西侧），南临文化中路，西临福山路。中心集健身、休闲、娱乐为一体，于2012年开工建设，整体布局分为成人健身区、儿童健身区，分室内和室外两个部分。室内部分配备青少年体育培训、有氧器械、自由重量器械等健身设施和国民体质监测室。室外部分，成人健身区建有橄榄球足球训练场、网球场、篮球场等设施。其中，橄榄球足球训练场长107米、宽60米，南北方向可布置成一片标准的橄榄球或足球训练场地，东西方向可布置成2片标准的7人制足球场地；网球场有室外场地11片，并配备有更衣室、淋浴间等相应设施；篮球场占地面积2200平方米，包括标准场地2片和练习场地1片；沙滩排球场地2片，每片场地长25米、宽16米；小轮车训练场包括450米标准赛道1条和60米小轮车爱好者使用的练习赛道4条；门球场占地面积600余平方米；另有健身路径器械31套。儿童健身区包括儿童迷宫、儿童乐园、儿童游泳池等设施。

【威海乒羽健身中心】 位于威海市体育中心区域西南角，福山路与文化路交汇处，是全市最大的专业化乒羽健身场所，总建筑面积2.9万平方米，2015年4月正式启用。地下一层车库建筑面积约6600平方米，设计车位103个。一层建筑面积约5220平方米，为体育用品专卖；二层建筑面积约5230平方米，为综合健身场馆；三层建筑面积约5150平方米，为乒乓球场地，有国际比赛指定球台40张，拥有独立带空调、卫生间和休息室等功能的VIP乒乓球室4间；四层为羽毛球场地和看台，有符合国家专业比赛的羽毛球场地29片，面积约4000平方米。其中，包括VIP羽毛球场地2片，配有带空调、卫生间、淋浴间和休息室等独立功能的包间4个，看台座席数600余个。

【威海市游泳馆】 位于威海体育场东南侧，威海体育馆东侧，南邻文化中路，规划用地面积约1.8公顷，总建筑面积约3.8万平方米，总投资约3.5亿元。2019年8月28日，威海市游泳馆及附属设施建设项目通过竣工验收。该项目按照省级绿色建筑二星级标准进行设计建造，主要包括比赛池、训练池、戏水池及相关的辅助用房。整体建筑分地上5层，地下1层。其中，地下一层为车库，地上一层设有配套商业用房，二层为训练池（21米×50米、8条泳道），三层为比赛池（25米×50米、10条泳道），四层为戏水池和1130座的观众看台，五层为设备层。

【威海市儿童游泳馆】 位于威海市体育中心区域东南角，是威海市首家儿童游泳馆，建筑面积约800平方米，2015年5月31日正式启用。馆内建有适合0～8周岁以内不同年龄儿童的游泳池，主要用于婴幼儿早期游泳训练和推广普及少儿游泳运动。游泳项目主要有游泳拓展训练课、戏水游泳课、普通游泳训练课。其中，游泳拓展训练课为特色项目，由专业游泳教练指导，根据儿童的能力和年龄的不同，整个课程分为9级标准。

【里口山国际山地自行车赛道】 位于威海市环翠区里口山风景名胜区，2015年7月28日开工。国际山地自行车赛道由美国IMBA（国际山地自行车赛道联盟）驻中方代表按照国际赛事标准设计，满足市民各种休闲健身骑行活动。赛道主要由休闲绿道、技巧公园、标识系统等组成。赛道一期工程总长14千米（其中休闲绿道9千米、中高级赛道5千米），有技巧公园1处、驿站2处、赛道专用标识牌55处，并在沿线修建防火蓄水池6处。休闲绿道与健身、休闲、观光的功能相一致，体能要求较低，适用于普通市民；中高级越野赛道利用自然山势中崎岖起伏的地形构造出坡度、弯度、难度，体能要求较高，适用于专业人士且配备专业运动装备；技巧公园是由美国IMBA研发的山地自行车骑行训练系统，利用堆土、木桥和石块形成连续多个自然坡度、弯度，训练骑手的柔韧性和协调性，用以提高选手的操控能力。

【里口山国家级登山健身步道】 是山东省首条国家级登山健身步道，国内首条山海景观登山健身步道，经国家体育总局批准，由国家体育总局登山运动管理中心认证。步道地处威海中心区域，青山向海，依托佛顶—大青顶—邓家寨—姜家疃等优越的自然资源和层次分明的山海景观，结合牛仙山等里口山独有的民俗文化特点，着力凸显生态、休闲、健康、美丽、文化5个元素，全长200千米，其中一期步道修建45千米，A级路线24千米，B级路线13千米，C级路线8千米。A级、B级路线以运动健身休憩为主，体能要求较低，适用于普通市民；C级路线以极限探险为主，适用于配备专业户外运动装备的专业户外人士。一期步道全程建有福德庄、塔山公园、北葛水库、桃花苑等出入口9个。按照《国家登山健身步道建设标准》，步道全程为非硬化土石路面。路线全程设一级导视装置8组、二级导视装置9组、三级导视装置63处、太阳能定位灯杆以及休憩和景观点多处。

【文登体育公园】 位于威海市文登区文山路东首城市文化商务区，占地面积30公顷，一期工程投资5亿元，规划建设竞技体育运动学校、体育场、体育馆、训练馆、学生宿舍及附属设施等。竞技体育运动学校建筑面积1.07万平方米，投资2000余万元，可容纳500余名学生就读、食宿和训练，2009年11月，校舍建成并投入使用。体育场建筑面积4.03万平方米，可容纳观众2.75万人，可承接国内外各级各类田径比赛。体育馆建筑面积为2.65万平方米，可容纳观众5450人，可承接篮球、排球、乒乓球等比赛项目。

【威海市体校教学训练综合馆】 于2016年投入使用，总投资3780万元，建筑面积7484平方米。地下一层为重竞技训练场馆，地上一层为篮、排球场地，五层为阶梯教室，场馆南区为办公区。

【荣成市文化体育中心】 位于荣成市桑沟湾畔，主要由体育场、体育馆和市民健身中心组成。2008年被国家体育总局命名为山东荣成国家队夏训转训基地，被山东省体育局命名为山东省优秀运动队训练基地、山东省体育后备人才训练基地。

荣成市体育场　2007年竣工，位于桑沟湾畔，总投资3.2亿元，建筑面积5.82万平方米，可容纳观众3万人。场内设体育运动学校、运动员公寓及文化设施、400米标准橡胶跑道。体育运动学校总面积为7430平方米，主要有教室、实验室及举重、摔跤、柔道、体操训练房等设施。运动员公寓面积3780平方米，配备客房105间、多功能厅1200余平方米，设有宴会厅、接待室及休闲娱乐设施等。

荣成市体育馆　2007年竣工，位于桑沟湾畔，总投资2.4亿元，建筑面积3.04万平方米，建筑高度45米，可容纳观众6548人。

荣成市民健身中心　2008年竣工，位于桑沟湾畔，体育场西侧，投资1800万元，占地面积6万平方米，设田径、网球、篮球、手球和链球等标准场地。

【环翠区全民健身中心】 位于威海市环翠区张村镇大光华国际学校南侧，占地面积7.7万平方米，分2期实施。一期工程建成篮球场4片、羽毛球场4片、笼式足球场2片；二期工程建设标准足球场、门球场各1片，健身中心、服务中心各1处。

【文登区全民健身中心】 位于威海市文登区文山路东首，改建面积约2万平方米。依托区体育公园进行建设，在原有场地（标准足球场2片、篮球场4片、网球场4片、手球场和排球场各1片）的基础上，增建笼式足球场2片，室外灯光排球场、篮球场各1片，连片灯光门球场8片，改建室内羽毛球场15片、健身路径36件。

【荣成市全民健身中心】 位于成山镇裕兴路北，荣成市第六中学东，占地面积 11.8 万平方米，室外体育场建有羽毛球场 2 片、篮球场 4 片、排球场 2 片、标准足球场 1 片、笼式足球场 1 片、健身路径 1 处；室内体育馆建有篮球场 1 片、羽毛球场 2 片、乒乓球场 1 片。

【乳山市全民健身中心】 位于乳山市新华街南、幸福二路北、幸福三路东、幸福一路以西区域，占地面积约 10.7 万平方米，一期工程建有篮球场 2 片、网球场 2 片、羽毛球场 3 片、乒乓球场 1 片以及健身广场、健身步道、停车场等。二期工程建有篮球场 2 片、足球场 3 片（其中笼式足球场 2 片）、排球场 2 片、健身路径 50 余件。

【威海经济技术开发区全民健身中心】 位于威海经济技术开发区乐天体育公园内，2015 年改建，面积约 1 万平方米。中心建有笼式足球场 2 片、篮球场 4 片、网球场 6 片、羽毛球场 6 片、排球场 2 片、门球场 4 片。

【威海临港经济技术开发区全民健身中心】 位于威海临港经济技术开发区江苏东路南，占地面积约 7.8 万平方米，总投资 1800 万元，2015 年竣工。建设标准足球场 2 片、网球场 4 片、篮球场 4 片、排球场 2 片、棒球场 1 片、门球场 1 片和乒乓球场 4 片，配套建设健身路径、淋浴房、商店、停车场、漫步道等。

【青岛盛地足球公园】 位于威海市口腔医院南侧，占地面积 1.12 万平方米，工程总投资 1800 万元，属政府投资和社会资金共同建设，分时段免费开放。建设管理方为青鸟盛地体育发展有限公司，建有标准足球场 1 片、7 人制足球场 1 片、5 人制足球场 3 片和篮球场 1 片。

【威海火炬高技术产业开发区华田体育公园】 位于威海火炬高技术产业开发区田和街道南部（城际铁路线北侧），西接新田路，东临南苑路及城际铁路隧道口，依托佛顶山下特有的丘陵地形地貌，设计占地面积 7.7 万平方米，建有足球场、篮球场、网球场、金色童年游乐园等户外活动场所。

【威海临港经济技术开发区足球场】 位于威海临港经济技术开发区全民健身中心内。2019 年 3 月，对原足球场地实施改造工程，将原场地升级为棒球和足球兼用，以棒球为主的场地，可承接国际级赛事。工程占地面积 2.04 万平方米，总投资 200 万元，属政府投资建设，免费对社会开放。

【威海市植物园专项运动场】 位于威海市植物园内，2019 年 6 月完工。工程占地面积 1500 平方米，总投资 30 万元，建设管理方为威海市植物园管理有限公司，免费对社会和游客开放。建有篮球场 1 片、门球场 1 片和健身路径 12 件。

【凤鸣谷健康主题公园】 位于威海市环翠区北环山步道东侧，菊花顶东区北侧，2018 年 5 月完工。工程占地面积 1.5 万平方米，总投资 1300 万元，属政府投资建设，建设管理方为环翠区鲸园街道办事处，免费对社会开放。建有活动广场、游乐场、步道和健身路径 20 件。

【威海经济技术开发区百尺所文化广场】 位于威海经济技术开发区百尺所农村社区，2016 年 6 月完工。工程占地面积 4000 平方米，总投资 95 万元，村民可免费健身。建有篮球场 1 片、健身路径 13 件。

【乳山仿真冰场】 位于乳山市城西全民健身中心室内，由闲置厂房车间改建，总面积 300 平方米，长 25 米，宽 12 米，设有仿真冰壶赛道 2 条，可进行仿真冰球的训练和比赛。工程于 2019 年 8 月完工并投入使用，是全市首个室内仿真冰场。

【威海南海国际沙滩运动基地】 位于威海南海新区海景路东首，占地面积 6.67 公顷，是集专业赛事、休闲运动、社会娱乐于一体的大型沙滩基地。基地分沙滩比赛、沙滩娱乐、海水浴场、餐饮住宿等功能区 6 个，内设的专业比赛场地及公共娱乐场地占地面积 4 公顷，可同时容纳 2000 余人现场观赛。沙滩比赛区设沙滩足球场地 2 片、沙滩篮球场地 2 片、沙滩排球场地 8 片、沙滩手球场地 8 片。沙滩娱乐区设沙滩足球、沙滩摩托赛、沙滩排球、儿童游乐园等。休闲公园区包括香水海海洋公园、万亩松林区等。海水浴场区设置帆船冲浪、露天浴场、潜水体验区等。海水泳池区设公共露天游泳池，包括深水区和儿童浅水区。公共配套区包括洗手间、淋浴间、比赛器械临时储藏间等。餐饮住宿区为碧海逸林度假酒店，步行百步即可到达训练比赛场地。2017 年 4 月，基地获批国家沙滩手球训练基地。

【威海南海奥林匹克中心】 位于威海南海新区金海路东、大学路南，总占地面积 13.19 万平方米，总建筑面积 12.72 万平方米，含乒乓球馆（面积 8659.42 平方米）、羽毛球馆（面积 6790.74 平方米）和比赛馆（面积 18761.31 平方米）各 1 座，由中基南海科教城（山东）有限公司投资建设。比赛馆设置座位 4386 个，于 2020 年 7 月全部竣工，9 月 17 日，中国乒乓球协会训练基地、中国乒乓球协会青少年训练基地落户奥林匹克中心。场馆设置和配套设施上完全满足国家队备战训练需求，按照国际赛事转播标准，高标准配置场内照明、音频等设施，可满足中央电视台 4K 高清转播及国际乒乓球联合会重要国际赛事转播需求。训练场地区域空调经过特殊定制，将空气流速控制在 0.2 ～ 0.3 米／秒，温度恒定为 20℃ ～ 25℃，场地地胶按照奥运会比赛标准定制，可满足国家队正常训练需求，同时配有健身区域，供运动员进行日常健身及力量体能训练。

【威海临港经济技术开发区恒融时代标准冰球馆】 于 2021 年年底正式投入使用，由恒融体育文化发展（威海）有限公司负责运营管理。主场馆建筑面积 4347 平方米，一层为面积 1830 平方米的 IIHF（国际冰球联合会）国际标准冰球场，有教练室、更衣间、运动员休息室、水吧等；二层主要为观众席，可容纳固定座位观众 600 人；地下一层为车位及运动休闲配套商业设施。冰球馆集培训、竞赛、表演等多功能于一体，可举办冰球、花滑、短道速滑、冰壶等各项国际国内专业冰上赛事。

（和弋斐）

编辑　李传强

社会生活

人力资源和社会保障

•综述•

【概况】 2022年，威海市人力资源和社会保障局（简称市人社局）坚持民生为本、人才优先，克服新冠肺炎疫情影响，着力补短板、防风险、惠民生、促发展，以人社事业高质量发展助推精致城市和共同富裕先行区建设。全市城镇新增就业3.64万人，完成年度目标的110.32%，登记失业人员比上年下降64.2%。全市职工基本养老、工伤、失业保险参保人数分别达147.8万人、70.1万人、65.6万人，居民养老保险参保人数91万人。威海市社会保险事业中心获评全国暖心贴心社保服务窗口典型案例，“ai社保”服务品牌入选省社保经办数字化转型先行单位，3家单位获评全省人社系统优质服务窗口“样板间”。举办2022中国威海·国际英才创新创业大会和第三届中韩（威海）人才交流合作大会暨韩国留学人才云上对接会，全市新增博士后人才10人、技能人才1.1万人、高技能人才6600人。

8月4日，第三届中韩（威海）人才交流合作大会暨韩国留学人才云上对接会召开 （迟大伟　摄）

【行风建设】 市人社局印发《2022年全市人社系统行风建设工作要点》《全市人社系统行风建设提升行动工作方案》，明确人社系统服务规范、服务纪律、服务环境。开展人社干部走流程活动，组织全体人社干部以“亲身办”“陪同办”的方式，亲身体验企业群众办事遇到的堵点、难点问题，有针对性地完善政策措施。全市开展“职称评审及核准备案”“申报缴费基数”等走流程工作2967次，全市大厅服务窗口好评率保持在96%以上，获评省人社优质服务窗口“样板间”3家。举办2022年全市人社窗口单位业务技能练兵比武市级赛，并参加市、省、国家集训，市人社局获得练兵比武省级赛团体三等奖，3人获评山东省练兵比武明星，6人获评山东省练兵比武能手，1人代表山东省参加全国赛。

【信息化建设】 制定网络安全制度文件5个，明确目标、厘清职责、规范流程。对全局14个对外服务系统、服务器、办公电脑进行摸底清查，建立3张应用清单。接受全省网络安全联合检查，市人社局综评成绩名列前茅。在全市信息系统年度等级保护测评中获得第1名。印发中共“二十大”网络安全保障工作方案和应急预案，定期对自建系统进行WEB扫描和漏洞检测，累计处理网络安全威胁、预警20余次。开展“数字机关”建设，对标杭州市，梳理录入事业单位工作人员职业生涯“全周期管理一件事”相关服务事项44个，达到目标要求。汇聚人社领域信息目录119个，数据资源6600万条，数据共享率、开放率均达100%，实现与市医疗保障局、民政局、市场监督管理局等部门的数据共享共用，实现社保、就业等56项人社服务事项在“爱山东”App上线运行。2022年，全市社保卡持卡人数达253.2万人，电子社保卡签发卡人数达142.7万人，电子社保卡人口覆盖率49%。在全国首创“社银一体”智能便携式即时制卡机，开展社保卡“进村入户”系列现场服务宣传活动，全市社保卡即时制卡网点增至146个，方便群众办理社保卡业务。持续推进社保卡在政务、民生领域的应用，实现社保卡校园就餐、借阅图书、惠民贷、加载残疾人证等功能。

【内审监督】 建成人社基金大数据监管平台，通过“数据赋能+闭环管理”，提升基金运行动态监测预警水平，累计追回各类基金260余万元。

【“法治人社”建设】 开展法治人社示范创建活动，文登区人力资源和社会保障局获评全国法治人社建设优秀单位。强化合同、重大行政执法决定等法制审核工作，建立人社系统行政执法全链条联动工作机制，推动实现“双随机、一公开”抽检结果与“互联网+监管”系统自动对接。落实行政执法“三项制度”（公示制度、执法全过程记录制度、重大执法决定法治审核制度），办理行政复议、诉讼案件6起，行政机关负责人出庭应诉率达100%。深入开展人社法律法规政策“六进”（进机关、进乡村、进社区、进学校、进企业、进单位）活动，在“威海人社发布”微信公众号开设《习近平法治思想集中学习宣传月》《谁执法谁普法》等专栏，依托以案释法、普法公益网课等开展法治宣传活动，优化法律服务供给，开展服务企业政策辅导宣讲活动23场。

【“放管服”改革深化】 梳理人社“用证”事项清单3批264项，数量居全省各地市人社部门第1位。先后发布2批跨省通办和3批全省通办事项清单，提供人社跨域通办事项服务76项。在服务大厅设置“一件事”窗口，所有事项均可实现线下集成办。更新发布《人社政务服务办事指南》，业务事项增至141项。

【信访咨询】 全年接到市信访局交办信访事项16件，接待群众人访960余起，其中集体访10起，各类矛盾纠纷得到妥善处置。参加阳光问政热线直播栏目8次，办理群众网上和现场电话反映问题118个。“12333”咨询热线全年接听群众电话35.4万个，增长25.1%；办理政务热线转办件2358件，下降21.7%；办理政民互动信件858件，下降30.1%。

·人才队伍建设·

【高层次人才引进】 2022年，威海市举办特色引才活动，聚焦海洋领域，成功举办2022中国威海·国际英才创新创业大会。8名人力资源和社会保障部国家级创业导师被聘任为威海市“引才大使”，9个海洋领域合作项目现场签约，海洋生物与健康食品、海洋装备、海洋新材料4个领域10个海洋产业重点技术现场“揭榜挂帅”。大会设置海洋科技人才创新成果展，举办智慧海洋与科技湾区融合发展推进会、海洋产业新技术变革交流会等5场专业研讨交流活动。以“共叙金桥情·携手筑未来”为主题，创新举办第三届中韩（威海）人才交流合作大会暨韩国留学人才云上对接会，线下邀请嘉宾140余人，线上汇聚50余所韩国高校代表、30余位在韩学联骨干代表、10余位韩中人才科技交流中心（威海国际人才驿站）代表及1.5万名在韩国留学生在线观看，现场签约中韩高校合作项目3个、企业与高校合作项目5个，山东（威海）韩国留学人才创新创业基地、山东人才发展集团韩国联络站揭牌，威海国际人才生态示范区相关涉韩机构现场授牌入驻。组织推荐申报各级人才项目，支持留学回国人员在威海领（创）办企业、落地发展，威海市2名优秀留学回国人员获评山东省留学人员回国创业奖，获批扶持资金10万元。1人获得山东省鼓励社会力量引进高层次人才奖励，获得奖励资金10万元。建设引才服务平台载体，推进威海市高层次人才驿站建设试点，印发《威海市高层次人才驿站服务指南》，4家单位获批威海市高层次人才驿站建设试点单位。

【青年人才引进】 围绕“选择威海 共赢未来”主题，举办“百校百企 才聚威海”云聘会、服务冲击百亿新目标企业专场招聘会等活动65场，为1315家次企业发布人才需求3万个次，接收毕业生简历2.1万份。借力“英创会”举办校企合作对接会，省内外22所高校和44家企业参加活动，签订校企合作、实习就业等协议33份。开展公共就业服务“七进校园”活动176场，开展离校未就业高校毕业服务攻坚行动，实名联系服务3009人，就业比例达99%。发放求职创业补贴、就业见习补贴、一次性扩岗补助等560.07万元，惠及高校毕业生3470人。开展2022年“三支一扶”（支教、支农、支医和帮扶乡村振兴工作）计划招募工作，组织87名高校毕业生服务基层、振兴乡村，向1.03万名事业单位、“三支一扶”考生发送重点企业人才岗位信息，为考生提供更多就业机会。优化升级“521”大学生生活津贴系统，通过无形认证模式为8566名大学生发放生活津贴1.4亿元，政策享受人数增长30.6%。调整大学生就业创业服务指导站绩效评估办法，为指导站发放奖补资金48万元。在11所驻威海高校聘请优秀学生担任“引才专员”，2022年引进青年人才到威海就业2.26万人，增长20.4%，完成青年人才20%增幅的目标任务。

【高层次专业技术人才队伍建设】 高端人才培养选拔 组织开展泰山产业领军人才技能领军人才、泰山学者攀登专家等各类人才工程推荐和选拔，挖潜特色产业，实施错位竞争，邀请资深专家全程培训指导，获评齐鲁杰出人才提名奖1人、泰山产业技能领军人才2人，实现威海市泰山产业技能领域国内人选“零”的突破。

博士后工作 创新举办威海市首届博士后创新创业大赛，制作威海市首部博士后工作宣传片，择优选拔13名选手参加省赛，获得“1金1铜5优胜”成绩，获奖数量居全省第3位，市人社局获评省博士后大赛优秀组织奖。全年发布博士后招募行动26期，新设立博士后工作站（基地）5家，新招收博士后40名，开展在站科研103项，28个项目获得国家、省、市博士后资助107万元，出站留威海博士后达28名。

职称制度改革 市人社局联合市工业和信息化局印发《关于落实专精特新中小企业和制造业单项冠军企业专业技术人才职称政策的通知》，聚焦“专精特新”中小企业和制造业单项冠军企业，创新职称评审机制。按贡献度实行董事长“举荐制”，通过举荐直接申报高级职称73人；发挥企业主体作用，推进威高集团有限公司、山东新北洋信息技术股份有限公司开展企业职称自主评审；设立企业工程技术职称绿色通道，通过绿色通道直接申报中级、初级职称853人。

职称评审 加强职称评审委员会管理，对备案有效期满和拟新建的职称评委会开展核准备案，发布职称评委会目录清单，明确各级评委会评审专业、评审范围及权限；根据人才分类评价改革精神，市生态环境局、水务局分别组建威海市环保工程、水利工程专业高级、中级、初级职称和基层高级职称评委会。发布《关于做好2022年度职称评审工作的公告》，开展全市2022年度职称申报评审工作。联合行业主管部门开展工程、农业、卫生、会计等30余个专业高级职称审核呈报，报送申报人员信息623人；指导市教育局等24个部门（单位）开展相应系列层级职称申报评审工作。

专业技术人员知识更新工程　市人社局印发《关于做好威海市专业技术人员继续教育学时管理认定工作的通知》，明确继续教育学习内容、要求、形式、途径和结果使用。完善威海市继续教育平台学习及学时管理功能，完成与省管理平台数据对接，更新继续教育平台公需科目和专业科目学习课件50余种，在线培训6.8万人。联合市住房和城乡建设局、威海海洋职业学院通过继续教育平台分别组织开展住宅设计规范和乡村振兴领域专题培训，在线培训6000余人。发挥继续教育基地作用，围绕农村电商、水产养殖病虫害防治等领域开展省级高级研修培训2个班次、市级乡村振兴领域研修培训22个班次，培训3600余人。

【高技能人才队伍建设】 2022年，新增技能人才1.1万人，新增高技能人才0.66万人，全市有技能人才36.1万人，其中高技能人才10.1万人，占比28%。获评省级及以上技能人才27个、平台载体2个，评选市级技能人才50个、平台载体5个。

载体建设　全市获评齐鲁首席技师5人、省技术技能大师4人、省技术能手18人、齐鲁技能大师特色工作站1家、山东省技工教育优质专业群建设单位1家；选拔威海市首席技师15人、有突出贡献的技师15人、技术能手20人，评选威海市技能大师工作室5家，获得省级奖励资金226.8万元、发放市级奖励资金106.4万元。

职业技能竞赛　统筹全市行业职业技能竞赛工作，发布2022年“技能兴威”威海市职业技能系列竞赛计划，有28个部门单位、行业协会参与主办，设置赛项125个，涵盖传统基础、新兴产业、乡村振兴、民生服务等领域，全市参赛6493人，通报表扬优秀选手1118人、优秀单位204个，发放奖金82.7万元。获评威海市金牌职工42人、威海市青年岗位能手50人。举办“技能兴威”2022年度威海市职业技能竞赛，设置赛项19个，全市企业职工、各类院校师生和自由职业者496人参赛。

企业技能人才自主评价　全市备案企业256家、社会培训评价机构8家，发放技能等级证书1.1万本。文登威力工具集团有限公司开展特级技师自主评价，获评特级技师3人。

职业培训机构管理　发布民办职业培训机构年度报告检查结果，全市有民办培训机构94家，其中合格机构90家、不合格3家、办理注销手续1家。创新开展党建结对共建活动，签订共建协议，通过组织建设、党员教育、开展支部活动等形式，实现共同发展。

【乡村人才振兴】 推广乡村振兴首席专家制度，开展寻找乡村振兴首席专家（合伙人）行动，发布合作项目需求200余个。新招募乡村振兴首席专家810人，选拔威海市优秀乡村振兴首席专家20人，全市乡村振兴首席专家队伍规模扩至1638人。提炼首席专家工作经验，入选省人力资源和社会保障厅营商环境“揭榜挂帅”改革试点创新成果，并在全国“百校联百县兴千村”行动启动仪式上进行交流。市人社局牵头13个成员部门印发《2022年乡村人才振兴工作专班工作要点》，打造乡村实用人才、乡村经营人才、乡村社会服务人才、乡村技能人才4支队伍，完成中央1号文件贯彻落实情况专项督查迎查、全省乡村振兴专项考核任务。威海市获批“乡村振兴专家服务团”省级试点，4家单位获批省级（乡村振兴）专家服务基地，威海市草莓脱毒苗培育项目、葡萄和草莓优良品种选育及优质苗木繁育大会获批2022年省级专家服务乡村振兴示范项目。

【高层次人才服务】 建立人才政策和服务“进企业、进高校、进平台、进园区、进商圈”五进工作机制，上门送政策、送服务、问需求、问建议。开拓市场化绿色通道服务，吸纳42家优质商户成为高层次人才服务“合伙人”，为全市高层次人才提供“吃、住、行、游、娱、购、医、学、养”等领域专属福利。开展人才服务体验日活动，邀请全市60余名高层次人才现场感受市场化绿色通道服务，构建“政府＋市场”模式的全方位高层次人才服务体系。创新采用配额制办法，为威海市地方财税贡献50强企业、“冲击百亿新目标”企业的62名主要经营管理者和技术负责人颁发威海英才卡。年内，累计发放威海英才卡861张，通过服务窗口、人才热线、微信公众号等提供服务5500余人次，解决人才诉求400余人次。为18人提供双倍公积金贷款1472.8万元，为83人办理子女入学手续，为634人及240名随行人员提供机场贵宾服务。

【人事考试】 2022年，完成29项5万余人的报名、资格审核和考试组织任务，连续14年“零事故”。开展“风险再排查、制度再落实、作风再转变”专项行动，修订人事考试制度和流程图，实行责任清单化管理。精准实施考务操作、设施设备使用、安全生产、保密意识培训等考前“四会”培训76次4570余人次。协调市教育局、公安局等部门，统筹推进考点考场设置、考务人员选派、无线电监测及交通管理等工作，使用考点47个、考场1700余个，抽调巡视和监考人员4900余人次、无线电监测人员18人次、公安干警96人次、防疫和医护人员140余人次，保障考试顺利进行。健全考前风险分析研判会议制度，落实落细新冠肺炎防疫方案和举措清单，通过短信通知考生注意事项。

·就业创业工作·

【就业工作】 2022年，全市城镇新增就业3.64万人，比上年下降2.9%，完成年度目标的110.32%；登记失业人员期末实有5017人，下降64.15%；就业困难人员实现就业2368人，就业形势总体稳定。

就业政策落实　市人社局印发保企业用工保重点群体就业“20条”“创业齐鲁·乐业山东”建设威海十大行动方案等全链条政策措施，经市政府统一评估，政策执行为优秀等次。

资金保障　克服财政资金困难等因素，市县级投入就业补助资金达1.62

亿元，增长126.1%，占全部筹集资金的86.5%，连续3年超过1亿元，就业资金管理经验做法在全省就业工作会议进行交流。

重点群体就业促进　开展就业援助月、就业援助暖心活动、失业人员集中帮扶行动等专项促进活动，为1.3万名就业困难人员发放灵活就业社保补贴4423.29万元，为138家企业发放吸纳困难人员社保补贴289.07万元。实施城乡公益性岗位扩容提质行动，创设岗位1.69万个，实名安置上岗1.52万人。新冠肺炎疫情初期，组织192名卫生防疫类公益性岗位人员“火线”上岗。失业人员实现再就业1.44万人，增长49.8%，完成全年任务的169.9%。

企业用工服务　建立市外劳动力引进长效机制，与重庆市云阳县人力资源和社会保障部门共建东西部劳务服务工作站，在贵州、河北等省新增劳务合作基地8处，累计在12个省建成劳务合作基地39处。举办线上线下招聘活动229场次，为7895家次企业发布岗位需求28.33万个次。优化威海市就业服务平台功能，新上线查看附近岗位功能，平台累计注册企业6037家、求职者4.1万人。开展“威海云招聘”直播带岗30期，观看人数65.56万人次。2家单位获评山东省乡村振兴劳务基地，设立零工市场21处。

人力资源服务业发展　新建市级智慧谷人力资源服务产业园，全市人力资源服务机构（含劳务派遣机构）增至650家，全年帮助就业和流动人数25.4万人次，服务用人单位17.8万家次。2家企业获评2021年度省级人力资源服务业发展扶持资金项目中的“人力资源服务机构成长创新项目”，2家企业获评全省人力资源服务领军机构，1人获评全省人力资源服务领军人才。举办威海市人力资源服务创新大赛，“互联网＋冷链物流”人力资源集约化管理、人力资源服务外包创新模式2个项目参加国家比赛，分别获得管理创新赛道二等奖、三等奖。

【创业工作】　优化创业担保贷款贴息政策，拓宽6家合作银行110处基层网点渠道，累计发放创业担保贷款4.45亿元，发放各类创业补贴1453.69万元，直接扶持创业2030人，吸纳带动就业6030人。市人社局联合11个部门举办第四届威海市创业大赛，报名参赛项目466个，56个参赛个人和团队获得奖励，10名选手获评威海创业之星；6名选手获得胶东经济圈第二届大学生职业规划大赛二等奖、三等奖。组织50名电商领域创业者开展“创业训练营”活动，为36个创业服务项目发放补助。

【职业技能提升行动】　深化职业技能质量提升行动，围绕企业职工、农村转移劳动力、在校学生、公益性岗位安置对象等群体需求，实施“防疫技能培训行动”“乡村振兴技能培训直通车”“威海鲁菜师傅”等特色培训项目，开展各类技能培训3.92万人次，规范发放职业培训补贴1115.7万元。打造“乡村人才振兴”培训品牌，经验做法入选人力资源和社会保障部《稳就业　惠民生　促发展——职业技能提升行动成果集》。

·社会保险工作·

【基本养老保险】　企业职工养老保险　2022年，全市企业职工基本养老保险参保135.9万人，基金收入90.4亿元，发放养老金132.8亿元。调增企业退休人员基本养老金，惠及全市44.27万名企业退休人员，人均月调增117.26元，比上年增长5.35%，月人均养老金达2308元。为企业军转干部退休人员调整并补发养老金，人均月调增224.86元，人均增长4.41%，月人均养老金达5327元。完成企业新中国成立前老工人退休待遇及生活补贴调整。落实企业职工基本养老保险省级统筹、国家统筹工作，上线企业职工养老保险全国统筹信息系统，理顺地方政策历史遗留问题，规范全市企业职工养老保险待遇发放项目，威海市获得全省企业职工养老保险省级统筹评估考核工作综合评价“二等”优秀奖励。按期及时归集历史结余基金，按月上解当期基金收入90.4亿元。稳妥开展养老保险补缴工作，依规为2.7万人进行补缴。帮助企业纾困发展，落实国家、省阶段性缓缴社会保险费政策，为全市868家企业缓缴养老保险费2.3亿元。

机关事业单位养老保险　全市机关事业单位养老保险参保11.9万人，基金收入32.1亿元，发放养老金31.5亿元。与企业同步调整机关事业单位退休人员养老金，惠及全市4.23万名机关事业单位退休人员，人均月调增190.28元，人均增长3.18%，月人均养老金达6168元。推进机关事业单位养老保险制度改革，落实上级配套政策改革办法，落实公安机关执法勤务和警务技术职级序列养老保险、国家综合性消防救援队伍养老保障等政策规定，确保新老办法平稳衔接运行。研究解决威海市“事改企”单位退休人员有关待遇发放项目标准，落实省属驻威海单位养老保险费补助资金分配及2021年度国企职教幼教生活费补发工作。

居民养老保险　全市居民基本养老保险参保91万人，基金收入16.04亿元，发放养老金11.5亿元。完善威海市居民养老保险政策，规范居民基本养老保险个人账户记账利率。自2022年7月1日起，全市居民基本养老保险基础养老金标准由每人每月162元提高至172元，高于省定标准12元，惠及全市38.4万名老年居民。巩固脱贫工作成效，组织各区（市）扎实开展重度残疾人和建档立卡贫困人员居民养老保险费代缴工作，落实60周岁以上贫困人员养老金待遇发放政策。全市4185名建档立卡贫困人员全部纳入参保范围，为1.2万名符合条件的贫困人口代缴居民养老保险费351.9万元，为年满60岁以上的3.9万名贫困人口按月足额发放居民基本养老金待遇7879.9万元。落实被征地农民养老保障政策，落实到被征地农民个人账户资金1.47亿元，为被征地农民生活提供保障。

【工伤保险】　全市工伤保险参保70.1万人，基金收入4.5亿元，为6989名工伤职工及供养亲属发放待遇3亿元。连续调增一至四级工伤职工伤残津贴、生活护理费和工亡职工供养亲属抚恤金标准，惠及全市1606名工伤职工及其亲属。落实国家、省阶段性缓缴社会保险费政策，为全市651家企业缓缴工伤保险费1447万元。降低建筑业按建设项目参加工伤保险费率，自

2022年5月1日起，将费率由2‰下调至0.9‰。推行基层快递网点优先参加工伤保险，实施工伤预防五年行动计划和危险化学品企业工伤预防能力培训提升工程，联合市应急管理局对618家危化品企业开展线上线下培训。将履行疫情防控职责被感染或遭受伤害的一线工作人员，纳入工伤认定范围，开辟工伤认定和待遇支付“绿色通道”。建成工伤保险智能一体化服务平台，整合工伤申报、认定、劳动能力鉴定等环节，实现工伤业务“打包一件事”办理。全市认定工伤数量5110起，申请劳动能力鉴定3934人，符合一级至十级评定伤残等级3693人，工伤康复治疗54人次。推广定点协议医疗机构工伤医疗费用联网结算工作，联网医疗机构由2家增至13家，减轻用人单位和职工垫付资金的压力。

【失业保险】 全市失业保险参保65.6万人，基金收入4.1亿元。为16.69万人次发放失业保险金3.18亿元，为3.21万人次发放失业补助金428.86万元，为3626人次参保职工发放技能提升补贴626.45万元，为登记失业人员提供“12333”式服务9.4万人次。持续执行阶段性降低失业保险费率政策，为全市3.6万家企业减免失业保险费1.79亿元。防范化解失业风险，印发就业失业监测预警体系建设方案，在省级系统基础上实行本地化开发应用，对全市55万名失业保险参保职工、登记失业人员及1400家重点企业用工变化情况开展实时监测预警，及时发现并化解规模性失业风险。开展虚构劳动关系骗取失业补助金实地检查，加强失业保险基金监督管理。

【社保基金监督】 强化风险防控工作，市人社局印发《威海市社会保险经办机构内部控制管理实施细则》，落实政策、经办、信息、监督“四位一体”风险防控体系，强化人防、制防、技防、群防“四防协同”机制，健全基金大监管体系。完善社保待遇领取资格大数据静默认证体系，综合认证率超过99.9%。开展社保基金管理提升专项行动和基金安全警示教育月活动，健全岗位权限管理机制，调整配置权限1012个。

·劳动关系协调和权益维护·

【劳动关系管理】 *和谐劳动关系构建* 2022年，市人社局充分发挥协调劳动关系三方机制作用，落实劳动关系“和谐同行”能力提升三年行动计划，开展2022年“和谐同行”企业培育行动，在全市选取29家企业作为培育对象，进行点对点指导服务，帮助企业构建规范有序、民主协商、和谐稳定的劳动关系。强化劳动关系协调员队伍建设，9人、10人、8人分别获评全市金牌、银牌、铜牌劳动关系协调员；参加省级评选，4人、6人、8人分别获评金牌、银牌、铜牌劳动关系协调员。

劳动关系和谐企业评价 市人社局牵头制订《威海市劳动关系和谐企业威海市劳动关系和谐工业园区评价管理办法》，29家企业参评市级劳动关系和谐企业，22家企业获评山东省劳动关系和谐企业，6家企业通过省劳动关系和谐企业复核，1家企业获评全国劳动关系和谐示范企业。

企业工资收入宏观调控 对429家企业开展薪酬调查，数据准确率达100%。制定发布2021年度212个职位（工种）的人力资源市场工资价位，推动企业开展集体协商，指导企业合理确定工资水平。开展威海市技能人才薪酬分配指引贯彻落实工作，选取技能人才聚集、管理基础较好且规模较大的试点企业5家。推进国有企业工资决定机制改革，完成24家市属企业2020年度工资总额执行情况备案，开展13家市管企业负责人2021年年薪兑现审核工作，对市管企业负责人2022年度基本年薪基数进行认定。

劳动者劳动权益保障 市人社局印发《关于进一步做好新冠肺炎疫情防控期间稳定劳动关系工作的提示》《关于做好高温天气下劳动者权益保障工作的通知》等，维护劳动者合法权益。建立劳动关系板块协调联动工作机制，设立劳动仲裁、劳动保障监察（劳动关系）综合受理服务窗口，为劳动者依法维权提供便捷服务。组织参加胶东经济圈劳动关系政策宣讲3期，5个市的2万余名人力资源专员同步收看，促进企业合法用工。

劳务派遣单位监管 实行信息化管理，完成全市劳务派遣单位存量校对418家。开展劳务派遣单位年度核验工作，通过核验并进行公示劳务派遣单位347家。市人社局印发《威海市劳务派遣合规用工指引》，引导劳务派遣单位规范用工。

【劳动保障监察执法】 *农民工工资支付保障* 会同市住房和城乡建设局推进工程建设领域欠薪问题源头整治，宣传推广荣成市装卸领域等治理欠薪问题经验。与市清理拖欠民营企业账款专班、房地产领域风险防范化解专班、渔船管控专班等建立联动机制，实现信息共享、优势互补，推动重点领域的监管责任落实。与市行政审批服务局建立数据信息联动机制，实现对1393个工程建设项目“一网监管”；在“爱山东”App上线农民工工资支付数据，方便农民工即时查询工资发放明细；开发“按月考核工程量”功能模块，推动人工费按月足额拨付。开展集中整治拖欠农民工工资问题专项行动，建立工作专班运行、联合接访、部门协调联动、重大线索督办机制，全面夯实根治欠薪工作责任，全市排查用人单位3093户，涉及农民工5.47万人，为1639人追回欠薪1210.99万元。

人力资源市场秩序清理整顿 会同市公安局、市场监督管理局等部门，开展清理整顿人力资源市场秩序专项整治行动，累计检查人力资源服务机构、新就业形态等用人单位678户次，督促整改用人单位24户，查处违法线索8件，追回欠薪2.97万元，清退服装费、押金等1.35万元。常态化开展涉渔职业介绍机构监管，对全市519家职业介绍机构进行定期巡检，开展海洋伏季休渔期加强涉渔职业介绍机构监管及严厉打击“黑中介”专项行动，累计检查各类职业介绍机构1450户次。市劳动保障监察支队获评2022年全国清理整顿人力资源市场秩序专项行动取得突出成绩单位。

劳动保障书面审查 结合新冠肺炎疫情防控，减轻企业负担，统筹做好工时与休息休假权益维护工作，科学开展分级分类监管，网上书面审查企业4500余家；运用评分机制进行分类指导，抽查用人单位1300余家；筛选日

常举报投诉较多的企业为必查对象，实行重点监管。

投诉举报案件查处 全面畅通“线上＋线下”维权渠道，在关键时间节点实行24小时值班制度，建立共享机制，严格落实首问负责制，实现“一点投诉、全网联动”。全年立案处理案件105件，结案80件，协调处理案件3751件，按期结案率100%。

劳动保障信用体系管理 深化行政执法与司法执行联动机制，协同公安机关处理欠薪案件8起，抓获犯罪嫌疑人1人，治安处罚7人；协调检察机关进行欠薪案件民事支持起诉125件，为农民工追回欠薪240余万元；与人民法院联合开展集中执行行动，受理劳动合同和劳动争议执行案件1124件，执行到位金额1200余万元。对1447户用人单位开展守法诚信等级评价，打击用人单位违法违规行为。

【劳动人事争议处理】 2022年，全市仲裁机构立案受理劳动人事争议5210起，涉及劳动者7017人。其中，10人以上集体争议案件33起，涉及劳动者945人。当期审结案件5280起（含上年度未结案件157起），结案率98.4%，为当事人挽回经济损失1.43亿元。在审结案件中，通过调解结案3911起，通过裁决结案1296起（其中终局裁决824起、终局裁决率63.6%）。

劳动争议预防 精选案例39个编印典型案例选编，向全市企业发放5000余册，为企业规范管理提供参考。举办劳动争议预防大讲堂12期、“云座谈”7期，服务企业100余家、法务人员400余名。深化院企对话交流共建活动，提供“一对一”精准化法律指导服务。全市仲裁终结率近90%，非诉讼化解矛盾纠纷成效明显。

调解组织建设 围绕快递物流、电子商务等行业，建立新就业形态劳动争议调解组织12家，拓宽争议解决渠道。面向全市370余名劳动争议调解员、劳动关系协调员、劳动法律监督员，举办线上培训课堂，强化政策讲解，提高化解劳动人事争议纠纷的能力水平。获评全国工作突出基层劳动人事争议调解组织1家、省级标准化劳动人事争议调解组织5家。

仲裁效能建设 强化履职尽责，制定履职清单，优化庭审流程；成立仲裁审理监督委员会，规范内部监督。改革创新办案方式，推进“要素办案＋全程调解”，庭审时长缩短33%，审限缩短20%；推进“容缺受理＋一次送达”，实现当事人庭前“只跑一次腿”。威海市劳动人事争议仲裁院党支部获评全市首批五星级党支部，“模拟仲裁庭”练兵比武活动获得全省二等奖和优秀组织奖。

（丛海平 王 蕾）

民 政

【概况】 2022年，威海市获批积极应对人口老龄化重点联系城市、全国居家和社区基本养老服务提升行动试点、“深化乡村地名服务 点亮美好家园”试点和全省养老服务领域综合监管“一件事”试点、全省志愿服务记录与证明抽查试点等7个省级试点，20余项经验在全省、全国推广。8月，全省社区社会组织骨干人才培训暨现场观摩会在威海市召开。

（曲 妍）

【基层政权和社区治理】 由中共威海市委组织部、市民政局牵头制定，市市场监督管理局发布《精致幸福社区建设规范》地方标准，推动社区治理服务规范化、标准化。加强基层治理创新实验工作，全市获批全省基层治理实验区（点）单位8个。3个组织和个人获评全国先进基层群众性自治组织、全国优秀城乡社区工作者。实施社区规模调整优化和社区工作者配备专项行动，实现每万城镇常住人口拥有社区工作者不少于18人的标准。市民政局印发《威海市推进社区减负十条措施》《2022年“新时代新社区新生活”服务质量提升行动方案》，提升社区服务效能。文登区优化调整社区布局经验做法被《全国社区建设部际联席会议简报》刊发。

（刘朋日）

【社会救助】 自2022年1月1日起，城市低保标准由每人每月866元提高到每人每月953元，农村低保标准由每人每月667元提高到每人每月745元；城乡特困基本生活标准分别由每人每月1169元和900元提高到1286元和1035元，城乡集中护理标准按照自理程度分别由每人每年12089元、6045元和3627元提高到每人每年13298元、6650元和3990元。全市保障城乡低保对象1.28万户1.72万人，发放保障资金约1.37亿元。其中，城市低保对象1351户1791人，发放保障资金1807.2万元；农村低保对象1.14万户1.54万人，发放保障资金1.19亿元。保障城乡特困供养对象1.07万人，发放保障资金1.72亿元。其中，城市特困供养对象407人，发放保障资金641.6万元；农村特困供养对象1.03万人，发放保障资金1.65亿元。临时救助对象2532人次，发放救助资金466.6万元。

（李昌宝）

【养老服务】 市政府办公室印发《威海市“十四五”养老服务体系规划》《威海市基本养老服务清单》等，健全养老体系政策机制。威海市获批2022年度全国居家和社区基本养老服务提升行动项目试点城市、国家积极应对人口老龄化重点联系城市，环翠区、乳山市获评全省县域养老服务体系创新示范区（市）。优化服务供给，新增护理型床位889张，建成家庭养老床位160张，完成10处敬老院改造提升任务，新增农村老年餐桌256处。强化安全生产、疫情防控督导检查，各级民政部门派出检查组253个，发现并整改问题807个。有效防范化解养老服务领域诈骗问题，排查企业、组织1887家。强化队伍建设，培训养老院院长242人、护理员2321人。与市人社局联合开展威海市第五届养老护理员职业技能竞赛。

（秦子凯）

【社会组织管理】 2022年年底，全市登记社会组织2287个，备案社区社会组织7846个。探索社区社会组织嵌入式公益链接培育发展模式，经验做法获评全省民政工作优秀创新案例。落实中央财政资金30万元，承办山东省社区社会组织骨干人才培训班暨现场观摩会。8家单位获批第二批山东省社区社会组织创新发展基地，3个社会组织获评山东省社会组织标杆。山东威海社会组织综合服务标准化试点通过国家标准化评估考核。开展“威海红帆”社会组织公益实践活动，列支资金292万元，支持打造特色品牌示范项目社会组织68个。印发社会组织信用分级分类监管办法，开展规范行业协会商会涉企收费、清理僵尸型社会组织、打击非法社会组织等专项行动6个，全市283个行业协会商会合计减免会费462.04万元，责令整改、注销、撤销社会组织211个，取缔非法社会组织14个。

（谷文君）

【社会事务】 殡葬改革 召开全市殡葬领域突出问题整治工作会议，开展全市公益性安葬（放）设施有关问题专项整治、殡葬业价格秩序整治、公益性安葬（放）设施建设经营专项整治，解决殡葬领域突出问题。落实惠民殡葬政策要求，全年全市遗体火化率100%，免除殡葬服务费3075.31万元，为1126具节地生态葬遗体发放补贴资金108.5万元。

流浪乞讨人员救助 全面应用全国流浪乞讨人员救助管理系统，完善全市易流浪走失人员信息库，开展易走失人员回访工作。开展全市“夏季送清凉”“寒冬送温暖”专项救助行动，健全全市流浪乞讨人员市—区—镇—村四级救助管理体系。全年救助生活无着流浪乞讨人员392人次，发放宣传资料1380余份。

婚姻登记 全市婚姻登记机构实现场所建设规范化、服务设施信息化、服务内容拓展化，为群众提供便捷高效的婚姻登记服务。开展“公民婚育户”一件事集成办服务，方便群众办事。文登区、荣成市、乳山市获评全省婚姻登记信息数据质量提升试点。2022年，全市办理结婚登记1.18万对，离婚登记3982对，补发婚姻登记证3855对。

残疾人保障 全面开展残疾人“两项补贴”申请全程网上办理，开通残疾人“两项补贴”申领短信提醒功能。困难残疾人一级、二级残疾的生活补贴标准提高为每人每月170元，三级、四级残疾的生活补贴标准为每人每月138元，保障困难残疾人0.92万人；重度残疾人一级残疾的护理补贴标准提高为每人每月164元，二级残疾的护理补贴标准为每人每月140元，保障重度残疾人3.4万人。

（梁锦江）

【儿童福利和未成年人保护】 提高孤困儿童基本生活保障标准，机构养育孤儿、社会散居孤儿（含事实无人抚养儿童等）、重点困境儿童基本生活保障标准分别为每人每月2338元、1815元和1694元，为571名孤困儿童发放基本生活费1174.2万元。开展“福彩圆梦·孤儿助学”、孤困儿童助学工程项目，将30名孤儿和24名事实无人抚养儿童纳入助学保障。实施孤儿医疗康复明天计划项目，为83名孤儿免费体检，为3名孤儿报销医疗康复费用。实施“护佑健康”孤困儿童大病保险项目，为452名孤困儿童购买重大疾病保险。开展全市未成年人保护宣传月活动，在标志性建筑点亮未成年人保护标语。环翠区、文登区、荣成市获评山东省未成年人保护试点区（市），环翠区工作经验在全国政协加强未成年人权益的综合保护视频调研会议、全国护童成长儿童关爱服务体系建设试点项目工作推进会上进行交流。

（张 茜）

【区划地名】 完成牟平—文登线、文登—荣成线2条行政区域界线联合检查工作。根据《地名管理条例》，将具有重要地理方位意义的住宅区、楼宇的命名和更名业务由民政部门移交住房和城乡建设部门办理。文登区获批全国“深化乡村地名服务 点亮美好家园”试点单位，文登区、荣成市获批全省加强乡村地名管理工作试点单位。对市区5条道路进行命名，对1条道路的起止点进行调整，对1个住宅小区进行命名。补充完善中国·国家地名信息库中的行政区划等11类地名数据1.94万条。

（王书清）

【社会工作】 2022年，为267名通过2021年度社会工作者职业水平考试人员发放社会工作奖励资金35.8万元，974人通过2022年度社会工作者职业水平考试，获评第五届齐鲁和谐使者8人、第五届威海和谐使者28人。推进社会工作站规范化、专业化运营，全市72个社会工作站开展社会救助、养老服务、儿童福利等活动3355个，服务群众1.77万人次。

（孙澄浩）

慈善事业

【概况】 2022年，威海市各级慈善总会多渠道募集慈善款物，广泛开展慈善救助活动，减轻遇困群众的生活压力，助力共同富裕先行区建设。全市各级慈善总会募集款物1.69亿元（威海市慈善总会募集款物8566.41万元）。其中，“慈心一日捐”募集5117.39万元（威海市慈善总会接收捐款2317.8万元），冠名慈善基金2524.82万元，定项及日常捐赠款物2382.07万元，新冠肺炎疫情防控等捐赠款物4269.46万元，中华慈善总会援助药品总值2638.35万元。全市支出1.41亿元，惠及困难群众5.58万人次。其中，市慈善总会支出款物6821.42万元，惠及困难群众1.74万人次。威海市慈善总会获评山东省社会组织标杆。

【慈善助医、助残】 全市各级慈善总会支出助医款2586.73万元，开展慈善大病救助、血友病救助、冠名慈善基金助医等活动，惠及大病患者7820人次。其中，威海市慈善总会支出341.49万元，救助各类患者1532人次。全市支出善款86.35万元，开展贫困残疾人帮扶等活动，惠及202人次。其中，威海市慈善总会支出68.75万元，帮扶127人次。

【慈善助学】 组织开展遇困学生救助活动，支出善款1380.13万元，救助1.32万人次。其中，威海市慈善总会支出881.37万元，惠及3532人次。

8月29日，“中华慈善日”主题公益活动在环翠区里口山风景区举办　（秦　帅　摄）

【慈善助老、助困】　全市支出款物3406.75万元，开展威高集团情系老兵关爱老党员活动、“情暖万家”“夕阳扶老”“阳光洒满窗·家家悦”关爱行动等活动，救助遇困群众3.30万人次。其中，威海市慈善总会支出款物1182.72万元，救助1.05万人次。

【慈善赈灾】　全市支出款物4039.05万元，其中威海市慈善总会用于新冠肺炎疫情防控支出1708.74万元。

【中华慈善总会援助药品发放】　2022年，威海发药点免费发放中华慈善总会援助的格列卫、达希纳、易瑞沙等援助药品，发药总值2638.35万元，惠及重病患者1669人次。威海发药点2015—2022年累计发放药品总值2.65亿元，惠及重病患者1.46万人次。

【慈善宣传】　打造“慈善威海故事汇”宣传品牌，全年发表新闻稿件1900余篇。开展“慈善公开周”活动，发布“威海慈善榜”，主动接受社会监督，打造“阳光慈善”，激发社会慈善热情。

（胡芳瑜）

医疗保障

【概况】　2022年，全市基本医疗保险参保254.16万人。居民医保一档、二档缴费标准分别为450元、650元。职工基本医保住院政策范围内报销比例达82%左右，居民基本医保住院政策范围内报销比例达65%左右。大病保险全年为4.77万人次参保人员减轻医疗费用9444万元，职工长期护理保险为1.87万人次参保职工减轻护理费用2451万元，居民长期护理保险为试点地区786人次参保居民减轻护理费用46万元。全市困难人员实现基本医保、大病保险、医疗救助全覆盖，全年资助参保困难群众3.89万人，累计减轻经济负担1.06亿元。威海市承接DRG（按疾病诊断相关分组）付费监管、医药价格监测、医疗保障内部控制子系统等省级试点。

【医疗保障制度体系建设】　全面建立门诊共济保障机制，为职工和居民同步增加普通门诊待遇，参保人员在基层医疗机构的报销比例达50%以上，与门诊慢特病待遇共同构成门诊共济保障待遇，实现参保人员门诊费用保障制度全覆盖。完善重特大疾病医疗保险和救助制度，对6类困难群体实行分类救助，构建全市规范统一的医保帮扶标准化体系，相关经验作为乡村振兴典型案例在全省推广。定制型商业保险产品“威你保”全年为9374人次群众减轻看病就医费用4885万元，单人累计最高赔付额达79万元，“威你保”商业保险项目获评2022年多层次医疗保障协同创新专项优秀案例；“医保+商保报销一件事”入选全省营商环境跨领域“揭榜挂帅”项目。

【医保重点领域改革】　推行多元复合式医保支付方式改革，印发DRG支付方式改革三年行动实施方案，全面确立改革目标和实施路径。全市开展DRG实际付费的医疗机构79家，医疗机构覆盖率达78%。经国家医疗保障局第1批全国DRG/DIP支付方式改革交叉调研评估，威海市总体工作推进和运行效果在全国182个新开展改革地区中并列第1名。构建独具地方特色的中医药医疗保障模式，在价格、支付、基金分配等领域制定系列扶持措施，威海市被省政府确定为医保支持中医特色医疗机构发展示范点。常态化推进药品和医用耗材集中带量采购，至年底，累计有360种药品、18类高值医用耗材中选结果在威海市落地实施，年可节省医疗费用支出3.6亿元。实施医保基金与医药企业直接结算，将集采药品、耗材及基层医疗卫生机构基本药物货款全部纳入直接结算范围，至年底，累计结算2.69亿元，企业回款周期缩短至1个月。降低防疫成本，先后3次调整核酸检测价格，将单人单检价格降至15元/次，多人混检降至不高于3元/次。

【医保基金监管】　创新综合监管模式，聚合职能部门、属地监管、内控管理3方力量，突出发挥监督检查、智能监控、信用管理、社会共治作用，建立院端稽查审核、自查自纠整改、监管分析报告、重点监控药品、政策业务培训“五位一体”的综合监管体系。医保基金“智能+监管”做法连续2年在全国医保系统推广；医保基金“双随机、一公开”监管模式在全省推广。持续保持基金监管高压态势，先后开展基因检测、血液透析、基层医疗卫生机构医保基金使用问题排查整治等6轮专项治理行动，追回基金1563.46万元。在2022年全国打击欺诈骗保专项整治行动电视电话会议上，威海市被国家医疗保障局点名表扬。

【医保经办服务】　推进医保经办服务管理体系建设，在全市范围内统一医保工作站建设标准和服务规范，将参保登记、异地就医备案等21项高频医保政务服务事项下沉到镇（街道）医保工作站；将居民参保缴费信息查询等

7月19日，威海市医疗保障基金监管工作联席会议召开

（威海市医疗保障局　提供）

18项高频医保服务事项下沉至农村医保工作点，医保工作站（点）实现镇（街道）、村（社区）全覆盖。实施跨区域通办综合柜员服务模式，打破群众在参保地办理业务的限制，医保服务事项在全市任意一个医保经办窗口均可办理，办理时间缩短60%以上。拓宽医保信息化应用，医保服务事项全部实现“网办、掌办”，群众线上办理率达98.6%；推行医保电子凭证“诊间结算”服务模式，群众就诊等待时间缩短三分之一以上。持续扩大异地就医住院、门诊联网直接结算覆盖面，群众异地就医更加便捷。

（于　斌）

住房公积金管理

【概况】 2022年，威海市住房公积金管理中心积极推行助企惠民支持措施，调整放宽贷款使用政策，持续提升政务服务水平，不断加大住房公积金助企纾困、安居保障力度，全市住房公积金事业保持良好健康发展势头。年内，全市新开户单位1240家，新开户职工4.13万人，缴存额53.10亿元，比上年增长8.6%；13.02万名缴存职工提取住房公积金32.43亿元，下降0.83%；发放个人住房贷款0.51万笔20.29亿元，分别下降13.6%和3.8%。至年底，缴存总额454.55亿元，增长13.2%；缴存余额197.38亿元，增长11.7%；提取总额257.17亿元，增长14.4%；累计发放个人住房贷款10.59万笔283.05亿元，贷款余额128.58亿元，分别增长5.1%、7.7%和1.3%。住房公积金个贷率65.1%，个贷逾期率0.12‰，风险控制总体良好。全实现增值收益2.55亿元，收益水平稳中有进。

【住房公积金缴存基数和缴存比例调整】 2022年度职工缴存基数按照职工本人2021年度月平均工资总额核定，下限不低于威海市最低工资标准2100元，上限不高于全市2021年度职工月平均工资的3倍20511元。职工本人和单位缴存比例分别不低于5%，不高于12%。

【住房公积金惠民政策实施】 3月，市住房公积金管理中心印发《关于应对疫情影响实施住房公积金惠民政策的通知》，制定困难企业可以降低缴存比例或缓缴、新市民群体实行延期缴存等阶段性支持政策4项，帮助缴存企业和职工纾困解难。全年为100家企业2422人办理降低缴存比例业务，减少资金支出261万元；为15家企业1719人办理缓缴业务，缓缴资金1064万元；为136名新市民群体实行延期缴存，涉及资金8.51万元；对受疫情影响无法正常还贷的887户职工不作逾期处理，累计延期还款金额1265.52万元，有效缓解缴存企业和贷款职工的压力。

【住房公积金贷款使用政策调整】 支持职工刚性和改善性住房需求，市住房公积金管理中心调整放宽贷款使用政策2次，主要包括取消异地贷款户籍限制，将购买第二套改善性住房的贷款首付比例下调至30%，将单缴存职工和双缴存职工最高贷款额度分别提高到50万元和80万元，将可贷额度由职工账户余额的20倍提高到30倍等。

【退役军人缴存使用住房公积金政策落实】 8月30日，市住房公积金管理中心印发《关于威海市退役军人缴存使用住房公积金有关事宜的通知》，退役军人可在规定的范围内自主选择缴存基数和缴存比例，并享有正常申请贷款和提取使用的权益；退役军人将退役时部队缴存的住房公积金存入市住房公积金缴存账户的，可合并计算开户时间、缴存时间及可贷额度，支持退役军人使用住房公积金解决住房问题。政策自9月实施，至年底，为退役军人开户缴存住房公积金2.06万元。

【“无证明”公积金政务服务模式构建】 采取数据共享、电子证照和电子印章等技术，构建“无证明公积金”新模式。拓宽数据共享渠道，与市公安局、民政局等实现政务数据应用20余类；上线启用电子印章，调取各类电子印章10万次，打印各类证明8800余份；深化电子证照应用，实现身份证、不动产权证和企业营业执照等证照“免提交”业务65项，落实“让数据多跑路、让职工少跑腿”，推动政务服务由“减证便民”向“无证利民”转变。

【政务服务精细化建设年活动】 深入开展政务服务精细化建设年活动，拓展线上服务渠道，升级新版单位网厅，实现单位业务全覆盖、全流程“线上办”；上线“爱山东”App住房公积金高频服务事项，拓展服务渠道；对接“一窗通”服务平台，方便企业同步办理营业执照和住房公积金账户注销登记；在手机App、个人网厅、智能终端上增加二维码付款方式，为灵活就业人员提供多元化缴费渠道。提升窗口服务品质，下沉业务至基层，将服务延伸至企业社区，到开发楼盘调研，将政策落地落实。健全完善服务制度，更新配套设施，对老弱病残、退役军人等群体开通“绿色通道”，推行帮办代办、上门服务、预约服务和延时服务。开展住房公积金贷款买房一件事流程创新，实现现房、二手房贷款从申请到结清周期“一次办好”，提高贷款审批服务效率。深化政务服务跨域通办，将异地转移接续业务接入全国住房公积金微信小程序，实现缴存职工住房公积金账户、资金跨城市转移“一键办”；在实现8项政务服务事项跨省通办的基础上，增加覆盖面广、办理频次高的事项3项，满足职工异地办事需求。深化胶东经济圈住房公积金一体化建设，在转移接续、异地贷款等方面实行同城化待遇，为推动胶东五市经济圈发展提供支持。

（王金梁）

民族·宗教

【概况】 2022年，威海市有少数民族49个，少数民族常住人口为3.08万人，占全市总人口的1.06%。全市有依法登记的宗教活动场所56处。

5月6日，市委民族工作会议暨全市宗教工作会议召开　　（王彦博　摄）

【中华民族共同体意识宣传教育】 抓实抓牢铸牢中华民族共同体意识宣传教育，组织开展“花开齐鲁石榴红，团结奋进新时代”第22个民族团结进步宣传月活动。推动将铸牢中华民族共同体意识有关内容纳入各级党校主体班次，全市举办专题培训班9个，培训党员、干部7.7万人。在全市幼儿园、中小学、大中专院校中开展铸牢中华民族共同体意识主题教育。被命名为“民族团结号”的公交专线13条，开展主题宣传的公交线路196条，建成主题公园5处、口袋公园26处。在威海市广播电视台开设《石榴花开·记者行》专栏。建设以“梦碎、梦醒、筑梦、圆梦”民族复兴之路为主线的教育实践基地40处，组织各族群众共植“同心林”10处，举办主题文化展演、纳凉晚会等活动112场。

【中华民族共同体意识示范创建】 中共威海市委先后召开市委常委会议3次，专题研究民族工作。坚持用创新思路举措破解新问题、推动新实践，形成“顶层设计、高位推动，部门协同、全民参与，营造氛围、打造品牌，重心下沉、夯实基础”的工作模式，构建“1+8+N”铸牢中华民族共同体意识目标任务体系，建立示范创建工作协调机制。各区（市）、开发区形成“一二六工作法”“一镇街一品牌”提升行动和“五彩心连心工作法”等典型经验。

【民族团结进步事业发展】 深化民族团结进步创建工作，获评全国民族团结进步示范单位1个、全省示范单位5个、和美家庭2个、示范岗位2个。“文登妈妈”品牌获评2022年度全省民族宗教工作“十大品牌”，郭永怀事迹陈列馆获批山东省铸牢中华民族共同体意识教育实践基地。威海市参加山东省第十一届少数民族传统体育运动会，获得二等奖6项、三等奖5项。

【宗教政策法规宣讲】 举办全市宗教工作干部培训班和宗教教职人员培训班，120余人参加。开展宗教政策法规学习月活动，开展各类学习宣传活动200余场，发放宣传资料2万余份，培训干部8000余人次，受众达2万余人次。

【宗教团体自身建设】 举办全市宗教界人士和中青年教职人员培训班，50余人参加。组织宗教界450余人次到天福山、马石山红色教育基地参观学习。宗教界300余人参加共植民族“同心林”活动，植树面积2公顷、2100余棵。市级宗教团体开展讲经讲道和神学思想研讨，举办“同心跟党走·喜迎二十大”全市宗教界演讲比赛。支持宗教界从严治教，推进教风建设和民主管理。完成40余名教职人员认定备案和注销备案工作。各宗教团体开展崇俭戒奢活动，签订倡议书95份，整改问题20余个。

【宗教公益慈善活动】 发挥宗教团体的引领作用，全市宗教界积极开展敬老、助学、助残、帮困、义务献血等公益慈善活动30余场次，全市宗教界捐款捐物合计40余万元。

【宗教领域安全管理】 深入落实宗教工作管理机制，相关经验做法被中共中央统一战线工作部《每日汇报》刊发，被中共山东省委统一战线工作部表彰为实践创新优秀成果奖。开展宗教领域风险隐患大排查2次，发现并治理问题20余个。对全市1万余件宗教陈列物开展专项检查2次，指导完善登记管理制度。联合有关部门收缴宗教非法出版物2000余册。加强宗教活动场所日常监管，市级开展专项检查50余次。

（李晓娟）

人民生活

【居民收入增长】 2022年，全市全体居民人均可支配收入46638元，比上年增长4.5%。其中城镇居民人均可支配收入56024元，增长3.2%；农村居民人均可支配收入27027元，增长5.2%。全体居民人均消费支出27293元，其中城镇居民人均消费支出32772元、农村居民人均消费支出15845元。全体居民食品烟酒消费支出占消费总支出的25.3%，其中城镇居民食品烟酒消费支出占消费总支出的24.8%、农村居民食品烟酒消费支出占消费总支出的27.4%。

【社会保障体系完善】 2022年，全市有238.86万人参加基本养老保险，居民基础养老金标准提高到每人每月172元。有254.16万人参加基本医疗保险，居民医保补助标准提高到每人每年610元。有2.46万人领取失业保险金。有7094名职工享受工伤保险待遇，有1.26万名女职工享受生育津贴待遇。

【居民生活品质提升】 2022年，居民消费价格比上年增长1.4%。其中，食品烟酒价格上涨1.6%，衣着价格上涨1.3%，居住价格下降0.8%，生活用品及服务价格上涨0.5%，交通和通信价格上涨5.0%，教育文化和娱乐价格上涨0.1%，医疗保健价格上涨1.1%，其他用品和服务价格上涨3.9%。

（周昱彤）

社会风尚

【见义勇为】 2023年1月30日，为褒奖见义勇为行为，弘扬见义勇为精神，推动见义勇为事业持续健康发展，中共威海市委政法委员会、威海市见义勇为基金会对2022年于正忠、刘范阳、许卫德、孙杰、吴丽、邵茂君、周佳宁、越成8名“威海市见义勇为先进分子”通报表扬并予以奖励。

于正忠　乳山市白沙滩镇王家口村村民。2022年5月13日下午，于正忠在前往田间耕种的途中听到呼救声，立即停下三轮车，循着声音四下寻找。看到有人在平塘的水里挣扎，于正忠本能地跳进五六米深的平塘救人。由于落水者已昏迷，施救难度很大，于正忠刚下水身上就被不明物体划破，顾不上疼痛，于正忠使出全身力气驮着落水老人游向岸边。落水的老人70岁，在平塘抽水不小心跌入水中，并且因之前患有脑梗，得益于获救及时。于正忠在确认落水者无大碍后返回家中。

刘范阳　文登区环山街道秀山社区居民。2022年9月9日下午，74岁的刘范阳在水库边自家的菜园里忙活。水库边，村民隋某某和同伴一起洗衣服，隋某某不慎滑入水中，水库水深超4米，同伴因不习水性只能大声呼救。听到呼救声，刘范阳急忙奔向水库，纵身跳进水中救人。当刘范阳游到隋某某身边时，隋某某已经意识模糊，刘范阳抓住落水者让其头部露出水面，游向岸边。初秋的水库水已转凉，且水中有大量水藻，刘范阳渐渐体力不支，依然用尽全身力气，将隋某某带向岸边。在闻讯赶到的村民的帮助下，将隋某某拉上岸，刘范阳对其进行紧急施救，直到医护人员和民警赶到，在确定隋某某脱离危险后，刘范阳等人离开现场。

许卫德　乳山市白沙滩镇新村村民。2022年2月，许卫德的妻子在厨房做饭时，看到窗外有一男一女两个小朋友在池塘边玩耍，一抬头的工夫，发现小女孩消失了，担心孩子有危险，赶紧喊许卫德到池塘边查看。在许卫德奔向池塘的过程中，男孩也掉进池塘。许卫德大声喊人帮忙，边跑边脱衣服，跳进水里救人。许卫德在随后赶到的村民的帮助下，将两个孩子救出池塘，男孩经救治及时康复，女孩因呛水抢救无效不幸去世。

孙　杰　环翠区竹岛街道海韵社区居民。2022年5月的一个傍晚，在威海经济技术开发区悦海公园游玩的市民孙杰，听见“快来人，有人落水了！”的呼救声后四下寻找。在不远处的海面上，一名女子高举双手在海水中挣扎，头部几乎沉到水面以下。见落水者被海浪冲远，孙杰跳入海中，靠近落水者，从背后架住该女子的身体，让其头部露出水面，连拖带拽地游向岸边。上岸后，被救女子出现溺水反应，意识模糊，孙杰和围观群众对其实施简单急救，女子逐渐清醒，经进一步救治已无大碍。

吴　丽　荣成市运输公司出租车驾驶员。2022年10月23日中午，吴丽接送乘客行驶至成山大道中段时，听见不远处的楼上传出“有人落水啦”的呼喊声。吴丽顺着呼救者指向的地方发现河里漂浮着一个人，立刻将车停下，脱掉外套、鞋子跳入河水中救人。吴丽抓住落水者的衣角，在围观群众的协助下，一起将落水者拖拽到岸边。落水者的口唇已经发紫，失去意识。吴丽一边让围观群众帮助拨打“120”急救电话和“110”报警电话，一边对落水者进行心肺复苏，经过多次努力，落水者渐渐可以呼吸。随后，警车和救护车相继赶到，落水者被抬上救护车，吴丽起身默默离开。

邵茂君　荣成市崖西镇政府联防队员。2022年11月，荣成市区发生一起重大刑事案件，公安机关当晚接到报案后，通过视频侦查追踪至崖西镇时，犯罪嫌疑人失去踪迹。在家中准备休息的邵茂君看到微信群中派出所发布的信息后，立即从家中赶到派出所配合查看视频监控、开展行踪分析。凭借日常工作中对辖区流动人员的了解，邵茂君通过仅有的几秒钟犯罪嫌疑人影像资料，锁定当地一位男子。在确定犯罪嫌疑人身份后，邵茂君凭着自己对地形和人员熟悉的优势，不顾危险主动参加抓捕行动。在抓捕过程中，嫌疑人试图反抗，民警和邵茂君主动出击，牢牢控制住犯罪嫌疑人。正是邵茂君的积极配合，该重大刑事案件在接到报警后，仅用4小时便成功侦破。

周佳宁　乳山市亚细亚电子厂职工。2022年8月6日上午，在乳山市六村屯河入海口大桥附近钓鱼的周佳宁听到有人溺水呼救后，大声招呼周围群众施救，毅然跳入水中游向落水者的位置，奋力将其推向岸边。入海口河水澎湃、风大浪急，由于水流太过湍急，周佳宁被连呛几口海水，仍然用尽全身力气将落水者推向岸边，桥上群众拨打报警电话，周围群众赶到一起救援，落水者抓住岸上群众扔下的绳子被拉上桥边成功获救。已经力竭的周佳宁被海水卷到离岸约30米远处，被救上岸时已没有意识，经抢救无效最终牺牲。

越　成　环翠区孙家疃街道育海社区居民。2022年6月25日晚10时许，在葡萄滩海水浴场乘凉的越成突然听到呼救声。越成一边掏出口袋里的东西，一边加速跑到海边，做好下水救人的准备。10米远的海水里，一名女子正在挣扎，声音越来越弱。遇险女子的两名女伴准备到海里实施营救，越成第一时间阻止她们的冒险举动，自己跳到海水里，游向遇险女子。海水深约2米，黑夜中暗流涌动，靠近遇险女子后，越成一边从背面紧紧托住遇险女子，一边单臂划水，将其带回岸边，女子成功获救。

（摘自威海新闻网）

【2022年“中国好人榜”威海好人】

王银洁　女，1988年9月生，中共党员，国网山东省电力公司威海供电公司物资部职工。2020年，新冠肺炎疫情发生后，王银洁组织实施“情援疫线”志愿服务项目，组织志愿者为73名供电应急保障一线人员和长期隔离的电网值守人员开展爱心配送，并制作志愿者联系卡，方便随时帮助做好心理疏导和沟通服务。新冠肺炎疫情防控期间，王银洁创新志愿服务模式，通过网络将“面对面”服务变成“屏对屏”服务，组织志愿者开展“居家用电自助办理”“复工复产用电政策”等公益直播14期。王银洁作为志愿服务队专责带领队员们走上街头站点，捡拾垃圾保持整洁环境、引导行人维护交通秩序。王银洁积极推动构建“党委主导、支部主体、党员青年为主力”的志愿服务工作模式，将活动开展情况与支部绩效考核、党员量化积分挂钩，推动形成志愿服务常态运行的工作机制。坚持从社会关注、群众期盼处入手，立足行业本身和威海地域特色，策划实施以“情系朝阳”“情暖夕阳”“情筑光明”为主要内容的“善小·海葵”公益行动100余次。2021年，王银洁推动开发“善小·海葵”志愿服务云平台，实现志愿服务活动从“发起—招募—实施—总结”的线上全流程闭环管理，依靠大数据对志愿服务相关数据进行精准查询、统计与排序，全面提升志愿服务效率和管理水平。作为“善小·海葵”志愿者服务队的一员，王银洁积极投身文明创建、金秋助学、爱老助困、直播宣讲等活动，发起公益直播14期，捐建“希望小屋”13个，至2022年，王银洁组织服务队帮助150余个孩子实现“微心愿”，与300余个贫困孩子家庭结成“亲戚”，实行长期精准帮扶。“善小·海葵”志愿者服务队获评全国最佳志愿服务组织、全国学雷锋活动示范点、山东省抗击疫情优秀志愿服务组织。王银洁先后获评全国向上向善好青年、第十三届中国青年志愿者优秀个人奖、山东省最美志愿者等，入选2022年第二季度“助人为乐”中国好人榜单。

曲　波　女，1973年7月生，中共党员，威海市环翠区环翠楼街道杏花村社区党总支书记、居委会主任。2013年11月，曲波担任杏花村社区书记，上任后入户走访征集意见，召开居民座谈会，了解辖区百姓所思所盼所想。杏花街附52号楼和附54号楼居民集中反映北侧高20米的陡坡既影响采光又有极大的安全隐患，社区简易厕所卫生差、气味大，影响附近居民正常生活，小区道路破损严重，老年人出行危险系数增多等问题。曲波积极与多方沟通协调，尽心尽力为群众办实事。2015年3月，杏花村社区开始环境整治，曲波带领社区工作人员和辖区群众先后整治杏花街楼前陡崖、完成辖区53幢楼房外墙保温及杏花街107号楼楼体裂缝加固工程、建成杏花街公厕等，并对辖区10余条主次干道路面进行硬化改造，得到辖区内商户和居民的一致好评。围绕群众的精神需求，曲波逐户走访，根据居民需求信息，先后组建民生帮办志愿服务队、儿童健康乐园等志愿服务队13个，并孵化欢天喜地合唱团、喜乐汇棋牌社等社会组织12个，提升居民活动归属感、幸福感。抗击新冠肺炎疫情防控期间，部分社区工作人员隔离在家，曲波带领2名工作人员担负起协调小区封控、核酸检测、物资调配以及居民日常生活保障工作。随着工作人员陆续返岗，曲波带领社区人员投入防疫一线，每天加班到凌晨两三点，短暂休息一两个小时。曲波用实际行动践行着一名社区书记的为民情怀，入选2022年第四季度“敬业奉献类”中国好人榜单。

（摘自威海文明网）

编辑　李传强

区（市）概况

环翠区

【概况】 2022年，环翠区总面积383平方千米，大陆海岸线长约43千米。辖9个镇（街道）、218个村（社区），户籍人口35.36万人。全年实现地区生产总值443.08亿元，按可比价格计算（下同），比上年增长1.6%。其中，第一产业增加值38.98亿元，第二产业增加值131.26亿元，第三产业增加值272.84亿元。三次产业结构比为8.8∶29.6∶61.6。固定资产投资下降16%。社会消费品零售总额下降7.9%。货物贸易进出口总额238.88亿元，增长9.9%。其中，出口额199.87亿元，增长14.1%；进口额39.01亿元，下降7.6%。一般公共预算收入38.41亿元，下降4.64%。

全年实现农林牧渔业总产值72.87亿元，增长6.8%。花生总产量2718.6吨，蔬菜总产量3.70万吨，果品总产量6.82万吨，水产品产量（不含远洋捕捞产量）36.70万吨。年底农业机械总动力8.69万千瓦，完成机耕作业面积2546.7公顷、机播面积2140公顷、机收面积2133.3公顷。有市场主体8.30万户，新登记市场主体1.01万户。新增规模以上工业企业83家，规模以上工业增加值下降1.7%、营业收入下降0.9%、利润总额下降5.7%。高新技术产业产值占规模以上工业总产值比重为78%。实现建筑业总产值138.4亿元，下降3.2%。

全区有中等职业学校2所，在校学生1021人；义务教育学校38所（其中十二年一贯制学校1所、九年一贯制学校4所、初中12所、小学21所），在校学生5.90万人，在编教职工3534人；幼儿园67所，在园幼儿1.70万人，教职工2590人。有国家工程技术研究中心1家，省技术创新中心2家，省工程技术研究中心10家，省重点实验室3家，院士工作站4家，省新型研发机构4家，市工程技术研究中心37家，市重点实验室12家，市技术创新中心4家，市新型研发机构4家，市创新创业共同体1家。登记技术合同金额28.3亿元。授权专利2940件，其中发明专利199件。有民间艺术团体280个，文化馆2个，公共图书馆2个，美术馆2个，博物馆1个，电影院8座。有国家A级以上旅游景区9家，星级饭店10家，省级农业旅游示范点18个，省级旅游强镇（街道）8个，省级旅游特色村13个。有医疗卫生机构417所，实有床位1976张，专业技术人员4181人。181名运动员参加山东省第25届运动会，获得金牌16.28枚。举办群众性体育活动150余场，参与群众近8000人次。

全区城镇新增就业4869人。全体居民人均可支配收入5.43万元，增长4.4%。其中，城镇居民人均可支配收入5.78万元，农村居民人均可支配收入2.62万元，分别增长3.6%、5.7%。有13.17万人参加城镇职工基本养老保险，5.06万名离退休职工享受养老保险。有2.42万人参加城乡居民养老保险，1.35万名居民享受居民养老保险，居民基础养老金标准提高至每人每月172元。有3021人领取失业保险金，603名职工享受工伤保险待遇。有各类养老机构23家，床位3728张，收养人员966人。

年内，环翠区获评2021—2025年度第二批全国科普示范县（市、区）、2021年全国基层中医药工作先进单位、2021年度县域经济高质量发展先进县、2021年度山东省民营经济先进县、山东省科技创新强县、工业强县、

2月，威海宝威新材料科技有限公司自动化无人生产线　　（杨 正 摄）

质量强县、对外开放强县等。

【制造业发展】 环翠区聚焦新材料、高端装备制造等产业，引导企业膨胀扩张，新增规模以上工业企业27家，省级制造业单项冠军企业、专精特新中小企业、瞪羚企业和绿色工厂29家，威海宝威新材料科技有限公司、威海化工机械有限公司入选国家专精特新“小巨人”企业，威海邦德散热系统股份有限公司在北京证券交易所上市。全年新增高新技术企业77家，国家科技型中小企业171家、市级以上创新平台19家，高新技术产业产值占规模以上工业总产值比重为78%。威海市海王旋流器有限公司获评省级技术创新示范企业，威海新北洋数码科技股份有限公司等4家企业获评省级科技领军企业，威海海鑫新材料有限公司等4家企业获评全省科技小巨人企业，广泰机场快反消防车等3个项目获得中国优秀工业设计奖、“省长杯”工业设计大赛奖。

【“4+3”制造业产业集群建设】 环翠区结合区域产业基础及资源优势，发展壮大高端装备制造、新材料、生物医药、新一代信息技术4个新兴产业，改造提升纺织服装、食品加工、钓具3个传统产业，推动以新材料、高端装备制造为引领的“4+3”制造业产业集群发展。至年底，环翠区“4+3”制造业产业集群完成工业总产值211.2亿元，下降1.2%；实现营业收入214.3亿元，下降3.5%。

威海海洋科技馆一角　（王彦博　摄）

【海洋产业发展】 环翠区以海洋科技城建设为中心，推进海洋经济提质增效、海洋科技创新驱动、海洋产业转型升级，全力建设海洋强区。落实无偿资金9502.05万元，推进13个市级海洋产业重点项目建设，全年完成投资12.7亿元。6月8日，海洋主题科技类展馆——威海海洋科技馆投入运营。8月25日，国务院印发《关于支持山东深化新旧动能转换推动绿色低碳高质量发展的意见》，明确提出“建设国家海洋综合试验场（威海）”，远遥浅海科技湾区建设被列入国家战略。

【城市精致建设】 环翠区投资1303万元，实施平度路（统一南路—望岛工业园）绿化工程、广远路（省道201线辅路—河北小学东侧道路）绿化提升工程、统一南路（望岛河南路—平度路）东侧绿化提升工程、环海路沿线景观提升工程（环海路七星楼—14号观景平台），新建、改造绿化面积7.01万平方米。对北山路与菊花顶路交叉口安全岛、西北山路与花园中路交叉口安全岛、国家卫生城碑绿地、昆明路隧道口两侧绿地等7处区域开展绿化节点改造。按照主次干道路一体化养护标准实施“城市双修”（生态修复、城市修补）工程，完成青岛路、珠海路、塔山中路等主次干道路绿化综合整治，对统一南路、海峰路等城市修补项目实施修补。实施14项市政道路工程建设，对2条道路开展“海绵化”改造、4条道路开展污水管网改造、2条道路

2022年威海市环翠区镇（街道）基本情况表

表16

名　称	村（个）	社区（个）	总面积（平方千米）	户籍人口（万人）	一般公共预算收入（亿元）	名优特产
环翠楼街道		17	4.48	3.95	4.76	海参、海米、胶东花饽饽
鲸园街道		16	6.46	7.41	3.30	丝绸
竹岛街道		28	23.61	8.97	6.05	喜饼、陶瓷、锡镶技艺
孙家疃街道		8	18.58	1.73	1.50	海参、对虾、鹰爪虾
嵩山街道	6	9	31.07	1.76	0.67	苹果、蝴蝶兰、蓝莓
张村镇	4	17	49.00	3.44	7.10	里口山蟠桃、渔具
羊亭镇	25	4	71.96	2.37	3.27	贝草夼杏、北上夼樱桃、猕猴桃
温泉镇	19	13	66.60	2.92	1.90	地毯、啤酒
桥头镇	51	1	111.24	2.81	0.57	苹果、羊汤、花生、果味牛奶

开展非机动车道彩色防滑路面摊铺；维修沥青路面1.02万平方米，整修人行道1.03万平方米，改造公交港湾式车站8处，优化路口4处，改造积水点9处。投资121.07万元，新建南山游园1处，改造戚东夼社区游园、戚谷疃社区游园、祥云花园社区（南区）3处。推行“环保医生”诊断服务，实施8条河道治理工程，五渚河、望岛河获评省级美丽幸福示范河湖。实施“红色物业提升年”行动，3个案例入选国家级、省级物业管理典型案例，2家物业公司获评“齐鲁红色物业”星级服务单位，10个项目入选省级示范工程。

【乡村振兴】　环翠区强化样板片区建设，依托里口山近郊休闲样板片区、轻户外运动基地样板片区、玉皇顶文旅融合样板片区、宝石山高效生态农业样板片区、正棋山休闲样板片区、五渚河生态样板片区、菱角湾城乡融合样板片区、黄窠寺休闲观光样板片区、龙山湖高效生态农业样板片区、伟德山生态旅游样板片区10个样板片区，谋划总投资25.64亿元的69个重点项目；里口山近郊休闲样板片区、轻户外运动基地样板片区获得市级示范样板片区资金400万元奖励。持续深化“两清三化”（“两清”指实现农村残垣断壁和撂荒地动态“清零”；“三化”指按照一体化推进、多元化流转、精准化盘活的原则，把农村“闲资源”变成“活资产”）行动，盘活闲置农房539栋、集体资产23处，清理残垣断壁16处，盘活低效农用地140公顷。招募各类乡村振兴首席专家80名，为6名涉农领域高层次人才发放威海英才卡、环翠人才卡，组织开展高素质农民生产技能培训65人次。完成农村劳动力转移就业培训1450人，举办环翠区巾帼创业基地直播培训班等各类培训18场，培训妇女4000余人次，开展农村电子商务培训105人次。落实省级现代农业产业园补贴资金3000万元，发展以苹果、海参为主导的智慧农业。开发“环翠·链乡”智慧平台，入驻农业经营主体120余户，平台点击量达10万次。

（李琳琳）

文登区

【概况】　2022年年底，全区总面积1364平方千米，大陆海岸线长约155.9千米，辖14个镇（街道）、675个村（社区），户籍人口51.6万人。全年实现地区生产总值509亿元，比上年增长1.5%。其中，第一产业增加值65.7亿元，第二产业增加值191.2亿元，第三产业增加值252.1亿元。三次产业结构比为12.9∶37.6∶49.5。固定资产投资减少13.7%。对外贸易进出口总额151.8亿元，比上年增长3.7%。其中，出口额118.7亿元，下降0.6%；进口额33.1亿元，增长22.1%。一般公共预算收入31.2亿元，一般公共预算支出68.5亿元。社会消费品零售总额减少6.9%。年底银行金融机构发展到21家，本外币各项存款余额871.4亿元，本外币各项贷款余额674.5亿元，分别增长14.7%、19.3%。有保险分支机构34家，保费收入16.6亿元，各项赔款和给付5.6亿元。

全年实现农林牧渔业增加值71.1亿元。粮食播种面积4万公顷，粮食总产量23.4万吨，油料播种面积1.5万公顷，水果种植面积0.9万公顷。水产品总产量29.2万吨，肉类总产量7.5万吨，禽蛋总产量4.6万吨，奶类总产量0.8万吨。有农业机械总动力145.7万千瓦，农业产业化重点龙头企业32家。有各类经营主体6.90万户，新登记经营主体9268户。规模以上工业企业194家，实现工业总产值217.7亿元。有高新技术企业136家、市级以上创新平台184个、院士工作站3家，256家企业进入2022年国家科技型中小企业库，高新技术产业产值占工业总产值的比重为57%，增长1.7%。

全区公路通车里程1871.7千米（含农村公路、国省道）。公交车运营线路总长度为1061.3千米，有公交车201辆，客运量1100.5万人次，运营里程1483.5万千米。道路长途旅客周转量3063.8万人次、货运量1685万吨。铁路完成客运量30.8万人次、货运量44.8万吨。

全年完成城建重点工程43项，完成投资9.4亿元。保障住房困难家庭144户，发放补贴53.5万元；公共租赁住房分配77套。城市集中式饮用水水源地水质达标率保持100%，供热覆盖率98%，燃气普及率100%。全年空气质量优良以上的天数达344天，优良率94.2%。有国家AAAA级旅游景区2处、AAA级旅游景区5处，四星级酒店1家、三星级酒店2家。

全区有普通中等专业学校3所，在校学生2602人；普通高中4所，在校学生7159人，在编教职工825人；义务教育学校41所（含竞技体育运动学校），在校学生3.35万人，在编教职

4月，文登奥文电机有限公司生产车间　　（刘志鹏　摄）

工 3306 人；特殊教育学校 1 所，在校学生 101 人，在编教职工 42 人；幼儿园 50 所，在园幼儿 1.1 万人，在编教职工 319 人。获得省级及以上科技奖励 1 项，发明专利授权量 108 件。有省级以上孵化器 1 家，在孵企业 35 家。有文化馆 1 个，公共图书馆 1 个，博物馆 3 个，文物管理机构 1 个，电影院 3 座；艺术表演场馆 1 个，艺术表演团体 1 个，全年举行演出 150 场。有 89 人次在省级以上比赛获得名次。文登籍运动员在山东省第 25 届运动会中获得金牌 4.5 枚。有医疗卫生机构 419 个（其中公立医疗机构 256 个，编制床位 3285 张），卫生技术人员 5299 人。

全区城镇新增就业 6160 人。城镇居民人均可支配收入 5.28 万元，农村居民人均可支配收入 2.88 万元，分别增长 3.1%、5%。全区有 25.2 万人参加职工养老保险，26.5 万人参加居民养老保险，50.8 万人参加基本医疗保险，9.6 万人参加工伤保险，9.5 万人参加失业保险。有各类养老机构 51 家，床位 1.1 万张，入住人员 5993 人。城镇居民最低生活保障 467 户 581 人，发放保障金 621.8 万元；农村居民最低生活保障 3455 户 4379 人，发放保障金 3515.8 万元。保障农村特困对象 2772 人，其中集中供养 1084 人、分散供养 1688 人，发放农村特困供养资金 4239.8 万元。

年内，文登区获评国家知识产权强县建设试点县、“四好农村路”全国示范县、国家级水产健康养殖和生态养殖示范区、全省民营经济高质量发展先进县、山东省就业环境友好型城市、山东省全域旅游示范区、山东省畜牧业高质量发展先行县、首批职业教育改革发展成效明显的县（市、区）、山东省未成年人保护试点县。省级化工园区通过验收，文登奥文电机有限公司获评建议支持的国家级专精特新“小巨人”企业，迈世腾科技（山东）电子有限公司、威海长和光导科技有限公司获评国家级专精特新“小巨人”企业，多式联运中心暨配套产业园被确定为第四批国家级多式联运示范工程创建项目。宋村镇入选国家级农业产业强镇创建名单，葛家镇获评全国“一村一品”示范村镇，米山镇西铺头村获评中国美丽休闲乡村，西洋参小镇被认定为首批乡村振兴齐鲁样板省级示范区，山东省文登整骨医院入选全省首批中医药特色专科医院，1 个案例入选农业农村部第四批全国农村公共服务典型案例。1 人获得山东省国际科学技术合作奖。

【庆祝中国共产党第二十次全国代表大会召开系列活动】 中共威海市文登区委印发《关于深入学习宣传贯彻党的

2022年威海市文登区镇（街道）基本情况表

表 17

名　称	村（个）	社区（个）	总面积（平方千米）	一般公共预算收入（亿元）	名优特产
龙山街道	12	10	32.8	2.21	花饽饽、苹果、西洋参、蓝莓、软枣猕猴桃
天福街道	7	15	30.2	3.2	苹果、花生
环山街道	7	14	39.5	1.47	金银花、艾草
文登营镇	71	1	124.8	0.36	猕猴桃、桑葚、圣女果、蝴蝶兰、羊肚菌
大水泊镇	89		123.4	0.22	西洋参、黄精、大樱桃、苹果
张家产镇	64		106.4	0.31	西洋参、东汤村粉条、安子泊土姜、岚村蜜桃、黑番茄、草莓西红柿、对虾、刺参、阳光玫瑰、七里头茶
高村镇	46		96.7	0.21	脉田糖瓜、沙柳西红柿、西山张家蜜桃、甜瓜、草莓、大樱桃、葡萄
泽库镇	21		59.5	0.16	海马、海参、牡蛎
侯家镇	37		72.2	0.2	海参、对虾、海蜇皮、虾酱、花饽饽
宋村镇	52		115.0	0.26	草莓西红柿、山泰桃、盛泰园花生、亮点蓝莓、渠格罗非鱼、石羊黄瓜、阳光玫瑰葡萄
泽头镇	45		84.3	0.1	白羽鸡、蒲公英、金鸡菊、银杏、丑梨、软枣猕猴桃、桑葚、生姜、黄芪、黄芩、黄精、花饽饽、草莓西红柿
葛家镇	68		185.3	0.27	苹果、樱桃、桃、葡萄、梨、黄精、花饽饽
米山镇	44		85.2	0.35	草莓、蓝莓、花生、柿子、鲈鱼、鲢鱼
界石镇	65		188.7	0.44	樱桃、桃、杏、维纳斯黄金苹果、小米、草莓、西红柿、蘑菇、黄精、蜂蜜
文登经济开发区		7	19.5	5.2	桑葚、葡萄、杏、花饽饽

二十大精神的意见》，组建宣讲队伍8支和“红色宣讲团”，开展宣传宣讲活动2100余场次。在基层党组织和广大党员干部中开展“创新聚力当先锋”系列党员教育活动，在新闻媒体开设《非凡十年看文登》等专栏，举办“水墨丹青绘初心”“翰墨颂党恩”等主题展览6场。

【“百校联百县兴千村”行动启动仪式暨全国乡村建设行动现场培训班】 9月7日，国家乡村振兴局、清华大学在文登区联合举办“百校联百县兴千村”行动启动仪式暨全国乡村建设现场培训班，区乡村建设典型经验在全国推广。

【校企合作项目签约】 7月21日，青岛科技大学与山东亘元生物科技有限公司战略合作暨高性能锂电用系列化学品项目签约仪式举行。项目总金额7.7亿元，是全省单笔金额最高的校企合作项目。

【西部工业园成立】 合并环山街道、龙山街道、米山镇的原工业园区，组建成立西部工业园。西部工业园按照“1+3+N”（“1”指数字化新业态经济中心，“3”指光电技术、新能源新材料、高端装备3个主导产业，“N”指N个“小而尖、专而精”的专业化园区）的产业发展布局，打造工业发展新引擎。

【光电产业合作推介会召开】 8月22日，光电产业合作推介会召开，会议以“零碳时代、智造文登”为主题，介绍了文登光电产业资源优势建设情况及相关扶持政策，国内40余家光电行业企业及研发机构负责人出席会议，现场签约制造业项目21个。

【母猪河流域水环境综合治理百日攻坚行动】 8月8日，召开母猪河流域水环境综合治理百日攻坚行动动员部署工作会议，统筹上下游、干支流、水和岸，追根溯源，开展系统治理，共整治各类问题209个，河道水质稳定达标。

【文旅集团组建】 成立昆嵛文旅集团有限公司，通过资产注入、资源置换、项目盘活等方式，将全区各类旅游资源统一整合到国企平台上，以重点项目形式运营开发，实现全区文旅资产、资源、资本的保值增值。

【工业振兴发展院成立】 优化提升英才计划体系，推行人才编制“蓄水池”制度，成立工业振兴发展院，采取“联合培养、挂职锻炼”的模式，调剂事业编制50个，专项用于全区重点企业引进紧缺青年人才。

（慈英男）

荣成市

【概况】 2022年年底，全市总面积1526平方千米，海岸线长约493千米，辖22个镇（街道）、840个村（社区），常住人口71.4万人，户籍人口64.2万人。全年实现地区生产总值1030.6亿元，比上年增长2.8%。其中，第一产业增加值158.2亿元，第二产业增加值335.7亿元，第三产业增加值536.7亿元。三次产业结构比为15.3∶32.6∶52.1。社会消费品零售总额下降3.3%。进出口总额450.2亿元，增长54.8%。一般公共预算收入54.5亿元，下降6.4%。年底金融机构本外币存款余额1216.0亿元，其中住户存款余额853.6亿元。全年保险机构保费收入16.8亿元，支付各项赔款和给付5.5亿元。

全年实现农林牧渔业增加值161.5亿元，增长0.8%，其中农林牧渔服务业增加值3.4亿元，增长6.7%。粮食总产量21.9万吨，花生总产量4.4万吨，果品总产量25.7万吨，分别增长0.4%、0.4%、0.7%。完成造林面积1266.67公顷。生猪存栏16.2万头，牛存栏0.98万头，羊存栏0.95万只，肉类总产量2.7万吨，禽蛋产量3.8万吨。实现渔业总收入1086.6亿元，增长1.2%。年底有农业机械总动力218.4万千瓦，有农用拖拉机9.48万台。

全年规模以上工业增加值增长31.9%，其中制造业增加值增长26.3%。海洋生物食品业、船舶及零部件业、机械制造业占规模以上营业收入比重为38.1%，增长1.0%，营业利润增长35.1%。规模以上高新技术产业产值占规模以上工业总产值比重为56.3%。全社会用电量37.9亿千瓦时，增长3.7%，其中工业用电量18.5亿千瓦时，增长3.9%。规模以上建筑业总产值72.9亿元，有资质以上建筑业企业117家，房屋建筑施工面积503.9万平方米，房屋竣工面积103.4万平方米。

全年规模以上服务业营业收入增长3.5%，其中多式联运和运输代理业，居民服务、修理和其他服务业，交通运输业分别增长34.0%、22.0%、13.7%。完成港口货物吞吐量532万吨，集装箱吞吐量24.6万标准箱。海运完成客运量44.7万人次，增长12.9%；旅客周转量439万人千米；完成货运量36.8万吨、货物周转量1.22亿吨千米，分别增长30.3%、增长6.1%。青荣城铁荣成站进出旅客总人数135.1万人次，其中发送总人数65.5万人次、到达总人数69.6万人次。有公共汽车运营线路105条，运营线路总长度2786.3千米。农村公路通车里程2323.5千米，农村客运车辆行政村通达率100%。新增机动车1.32万辆，机动车保有量26.71万辆，汽车保有量23.87万辆。完成邮政业务总量1.6亿元，增长4.2%；电信业务主营业务收入5.6亿元，增长2.6%。年底电话户数8.7万户，下降8.1%；移动电话用户99.0万户，增长1.9%，其中5G用户37.2万户，增长73.0%；互联网户数35.7万户、有线电视用户数23.4万户，分别增长6.0%、4.9%。有国家A级以上景区13处，五星级旅游饭店1家、四星级5家、三星级6家。

全市有高校1所，在校生0.7万人；高等职业教育院校2所，在校生1.6万人；普通高中3所，在校生0.8万人；初中25所，在校生2.1万人；小学20所，在校生2.7万人；中等职业学校2所，在校生0.3万人；特殊教育学校1所，在校生100人；荣成市综合实践活动实验学校1所，年培训量1.1万人次；幼儿园72所，在园幼儿1.4万人。有文化馆1个，公共图书馆1个（藏书总量72.72万册），博物馆1个，电影公司1个，电影院11座，广播电台1座，电视台1座。有国

2022年荣成市镇（街道）基本情况表

表 18

<table>
<tr><th>名　称</th><th>村（个）</th><th>社区（个）</th><th>总面积（平方千米）</th><th>户籍人口（万人）</th><th>一般公共预算收入（亿元）</th><th>名优特产</th></tr>
<tr><td>港湾街道</td><td>3</td><td>10</td><td>30.84</td><td>5.20</td><td rowspan="6">14.03</td><td>海产品、花卉</td></tr>
<tr><td>斥山街道</td><td>26</td><td>7</td><td>48.36</td><td>3.52</td><td>盛家火烧、牡蛎、海带、苹果</td></tr>
<tr><td>东山街道</td><td>28</td><td></td><td>43.24</td><td>1.62</td><td>花生、苗木、茶叶</td></tr>
<tr><td>王连街道</td><td>31</td><td></td><td>61.36</td><td>1.60</td><td>苹果、中药材、茶叶</td></tr>
<tr><td>桃园街道</td><td>15</td><td>2</td><td>19.93</td><td>1.16</td><td>海参、牡蛎、猕猴桃</td></tr>
<tr><td>宁津街道</td><td>45</td><td>1</td><td>67.17</td><td>2.22</td><td>对虾、海参、鲍鱼、花生</td></tr>
<tr><td>崖头街道</td><td>4</td><td>26</td><td>58.71</td><td>13.40</td><td>6.92</td><td>牡蛎、海带、扇贝、鹰爪虾、海参</td></tr>
<tr><td>崂山街道</td><td>18</td><td>2</td><td>59.21</td><td>2.08</td><td>0.69</td><td>草莓、大樱桃、牡蛎</td></tr>
<tr><td>寻山街道</td><td>29</td><td>2</td><td>50.14</td><td>2.12</td><td>1.32</td><td>海带、龙须菜、扇贝、鲍鱼、牡蛎</td></tr>
<tr><td>城西街道</td><td>31</td><td>1</td><td>53.23</td><td>1.79</td><td>0.32</td><td>苹果、花生、玉米</td></tr>
<tr><td>俚岛镇</td><td>71</td><td>1</td><td>106.22</td><td>3.24</td><td>2.13</td><td>海带、鲍鱼</td></tr>
<tr><td>成山镇</td><td>49</td><td>3</td><td>122.74</td><td>3.58</td><td rowspan="3">5.31</td><td>海带、海参、茶叶</td></tr>
<tr><td>港西镇</td><td>21</td><td>1</td><td>49.14</td><td>1.46</td><td>海参、扇贝、海带、无花果</td></tr>
<tr><td>埠柳镇</td><td>37</td><td></td><td>96.55</td><td>1.93</td><td>无花果、苹果、甘薯</td></tr>
<tr><td>夏庄镇</td><td>30</td><td></td><td>50.33</td><td>1.08</td><td>0.17</td><td>苹果、花生、板栗</td></tr>
<tr><td>崖西镇</td><td>46</td><td></td><td>84.01</td><td>1.75</td><td>0.25</td><td>苹果、葡萄、无花果、金银花</td></tr>
<tr><td>荫子镇</td><td>39</td><td></td><td>47.63</td><td>1.18</td><td>0.22</td><td>花生、苹果</td></tr>
<tr><td>滕家镇</td><td>41</td><td></td><td>84.03</td><td>2.44</td><td>0.32</td><td>苹果、花生、草莓、西洋参</td></tr>
<tr><td>大疃镇</td><td>45</td><td></td><td>70.72</td><td>1.50</td><td>0.20</td><td>苹果、草莓、甘薯、葡萄</td></tr>
<tr><td>上庄镇</td><td>42</td><td></td><td>84.93</td><td>2.21</td><td>0.20</td><td>花生、蓝莓、苹果、葡萄、西洋参</td></tr>
<tr><td>虎山镇</td><td>45</td><td>2</td><td>115.25</td><td>3.37</td><td>1.24</td><td>刺参、鲍鱼、对虾、梭子蟹、蛤蛏、海蜇</td></tr>
<tr><td>人和镇</td><td>84</td><td>2</td><td>121.71</td><td>5.72</td><td>1.56</td><td>海米、虾皮、地里歪（小型贻贝）</td></tr>
</table>

家级文物保护单位1处、省级16处，国家级非遗项目1个、省级非遗项目15个。全市在册医疗机构768处，有床位4107张、卫生技术人员5248人。开展关爱老年人健康活动，免费为老年人查体15万人次。

全年全体居民人均可支配收入4.38万元，增长4.9%，其中城镇居民人均可支配收入5.42万元、农村居民人均可支配收入2.95万元，分别增长3.8%、5.5%。全体居民人均消费支出2.54万元，下降0.8%，其中城镇居民人均消费支出3.17万元，下降2.4%；农村居民人均消费支出1.67万元，增长2.3%。年底职工基本养老、失业、工伤、职工基本医疗、生育保险参保人数分别为17.0万人、11.4万人、13.7万人、21.2万人和21.2万人。居民基本养老保险和医疗保险参保人数分别为28.3万人和38.7万人。企业退休人员基本养老金人均2162元／月。投入资金1907万元，将2511名城乡低保对象纳入保障范围。临时救助507人，发放救助款109.4万元。有城乡特困人员3737人，敬老院8所，发放供养资金5859.2万元；有困境儿童123名，发放补助约238万元；为8706名残疾人发放两项补贴1617.5万元。慈善教育领域拨付救助款52万元，建设并投入运营暖心食堂514处。

年内，荣成市获评2022中国企业家幸福感最强市、国家创新型城市、全国科技创新百强县，好运角旅游度假区获评国家级旅游度假区和“绿水青山就是金山银山”实践创新基地。

【“荣归故里”计划实施】 荣成市全面实施“荣归故里”计划，提出“城市合伙人”理念，面向市内外企业家和各类人才，出台关心关爱企业家20条、荣聚英才21条等政策措施，设立并举办首届“荣成企业家日”，搭建企业一体化服务平台，常态化开展“下午茶”畅聊、“金点子”献策、院士专家荣成行等活动，弘扬企业家精神，提振高质量发展信心。举办产业链招商大会7场，全方位推介“荣归故里、成就未来”城市品牌。

5月，首届“荣成企业家日”座谈会召开（中共荣成市委党史研究中心　提供）

【省级“双试点”改革“荣成范例”打造】 荣成市高标准推进省级系统集成改革和综合改革“双试点”工作，推出产业转型、精致城市、乡村振兴、改善民生、社会治理等28项、85个具体改革任务，争创省级以上改革试点63个，推广亮点经验62项，全面增强经济社会发展创新力，系统集成改革做法被省委全面深化改革领导小组办公室列为典型，系统集成改革试点验收评估成绩居全省第1位。

【经济高质量发展】 荣成市明确聚焦聚力产业强市、工业带动、突破发展海洋经济的工作思路重点，确定七大产业链，用产业链、创新链、供应链、生态链思维，统筹推进企业发展和“双招双引”。规划建设提升特色专业园区8个，集成优化专业园区、科技创新、营商环境等产业生态，培育做强产业集群，建设现代化产业体系。年内，荣成市获评全省文旅康养强县、生态文明强县、现代农业强县、质量强县，荣成歌尔电子科技有限公司营业收入突破100亿元，威海百合生物技术股份有限公司在上海证券交易所主板上市。

【高效能治理新体系构建】 创新推进党建引领、居民自治、物业协同、信用融合、网格支撑“五位一体”社区治理共同体建设，组建“小巷管家”“社区通”队伍，常态化开展“社区大家谈”、居民会客厅等活动，带动广大市民热心社区工作、参与社会治理，提升基层治理现代化水平，社区治理相关经验被中央全面深化改革委员会办公室刊发，1个案例入选《宣传思想文化工作案例选编（2021年）》，1个案例入选山东省2022年新型智慧城市优秀案例扩面打榜活动榜单。

【文旅融合发展】 荣成市通过弘扬优秀传统文化，加强非遗和民俗活动的宣传推广，推动传统工艺活动的传承和振兴，加快推进重点文旅项目建设，促进文化和旅游产业深度融合发展。投资53.26亿元实施西霞口旅游综合提升、苏州外国语学校、绿茵香海商业区等18个文旅大项目建设。实施好运角旅游度假区环海岸线整治、国家自然保护区生态治理、朝阳港岸线修复和鸡鸣岛生态岛礁修复4个生态建设项目，拆除各类海上平台、养殖设施120余万平方米，收回海区2000余公顷，恢复沙滩60余万平方米，关停小码头5处，整治“散乱污”企业150家，塑造“水清、滩净、岸绿、湾美、岛靓”的宜居生态环境。

（王晓光）

7月，荣成市文旅康养产业推介大会暨2022乡村文化旅游季启动仪式举行（中共荣成市委党史研究中心　提供）

乳山市

【概况】 2022年年底，全市总面积1665平方千米，大陆海岸线长约199千米，辖15个镇（街道）、601个村，户籍人口52.6万人。全年实现地区生产总值321.83亿元，比上年增长2.1%。其中，第一产业增加值65.88亿元，第二产业增加值95.64亿元，第三产业增加值160.31亿元。三次产业比例为20.5∶29.7∶49.8。固定资产投资增长3%。社会消费品零售总额增长0.8%。对外贸易进出口总额67.3亿元，下降26.8%。一般公共预算收入21.76亿元，一般公共预算支出37.46亿元。年底本外币各项存款余额576.99亿元，本外币各项贷款余额342.96亿元，分别比年初增长

12.7%、15.0%。全年保险机构实现保费收入8.64亿元，增长13%；赔付支出3.27亿元，增长29.74%。

全年实现农林牧渔业及辅助性活动增加值67.76亿元。粮食总产量22.72万吨，水产品总产量55.8万吨，园林水果总产量47.4万吨，猪肉产量2.8万吨，禽蛋类总产量2.43万吨。年底有农业机械总动力107.37万千瓦。有市级以上农业产业化龙头企业40家，其中省级农业产业化重点龙头企业15家。规模以上工业增加值增长2.8%，规模以上工业企业营业收入增长4.8%，营业收入利润率5.3%，产品销售率98.6%。全年70家资质以上总承包和专业承包建筑业企业完成总产值23.15亿元，增长10.9%。

全市有公交车营运线路79条、公共汽车276辆，年客运量441万人次，运营里程1024万千米；出租车270辆，年载客量308.02万人次，运营里程3017.83万千米。有陆岛交通航线2条，客渡轮4条，客运量1.15万人次，旅客周转量6.72万人千米。乳山口港完成货物吞吐量552.36万吨，增长26%。互联网宽带接入用户数22.67万户，固定电话用户数8.43万户，移动电话用户数52.75万户，其中5G移动电话用户数19.94万户。

建成区面积36.76平方千米，道路面积714.10万平方米，排水管道总长度839.82千米，供水管道长度613.23千米，公共供水总量1874.3万立方米，集中供热面积820万平方米，绿化覆盖面积1680.47公顷，绿化覆盖率达45.71%。用水、燃气及生活垃圾无害化处理率均为100%，污水处理率98.41%。全年发电量4.87亿千瓦时，增长25.74%，全社会用电量17.21亿千瓦时。

全市有各级各类学校74所。其中，城区小学4所、城区初中3所、九年一贯制学校15所、高级中学3所、特殊教育学校1所、竞技体育运动学校1所、中等职业学校1所、高等院校1所、幼儿园45所（其中民办22所），有各级各类在校学生5.34万人。全年认定高新技术企业30家，高新技术企业总数达62家，入选科学技术部科技型中小企业库的企业总数达120家。有文化馆、公共图书馆、美术馆3个，艺术表演场馆3个，乡镇综合文化站15处，农村文化大院（社区文化活动中心）628家，城市书房4处，乡村书房2处，文物保护中心（博物馆、文学馆）1个，省级文化产业示范园区1家，省级重点文化产业园区1家，被列入国家、省、市、县四级非物质文化遗产名录的项目50个。有各类医疗卫生机构530个，实有床位2189张、卫生技术人员3140人。在省级体育比赛中获得金牌4.05枚，在国家级体育比赛中获得金牌1枚。

全年城镇新增就业4768人。城镇居民人均可支配收入4.71万元，农村居民人均可支配收入2.30万元，分别增长3.4%、5.4%。参加基本养老保险37.82万人，参加居民基本医疗保险32.84万人。农村低保标准为每人每月745元，城市低保标准为每人每月953元，保障农村低保6937人、城市低保165人，累计发放保障金5486.69万元。

年内，乳山市获评中国气候宜居城市、全省县域养老示范县、全省第二批农产品出口产业集聚区以及省级耕地保护激励县（市、区）、省级农业绿色发展先行县、农产品出口产业集聚区，被重新确认为国家卫生城市。流程再造典型案例被国家信息中心刊发推广，入选山东省一体化大数据平台县级节点建设试点和国家数据直达基层试点。“多水合一”审批制度纳入省政务服务领域“揭榜挂帅”项目清单。获评国家级人才项目4个、省级泰山人才项目3个。乳山牡蛎区域公用品牌入选农业农村部“农业品牌创新发展典型案例”、2022年第二批全国名特优新农产品名录，“乳山蓝莓”“乳山大姜”入选2022年第一批全国名特优新农产品名录，“垛疃樱桃”国家地理标志证明商标被国家知识产权局核准注册。滨海新区（银滩旅游度假区）获评第三批省级“绿水青山就是金山银山”实践创新基地，乳山经济开发区获评省级生态工业园区。家庭教育典型经验获评2022年终身学习品牌项目，1个案例获评教学改革“双减”典型案例。市疾病预防控制中心获评国家慢性病综合防控示范区试点单位。城区街道幸福社区获评2022年全国示范性老年友好型社区，海阳所镇海阳所村获评全国民主法治示范村，南黄镇南黄村获评第九批全省民主法治示范村。

【山东海上风电装备制造产业乳山基地建设】 乳山市按照“以大部件整机制造、配套服务和运营维护为主要发展方向”的功能定位，规划占地面积600公顷的专业园区，布局片区4个和共享园区1个，集中用于海上风电产业发展。设立重型装备产业、核心零部件、“运维检测＋科技创新”和“储能＋会展金融服务”4个产业集群，引导产业链条科学布局。围绕海上风电全产业链发展，梳理上下游企业144家，通过市级领导带队招商、举办招商推介

1月，半岛南海上风电装备制造产业乳山基地招商推介会在济南市召开

（纪哲 摄）

会和对接会等形式推动行业龙头项目落地，签约开工明阳智能、远景能源和豪迈科技等海上风电装备制造产业项目。设立风电产业基地服务中心，提升项目服务保障，依托高等院校资源，培养新能源设备相关技能型人才；优化项目审批流程，推行“拿地即开工”模式，为重大项目开辟绿色通道，安排专人提供代办服务，加速推进项目落地；举办中国（威海）海上风电创新发展交流会，启动“中国乳山·海上风电人才集聚高地”人才项目，成立新能源实训基地、风电叶片技术创新示范基地、海上新能源实证实验基地、海上风电叶片研发中心；在市级人才工程中设置海上风电项目配额，专项支持海上风电创新人才团队引育，新设立人才驿站1处和人才公寓50套。年内，山东海上风电装备制造产业乳山基地建设经验获得山东省政府办公厅、省发展和改革委员会发文推广。

【精致城市建设】 乳山市实施总投资6.2亿元的9类38项城建重点工程，开展城市精细化管理提升行动，改造老旧小区32.6万平方米、棚户区27.6万平方米，新增城市绿地5.1万平方米，完成雨污分流31.6千米，铺设燃气管道1113.5千米。完成“三区三线”（城镇空间、农业空间、生态空间3类空间所对应的区域，分别对应划定的城镇开发边界、永久基本农田、生态保护红线3条控制线）划定，保障重点项目、城市建设用地需求。实施总投资2.2亿元的城市供排水和供暖设备改造工程，打通城市“断头路”4条，完成商业街城市彩绘和117个“红色物业”小区的智慧化改造。

【优质中小企业梯度培育】 乳山市实施优质中小企业梯度培育计划，建立“小升规”、冲击新目标、“专精特新”、单项冠军企业梯度培育库，按照“储备一批、培育一批、提升一批”原则，通过鼓励倡导、政策引导、培育指导，引导支持企业加大研发力度，开展核心技术、关键技术攻关，提升企业原始创新和集成创新能力，加快实现发展专业化、技术特色化、创新持久化。年内，新增高新技术企业15家，备案科技型中小企业120家，获评省市级创新平台14个，国家级专精特新“小巨人”企业4家、省级专精特新中小企业16家，省级工业互联网典型应用场景3家，省市级工业设备上云标杆企业1家。

【文旅产业融合发展】 乳山市突出“文旅+”，推动重点文化和旅游项目建设，促进文化和旅游产业融合发展。打造千里山海自驾旅游公路，整合滨海旅游公路、盘山路沿线各类优势资源，创建“三线、四季、多彩”的自驾旅游公路品牌，打造提升“银滩·风从海上来”“田家·胶东乳娘驿站”等自驾主题驿站5处、观景平台11处、“盘山路”“音乐路”特色路段2处，提升自驾服务设施，实现“文旅+交通”融合；开展红色研学游，引导诸往镇山里五村（东尚山村、中尚山村、西尚山村、下石硼村、上石硼村）、崖子镇田家村、牡蛎文化园与旅行社、资深教育机构合作开展青少年研学游、红色主题冬（夏）令营、特色农家乐建设，实现“文旅+红色+乡村”融合发展。引进集休闲、观光、娱乐于一体的“风从海上来”项目，增设精神堡垒、风车矩阵、霓虹夜市、爱情迷宫、沙滩摩托等设施，打造新的网红打卡地；引进集果品采摘、房车露营、生态餐厅、山舍农家、森林奇趣、休闲垂钓等于一体的天地纵横山地运动休闲度假基地项目，提升休闲农业和乡村旅游中高端产品供给能力。精准服务文旅企业发展，与山东外事职业大学旅游管理学院、山东正己教育科技有限公司达成初步合作意向，推动政校企合作；组织文旅企业参与免费游威海惠民活动、文化和旅游惠民消费季活动，引导景区推出“千里海岸畅游券”联票，刺激文旅消费市场；实地指导A级景区整改提升游客服务中心，加强厕所建设、安全管理、停车场管理等。

【农村产权流转交易改革】 乳山市坚持“规范市场、服务三农、政策性定位、市场化导向”理念，加快推进农村产权流转交易市场规范化建设，构建“山东农村产权交易中心乳山市服务

乳山银滩旅游度假区 （纪哲 摄）

中心、五级农村产权交易服务体系、三个市场运营体系”服务模式，全年流转土地2000公顷，成交金额1.7亿元。相关经验做法入选《2022年山东省乡村振兴齐鲁样板典型案例》《全省农业农村领域重点改革典型案例汇编》，先后被《山东农业农村工作》《山东乡村振兴简报》《山东改革专报》和“山东改革”微信公众号发文推广，并被推介至中央全面深化改革委员会办公室。12月30日，乳山市《规范引导农村产权流转交易》改革案例在《农民日报》刊发并获得农业农村部主要负责人批示。

【美丽宜居乡村建设】 乳山市推进美丽宜居乡村建设，新增省级清洁村庄216个，“精致农家·美丽庭院”示范户4596户、精品户1838户，实现市级清洁村庄全覆盖。翁家埠村、白沙滩村、赤家口村、杜家岛村、青山村5个村获评省级景区化村庄，玉皇山后村、徐家堠村获评省级乡村旅游重点村。“近山亲海”线路入选山东省冬季体育旅游精品线路，红色文化之旅入选全国乡村旅游精品线路。探索“四好农村路”高质量发展新模式，入选2022年“四好农村路”全国示范县创建单位名单。

【美丽幸福河湖建设】 乳山市落实河湖湾长制，印发《关于进一步提升全市河湖湾长一体化工作的实施意见》，明确市、镇、村3级河湖长及成员单位职责分工，推动“三长合一”，建立护水管水新格局。采用“无人机＋人工”方式巡查，全年反馈整改河道“乱建”“乱占”“乱堆”问题1303处，清理阻水林木8余公顷，解决碍洪突出问题44处，联合查处“乱采”问题28起。健全河湖管护长效机制，加强司法监督，印发《关于建立“河长湖长湾长＋检察长＋警长”联动工作机制的意见》，检察机关向相关行政机关累计发送诉前检察建议35份；印发《乳山市河湖湾长制群众监督举报奖励制度（试行）》，畅通群众监督举报渠道；加强信用河湖体系建设，印发《乳山市“信用＋河湖湾”体系分级分类管理办法》，引导群众参与、共防共治。12月，乳山市赤家口河、大龙口河入选2022年省级美丽幸福示范河湖名单。

2022年乳山市镇（街道）基本情况表

表19

名　称	村（个）	社区（个）	总面积（平方千米）	户籍人口（万人）	一般公共预算收入（亿元）	名优特产
城区街道	19	19	37.31	11.87	1.23	蓝莓、苹果
夏村镇	45	12	99.82	3.72	0.60	葡萄酒、蓝莓、草莓、苹果
乳山口镇	41	17	89.26	2.82	0.39	牡蛎、海参、秦米、蜢子虾酱、对虾、鲅鱼、梭子蟹、蓝莓
海阳所镇	41	16	98.29	2.84	0.16	牡蛎、茶叶、大姜、木耳
白沙滩镇	45	11	120.44	3.92	1.68	大姜、乳山绿茶、地瓜干、牡蛎、对虾、海参、蓝莓、苹果酵素、旱稻
大孤山镇	36	10	95.97	2.39	0.36	茶叶、大姜、黑猪肉、苹果、册梨
徐家镇	23	9	69.31	1.68	0.42	牡蛎、花生制品、果汁、无花果、草莓
南黄镇	33	9	89.31	2.20	0.11	羊肚菌、丑梨、苹果、茶叶、草莓、无花果、牡蛎、胶东花饽饽、黑玉米、黑小麦、旱稻、榛子
冯家镇	53	14	135.75	2.84	0.26	苹果、大姜、软枣猕猴桃、葡萄、板栗、金银花、菊花
下初镇	37	9	126.31	2.67	0.63	苹果、蓝莓、樱桃、猕猴桃、大姜、花生
午极镇	35	8	109.98	2.38	0.31	蓝莓、大姜、苹果、猕猴桃
崖子镇	58	14	187.05	3.59	0.11	苹果、樱桃、板栗、核桃
诸往镇	49	10	160.17	3.56	0.15	苹果、桃子、大姜、板栗、樱桃、蜂蜜、铁山金枣、喜饼、擀杖叶茶、猕猴桃
育黎镇	42	8	110.10	3.07	0.17	葡萄、苹果、草莓、菌类、大姜
乳山寨镇	44	11	135.92	3.05	0.12	草莓、樱桃、茶叶、油桃、大姜、无花果、对虾、海参

说明：白沙滩镇一般公共预算收入包括滨海新区（银滩旅游度假区）一般公共预算收入

（孙方圆）

编辑　于鹏飞

开发区建设

威海火炬高技术产业开发区

【概况】 2022年年底，威海火炬高技术产业开发区（简称高新区）总面积145.5平方千米，海岸线长约46.5千米，辖3个镇（街道）、80个村（社区），常住人口34.2万人。全年实现地区生产总值547.8亿元，按可比价格计算（下同），比上年增长1.1%。其中，第一产业增加值2.4亿元，第二产业增加值312.3亿元，第三产业增加值233.1亿元，三次产业结构比为0.4∶57∶42.6。房地产开发投资18.2亿元，下降28.9%；社会消费品零售总额下降7.6%。一般公共预算收入27.55亿元，下降11.9%；一般公共预算支出24.5亿元，增长26.9%。

全年实现粮食播种面积0.12万公顷，粮食总产量0.83万吨，水产品总产量2.67万吨，分别增长9.6%、2.4%和3.3%；生猪出栏2万头，肉鸡出栏112万只。退化林修复40公顷。年底有农业机械总动力5.1万千瓦，农业产业化重点龙头企业5家。规模以上工业企业174家，实现增加值增长0.1%。工业营业收入984亿元，下降15.9%；利税166亿元，下降2.2%；利润131亿元，增长0.3%。资质以上建筑业企业109家，增加值4.6亿元。

全区公路通车里程176.58千米（含农村公路、国省道、高速公路）。完成电信业务总量0.36亿元，邮政业务总量0.82亿元，分别增长3.63%、14.3%。完成城建重点工程13项，完成投资31.3亿元。安居工程基本建成住房1782套。城市建成区绿化覆盖率43.25%。有国家AAA级及以上旅游景区3家，全年实现旅游消费总额68.4亿元。

全区有普通高等院校5所、在校生6.4万人，中等职业学校2所、在校生0.13万人，普通中小学16所、在校生2.5万人。有省级以上孵化器和众创空间15家（其中国家级孵化器4家）、国家备案众创空间6家（其中国家专业化众创空间2家），科技孵化总面积80万平方米。有工程实验室、企业技术中心、工业设计中心、重点实验室、工程技术研究中心等省级平台35家、市级平台71家，其中国家级平台占全市的43.5%。全年专利申请量2419件，授权专利1459件，万人有效发明专利拥有量达46件。有博物馆1个，电影院5座，城市书房7个。有医疗机构212家（含诊所、村卫生室及护理院），编制床位675张，卫生技术人员1350人。全年举办群众性专项体育运动会41场次、群众性体育活动85次，新建口袋公园3处、街头游园4处。

全区城镇新增就业5046人。有12.38万人参加企业职工养老保险，12.49万人参加基本医疗保险，9.40万人参加工伤保险，8.60万人参加失业保险，参保人数分别增长9.96%、10.71%、10.54%、10.4%。发放保障金437.7万元，保障城乡低保对象233人、保障城乡特困人员117人。有养老床位2181张，有敬老院1所、床位144张。

【“一城三园”建设】 “一城”即统筹双岛湾科技城和初村科技新城，打造总面积63平方千米的科技创新城；“三园”即科技创新城内医疗器械与生物医药产业园、电子信息与智能制造产业园、科技创新园。2022年，医疗器械与生物医药产业园总面积18平方千米，集聚高科技企业140余家，获评国家四星级新型工业化产业示范基地。电

医疗器械与生物医药产业园

（威海火炬高技术产业开发区管理委员会办公室　提供）

2022年威海火炬高技术产业开发区镇（街道）基本情况表

表 20

名　称	村（个）	社区（个）	总面积（平方千米）	户籍人口（万人）	一般公共预算收入（万元）	名优特产
怡园街道		25	24.5	10.2	209	海参、扇贝、渔具、服装
田和街道		16	14.4	8.6	204	鱼竿
初村镇	37	2	106.6	2.6	422	“黄胖子”苹果、初村虾酱、烤鸡蛋、含金山蜂蜜、卧龙山泉、草莓、地瓜、蓝莓、圣女果

（张楷昕）

子信息与智能制造产业园总面积 10 平方千米，集聚世界 500 强企业 6 家及供应链企业 120 余家，核心零部件当地配套率达 90% 以上，获评国家五星级工业化产业示范基地。

【富士康（威海）科技工业园启用】 富士康（威海）科技工业园位于高新区双岛湾科技城内，是全球千亿级打印机产业基地的重点工程。项目一期投资 3.5 亿美元，占地面积约 28.87 公顷，总建筑面积 55 万平方米，主要生产销售激光和喷墨各品类打印机，全部达产后可年产各类打印机 1200 万台以上，营业收入过 200 亿元。7 月，启用投产。

【高端医疗装备产业战略合作签约仪式举行】 8 月 30 日，通用技术集团、飞利浦公司、威高集团高端医疗装备产业战略合作签约仪式在山东大厦举行。项目将整合并有效发挥三方在研发、生产、销售领域的优势资源，联合开展医疗产品创新、研发、生产，推动大型高端医疗影像诊断设备发展，建成国际医疗合作平台，助力全省新旧动能转换和健康中国战略。

威海经济技术开发区

【概况】 2022 年年底，威海经济技术开发区（简称经开区）总面积 168.7 平方千米，大陆海岸线长 63.61 千米，辖 5 个镇（街道）、79 个村（社区），户籍人口 17.06 万人。全年实现地区生产总值 372.94 亿元，比上年下降 0.8%。其中，第一产业增加值 5.42 亿元，第二产业增加值 142.76 亿元，第三产业增加值 224.76 亿元。三次产业结构比为 1.5 ∶ 38.3 ∶ 60.2。固定资产投资下降 34.0%，其中高技术产业投资增长 58.5%。房地产开发完成投资 33.73 亿元，下降 47.2%。社会消费品零售总额 143.31 亿元，增长 1.2%。实现外贸进出口总额 541.1 亿元，增长 10.0%，其中出口额 385.2 亿元、进口额 155.9 亿元，分别增长 7.1%、18.2%。财政总收入 23.84 亿元，下降 16.3%；一般公共预算收入 21.70 亿元，下降 17.3%，其中税收收入占一般公共预算收入的比重达 94.7%。

全区实现农林牧渔业增加值 5.74 亿元，增长 4.0%。其中，农林牧渔专业及辅助性活动增加值 0.32 亿元，增长 8.4%。年底有规模以上农业产业化重点龙头企业 6 家，农业机械总动力 3.67 万千瓦，全年机耕作业面积 498 公顷、机播面积 630 公顷、机收面积 591 公顷、农田有效灌溉面积 650 公顷（其中节水灌溉面积 107 公顷）。规模以上工业增加值下降 17.6%，规模以上工业企业实现营业收入 323.04 亿元、利润 10.85 亿元，分别增长 0.4%、27.7%。产销衔接良好，产品销售率 101.88%。建筑业增加值 17.05 亿元，具有总承包或专业承包资质的有工作量建筑业企业达 119 家。

全区农村公路通车里程为 176.07 千米。完成邮政业务总收入 9620.76 万元。完成通信业务总量 3.64 亿元，年底固定电话交换机总容量 39.2 万门、用户总数 8.64 万户，移动电话交换机总容量 93 万门、用户总数 44.88 万户。完成城建重点工程 21 项、总投资 21 亿元。全区空气质量指数优良率 93.6%，人均公园绿地面积 23.88 平方米，建成区绿地率达 43.47%。有国家 AAA 级旅游景区 4 处、开放式公园 4 个。

全区有各级各类学校 69 所，专任教师 2846 人，在校学生 4.12 万人。其中，中等专业学校 1 所，在校学生 503 人；九年一贯制学校 3 所，在校学生 2549 人；初级中学 5 所，在校学生 9698 人；小学 13 所，在校学生 1.70 万人；幼儿园 47 所，在园幼儿 1.15 万人。全年签订产学研合作协议 20 项，技术合同成交额 26.16 亿元。专利授权量 1503 件，增长 5.0%，其中发明专利授权量 190 件。有文化馆 1 个，电影院 5 个，镇（街道）综合性文化站 5 处，村（社区）综合性文化服务中心 79 处，城市书房 4 处，镇（街道）图书馆分馆 2 处，图书馆基层服务点 13 处，农家书屋 79 处。有各级各类卫生机构 259 所、卫生技术人员 2005 人，实有床位 1772 张，其中，执业医师及执业助理医师 821 人，注册护士 1058 人。在国家基本公共卫生服务项目中建立电子健康档案 16.2 万份，纳入管理的孕产妇、儿童及老年人 3.59 万人。举办区级以上较大型体育活动 9 次，全民健身活动 55 场，覆盖 37 个社区，参与群众 2.5 万人次。在威海市第十三届全民健身运动会中获得乒乓球男子团体冠军。

全年全体居民人均可支配收入

5.43万元，增长4.4%。其中，城镇居民人均可支配收入5.78万元，增长3.6%；农村居民人均可支配收入2.62万元，增长5.7%。全体居民人均消费支出3.30万元，下降1.4%。其中，城镇居民人均消费支出3.50万元，下降3.0%；农村居民人均消费支出1.69万元，增长1.8%。有11.89万人参加基本养老保险，9.9万人参加职工医疗保险，8.19万人参加居民医疗保险，2926人领取失业保险金，614名职工享受工伤保险待遇，3843名女职工享受生育津贴待遇。全区有各类养老机构7处、床位974张、人员495人。为城乡低保对象472人发放保障资金414.42万元，为特困供养对象67人发放保障资金169.63万元，为临时救助困难群众63人发放保障资金12.35万元。

【"回顾三十年·喜迎二十大"推进高质量发展工作会议】 10月12日，威海经济技术开发区"回顾三十年·喜迎二十大"推进高质量发展工作会议以视频形式召开。会议系统回顾经开区建区30年的发展里程，提出经开区进入新一轮战略机遇叠加期、风险挑战凸显期、调整转型攻坚期、蓄势跃升突破期，要全面实施高质量发展"1369"（"1"即1个发展定位，"3"即3个发展板块，"6"即6个发展目标，"9"即9个攻坚突破行动）计划，争当威海市高质量发展的探路尖兵和共同富裕先行区建设的排头兵。

【智慧城市建设】 经开区全面推动新型智慧城市建设，不断完善集城市大数据运营、综合管理、应急协同指挥等功能于一体的智慧城市管理平台，以科技赋能城市管理，探索基层治理新模式，走出智慧社会治理现代化的"经开区路径"。12月，在青岛市召开的第二届中国新型智慧城市建设峰会上，由经开区开发的"基于多维时空大数据分析的疫情防控闭环管理平台"获得智尊奖，"海/空/卫星全息智慧渔船定位监管系统"获得智胜奖。

智慧谷服务贸易产业园　　（孙大伟　摄）

【西苑片区城市更新】 经开区实施城市建设提升行动，将西苑片区作为城市更新试点，加快建设高品质生活体验商圈，全面提升城市功能品质，推动产城深度融合。西苑片区北至平度路、南至凤林路、西至环山路、东至青岛路，总面积7.3平方千米，涵盖统一南路沿线综合整治、学校建设、长峰农贸市场改造、大杂院改造、老旧小区改造及基础设施提升等项目。片区分为3个区域，北侧低效用地面积107公顷，以拓展城市中心为主，重点补齐民生设施短板，规划打造低效用地整治示范区；中心为城市有机更新实践主要区域，重点实施大杂院改造、精致街巷、文物保护遗址改建提升等示范项目，规划打造城市有机更新示范区；南侧吸引轻加工、高科技、中小型企业集聚发展，规划打造都市新型精致产业园。6月，西苑片区入选山东省城市更新试点片区。12月，西苑片区城市更新经验做法入选山东省住房和城乡建设厅印发的《省级城市更新试点可复制经验做法清单（2022）》。

【智慧谷服务贸易产业园建设】 智慧谷服务贸易产业园以强化对园区企业的创新创业服务、加速企业孵化培育和发展、促进地方经济繁荣和社会稳定为目标，秉持"只要企业有需求，我

2022年威海经济技术开发区镇（街道）基本情况表

表21

名　称	村（个）	社区（个）	总面积（平方千米）	户籍人口（万人）	税收收入（亿元）	名优特产
皇冠街道		19	24.97	6.56	8.59	
凤林街道		12	10.18	3.18	4.64	
西苑街道		11	8.95	3.02	4.42	
崮山镇	14	2	50.87	1.79	3.47	无花果
泊于镇	16	5	73.73	2.51	1.13	无花果、草莓

（徐敬侠）

们就有服务”理念，依托8个服务平台，搭建全链条、专业化、保姆式综合服务体系，创新打造“一核三园”（以智慧谷为原点，辐射科创孵化产业园、众科创新工业园、智能制造产业园）联动发展产业格局，持续实施基础设施跟进、示范工程引领、体制创新增效、产业培育发展、人才集聚突进、平台建设提升6个系统工程，全力打造新兴产业引领区、高端人才聚集地。年内，智慧谷服务贸易产业园获批国家级中小企业公共服务示范平台、山东省大众创业万众创新双创示范基地、山东省虚拟现实公共应用体验中心、山东省电商直播基地。

【中韩（威海）城市国际客厅启用】 6月24日，中韩（威海）城市国际客厅启动仪式在威海经济技术开发区智慧谷服务贸易产业园和韩国仁川威海馆同步举行。中韩（威海）城市国际客厅位于智慧谷服务贸易产业园，总建筑面积4500平方米，规划建设会客厅、入驻机构集中办公区（暨RCEP企业服务中心）、韩日商品集散地一站式服务中心3个功能区，着力引进国外官方机构、商协会、公共服务平台及国际商协会服务机构，建设集展示推介、路演发布、商务服务、综合办公、韩日商品集散地等功能为一体的综合性国际交流服务平台。

威海临港经济技术开发区

【概况】 2022年年底，威海临港经济技术开发区总面积295.99平方千米，辖3个镇，167个村（社区），常住人口10.51万人。全年实现地区生产总值98.19亿元，比上年下降2.0%。其中，第一产业增加值4.1亿元，第二产业增加值59.19亿元，第三产业增加值34.9亿元，三次产业比重为4.2：60.3：35.5。对外贸易进出口总额95.84亿元，下降6.1%。其中，出口额79.4亿元、进口额16.45亿元，分别下降0.2%、27%。固定资产投资下降24.6%；一般公共预算收入8.84亿元，一般公共预算支出10.39亿元。社会消费品零售总额同比下降1.5%。

全区加速推进乡村振兴，麓源果乡样板片区获评首批山东省乡村振兴齐鲁样板省级示范区、市级2021年度乡村振兴示范样板片区。积极探索智慧农业发展模式，打造恒兴智慧农业产业园，推动花满园、樱聚缘禽业、鹰联牧业等智慧项目建设，示范带动樱聚缘果汁、味正品康调味品加工等重点农业项目加速建设。推动农业产业化龙头企业做大做强，新增市级农民专业合作社1家、市级家庭农场1家，建成苹果苗木和种植基地333.33公顷，建设威海市·威海金分选中心和多功能苹果文化苑。培育各类新型经营主体超过400家，规模经营面积逾3333.33公顷。持续实施乡村振兴首席专家制度，全年新招募区级乡村振兴首席专家50名，总数达95名，3名专家获评威海市优秀乡村振兴首席专家，山东文峰集团有限公司获评省级乡村振兴专家服务基地。实施东母猪河治理工程、小阮水库增容工程、草庙子镇河道治理工程、汪疃镇河道治理工程等重点水利工程建设。完成8个省级、市级美丽乡村示范村建设，打造生态宜居的农村生活环境。

全区有规模以上工业企业120家，规模以上工业总产值132.98亿元、利润总额16.46亿元，分别下降27.9%、34%，规模以上工业增加值下降29%。全区242家企业与189个国家和地区有贸易往来，合同外资4.24亿美元，实际利用外资1.44亿美元，分别增长9.6%、0.4%。新增高新技术企业13家，完成国家级科技型中小企业评价154家。新增市级重点实验室3家、市级工程技术研究中心4家。

全区有限额以上批发业企业21家、零售业企业13家、住宿业企业1家、餐饮业企业1家、规模以上服务业企业21家。全年实现服务业增加值34.9亿元，增长6.1%。益科环保咨询管理服务中心、乐福商圈改造提升工程、全民健身中心棒球看台及配套设施等项目建成投用，涵盖研发设计、现代物流、商务服务、文化体育等多个领域。

全区人均公园绿地面积36.77平方米，城镇化率达65.83%。完成云南路、南京路等4千米污水管网和威高生物产业园西侧道路等3千米雨水管网工程建设。新建威高生物产业园西侧道路、荷兴路支路、永泰路3条道路工程，新增道路总里程1.5千米。改造提升金华北路、通州路2条道路。

全区有中等职业学校1所、在校学生1638人，普通高中1所、在校学生1850人，中小学学校9所（其中九年一贯制学校1所、初中3所、小学5所）、在校学生1.04万人，幼儿园15所、在园幼儿3097人，外籍人员子女学校2所、在校学生427人。小学适龄儿童入学率、初中入学率、九年义

威海临港经济技术开发区一角　　（威海日报社 提供）

2022年威海临港经济技术开发区镇（街道）基本情况表

表 22

名 称	村（个）	社区（个）	总面积（平方千米）	户籍人口（万人）	税收收入（亿元）	名优特产
草庙子镇	31	6	82.33	2.27	4.87	打铁豆腐、苹果、花饽饽、美早樱桃、葡萄、蓝莓、网纹瓜、“烟薯25”地瓜、小七夼猕猴桃和茶叶、蒋家庄蘑菇、垛岭白玉黄瓜和苹果干、北黄山草莓、西黄山黑小麦、兴山小米辣、西李家夼蜂蜜
苘山镇	65	6	110.93	3.66	1.87	玫瑰花茶、玫瑰花精油、玫瑰花饼、薰衣草制品、大夼草莓、大屋葡萄、北申格桑葚、多肉植物、山马于西瓜、汶口小米、山马埠猕猴桃、东黄岚玫瑰
汪疃镇	58	1	102.73	2.56	0.44	汪疃葡萄、樱桃、桑葚、草莓、苹果、葡萄酒、黑猪肉、汪疃花饽饽、大花生、蓝莓、树莓、烟薯、榛子、核桃、富硒鸡蛋、多肉植物、芦荟汁、西瓜、猕猴桃、蘑菇

务教育普及率均达100%。年内，公开招录教师20人，锦和花园幼儿园完成装修建设，佳尚府幼儿园投入使用。草庙子小学获评全国足球特色学校，永乐路小学获评全国软式棒垒球实验学校，苘山中学获评山东省校园安全工作先进集体，苘山小学获评山东省全环境育人规范学校、汪疃中学获评山东第三批乡村温馨校园典型案例学校。

全区有医疗卫生机构78所、床位85张、卫生技术人员283人，新建市级标准化村卫生室5处，招聘乡村医生9名。没有设村卫生室的行政村全部设置村卫生室服务点，实行乡村医生巡诊制和居民用药代办制，成立家庭医生团队38支，实现基层卫生服务全覆盖。

全区城镇居民人均可支配收入5.78万元，增长3.6%；农村居民人均可支配收入2.62万元，增长5.7%。有4.16万人参加企业基本养老保险，3.81万人参加职工基本医疗保险，2.19万人参加失业保险，2.96万人参加工伤保险，4.02万人参加居民基本养老保险，6.15万人参加居民基本医疗保险。全区保障城乡低保对象469户636人，发放保障资金507.53万元；保障城乡特困对象561人，发放保障资金815万元；保障分散供养特困人员408人、残疾人1298人、经济困难老年人363人、老年人8295人、孤困儿童40人，发放各类补贴660.82万元；临时救助88人，发放临时救助金20.68万元；为58名“一老一小”保障对象、53名长期卧床困难群众发放生活物资；为2名孤儿发放助学金2万元。

全区将村（社区）划分为266个基层网格单位，配备266名专兼职网格员，初步构建“党建引领、多网融合、一网覆盖”的基层网格化治理机制。全年累计承办转办12345政务服务便民热线事项1.83万件，增长12.74%，完成社情民意专报23篇。

【威海广泰应急救援保障装备生产基地项目开工】 威海广泰应急救援保障装备生产基地项目由威海广泰应急救援保障装备制造有限公司建设运营，主要从事消防及医疗应急保障装备、靶机等应急保障装备产品的生产，通过运用智能制造、绿色制造、现代物流搬运等先进工艺，建成全国应急装备品类齐全、智能化程度高的应急救援保障装备智能制造基地。

【威海台基慧显液晶背光模组（LCM）及显示器整机制造项目开工】 该项目由威海台基慧显光电有限公司投资建设，旨在打造智能化、自动化的智慧显示及VR产品的产销一体基地。项目内部供应链完整，能做到关键和大件零部件自制，周转运输成本低。公司开发的显示器结构件实现全自动化生产、全自动化加工，生产效率提高42%以上，其中27英寸和32英寸显示器背光模组产品能够实现1000R的曲面曲率，处于业内最高水平。公司研发制造的VR系列产品，在数字医疗、虚拟现实教学、数字制造3D可视化管理等方面有广泛应用。

（李婕筠）

威海综合保税区

【概况】 2022年，威海综合保税区以“招商引资和项目建设攻坚年”为着力点，全力服务企业、发展产业，园区配套功能日臻完善，产业集聚度不断提升，服务全市重点产业、带动转型升级的功能不断增强，完成外贸进出口额339.6亿元，获评全省外贸新业态特色园区，在海关总署公布的全国综合保税区发展绩效评估中居第24位，位列A等。跨境电商产业园公司被省商务厅认定为山东跨境电商培训孵化试点单位。

【招商引资开展】 健全完善“领导带头＋专班推进”招商机制，印发实施《招商引资和项目建设攻坚方案》，加大绩效考核力度，调动全区开展招商引资的积极性。年内，赴北京市、上海市、广州市等地开展招商活动50次，累计组织6批次24个重点项目集中签约，3批次10个重点项目集中开工，总投资约85亿元，其中总投资1.6亿元的中外运中韩商品中转仓项目投入运营、总投资 7 亿元的冷链物流产业园项目开工建设。推动积志成工业、正和供应链、贝莱特贸易、智博云谷、恒玖供应链、怡科莫斯等 9 个项目外资到账，全年到账外资 7785.7 万美元，比上年增长 16.4%。8 个省市重点项目投资完成率达 140%。

【外贸增长推动】 加大政策扶持和涉企服务力度，启动运营数字贸易综合服务平台“威 e 贸”，提升金融服务能力，支持企业稳定经营。推进跨境电商新业态发展，举办第四届中韩跨境电商大会，现场签约项目 10 个、启动项目 3 个。强化大电商大平台培育，引导全球速卖通跨境出口平台整合资源、扩大业务范围，打造对韩国出口基地，日单量达 2 万单；在韩国 Coupang 电商平台设立国内首家认证仓，日单量达 1 万单；推动韩国新世界集团、抖音中心仓、菜鸟日本“9610”进口业务落地落户。开展“跨境惠民促消费”活动，启动运营直购体验中心 4 个，为市民提供便捷的购物体验。

【精致园区建设】 强化基础设施和公共服务设施建设，累计投入 25 亿元，建成保税非保税车间、仓库、创新创业孵化器、人才公寓、电子信息产业园、培训中心、国际商品会展中心等各类设施 50 万平方米。加大重点工程、标志性项目的推进管理力度，协调各参建主体解决项目施工推进过程中的难点、堵点问题，持续提升园区硬化、绿化、亮化水平，完成南区污水提升泵站建设、北区污水管网改造。

【运营管理】 开展安全生产“百日攻坚”行动，排查发现并整改各类问题隐患 146 个，宣传推广液化气“12 条安全规则”典型经验做法，督导区内企业落实安全生产各项制度，确保园区安全稳定。持续深入开展“我为群众办实事”活动，召开工业、商贸重点企业座谈会 4 次，累计为企业解决问题 60 余个，全面推行咨询导办、贴心帮办、全程代办服务，提供代办服务 200 余次。

（丛 琳）

威海南海新区

【概况】 2022 年，全区总面积 259 平方千米，大陆海岸线长约 85 千米。全年实现地区生产总值 84.76 亿元，比上年下降 1.5%。其中，第一产业增加值 14.15 亿元，第二产业增加值 45.49 亿元，第三产业增加值 25.12 亿元，三次产业结构比为 16.7%：53.7%：29.6%。对外贸易进出口总额 123.4 亿元，其中出口额 54.2 亿元、进口额 69.2 亿元。一般公共预算收入 9.16 亿元，一般公共预算支出 9.9 亿元，各类民生资金支出 4.7 亿元。其中，税收收入 5.24 亿元，非税收入 3.92 亿元。79 个市级重点项目完成投资 84.03 亿元，17 个省实施类重点项目完成投资 30.98 亿元。申报省新型城镇化重点项目 11 个，总投资 75.1 亿元；省重点基础设施项目 1 个，总投资 1 亿元。

推进 24 个市级重点工业投资项目和 13 个重点科技创新项目建设，蓝色创业谷获评国家小型微型企业创业创新示范基地，威海嘉和热系统有限公司获评国家级专精特新“小巨人”企业；润辉生物技术（威海）有限公司和山东鸣川汽车集团有限公司获评山东省瞪羚企业。入库国家科技型中小企业 73 家，全区高新技术企业总数达 48 家，新增创新平台 9 个（其中国家级 1 个、省级 1 个、市级 7 个）。全年实现专利授权 465 件，知识产权质押融资 22 件，质押金额累计 2 亿元。

实施新一轮城市绿化提升工程，对海澜路、海逸路进行绿化建设，新增绿地面积约 4.8 万平方米，建成口袋公园 1 处，新增景观面积约 1.9 万平方米。

持续打造“乒乓胜地、活力之城”品牌，先后为中国国家乒乓球队、中国乒乓球男子青年队提供集训服务，举办 2022 年全国少年乒乓球比赛（北方赛区）、2022 中国乒乓球俱乐部超级联赛等赛事。承办 2022 全国武术兵道教练员裁判员培训班、威海市第十二届全民健身运动会跆拳道比赛等，举办龙舟、乒乓球、象棋等全民健身运动会单项比赛 6 次、社区运动会 5 次。

全区发放各类救助金 1652.51 万元。其中，发放 64.31 万元救助大病患者 140 人，为优抚对象 742 人发放优抚金 644.7 万元，发放低保特困救助金 943.5 万元。

【中国海洋工程咨询协会海洋碳汇分会成立】 8 月 24 日，全国首个海洋碳汇协会中国海洋工程咨询协会海洋碳汇分会在威海南海新区成立，中国工程院院士焦念志当选会长。协会旨在汇集海洋碳汇领域人才资源，建设运行海洋碳汇专家库，搭建专家对话平台和智库，加强科技攻关和科普宣传，推动海洋碳汇研究。

（于莎莎）

威海南海新区香水河公园 （威海南海新区管理委员会办公室 提供）

各区（市）开发区

【环翠北海省级旅游度假区】 位于威海市环翠区北部，东、北两面临海，东望刘公岛，西接威海火炬高技术产业开发区，南与市区毗山相连，区位优势突出，旅游资源丰富，被誉为“市区后花园”“城市会客厅”。2022年，辖区面积18.58平方千米，辖8个社区、11个股份经济合作社，户籍人口1.73万人。有初中1所、小学2所、幼儿园4所、社区卫生服务中心1所。完成固定资产投资8.30亿元，比上年增长11.67%；一般公共预算收入1.5亿元，增长19.09%，其中税收收入3300万元；内资实物工作量529.14万元，外资到账2529万美元，增长1104%，实现进出口总额16.71亿元；实现农村经济总收入3043万元、人均纯收入2.04万元，限额以上批发企业销售收入8.59亿元、限额以上住宿企业营业收入956.7万元。成立远遥浅海科技湾区建设筹备委员会，统筹谋划湾区工作；完成远遥冷藏厂及周边民房摸排、价格评估工作，拆除130余户的养殖伐架。建设远遥浅海科技湾区产业化项目加速平台，威海·中关村信息谷创新中心入驻蓝科大厦并落地8个项目。中国油画交易中心项目落地中国油画特色小镇，举办“大海之子·高泉油画艺术回顾展”等大型活动10余场，心海美术馆完成主体施工。盘活土地资源，推进经营性土地出让，挂牌出让半月湾南岸地块，完成外窑二期地块5.13公顷地籍调查并确定用地范围，推进中海物业地块收回工作；开展低效用地整治，盘活海信二期项目低效用地10.55公顷，规划整治原威海市第八中学等低效用地7.93公顷；推进两岸靖水湾项目处置。完成安海社区党群服务中心升级改造和靖海社区红帆文化广场建设。持续优化岸线及周边环境，修缮山东老村小码头等区域破旧厂房屋顶2000余平方米；粉刷山东老村小码头、远遥厂房等区域墙体5000余平方米；维修、加固靖子湾区域岸线墙体，新建观景平台4处，绿化美化观景平台周边区域面积600平方米；升级改造半月湾公园，打造夜间“生明月”景观。

【威海环翠省级旅游度假区】 位于环翠区西部，东接嵩山街道，西与威海火炬高技术产业开发区初村镇相邻，南邻羊亭镇，北与威海火炬高技术产业开发区田和街道接壤。2022年，辖区面积48.8平方千米，辖19个村（社区）、15个股份经济合作社，户籍人口3.43万人，有初中2所、小学5所，幼儿园18所，公立医院1所、村（社区）卫生服务机构9所。实现地区生产总值39.68亿元，增长2.9%；固定资产投资31.9亿元，下降4.6%；外贸进出口总额34.6亿元，增长10%；一般公共预算收入7.1亿元，增长8.4%，其中税收收入13.3亿元，增长16.6%。加大产业链、供应链、创新链企业招商力度，完成市级集中签约项目5个、区级集中签约项目4个，对接招商引资项目23个，其中落地在建项目13个，总投资额24.6亿元。实施总投资70.36亿元的重点产业项目23个，全部或部分投产项目15个。坚持供需两端同步发力，定向、精准招引跨境电商，串起渔具“供产销”完整产业链，招引富源百川钓具项目，威海汉鼎智能科技有限公司获评省级电商直播基地，双创人孵化园获评省级跨境电商产业园，全区电商交易额达12亿元。新建创新东路1千米、硬化面积1.8万平方米，敷设创新东路雨水管网、烟墩山路污水管网2000米，绿化创新东路北侧区域面积4500平方米，升级改造沈阳路沿途道路道板、景观绿化、停车位等。改造提升海防林66.67公顷、抚育林地133.33公顷，栽植各类树木2.6万株，新增围网4.7千米、水罐8个。投资20万元，打造镇级24小时政务自助服务区。清理张村河下游河道3.2千米，整治污水管网3千米，完成雨污合流管网清“零”目标。

（李琳琳）

【文登经济开发区】 位于文登区北部。2022年，规模以上工业企业实现产值123.3亿元、营业收入90.9亿元，新增纳统入库投资项目33个，完成固定资产投资60.9亿元，到账外资8400万美元，进出口总额54亿元。聚焦产业链行业领军企业及上下游配套关联企业，引进项目28个。稳步推进34个区级重点项目建设，山东亘元生物科技有限公司与行业龙头宁德时代新能源科技股份有限公司合作，实施延链补链项目6个，产值突破20亿元。天润工业技术股份有限公司重卡曲轴“黑灯工厂”投产运营，空气悬架二期工程主体完工，电控转向器项目加快布局。潍柴新能源商用车批量投产，将22家本土企业纳入整车供应体系。天润先进材料研究院被列入威海“1+4+N”创新平台体系，山东亘元生物科技有限公司与青岛科技大学签订全省单笔最高金额的校企合作项目。化工园区通过省级验收，园区内有化工企业35家，其中12家投产。完成主干路网综合改造提升，总投资6350万元，重点改造宁波路、寿山路、永州路、香山北路、灵山路、林河路、惠州路、醍香湾小区北侧道路8个路段园区路和背街小巷，硬化路面11.4万平方米、绿化面积7万平方米、安装路灯306盏、铺设地下管网10.1千米。年内，文登经济开发区被省发展和改革委员会确定为第三批省级先进制造业和现代服务业融合发展试点，文登经济开发区工业互联网园区获评2022年工业互联网园区支持项目，《文登化工产业园平行应急管理智能决策方案》入选全省化工产业智能化改造标杆解决方案名单。威海华坦供应链管理有限公司坦桑尼亚公司被认定为2022年度山东品牌商品展示中心。威海华坦供应链管理有限公司与东非商贸物流中心商会签署战略合作框架协议，山东中粮花生食品有限公司等20余家企业入驻东非境外综合服务平台。

（王丽淑）

【荣成经济开发区】 位于荣成市中部，辖区总面积60平方千米，其中重点开发运营园区面积23.7平方千米。2022年，重点开发运营园区完成一般公共预算收入1.48亿元，实际利用外资0.25亿美元，规模以上工业企业产值193.6亿元，固定资产投资16.8亿元，进出口总额194.67亿元。开发区重点打造电子信息、新材料、智能制造、生物科技4个主导产业集群，有企业156家、规模以上工业企业34家、高新技术企业32家，其中国家级专精特新“小巨人”企业1家、省级专精特新中小企业14家、瞪羚企业5家。全年开展招商对接活动110余批次，签约青岛啤酒智能化生产、赛思库检测封装等产业项目12个，其中过1亿元项目8个。强化服务，推动产学研深度合作，荣成康派斯新能源车辆股份有限公司获批国家级博士后科研工作站，山东海之宝海洋科技有限公司获选山东省博士后创新项目资助，山东阅芯电子科技有限公司获评第十届中国创新创业大赛全国赛优秀企业。

【威海海高园（石岛管理区）】 位于荣成市南部，辖区总面积270平方千米，大陆海岸线长约125千米。2022年，全区实现地区生产总值267.67亿元，一般公共预算收入14.1亿元，规模以上工业总产值142.3亿元，进出口总额105.7亿元。园区重点发展“工、鲜、能、港、游”5个特色产业集群，有规模以上工业企业101家，市级以上科技创新平台66个，国家高新技术企业29家、科技型中小企业42家，纳税过1000万元企业14家，获批省级以上科技计划项目11个，获得市级以上科技奖37个；有海洋科技创新园北区、海洋科技创新园南区、核能利用国际创新示范区3个专业园区，入驻企业380余家、科研院所20余个，先后获评国家骨干冷链物流基地、国家优秀农业科技园区、省级现代服务业集聚示范区、省级农业高新技术产业示范区、省级海洋特色产业园。年内，成功举办“核动未来 聚能兴荣”核电装备与新能源产业推介大会、海洋产业新技术变革交流会等活动。

【好运角旅游度假区】 位于荣成市北部，辖区总面积280平方千米，大陆海岸线长112千米。2022年，全区实现一般公共预算收入5.3亿元，固定资产投资43.27亿元，外贸进出口总额23.2亿元，水产品总产量43.8万吨，渔业总收入223亿元。有规模以上工业企业23家，国家级科技型中小企业3家，市级以上研发平台16个，威海百合生物技术股份有限公司获评省科技成果转化中试示范基地，并在上海证券交易所主板上市。全年开展招商对接活动200批次，储备在谈项目71个，京能共享储能、日福食品等15个项目签约落地。开展集中招聘推介活动20场次，引进外国专家10人、青年人才130人，为企业申请各类政策扶持资金320余万元。区内有各类旅游度假设施60余处，全年接待游客280万人次，实现旅游收入9.5亿元，获评国家级旅游度假区、国家“绿水青山就是金山银山”实践创新基地。

（王晓光）

【乳山经济开发区】 位于乳山市南部，辖区面积34.45平方千米，代管乳山口镇，辖41个村，拥有国家一类开放港口——乳山口港。2022年，实现财政收入1.41亿元、固定资产投资44亿元，规模以上工业企业完成工业总产值89.96亿元，实际利用外资3125万美元。开展“招商引资和项目建设攻坚年”活动，采取产业链招商、以商招商形式，外出招商50余次，驻点招商时间超过100天，与40余家中国500强企业建立信息互通关系，获取有效招商信息110余条，签约落地中天海缆、海力风电等项目19个。完善基础配套设施，优化营商环境，投资1000万元，铺设污水管网8809米，完成台湾路西段路域环境整治；投资3.25亿元，实施综合服务中心项目。提升服务效能，完善“连心帮办”服务体制，帮助企业解决问题150余个，发送《惠企政策进企业》8期900余份，举办“科技惠企小沙龙”活动3期。年内，乳山经济开发区获评山东省省级生态工业园区，有高新技术企业38家，2家企业获评国家级专精特新“小巨人”企业，8家企业获评省级专精特新中小企业。

（张 怡）

【乳山市滨海新区（银滩旅游度假区）】 位于乳山市东南部，辖区总面积120.48平方千米，辖省级银滩旅游度假区、白沙滩镇，常住人口10万余人。2022年，实现财政收入1.68亿元、固定资产投资48.3亿元，规模以上工业企业完成工业总产值5.7亿元，实际利用外资760万美元。加强招商引资和项目建设，围绕康养医养、文旅商贸、先进制造、海上风电等方面开展精准招商，签约通富德新材料、绿萌科技智能装备、瀚卿源艺术酒店综合体、特色商业文化风情街4个项目，投产运营远景零碳产业园、正百食品2个项目，开工建设金鼎隐秀商贸城、蓝城康养中心等7个项目。打造经济特色品牌，投资4000万元，实施“风从海上来”项目二期工程，培育“夜宴”“夜娱”品牌，举办露营音乐节、空中乐队音乐节、多福山美食音乐节等活动，吸引游客20余万人次，创收1000余万元。强化城市景观提升工程建设，推进月亮湾休闲公园、北斗湾体育公园、园路土路及绿化地整形建设，改造完成银金大道、众和路、洞庭湖路，更新完成长江路、淮河路、西湖路路灯300余盏，新增长江路、湘江路等主干道绿化面积1.7万平方米。完善基础设施功能配套，投资4500万元，完成35个小区雨污分流改造、15个老旧小区用电变性改造工程、29个换热站及局部供暖管道升级改造。

（徐园园）

编辑 于鹏飞

附　　录

统计公报

2022年威海市国民经济和社会发展统计公报

2022年，威海市坚持以习近平新时代中国特色社会主义思想为指导，深入贯彻中共二十大精神，把“威海要向精致城市方向发展”作为总目标总方向总遵循，全面落实疫情要防住、经济要稳住、发展要安全的要求，经济社会呈现稳中有进、进中提质的发展态势，“精致城市·幸福威海”建设迈出坚实步伐。

一、综合

根据市级生产总值统一核算结果，全年地区生产总值3408.18亿元，按可比价格计算，比上年增长1.5%。其中，第一产业增加值354.75亿元，第二产业增加值1313.65亿元，第三产业增加值1739.78亿元。三次产业结构比为10.4∶38.5∶51.1。

全市城镇新增就业3.64万人，其中，失业人员实现再就业1.44万人。回生源地离校未就业高校毕业生总体就业率99.00%。

全年居民消费价格上涨1.4%，在消费八大类商品及服务价格中，交通通信价格上涨5.0%，其他用品及服务价格上涨3.9%，食品烟酒价格上涨1.6%，衣着价格上涨1.3%，医疗保健价格上涨1.1%，生活用品及服务价格上涨0.5%，教育文化娱乐价格上涨0.1%，居住价格下降0.8%。

年底实有各类市场主体（不含外资企业，下同）44.30万户，注册资本9619.18亿元。其中，新登记各类市场主体6.00万户，新登记注册资本774.49亿元。

二、农林牧渔业

全年实现农林牧渔业增加值370.20亿元，增长3.2%。其中，农林牧渔专业及辅助性活动增加值15.45亿元，增长8.0%。

根据农作物产量调查数据显示，全年粮食总产量73.57万吨，增长1.2%，其中，夏粮产量26.89万吨，增长1.4%；秋粮产量46.68万吨，增长1.2%。

全年油料总产量20.24万吨，增长1.6%。茶叶总产量683.33吨，下降0.4%。

全年园林水果总产量122.46万吨，增长2.1%，其中，苹果108.16万吨，增长1.8%。

全年猪肉产量9.45万吨，禽蛋类总产量13.19万吨，牛奶总产量3.52万吨。

全年水产品总产量317.05万吨，增长3.2%。水产养殖面积11.51万公顷，增长4.8%；养殖产量207.35万吨，增长4.9%。远洋渔业产量45.89万吨，增长0.4%。

年底有农业机械总动力510.18万千瓦，增长1.2%；农用水泵12.60万台，增长0.8%，节水灌溉类机械1.36万套，增长1.5%。全年小麦机耕面积2.52万公顷，机播面积4.83万公顷，机收面积4.83万公顷；全年玉米机耕面积1.57万公顷，机播面积6.38万公顷，机收面积5.85万公顷。

年底市级以上农业产业化龙头企业193家，其中，国家级农业产业化重点龙头企业11家，省级农业产业化重点龙头企业66家，市级农业产业化重点龙头企业116家。新注册农民专业合作社242家，总数达5744家，入社成员19.44万户，辐射带动农户32.15万户。

三、工业和建筑业

全年规模以上工业增加值下降0.5%，其中，大中型工业企业增加值增长2.2%，装备制造业增加值增长21.1%。在行业大类中，计算机、通信和其他电子设备制造业增长50.3%，专用设备制造业增长47.0%。

全年规模以上工业企业营业收入2806.47亿元，营业收入利润率8.05%。产销衔接良好，产品销售率98.26%。

全年建筑业增加值179.37亿元。

四、服务业

全年规模以上服务业营业收入增长0.9%，其中，卫生和社会工作增长22.2%，交通运输仓储和邮政业增长5.3%，信息传输软件和信息技术服务业增长5.1%。

年底公路通车里程7235.29千米（含农村公路、国省道）。全年铁路

（不含城际铁路，下同）、公路、海运共完成客运量654.87万人次，货运量7940.44万吨。全年铁路、公路、海运共完成客运周转量6.52亿人千米，其中，铁路0.53亿人千米，公路5.62亿人千米，海运0.37亿人千米。全年铁路、公路、海运完成货运周转量350.40亿吨千米，其中，铁路20.19亿吨千米，公路196.57亿吨千米，海运133.64亿吨千米。全年港口货物吞吐量4520.12万吨，增长5.8%；集装箱吞吐量139.65万标箱，增长3.9%；港口旅客吞吐量30.42万人次，增长83.9%。全年新增机动车5.38万辆，保有量108.15万辆，其中，新增小型汽车4.65万辆，保有量95.19万辆。

全市共有国家A级以上旅游景区49家，其中，AAAAA级2家，AAAA级12家，AAA级31家；旅行社162家，其中，A级旅行社56家；星级饭店37家，其中，五星级饭店3家，四星级饭店14家。

全年接待旅游总人数3541.99万人次，实现旅游总收入388.89亿元。

五、固定资产投资

全年固定资产投资下降18.9%，其中，高技术产业投资增长1.5%，占全部投资的比重19.8%。全年房地产开发投资256.12亿元。从房屋建设用途看，住宅投资213.47亿元，占全部房地产开发投资的83.3%；商业营业用房投资20.06亿元，占全部房地产开发投资的7.8%。全年商品房施工面积2842.07万平方米，商品房竣工面积158.89万平方米，商品房销售面积381.77万平方米，其中，住宅销售面积324.08万平方米，占全部销售面积的84.9%。

六、国内贸易

全年社会消费品零售总额1287.76亿元。从城乡领域看，城镇消费品零售额1100.11亿元，乡村消费品零售额187.65亿元。从行业分类看，批发和零售业零售额1112.47亿元，住宿和餐饮业零售额175.29亿元。从商品类别看，限额以上体育、娱乐用品类增长80.6%，中西药品类增长11.5%，石油及制品类增长7.4%，烟酒类增长5.8%。

七、对外经济

全年对外贸易进出口总额2095.65亿元，增长3.1%，其中，出口额567.49亿元，进口额528.16亿元。从企业性质看，内资企业进出口额1553.13亿元，占全市的74.1%；外商投资企业进出口额542.52亿元，占全市的25.9%。从贸易方式看，一般贸易进出口额1290.07亿元，占全市的61.6%；加工贸易进出口额735.68亿元，占全市的35.1%；其他贸易进出口额69.91亿元，占全市的3.3%。

全年新设外资项目222个，实际使用外资10.77亿美元。从实际使用外资投向看，第一、第二、第三产业使用外资分别为5.00万美元、6.01亿美元和4.77亿美元。

全年新核准设立境外企业（机构）25家，中方协议投资额1.43亿美元，中方实际投资额4.07亿美元，增长18.0%。新签对外承包工程合同额4.60亿美元，完成营业额5.43亿美元。外派各类劳务人员3705人。

八、财政税收、金融和保险

全市一般公共预算收入225.21亿元，其中，税收收入158.50亿元，税收占一般公共预算收入同口径比重73.7%。全市一般公共预算支出417.35亿元，增长21.5%。其中，城乡社区支出增长88.7%，社会保障和就业支出增长39.9%，卫生健康支出增长37.9%，住房保障支出增长23.2%，基层“三保”等重点支出得到较好保障。

年底金融机构本外币存款余额5886.41亿元，比年初增长12.2%，其中住户存款余额3813.62亿元，比年初增长16.5%；非金融企业存款余额1608.83亿元，比年初增长10.9%。年底金融机构本外币贷款余额4655.15亿元，比年初增长15.0%；其中，住户贷款余额1641.58亿元，比年初增长6.6%；企（事）业单位贷款余额2994.38亿元，比年初增长19.6%。年底普惠小微贷款余额602.84亿元，全年增加124.90亿元，比年初增长26.1%；占本外币贷款余额的比重12.9%，提高1.1个百分点。

全年保险机构保费收入126.50亿元，增长3.6%，其中，财产险保费收入29.71亿元，增长7.6%；人身险保费收入96.79亿元，增长2.4%。各项赔款和给付38.71亿元，下降0.6%，其中，财产险赔款18.87亿元，下降3.3%；人身险赔款和给付19.84亿元，增长2.2%。

九、科学技术

全年获得2022年度山东省科学技术奖5项。完成技术合同登记2529项，技术合同成交额169.62亿元。专利授权量13472件，其中，发明专利授权量1485件，占总授权量的11.0%。

跻身全国城市创新百强行列，国家创新型城市创新能力指数排名位居第33位，荣成市通过首批国家创新型县验收，环翠区获评省科技创新强县。获批威海先进医用材料与高端医疗器械山东省实验室、省海洋养殖创新创业共同体，新增2家省级技术创新中心、1家省重点实验室、5家省级新型研发机构。全市各类研发平台总数达1237家，其中国家级27家、省级380家。

企业创新指数全省第一，国家级科技型中小企业达2325家，国家级高新技术企业达1376家。新增国家级科技企业孵化器1家，总数达9家，入选省品牌科技企业孵化器5家，年底全市拥有省级以上科技孵化载体47家。在第十一届中国创新创业大赛山东赛区中，全市企业获优胜企业（团队）31家、科创之星11家，获6个竞赛领域的3个冠军、3个亚军。

全年实施140项全市重点科技创新项目，完成年度投资28.59亿元，申请专利578件、授权专利306件，引进人才427人，形成新产品497个，当年实现经济效益10.50亿元。

成功举办科技活动周、第五届中韩创新大赛、第十九届中欧膜产业技术创新合作大会、山东省海外工程师创新合作大会等品牌活动，促成产学研合作签约项目100个。入选省级以上人才项目46人（项），培养校地合作人才21名，总数达111名。加快建设山东省外国专家驿站，筹建第一批6家分站，1名外国专家获得齐鲁友谊奖，15名外国专家获得威海友谊奖。

全市拥有中国驰名商标40件，地理标志商标64件，中国质量奖提名奖2个，山东省省长质量奖获奖企业6家，获奖个人2人。

十、教育、文化、卫生健康和体育

年底，全市共有普通高等院校11所，在校学生135801人；普通中等专业学校11所，在校学生19359人；职业高中6所，在校学生3687人；普通高中18所，在校学生35334人；普通初中98所，在校学生96243人；小学100所，在校学生134373人；特殊教育招生90人，在校生458人；幼儿园352所，在园幼儿74899人。

年底，全市共有专业剧团4个、图书馆5个、文化馆5个、博物馆13个、美术馆5个。艺术表演场馆2个，电影公司5个，电影院41座，广播电台4座，电视台5座，有线数字电视用户48.37万户，广播人口综合覆盖率和电视人口综合覆盖率均达100%。年底拥有村（社区）综合文化服务中心2748个、城市书房46个、农家书屋977个。

年底，全市拥有各类医疗卫生机构2671个，其中，医院71个，基层医疗卫生机构2533个，专业公共卫生机构53个，其他卫生机构14个。各类医疗卫生机构实有床位18616张，其中，医院实有床位14861张。卫生技术人员25632人，其中，执业（助理）医师10424人，注册护士11454人。已婚育龄妇女36.42万人。国家基本公共卫生服务项目中建立电子健康档案256.83万份，纳入管理的孕产妇、0—6岁儿童及老年人47.55万人，规范管理高血压、Ⅱ型糖尿病患者26.70万人。

全年线上线下联动举办各级各类体育赛事活动1051项次，直接参与人数41.70万人。组队参赛山东省第25届运动会，包揽全部6个奖项。举办2022年中国乒乓球俱乐部超级联赛、全国少年乒乓球比赛（北方赛区）、全国青少年棒球锦标赛U15组暨中国中学生棒球锦标赛（初中组）、威海首届少儿冰球精英赛等赛事。开展“奔跑吧·少年”儿童青少年主题健身活动249场次，活动参与人次突破32万人次。被确定为“全省体育产业统计提升年”试点城市之一。作为省社区运动会试点城市之一，探索开展社区趣味运动会275场次，直接参与人数1.54万人。举办市县两级全民健身运动会123场次。培训各级社会体育指导员1160人。新建社区、乡镇街道等体育工程设施30处。

十一、城市建设、环境保护和安全生产

年底，全市建成区绿化覆盖率46.00%，建成区绿地率43.37%，人均公园绿地面积25.08平方米，生活垃圾无害化处理率100%。市区建成区绿化覆盖率46.05%，建成区绿地率43.63%，人均公园绿地面积25.59平方米，生活垃圾无害化处理率100%。

全年发电量149.00亿千瓦时。全社会用电量154.61亿千瓦时，其中，工业用电量89.65亿千瓦时。

全市城市天然气供气量33761.76万立方米，燃气普及率100%；集中供热入网面积12411.07万平方米；市区城市天然气供气量18819.72万立方米，燃气普及率100%；集中供热入网面积10119.27万平方米。

全市公交运营线路385条，运营线路总长度10146.70千米，公交车辆2245辆，完成客运总量12576.60万人次，平均日客运量34.46万人次。全市巡游出租汽车2490辆，网络预约出租车合规车辆3508辆。

年底，全市环境保护系统共有环境监控中心4个，环境监控人员92人。城镇集中式饮用水水源地12个。

全年完成污染减排项目44个，投资额6.14亿元。全市空气质量优良率91.2%，空气质量全省最优。

全市累计发生各类生产安全事故41起，死亡30人，直接经济损失1033.94万元。

十二、人口和人民生活

年底，全市常住人口291.78万人，其中，城镇人口209.38万人，比上年年底增加1.22万人，常住人口城镇化率71.76%，比上年提高0.34个百分点。全市户籍人口255.28万人，户籍人口城镇化率61.60%，比上年提高0.59个百分点。全年出生人口1.17万人，出生率4.59‰；死亡人口2.77万人，死亡率10.84‰。

全年全体居民人均可支配收入46638元，增长4.5%，其中，城镇居民人均可支配收入56024元，增长3.2%；农村居民人均可支配收入27027元，增长5.2%。全体居民人均消费支出27293元，其中，城镇居民人均消费支出32772元，农村居民人均消费支出15845元。全体居民食品烟酒消费支出占消费总支出的比重25.3%，其中，城镇居民食品烟酒消费支出占消费总支出的比重24.8%，农村居民食品烟酒消费支出占消费总支出的比重27.4%。

十三、社会保障和社会福利事业

全市有238.86万人参加基本养老保险，居民基础养老金标准提高至每人每月172元。有254.16万人参加基本医疗保险，居民医保补助标准提高到每人每年610元。有2.46万人领取失业保险金。有7094名职工享受工伤保险待遇，有1.26万名女职工享受生育津贴待遇。

年底，全市有养老机构162处，床位39892张，在院人数15929人。其中，特困人员供养机构38处，床位9492张，在院人数4089人；其他各类养老机构123处，床位30030张，在院人数11528人；社会福利中心1处，床位370张，在院人数312人。有儿童福利院1处，未成年人救助保护中心3处。孤困儿童571人，其中，集中供养孤儿36人，散居孤儿83人，事实无人抚养儿童338人，重点困境儿童53人，受艾滋病影响儿童61人，全年发放资金1174.20万元。自1月份起，机构养育孤儿基本生活保障标准提高至每人每月2338元，社会散居孤儿、事实无人抚养儿童和受艾滋病影响儿童基本生活保障标准提高至每人每月1815元，重点困境儿童基本生活保障标准提高至每人每月1694元。全市享受困难残疾人生活补贴9177人，享受重度残疾人护理补贴34000人，全年发放资金7946.60万元。自1月份起，困难残疾人生活补贴一、二级残疾补贴标准提高至每人每月170元，三、四级残疾补贴标准提高至每人每月138元；重度残疾人护理补贴一级残疾补贴标准提高至每人每月164元，二级残疾补贴标准提高至每人每月140元。

年底，全市城乡低保对象17159人，全年发放保障资金13704.80万元；特困供养对象10708人，全年发放保障资金17161.40万元；临时救助困难群众2532人次，全年发放保障资金466.60万元。城乡低保标准分别为每人每月953元和745元，城乡特困供养基本生活保障标准分别为每人每月1286元和1035元，特困供养照料护理基准标准为完全丧失生活自理能力每人每年13298元、部分丧失生活自理能力每人每年6650元、具备生活自理能力每人每年3990元。

注释：

1．本公报数据为初步统计数，最终数据以《威海统计年鉴—2023》为准。

2．地区生产总值、各产业增加值、有关行业增加值绝对数按现价计算，增长速度按可比价格计算。

3．未经特殊说明，本文“增长”“下降”均为同比口径。

4．部分数据因四舍五入的原因，存在总计与分项合计不等的情况。

资料来源：

本公报中城镇新增就业、养老保险、失业保险、工伤保险数据来自市人力资源和社会保障局；价格指数、粮食总产量、城乡收支等数据来自国家统计局威海调查队；市场主体数据来自市行政审批服务局；水产品数据来自市海洋发展局；农业机械、农业产业化龙头企业数据来自市农业农村局；公路通车里程、铁路、公路、海运、港口货物吞吐量、公交数据来自市交通运输局；机动车、户籍人口数据来自市公安局；旅游、专业剧团、博物馆、有线电视等数据来自市文化和旅游局；进出口、利用外资、对外经济合作数据来自市商务局；财政数据来自市财政局；金融数据来自中国人民银行威海市中心支行；保险业数据来自中国银行保险监督管理委员会威海监管分局；科技数据来自市科学技术局；专利、商标等数据来自市市场监督管理局；教育数据来自市教育局；卫生健康数据来自市卫生健康委员会；体育数据来自市体育局；建成区绿化覆盖率、建成区绿地率、生活垃圾无害化处理率和供气、供热数据来自市住房和城乡建设局；电力数据来自国网山东省电力公司威海供电公司；环保数据来自市生态环境局；安全生产数据来自市应急管理局；医疗保险、生育津贴数据来自市医疗保障局；社会福利数据来自市民政局；其他数据来自市统计局。

生态环境质量公报

2022 年威海市生态环境质量公报

2022 年，在市委、市政府的坚强领导下，全市积极践行习近平生态文明思想，坚决扛起生态文明建设政治责任，大力实施环保工作和环境质量“双领先”战略，深入打好污染防治攻坚战，以生态环境高水平保护推进社会经济高质量发展，创造高品质生活。

一、环境空气

全市环境空气质量连续七年达到国家二级标准，继续保持全省第一。$PM_{2.5}$ 绝对值和改善率均居全省第一位。

环境空气主要污染物可吸入颗粒物（PM_{10}）、二氧化硫和二氧化氮年均值、一氧化碳 24 小时平均第 95 百分位数浓度值 4 项指标分别为 36 微克／立方米、5 微克／立方米、15 微克／立方米、0.7 毫克／立方米，达到国家《环境空气质量标准》（GB 3095–2012）一级标准（40 微克／立方米、20 微克／立方米、40 微克／立方米、4 毫克／立方米）；细颗粒物（$PM_{2.5}$）年均值和臭氧日最大 8 小时滑动平均值的第 90 百分位数浓度值 2 项指标分别为 21 微克／立方米、156 微克／立方米，达到《环境空气质量标准》（GB 3095–2012）二级标准（35 微克／立方米、160 微克／立方米）。其中细颗粒物（$PM_{2.5}$）年均值在全省唯一连续两年稳定达到世界卫生组织空气质量过渡时期第二阶段目标（25 微克／立方米）；可吸入颗粒物（PM_{10}）年均值在全省唯一达到国家《环境空气质量标准》（GB 3095–2012）一级标准，实现历史性新突破。

全市降尘量均值为 3.3 吨／平方千米·30 天，11 个降尘点位均值范围为 2.3 ～ 4.1 吨／平方千米·30 天。

全市大气降水 pH 值平均为 6.72，变化范围在 5.90 ～ 7.17。

二、水环境

全市 13 条重点河流水质达标率 100%。其中 10 条水质优于或达到国家《地表水环境质量标准》（GB 3838–2002）Ⅲ类标准，占 76.9%，无劣Ⅴ类河流。

全市 12 个主要饮用水水源地水质继续保持优良状态。崮山水库、所前泊水库、郭格庄水库、武林水库、米山水库、坤龙邢水库、后龙河水库、逍遥水库、湾头水库、纸坊水库、龙角山水库和乳山河水源地水质均达到或优于国家《地表水环境质量标准》（GB 3838–2002）Ⅲ类标准，水质达标率均为 100%。

全市近岸海域 40 个国控点位海水水质优良率继续保持为 100%。水质优良比例全省第一。

三、土壤环境

全市地方土壤环境监测网中 3 个一般风险监测点土壤环境监测结果均低于《土壤环境质量 农用地土壤污染风险管控标准（试行）》（GB 15618–2018）中土壤污染风险筛选值。7 个土壤污染重点监管单位周边土壤监测结果也均低于相应标准的土壤污染风险筛选值。

受污染耕地安全利用率和污染地块安全利用率均达到 100%。

四、声环境

全市区域声环境昼间平均等效声级监测值范围为 53.2 ～ 54.6 分贝，城市区域环境噪声总体水平均为“较好”等级。

全市道路交通声环境昼间平均等效声级监测值范围为 66.2 ～ 68.8 分贝，文登区、荣成市和乳山市道路交通噪声强度为“好”等级，威海市区道路交通噪声强度为“较好”等级。

全市各类功能区声环境昼间、夜间平均等效声级均达到相应功能区标准。

五、辐射环境

全市辐射环境质量保持稳定。

市区电离辐射空气吸收剂量率区间范围为 64 ～ 135 纳戈瑞 / 小时（nGy/h），处于威海市天然辐射水平正常范围内。

市区电磁辐射射频电场强度区间范围为 0.17 ～ 2.61 伏 / 米（V/m），低于《电磁环境控制限值》（GB 8072—2014）规定的公众曝露控制限值要求。

六、生态环境

全市生态环境状况持续改善，达到国家生态文明建设示范市要求。

（威海市生态环境局提供）

法规、规章、规范性文件

·法规、规章、规范性文件目录·

2022年威海市法规、规章、规范性文件一览表

表23

序　号	文件名称	文　号
1	威海市人民政府规章制定程序规定（修订）	市政府令第75号
2	威海市人民政府关于修改《威海市物业管理办法》的决定	市政府令第76号
3	威海市控制吸烟管理办法	市政府令第77号
4	威海市人民政府关于印发威海市守信联合激励和失信联合惩戒办法的通知	威政发〔2022〕7号
5	威海市人民政府关于印发威海市公共信用信息管理办法的通知	威政发〔2022〕8号
6	威海市人民政府关于印发威海市城市建设档案管理办法的通知	威政发〔2022〕16号
7	威海市人民政府关于进一步完善科技支行政策的意见	威政发〔2022〕18号
8	威海市人民政府关于严禁在林区野外用火的通告	威政发〔2022〕19号
9	威海市人民政府关于设立陆生野生动物禁猎区和禁猎期的通告	威政发〔2022〕20号
10	威海市人民政府关于划定禁止使用高排放非道路移动机械区域的通告	威政发〔2022〕22号
11	威海市人民政府关于印发威海市声环境功能区划的通知	威政发〔2022〕24号

·法规、规章、规范性文件选编·

威海市守信联合激励和失信联合惩戒办法

第一章　总　则

第一条　为加快推进“信用威海”建设，构建信用联合奖惩机制，营造诚实守信的信用环境，根据《国务院关于建立完善守信联合激励和失信联合惩戒制度加快推进社会诚信建设的指导意见》（国发〔2016〕33 号）、《山东省社会信用条例》等有关规定，结合本市实际，制定本办法。

第二条　本市行政区域内自然人、法人、非法人组织（以下统称“信息主体”）守信激励和失信惩戒及其管理，适用本办法。

第三条　市发展和改革委员会、人民银行威海市中心支行（以下统称“市信用主管部门”）负责对信息主体信用行为认定及奖惩工作进行监督和指导。

各区市、国家级开发区、南海新

区公共信用信息工作主管部门负责协调推进本区域信用联合奖惩工作。

第四条　威海市社会信用中心（以下简称“市信用中心”）负责威海市公共信用信息平台（以下简称“市信用平台”）和“信用威海”网站的建设、运行和维护，为实施联合奖惩提供保障。

第五条　市级行政机关、司法机关、法律法规授权的具有管理公共事务职能的组织、群团组织（以下统称“职能部门”），应当根据职责权限和实际情况，建立本领域守信主体名单和严重失信主体名单制度，制定守信、失信行为认定标准和信用奖惩实施细则，组织实施信用联合奖惩。

第二章　守信激励和失信惩戒

第六条　相关职能部门应当建立健全本领域信用分级分类管理制度，对信用状况良好的信息主体，可以在法定权限内采取以下激励措施：

（一）在行政管理和公共服务中，给予绿色通道、容缺受理、程序简化等便利服务措施；

（二）在财政性资金分配、评优评先中，同等条件下列为优先选择对象；

（三）在公共资源交易中，给予提升信用等次等措施；

（四）在日常监督管理中，合理降低抽查比例和频次；

（五）在信用门户网站或者相关媒体上进行宣传推介；

（六）国家和省规定的其他激励措施。

第七条　设列严重失信主体名单的领域，必须以法律、法规或者党中央、国务院政策文件为依据，任何部门、单位不得擅自增加或扩展。

对失信主体采取减损权益或增加义务的惩戒措施，必须基于失信行为事实，直接援引法律、法规或者党中央、国务院政策文件为依据，并实行清单管理。

本市可依据地方性法规，参照全国失信惩戒措施基础清单的制定程序，制定适用于本市的失信惩戒措施补充清单。任何部门、单位不得强制要求金融机构、信用服务机构、行业协会商会、新闻媒体等惩戒失信主体。

第八条　有下列情形之一的，职能部门应当将严重失信主体纳入失信名单，作为联合惩戒对象：

（一）在食品药品、生态环境、工程建设、产品质量、安全生产、消防安全、强制性产品认证等领域有严重危害人民群众身体健康和公共安全行为的；

（二）在招标投标、合同履行、知识产权保护、公共资源交易、社会中介服务等方面有严重破坏市场公平竞争秩序行为的；

（三）有逃税骗税、非法集资、传销、无证照经营、恶意欠薪、散布虚假广告、侵害消费者权益、破坏网络空间传播秩序等严重扰乱社会秩序行为的；

（四）有履行能力但拒不履行、逃避执行法院生效的法律文书、仲裁机构生效的裁决或行政机关生效的行政决定等行为的；

（五）有拒不履行国防义务，拒绝、逃避兵役，拒绝、拖延民用资源征用或者阻碍对被征用的民用资源进行改造，危害国防利益，破坏国防设施等行为的；

（六）经职能部门认定的其他失信情形。

第九条　相关职能部门可以在法定权限内对联合惩戒对象采取下列行政性约束和惩戒措施：

（一）在行政管理和公共服务中，限制享受相关便利措施；

（二）在财政性资金分配、评优评先中，给予相应限制；

（三）在公共资源交易中，给予降低信用等次等措施；

（四）在日常监督管理中，列为重点监督管理对象，适当提高抽查比例和频次，加强现场监督检查；

（五）法律、行政法规规定的其他惩戒措施。

第十条　确保过惩相当。按照合法、关联、最小化原则，依照失信惩戒措施清单，根据失信行为性质和严重程度，采取轻重适度的惩戒措施，防止小过重惩。任何部门、单位不得以现行规定对失信行为惩戒力度不足为由，在法律、法规或者党中央、国务院政策文件规定外增设惩戒措施或在法定惩戒标准上加重惩戒。

第三章　联合奖惩程序

第十一条　职能部门应当根据管理实际，确定守信主体名单和严重失信主体名单信息公布方式和范围。

守信主体名单和严重失信主体名单信息应当自发布之日起5个工作日内，按照相关程序推送至市信用平台。

第十二条　守信主体名单和严重失信主体名单信息，主要包括下列内容：

（一）信息主体的基本信息，包括自然人的姓名、身份证号码，法人及非法人组织的名称、统一社会信用代码、法定代表人或主要负责人姓名及身份证号码等；

（二）列入守信主体名单和严重失信主体名单的事由，依据有权机关决定列入的，应当载明有关法律文书的名称和编号；

（三）守信主体名单和严重失信主体名单信息移出日期；

（四）应当披露的其他信息。

第十三条　行政机关在作出认定严重失信主体名单决定前，应当告知当事人作出决定的事由、依据和当事人依法享有的权利；将市场主体列入严重失信主体名单，应当由认定部门依托相应的行政决定文书，载明事由、依据、失信惩戒措施提示、移出条件和程序以及救济措施等，必要时也可由认定部门单独制作认定严重失信主体名单的决定文书。严重失信主体名单原则上应当由县级及以上人民政府有关部门按照相关标准认定，法律、法规和部门规章另有规定的从其规定。

第十四条　市信用中心应当依托市信用平台，在10个工作日内对守信主体名单和严重失信主体名单信息进行比对、归类、整合，并推送到各职能部门。

信息主体被列入守信主体名单后发生失信行为的，应当移出守信主体名单。

第十五条　相关职能部门在收到市信用平台推送的守信主体名单和严重失信主体信息后，应当根据各自职能，在本系统内对联合奖惩对象采取相应奖惩措施。

第十六条　鼓励社会法人、非法人组织和自然人在开展信用交易或者其他活动过程中，查询和使用信息主体信用信息，降低交易风险。

第四章　权益保护

第十七条　职能部门将信息主体列入守信主体名单和严重失信主体名单前，应当书面告知信息主体并听取意见，信息主体提出不同意见的，应当进行调查核实。

第十八条 守信主体信息和严重失信主体信息移出日期由提供信息的职能部门（以下简称“信息提供单位”）确定，披露期限最长不超过5年，法律、法规另有规定的从其规定。在失信信息主体尚未全面履行法定义务前，暂不设定移出日期。

失信信息主体全面履行法定义务后，信息提供单位应当及时报送其履行信息，并设定移出日期。

市信用主管部门应当按照信息提供单位的决定，及时对严重失信主体名单相关信息进行修改。

第十九条 对列入守信主体名单和严重失信主体名单存在异议的，可按照《威海市公共信用信息管理办法》有关规定，向市信用主管部门提出书面异议申请。

公共信用信息机构或者信息提供单位、市场信用信息采集单位收到异议申请后，属于本单位处理范围的，应当自收到异议申请之日起3个工作日内进行审核并处理，并将处理结果通知异议申请人；需要其他单位协助核查信息的，应当自收到异议申请之日起7个工作日内进行核查并处理，并将处理结果通知异议申请人。

第五章 管理和保障

第二十条 市信用主管部门应当定期督查、考评职能部门执行信用联合奖惩情况，及时总结、推广好的做法和经验。

各职能部门应当每季度向市信用主管部门报送信用联合奖惩实施情况和案例报告。

第二十一条 违反本办法规定，有下列行为之一的，由市政府给予通报批评；情节严重的，依法追究相关单位负责人和直接责任人的责任：

（一）未建立本领域守信主体名单和严重失信主体名单制度的；

（二）未及时推送守信主体名单和严重失信主体名单信息的；

（三）未对信息主体实施联合奖惩的；

（四）记录信息不实或提供错误联合奖惩信息产生不良影响的。

第六章 附 则

第二十二条 本办法自2022年5月25日起施行，有效期至2027年5月24日。《威海市人民政府关于印发威海市守信联合激励和失信联合惩戒办法的通知》（威政发〔2017〕18号）自本办法施行之日起废止。

威海市公共信用信息管理办法

第一章 总 则

第一条 为加强公共信用信息规范管理，推进社会信用体系建设，根据《中华人民共和国政府信息公开条例》《征信业管理条例》《企业信息公示暂行条例》《山东省社会信用条例》等有关规定，结合本市实际，制定本办法。

第二条 本办法所称公共信用信息，是指行政机关、司法机关、法律法规授权的具有公共事务管理职能的组织、群团组织（以下统称“信息提供主体”）在履行职责、提供服务过程中产生或者获取的，反映自然人、法人和其他组织（以下统称“信息主体”）信用状况的数据和资料。

第三条 本办法适用于威海市行政区域内公共信用信息的归集、披露、应用、监管等活动。

第四条 公共信用信息管理应当遵循合法、安全、及时、准确的原则，维护信息主体的合法权益，不得泄露国家秘密，不得侵犯商业秘密和个人隐私。

第五条 公共信用信息通过威海市公共信用信息平台（以下简称“市信用平台”）进行归集，向社会提供查询、应用、监管、共享等服务。

第六条 市发展和改革委员会、人民银行威海市中心支行是市公共信用信息工作主管部门，负责本市行政区域内公共信用工作的综合协调和管理工作。市社会信用中心（以下简称“市信用中心”）是公共信用信息工作机构，负责市信用平台的建设、运行和维护。

各区市（含国家级开发区、南海新区，下同）可参照确定本级公共信用信息工作主管部门，行使本区域公共信用信息管理职能。

信息提供主体在各自职责范围内，负责本单位公共信用信息管理工作，协同市信用中心做好公共信用信息的归集、披露、应用等工作。

第二章 公共信用信息归集

第七条 公共信用信息归集以统一社会信用代码作为公共信用信息主体标识。其中，自然人的统一社会信用代码为身份证号码；法人和其他组织的统一社会信用代码为登记管理部门赋予的唯一机构编码。

第八条 公共信用信息实行数据清单管理。公共信用信息数据清单包括信息事项、信息性质、统一社会信用代码、数据标准、披露方式、有效期限和提供单位等要素。

第九条 信息提供主体应当根据公共信用信息数据清单要求，依法采集、客观记录信息主体的公共信用信息。公共信用信息包括基本信息、良好信息和失信信息。

第十条 法人和其他组织的基本信息包括下列内容：

（一）名称、法定代表人或者负责人、统一社会信用代码等登记注册信息；

（二）取得的资格、资质等行政许可信息；

（三）产品、服务、管理体系获得的认证认可信息；

（四）其他反映法人和组织基本情况的信息。

第十一条 自然人的基本信息包括下列内容：

（一）姓名、性别、身份证号码；

（二）就业、学历、婚姻状况；

（三）取得的资格、资质等行政许可信息。

第十二条 信息主体的良好信息包括下列内容：

（一）县级以上政府及其部门、群团组织授予的表彰、奖励等信息；

（二）参与县级以上政府及其部门、群团组织开展的志愿服务、慈善捐赠活动等信息；

（三）县级以上政府及其部门在分类管理中的优良等级评价；

（四）国家、省及市政府规定的其他良好信息。

第十三条　法人和其他组织的失信信息包括下列内容：

（一）拒不缴纳依法应当缴纳的税款、社会保险费、行政事业性收费、政府性基金的；

（二）违反法律、行政法规，提供虚假材料、隐瞒真实情况，损害社会管理秩序和公共利益的；

（三）人民法院发布的失信被执行人信息；

（四）能够反映信息主体信用状况的行政处罚、行政强制执行信息；

（五）法律、行政法规和国家规定的其他事项。

适用简易程序作出的行政处罚信息，或者违法行为轻微且主动消除、减轻违法行为危害后果的行政处罚信息，不纳入公共信用信息数据清单。

第十四条　自然人的失信信息除第十三条第一、二、三、四、五项所列信息外，还包括下列内容：

（一）以欺诈、伪造证明材料或者其他手段骗取社会保险、最低生活保障待遇和经济适用住房等的信息；

（三）参加国家或者省、市组织的统一考试作弊的信息；

（四）学历、学术、档案等造假信息；

（五）国家、省及市政府规定的其他失信信息。

第十五条　采集、归集、披露、使用和管理自然人的社会信用信息的，应当依照法律、行政法规或者约定进行，并确保信息安全。

任何单位和个人不得非法采集自然人的收入、存款、有价证券、商业保险、不动产和纳税数额等信息作为社会信用信息，不得非法买卖、提供或者公开他人的社会信用信息。

禁止非法采集自然人的宗教信仰、基因、指纹、血型、疾病和病史信息等个人信息作为社会信用信息。

第十六条　归集的公共信用信息，应当以最终发生法律效力的文书为依据。

第十七条　公共信用信息通过下列途径进行归集：

（一）市级信息提供主体利用市政务信息资源共享交换平台，通过系统对接或者数据报送的方式向市信用平台提供相关公共信用信息。已经实现本系统全市信息数据统一整合的，应当向市信用平台提供本系统的全市公共信用信息。

（二）未建设公共信用信息平台的区市，应当在市信用平台的基础上搭建子系统，归集各自区域内未纳入市级系统的公共信用信息。

第十八条　信息提供主体应当对其提供的公共信用信息的真实性负责。

信息主体直接申报的公共信用信息，法律法规未要求信息提供主体对申报信息的实质内容进行核实的，其真实性由信息主体负责。

公共信用信息工作主管部门和工作机构不直接采集公共信用信息，不得擅自更改公共信用信息。

第三章　公共信用信息披露

第十九条　失信信息披露期限最长不得超过5年，自失信行为或者事件终止之日起计算。法律、行政法规另有规定的，从其规定。

失信信息披露期限届满，公共信用信息工作机构和信息提供主体应当将该信息从相关网站删除，不得继续提供查询，不再作为失信惩戒依据。

第二十条　公共信用信息通过公开公示、授权查询、政务共享等方式披露。

法律、行政法规规定应当公开的公共信用信息，公共信用信息平台应当按照规定向社会公开公示。

自然人的公共信用信息可以通过授权查询、政务共享的方式披露，不得公开公示，国家另有规定的除外。

支持市场信用信息采集单位依照法律、行政法规或者约定公开其所采集的市场信用信息。

信息提供主体归集公共信用信息时，应当明确所归集信息的公开属性。

第二十一条　市信用中心通过“信用威海”网站、市政府门户网站、新闻媒体等，向社会披露公共信用信息中属于社会公开的部分。

信息提供主体可以通过自身的信息系统向社会披露其在履行职责时所产生的相关公共信用信息，但不得披露从市信用平台获取的其他信息提供主体归集的部门共享公共信用信息。

第二十二条　市信用中心应当制定公共信用信息查询服务规范，通过指定服务窗口、“信用威海”网站、移动终端应用软件等途径向社会提供便捷的查询服务。

信息主体查询公共信用信息按照以下规定执行：

（一）查询属性为社会公开的公共信用信息，可以通过登录“信用威海”网站，或者到指定服务窗口进行查询；

（二）查询自身属性为社会公开以外的公共信用信息，应当提供有效证件向市信用中心申请查询，或者登录市信用平台经电子身份实名认证后查询；

（三）查询其他信息主体属性为社会公开以外的公共信用信息，应当经被查询信息主体书面授权，到指定服务窗口进行查询。

第二十三条　信息提供主体因履行公共管理职责，需要查询部门共享公共信用信息的，应当向市信用中心提出书面申请，并按相关规定程序进行查询。

信息提供主体应当建立本单位公共信用信息查询制度规范，设定本单位查询人员的权限和查询程序，并建立查询日志，记载查询人员姓名、查询时间、内容及用途。查询日志应当长期保存。

第四章　公共信用信息应用

第二十四条　行政机关、法律法规授权的具有公共事务管理职能的组织，在行政审批、政府采购、招标投标、公共资源交易、财政性资金安排、评先评优等市场监管和公共服务过程中，对信用状况良好的信息主体采取优先办理、简化程序或者优先选择等激励措施。

第二十五条　行政机关、法律法规授权的具有公共事务管理职能的组织，对有失信行为记录的信息主体，应当加强日常监管，撤销其相关领域的荣誉称号，并在市场准入、行政审批、资质认定、政府采购、招标投标、公共资源交易、享受政府优惠政策和财政补贴、评先评优等方面，建立跨部门失信约束机制，对失信者依法予以限制，对严重失信者依法实行市场禁入。

第二十六条　在开展金融活动、市场交易、企业治理、行业管理、社会公益等活动中，鼓励应用公共信用信息，防范交易风险，促进行业自律，推动形成市场化的激励和约束机制。

第二十七条　鼓励信用服务机构应用公共信用信息，开发和创新信用产品，扩大信用产品的使用范围。

第五章　信用信息异议处理与投诉

第二十八条　信息主体认为其社会信用信息的内容存在错误、遗漏，或者信息采集、归集、披露、使用过程中存在侵犯其合法权益等情形的，可以向市信用中心提出异议申请。

市信用中心收到异议申请后，属于本单位处理范围的，应当自收到异议申请之日起3个工作日内进行审核并处理，并将处理结果通知异议申请人；需要其他单位协助核查信息的，应当自收到异议申请之日起7个工作日内进行核查并处理，并将处理结果通知异议申请人。

第二十九条　市信用平台记载的信息与信息提供主体提供的信息确有不一致的，市信用中心应当予以更正，并通知信息主体。市信用平台记载的信息与信息提供主体提供的信息一致的，市信用中心应当将异议申请转至信息提供主体。

信息提供主体自收到异议申请之日起，应当在15个工作日内进行核查和处理，异议成立的，予以更正，并将核查结果告知市信用中心。市信用中心应当及时处理并通知信息主体。

异议申请正在处理过程中，或者异议申请已处理完毕但信息主体仍然有异议的，市信用中心提供信息查询时应当予以标注。信息提供主体未按照规定核查异议信息并将处理结果告知市信用中心的，市信用中心应当中止向社会提供该信息的查询。

第三十条　信息主体认为信息提供主体、公共信用信息工作主管部门和工作机构在公共信用信息归集、应用和管理中的具体行为侵犯其合法权益的，可以依法申请行政复议或者提起行政诉讼。

第三十一条　据以认定信息主体失信状态的判决、裁定或者行政决定等法律文书被有关国家机关撤销或者变更的，原信息提供主体、市场信用信息采集单位应当撤销或者变更其相关失信信息，并自撤销或者变更之日起3个工作日内向市信用平台报送，市信用平台应当及时撤销或者变更该信息。

第三十二条　在失信信息披露期限内，信息提供主体应当按照国家有关规定启动提示约谈或者警示约谈程序，督促信息主体履行相关义务，消除不良影响。信息主体主动纠正其失信行为、消除不良影响的，可以向市信用中心提出信用修复申请。市信用中心应当按照国家有关规定进行处理，并将处理结果及时告知申请人。

第三十三条　信息主体可以要求市信用平台删除其表彰奖励、志愿服务、慈善捐赠等信息。市信用中心应当在收到申请之日起，及时通知信息提供主体在5个工作日内删除相关信息。

第六章　公共信用信息安全与监督

第三十四条　市信用中心应当严格执行公共信用信息安全等级保护制度，建立健全安全防护、安全管理、安全检测等标准，加强技术创新，确保公共信用信息归集、整理、存储、加工、交换、公布等各环节的安全。

第三十五条　市信用中心应当建立内部信息安全管理制度规范，明确岗位职责，设定工作人员的查询权限和查询程序，建立公共信用信息归集和查询日志并长期保存，保障市信用平台正常运行和信息安全。

第三十六条　信息提供主体、公共信用信息工作主管部门和工作机构及其工作人员，有下列行为之一的，视情节轻重，由其所在单位或者主管部门、监察机关对相关责任人依法依规给予处分；构成犯罪的，依法追究刑事责任：

（一）以不正当手段归集公共信用信息的；

（二）未及时、准确、全面提供公共信用信息的；

（三）越权查询公共信用信息的；

（四）篡改、虚构、违规删除公共信用信息的；

（五）泄露未经授权公开的公共信用信息的；

（六）泄露涉及国家秘密、商业秘密、个人隐私的公共信用信息的；

（七）法律、法规和规章禁止的其他行为。

第七章　附　则

第三十七条　本市行政区域内其他机关和组织所产生或者获取的公共信用信息的管理，参照本办法执行。

第三十八条　本办法自2022年5月25日起施行，有效期至2027年5月24日。《威海市人民政府关于印发威海市公共信用信息管理办法的通知》（威政发〔2016〕27号）自本办法施行之日起废止。

威海市人民政府关于严禁在林区野外用火的通告

威政发〔2022〕19号

为有效预防和遏制森林火灾发生，保障人民群众生命财产和森林资源安全，根据《森林防火条例》和《山东省实施〈森林防火条例〉办法》规定，严禁在全市林区野外用火。现将有关事项通告如下：

一、禁火时间：每年11月1日至次年5月31日。

二、禁火区域：威海市所辖行政区域森林内及距森林边缘500米范围内（正常住户限居住区之外）。

三、除县级以上人民政府批准的计划用火外，任何单位和个人严禁在禁火区域实施烧荒、焚烧农作物废弃物料、燃放烟花爆竹、吸烟、野炊、点火取暖、祭祀用火、爆破用火、电焊、投放空中移动火源、使用烟熏（火攻、电击）等方式狩猎及其他易引发森林火灾的用火行为。

四、进入禁火区域的车辆和个人，严禁携带火种、易燃物品，应自觉接受森林防火登记检查，及时消除用火、用电等火灾隐患，拒绝接受、阻挠、妨碍森林防火检查的单位和个人将依法予以处罚。

五、在禁火区域从事野营、登山、庙会、旅游等活动的人员，应当严格遵守森林防火规定，并服从森林防火管理。

六、无民事行为能力和限制民事行为能力人进入禁火区域，监护人要有效履行监护义务，森林管护者（经营者）要履行好监督管理职责。

七、禁火区域内的生产经营单位和个人，应当承担森林防火责任，配备森林防火设施和设备，设置森林防火警示宣传标志，并对进入其经营范围的人员进行森林防火安全宣传。

八、在禁火区域内采矿、修筑工程设施或从事爆破、勘察、施工等工程建设活动，须经县级以上人民政府批准，按照森林防火要求，建设或配置森林防火设施设备，做好防灭火工作。

九、林区居民生活用火、进入林区的机动交通工具，要按规定落实相关防火措施。

十、严禁任何单位和个人破坏或者非法占用森林防火设施、设备。

十一、凡违反本通告规定的单位和个人，依据《中华人民共和国治安管理处罚法》《森林防火条例》和《山东省实施〈森林防火条例〉办法》等法律法规进行处罚；违规用火造成损失的，依法承担民事责任；构成犯罪的，依法追究刑事责任。

十二、本通告自2022年11月1日起施行，有效期至2027年10月31日。

威海市声环境功能区划

为适应城市发展和区域功能变化，加强区域环境噪声治理，改善城市声环境质量，根据相关法规和标准规范等要求，结合本市实际，制定本区划。

一、区划适用范围

本区划适用范围为环翠区、文登区、高区、经区、临港区、南海新区的城市建成区和主要规划区，面积473.03平方千米。

二、区划类型

根据威海市相关城市规划和城市用地现状，本市声环境功能区分为以下4种类型。

1类声环境功能区：以居民住宅、医疗卫生、文化教育、科研设计、行政办公为主要功能，需要保持安静的区域。

2类声环境功能区：以商业金融、集市贸易为主要功能，或者居住、商业、工业混杂，需要维护住宅安静的区域。

3类声环境功能区：以工业生产、仓储物流为主要功能，需要防止工业噪声对周围环境产生严重影响的区域。

4类声环境功能区：交通干线两侧一定区域之内，需要防止交通噪声对周围环境产生严重影响的区域，包括4a类和4b类2种类型。4a类为高速公路、一级公路、二级公路、城市快速路、城市主干路、城市次干路、城市轨道交通（地面段）两侧区域；4b类为铁路干线两侧区域。

三、划分依据

《中华人民共和国环境保护法》《中华人民共和国噪声污染防治法》和《声环境质量标准》（GB 3096—2008）、《声环境功能区划分技术规范》（GB/T15190—2014）、威海市相关城市规划、城市用地现状等。

四、各类声环境功能区划范围

（一）1类声环境功能区。划分12个区划单元，总面积202.31平方千米。

1. 环翠区—高区居住生活区：合庆湾海边向西—育华路—纪念路—杭州街—文化东路—高山街—角山巷—市发展改革委西侧—宫松岭路—统一路—花园南路—古陌路—文化东路—少年路—环翠楼公园—古寨南路—沈阳路—世昌大道—科技路—天津路—东发山水园西侧—大连路—科技路—沈阳路—华兴街—垛顶山公园北侧—吉林路—火炬路—长春路—文化西路—吉林路—海韵东路—东环北路—南环东路—西环南路—威大路—沈阳路东侧建筑以西—环海路—碧海庄园北侧—远遥路—环海路—远遥山海苑东侧—远遥墩山南侧—滨城盛世家园北侧—远遥墩路—卧龙山路—威高乾和院—坤和苑—卧龙山路—菊花顶山南侧—合庆湾海边。面积21.64平方千米。

2. 孙家疃居住生活区：北山路—环海路—鑫海路—裕海路—山边向北—海边向东—里海社区—靖海社区—山东村规划建设区—山边向西—艺海社区西—外窑村北—统一北路—永兴路—北山路。面积1.89平方千米。

3. 高区管委周边居住生活区：环海路—鞍山路—文化西路—抚顺路—火炬路—大连路—环海路。面积1.71平方千米。

4. 初村镇—张村镇居住生活区：北海海边—创业路—青荣城际铁路及北侧建筑—新初张路—北海新城南侧—威海边界向南—北山村—和兴路—宁海路—初河北路—西马山村北—骏山路—东马山村向东—宁海路—初村河向东—和兴路—双岛路—万泉街—沈阳南路—和徐疃村南—和徐疃村西沿林地向北—环翠路—淮河街—九华路—长江街—武夷路—昌华路—火炬南路—和兴家园西—沈阳中路—黄家皂路—昆仑路—张村河—广福路—里口山景区—卧佛山路—福德庄村—里口山路—张村河—沈阳中路—科技路—黄河街及北侧—火炬南路—盛德世纪新城北沿山边向西—威海影视城及西侧海边—荣乌高速—双岛湾海边—北海海边。面积29.16平方千米。

5. 初村镇威高居住生活区：初村镇威高生态园居住生活规划建设区范围。面积2.43平方千米。

6. 羊亭镇居住生活区：羊亭河—丽山路—和兴路—威青线—凤凰山路—和兴路—平治路—羊亭河。面积7.68平方千米。

7. 田和竹岛居住生活区：沈阳中路—田村街—佛顶山路—世昌大道—古寨西路—顺河街—世昌大道—统一路—大众路—新威路—戚家夼路—塔山东路—李沧街—青岛北路—即墨路—环山路—统一路—沿山边向东—统一南路—沿山边向西—环山路—沈

阳中路。面积6.48平方千米。

8.望岛皇冠居住生活区：城阳路—环山路—平度路—富力星光天地西—望岛河—统一南路—望岛路—塔山中路—仙姑顶路—海滨南路—大庆路—东海路—深圳路—香港路—珠海路—海埠南路—成大路两侧—沿山边向北—海埠社区北—海埠路—大庆路—东海路—海边向北—城阳路。面积10.37平方千米。

9.崮山镇居住生活区：成大路—河海路—金诺路—滨海大道—五渚河公园—乐居路—磐鼎路—威海市实验高级中学—爱于庄村东—成大路。面积4.23平方千米。

10.刘公岛片区：刘公岛景区建成区及规划建设区。面积1.29平方千米。

11.文登居住生活区：龙山路—香水路—香山路—圣经山路—马山路—秀山路及南侧建设区和规划建设区—文盛路—秀山东路—世纪大道—杜营河—体育场南路—张家洼、沙里店规划建设区—米山东路—文昌路—秀山东路—虎山路—黄家岭规划建设区—威泉路—天润路—文登营村东—珠海东路—虎山路—南宁路—天润曲轴东—天润路—初张路—珠海路—晋江路—银河—初张路—九发路—金山路—九龙路—香山北路—广州路—龙山路。面积40.27平方千米。

12.南海新区居住生活区：环海路—海边向东—香水河—昌阳河—环海路。面积75.16平方千米。

（二）2类声环境功能区。划分13个区划单元，总面积90.07平方千米。

1.孙家疃商业居住混合区：高尔夫路—远遥路—环海路—海岸家园东—远遥山海苑东—泰豪大酒店沿山边向南—槐云东北街西—滨城盛世家园北—远遥墩路—卧龙山路—威高花园西沿山边向北—益海路—欢乐海岸小区向北—环海路—揽海假日酒店西向南—外窑村北—统一北路—永兴路—北山路—环海路—鑫海路—裕海路—山边向北—海边向西—锦湖韩亚高尔夫俱乐部—高尔夫路。面积3.19平方千米。

2.高区商业居住混合区：科技路—青荣城际铁路—后峰西社区西—世昌大道—影视城北沿海边向北—金海湾山庄北—环海路—沈阳路东侧建筑沿山边向南—威大路—西环南路—南环东路—东环北路—吉林路—文化西路—长春路—火炬路—抚顺路—文化西路—鞍山路—环海路—文化西路—天津路—科技路。面积5.05平方千米。

3.高区—环翠区商业居住混合区：沈阳路—世昌大道—中威橡胶东—环山路—沈阳中路—田村街—佛顶山路—世昌大道—古寨西路—顺河街—世昌大道—统一路—大众路—新威路—戚家夼路—塔山东路—李沧街—青岛北路—即墨路—统一南路—城阳路—海边向北—东山宾馆西—育华路—纪念路—杭州街—文化东路—高山街—角山巷—市发展改革委西侧—宫松岭路—统一路—花园南路—古陌路—文化东路—少年路—环翠楼公园南—古寨南路—沈阳路。面积8.02平方千米。

4.经区商业居住混合区：平度路—富力星光天地西—望岛河—统一南路—望岛路—塔山中路—仙姑顶路—海滨南路—大庆路—九龙河—黄海路—珠海路—嵩山路—齐鲁大道—谷家洼社区—嵩山路—齐鲁大道—疏站路—上海路—青岛中路—时代路—疏站路—华夏路—统一南路—平度路。面积8.39平方千米。

5.华夏城商业居住混合区：嵩山路—海峰路—华夏山海城—华夏城景区—嵩山路。面积2.37平方千米。

6.西苑商业居住混合区：珠海路—范家埠社区—牛角沟村—闫家庄村及规划建设区—南曲阜社区南—统一南路—凤林路—桃威铁路—南曲阜社区北—徐家疃社区东—珠海路。面积5.83平方千米。

7.温泉镇商业居住混合区：温泉路—统一南路—桃威铁路—江家寨社区北—青岛南路—工友路—海埠南路—莱茵小镇北—沿山边向东—林湖路—凤湖西路—林家院社区—刘家台社区—温泉路—栾家店桥—栾家店村—威青一级路—柳成路—桃威铁路—温泉路。面积7.74平方千米。

8.临港商业居住混合区：开元西路—草庙子河—宜兴路—草庙子镇南规划建设区—荣乌高速—东母猪河—草庙子镇东规划建设区—俚李线—威青一级路—东母猪河—瑞安路—浙江路—龙泉路—开元东路—山边向北—徐州路—山边向西—桃威铁路—江苏东路—丛家屯村规划建设区—小北山村—江苏东路—台州路—常州路—威青一级路—天亿学府东西路—台州路—青年中心北—威泉路—桃威铁路—开元西路。面积14.14平方千米。

9.苘山镇商业居住混合区：秦权路—中韩路—盛荣花园北—沿山边向西—北刘章村西—西刘章村西—正气路—南刘章村西—西高格村南—东高格村南—泉州路东侧建设及规划建设范围—正气路—信泰威阳花园东—东苘山村东—秦权路。面积6.07平方千米。

10.临港南规划商业居住混合区：金华南路—南京路—朵山路—银河—临港南规划建设区东边界—金华南路。面积2.84平方千米。

11.初村镇商业居住混合区：宏山路—山海路—院下村工业园北—福海路—新初张路—金蚂蚁涂料东—金蚂蚁涂料南—山海路—蓝海路—恒山花园北—凤凰山路—东南村及规划建设区—恒山生态旅游区—华海路—宏山路。面积3.38平方千米。

12.文登区商业居住混合区：香山路—香水路—龙山路—九龙路—香山北路—朵山路—龙山路—东母猪河—七里水头社区北—桃威铁路—荣乌高速—麦疃后社区—秀山路—马山路—圣经山路—香山南路—香山路。面积15.28平方千米。

13.文登区南规划商业居住混合区：秀山东路—文盛路—规划建设区南—文昌路—米山东路—沙里店村东—体育场南路—杜营河—米山东路—世纪大道—秀山东路，面积7.77平方千米。

（三）3类声环境功能区。划分13个区划单元，总面积180.65平方千米。

1.高区工业集中区：文化西路—天津路—东发山水园西—大连路—科技路—沈阳路—华兴街—垛顶山北—吉林路—火炬路—大连路—文化西路。面积3.42平方千米。

2.热电厂周边片区：古寨西路—科技路—市公安局西—沿山边向西—文化中路—福山路—峰柴顶北侧向东—昆明路—古寨西路。面积0.64平方千米。

3.威海北站仓储物流集中区：世

昌大道—科技路—沈阳中路—张村河—里口山路—福德庄村西—老虎山南侧—长江街—庐山路—威东线—东夼隧道沿山边向北—青荣城际铁路—环山路南侧至山边—黄家夼隧道—环山路—中威橡胶东—世昌大道。面积4.62平方千米。

4. 张村镇—羊亭镇工业集中区：环翠路—和徐疃村西沿林地向南—和徐疃村南沿林地向东—沈阳南路—万泉街—双岛路—河口路—埠前河—双岛路—明上路—巾帼路—凤凰山路—羊亭河—北江疃村—沿山边向北—海峰路—威青线—凤凰山路—和兴路—平治路—羊亭河—双城路—信河路—孙家滩村东—惠河路—晴山路—沿山边向西—灶山路—信河路—孙家滩村规划工业区—羊亭河—庆海路—威青线—海峰路—平允路—和顺路—平远路—和兴路—天目路及东侧建筑—昆仑路—黄家皂路—沈阳中路—和兴家园西—火炬南路—昌华路—武夷路—长江街—九华路—淮河街—环翠路。面积28.35平方千米。

5. 初村镇工业集中区：和兴路—宁海路—骏山路—西马山村西—凤凰山路—威高集团厂区—威高生态园南—信和苑西—威高路—威高东路—初村镇规划工业区—成初线—新初张路—院下村工业区—山海路及西侧规划建设区域—西石岭村—华海路—宏山路—山海路—院下村工业园北—福海路—凤凰山路—新初张路—金蚂蚁涂料南—山海路—蓝海路—北山村南—和兴路。面积15.13平方千米。

6. 威海站仓储物流集中区：统一南路—华夏路—疏站路—时代路—青岛中路—上海路—疏站路—齐鲁大道—嵩山路—谷家洼社区北—华夏大道—嵩山路—海峰路—宅库街—环山路—平度路—统一南路。面积3.36平方千米。

7. 经区工业集中区：大庆路—东海路—深圳路—香港路—珠海路—海埠南路—工友路—青岛南路—江家寨社区北—桃威铁路—统一南路—温泉西路—惠友路—柳河路—冶口村—威泉路—冶口水库东—温泉西路北至山边—嵩山路—曲阜工业园北—统一南路—凤林路—桃威铁路—南曲阜社区北—徐家疃社区东—珠海路—范家埠社区东—高家庄社区南—嵩山路—珠海路—黄海路—九龙河—林海路—大庆路。面积13.63平方千米。

8. 崮山镇海埠工业集中区：东海路—大庆路—海埠路—海埠社区北—沿山边向东建设区及规划建设区—崮山路—九后疃村南—紫光科技园西—成大路—河海路—金诺路—滨海大道—海边向北向西—华发新天地—滨海大道—东海路。面积16.89平方千米。

9. 临港区西工业集中区：江苏东路—台州路—常州路—威青一级路—天亿学府东西路—台州路—青年中心北—威泉路—桃威铁路—开元西路—曹格庄北工业区及规划建设区—南京路—威海路—福州路—正气路—信泰威阳花园东—秦权路—中韩路—山马河北规划工业区—江苏西路—新权村规划工业区—江苏西路—江苏东路。面积17.04平方千米。

10. 临港区东工业集中区：开元东路—嘉兴路—嘉兴路南首规划工业区—金华北路—俚李线—东母猪河—瑞安路—浙江路—龙泉路—开元东路。面积3.44平方千米。

11. 文登北工业集中区：广州路—香山北路—九龙路—金山路—九发路—初张路—银河—晋江路—珠海路—初张路—天润路—天润曲轴东—文登营村北—虎山路—珠海东路—文登营村东—天润路北规划工业区—沿虎头山边向西向北—朵山路—中韩路—东母猪河—文登区车管所北—桃威铁路—七里水头村北—龙山路—朵山路—香山北路—银河—龙山路—广州路。面积31.71平方千米。

12. 文登西工业集中区：荣乌高速—威青线—翟格村规划工业区—西寨规划工业区—东母猪河—典雅路—桃威铁路—文登站北规划工业区—站东路—横山路—桃威铁路—荣乌高速。面积11.23平方千米。

13. 南海工业集中区：环海路—昌阳河—滨海路—圣海路—环海路。面积31.19平方千米。

（四）4类声环境功能区。将交通干线边界线外一定距离内区域划分为4a类声环境功能区，铁路交通用地边界线外一定距离内区域划为4b类声环境功能区。距离确定方法为：相邻区域为1类区，距离为55米；相邻区域为2类区，距离为40米；相邻区域为3类区，距离为25米。

适用4a类区涉及的高速公路、一级公路、二级公路、快速路、主次干路共计196条，包括高速公路1条、一级公路1条、二级公路1条、快速路13条、主干路90条、次干路90条，适用4b类区域的铁路干线2条。适用4类声环境功能区交通干线统计表见附件2。

1类、2类、3类区面积均含其内道路及4类区面积。

五、执行标准

根据《声环境质量标准》(GB 3096—2008)，威海市各类声环境功能区执行环境噪声标准见下表。

威海市各类声环境功能区环境噪声限值

表24　　　　单位：dB（A）

类别		昼间	夜间
1类		55	45
2类		60	50
3类		65	55
4类	4a类	70	55
	4b类	70	60

六、其他规定及说明

1. 机场范围不适用本区划。

2. 荣成市、乳山市声环境功能区划分别由荣成市、乳山市人民政府划定，并向社会公开。

3. 本区划实施以后，新建的铁路、轨道交通、高速公路及城市快速路等交通工程，自建成运营时将相关区域实时调整为4类区。

4. 本区划由威海市生态环境局负责组织实施。

本区划自2023年1月1日起施行，有效期至2027年12月31日。《威海市人民政府关于印发威海市城市区域声环境功能区划的通知》（威政发〔2013〕65号）自本区划施行之日起废止。

威海市控制吸烟管理办法

（2022年12月28日威海市人民政府令第77号公布　自2023年3月1日起施行）

第一章　总　则

第一条　为了减少和防止烟草烟雾的危害，保障公众健康，创造良好工作和生活环境，提高社会文明水平，推进精致城市建设，根据《中华人民共和国基本医疗卫生与健康促进法》《山东省爱国卫生工作条例》等法律、法规，结合本市实际，制定本办法。

第二条　本市行政区域内的控制吸烟工作适用本办法。

第三条　控制吸烟工作实行政府主导、分类管理、单位负责、公众参与、个人自律、社会监督的原则。

第四条　市、区（县级市）人民政府负责本辖区控制吸烟工作，建立控制吸烟工作协调机制，及时研究解决控制吸烟工作中的重大问题。

卫生健康主管部门在本级人民政府领导下，组织协调、监督管理控制吸烟工作。

教育、公安、民政、财政、住房和城乡建设、交通运输、商务、文化和旅游、市场监督管理、体育等主管部门按照职责，做好本行业、本领域内控制吸烟的宣传教育和相关管理工作。

镇人民政府和街道办事处按照属地管理原则，协助相关部门做好本辖区的控制吸烟工作。

第五条　市、区（县级市）人民政府应当将控制吸烟工作纳入本地区文明城市和卫生城市等创建工作。

鼓励和支持创建无烟单位，倡导无烟家庭，营造无烟环境。

第六条　鼓励支持志愿者组织、其他社会组织和个人通过各种形式，参与控制吸烟工作或者为控制吸烟工作提供帮助和支持。

第七条　任何单位或者个人有权要求在禁止吸烟场所吸烟的人立即停止吸烟，有权要求禁止吸烟场所的经营者、管理者履行控制吸烟职责，有权对违反本办法的行为进行举报和投诉。

单位或者个人发现违反规定在禁止吸烟场所吸烟的，可以向禁止吸烟场所的经营者、管理者反映，要求其进行劝阻。

第八条　市、区（县级市）人民政府对在控烟工作中作出显著成绩的单位和个人可以给予表彰、奖励。

第二章　控制吸烟场所

第九条　禁止在室内公共场所吸烟，但本办法第十条第一款规定的区域除外。

禁止在下列室外区域吸烟：

（一）托儿所、幼儿园、中小学校、青少年宫、青少年活动中心、教育培训机构等以未成年人为主要活动人群的公共场所的室外区域；

（二）医疗机构的室外区域；

（三）体育场馆、运动健身场所、演出场所举办活动时的观众席和比赛、健身、演出的区域；

（四）对外开放的文物保护单位的室外区域；

（五）公共交通工具室外站台、售票场所和等候队伍所在的室外区域；

（六）威海市中心城区的公园、广场、绿道、海水浴场；

（七）法律、法规、规章规定禁止吸烟的其他室外区域。

市、区（县级市）人民政府可以根据工作需要，划定禁止吸烟的室外区域，并对外公布。

第十条　在餐饮服务、公共娱乐、住宿休息服务场所设置的符合条件的室内吸烟区可以吸烟。

室内吸烟区应当符合下列规定：

（一）符合消防安全要求；

（二）远离人群密集区域和行人必经的出入口、主要通道；

（三）具备将烟雾与禁止吸烟区域有效隔离的条件；

（四）设置明显的吸烟区标识和指引标识，并在吸烟区设置吸烟有害健康的警示标识；

（五）配置收集烟灰、烟蒂等的器具。

第三章　控制吸烟措施

第十一条　任何人不得在禁止吸烟场所吸烟；在非禁止吸烟场所吸烟的，应当合理避让不吸烟者，不得乱弹烟灰、乱扔烟蒂。

第十二条　国家机关、企事业单位、社会团体和其他社会组织应当将控制吸烟工作纳入本单位日常管理。领导干部、医务人员和教师等应当发挥控制吸烟引领作用，积极参与公共场所控制吸烟工作。

第十三条　禁止吸烟场所的经营者和管理者应当履行下列职责：

（一）建立禁止吸烟管理制度，开展控制吸烟宣传教育，并配备专（兼）职人员对吸烟者进行劝阻；

（二）不得配置与吸烟有关的器具或者附有烟草广告的物品；

（三）在禁止吸烟场所的入口及其他显著位置设置醒目、清晰的禁止吸烟标识和投诉举报电话；

（四）对在禁止吸烟场所吸烟的，场所工作人员应当要求其熄灭或者停止使用烟草制品；不熄灭或者不停止使用的，应当劝其离开；不服从劝阻且不离开该场所的，应当固定相关证据并向控制吸烟监督管理部门报告。

鼓励场所经营者、管理者采用烟雾报警、浓度监测、视频图像采集等技术手段，对禁止吸烟场所进行管理。

第十四条　烟草制品销售者应当在其售烟场所的明显位置，设置吸烟有害健康和禁止向未成年人出售烟草制品的标识。

烟草制品销售者不得向未成年人出售烟草制品。对难以判明是否成年的，应当要求其出示身份证件；对不能出示身份证件的，不得向其出售烟草制品。

第十五条　医疗卫生机构、未成年人教育或者活动场所、专门为未成年人服务的社会福利机构等场所内禁止销售烟草制品。

幼儿园、中小学校、青少年宫及其出入口路程100米范围内禁止销售烟草制品。

第十六条　禁止下列行为：

（一）使用自动售货机及互联网、移动通信等信息网络非法向公众销售烟草制品；

（二）在公共场所、户外设置烟草广告，或者利用广播、电影、电视、报纸、期刊、互联网、移动通信等大众传播媒介发布烟草广告；

（三）在各类公务和大型公共活动中提供、使用或者赠予烟草制品；

（四）使用财政性资金购买烟草制品。

第四章　宣传教育

第十七条　市、区（县级市）人民政府应当在每年5月31日“世界无烟日”组织集中开展控制吸烟宣传。

鼓励烟草制品经营者当天停止销售烟草制品。鼓励吸烟者当天停止吸烟。

第十八条　卫生健康主管部门应当制定公共场所控制吸烟宣传教育计划，指导有关单位开展公共场所控制吸烟宣传教育。

机关、企事业单位、工会、共青团、妇联以及其他社会组织应当结合各自工作对象特点，组织开展控制吸烟宣传教育。

第十九条　报刊、广播、电视、通信和网络等传播媒体和有关单位应当主动发挥舆论引导和监督作用，开展控烟公益宣传活动，发布控制吸烟公益广告。

第二十条　村（居）民委员会、社区工作站以及物业服务人应当协助有关部门，在其服务区域内开展控制吸烟宣传教育。

第五章　法律责任

第二十一条　违反本办法规定的行为，法律、法规、规章已经规定法律责任的，从其规定。

第二十二条　违反本办法规定，在禁止吸烟的场所吸烟的，由卫生健康主管部门责令改正，处20元以下罚款。

第二十三条　禁止吸烟场所经营者或者管理者违反本办法第十三条第一款规定的，由卫生健康主管部门责令改正，处500元以上1000元以下罚款；拒不改正的，处1000元以上3000元以下罚款。

第二十四条　对在禁止吸烟场所内吸烟，不听劝阻且扰乱社会秩序，或者阻碍国家机关工作人员依法执行职务，违反《中华人民共和国治安管理处罚法》的，由公安机关依法予以处罚；构成犯罪的，依法追究刑事责任。

第二十五条　市、区（县级市）人民政府或者有关部门及其工作人员，在控制吸烟工作中不依法履行职责，或者玩忽职守、滥用职权、徇私舞弊的，对直接负责的主管人员和其他直接责任人员依法给予处分；构成犯罪的，依法追究刑事责任。

第六章　附　则

第二十六条　本办法下列用语的含义是：

公共场所，是指公众可以进出的场所或者供集体使用的场所，含公共工作场所、公共交通工具、公用电梯等。

吸烟，是指使用电子烟、持有点燃或者加热不燃烧的其他烟草制品。

烟草制品，是指全部或者部分由烟草作为原材料生产的供抽吸、吸吮、咀嚼或者鼻吸的制品。

电子烟，是指汽化并向使用者的肺部输送由尼古丁（或者无尼古丁）、丙二醇和其他化学物质组成的混合物的一种装置。

第二十七条　本办法自2023年3月1日起施行。

外地传媒中的威海

打造精致幸福充满活力共同富裕先行示范区

环翠区扎实推进产业现代化、城市国际化、新型城镇化、发展绿色化、治理现代化，努力做到六个“走在全省前列”，打造精致、幸福、充满活力的共同富裕先行示范区。日前，《大众日报》专版聚焦环翠区，就打造精致幸福充满活力共同富裕先行示范区的经验做法进行报道。

深入贯彻党中央决策部署和省委工作安排，在市委的坚强领导下，威海市环翠区贯彻新发展理念、推进高质量发展，各项事业实现新突破、新跨越。近年来，环翠区先后成功入选全国“绿色发展百强区”，山东省县域经济高质量发展先进区，成功创建“文化强省”建设先进示范区，省级全域旅游示范区，入选“山东省休闲农业和乡村旅游示范县”，入选“中国乡村振兴百佳示范县”，成为全国新时代文明实践中心建设试点，被评为全省移风易俗先进区，助力威海实现全国文明城市创建“三连冠”。

作为威海市主城区，环翠区站在更高起点上谋划工作，以“威海要向精致城市方向发展”为总目标总方向总遵循，坚决贯彻落实市委关于精致城市建设的安排部署，扎实推进产业现代化、城市国际化、新型城镇化、发展绿色化、治理现代化，努力做到六个“走在全省前列”，打造精致、幸福、充满活力的共同富裕先行示范区。

经济发展质效　走在全省前列

寒冬腊月，环翠区张村镇的魏桥（威海）铝精深加工产业园施工现场仍是一派繁忙景象。“按照计划，产业园今年5月1日前完工，确保进驻企业6月份正式运营。”环翠区国有资本运营有限公司总经理助理周桂樟介绍。

环翠区全力发展壮大新材料、高端装备制造、生物医药等特色产业，加快培育省内领先、国内知名的地标性产业集群。按照龙头企业领办园区的思路，强力推进园区突破崛起计划，对魏桥（威海）铝精深加工、联东·U谷、亿达未来等重点园区实施“园长负责制”，明确区级牵头分包的班子成员和发展目标路径，加大要素供给力度，完善政策扶持体系，优化运营主体和运营模式，打造一批产业生态、自然生态、社会生态三生共融的国内一流园区。

环翠区着力为高质量发展创建更优营商环境，咬定“全省第一方阵”目标，深入推进营商环境改革行动。持续拓展“三联三服”深度、广度，建立企业困难问题、技术需求、资金需求、产业链配套“四张清单”制度，实现与优化营商环境工作专班实体化运作的深度融合；同步提高扶持政策的靶向性、精准性和实效性，进一步加大政策解读力度，形成常态长效服务机制。实施数字政府建设，探索打造“环翠数字大脑”大数据综合应用中心，推动不动产证、医疗保障、企业开办等事务实现线上办理，让“跑一次”为上限，“不用跑”为常态。

突出生产、生活双驱动，环翠区持续培育提升以现代金融、科创研发为主导的现代服务业。促进生产性服务业向专业化和价值链高端延伸，实现与制造业的深度融合发展；加快区域金融中心建设，塑造安全、稳定、可靠的金融发展环境；持续发挥楼宇经济信息管理系统作用，完善服务机制和招商机制，吸引大企业大集团设立企业总部、结算中心；推进生活性服务业向便利化精细化品质化方向迈进，重点做好威高商圈、万达商圈的丰富提升，加快紫金广场、富力星光天地、龙湖泉乐坊等项目建设进度，巩固区域消费中心核心地位。

创新策源能力　走在全省前列

2021年11月18日，远遥浅海科技湾区一期主体工程正式启用，当天还举行了首批海洋科创平台入驻和重点项目签约仪式，国家海洋综合试验场管理服务中心、海洋无人装备与技术联合创新中心等6个海洋科创平台入驻湾区，6个重点项目签署共建协议。随着远遥浅海科技湾区的加快建设推进，各类创新要素特别是海洋创新要素大幅集聚，环翠区创新能级得到全面提升。

环翠区更加注重经略海洋，发挥海洋在高质量发展中的引领作用，加速海洋科技创新挺进“深蓝”，在积极融入威海国际海洋科技城体系、全力建设远遥浅海科技湾区的同时，做好“招商选资”文章，依托国家海洋综合试验场虹吸效应，聚焦海洋电子信息、海洋高端装备两大方向，紧盯航天科工、航天科技、中关村发展集团等国字号龙头企业，加大高品质产业项目引进力度，打造国内知名、省内一流的海洋科研创新高地。

环翠区实施创新型企业培育工程，健全“微成长、小升高、高壮大”梯次培育机制，力争到2026年，国家科技型中小企业突破500家，高新技术企业突破260家，打造工业互联网试点示范企业、企业级行业级工业互联网平台15家以上，认定各类智能工厂和数字化车间20家以上。

以获评省级双创区域示范基地为引领，环翠区深入推进建设一批高水平的双创载体平台。持续优化威海创新园“1+N”发展格局，对现有分中心进行提档升级，力争5年内培育10个以上创新要素集聚度高、产业体系完善、具有一定业内话语权的成熟专业分中心。依托现有龙头企业、分支机构等创新资源，打造一批产学研高效协同的创新联合体，形成布局合理、定位清晰、能效突出的创新体系。

树牢“人才是第一资源”理念，环翠区优化提升“英才汇翠”计划，引进更多“高精尖缺”人才和高水平创新团队，力争5年内新签订产学研合作协议180项以上，开展市级以上科技合作项目50项以上，引进培育120名以上的产业领军人才团队和1.5万名以上的产业支撑人才队伍。

城市精致水平　走在全省前列

五彩斑斓的主题灯光秀与远处的环翠楼遥相辉映，脚下的老石板、小青砖和扇形马牙石仿佛把人拉回到了旧时光，每当夜幕降临，属相街愈发迷人。短短300余米的街区，尽是老威海卫元素，连一棵树、一块石头、一个座椅，都是设计者精细挑选、精心摆放的，这种精益求精的精神贯穿属相街改造的始终。“属相街重新改造后，还是老味道，却比之前更有范儿了。”在威海生活了40余年的市民于晓燕说。

环翠区创新城市发展理念，注重精当规划、精美设计、精心建设、精细管理、精准服务、精明增长，探索可持续自我修复和进化路径。三年来，环翠区累计实施了403项区级城建重点工程，实施了29个老旧小区改造、315栋住宅楼“平改坡”换瓦和13处公共停车场新建工程，累计处置“半拉子”工程11个，盘活闲置楼宇18个，解决“办证难”问题项目128个，近5.2万户居民受益。

围绕建设精致城市核心引领区定位，环翠区加快国际化、现代化建设步伐。加快建设特色街区，重点抓好卫城大院项目建设，积极配合栖霞街项目推进，加快海校地块盘活和全润丝绸老厂区改造提升，从北向南形成特色鲜明、主题突出、差异化发展的一系列特色街区。加强城市日常体检，持续改善基础配套，提升城市综合韧性，每年推进一批口袋公园、公厕改造，评选一批最美城市角落，有条不紊地画好城市有机更新的工笔画。

环翠区坚持全域建设精致城市，将镇域突破作为未来五年的重点。推动羊亭区域进一步加快开发建设，争当威海产城融合的新标杆；推动张村区域向着城市化方向转型升级，打造高端企业集聚、产业链条健全、环境靓丽精致、服务功能完善的新城区；推动温泉区域、嵩山区域加快突破发展步伐，实现与主城区各项标准深度看齐；桥头区域重点做好产业培植、乡村振兴、基层组织建设、镇域环境整治四篇文章，向特色化小城镇方向加速迈进。

生态文明建设　走在全省前列

华夏城前身是占地3767亩的44个矿坑。曾经满目疮痍的采石场，经过十余年的综合治理、绿化改造，如今到处鸟语花香、满眼郁郁葱葱，被评为国家AAAAA级旅游景区。在华夏城的辐射带动下，周边13个村集体经济收入实现年均增长14.8%,打造了山青、水绿、生态美、百姓富的崭新图景，成为威海市和环翠区实践绿色发展理念的生动样板，华夏城也获评全国“绿水青山就是金山银山”实践创新基地，入选全国首批《生态产品价值实现典型案例》名单。

近年来，环翠区生态文明制度体系更加完备，单位GDP能耗和主要污染物排放总量持续下降，区域资源利用效率有效提高，生产生活方式加快绿色转型，生态环境质量继续保持全省全国领先。落实碳达峰碳中和目标要求，创新“生态+”发展模式，发展壮大节能环保、清洁生产和清洁能源产业，鼓励传统产业企业加速绿色化、智能化改造，着力构建绿色发展体系。充分发挥华夏城生态文明展馆作用，展现生态优先、绿色发展的生动实践。依托中德生态示范城市这块金字招牌，加速发展绿色建筑体系，有效减少建筑碳排放。大力倡导简约适度、绿色低碳的生活方式，全面推行生活垃圾分类，广泛开展节约型机关、绿色家庭等行动，增强全民生态环保意识。

环翠区实施环境空气质量改善工程，确保空气质量稳定达到国家二级标准。严格落实“河长制”“湖长制”“湾长制”“林长制”和“三线一单”管控要求，坚决杜绝“两高一低”项目落地，持续优化区域生态环境，完成黑臭水体、雨污混流及污水处理“两个清零、一个提标”工作任务，确保近岸海域功能区达标率100%。强化生态环境法治保障，抓好生态环境行政执法与刑事司法衔接，依法严厉打击危险废物非法转移、倾倒、处置等环境违法犯罪行为。持续完善自然资源长效管护机制，完善森林火险监测预警、动植物检疫御灾体系，保持对土地违法行为零容忍。

群众幸福指数　走在全省前列

对老年人来说，一日三餐是“头等大事”，环翠区采取“政府搭台、村居承办、市场运营”的运作模式，建设社区食堂、农村老年餐桌，重点解决低保、高龄、独居、残疾、失能、留守等特殊困难老年人的用餐问题。目前，全区已建成社区食堂31处、农村老年餐桌20处，并全部投入使用，受益老年人达8700余人。

环翠区把促进全区人民共同富裕作为工作着力点，加快实现群体共富、城乡共富、物质精神共富。坚持就业优先，完善公共就业创业服务体系，创造更多岗位，做好农村转移劳动力、城镇困难人员、退役军人等就业工作，支持农民工返乡就业创业。做大用好社会救助基金，发展红十字事业和慈善事业，落实好“基本医疗+大病保险+医疗救助”的多层次医疗保障体系。

为提高群众生活品质，环翠区常态化开展问政问需问计主题活动，加大为民办实事力度，推动“学位、床位、车位、厕位、梯位”等群众急难愁盼问题持续解决。提升社会保障服务水平，打造高质量教育体育体系，推进健康幸福环翠建设，加快紧密型县域医共体、中医医院建设，推进区级优质医疗资源下沉，不断提高医疗卫生服务水平。

环翠区加速推进全域乡村振兴，加快样板片区建设，强化优质项目招引，确保农村集体经济年收入全部稳定达到10万元以上。进一步健全乡村人才政策支撑体系，激发乡村人才创新创造活力。深入实施乡村记忆工程，打造红色旅游精品项目，赋予乡村文化新的时代内涵。深化全域美丽乡村建设，推动城乡环境卫生同标同质，创建更多省级以上美丽乡村示范村。持续开展基层党建“百日提升”行动，创建一批乡村组织振兴示范村。

环翠区坚持人民至上、生命至上，统筹发展和安全两件大事，确保社会大局安全稳定，打造全省乃至全国最平安城区之一。

区域治理效能　走在全省前列

温泉镇亿和社区分为南北两区，北区以回迁村民为主，南区则有80%的外来人口。这个人口过万的城乡接合部社区，曾经因南北区居民矛盾等问题导致投诉率居高不下。自打有了专办“挠头事”的“楼道和事佬”以及236名党员、居民组建的“亿和通”小巷管家，再加上社区实施了居站分离改革，乱堆乱放、飞线等问题整改率达80%，南北区居民也被“拧”成一股绳，共同参与社区管理与服务。环翠区创新打造的“党建引领、居民自治、信用融合、物业协同、网格支撑”的“五位一体”社区治理共同体，让社区的事社区能办，网格的事吹哨就办，群众的事一起来办。百姓的事办好了，幸福感和满意度自然就提高了。

环翠区加快治理体系和治理能力现代化步伐，重大风险防范化解能力、突发公共事件应急能力、防灾减灾救灾能力显著增强，群众安全感、满意度稳步提升，共建共治共享格局基本形成，在全省形成叫得响、立得住的治理品牌。

环翠区坚持依法治区、依法执政、依法行政共同推进。深化司法体制综合配套改革，巩固拓展政法队伍教育整顿成果，提升司法效能和公信力，让人民群众时时处处感受到公平正义。

环翠区探索高效社会治理路径。进一步优化“五位一体”社会治理模式，构建以人民为中心的党建引领社会治理体系。实施社区减负工程，推动社会治理和服务重心下移、资源下沉，引导社区将更多精力用在联系服务群众上。实施网格增效工程，优化网格员队伍建设，进一步明确网格核心功能，推动网格从有形覆盖向有效覆盖转变。实施信用融合工程，推动信用与社区建设、城市管理、志愿服务等工作有机融合，确保信用体系发挥更大作用。实施物业提质工程，做实做优红色物业模式，完善物业星级评价体系，实施物业准入退出机制，不断提高物业服务效能。

（《大众日报》2022年1月26日刊载）

读懂精致城市发展的“辩证法”

“威海要向精致城市方向发展”——这是2018年6月12日习近平总书记在山东省威海市考察时作出的重要指示。不久前记者在实地采访中了解到，近年来威海市牢记嘱托，将“向精致城市方向发展”作为总目标总方向总遵循，围绕正确处理好破与立、表与里、显绩与潜绩、点与面关系进行了一系列创新性实践探索，取得了良好成效。威海推进城市治理现代化过程中的经验做法，对于中国城市建设中存在的“重外延轻内涵、重建设轻设计、重管理轻服务、重发展轻保护、重硬件轻人文”等共性问题有一定的借鉴价值。

一段时间以来，随着威海城市边界扩张，用地指标紧张和土地闲置浪费的矛盾日益突出。住房与房地产、物业管理、商品房开发与销售等城建领域的问题，群众反映强烈。农村生活环境的公共服务和基础设施不完善问题较为突出……这是精致城市建设必须直面的现状。为此就要破除思维窠臼和路径依赖，通过“顶层设计”推动理念、模式、机制的系统创新。而作为地级市的政策设计，要接地气、可实操。《威海市精致城市建设条例》及随后出台的《威海市精致城市评价指标体系》与“五项技术导则”构成了法律、指标、标准的“三部曲”，凸显了治理创新的科学化。采访中了解到，这些设计“致广大而尽精微”，特别是“五项技术导则”，用具体数据语言回答了“精致城市究竟什么样”，让道路、人行道、路面养护、小游园、园林绿化等工作都可量化、可操作。

2021年3月，《威海城市体检报告》初稿出炉，涵盖了生态宜居、健康舒适、安全韧性等85项“体检”指标，细致到连过街设施的间距、林荫道路的数量、人均社区体育场地面积等都有具体衡量。“这是对城市发展进行的综合评价，可清晰梳理出规划、建设、管理等领域存在的不足”，市住房和城乡建设局副局长梁晓东表示，体检发现的深层次问题不仅会成为“对症下药”的重点，也会被反馈到自然资源和规划等部门，提前反映到在编的国土空间规划等政策设计中。

精致城市的现代化水平，要看地标建筑撑起的天际线，更要看万家忧乐组成的地平线。漫步威海，口袋公园、城市雕塑等星罗棋布，山海相拥、岛湾相映，处处皆风景。世昌大道是东西向的主干道，沿路向东，骆驼公园、康乐园等如城市绿洲装点着街景，满足了市民对诗和远方的渴望。立足“山在城中、城在海中”的特色，威海出台了城市风貌保护条例，将城市作为一个没有边界的“大景区”来打造，率先开展第四代设计“精雕细刻”，实现了城市设计的全覆盖。

位于市中心黄金地段的新威附路，承载着数辈威海人的记忆，但因建设年代较早，楼房平房交错，停车杂乱、业态单一，公共服务设施不齐全，是典型的老旧街区。对此威海没有一拆了之，也没乱搞房地产开发，而以“绣花”功夫“微改造”。环翠区相关负责人介绍，“我们坚持‘修旧如旧’，很多地方使用旧砖旧瓦，既节省了资源，也展现了街区古色古香的韵味。”如今沿街商铺鳞次栉比，门头招牌各具特色，成为了吸引年轻人“打卡”游览、休闲、消费的新地标。不贪大媚洋、千城一面，不急功近利、无序扩张，让外来客人叫好，让本地市民称便。紧扣发展功能短板和群众美好生活需求，威海探索走出了一条内涵式集约化发展的新路子。

向精致城市方向发展，躲不开历史遗留问题。威海也曾充满“成长的烦恼”：不动产权证办理难、闲置项目和“半拉子”工程处置难、低效闲置用地盘活难等。对此，威海市委书记张海波说：“解决历史遗留问题，是涉及群众切身利益的民心工程，是‘精致城市·幸福威海’建设的重要抓手”。

既尊重历史、实事求是原则，又宽严有度、依法依规，目前威海已累计解决16万套房屋的“办证难”问题，221处闲置项目及半拉子工程被盘活，完成低效用地规划整治8000余亩。具体工作中，威海将12345政务服务便民热线、网格化服务管理平台和数字化城市管理平台、其他热线以及信访等平台优化整合，多口汇集、部门内部联动、办理一门反馈，办理结果及时回访，把群众满意度与绩效考核挂钩，构建起诉求解决的协同高效闭环机制。具体政策上，处置闲置项目及“半拉子”工程上，一手抓存量盘活，给予调整容积率、土地出让年限延期等优惠政策，变“包袱”为“财富”，一手抓增量控制，避免产生新的“包袱”。具体方法上，对各方面的办证诉求，变被动接访为主动解决，公开宣介有关政策，将办证大厅下沉到社区，便利群众在家门口办证、领证。

全市建起5639个万米单元网格，6大类16287千米管线“连上”数据网络，年处理城市管理案件能力提升到50万件，案件处结率超过99%。

精致城市建设的“打开方式”，可以分为宽口径和窄口径两个维度：宽口径统领全局，坚持“以人为核心的城镇化”，按照“产城人”融合发展思路来提升城市品质，用精致理念统领各领域建设；窄口径则精雕细刻，注重精当规划、精美设计、精心建设、精细管理、精准服务、精明增长。比如把精致理念一体贯彻到美丽乡村建设中，以中心城区全面推广带动城乡部分试点、逐步推进，扎实开展改厕、污水处理、垃圾分类、饮水安全、清洁供暖、道路硬化、环境提升等。

由点及面的方法，不仅运用于外在形象“硬环境”，更可贯穿在底蕴内涵“软环境”。威海创新“六治一网”社会治理模式，推动政府治理同社会调节、居民自治良性互动。荣成市夏庄镇甲夼马家村，靠信用积分与村级事务、村民福利相挂钩，让曾经的“脏乱差”变成了“整洁新”，过去的上访村变成全镇考核的冠军村、全市文明村。“一次志愿活动计一颗星，四颗星换一红旗，每月公示排出等级高低”，村党支部书记马永泉讲到，全村老少都坐不住了，一个人星少，全家脸上没光。威海通过“信用＋志愿服务”活动，有效地将群众组织发动起来，目前全市每4人中就有1名志愿者。

自山东省开展群众满意度调查13年来，威海市有11次位居榜首，2020年、2021年两次获评“中国最具幸福感城市”。威海的精致城市理念与实践，如把解决好人的问题作为价值取向、把体制机制顶层设计作为重中之重、把系统思维贯穿城市治理始终等，对同等规模的城市治理提供了有益启示。

（人民网2022年3月2日刊载）

“一城”带全域威海打造创新型国际海洋强市

国际海洋科技城建设全域铺开，高能级平台和人才高度集聚、海洋科技成果不断涌现、海洋战略新兴产业蓬勃发展……2021年，威海海洋生产总值达到1200亿元，占GDP比重突破35%。

在不断拓展的向海蓝图中，创新型国际海洋强市建设新局面打开，威海在新一轮海洋竞争中抢占先机、赢得主动。

国际海洋科技城成型起势，“蓝色硅谷”加速崛起

从集聚哈工大海洋智能装备研究中心、山大海洋科技创新中心等高校资源，到引进航天科工、中关村发展集团等国企央企，再到落户国家海水利用工程技术（威海）中心等国字号平台，曾经的“老渔港”完成了创新平台不断升级的“大满贯”，硬核实绩证明，国际海洋科技城已经成型、起势。

站在海洋经济转型的风口上，威海以更高站位、更广视野重塑发展理念——按照“一城三核、科技引领，多区布局、链式贯通，条块联动、全域覆盖”思路，全域建设国际海洋科技城。

2021年初，威海将海洋经济转型升级作为需要高度关注、着力解决的重点问题，国际海洋科技城建设工作推进专班元旦入驻，确定了22项重大事项，明晰了发展路径。

政策加载体的组合拳让“千里海岸线”释放出强大的虹吸效应，汇聚各类创新资源。站在“巨人肩膀”上，三大海洋经济板块全面起势。

坐拥资源矩阵，海洋科技创新能力喷涌勃发，原创性系统性重大创新成果不断产出，担负“问海”使命，威海底气十足。

打造蓝碳发展策源地，输出更多“威海方案”

从踏足蓝碳这片“无人区”开始，一场自上而下的全新探索接连开展，威海在先试先行中摸索出一套行之有效的“打法”。

借势，在碳达峰、碳中和背景下，出台《蓝碳经济发展行动方案》，提出到2025年年底，蓝碳经济将在全市海洋经济中占比超过30%。

借智，深度牵手高校院所，打造山东省海洋负排放焦念志院士工作站、唐启升院士工作站，中科院威海海洋生物产业技术研究院投入使用，中科院智慧海洋信息技术与装备联合实验室落地。

借力，与荣成成山湾世代海洋科技公司合作，打造围隔海上实验平台，监测海带养殖有效碳汇数据，为太平洋学会团体标准申报提供数据支撑。

实践证明，这套作战方法行之有效，“蓝色探索”不仅实现“从0到1”的突破，更在发展中频现“高光时刻”。

“今年威海将在蓝碳交易上争取实现新突破，争取形成国内首例海草床碳汇交易，并尝试开展公益种植活动，利用环保公益新途径，探索开展海洋碳汇交易试点，为蓝碳经济发展输出更多威海方案。”威海市蓝色经济研究院副院长丛永平说。

瞄准战略新兴产业，全力构建现代海洋产业体系

在经略海洋的征途上，威海正以更高层次的科技创新，加快海洋优势产业转型升级，促进全产业链整体跃升，全力构建现代海洋产业体系。

巩固好、发挥好、转化好传统优势。养殖从被动粗放走向精致发展，威海新增5处省级水产原良种场和1个水产新品种，全市年培育苗种440亿单位，海水养殖良种覆盖率达到70%以上，处于全省、全国前列。

瞄准战略新兴产业，不断在蓝色宝库中掘金。深耕海洋装备产业，30个国家海洋经济创新发展示范项目全部通过验收，累计完成投资14.5亿元。挖潜海洋生物产业，好当家海参精深加工项目获国家科技进步二等奖，人生药业新药FVF入选“蓝色药库”计划，海洋生物与健康食品产业集群年产值突破1000亿元。

在不断延伸海洋产业链条中，威海“大海洋”产业生态圈正在构成。

海洋贸易加速膨胀，直接销售额突破3.4亿元，威海荣成现代海洋冷链物流产业集群入选省新旧动能“十强”产业“雁阵形”集群。

海洋文旅引领热潮，在全国首创“千里山海自驾旅游公路”，推出20条精品线路和100个打卡点，创新打造“环游威海湾、海上看威海、海上看山东”三条线路，填补山东海上休闲旅游航线空白。

这是威海海洋产业走向世界的缩影，2021年威海新开通3条海上航线，全市港口货物吞吐量和集装箱吞吐量同比分别增长10.62%、9.9%。以蔚蓝海洋为纽带，蓝色“朋友圈”越来越大。

蓝色波涛奔腾，不舍昼夜。逐梦深蓝，威海正拓宽“蓝色大道”，抢占蓝色产业新高地，以锐不可挡的前进魄力，为建设海洋强国贡献威海力量。

（新华网、人民日报客户端
2022年3月4日刊载）

盘活特色“海草房”村美民富渔家乐

荣成市宁津街道东楮岛村　　（威海日报社　提供）

胶东半岛东端，黄渤海交界处，山东省荣成市东楮岛村别有洞天。石板路径直悠长、石头墙色彩斑斓、海草房“头”戴高耸的“厚草帽”，让人仿佛置身童话世界。一年四季，东楮岛村游人如织。

“这里抬头是蓝天白云，远望是碧海沙滩，呼吸的是清新海风，吃的是原味海鲜，我们每年都来住一个星期，体验体验渔民生活。”济南游客孙女士一家是这里的常客。

8年前，小小渔村靠海吃海，但是，粗放、分散的生产方式严重污染了周边海域，海洋生物数量开始减少，村民生活环境大受影响。

绿水青山就是金山银山。2014年，为保护海洋环境和生物资源，经调研，村党支部决定对东楮岛村周围海域进行统一开发管理，引导扶持村民发展渔家乐旅游。

东楮岛村三面临海，海岸线长10千米，拥有400余年建村历史，尤其是当地的海草房独具特色——石头为墙，海草为顶，古朴厚重，冬暖夏凉。

渔民上岸，游客渐至。“渔家乐”餐饮率先起势，东楮岛村“一日游”渐盛，众多游客到此一睹海草房风采。

东楮岛村共有海草房650间，但由于不少村民“上楼”了，多数被闲置。东楮岛村近年来通过盘活闲置资源，积极挖掘海草房历史文化价值，吸引了更多游客前来观光、住宿。

2016年，村里成立了旅游公司，“复活”闲置院落，实现了优质资源开发、传统村落保护与特色景点打造的共赢。

一条石板路老街，遍布着豆腐坊、杂货铺、海草亭、乡村画廊等，已成为“网红打卡地”。村民钱秀竹在这条街上开了一家杂货铺，她说，每天游客都有不少，土特产最受欢迎。“环境好，游客多，明年俺还要继续拓宽经营！”她说，“日子越过越好啦！”

“一到节假日，来东楮岛旅游的游客特别多，我家的客房都住满了，每天忙得不可开交。”民宿老板杨华说，“虽然忙，但心里美滋滋的。以前收入不稳定，现在开民宿，一年可收入近10万元。这是以前想都不敢想的哩！”

东楮岛村将乡村旅游继续升级。2017年，村里筹集资金2000余万元实施了海洋牧场项目，精细化打造了4千米长的海水浴场，建设了海上平台、海洋牧场展示厅、游艇码头、乡村记忆馆、省级海上钓场等，打造集海底观光、休闲垂钓、游客接待、商务会议、餐饮服务、海洋科研于一体的现代化海洋牧场。同时建设了污水处理厂，严格控制污染源，防止海水被再次污染。

目前，东楮岛村有100余家渔家乐民宿，除为游客提供食宿外，还会组织游客到海边参与亲子类、互动类的海钓、采摘、沙滩运动等活动。

2021年，东楮岛村的游客数量突破40万人次，实现旅游收入2000余万元，东楮岛村所在的宁津街道，被评为全国乡村重点旅游镇。

（《人民日报》2022年5月22日刊载）

威海：精致城，幸福人

坚持以人民为中心，聚焦市民衣食住行和所急所需精准发力，给市民一城精致，一城幸福。

生活在精致城市是种什么体验？在威海百姓的心中，或许有许多答案——

是出门处处有花园、花园处处是美景；

是路不平、灯不亮、狗不拴等不精致、不文明、群众不满意的小事情都有人管、有着落；

是更快捷的出行，更方便的就医；

……

一个个看似不相关的场景，无不指向这座城市发展的核心理念——坚持以人民为中心，聚焦市民衣食住行和所急所需精准发力，给市民一城精致，一城幸福。

更精致

“一二三四，转！”4月27日上午，在威海经开区广安社区顺心园内，俏夕阳模特队正在练习舞步。队员刘佳晨说：“下楼就能见绿、见花、锻炼身体，老少都享福了，日子比蜜甜！”

居民争相打卡的顺心园，在一年前，还是一块闲置废地，建筑垃圾、生活垃圾乱堆乱放，废品收购点、违法建筑星罗棋布，经过整治后，摇身一变成了“俏模样”。大伙儿都说，这个公园同它的名字一样，顺心顺意。

顺心园不是个例。近几年，威海市打造“口袋公园”可谓见缝插针，只要一有小型空地被盘活，首先想到的就是给居民建口袋公园。四五千平方米可以是一个公园，两三百平方米也可以是一个公园。有数字统计，启动精致城市建设以来，全市建设口袋公园245处，市民基本实现“300米见绿、500米入园”，威海成为名副其实建在花园里的城市。

随着精致城市建设深入推进，在威海，越来越多的公园不仅仅满足于绿化的卖点，开始跳出“几棵树、几块草坪、几张凳子”的传统设计，在细微处下狠功夫，在有限空间内叠加更多功能，全力满足百姓对美好生活的更高新期待，让公共服务落地“最后一千米”。

金线顶公园一开园，就火出圈。这里不仅有篮球场，还兼具网球场、休闲广场、婚庆广场等多种功能，每一项看似平常，无不是周边居民所盼所需。曾在欧洲生活的丁香兰经常来此打卡，她说：“无论从建筑风格还是功能设置来看，公园都非常人性化。”

瞄准精致、落脚幸福，是威海不变的初心。近年来，威海累计实施26条瓶颈路打通工程、23个停车场、9座过街天桥建设项目，改造老旧小区273个，加装电梯68部，新建改造公厕110座，建设口袋公园245处、城市书房41处，改造提升菜市场15处，建设社区食堂46处，机关企事业单位停车场全部错时开放，万人拥有公共文化设施面积等多项指标位居山东省首位。

2022年，民生微实事被首次写入了威海市政府工作报告中，再次向社会释放出鲜明信号：只要是群众关心的事，就不辞其“小”、不厌其“细”；只要是群众关心的事，就一定“政有所应”“政有所为”。

更贴心

天还没黑，温泉明珠小区东南角的篮球场上，已经聚集了不少打球的人。一时间，拍球声、奔跑声、说笑声好不热闹。

但在半年前，这里还是另外一副样子。“那个时候，路不平整，别说打篮球了，走都不稳当。”小区物业经理张爱超说，小区共有3680户，1万余居民，人多，自然事儿就多，遇见问题大伙意见不统一，解决起来难度不小。“那种无力感，就像一拳打在了棉花上”。

有困扰的不只温泉明珠一个小区。威海现有住宅小区中，40.8%是2005年年底前建成的。近半数小区都有基础设施老化、配套设施不全等“病症”，而部分新建小区也或多或少存在着物业服务质量不高、维修资金使用难等糟心事。

新旧问题交织，物业、业主各有各的委屈，各有各的诉求，“物业不规范——业主不满意不缴费——影响物业服务”的死结越缠越紧。

2019年4月，威海提出“党建引领红色物业”的破局思路，创新构建“2＋3＋5”工作格局，即社区“党建联席会议制度”、镇街“党建联盟”两大平台共同发力，社区、物业企业、业委会党组织三大引擎同频驱动，驻区单位、居民群众、法律工作者、志愿服务者、社区工作者五支力量协同配合，并建立分级预警、“吹哨报到”和“物业＋执法”等机制，凝聚多方联建、聚力攻坚的工作合力，党建、发展、治理成为“一张网”，全力破解社区治理的死结。

据统计，红色物业启动以来，威海常态化整治物业难点问题超10万件，业主满意度由57%上升至90.5%，物业缴费率由68%上升至87.2%，形成《红色物业建设规范》等一批原创性成果。

让群众感觉满意、舒心、美好，是精致城市建设的初衷，也是精致威海发展的终极目标所在。这座城市，在全领域用生动实践书写人民至上。

市民张成华没想到，简单一通12345政务服务热线电话，十几分钟后，小区楼下晚上工地施工的聒噪就“静音”了。“速度真快，还管用”。

高效背后，是“1+2+N”民生服务平台优化的结果。以往，一个热线工单由市转区，区转街道，即便是前前后后各环节无缝衔接，仍然平均需要602分钟。如今，省去了“二传手”，市民撂下电话的瞬间，任务单就由市直派到距市民最近的街道乡镇，用时不超1分钟。

按照“1+2+N”的思路，威海整合市12345政务服务热线、“六治一网”综合治理平台和数字化城管平台等各民生服务平台，多口受理市民诉求，接听电话的同时，每一个环节都在为响应、解决市民诉求而努力奔跑，并“跑”出了好成绩：市12345政务服务便民热线群众满意率达到96.84%，按期办结率达到99.99%，同比分别提高2.92个百分点和0.12个百分点。

更智慧

城市管理要像绣花一样精细。如今，威海正全力开发、设计、实施越来越多的智慧场景，给城市装上“智慧大脑”，实现更高效的管理、更精准的服务。

一个烟头，从高楼一扇窗户抛下，火星划过夜色。

楼下高清探头迅速捕捉，根据轨迹，可以分析出抛物来自哪一层哪一户，更快更准确地找出涉事人员。

这是威高花园熙和苑小区的一个智慧应用。威海新建小区全部按四星级智慧小区标准打造，现有小区结合老旧小区综合整治，按照三星级标准分期分批改造，每年创建100个星级智慧小区。改造后的智慧小区全部接入全市智慧物业管理信息平台，实现智慧出行、智慧报修、智慧投诉、智慧评价、智慧养老等需求。目前，全市约1/3的住宅小区已经接入智慧物业管理信息平台，未来2—3年内可实现全域住宅小区上线管理。

进家，可以过上向往已久的“智慧”生活；出门，也一样被“智慧”场景包围。

目前，112路公交车崮山区域日均班次增加了13个。调整的背后，是市公交集团通过大数据客流分析发现，每天由崮山区域至威海站以南方向的乘客，约占全部客流的62%。

利用数据分析评估线路运营情况，掌握客流出行特征，正是威海市“智慧大脑”一次常态化的应用。

“慧”感知、“惠”生活的故事，正在这个城市各处上演：一部手机随时随地可以预约挂号；幼升小招生报名可以“一网通办”，报名过程变得轻而易举；甚至连找停车位、找公厕等应用场景，也被打包“装”进了市民手机中……

智慧城市，不仅让百姓可感、可知、可及，城市管理也在充分挖掘大数据富矿，从而实现由事后应对处置向事前有效防范转变。

目前，威海市城市运行指挥平台已打造宏观经济、交通出行、生态环境、社会治理、防汛抗旱等10个应用场景，通过遍布全城的传感器、摄像头，实时感知城市生命体征，努力实现“治未病”“防未然”。

对威海而言，始于精致，终于幸福，“精致”不仅是城市的鲜明标识，也是幸福生活的生动诠释。2021年12月30日，威海百姓用自己的切身感受、用对城市的热爱，将威海又一次“送”上了“中国最具幸福感城市”的领奖台。在山东省群众满意度调查中，威海连续12年排名全省第一。

精致城市的答卷，人民是最好的考官，幸福是最美的答案。2022年2月召开的威海市第十六次党代会提出，牢记习近平总书记的殷切嘱托，坚持“人民城市人民建、人民城市为人民”，在精致城市建设上持续用力，全领域、全要素、全环节推进精致城市建设，不断增强全域发展的精致性、协调性、融合性。

（新华社、瞭望东方周刊 2022年5月27日刊载）

山东威海积极开展拥军工作——暖心故事见证鱼水深情

6月29日清晨，山东省威海市下辖的荣成市人和镇院夼村，船长王行国正在“拥军船”上整理物资。这艘船马上就要起航，驶向北部战区某部驻扎的岛屿。

从1960年至今的60余年里，院夼村六任船长、五代“拥军船”，义务为这座无居民、无淡水、无耕地、无航班的“四无”小岛上的驻岛部队运送物资、接送官兵及家属，平均每年往返400个航次，累计航程超过20万千米。

“拥军船”的故事，是威海双拥工作的一个缩影。为鼓励支持社会力量开展拥军优属活动，威海市出台关于加强拥军优属工作的意见，制定包括资金扶持、荣誉激励在内的具体措施。目前，威海已有300余家志愿组织、3万余名志愿者参与拥军活动。

某天深夜，正在外地出差的驻威某部队指导员小张突然接到电话，得知爱人生病。情急之下，他拨通了“拥军车队”司机黄大姐的电话。此时，黄大姐早已休息，但接到电话后，她立刻问清楚详细住址，及时开车把患者送到了医院。

这样暖心的拥军故事，几乎每个月都会发生。拥军，已成为越来越多威海人的自发行动。

威海市围绕建设完善的拥军工作体系，探索建立了“5+1”模式，组织镇街、部门、村居、学校、医院5类单位，分别与驻威部队结对共建，部队有需求，涉及哪个共建单位，就由哪个单位第一时间协调解决。

在环翠区鲸园街道东山社区，一面百米手绘双拥文化墙格外引人注目，上面讲述着东山社区的拥军故事。东山社区组建了“兵妈妈”拥军志愿服务队，每年春节、元宵节、端午节等传统节日，社区的党员、群众都会去部队，为官兵们包饺子、做元宵、包粽子，让官兵们在军营中也能享受到家的温暖。

据统计，5类共建单位先后帮助驻威部队解决问题300余个，年均走访慰问部队达180个次，开展义诊、助学、法律援助等活动120余场次。

最近，“山东老兵”志愿服务队威海支队队长雷新报多了个新身份——网络主播，在直播间里，他向战友们传授自己退役后就业创业的相关经验，讲解就业创业政策。

让拥军之路越走越宽，威海市还高度关注退役军人“后路”问题，围绕就业创业扶持精准发力。近年来，威海市建设退役军人产业园，为入园退役军人创办企业提供政策、资源扶持；年均举办退役军人专场招聘会30场次，累计帮助1200余名退役军人找到满意的工作。

（《人民日报》2022年7月10日刊载）

（中共威海市委宣传部提供）

先进人物

2022年威海市获得省级以上奖励人物情况表

表25

获奖时间	姓名	奖励名称	颁奖单位
1月	柳富林	全国退役军人创业光荣榜	中国退役军人就业创业服务促进会
2月	陈学利	山东省杰出企业家、记一等功	中共山东省委 省人民政府

续表25

获奖时间	姓名	奖励名称	颁奖单位
2月	邓向阳	山东省行业领军企业家、记一等功	中共山东省委 省人民政府
2月	朱立华	山东省优秀企业家	中共山东省委 省人民政府
2月	邢运波	山东省优秀企业家	中共山东省委 省人民政府
2月	迟少林	山东省优秀企业家	中共山东省委 省人民政府
2月	索伦·汉斯伯格·闫森	山东省优秀企业家	中共山东省委 省人民政府
3月	孙世超	全国三八红旗手	全国妇女联合会
4月	王海军	全国五一劳动奖章	中华全国总工会
4月	孙艳艳	2021年度全国大学生“返家乡”社会实践活动表扬工作者	中国共产主义青年团中央委员会
4月	刘皓宇	2021年度全国大学生“返家乡”社会实践活动表扬工作者	中国共产主义青年团中央委员会
4月	从玲玲	全国优秀共青团干部	中国共产主义青年团中央委员会
4月	怀玉蛟	全国优秀共青团员	中国共产主义青年团中央委员会
4月	林荣婷	全国优秀共青团员	中国共产主义青年团中央委员会
4月	曲　兴	组织工作先进个人	九三学社中央委员会
5月	张建政	全国优秀人民警察	公安部
5月	孔宏伟	全国优秀人民警察	公安部
5月	孙李斌	全国公安机关爱民模范	公安部
6月	王银洁	全国向上向善好青年	中国共产主义青年团中央委员会
6月	王卫东	2021年全国优秀律师	司法部
8月	王银洁	2022年第二季度“中国好人榜”助人为乐类别	中共中央精神文明建设指导委员会办公室
8月	张　静	2022年“最美医生”	中共中央宣传部、国家卫生健康委员会
8月	陈　强	全国“人民满意的公务员”	中共中央　国务院
9月	史　伟	中国侨联第九届“侨界贡献奖”一等奖	中华全国归国华侨联合会
9月	刘　衍	山东省“人民满意的公务员”	中共山东省委　省人民政府
9月	杨正辉	山东省“人民满意的公务员”	中共山东省委　省人民政府
9月	梁　兵	山东省“人民满意的公务员”	中共山东省委　省人民政府
9月	李万册	山东省“人民满意的公务员”	中共山东省委　省人民政府
9月	冯忠梅	山东省“人民满意的公务员”	中共山东省委　省人民政府
9月	宋海霞	第21届全国青年岗位能手	中国共产主义青年团中央委员会 人力资源和社会保障部
9月	孙宏伟	第21届全国青年岗位能手	中国共产主义青年团中央委员会 人力资源和社会保障部
11月	孙红霞	中国红十字会“会员之星”	中国红十字会总会
11月	孙才杰	中国红十字会“会员之星”	中国红十字会总会
11月	从强滋	“齐鲁杰出人才奖提名奖”	中共山东省委　省人民政府
12月	于　淼	信息化建设先进个人	中国民主促进会中央委员会
12月	曲　波	2022年第四季度“中国好人榜”敬业奉献类别	中共中央精神文明建设指导委员会办公室
12月	贾国哲	宣传思想工作先进个人	九三学社中央委员会
12月	赵雪涵	民革全国宣传思想工作先进个人	中国国民党革命委员会中央委员会

（各单位提供）

编辑　闫拥军

索 引

说明：

一、本索引各主题词按汉语拼音字母顺序排列。同音字按声调排列，首字相同者按第二字音序排列，依次类推。

二、索引名称后的数字表示内容所在的页码，数字后用拉丁字母 a、b、c 分别表示该页的左栏、中栏、右栏。

三、类目、分目和子目用黑体字标明；插图及特载、大事记、附录的具体内容及随文图片不做索引。

四、索引词一般采用中心词和简称。

D

E

F